中华传世藏书 【图文珍藏版】

二十四史

精华

[西汉]司马迁 等·原著

姜涛·主编

线装书局

萧挞凛传

【题解】

萧挞凛(？~1004),辽大将,字驼宁,契丹族。统和四年,随枢密使耶律斜轸俘宋将杨业于朔州。后屡次率部攻宋、夏、高丽,累功加侍中,封兰陵郡王,任南京统军使。统和二十二年,辽军南下攻宋,他率部攻克遂城、祁州,至澶渊城,中箭身亡。

【原文】

萧挞凛,字驼宁,思温之再从侄。父术鲁列,善相马,应历间为马群侍中。

挞凛幼敦厚,有才略,通天文,保宁初,为宿直官,累任䩞剧。统和四年,宋杨继业率兵由代州来侵,攻陷城邑。挞凛以诸军副部署,从枢密使耶律斜轸败之,擒继业于朔州。六年秋,改南院都监,从驾南征,攻沙堆,力战被创,太后尝亲临视。明年,加右监门卫上将军、检校太师,遥授彰德军节度使。

十一年,与东京留守萧恒德伐高丽,破之。高丽称臣奉贡。十二年,夏人梗边,皇太妃受命总乌古及永兴宫分军讨之,挞凛为阻卜都详稳。凡军中号令,太妃并委挞凛。师还,以功加兼侍中,封兰陵郡王。十五年,敌烈部人杀详稳而叛,遁于西北荒,挞凛将轻骑逐之,因讨阻卜之未服者,诸蕃岁贡方物充于国,自后往来若一家焉。上赐诗嘉奖,仍命林牙耶律昭作赋,以述其功。挞凛以诸部叛服不常,上表乞建三城以绝边患,从之。俄召为南京统军使。

二十年,复伐宋,擒其将王先知,破其军于遂城,下祁州,上手诏奖谕。讲至澶渊,宋主军于城隍间。未接战,挞凛按视地形,取宋之羊观、盐堆、凫雁,中伏弩卒。明日,辇车至,太后哭之恸,辍朝五日。子慆古,南京统军使。

【译文】

萧挞凛字驼宁,思温的再从侄。他父亲术鲁列,擅长相马,应历年间担任马群侍中。

挞凛小时候就诚实宽厚,有才干谋略,懂得天文。保宁初年,担任宿直官,后几次升迁,担任了䩞剧。统和四年,宋将杨继业率兵从代州来侵扰,攻城拔镇。挞凛担任诸军副部署,跟从枢密使耶律斜轸打败了他,在朔州俘获了杨继业。六年秋,改任南院都监,跟随皇帝南下征伐,攻打沙堆,力战负伤,太后曾亲临探视。第二年,加任右监门卫上将军、检校太师,遥领彰德军节度使。

十一年,与东京留守萧恒德讨伐高丽,击败了他们。高丽称臣进贡。十二年,夏人阻塞边界,皇太妃命令总管乌古和永兴宫分兵进讨,挞凛担任阻卜部的都详稳。举凡军中的号令,太妃全部委托给挞凛。回师后,以战功升调兼侍中,封为兰陵郡王。十五年,敌烈部人杀死详稳叛乱,逃跑到西北僻远之地,挞凛率领轻装骑兵追捕他们,趁机讨平了阻卜部尚未臣服的人。各蕃部每年进贡的地方特产充满了京师,自此以后相互来往如家人一样。皇帝赐诗嘉奖,依旧例命令林牙耶律昭作赋,以表述他的功劳。挞凛认为各部落叛乱、臣服反复不定,上表请求建立三座城池来根绝边境的祸患,皇帝听从了这个意见。不久,被任命为南京统军使。

二十年,再次讨伐宋朝,挞凛生擒了他们的将领王先知,在遂城击败了他的部队,攻克祁州,皇帝亲笔作诏书奖励表彰。进军至澶渊,宋朝皇帝驻军于城隍中。尚未交战,挞凛巡察地形,夺取了宋的羊观、盐堆、凫雁,被伏弩射中而死。第二天,灵车到,太后哭得十分哀痛,罢朝五天。他的儿子慆古,担任南京统军使。

马人望传

【题解】

马人望,字俨叔。辽道宗、天祚帝时人。咸雍年间进士及第,任杜山县令,迁涿州新城县知县。擢任中京度支司盐铁判官,转南京三司度支判官,奉命检括户口。天祚帝即位,受命究治耶律乙辛一案,后迁上京副留守,中京度支使,进拜参知政事,判南京三司使事,后因遭谗言调任南院宣徽使。天祚帝知误,拜为南院枢密使。施政以爱民为本,多平冤狱,除强扶弱,有操守,喜怒不形于色,为人谨严。

【原文】

马人望,字俨叔,高祖胤卿为石晋青州刺史,太宗兵至,坚守不降,城破被执,太宗义而释之,徙其族于医巫闾山,因家焉。曾祖廷煦,南京留守。祖渊,中京副留守。父诠,中京文思使。人望颖悟,幼孤,长以才学称。

咸雍中第进士,为松山县令。岁运泽州官炭,独役松山,人望请于中京留守萧吐浑均役他邑,吐浑怒,下吏系几百日;复引诘之,人望不屈。萧喜曰:"君为民如此,后必大用。"以事闻于朝,悉从所请。徙知涿州新城县,县与宋接境,驿道所从出。人望治不扰,吏民畏爱。近臣有聘宋还者,帝问以外事,多荐之,擢东京度支司盐铁判官,转南京三司度支判官,公私兼裕。迁警巡使。京城狱讼填委,人望处决,无一冤者。会检括户口,未两旬而毕。同知留守萧保先怪而问之,人望曰:"民产若括之无遗,他日必长厚敛之弊,大率十得六七足矣。"保先谢曰:"公虑远,吾不及也。"

先是,枢密使乙辛窃弄威柄,卒害太子。及天祚嗣位,将报父仇,选人望及萧报恩究其事,人望平心以处,所活甚众。改上京副留守,会剧贼赵钟哥犯阙,劫宫女、御物,人望率众捕之,右臂中矢,炷以艾,力疾驰逐,贼弃所掠而遁。人望令关津讥察行旅,悉获其盗。

寻擢枢密都承旨,宰相耶律俨恶人望与己异,迁南京诸宫提辖制置,岁中,为保静军节度使。有二吏凶暴,民畏如虎,人望假以辞色,阴令发其事,黥配之。是岁诸处饥乏,惟人望所治粒食不阙,路不鸣枵,遥授彰义军节度使。迁中京度支使,始至,府廪皆空;视事半岁,积粟十五万斛,钱二十万缗,徙左散骑常侍,累迁枢密直学士。未几,拜参知政事,判南京三司使事,时钱粟出纳之弊,惟燕为甚,人望以缣帛为通历,凡库物出入,皆使别籍,名曰"临库"。奸人黠吏莫得轩轾,乃以年老扬言道路。朝论不察,改南院宣徽使,以示优老。逾年，天祚手书"宣马宣徽"四字诏之，既至，谕曰："以卿为老，误听也。"遂拜南院枢密使。人不敢干以私，用人必公议所当与者，如曹勇义、虞仲文尝为奸人所挤，人望推荐，皆为名臣。当时，民所甚患者，驿递、马牛、旗鼓、乡正、厅隶、仓司之役，至破产不能给。人望使民出钱，官自募役，时以为便。

久之请老，以守司徒、兼侍中致仕。卒，谥曰文献。

人望有操守，喜怒不形，未尝附丽求进。初除执政，家人贺之，人望愀然曰："得勿喜，失勿忧，抗之甚高，挤之必酷。"其畏慎如此。

【译文】

马人望，字俨叔，高祖马胤卿曾任后晋的青州刺史，辽太宗攻青州，坚守不降，城破，被活捉，辽太宗看重他的忠义，予以释放，将其全族迁徙至医巫闾山，从此便居住于此。他的曾祖父马廷煦，任辽南京留守；祖父马渊，任中京副留守。父亲马诠，任中京文思使。马人望聪明颖悟，幼时便成孤儿，年长以后以才学著称。

辽道宗咸雍年间进士及第，任松山县令。每年运送泽州的官炭，只在松山征调夫役，马人望向中京留守萧吐浑请求，在其他县均平夫役，萧吐浑大怒，将马人望抓起来，关了近百日。又将他提出来审讯，仍不屈服。萧吐浑大喜说："阁下这样一心为了百姓，以后必有大用。"并将此事上报给朝廷，他的全部请求都得到满足。调任涿州新城县知县，新城县与宋朝接壤，驿道从此处通过。马人望任官不扰民，官吏百姓都敬畏爱戴他。皇帝的近臣出使于宋，归来后，皇帝询问地方的情况，多举荐马人望，因此擢升为东京度支司盐铁判官，转任南京三司度支判官，任官时，官府、百姓都很富裕。迁升为警巡使，京城中狱讼很多，马人望断案，却没有一个被冤枉的人。正值检验户口，他没用两个月便检验完毕。同知留守萧保先感到奇怪，便问他为什么如此之快，马人望说："百姓的资产若一点不漏地全部登记，以后定会助长厚敛的弊端，大体登记十分之六七便可以了。"萧保先拜谢说："阁下深思远虑，我实在不如您。"

先前，枢密使耶律乙辛窃取大权，玩弄权术，终于害死太子。天祚帝即位后，要为父报仇，选派马人望及萧报恩追究耶律乙辛的罪行，马人望平心论处，救活了很多人。改任上京留守，正巧大盗赵钟哥攻打上京，劫走宫女和皇帝所用之物，马人望率众追捕，右臂中箭，用艾蒿熏灼之后，又奋力驰驱，贼人只好丢弃劫掠的人和财物而逃。马人望命令各关口稽察过往行人，将盗贼全部抓获。

不久被擢升为枢密都承旨，宰相耶律俨厌恶马人望与自己意见不合。从而迁升他为南京诸宫提辖制置，年中，担任保宁军节度使。有两个官吏凶狠残暴，百姓畏之如虎，马人望极为严厉地对待二人，暗中调查他们的劣迹，处以黥刑，将其发配。这一年，各处都缺乏粮食，只有马人望所治之处不缺粮，路上没有桴鼓之声，被遥授彰义军节度使，迁升为中京度支使，开始到任时，仓库都是空的；他任官仅半年，便积储粮谷十五万斛，钱二十万缗，调任左散骑常侍，经多次升迁为枢密直学士。时间不长，又拜任为参知政事，判南京三司使事。当时，在钱粟出纳方面的弊端，以燕京地区最为严重，马人望以缣帛作为单据，凡是库中的钱物出入，都分门别类地列在单据上，称之为"临库"。奸人和狡猾的官吏因此无法营私舞弊，便到处声言说马人望年老糊涂。朝廷不调查分析，便把马人望改任为南院宣徽使，以表示优待年老的臣僚。过了一年，天祚皇帝又亲手书写"宣马宣徽"四字诏书给他,召见之后,告谕地说:"以爱卿为年老,是误听了他人的话。"于是拜任他为南院枢密使。他任职期间,人们不敢以私情请托,用人必任用大家都赞成的人,例如曹勇义、虞仲文曾被坏人排挤,经马人望的推荐,都成为有名的大臣。当时,困扰民众的,主要有驿递、马牛、旗鼓、及乡正、厅隶、仓司等徭役,很多人因此破产不能自给。马人望要百姓出钱,由官府自行招募人员充役,当时人们认为效果很好。

很久之后,他以年老请求离任,以守司徒、兼侍中退休。去世后,谥号为"文献"。

马人望注重节操,喜怒不形于色,从不巴结奉承以求晋升。刚被拜任为执政官,家人表示祝贺,马人望严肃地说:"得到不必高兴,失去也不要忧伤,被抬举得愈高,人们排挤得就愈严酷。"他就是这样小心谨慎。

列女传

【题解】

《辽史·列女传》所收列女总共只有五位,其中有两位聪明的妻子,三位节烈的女子。聪明总有好报,节烈都由杀身证明。《辽史》列女数量这么少,可能与编著史书者的主观倾向有关,因为编者有这样一个观点:辽国占据了北方,风化教育比中原差些。

【原文】

男女居室,人之大伦。与其得烈女,不若得贤女。天下而有烈女之名,非幸也。《诗》赞卫共姜,《春秋》褒宋伯姬,盖不得已,所以重人伦之变也。辽据北方,风化视中土为疏。终辽之世,得贤女二,烈女三,以见人心之天理有不与世道存亡者。

邢简妻陈氏,营州人。父陉,五代晋时官司徒。

陈氏甫笄,涉通经义,凡览诗赋,辄能诵,尤好吟咏,时以女秀才名之。年二十,归于简。孝舅姑,闺门和睦,亲党推重。有六子,陈氏亲教以经。后二子抱朴、抱质皆以贤,位宰相。统和十二年卒。睿智皇后闻之,嗟悼,赠鲁国夫人,刻石以表其行。及迁祔,遣使以祭。论者谓贞静柔顺,妇道母仪始终无慊云。

耶律氏,太师适鲁之妹,小字常哥。幼爽秀,有成人风。及长,操行修洁,自誓不嫁。能诗文,不苟作。读《通历》,见前人得失,历能品藻。

咸雍间,作文以述时政。其略曰:"君以民为体,民以君为心。人主当任忠贤,人臣当去比周;则政化平,阴阳顺。欲怀远,是崇恩尚德;欲强国,则轻徭薄赋。四端五典为治教之本,六府三事实生民之命。淫佚可以为戒,勤俭可以为师。错枉则人不敢诈,显忠则人不敢欺。勿泥空门,崇饰土木;勿事边鄙,妄费金帛。满当思溢,安必虑危。刑罚当罪,则民劝善。不宝远物,则贤者至。建万世磐石之业,制诸部强横之心。欲率下,则先正身;欲治远,则始朝廷。"上称善。

时枢密使耶律乙辛爱其才,屡求诗,常哥遗以回文。乙辛知其讽己,衔之。大康三年,皇太子坐事,乙辛诬以罪,按无迹,获免。会兄适鲁谪镇州,常哥与俱,常布衣疏食,人问曰:"可自苦如此?"对曰:"皇储无罪遭废,我辈岂可美食安寝。"及太子被害,不胜哀痛。

年七十,卒于家。

耶律奴妻萧氏,小字意辛,国舅驸马都尉陶苏斡之女。母胡独公主。

意辛美姿容,年二十,始适奴。事亲睦族,以孝谨闻。尝与娣姒会,争言厌魅以取夫宠;意辛曰:"厌魅不若礼法。"众问其故,意辛曰:"修己以洁,奉长以敬,事夫以柔,抚下以宽,毋使君子见其轻易,此之为礼法,自然取重于夫。以厌魅获宠,独不愧于心乎!"闻者大惭。

初,奴与枢密使乙辛有隙。及皇太子废,被诬夺爵,没入兴圣宫,流乌古部。上以意辛公主之女,欲使绝婚。意辛辞曰:"陛下以妾葭莩之亲,使免流窜,实天地之恩。然夫妇之义,生死以之。妾自笄年从奴,一旦临难,顿尔乖离,背纲常之道,于禽兽何异?幸陛下哀怜,与奴俱行,妾即死无恨!"帝感其言,从之。

意辛久在贬所,亲执役事,虽劳无难免。事夫礼敬,有加于旧。寿隆中,上书乞子孙为著帐郎君。帝嘉其节,召举家还。

子国隐,乾统间始仕。保大中,意辛在临潢,谓诸子曰:"吾度卢彦伦必叛,汝辈速避,我当死之。"贼至,遇害。

耶律术者妻萧氏,小字讹里本,国舅孛堇之女。性端悫,有容色,自幼与他女异。年十八,归术者。谨裕贞婉,娣姒推尊之。

及居术者丧,极哀毁。既葬,谓所亲曰:"夫妇之道,如阴阳表里。无阳则阴不能立,无表则里无所附。妾今不幸失所天,且生必有死,理之自然。术者早岁登朝,有才不寿。天祸妾身,罹此酷罚,复何依恃。倘死者可见,则从;不可见,则当与俱。"侍婢慰勉,竟无回意,自刃而卒。

耶律中妻萧氏,小字拨兰,韩国王惠之四世孙。聪慧谨愿。年二十归于中,事夫敬顺,亲戚咸誉其德。中尝谓曰:"汝可粗知书,以前贞淑为鉴。"遂发心诵习,多涉古今。

天庆中,为贼所执,潜置刃于履,誓曰:"人欲污我者,即死之。"至夜,贼遁而免。久之,帝召中为五院都监,中谓妻曰:"吾本无宦情,今不能免。我当以死报国,汝能从我乎?"拨兰对曰:"谨奉教。"及金兵徇地岭西,尽徙其民,中守节死。兰悲戚不形于外,人怪之。俄跃马突出,至中死所自杀。

论曰:陈氏以经教二子,并为贤相,耶律氏自洁不嫁,居闺阃之内而不忘忠其君,非贤而能之乎?三萧氏之节,虽烈丈夫有不能者矣。

【译文】

男女在一起生活,是人伦关系中重要的部分。与其有烈女,不如有贤女。天下有烈女这个名称,不是什么好事。《诗经》赞颂卫共的妻子,《春秋》褒扬宋伯的姬妾,那是出于不得已,只好通过那样来强调人伦的变化。辽国占据了北方,风化教育上比起中原来就要差些。整个辽代,也有两位贤惠的女子,三位节烈的女子,从这也可以看出人心的本性跟世道也有不一致的时候。

邢简的妻子陈氏,营州人。父亲名陉,五代时官做到司徒。

陈氏刚刚到出嫁年龄时,已广泛浏览并精通经典意义,她看过的诗赋,都能背诵,尤其喜欢吟咏作诗,当时人称她为女秀才。二十岁时,嫁给了邢简。她孝敬公婆,家里上下和睦,亲戚族人都很推重她。她有六个儿子,陈氏亲自教他们经籍。后来抱朴、抱质两个儿子，都因为贤能，做到宰相的位子。陈氏死于统和十二年。睿智皇后听说后，叹息痛悼，追赠她鲁国夫人的封号，并且刻石碑来表扬她的品行。到了迁殡附葬的时候，派了使者去祭祀。人们评价她为贞静柔顺，妇道母仪始终没有可疑处等等。

耶律氏，太师适鲁的妹妹，小名常哥。小时候爽快聪明。有成人的样子。等到长大，节操品行美好无瑕，自己发誓不嫁人。她善于写诗作文，从不马虎。读《通历》，见到前人得失，都能头头是道地做出评价。

咸雍年间，她写文章评述当时政治。大略说："国君把百姓当作肌体，百姓把君主当作心脏。君主应当任用忠良贤明的人，臣子应当摈弃结党；这样，政令教育就能平衡，阴阳就能和顺。想要让远处归附，就应崇尚恩德；想要强国，就应减轻徭役赋税。四端五典是治国教育的根本，六府三事是百姓的命根。过度奢侈可以作为警戒，勤奋节俭可以作为师表。废弃弯曲人们不敢作假，扬显忠诚，人们就不敢欺骗。不拘泥空门，尊崇装饰那些土木(偶像)；不想着边疆(侵掠)浪费金银财帛。满的时候应当想着会溢出来，安全的时候一定考虑到有危险存在。刑罚都符合罪行，百姓就会勉励着行善。不把远方的东西当作宝贝，贤能的人就会到来。创建传于万代坚如磐石的事业，控制各部分强悍横逆的心思。想要做属下的表率，就先端正自身；想要治理远方，就从朝廷开始。"皇帝都称赞了她的文章。

当时的枢密使耶律乙辛喜爱她的才华，多次向她求诗，常哥赠给他回文诗。乙辛知道她讥讽自己，怀恨在心。大康三年，皇太子犯罪，乙辛诬陷她罪名，调查后没有证据，得到豁免。正好她哥哥适鲁贬谪到镇州，常哥跟他一起去，经常穿粗布衣服吃粗粝的饭食。有人偶尔问："为什么这样自己苦自己呢?"她回答说："皇储没有犯罪都被废弃，我们这些人岂能吃美食睡安稳觉!"到太子被杀害时，她不胜哀痛。七十岁时，死在自己家中。

耶律奴的妻子萧氏，小名意辛，国舅驸马都尉陶苏斡的女儿。母亲是胡独公主。

意辛姿色容貌美丽，二十岁时，才嫁给耶律奴。侍奉亲人和睦族里，以孝顺恭谨闻名。曾经跟其他姒娌在一起时，大家争着说要用满足献媚来博取大夫的宠爱；意辛说："满足献媚不如用礼仪法度。"大家问她原因，意辛说："用贞洁来修养自己，用孝敬来侍奉长辈，用温柔侍奉丈夫，用宽厚来安抚下人，不要让君子看见她轻佻不敬的地方，这就是礼仪法度，自然会获得丈夫的重视。用满足献媚获得宠爱，难道不会心中有愧吗!"听的人都很惭愧。

当初，耶律奴跟枢密使乙辛有矛盾。等到太子被废，(耶律奴)遭诬陷被剥夺了爵禄，籍没进了兴圣宫，被放逐到乌古都。皇帝因为意辛是公主的女儿，想让她离婚。意辛拒绝说："陛下因为我是疏远的亲戚，让我免于流窜，实在是天地那样博大的恩情。但是夫妻的情分，生死都寄托上了。我从出嫁时就跟从耶律奴，一旦有难，马上就乖剌离异，违背纲常的道义，跟禽兽有什么分别呢? 希望陛下可怜我，让我跟耶律奴一块去，我即使马上死了也没有遗憾了!"皇帝被她的话感动了，同意了她的要求。

意辛久住贬谪的地方，亲自动手做下等人的活，虽然劳苦她都面无难色。侍候丈夫在礼敬上，比从前更加多了。寿隆年间，她上书要求让子孙做著帐郎君。皇帝赞许她的节操，召令她全家回京。

儿子国隐，乾统年间开始出仕。保大年间，意辛在临潢，对儿子们说："我揣度卢彦伦一定要叛乱，你们赶快躲起来，我会以死保全名节的。"叛贼到后，她被杀害。

耶律术者的妻子萧氏，小名讹里本，国舅李董的女儿。她性情端正敦厚，容貌姣好，从小就与别的女儿不同。十八岁时嫁给术者。谨慎从容，贞静温婉，姐妹们都推重尊敬她。

等到为术者居丧时，她悲哀到了极点。下葬后，对亲近的人说："夫妇的道义，好比阴与阳、表与里。没有阳，阴就不能存在；没有表面，里子就无处依附。我现在不幸死了丈夫，而且有生就有死，也是必然规律。术者早年入朝做官，有才能但寿命不长。上天降祸给我，遭到这种残酷的惩罚，还有什么能够依靠的。如果死去的人可以重现，就跟他在一起；如果不能重现，就应刻去陪他。"侍婢们劝慰勉励她，都没有回心转意，拿刀自杀而死。

耶律中的妻子萧氏，小名挼兰，韩国王惠的四世孙。聪明贤惠谨慎诚厚。二十岁时嫁给耶律中。侍奉丈夫恭敬温顺，亲戚都赞誉他的品德。耶律中曾经对她说："你可以粗略地理解书义，以从前贞静贤淑的女人作为镜子。"她于是用心诵读温习，博览古今。

天庆年中，被贼人拘执，她暗中把刀子放在鞋中，发誓说："有人想污辱我，就自杀。"到了夜晚，贼人逃跑，她才免祸。很久以后，皇帝征召耶律中为五院都监，他对妻子说："我本来没有做官的兴趣，现在避免不了。我应当以死报国。你能跟从我吗？"挼兰回答说："我诚心听从你的教诲。"等到金兵占领了岭西，把当地百姓都迁走了，耶律中为守节而死。挼兰悲哀忧虑却不表露出来，别人对此都感到奇怪。不久，她跃马冲出去，到耶律中死的地方自杀了。

评论：陈氏拿经书教育两个儿子，都做了贤明的宰相，耶律氏自己保持贞洁不嫁人，住在闺房之内但不忘记忠于她的君主，如果不是贤惠的人，能做得到吗？三萧氏的节烈，即使男子汉大丈夫也有做不到的啊。

耶律乙辛传

【题解】

《辽史》不设酷吏传，但是列传中援引"《春秋》褒贬，善恶并书"（《奸臣传上》）之例，为耶律乙辛以下"败国皆足以为戒"的奸臣十人立传，其中不乏以严刑残虐置人于死命的，耶律乙辛便是代表之一。当大康元年（1075）皇太子耶律浚始预朝政、兼领南北枢密院事之时，乙辛不得随心所欲兜售其奸，于是设计陷害皇后、皇太子。为了罗织太子的罪名，乙辛对人妄加酷刑，施以重枷，绳捆其颈，使其气绝而亡；甚至尸体不得埋葬，任其在地上发臭。如此残酷暴虐，即或置诸他史的酷吏传中，亦可谓有过之而无不及。

【原文】

耶律乙辛，字胡睹衮，五院部人。父迭剌，家贫，服用不给，部人号"穷迭剌"。

初，乙辛母方娠，夜梦手搏殽羊，拔其角尾。既寤占之，术者曰："此吉兆也。羊去角尾为王字，汝后有子当王。"及乙辛生，适在路，无水以浴，迴车破辙，忽见涌泉。迭剌自以得子，欲酒以庆，闻酒香，于草棘间得二榼，因祭东焉。

乙辛幼慧黠。尝牧羊至日昃，迭剌视之，乙辛熟寝。迭剌触之觉，乙辛怒曰："何遽惊我!适梦人手执日以食我,我已食月,啖日方半而觉,惜不尽食之。"迭剌自是不令牧羊。

及长,美风仪,外和内狡。重熙中,为文班吏,掌太保印,陪从入宫。皇后见乙辛详雅如素宦,令补笔砚吏;帝亦爱之,累迁护卫太保。道宗即位,以乙辛先朝任使,赐汉人户四十,同知点检司事,常召决疑议,升北院同知,历枢密副使。清宁五年,为南院枢密使,改知北院,封赵王。

九年,耶律仁先为南院枢密使,时驸马都尉萧胡睹与重元党,恶仁先在朝,奏曰:"仁先可任西北路招讨使。"仁先乃先帝旧臣,不可遽离朝廷。"帝将从之。乙辛奏曰:"臣新参国政,未知治体。"帝然之。重元乱平,拜北院枢密使,进王魏,赐匡时翊圣竭忠平乱功臣。咸雍五年,加守太师。诏四方有军旅,许以便宜众事。势震中外,门下馈赂不绝。凡阿顺者蒙荐擢,忠直者被斥窜。

大康元年,皇太子始预朝政,法度修明,乙辛不得逞,谋以事诬皇后。后既死,乙辛不自安,又欲害太子。乘间入奏曰:"帝与后如天地并位,中宫岂可旷?"盛称其党驸马都尉萧霞抹之妹美而贤。上信之,纳于宫,寻册为皇后。时护卫萧忽古知乙辛奸状,伏桥下,欲杀之。俄暴雨坏桥,谋不遂。林牙萧岩寿密奏曰:"乙辛自皇太子预政,内怀疑惧,又与宰相张孝杰相附会。恐有异图,不可使居要地。"出为中京留守。乙辛泣谓人曰:"乙辛无过!因谗见出。"其党萧霞抹辈以其言闻于上。上悔之。无何,出萧岩寿为顺义军节度使,诏近臣议召乙辛事。北面官属无敢言者,耶律撒剌曰:"初以萧岩寿奏,出乙辛。若所言不当,宜坐以罪;若当,则不可复召。"累谏不从。乃复召为北院枢密使。

时皇太子以母后之故,忧见颜色。乙辛党欣跃相庆,谗谤沸腾,忠良之士斥逐殆尽。乙辛因萧十三之言,夜召萧得里特谋构太子,令护卫太保耶律查剌诬告耶律撒剌等同谋立皇太子。诏按无迹而罢。又令牌印郎君萧讹都斡诣上诬首:"耶律查剌吉耶律撒剌等事皆实,臣亦与其谋。本欲杀乙辛等立太子。臣等若不言,恐事白连坐。"诏使鞫劾,乙辛迫令具伏。上怒,命诛撒剌及速撒等。乙辛恐帝疑,引数人庭诘,各令荷重校,绳系其颈,不能出气,人人不堪其酷,惟求速死。反奏曰:"别无异辞。"时方暑,尸不得瘗,以至地臭。乃囚皇太子于上京,监卫者皆其党。寻遣萧达鲁古、撒把害太子。乙辛党大喜,聚饮数日。上京留守萧挞得以卒闻。上哀悼,欲召其妻,乙辛阴遣人杀之,以灭其口。

五年正月,上将出猎,乙辛奏留皇孙,上欲从之。同知点检萧兀纳谏曰:"陛下若从乙辛留皇孙,皇孙尚幼,左右无人,愿留臣保护,以防不测。"遂与皇孙俱行。由是上始疑乙辛,颇知其奸。会北幸,将次黑山之平淀,上适见扈从官属多随乙辛后,恶之,出乙辛知南院大王事。及例削一字王爵,改王混同,意稍自安。及赴阙入谢,帝即日遣还,改知兴中府事。

七年冬,坐以禁物鬻入外国,下有司议,法当死。乙辛党耶律燕哥独奏当入八议,得减死论,击以铁骨朵,幽于来州。后谋奔宋及私藏兵甲事觉,缢杀之。乾统二年,发冢,戮其尸。

【译文】

耶律乙辛,字胡睹衮,五院部人。父亲迭剌,家中贫穷,服用不足,部落中的人称他为"穷迭剌"。

起初,耶律乙辛的母亲刚刚怀孕时,夜中梦见手捉黑色公羊,拔掉它的犄角和尾巴。

醒后占卜,道术之士称:"此乃吉兆,羊去犄角、尾巴为王字,你以后有儿子会当上王。"耶律乙辛降生时,正赶上迭剌一家奔走在路上,没有水加以洗浴,在掉转车头、碾破辙迹,忽然看见上涌的泉水。迭剌原为得了儿子,正想饮酒而庆贺。闻到酒香,在草丛荆棘中得到两壶酒,于是以酒祭祀东方。

乙辛幼年聪慧机敏。曾经牧羊至太阳偏西,迭剌巡视,看到乙辛正在熟睡。迭剌把他碰醒,乙辛怒道:"为什么这样快就惊动我?方才梦见有人手持日月而让我进食,我已经吃掉月亮,吞吃太阳刚到一半就醒了,可惜不能全部吃掉它。"迭剌从此以后不再让乙辛牧羊。

等到长大以后,风度翩翩,仪表堂堂,外貌谦和,内心狡黠。重熙年间,任文班吏,掌太保印,陪从在宫中。皇后见乙辛安详文雅如古代大臣,委任他为笔砚吏;辽兴宗也喜欢他,屡次升迁到护卫太保。道宗即位,由于乙辛为先朝任使,赐给汉人户四十,同知点检司事,常常召他参与解决难于议决的问题,升北院同知,枢密副使。清宁五年,为南院枢密使,改官主持北院,封为赵王。

清宁九年,耶律仁先任为南院枢密使,当时驸马都尉萧胡睹和重元结成同伙,讨厌耶律仁先在朝内,启奏说:"仁先可任西北路招讨使。"道宗准备依从他。乙辛奏说:"我刚参朝政,不熟悉治国的大体。仁先乃是先皇帝的旧臣,不可突然离开朝廷。"道宗表示赞同。重元之乱平定以后,授乙辛北院枢密使,进号为魏王,赐号为匡时翊圣竭忠平乱功臣。道宗咸雍五年,代理太师。诏令四方如有军事行动,允许乙辛斟酌事势自行处理。一时权势倾动朝野,门下贿赠络绎不绝,凡曲从迎合的就受到荐举提升,凡忠信耿直的则被废弃贬逐。

道宗太康元年,皇太子开始参与朝政,法令制度整饬清明,乙辛不能再随意得逞,就谋划诬陷皇后。皇后死了以后,乙辛不能自安,又想加害太子。便趁机入奏说:"皇帝和皇后如同天地一样并列的位置,中宫岂可空缺?"于是竭力称赞他的同伙驸马都尉萧霞抹的妹妹美丽贤良。道宗听信了他,将萧抹霞的妹妹接纳入宫,不久册封为皇后。当时护卫萧忽古了解乙辛邪恶不正的详情,埋伏在桥下,想要杀他。不久暴雨冲坏桥梁,计划没有成功。林牙官萧岩寿向道宗密奏:"乙辛自从皇太子参与朝政后,内心一直感到疑惧不安,与宰相张孝杰互相依附,恐有反叛的图谋,不可使他居于枢要地位。"于是外放为中京留守。乙辛哭泣着对人说:"乙辛并没有过错,只因为受到谗言而被外放。"他的同伙萧霞抹之流把他的话禀告道宗,道宗后悔。不久,外放萧岩寿为顺义军节度使,令近臣商议召回乙辛的事情。朝中大臣没有人敢于说话,耶律撒剌说:"最初因为萧岩寿上奏而外放乙辛,如果他所说的不恰当,应该加以判罪;如果恰当,那就不再召回。"屡次劝谏道宗都不听从。于是再次征召乙辛为北院枢密使。

当时皇太子以母后被害死,忧愁表现在脸上。乙辛一伙欢欣跳跃互相庆贺,谗言谤语沸沸扬扬,忠良之士几乎统统被贬斥。乙辛根据萧十三的话,连夜召萧得里特谋划构陷太子,命令护卫太保耶律查剌诬告耶律撒剌等同谋立皇后太子。诏令审查,找不到证据,只好罢手。又让牌印郎君萧讹都斡晋见道宗,诬陷说:"耶律查剌以前告发耶撒剌等事都确实无误,臣也参与了谋划,本来要杀乙辛等而立太子。臣等如不坦白承认,恐怕真相大白以后牵连获罪。"诏令问罪审讯,乙辛迫使他们全部承认。道宗震怒,命令诛杀撒剌及速撒等。乙辛恐怕道宗日后生疑,拉众人当堂审问,证人戴着重枷,绳索捆着他们的脖颈,以致不能出气,人人难以忍受其残暴,唯求赶快一死。乙辛回去向道宗启奏说:"没有不同的说法。"当时正值暑天,尸体不得埋葬,以至于连地上都发臭。于是在上京囚禁皇太子,监护守卫者都是乙辛的同党。不久派萧达鲁古、撒把害死太子,乙辛一伙大为高兴,相聚饮宴数日。上京留守萧挞得把太子的死讯禀告道宗。道宗哀悼,想召回太子的妻子,乙辛暗中派人杀掉了她灭口。

五年正月,道宗将要出猎,乙辛上奏将皇孙留在京城,道宗想听从他。同知点检萧兀纳谏说:"陛下如果听从乙辛的意见留下皇孙,皇孙尚且幼小,左右无人照顾,愿留臣加以保护,以防意外事件。"于是与皇孙一起上路。从此道宗开始怀疑乙辛,颇为知晓他的一些奸邪之事。适逢皇帝起驾临幸北方,将到达黑山的平淀,恰好看见邑从官员多随乙辛身后,于是讨厌他,外派乙辛知南院大王事。按照规定削掉一字王爵,改混同郡王,自己稍稍感到安心。等到入宫谢恩,皇上当日遣还,改派主持兴中府事。

七年冬,乙辛以法令禁止的物品卖给外国而获罪,被发交有关部门议罪,按法律应处死刑。乙辛同伙耶律燕哥独奏当以八议之例减刑,得免死罪,以铁骨朵棍棒相击,拘禁在来州。终以勒颈绝气的刑法被杀掉了。乾统二年,掘开坟墓,陈其尸骨示众。

张孝杰传

【题解】

张孝杰,辽建州永霸县(今辽宁朝阳西)人。辽兴宗重熙二十四年(1055)为进士第一。辽道宗清宁年间累迁为枢密直学士,咸雍初出为惠州刺史,不久恢复旧职,兼知户部司事。三年,拜参知政事,同知枢密院事。八年,封陈国公,迁北府宰相,在汉人中贵幸无比。与耶律乙辛一起谗害皇太子耶鲁斡,诬害忠良。大康六年(1080),耶律乙辛被贬出,道宗亦知张孝杰之奸,遂贬出为武定军节度使,坐私贩广济湖盐及擅改诏旨削爵,大安中,死于乡。乾统初,剖棺戮尸。孝杰任官贪得无厌,曾与人说:"无百万两黄金,不足为宰相家。"

【原文】

张孝杰,建州永霸县人。家贫,好学,重熙二十四年擢进士第一。清宁间累迁枢密直学士,咸雍初坐误奏事,出为惠州刺史,俄召复旧职,兼知户部司事。三年,参知政事,同知枢密院事,加工部侍郎。八年,封陈国公。上以孝杰勤干,数问以事,为北府宰相。汉人贵幸无比。

大康元年,赐国姓。明年秋猎,帝一日射鹿三十,燕从官。酒酣,命赋《云上于天诗》,诏孝杰坐御榻旁,上诵《黍离诗》:"知我者谓我心忧,不知我谓我何求。"孝杰奏曰:"今天下太平,陛下何忧?富有四海,陛下何求?"帝大悦。三年,群臣侍燕,上曰:"先帝用仁先、化葛,以贤智也。朕有孝杰、乙辛,不在仁先、化葛下,诚为得人。"欢饮至夜乃罢。

是年夏,乙辛皇太子,孝杰同力相济。及乙辛受诏按皇太子党人,诬害忠良,孝杰之谋居多。乙辛荐孝杰忠于社稷,帝谓孝杰可比狄仁杰,赐名仁杰,乃许放海东青鹘。六年，既出乙辛，上亦悟孝杰奸佞，寻出为武定军节度使，坐私贩广济湖盐及擅改诏旨，削爵，贬安肃州，数年乃归，大安中，死于乡。乾统初，剖棺戮尸，以族产分赐臣下。

孝杰久在相位，贪货无厌，时与亲戚会饮，尝曰："无百万两黄金，不足为宰相家。"初，孝杰及第，诣佛寺，忽迅风吹孝杰幞头，与浮图齐，坠地而碎，有老僧曰："此人必骤贵，亦不得其死。"竟如其言。

【译文】

张孝杰，建州永霸县人。家中贫困，却很好学，辽兴宗重熙二十四年考进士第一。清宁年间经多次升迁为枢密直学士，咸雍初年因为奏事有误，被贬出为惠州刺史，不久又被召回官复旧职，兼任户部司事。三年，任参知政事，同知枢密院事，加官为工部侍郎。八年，封为陈国公，辽道宗认为张孝杰勤劳肯干，多次向他询问政事，拜任北府宰相，在汉人中所受到的宠幸和尊贵，无以能比。

大康元年，被赐以契丹国姓。次年秋天，皇帝出猎，一日之内，射获三十头鹿。大宴随从官员，皇帝下令作《云上于天诗》，诏令张孝杰坐在御榻旁，皇帝背诵《黍离诗》："知我者谓我心忧，不知我者谓我何求。"张孝杰上奏说："如今天下太平，陛下还有什么可心忧？富有整个国家，陛下还有什么可求？"道宗皇帝非常高兴。三年，很多大臣侍从道宗宴饮，道宗说："先皇帝任用耶律仁先、耶律化葛，是因为他们贤而有才智。我有张孝杰、耶律乙辛，不在耶律仁先、耶律化葛之下，实在是得到了人才。"君臣高兴地宴饮到夜晚才作罢。

这一年夏天，耶律乙辛谗毁皇太子，张孝杰与耶律乙辛合伙作恶。及至耶律乙辛接受诏令追查皇太子的党羽，诬蔑陷害忠良大臣，以张孝杰所出的坏主意居多。耶律乙辛向道宗推荐说张孝杰忠于国家，道宗说张孝杰可与唐代的狄仁杰相比，因此赐名为张仁杰，并特别允许他放飞海东青鹘。六年，耶律乙辛被贬黜后，道宗也感觉到张孝杰的奸佞，没多久，便外任他为武定军节度使，因为私自贩卖广济湖所产盐，以及擅自更改皇帝诏书，他被削夺爵位，贬官至安肃州，过了很多年才归家。大安年间，死于故乡。天祚帝乾统初年，被剖棺戮尸，将其族中产业分别赐给臣属。

张孝杰任宰相多年，贪得无厌，曾在与亲戚一起宴饮时说："没有上百万两黄金，不足以称作宰相之家。"当初，张孝杰进士及第，到佛寺朝拜，忽然一阵疾风把张孝杰的幞头吹跑了，吹得与佛塔一样高，掉在地下摔碎，有一名老僧说："这个人必定很快得到富贵，但也不会得到好死。"后来果然如老僧所说。

二十四史

金史

导　读

　　《金史》撰成于元代，是反映女真族所建金朝的兴衰始末的重要史籍。全书共一百三十五卷，包括本纪十九卷，志三十九卷，表四卷，列传七十三卷。主要记载了女真贵族在我国北方建立的金政权一百二十年的历史。

　　同《辽史》一样，脱脱等编写《金史》也是有所依傍的。元朝初年，王鹗利用《金实录》修成《金史》，包括帝纪、列传、志三个部分。在此之前，记金朝史事的刘祁的《归潜志》和元好问的《壬辰杂编》等已经行世。脱脱等人修《金史》，主要以王鹗的《金史》为蓝本，兼采刘、元两家的史著笔削成书。元朝撰修的三史，在史料整理、叙事文笔、编史体例方面，以《金史》居上。

　　《金史》模仿《魏书》，本纪部分先列一篇《世纪》，追述金太祖阿骨打的先世。最后又列一篇《世纪补》，叙述后来追认的几个皇帝。这是《金史》首创的一种体例。《世纪补》为后来的元、明两史所取法，只不过由本纪移到了列传的前面。

　　金与辽、宋、蒙古之间，发生过频繁的战争，《金史》把每次战役的经过，集中纳入战事主持者的本纪或列传中，这样就能从一纪一传中窥见每次战争的概貌，便于查阅。

　　女真族是我国历史上一个重要的民族，有关这一民族的发展情况，特别是早期历史，保存到现在的比较完整的记载并不多见，因此《金史》一向受到人们的重视。它的志系统而详备，如《食货志》内分户口、通检推排、田制、租赋、牛头税、钱币、盐、酒、醋税、茶、诸征商税等许多细目，井井有条地记录了金朝经济的各个侧面。这样的材料，今天是很难得的。

　　《金史》的表有所创新，它第一次编制了《交聘表》，把金与宋、夏、高丽的和战庆吊的交往记录下来，使人一目了然。书后有一篇《金国语解》，分为"官称""人事"两类，它的性质和作用与《辽史》的《国语解》相同。

熙宗悼平皇后传

中华传世藏书

二十四史

精华

四二十史

金史

【题解】

金熙宗悼平皇后裴满氏（？~1149年），名不详。熙宗即位，册为贵妃，后晋为皇后。生皇子济安，不久夭折。熙宗在位后期，她掣制熙宗，干预朝政，致使政事混乱，为完颜亮（海陵王）弑君篡位创造了条件。为熙宗所杀。

【原文】

熙宗悼平皇后，裴满氏。熙宗即位，封贵妃。天眷元年，立为皇后。父忽达拜太尉，赠曾祖斜也司空，祖鹘沙司徒。皇统元年，熙宗受尊号，册为慈明恭孝顺德皇后。二年，太子济安生。是岁，熙宗年二十四，喜甚，乃肆赦，告天地宗庙。弥月，册为皇太子，未一岁薨。

熙宗在位，宗翰、宗干、宗弼相继秉政，帝临朝端默。虽初年国家多事，而庙算制胜，齐国就废，宋人请臣，吏清政简，百姓乐业。宗弼既没，旧臣亦多物故，后干预政事，无所忌惮，朝官往往因之以取宰相。济安薨后，数年继嗣不立，后颇掣制熙宗。熙宗内不能平，因无聊，纵酒酗怒，手刃杀人。左丞相亮生日，上遣大兴国以司马光画像、玉吐鹘、厩马赐之，后亦附赐生日礼物。熙宗闻之，怒，遂杖兴国而夺回所赐。海陵本怀觊觎，因之疑畏愈甚，萧墙之变，从此萌矣。近侍高寿星随例迁屯燕南，入诉於后，后激怒熙宗，杀左司郎中三合，杖平章政事秉德，而寿星竟得不迁。秉德、唐括辩之奸谋起焉，海陵乘之，以成逆乱之计。

久之，熙宗积怒，遂杀后，而纳胙王常胜妃撒卯入宫继之。又杀德妃乌古论氏，妃夹谷氏、张氏、裴满氏。明日，熙宗遇弑。海陵已弑熙宗，欲收人心，以后死无罪，降熙宗为东昏王，追谥后为悼皇后，封后父忽达为王。大定间，复熙宗帝号，加谥后为悼平皇后，祔葬思陵。

【译文】

熙宗悼平皇后，姓裴满氏。熙宗即位，封为贵妃。天眷元年，册立为皇后。父亲忽达进拜太尉，追赠曾祖父斜也为司空，祖父鹘沙为司徒。皇统元年，熙宗接受了尊号，又册封裴满皇后为慈明恭孝顺德皇后。二年，太子济安降生。这一年熙宗二十四岁，非常高兴，就宣布大赦，祭告天地、宗庙。满一个月的时候，册立为皇太子，然而没过一年就夭折了。

熙宗在位的时候，大臣宗翰、宗干、宗弼相继主持政务，熙宗本人在朝端庄沉默，较少发挥作用。虽然当时是立国之初，国家事务繁多，而朝廷筹划政策能够料敌制胜，齐国顺利被废，宋人请求臣服，吏治清明，政务宽简，百姓安居乐业。宗弼去世以后，前朝旧臣也大多已死，裴满皇后干预政事，无所忌惮，朝廷官员往往通过她牟取宰相职位。皇太子济安死后，好几年没有再生皇子，裴满皇后对熙宗多加掣肘要挟。熙宗心里非常不满，因而情绪消沉,经常酗酒发怒,亲手用刀杀人。左丞相完颜亮过生日,熙宗派大兴国赐给他司马光画像、玉制的吐鹘以及皇家马圈中的骏马。裴满皇后也附带赏赐完颜亮生日礼物。熙宗听说以后,大怒,于是杖责大兴国,夺回所赐物品。完颜亮本来就有篡夺帝位的野心,由于发生了这件事,更加疑虑害怕,从此萌发了发动宫廷政变的计划。近侍高寿星按照规定应当迁徙到燕京以南屯田,进宫向裴满皇后告状。裴满皇后激怒熙宗,杀掉左司郎中三合,杖责平章政事秉德,而高寿星最终没有迁徙。秉德、唐括辩由此产生了作乱的阴谋。完颜亮乘机加以利用,后来终于完成了弑君篡位的计划。

过了很久,熙宗的怒气长期积压,无法控制,就杀死了裴满皇后,而迎纳胙王常胜的王妃撒卯入宫继承皇后之位。又杀掉了德妃乌古论氏、妃夹谷氏、张氏、裴满氏。第二天,熙宗被完颜亮所杀。完颜亮杀害熙宗之后,打算收买人心,因为裴满皇后无罪被杀,降熙宗的称号为东昏王,追谥裴满皇后为悼皇后,又封她的父亲忽达为王。世宗大定年间,追复熙宗帝号,加谥裴满皇后为悼平皇后,与熙宗合葬在思陵。

完颜宗翰传

【题解】

宗翰(1080~1137),金朝大将。曾参与拥立金太祖完颜阿骨打建国称帝。天辅五年(1121),率部攻破辽西京(今山西大同),同年冬随金太祖攻克辽南京(今北京)。金太宗即位,宗翰力主攻宋。天会四年(1126)冬,率军攻克汴京,灭北宋。宋高宗即位后,宗翰再次出任统帅率师攻宋。金熙宗时拜太保、尚书令、领三省事,封晋国王。后病逝。

【原文】

宗翰本名粘没喝,汉语讹为粘罕,国相撒改之长子也。年十七,军中服其勇。及议伐辽,宗翰与太祖意合。太祖败辽师于境上,获耶律谢十。撒改使宗翰及完颜希尹来贺捷,即称帝为贺。及太宗以下宗室群臣皆劝进,太祖犹谦让。宗翰与阿离合懑、蒲家奴等进曰:"若不以时建号,无以系天下心。"太祖意乃决。辽都统耶律讹里朵以二十余万戍边,太祖逆击之,宗翰为右军,大败辽人于达鲁古城。

天辅五年四月,宗翰奏曰:"辽主失德,中外离心。我朝兴师,大业既定,而根本弗除,后必为患。今乘其衅,可袭取之。天时人事,不可失也。"太祖然之,即命诸路戒备军事。五月戊戌,射柳,宴群臣。上顾谓宗翰曰:"今议西征,汝前后计议多合朕意。宗室中虽有长于汝者,若谋元帅,无以易汝。汝当治兵,以俟师期。"上亲酌酒饮之,且命之醴,解御衣以衣之。群臣言时方暑月,乃止。无何,为移赉勃极烈,副蒲家奴西袭辽帝,不果行。

十一月,宗翰复请曰:"诸军久驻,人思自奋,马亦壮健,宜乘此时进取中京。"群臣言时方寒,太祖不听,竟用宗翰策。于是,忽鲁勃极烈杲都统内外诸军,蒲家奴、宗翰、宗干、宗磐副之,宗峻领合扎猛安,皆受金牌,余睹为乡导,取中京实北京。既克中京,宗翰率偏师趋北安州,与娄室、徒单绰里合兵,大败奚王霞末,北安遂降。

宗翰驻军北安,遣希尹经略近地,获辽护卫耶律习泥烈。乃知辽主猎于鸳鸯泺,杀其子晋王敖鲁斡，众益离心，西北、西南两路兵马皆羸弱，不可用。宗翰使耨碗温都、移剌保报都统杲曰："辽主穷迫于山西，犹事畋猎，不恤危亡，自杀其子，臣民失望。攻取之策，幸速见谕。若有异议，此当以偏师讨之。"杲使奔睹与移剌保同来报曰："顷奉诏旨，不令便趋山西，当审详徐议。"当时，宗翰使人报杲，即整兵俟兵期。及奔睹至，知杲无意进取，宗翰恐待杲约或失机会，即决策进兵。使移剌保复往报都统曰："初受命虽未令便取山西，亦许便宜从事。辽人可取，其势已见，一失机会，后难图矣。今已进兵，当与大军会于何地，幸以见报。"宗干劝杲当如宗翰策，杲意乃决，约以奚王岭会议。

宗翰至奚王岭，与都统杲会。杲军出青岭，宗翰军出瓢岭，期于羊城泺会军。宗翰以精兵六千袭辽主，闻辽主自五院司来拒战，宗翰倍道兼行，一宿而至，辽主遁去。乃使希尹等追之。西京复叛，耿守忠以兵五千来救，至城东四十里，蒲察乌烈、谷赧先击之，斩首千余。宗翰、宗雄、宗干、宗峻继至，宗翰率麾下自其中冲击之，使余兵去马从旁射之。守忠败走，其众歼焉。宗翰弟扎保迪没于阵。天眷中，赠扎保迪特进云。

宗翰已抚定西路州县部族，谒上于行在所，遂从上取燕京。燕京平，赐宗翰、希尹、挞懒、耶律余睹金器有差。太祖既以燕京与宋人，还军次鸳鸯泺，不豫，将归京师。以宗翰为都统，昙勃极烈昱、迭勃极烈斡鲁副之，驻军云中。

太宗即位，诏宗翰曰："寄尔以方面，当迁官资者，以便宜除授。"因以空名宣头百道给之。宋人来请割诸城，宗翰报以武、朔二州。宗翰请曰："宋人不归我叛亡，阻绝燕山往来道路，后必败盟，请勿割山西郡县。"太宗曰："先皇帝尝许之矣，当与之。"

诸将获耶律马哥，宗翰归之京师。诏以马七百匹给宗翰军，以田种千石、米七千石赈新附之民。诏曰："新附之民，比及农时，度地以居之。"宗翰请分宗望、挞懒、石古乃精兵讨诸部。诏曰："宗望军不可分，别以精锐五千给之。"宗翰朝太祖陵，入见上，奏曰："先皇帝时，山西、南京诸部汉官，军帅皆得承制除授。今南京皆循旧制，惟山西优以朝命。"诏曰："一用先皇帝燕京所降诏敕从事，卿等度其勤力而迁授之。"

宗翰复奏曰："先皇帝征辽之初，图宋协力夹攻，故许以燕地。宋人既盟之后，请加币以求山西诸镇，先皇帝辞其加币。盟书曰：'无容匿逋逃，诱扰边民。'今宋数路招纳叛亡，厚以恩赏。累疏叛人姓名，索之童贯，尝期以月日，约以誓书，一无所致。盟未期年，今已如此，万世守约，其可望乎。且西鄙未宁，割付山西诸郡，则诸军失屯据之所，将有经略，或难持久，请姑置勿割。"上悉如所请。

上以宗翰破辽，经略夏国奉表称藩，深嘉其功，以马十匹，使宗翰自择二匹，余赐群帅。

及斡鲁奏宋不遣岁币户口事，且将渝盟，不可不备。太宗命宗翰取诸路户籍按籍索之。而阇母再奏宋败盟有状，宗翰、宗望俱请伐宋。于是，谙班勃极烈杲领都元帅，居京师，宗翰为左副元帅，自太原路伐宋。

宗翰发自河阴，遂降朔州，克代州，围太原府。宋河东、陕西军四万救太原，败于汾河之北，杀万余人。宗望自河北趋汴，久不闻问，遂留银术可等围太原，宗翰率师而南。天会四年降定诸县及威胜军，下隆德府实潞州。军至泽州，宋使至军中，始知割三镇讲和事。路允迪以宋割太原诏书来，太原人不受诏。宗翰取文水及盂县，复留银术可围太原。宗翰乃还山西。

宋少帝诱萧仲恭贻书余睹，以兴复辽社稷以动之。萧仲恭献其书，诏复伐宋。八月，宗翰发自西京。九月丙寅，宗翰克太原，执宋经略使张孝纯等。鹘沙虎取平遥，降灵石、介休、孝义诸县。十一月甲子，宗翰自太原趋汴，降威胜军，克隆德府，遂取泽州。撒刺答等先已破天井关，进逼河阳，破宋兵万人，降其城。宗翰攻怀州，克之。丁亥，渡河。闰月，宗翰至汴，与宗望会兵。宋约画河为界，复请修好，不克和。丙辰，银术可等克汴州。辛酉，宋少帝诣军前，舍青城。十二月癸亥，少帝奏表降。诏元帅府曰："将帅士卒立功者，第其功之高下迁赏之。其殒身行阵，没于王事者，厚恤其家，赐赠官爵务从优厚。"使勘就军中劳赐宗翰、宗望，使皆执其手以劳之。五年四月，以宋二主及其宗族四百七十余人及珪璋、宝印、衮冕、车辂、祭器、大乐、灵台、图书，与大军北还。七月，赐宗翰铁券，除反逆外，余皆不问，赐与甚厚。

宗翰奏河北、河东府镇州县请择前资官良能者任之，以安新民。上遣耶律晖等从宗翰行。诏黄龙府路、南路、东京路于所部各选如耶律晖者遣之。宗翰遂趋洛阳。宋董植以兵至郑州，郑州人复叛。宗翰使诸将击董植军，复取郑州。遂迁洛阳、襄阳、颍昌、汝、郑、均、房、唐、邓、陈、蔡之民于河北，而遣娄室平陕西州郡。是时河东寇盗尚多，宗翰乃分留将士，夹河屯守，而还师山西。昏德公致书"请立赵氏，奉职修贡，民心必喜，万世利也。"宗翰受其书而不答。

康王遣王师正奉表，密以书招诱契丹、汉人。获其书奏之。太宗下诏伐康王。河北诸将欲罢陕西兵，并力南伐。河东诸将不可，曰："陕西与西夏为邻，事重体大，兵不可罢。"宗翰曰："初与夏约夹攻宋人，而夏人弗应。而耶律大石在西北，交通西夏。吾舍陕西而会师河北，彼必谓我有急难。河北不足虞，宜先事陕西，略定五路，既弱西夏，然后取宋。"宗翰盖有意于夏人也。议久不决，奏请于上，上曰："康王构当穷其所往而追之。俟平宋，当立藩辅如张邦昌者。陕右之地，亦未可置而不取。"于是娄室、蒲察帅师，绳果、婆卢火监战，平陕西。银术可守太原，耶律余睹留西京。

宗翰会东军于黎阳津，遂会睿宗于濮。进兵至东平，宋知府权邦彦弃家宵遁，降其城，驻军东平东南五十里。复取徐州。先是，宋人运江、淮金币皆在徐州官库，尽得之，分给诸军。袭庆府来降。宋知济南府刘豫以城降于挞懒。乃遣拔离速、乌林答泰欲、马五袭康王于扬州，未至百五十里，马五以五百骑先驰至扬州城下。康王闻兵来，已于前一夕渡江矣。于是，康王以书请存赵氏社稷。先是，康王尝致书元帅府，称"大宋皇帝构致书大金元帅帐前"，至是乃贬去大号，自称"宋康王赵构谨致书元帅阁下。"其四月、七月两书皆然。元帅府答其书，招之使降，于是，挞懒、宗弼、拔离速、马五等分道南伐。宗弼之军渡江取建康，入于杭州。康王入海，阿里、蒲卢浑等自明州行海三百里，追之弗及。宗弼乃还。其后宗翰欲用徐文策伐江南，睿宗、宗弼议不合，乃止。语在刘豫传。归德叛，都统大纠里平之。

初，太宗以斜也为谙班勃极烈，天会八年，斜也薨，久虚此位。而熙宗宗峻子，太祖嫡孙，宗干等不以言太宗，而太宗亦无立熙宗意。宗翰朝京师，谓宗干曰："储嗣虚位颇久，合刺先帝嫡孙，当立，不早定之，恐授非其人。宗翰日夜未尝忘此。"遂与宗干、希尹定议，入言于太宗，请之再三。太宗以宗翰等皆大臣，义不可夺，乃从之，遂立熙宗为谙班勃极烈。于是，宗翰为国论右勃极烈，兼都元帅。

熙宗即位，拜太保、尚书令，领三省事，封晋国王。乞致仕，诏不许。天会十四年薨，年五十八。追封周宋国王。正隆二年，例封金源郡王。大定间，改赠秦王，谥桓忠，配享太祖庙廷。

孙秉德、斜哥。秉德别有传。

【译文】

完颜宗翰的本名叫粘没喝，在汉语中错念为粘罕，是金国宰相完颜撒改的长子。十七岁时，军中就无不钦服他的英勇。等到商议证伐辽国，宗翰与太祖的意见不谋而合。太祖在边境上击败辽军。俘获耶律谢十，撒改派遣宗翰和完颜希尹前来祝贺胜利，当时就建议太祖即皇帝位以示庆贺。等到太宗以下的宗室成员和群臣们都劝太祖登基时，太祖仍然谦让再三，宗翰与阿离合懑、蒲家奴等人进言道："如果不乘此时建立国号，就无法维系天下人之心了。"太祖于是才定下决心。辽国的都统耶律讹里朵率领二十余万人戍卫边境，太祖出兵迎击他们，宗翰指挥右军，在达鲁古城大败辽军。

天辅五年四月，宗翰上奏说："辽国皇帝作恶多端，国内外人心离散。我朝兴师以来，大业已经奠定，但是辽国还没有扫灭，今后一定会成为祸患，现在乘他们国内不稳，可以出其不意夺取他们的天下。无论从天时上看，还是从人事上说，都不可失去这个机会。"太祖认为他的话有道理，就下令诸路整军备战。五月戊戌，皇帝举行射柳仪式，大宴群臣。皇帝看着宗翰说："今天商议西征，你前后所上的计策十分符合我的心愿。宗室之中虽然有比你年长的人，但如果选择元帅，没有谁能代替你。你应努力训练部队，等待出兵的日期来临。"皇帝亲自为他斟酒，并命他一饮而尽，并解下自己的衣服给他穿上。群臣们说眼下正值天气暑热，这才作罢。没过多久，宗翰担任移赍勃极烈，作为蒲家奴的副职西进袭击辽国皇帝，但没有成行。

十一月，宗翰再次请求说："各部队长期停驻，人人想发奋争先，战马也很健壮，应当乘此时进军攻取中京。"群臣们说此时天气刚刚寒冷，太祖不听这些话，终于采纳了宗翰的意见。于是，忽鲁勃极烈完颜杲担任内外诸军都统，蒲家奴、宗翰、宗干，宗磐任副手，宗峻率领合扎猛安，都领受了金牌，余睹担任向导，攻取中京即北京。攻下中京之后，宗翰率偏师奔赴北安州，与娄室、徒单绰里合兵，大败奚王霞末，北安州于是投降。

宗翰在北安州驻扎部队，派遣希尹经营附近各地，俘获了辽国护卫耶律习泥烈，才得知辽国皇帝正在鸳鸯泺打猎，杀了自己的儿子晋王敖鲁斡，众人越发离心离德，而且西北、西南两路兵马都是老弱病残，无法用来作战。宗翰派耨碗温都、移剌保向都统杲报告说："辽国皇帝在山西已是穷困交迫，却仍以射猎为事，不忧虑危亡，自己杀死自己的儿子，臣民失望。攻取的策略，希望从速通知。如果有不同意见，我在此亲提偏师去讨伐他，杲派奔睹与移剌保一起来答复说："刚刚接到诏令，不让马上进军山西，应当审核详细后再慢慢议定。"当时，宗翰派人向杲报告时，就已经整顿兵马等着出兵的日期。等奔睹来到，知道杲没有发兵进取的意思，宗翰担心等待与杲约会就可能失去机会，当即决定进军出发。派移剌保再次前往报告都统说："当初受命时虽然没让乘机攻取山西，但也准许我们见机行事。辽人可以攻取，这个形势已经十分明显，一旦失去机会，以后就很难牟取了。现在我已经进兵，应当与大部队会合于什么地方，希望见告。"宗干劝杲同意宗翰的决策，杲才下定决心，约定在奚王岭会合商议。

宗翰进至奚王岭，与都统杲会合。杲的部队出青岭，宗翰的军队出瓢岭，相约在羊城泺会师。宗翰率六千名精锐士兵袭击辽朝皇帝。听说辽朝皇帝从五院司前来拒战，宗翰加快速度昼夜行军,一夜赶到了五院司,辽朝皇帝逃走了。于是派希尹等追赶他。西京又叛乱,耿守忠率五千名士兵来援救,行至城东四十里,蒲察乌烈、谷㧬率先迎击,斩首一千余。宗翰、宗雄、宗干、宗峻随即赶到,宗翰率部下从中间冲击耿守忠的部队,让其余的士兵下马从旁边射箭,耿守忠大败而逃,他的人马被歼灭了。宗翰的弟弟扎保迪于是役阵亡。天眷年间,朝廷追赠扎保迪为特进。

宗翰已经安抚平定了西路的州县部族,在皇帝的临时行宫拜见皇帝,于是跟从皇帝攻取燕京。燕京平定,皇帝赐给宗翰、希尹、挞懒、耶律余睹金器多少不等。由于太祖已经答应把燕京送给宋人,所以把军队撤到鸳鸯泺,身体不适,将要回京师。任命宗翰为都统,昊勃极烈昱、迭勃极烈斡鲁担任他的副手,驻军于云中。

太宗即位,诏令宗翰说:"托付你独当一面,应当升迁官职的人,你不用请命即可自行任免。"因而给了他空名宣头一百道。宋人来请求割让几个城池,宗翰答复说给武、朔二州。宗翰请示皇帝说:"宋人不归返我国叛逃的人,阻绝了燕山往来的道路,以后必定会破坏盟约,请不要割让山西的郡县。"太宗说:"先皇帝曾经答应他们了,还是应该给他们。"

手下诸将俘获了耶律马哥,宗翰把他送到京师。皇帝下令给宗翰的部队七百匹马、田种一千石、米七千石赈济新近归附的百姓。诏令说:"新归附的百姓,等到可以耕作之时,划分土地让他们居住。"宗翰请求分宗望、挞懒、石古乃的精锐部队讨伐各部。诏令说:"宗望所部不能分兵,另外以精锐士兵五千名给你。"宗翰朝拜太祖的陵墓,入见皇帝,说:"先皇帝在世时,山西、南京各部的汉族官吏,军帅都可以用皇帝的名义进行任免。现在南京全遵循旧制,只有山西需要朝廷直接任命。"皇帝下诏说:"全部按照先皇帝在燕京所下的诏敕从事,你等根据他们的勤奋与能力来迁升他们的职务。"

宗翰又奏说:"先皇帝在征讨辽国之初,为争取宋朝与我们协力夹攻,所以答应把燕地割让给他们。宋人与我们结盟之后,请求增加钱币以求换取山西诸镇。先皇帝推辞了他们增加的钱币。盟书上说:'不能收容藏匿逃亡的人,以引诱纷扰边境的百姓。'现在宋朝好几路都招纳叛逃之人并厚加赏赐。我们多次开列出叛逃人的名单,向童贯索要,曾经限定日期,用誓书相约束,结果一个人也没送回来。结盟还未满一年,现在已成这样,万世遵守盟约,哪里还有指望呢?况且西部边境并未安宁,割去山西各郡,那么各部队就失去了屯驻据守的地点,如果有作战行动,恐怕难以持久,请求暂时搁置不要割让。"皇帝全部同意了他的请求。

皇帝因为宗翰打败了辽国,经营夏国使其奉表称臣,非常嘉许他的功劳,拿出十匹马,让宗翰自己挑选两匹,其余的分赐各位军帅。

斡鲁奏报宋朝不发运每年应交纳的岁币及人口,而且将要背叛盟约,所以不可不加以防备。太宗命令宗翰拿着各路的户口簿按上面的登记数字向宋朝索要。随后,阇母再一次奏称宋朝有破坏盟约的各种迹象,宗翰、宗望一起请求讨伐宋朝。于是,谙班勃极烈杲任都元帅职,留居京师,宗翰担任左副元帅,从太原路讨伐宋朝。

宗翰从河阴出发,降服朔州,攻克代州,包围了太原府。宋朝河东、陕西的军队四万人援救太原,在汾河北岸战败,被斩杀一万余人。宗望自河北直趋汴京,许久没有音讯,于是留下银术可等围困太原,宗翰率领部队向南进发。天会四年降服平定了几个县和威胜军,攻克了隆德府即潞州。部队进至泽州,宋朝使者来到军中,才得知割让三镇讲和的事。路允迪拿着宋廷割让太原的诏书前来，太原人却拒不受诏。宗翰攻取文水及盂县，再次留银术可围困太原。宗翰于是返回山西。

宋少帝诱使萧仲恭写信给余睹，用复兴辽国的江山社稷来打动他。萧仲恭呈献了这封信，皇帝诏令再次讨伐宋朝。八月，宗翰从西京出发。九月丙寅，宗翰攻克太原，捉住了宋朝经略使张孝纯等。鹘沙虎攻取了平遥，降服了灵石、介休、孝义各县。十一月甲子，宗翰从太原直奔汴京，降服了威胜军。攻克了隆德府，于是攻下了泽州。撒刺答等在此之前已攻破了天井关，进兵逼迫河阳，打败了宋兵一万余人，降服了该城。宗翰攻克了怀州。丁亥，渡黄河。闰月，宗翰率军抵达汴京，与宗望会师。宋朝约定以黄河为两国界限，重新请求和好，但两国没有和解。丙辰，银术可等攻克了汴州。辛酉，宋少帝来到军前，住在青城。十二月癸亥，少帝上奏表投降。皇帝诏令元帅府说："将帅和士卒立有战功的人，按其功劳高下升官并奖赏。那些战死在沙场，为王朝献身的，要优厚地抚恤他们的家属，赐赠官职和封爵务要从优从厚。"皇帝派完颜勖到军中慰劳赏赐宗翰、宗望，使者都一一握着他们的手以示慰劳。五年四月，宗翰押着宋朝的二位皇帝及其宗族四百七十余人和珪璋、宝印、衮冕、车辂、祭器、大乐、灵台、图书，随大军一道北还。七月，皇帝赐给宗翰铁券，除了谋反和叛逆之罪以外，其余无论何罪都不追究，对他的赏赐非常丰厚。

宗翰奏称，请在河北、河东的府、镇、州、县中选拔以前的资历深、能力强的人出来任职，以安抚新归附的百姓。皇帝派耶律晖等人随从宗翰前行。皇帝又诏令黄龙府路、南路、东京路各于所部选择像耶律晖这样的人派遣给宗翰。宗翰于是奔赴洛阳。宋朝的董植率兵到郑州，郑州人重新反叛。宗翰命令各将进击董植部队，再次攻取了郑州。于是迁移洛阳、襄阳、颍昌、汝州、郑州、均州、房州、唐州、邓州、陈州、蔡州的百姓到河北，而派遣娄室平定陕西的州郡。当时河东一带强盗寇贼还挺多，宗翰就分别留下将领和士兵，在黄河两岸屯兵驻守，自己回师山西。昏德公给宗翰写信"请立赵氏，使他奉职修贡，民心一定欢喜，这是万世之利。"宗翰接到了这封信却没有答复。

康王派遣王师正奉表前来金国，暗中却携带着康王的信件招诱契丹人和汉人。金人得到了这封信并报告了皇帝。太宗下诏讨伐康王。河北各将领打算停止对陕西用兵，并力南伐。河东诸将认为不可，说："陕西和西夏接邻，事关重要，部队不可撤回。"宗翰说："当初与夏人相约夹攻宋人，而夏人不响应。然而耶律大石在西北，与西夏交结往来。我们舍弃陕西而会师于河北，他们必定会认为我们有急难之事。河北不足为虑，应当首先对陕西用兵，攻略平定五路，削弱西夏之后，然后再攻取宋朝。"宗翰可能是想出兵平掉夏国。议论久而不决，上奏请示于皇帝，皇帝说："康王赵构跑到哪里我们就穷追到哪里。等到平定宋朝，应当建立一个如同张邦昌那样的藩附属国。陕右的土地，也不能放置而不夺取。"于是娄室、蒲察统帅部队，绳果、婆卢火监战，平定陕西。银术可守卫太原，耶律余睹留守西京。

宗翰在黎阳津与东军会合，于是在濮州与睿宗相会。进军至东平，宋朝知府权邦彦弃家夜逃，降服了该城，把部队驻扎在东平东南五十里处。又攻取了徐州。在此之前，宋人把江、淮地区的金币都运来放在徐州的官库，宗翰全部得到了它，分给各部队。袭庆府前来投降。宋朝济南知府刘豫率城向挞懒投降。于是派遣拔离速、乌林答泰欲、马五去扬州袭击康王，还没有走到一百五十里，马五率领五百名骑兵已先行赶赴到了扬州城下。康王得知金兵前来，已经在前一天晚上渡江了。于是康王写信请求保存赵氏的社稷。在

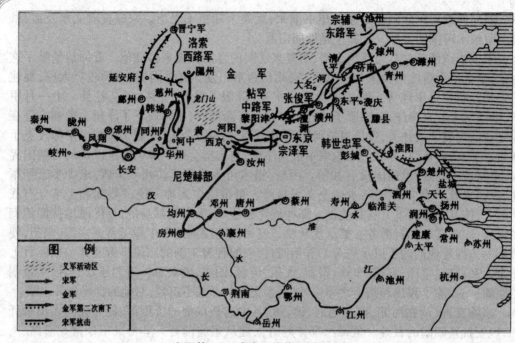

金军第一、二次南下作战经过示意图

此之前,康王曾经写信给元帅府,称"大宋皇帝构致书大金元帅帐前",到此时则贬去大号,自称"宋康王赵构谨致书元帅敎下"。他在四月、七月写的两封信都是如此。元帅府答复他的信,招他投降。于是,挞懒、宗弼、拔离速、马五等分道向南进讨。宗弼的部队渡长江攻取建康,进入杭州。康王被逼逃入海上,阿里、蒲卢浑等从明州在海上航行了三百里,没有追赶上。宗弼就率军返回。在这以后,宗翰准备用徐文的计策讨伐江南,与睿宗、宗弼的意见不一致,就停止了。这件事记载在刘豫传中。归德反叛,都统大纠里平定了他。

当初,太宗让斜也担任谙班勃极烈,天会八年,斜也去世,这一位置空了许久。而熙宗是宗峻的儿子,太祖的嫡孙,宗干等人不跟太宗说这件事,太宗也没有立熙宗为皇位继承人的意思。宗翰入京师朝见,对宗干说:"皇位继承人的位置空虚的太久了,合剌是先帝的嫡孙,应当册立,不早日确定下来,恐怕此位会授给不应得到的人。我日日夜夜未曾忘却此事。"于是与宗干、希尹商议定,入宫向太宗进言,请求再三。太宗因为宗翰等都是朝廷大臣,情义不可削夺,于是就听从了他们的意见,册立熙宗为谙班勃极烈。于是,宗翰担任了国论右勃极烈,兼都元帅。

熙宗即位,任命宗翰为太保、尚书令、领三省事,封为晋国王。宗翰请求退休,皇帝下诏不许。天会十四年去世,终年五十八岁。追封他为周宋国王。正隆二年,按惯例封他为金源郡王。大定年间,改赠为秦王,谥号为桓忠,灵位安放于太祖庙。

宗翰有两个孙子:秉德、斜哥。秉德另外有传。

宗干传

宗干,金大将,太祖完颜阿骨打之子,开国功臣,早年率兵出征,屡立战功,封为勃极烈。他又参与制定国典,奠定金朝典制。后病卒。

【原文】

宗干本名斡本,太祖庶长子。太祖伐辽,辽人来御,遇于境上。使宗干率众先往填堑,士卒毕渡。渤海军驰突而前,左翼七谋克少却,遂犯中军。果辄出战,太祖曰:"遇大敌不可易也。"使宗干止杲。宗干驰出杲前,控止导骑哲垤之马,杲乃还。达鲁古城之战,宗干以中军为疑兵。太祖既攻下黄龙府,即欲取春州。辽主闻黄龙不守,大惧,即自将,籍宗戚豪右少年与四方勇士及能言兵者,皆隶军中。宗干劝太祖毋攻春州,休息士卒,太祖以为然,遂班师。

宗干得降人,言春、泰州无守备,可取。于是斜也取春、泰州,宗雄、宗干等下金山县。宗雄即以兵三千属宗干,招集未降诸部。宗干择土人之才干者,以诏书谕之。于是女固、脾室四部及渤海人皆降。

太祖克临潢府,至沃黑河,宗干谏曰:"地远时暑,士疲马乏,若深入敌境,粮饷不继,恐有后艰。"上从之,遂班师。从都统杲取中京。宗干自北安州移书于杲。是时,希尹获辽人,知辽主在鸳鸯泺,可袭取之。杲不能决,宗干使再至。宗干谓杲曰:"移赉勃极烈灼见事机,再使来请,彼必不轻举。且彼已发兵,不可中止,请从其策。"再三言之,杲乃报宗干会奚王岭。当时无宗干,杲终无进兵意。既会军于羊城泺,杲使宗干与宗翰以精兵六千袭辽至五院司。辽主已遁去,与辽将耿守忠战于西京城东四十里,守忠败走。

太宗即位,宗干为国论勃极烈,与斜也同辅政。天会三年,获辽主于应州西余睹谷。始议礼制度,正官名,定服色,兴庠序,设选举,治历明时,皆自宗干启之。四年,官制行,诏中外。

十年,熙宗为谙班勃极烈、宗干为国论左勃极烈。熙宗即位,拜太傅,与宗翰等并领三省事。天眷二年,进太师,封梁宋国王,入朝不拜,策杖上殿,仍以杖赐之。宗干有足疾,诏设坐奏事。无何,监修国史。皇统元年,赐宗干辇舆上殿,制诏不名。

上幸燕京,宗干从。有疾,上亲临问。自燕京还,至野狐岭,宗干疾亟不行,上亲临问,语及军国事,上悲泣不已。明日,上及后同往视,后亲与宗干馈食,至暮而还。因赦罪囚,与宗干禳疾。居数日,薨。上哭之恸,辍朝七日。大臣死辍朝,自宗干始。上致祭,是日庚戌,太史奏戌亥不宜哭,上不听曰:"朕幼冲时,太师有保傅之力,安得不哭!"哭之恸,上生日不举乐。上还上京,幸其第视殡事。及丧至上京,上临哭之。及葬,临视之。

海陵篡立,追谥宪古弘道文昭武烈章孝睿明皇帝,庙号德宗,以故第为兴圣宫。大定二年,除去庙号,改谥明肃皇帝。及海陵废为庶人,二十二年,皇太子允恭奏,略曰:"追惟熙宗世嫡统绪,海陵无道,弑帝自立,崇正昭穆,削其炀王,俾齿庶人之列。瘗之闲旷,不封不树，既已申大义而明至公矣。海陵追崇其亲，逆配于庙。今海陵既废为庶人，而明肃犹窃帝尊之名，列庙祧之数。海陵大逆，正名定罪，明肃亦当缘坐。是时明肃已殂，不与于乱，臣以谓当削去明肃帝号，止从旧爵。或从太祖诸王有功例，加以官封，明诏中外，俾知大义。"书奏，世宗嘉纳，下尚书省议。于是追削明肃帝号，封为皇伯、太师、辽王，谥忠烈，妻子诸孙皆从降。明昌四年，配享太祖庙廷。

【译文】

宗干的本名叫斡本，太祖完颜阿骨打的庶长子。太祖率军伐辽，辽军前来抵御，双方在边境相遇。太祖派宗干率部先去填平沟堑，使全军士卒得以通过。交战时，辽军中渤海人组成的军队冲锋在前，金军的左翼七谋克军向后退却，渤海军遂进攻金军中军。宗杲遇敌便出战，太祖说："遇到强敌不可轻视。"让宗干去制止宗杲出战。宗干纵马冲到宗杲的前面，控制了导骑哲垤的马，宗杲才退回。达鲁古城之战中，宗干率中军作为疑兵。太祖在攻下黄龙府之后，立即想攻取春州。辽朝皇帝听说黄龙府失守，非常恐惧，即亲自率军，征集宗室亲戚豪右少年子弟和四方勇士，以及懂得军事的人，都集合到军中。宗干劝太祖不要进攻春州，应休息士卒，准备大战。太祖认为有理，于是退军。

宗干得到投降的人，说春州和泰州没有守备，足以攻取。于是，斜也率军攻取了春州和泰州，宗雄和宗干等攻下了金山县。宗雄即以三千兵马交给宗干，让他招集没有降附的各部落。宗干选择土人中的那些有才干的人，以诏书晓谕他们。于是，女固、脾室四部和渤海人都来投降。

太祖率军攻克临潢府后，进兵至沃黑河。宗干劝太祖说："路程遥远，天气暑热，士疲马乏，如果深入敌境，粮运不继，恐怕以后遇危难。"太祖听从了宗干的话，于是退军。他又跟从都统宗杲攻取辽的中京。宗干从北安州传书给宗杲。当时，希尹俘辽人，得知辽朝皇帝在鸳鸯泺，可以袭取。宗杲接到宗干传书后，犹豫不决。宗干又一次派人来催。宗干对宗杲说："移赉勃极烈察事极明，两次派人来请，绝不是随便做的。而且他已经发兵，不可能中止，请您听从他的决策。"反复向宗杲请求，宗杲才派人回报宗干，与宗干相约在奚正岭会合。当时若没有宗干在，宗杲根本没有进军的意思。金军在羊城泺会合后，宗杲派宗干和宗翰以精兵六千袭击辽军，进至五院司，辽朝皇帝已经逃跑，和辽将耿守忠在辽西京城东四十里处大战，耿守忠战败逃走。

太宗即位后，宗干为国论勃极烈，和斜也共同辅政。天会三年，金军在应州西面的余睹谷俘虏辽朝皇帝。金朝开始议定礼乐制度，正官名，定服色，兴学校、设选举，制订历法以明时节，都是由宗干首倡。天会四年，官制订好推行，昭行中外。

天会十年，金熙宗为诸班勃极烈，宗干为国论左勃极烈。熙宗即皇帝位后，拜宗干为太傅，与宗翰等并领三省之事。天眷二年，进宗干为太师，封梁宋国王，上朝不拜，策杖上殿，仍以杖赐之。宗干有脚病，诏令他设坐奏事。不久，监督修撰国史。皇统元年，赐宗干乘辇舆上殿，制诏不名。

熙宗行幸燕京，宗干跟从。生了病，熙宗亲临探问。从燕京归还，到达野狐岭，宗干病情加剧，不能行动，熙宗亲自探望，谈到军国之事，熙宗悲哭不已。第二天，熙宗和皇后一起去探望，皇后亲自给宗干喂食，到天黑才回去。熙宗又下令赦免囚犯，以给宗干襄疾。过了几天，宗干病死。熙宗失声痛哭，为此辍朝七天。大臣死后辍朝从宗干开始。

熙宗去祭祀，这天是庚戌日，太史启奏戌日和亥日不宜哭泣，熙宗不听，说："我幼年时，太师有抚养之功，怎么能不哭呢？"哭得非常悲伤。熙宗在自己的生日也没有举乐，归还上京后，幸临宗干的家去看丧事办理。宗干的灵柩到达上京后，熙宗前去哭泣，并亲自为宗干送葬。

　　海陵王完颜亮篡位即皇帝位后，追谥宗干为宪古弘道文昭武烈章孝睿明皇帝，庙号德宗，以宗干原来居住的府第为兴圣宫。大定二年，又除去庙号，改谥为明肃皇帝。及海陵王被废为庶人，二十二年，皇太子允恭上奏，大略说："熙宗世嫡统绪，海陵无道，杀帝自立，崇正昭穆，削其赐王之号，想使他列入庶人之列。又将他埋到闲旷之地，不封不树，现在已经申大公而明至大之义了。海陵追崇自己的亲人，而逆配于祖庙。现在，海陵既已废为庶人，而明肃仍然盗用皇帝之号，列于庙祧之数。海陵是大逆，正名定罪，明肃也应当连坐。当时明肃已经去世，没有参与逆乱，臣认为应当削去明肃的帝号，从其旧爵即可。或者依从太祖诸王有功的先例，加以官封，明诏中外，使知大义。"奏书上了之后，世宗认为正确，让尚书省议论此事。于是，追削宗干的明肃帝号，而封为皇伯、太师、辽王，谥号忠烈，妻子和诸孙都依例降级。明昌四年，使宗干配享于太祖庙廷。

完颜宗弼传

【题解】

　　宗弼（？～1148），又名兀术，金朝大将。初从完颜宗望追击辽天祚帝。天会三年（1125年），随军攻宋，屡战屡胜。七年任都监，率军渡过长江，攻陷临安，追宋高宗入海。次年，被韩世忠阻于黄天荡，相持四十八日才得渡江退去。未几，奉命入陕，与张浚大战于富平，力战得胜。后连年进攻秦岭北麓，均被吴玠击败。金熙宗时，封沈王，任右副元帅。天眷三年，进兵河南，屡为岳飞所败。皇统元年，率军渡淮，威逼宋廷签订屈服于金的和约，累晋太傅、太师。八年病卒。

【原文】

　　宗弼，本名斡啜，又作兀术，亦作斡出，或作晃斡出，太祖第四子也。

　　希尹获辽护卫习泥烈，问知辽帝猎鸳鸯泺。都统杲出青岭，宗望、宗弼率百骑与马和尚逐越卢孛古、野里斯等，驰击败之。宗弼矢尽。遂夺辽兵士枪，独杀八人，生获五人，遂审得辽主在鸳鸯泺畋猎，尚未去，可袭取者。

　　及宗望伐宋，宗弼从军，取汤阴县，降其卒三千人。至御河，宋人已焚桥，不得渡，合鲁索以七十骑涉之，杀宋焚桥军五百人。宗望遣吴孝民先入汴谕宋人，宗弼以三千骑薄汴城，宋上皇出奔，选百骑追之，弗及，获马三千而还。

　　宗望薨，宗辅为右副元帅，徇地淄、青。宗弼败宋郑宗孟数万众，遂克青州。复破贼将赵成于临朐，大破黄琼军，遂取临朐。宗辅军还，遇敌三万众于河上，宗弼击败之，杀万余人。

　　诏伐宋康王，宗辅发河北，宗弼攻开德府，粮乏，转攻濮州。前锋乌林荅泰欲破王善二十万众,遂克濮州,降旁近五县。攻开德府,宗弼以其军先登,奋击破之。攻大名府,宗弼军复先登,破其城。河北平。

宋主自扬州奔于江南,宗弼等分道伐之。进兵归德,城中有自西门北门出者,当海复败之。乃绝隍筑道,列炮隍上,将攻之,城中人惧,遂降。先遣阿里、蒲卢浑至寿春,宗弼军继之。宋安抚使马世元率官属出降。进降庐州,再降巢县王善军。当海等破郦琼万余众于和州,遂自和州渡江。将至江宁西二十里,宋杜充率步骑六万来拒战,鹘卢补、当海、迪虎、大㚖合击破之。宋陈邦光以江宁府降。留长安奴、斡里也守江宁。使阿鲁补、斡里也别将兵徇地,下太平州、濠州及句容、溧阳等县,沂江而西,屡败张永等兵,杜充遂降。

宗弼自江宁取广德军路,追袭宋主于越州。至湖州,取之。先使阿里、蒲卢浑趋杭州。具舟于钱塘江。宗弼至杭州,官守巨室皆逃去,遂攻杭州,取之。宋主闻杭州不守,遂自越奔明州。宗弼留杭州,使阿里、蒲卢浑以精兵四千袭之。讹鲁补、尤列速降越州。大㚖破宋周汪军,阿里、蒲卢浑破宋兵三千,遂渡曹娥江,去明州二十五里,大破宋兵,追至其城下。城中出兵,战失利,宋主走入于海。宗弼中分麾下兵,会攻明州,克之。阿里、蒲卢浑泛海至昌国县,执宋明州守赵伯谔,伯谔言"宋主奔温州,将自温州趋福州矣。"遂行海追三百余里,不及,阿里、蒲卢浑乃还。

宗弼还自杭州,遂取秀州。赤盏晖败宋军于平江,遂取平江。阿里率兵先趋镇江,宋韩世忠以舟师扼江口,宗弼舟小,契丹、汉军没者二百余人,遂自镇江沂流西上。世忠袭之,夺世忠大舟十艘,于是宗弼循南岸,世忠循北岸,且战且行。世忠艨艟大舰数倍宗弼军,出宗弼军前后数里,击柝之声,自夜达旦。世忠以轻舟来挑战,一日数接。将至黄天荡,宗弼乃因老鹳河故道开三十里通秦淮,一日一夜而成,宗弼乃得至江宁。挞懒使移剌古自天长趋江宁援宗弼,乌林荅泰欲亦以兵来会,连败宋兵。

宗弼发江宁,将渡江而北。宗弼军渡自东,移剌古渡自西,与世忠战于江渡。世忠分舟师绝江流上下,将左右掩击之。世忠舟皆张五绵,宗弼选善射者,乘轻舟,以火箭射世忠舟上五绵,五绵著火箭,皆自焚,烟焰满江,世忠不能军,追北㚖七十里,舟军歼焉,世忠仅能自免。

宗弼渡江北还,遂从宗辅定陕西。与张浚战于富平,宗弼陷重围中,韩常流矢中目,怒拔去其矢,血淋漓,以土塞创,跃马奋呼搏战,遂解围,与宗弼俱出。既败张浚军于富平,遂与阿卢补招降熙河、泾原两路。及攻吴玠于和尚原,抵险不可进,乃退军,伏兵起,且战且走,行三十里,将至平地,宋军阵于山口,宗弼大败,将士多战没。明年,复攻和尚原,克之。天会十五年,为右副元帅,封沈王。

天眷元年,挞懒、宗磐执议以河南之地割赐宋,诏遣张通古等奉使江南。明年,宋主遣端明殿学士韩肖胄奉表谢,遣王伦等乞归父丧及母韦氏兄弟。宗弼自军中入朝,进拜都元帅。宗弼察挞懒与宋人交通赂遗,遂以河南、陕西与宋,奏请诛挞懒,复旧疆。是时,宗磐已诛,挞懒在行台,复与鹘懒谋反。会置行台于燕京,诏宗弼为太保,领行台尚书省,都元帅如故,往燕京诛挞懒。挞懒自燕京南走,将亡入于宋,追至于祁州,杀之。

诏"诸州郡军旅之事,决于帅府。民讼钱谷,行台尚书省治之。"宗弼兼总其事,遂议南伐。太师宗干以下皆曰:"构蒙再造之恩,不思报德,妄自鸱张,祈求无厌,今若不取,后恐难图。"上曰:"彼将谓我不能奄有河南之地。且都元帅久在方面,深究利害,宜即举兵讨之。"遂命元帅府复河南疆土,诏中外。

宗弼由黎阳趋汴，右监军撒离喝出河中趋陕西。宋岳飞、韩世忠分据河南州郡要害，复出兵涉河东，驻岚、石、保德之境，以相牵制。宗弼遣孔彦舟下汴、郑两州，王伯龙取陈州，李成取洛阳，自率众取亳州及顺昌府，嵩、汝等州相次皆下。时暑，宗弼还军于汴，岳飞等军皆退去，河南平，时天眷三年也。上使使劳问宗弼以下将士，凡有功军士三千，并加忠勇校尉。攻岚、石、保德皆克之。

宗弼入朝，是时，上幸燕京，宗弼见于行在所。居再旬，宗弼还军，上起立酌酒饮之，赐以甲胄弓矢及马二匹。宗弼已启行四日，召还。至日，希尹诛。越五日，宗弼还军，进伐淮南，克庐州。

上幸燕京。宗弼朝燕京，乞取江南，上从之。制诏都元帅宗弼比还军与宰臣同入奏事。俄为尚书左丞相兼侍中、太保、都元帅，领行台如故。诏以燕京路隶尚书省，西京及山后诸部族隶元帅府。乃还军，遂伐江南。既渡淮，以书责让宋人，宋人答书乞加宽宥。宗弼令宋主遣信臣来禀议，宋主乞"先敛兵，许弊邑拜表阙下"，宗弼以便宜约以画淮水为界。上遣护卫将军撒改往军中劳之。

皇统二年二月，宗弼朝京师，兼监修国史。宋主遣端明殿学士何铸等进誓表，其表曰："臣构言，今来画疆，合以淮水中流为界，西有唐、邓州割属上国。自邓州西四十里并南四十里为界，属邓州。其四十里外并西南尽属光化军，为弊邑。沿边州城，既蒙恩造，许备藩方，世世子孙，谨守臣节。每年皇帝生辰并正旦，遣使称贺不绝。岁贡银、绢二十五万两、匹，自壬戌年为首，每春季差人般送至泗州交纳。有渝此盟，明神是殛，坠命亡氏，踣其国家。臣今既进誓表，伏望上国蚤降誓诏，庶使弊邑永有凭焉。"

宗弼进拜太傅。乃遣左宣徽使刘筈使宋，以衮冕圭宝珮璲玉册册康王为宋帝。其册文曰："皇帝若曰：咨尔宋康王赵构。不吊，天降丧于尔邦，亟渎齐盟，自贻颠覆，俾尔越在江表。用勤我师旅，盖十有八年于兹。朕用震悼，斯民其何罪？今天其悔祸，诞诱尔衷，封奏狎至，愿身列于藩辅。今遣光禄大夫、左宣徽使刘筈等持节册命尔为帝，国号宋，世服臣职，永为屏翰。呜呼钦哉，其恭听朕命。"仍诏天下。赐宗弼人口牛马各千、驼百、羊万，仍每岁宋国进贡内给银、绢二千两、匹。

宗弼表乞致仕，不许，优诏答之，赐以金券。皇统七年，为太师，领三省事，都元帅、领行台尚书省事如故。皇统八年，薨。大定十五年，谥忠烈。十八年，配享太宗庙廷。子亨迭。

【译文】

宗弼，本名斡啜，又叫兀术，也叫斡出，或者叫晃斡出，是金太祖的第四个儿子。

希尹俘获了辽国的护卫习泥烈，审问得知辽帝在鸳鸯泺射猎。都统杲出兵青岭，宗望、宗弼率领一百名骑兵与马和尚追击越卢孛古、野里斯等人，急驰赶上并打败了他们。宗弼的箭射光了，于是夺过辽兵的枪，一人杀死了八个人，生俘了五个人，审问得知辽主正在鸳鸯泺打猎还没有离去，可以突然袭击并抓获他。

等到宗望讨伐宋朝的时候，宗弼率部随行，夺取了汤阴县，降服了宋兵三千人。进至御河，宋人已烧毁桥梁，无法渡过，合鲁索率七十名骑兵涉水而过，杀死烧桥的宋军士兵五百人。宗望派吴孝民先行进入汴京谕告宋人，宗弼率三千名骑兵逼近汴京城，宋朝太上皇出逃，宗弼选一百名骑兵追赶他，没有追上，缴获了三千匹马而回。

宗望去世，宗辅担任右副元帅，攻略淄、青二州。宗弼打败了宋将郑宗孟的部队好几万人，于是攻克了青州。又在临朐击败贼将赵成，大破黄琼的部队，于是攻取了临朐。宗辅的部队回师，在黄河边遇到敌军三万人，宗弼击败了他们，杀死了一万余人。

皇帝命令讨伐宋朝的康王，宗辅从河北出发，宗弼攻打开德府，军粮缺乏，转而攻打濮州。前锋乌林荅泰欲击败王善二十万人马，于是攻克了濮州，降服旁近五个县。攻打开德府时，宗弼率所部首先登上城墙，奋力拼杀，击败敌军。攻打大名府之战，宗弼的部队再次首先登上城墙，攻占此城，河北平定。

宋朝皇帝自扬州逃到江南，宗弼等人分道进讨。进兵归德，城中有从西门、北门出来的部队，当海又打败了他们。于是断绝城壕修筑道路，在城壕上架起了火炮，将要攻打时，城中的人害怕，于是出降。先派阿里、蒲卢浑到寿春，宗弼的部队接着进发。宋朝安抚使马世元率领官属出降。进兵降服了庐州，降服了巢县王善的部队。当海等在和州打败了郦琼的一万多人，于是从和州渡过长江。将要进至江宁以西二十里的地方，宋将杜充率领步兵和骑兵六万人来迎战，鹘卢补、当海、迪虎、大臬联合击败了他。宋将陈邦光率江宁府投降。留下长安奴、斡里也镇守江宁。另外派阿鲁补、斡里也率队攻取土地。攻下太平州、濠州以及句容、溧阳等县，沿江西进，屡次击败张永等人的部队，杜充于是投降。

宗弼从江宁攻取广德军路，在越州追击宋朝皇帝，到达湖州，攻取了它。先令阿里、蒲卢浑直奔杭州，在钱塘江准备船只。宗弼到杭州，官吏和富户都逃走了，于是下令攻打杭州，夺取了该城。宋朝皇帝听说杭州失守，于是从越州逃奔明州。宗弼留在杭州，派遣阿里、蒲卢浑用精兵四千袭击明州。讹鲁补、尤列速降服越州，大臬击败宋将周汪部，阿里、蒲卢浑打败了宋兵三千人，于是渡曹娥江，距明州二十五里，大败宋兵，追到明州城下。城中宋兵杀出，战斗失利，宋朝皇帝逃奔于海中。宗弼平分手下人马，合力攻打明州，拿下了它。阿里、蒲卢浑渡海到达昌国县，拘捕了宋明州守官赵伯谔，伯谔说："宋帝逃奔温州，将从温州直接到福州。"于是走海路追了三百余里，没有追上，阿里、蒲卢浑就回来了。

宗弼从杭州撤回，夺取了秀州。赤盏晖在平江打败宋军，于是夺取了平江。阿里率兵先行奔赴镇江，宋将韩世忠率水军船队扼守住长江口，宗弼的船小，契丹、汉军淹死了有二百多人，于是从镇江溯江水西行。世忠攻打他们，被宗弼夺取了大船十艘，于是宗弼沿着南岸，世忠沿着北岸，一边交战一边行进。世忠的巨船大舰数倍于宗弼军，出没于宗弼军的前后数里，敲打木梆的声音，自夜里响到天亮。世忠乘轻快的小船前来挑战，一天要接战数次。将要到黄天荡时，宗弼沿着老鹳河的故道开掘三十里通向秦淮河，一天一夜就挖成了。宗弼于是得以到达江宁。挞懒命令移剌古从天长赴江宁援助宗弼，乌林荅泰欲也带兵来会合，连连击败宋兵。

宗弼自江宁出发，将要渡过长江北上。宗弼的部队从东边渡江，移剌古从西边渡江，与世忠战于长江渡口。世忠分船队阻绝了江水上下游，准备从左右两侧乘虚进击。世忠的每条船上都设有用以测风向的鸡羽毛，宗弼挑选善于射箭的士兵，乘着轻便的小船，用火箭射世忠船上的鸡羽毛，鸡羽毛被火箭射中，都自行燃烧开来，烟焰满江，世忠溃不成军，败退七十里，水军被歼灭，只有世忠逃走了。

宗弼渡过长江北还，于是跟从宗辅平定陕西。与张浚在富平作战，宗弼身陷重重包围之中。韩常被流箭射中眼睛，使劲拔出箭，鲜血淋漓，用土敷住伤口，跃马大叫着与敌格斗，于是解除了包围，与宗弼一起撤出。在富平打败了张浚的部队之后，就与阿卢补招降了熙河、泾原两路。等到在和尚原进攻吴玠时，遇到险阻无法前进，就撤回军队，宋军伏兵出现，边战边行，走了三十里，将要走到平地时，宋军在山口列阵而待，宗弼军被打得大败，将士大多阵亡。第二年，再次攻打和尚原，拿下了它。天会十五年，担任右副元帅，被封为沈王。

韩世忠与梁红玉

天眷元年，挞懒、宗磐坚持主张把河南地区割赐给宋朝，皇帝派张通古等出使江南。第二年，宋朝皇帝派端明殿学士韩肖胄奉表前来致谢，派王伦等人请求归葬父亲及归还母亲韦氏兄弟。宗弼从军中入朝，晋升为都元帅。宗弼调查到挞懒与宋人交结并接受贿赂，把河南、陕西送给宋朝的行为，就上奏请求诛杀挞懒，恢复原来的疆域。这个时候，宗磐已被处死，挞懒在行台，又与鹘懒谋反。正赶上在燕京设置行台，皇帝命宗弼担任太保，统领行台尚书省，依旧担任都元帅，前往燕京诛杀挞懒。挞懒从燕京南逃，将要逃入宋境，宗弼追到祁州，杀了他。

皇帝下令："各州郡的军旅之事，决定于元帅府。民间的诉讼及钱粮之事，由行台尚书省治理。"宗弼兼总其事，于是讨论南伐。太师宗干以下的文武百官们都说："赵构承蒙我们的再生恩德，非但不想报答，却妄自嚣张，祈求没有满足之时，现在如果不攻取他，以后恐怕就难以图谋了。"皇帝说："他们认为我不能全部占领河南，都元帅久任方面大员，深知其中的利与害，应该与上举兵讨伐他们。"于是命令元帅府收复河南疆土，并将诏令宣布朝廷内外。

宗弼从黎阳奔赴汴京，右监军撒离喝从河中出兵直趋陕西。宋将岳飞、韩世忠分别据守着河南各州郡的要害之处，同时又出兵进入河东，驻扎在岚州、石州、保德的边境，互相协作牵制金军。宗弼派孔彦舟攻克汴、郑两州，王伯龙攻取陈州，李成攻取洛阳，自己率领部队攻取亳州及顺昌府，嵩、汝等州相率被攻克。当时天热，宗弼把部队撤回汴京，岳飞等部队也都退走，河南平定，当时是天眷三年。皇帝派使者慰劳抚问宗弼以下的将士，立有战功的军士总共三千人，全都加官忠勇校尉。攻打岚州、石州、保德，并全部拿下。

宗弼入朝，当时，皇帝巡幸燕京，宗弼在皇帝居住的地方参见。住了二十天，宗弼返回部队，皇帝起立斟酒给他喝，赐给他甲胄、弓箭和两匹马。宗弼已经启程走了四天，皇帝又把他召回。到达那天，希尹被处死。过了五天，宗弼返回部队，进军讨伐淮南，攻克庐州。

皇帝巡幸燕京，宗弼到燕京朝见，请求攻取江南，皇帝听从了他的主张。诏令都元帅宗弼等回军之后与宰相共同入奏。不久被任命为尚书左丞相兼侍中、太保、都元帅、领行台如故。皇帝下诏命令燕京路隶属尚书省,西京及山后各部族隶属元帅府。宗弼回到部队,随即讨伐江南。渡过淮河之后,宗弼写信责问宋人,宋人回信请求加以宽恕。宗弼命令宋朝皇帝派遣可靠的大臣来禀告商议,宋朝皇帝请求"先收兵,允许敝邑拜表阙下"。宗弼以临机便宜行事之权与宋人相约划淮河为边界。皇帝派护卫将军撒改前往军中慰劳他。

皇统二年二月,宗弼入京师朝见,兼任监修国史。宋朝皇帝派遣端明殿学士何铸等来进奏誓表,表中说:"臣赵构进言,现在来划分疆界,应以淮水中流为界,西边的唐、邓二州割属给贵国。从邓州以西四十里并向南四十里为界,属邓州。这四十里以外和西南全部属于光化军,为我国所有。沿边界的州城,既然承蒙恩造,允许作为藩属,世世子孙,将谨慎的恪守臣节。每年皇帝的生辰及正月旦日,派遣使臣称贺不绝。每年进贡银、绢二十五万两、匹,从壬戌年开始,每年春季差遣人员搬送到泗州交纳。如果违背这个盟约,明神加以诛戮,丢掉性命灭亡家族,颠覆他的国家。臣今天既已进上誓表,俯首盼望上国早日降下誓诏,以便让敝国永远有个凭据。"

宗弼进拜为太傅。于是派遣左宣徽使刘麃出使宋朝,用衮冕、圭宝、珮璲、玉册册立康王为宋朝的皇帝。其册文说:"皇帝这样说:宋康王赵构听命。你不为上天所怜恤,上天给你的邦国降下了死亡,你多次冒犯两国订立的盟约,自己招致颠覆,使你流离失所在江表,使我的军队备受辛劳,到现在已经十八年了。我十分震惊悲哀,这些百姓有什么罪?现在上天不愿再看见战祸,引导你的诚心,使你的密封的奏章能交替送来,甘愿列身于藩辅之国。今派光禄大夫、左宣徽使刘麃等拿着符节册命你为皇帝,国号为宋,世世履行臣子的职守,永远为大国的屏障。一定要恭敬啊,你要恭听我的命令。"仍旧把此诏布告天下。赏赐给宗弼人口、牛马各一千,骆驼一百,羊一万,并且每年从宋朝进贡的岁币内赐给他银、绢两千两、匹。

宗弼上表请求退休,皇帝不允许,用文辞美好的诏书回答了他,赐给他金券。皇统七年,担任太师,统领三省事,仍然兼任都元帅、领行台尚书省事。皇统八年,去世。大定十五年,朝廷给他的谥号为忠烈。十八年,灵牌安放太宗庙廷。他的儿子是亨迭。

耶律履传

【题解】

耶律履(1130~1191),又作移剌履,辽国东丹王七世孙,金朝荫补为承奉班祗侯,累官至礼部尚书兼翰林直学士、尚书右丞。耶律履精通历法推算。大定年间(1161~1189),当时行用的《大明历》年久积差,日食预报连续失误。1180年,他编撰了《乙未元历》,受到广泛称赞,但未能被朝廷采用。

【原文】

移剌履字履道,辽东丹王突欲七世孙也。父聿鲁,早亡。聿鲁之族兄兴平军节度使德元无子，以履为后。方五岁，晚卧庑下，见微云往来天际，忽谓乳母曰："此所谓'卧看青天行白云者'耶？"德元闻之，惊曰："是子当以文学名世。"及长，博学多艺，善属文。初举进士，恶搜检烦琐，去之。荫补为承奉班祗侯、国史院书写。

世宗方兴儒术，诏译经史，擢国史院编修官，兼笔砚直长。一日，世宗召问曰："朕比读《贞观政要》，见魏征嘉谋忠节，良可称叹。近世何故无如征者？"履曰："忠嘉之士，何代无之，但上之人用与不用耳。"世宗曰："卿不见刘仲海，张汝霖耶，朕超用二人者，以尝居谏职，屡有忠言故也。安得谓之不用，第人材难得耳。"履曰："臣未闻其谏也。且海陵杜塞言路，天下缄口，习以成风。愿陛下惩艾前事，开谏诤之门，天下幸甚。"

初议以时务策设女真进士科，礼部以所学不同，未可概称进士，诏履定其事，乃上议曰："进士之科，起于隋大业中，始试以策。唐初因之，高宗时杂以箴铭赋诗，至文宗始专用赋。且进士之初，本专试策，今女真诸生以试策称进士，又何疑焉。"世宗大悦，事遂施行。十五年，授应奉翰林文字，兼前职，俄迁修撰。二十年，诏提控衍庆宫画功臣像，过期，降应奉。逾年，复为修撰，转尚书礼部员外郎。

章宗为金源郡王，喜读《春秋左氏传》，闻履博洽，召质所疑，履曰："左氏多权诈，驳而不纯。《尚书》《孟子》皆圣贤纯全之道，愿留意焉。"王嘉纳之。二十六年，进本部郎中，兼同修国史、翰林修撰，表进宋司马光《古文孝经指解》曰："臣窃观近世，皆以兵刑财赋为急，而光独以此进其君。有天下者，取其辞施诸宇内，则元元受赐。"俄以疾，乞补外，世宗曰："履多病，可与便州。"

遂授蓟州刺史。无几，召为翰林待制，同修国史。明年，擢尚书礼部侍郎，兼翰林直学士。

世宗崩，遗诏移梓宫寿安宫。章宗诏百官议，皆谓当如遗诏，履独曰："非礼也。天子七月而葬，同轨毕至。其可使万国之臣朝大行于离宫乎？"上曰："朕日夜思之，舍正殿而奠于别宫，情有所不忍，且于礼未安。"遂殡于大安殿。二十九年三月，进礼部尚书，兼翰林直学士，赐大定三年孟崇献榜下进士及第。七月，拜参知政事，提控刊修《辽史》。明昌元年，进尚书右丞。

初，河溢曹州，帝问曰："《春秋》二百四十二年，不言河决，何也？"履曰："《春秋》止是鲁史，所以鲜及他国事。"二年六月，薨。年六十一。是日，履所生也，谥曰文献。

履秀峙通悟，精历算书绘事。先是，旧《大明历》舛误，履上《乙未历》，以金受命于乙未也。世服其善。初，德元未有子，以履为后，既而生子震，德元殁，尽推家资与之。其自礼部兼直学士为执政，乃举前代光院故事，以钱五十万送学士院，学者荣之。

【译文】

耶律履（又作移剌履），字履道，辽国东丹王耶律突欲的七世孙。父亲耶律聿鲁早年亡故。聿鲁的族兄兴平军节度使耶律德元无子，以耶律履为后。五岁时，夜间睡在窗下，看见薄云在天空中飘荡，忽然对奶妈说："这就是所谓'卧看青天行白云'吧？"德元得知很吃惊，说："这孩子将以文学而著称于世。"长大后，耶律履博学多才，擅长文学。参加科举考试时，厌恶烦琐严密的搜检制度而罢考。因前辈的官位得以出任承奉班祗侯、国史院书写。

金世宗完颜雍当时提倡儒术，下令编译经史。耶律履被提拔为国史院编修官，兼任

笔砚直长。一天，世宗问他："我常读《贞观政要》，见魏征足智多谋，忠心耿耿，实在值得称赞。如今为何没有象魏征这样的人？"耶律履说："忠诚能干的人，哪个朝代没有？只看当权的人用不用。"世宗说："您不见刘仲诲、张汝霖吗？我重用这两个人，是因为他们曾任谏官，多次提出忠言。怎么说当权者不用？实在是人才难得呀。"耶律履说："我没听说他们有什么忠言。况且海陵王当政时闭塞言路。天下人都闭口不言，习以为风。希望陛下以前事为戒，广开言路，接受意见，那可就是天下幸事了。"当初有人提议以时务（按：治国方法）策论作为女真进士科目。礼部认为与一般科举所学不同，不应同称为进士。皇上和耶律履商量，他说："进士科目，起自隋朝大业年间。开始时以策论为考试方法。唐初沿用，到唐高宗时才加杂箴、铭、赋、诗等文体的考试，到唐文宗时才专门用赋来考试。进士考试，本来专门考试策论。如今女直诸生以策论考试称进士，又有什么可犹豫的呢？"世宗很高兴，于是得以施行。大定十五年（1175），任应奉翰林文字，兼任过去的职务。不久又任修撰。大定二十年（1180），奉命负责衍庆宫画功臣像事。误期，降为应奉。过了一年，又复任修撰，转任尚书省礼部员外郎。

金章宗完颜璟即位前为金源郡王，爱读《春秋左氏传》。听说耶律履博学，召他去答疑。耶律履说："《左氏传》多权诈，杂而不纯。《尚书》《孟子》都是古代圣贤完美无缺的道理，希望您用心学习。"郡王很赞成。大定二十六年（1186），升为礼部郎中，兼任同修国史、翰林修撰。送给皇帝宋朝司马光的《古文孝经指解》说："我看近世，都以兵、刑、财、赋税为重，而司马光却写这本书献给他的国君。当政的人按照这本书中的精神统治国家，老百姓就幸运了。"不久，因病请求外任。世宗说："耶律履多病，可以派他去近便的地方。"于是任命为蓟州刺史。没多久又召回，为翰林待制，同修国史。第二年，升为尚书省礼部侍郎，兼翰林直学士。

世宗去世，遗言将棺材移置寿安宫。章宗召百官商议，大家都同意遵命，唯独耶律履说："这样不合礼节。天子死后，经七个月下葬，各国都要来吊。哪能让万国使臣在行宫祭奠皇上呢？"章宗说："我日思夜想，舍正殿而在行宫祭奠，感情上不忍心，礼节上也不合。"于是在大安殿停灵。大定二十九年（公元1189年）三月，升任礼部尚书，兼翰林直学士，赐大定三年（公元1163年）孟崇献榜下进士及第，七月任参知政事，负责编修《辽史》。明昌元年（公元1190年）升任尚书右丞。

当初黄河于曹州决口。皇帝问："春秋二百四十二年，不记载黄河决口，这是为什么？"耶律履说："春秋只是鲁国的历史，所以很少有其他国家的事。"明昌二年（公元1191年）六月，耶律履去世，时年六十一岁。这一天正是他的生日。死后赠谥号文献。

耶律履聪明广博，精通历法计算，书法绘画。当初旧时使用《大明历》错误很多，他编《乙未历》献上，因金朝受命于乙未年而命名。乙未历受到广泛赞扬。当初耶律德元没有儿子，过继了耶律履，后来生了儿子耶律震。德元死后，耶律履将家产全部给了耶律震。他从礼部尚书兼任翰林直学士执掌政事时，以前代光院故事为例，将五十万钱送给学士院，受到学界的称赞。

杨云翼传

【题解】

杨云翼(1169~1228),平定乐平人(今山西昔阳县)。金明昌五年(1194),考取进士第一名。历任太学博士,太常寺丞,上京、东京等路按察司事等职。因为精通天文历法,任提点司天台,礼部、吏部郎中,礼部侍郎兼提点司天台等职。官至礼部、吏部尚书、御史中丞,太常卿、翰林学士。司天台有人进《太乙新历》,杨云翼奉命参订,摘出其中二十余条不合适的,历法专家都很信服。他的著作中有《五星聚井辩》一篇,《悬象赋》一篇,《勾股机要》《象数杂说》等都是与天文历算有关的。

【原文】

杨云翼字之美,其先赞黄檀山人,六代祖忠客迁平定之乐平县,遂家焉。曾祖青、祖郁、考恒皆赠官于朝。云翼天资颖悟,初学语辄画地作字,日诵数千言。登明昌五年进士第一,词赋亦中乙科,特授承务郎,应奉翰林文字。承安四年,出为陕西东路兵马都总管判官。泰和元年,召为太学博士,迁太常寺丞,兼翰林修撰。七年,签上京、东京等路按察司事,因召见,章宗咨以当世之务,称旨。大安元年,翰林承旨张行简荐其材,且精术数,召授提点司天台,兼翰林修撰,俄兼礼部郎中。崇庆元年,以病归。贞祐二年,有司上官簿,宣宗阅之,记其姓名,起授前职,兼吏部郎中。三年,转礼部侍郎,兼提点司天台。四年,大元及西夏兵入鄜延,潼关失守,朝议以兵部尚书蒲察阿里不孙为副元帅以御之。云翼言其人言浮于实,必误大事。不听,后果败。

兴定元年六月,迁翰林侍讲学士,兼修国史,知集贤院事,兼前职,诏曰:"官制入三品者例外除,以卿遇事敢言,议论忠谠,故特留之。"时右丞相高琪当国,人有请榷油者,高琪主之甚力,诏集百官议,户部尚书高夔等二十六人同声曰可。云翼独与赵秉文、时戬等数人以为不可,议遂格。高琪后以事谴之,云翼不衅也。二年,拜礼部尚书。兼职如故。三年,筑京师子城,役兵民数万,夏秋之交病者相籍,云翼提举医药,躬自调护,多所全济。四年,改吏部尚书。凡军兴以来,入粟补官及以战功迁授者,事定之后,有司苛为程式,或小有不合辄罢去。云翼奏曰:"赏罚国之大信,此辈宜从宽录,以劝将来。"

是年九月,上召云翼及户部尚书夔、翰林学士秉文于内殿,皆赐坐,问以讲和之策,或以力战为言,上俯首不乐,云翼徐以《孟子》事大、事小之说解之,且曰:"今日奚计哉,使生灵息肩,则社稷之福也。"上色乃和。

十一月,改御史中丞。宗室承立权参知政事,行尚书省事于京兆,大臣言其不法,诏云翼就鞫之,狱成,廷奏曰:"承立所坐皆细事,不足问。向大兵掠平凉以西,数州皆破,承立坐拥强兵瞻望不进。鄜延帅臣完颜合达以孤城当兵冲,屡立战绩。其功如此,而承立之罪如彼,愿陛下明其功罪以诛赏之,则天下知所劝惩矣。自余小失,何足追咎。"承立由是免官,合达遂掌机务。

哀宗即位,首命云翼摄太常卿,寻拜翰林学士。正大二年二月,复为礼部尚书,兼侍读。诏集百官议省费，云翼曰："省费事小，户部司农足以办之。枢密专制军政，蔑视尚书。尚书出政之地，政无大小皆当总领。今军旅大事，社稷系焉，宰相乃不得预闻，欲使利病两不相蔽得乎？"上嘉纳之。

明年，设益政院，云翼为选首，每召见赐坐而不名。时讲《尚书》，云翼为言帝王之学不必如经生分章析句，但知为国大纲足矣。因举"任贤，去邪""与治同道""与乱同事""有言逆于汝心""有言逊于汝志"等数条，一皆本于正心诚意，敷绎详明。上听忘倦。寻进《龟鉴万年录》《圣学》《圣孝》之类凡二十篇。

当时朝士，廷议之际多不尽言，顾望依违，寝以成俗。一日，经筵毕，因言："人臣有事君之礼，有事君之义。礼，不敢齿君之路马，蹴其刍者有罚，入君门则趋，见君之几杖则起，君命召不俟驾而行，受命不宿于家，是皆事君之礼，人臣所当尽者也。然国家之利害，生民之休戚，一一陈之，则向所谓礼者特虚器耳。君曰可，而有否者献其否。君曰否，而有可者献其可。言有不从，虽引裾、折槛、断鞅、轫轮有不恤焉者。当是时也，姑徇事君之虚礼，则不知事君之大义，国家何赖焉。"上变色曰："非卿，朕不闻此言。"

云翼尝患风痹，至是稍愈，上亲问愈之之方，对曰："但治心耳。心和则邪气不干，治国亦然，人君先正其心，则朝廷百官莫不一于正矣。"上瞿然，知其为医谏也。

夏人既通好，遣其徽猷阁学士李弁来议互市，往返不能决，朝廷以云翼往议乃定。五年卒，年五十有九，谥文献。

云翼天性雅重，自律甚严，其待人则宽，与人交分一定，死生祸福不少变。其于国家之事，知无不言。贞祐中，主兵者不能外御而欲取偿于宋，故频岁南伐。有言之者，不谓之与宋为地，则疑与之有谋。至于宰执，他事无不言者，独南代则一语不敢及。云翼乃建言曰："国家之虑，不在于未得淮南之前，而在于既得淮南之后，盖淮南平则江之北尽为战地，进而争利于舟楫之间，恐劲弓良马有不得骋者矣。彼若扼江为屯，潜师于淮以断馈道，或决水以潴淮南之地，则我军何以善其后乎。"及时全倡议南伐，宣宗以问朝臣，云翼曰："朝臣率皆谀辞，天下有治有乱，国势有弱有强，今但言治而不言乱，言强而不言弱，言胜而不言负，此议论所以偏也。臣请两言之。夫将有事于宋者，非贪其土地也，第恐西北有警而南又缀之，则我三面受敌矣，故欲我师乘势先动，以阻其进。借使宋人失淮，且不敢来，此战胜之利。就如所料，其利犹未必然。彼江之南其地尚广，虽无淮南岂不能集数万之众，伺我有警而出师耶。战而胜且如此，如不胜害将若何。且我以骑当彼之步，理宜万全，臣犹恐其有不敢恃者。盖今之事势与泰和不同，泰和以冬征，今我以夏往，此天时之不同也。冬则水涸而陆多，夏则水潦而涂淖，此地利之不同也。泰和举天下全力，驱纠军以为前锋，今能之乎？此人事之不同也。议者徒见泰和之易，而不知今日之难。请以夏人观之，向日弓箭手之在西边者，一遇敌则搏而战、袒而射，彼已奔北之不暇。今乃陷吾城而虏守臣，败吾军而禽主将。曩则畏我如彼，今则侮我如此。夫以夏人既非前日，奈何以宋人独如前日哉。愿陛下思其胜之之利，又思败之之害，无悦甘言，无贻后悔。"章奏不报。时全果大败于准上，一军全没。宣宗责诸将曰："当使我何面目见杨云翼耶。"

河朔民十有一人为游骑所迫，泅河而南，有司论罪当死。云翼曰："法所重私渡者，防奸伪也。今平民为兵所迫，奔入于河，为追死之计耳。今使不死于敌而死于法，后唯从敌而已。"宣宗悟，尽释之。哀宗以河南旱，诏遣官理冤狱，而不及陕西。云翼言："天地人通为一体，今人一支受病则四体为之不宁，岂可专治受病之处而置其余哉。"朝廷是之。

司天有以《太乙新历》上进者，尚书省檄云翼参订，摘其不合者二十余条，历家称焉。所著文集若干卷，校《大金礼仪》若干卷，《续通鉴》若干卷，《周礼辨》一篇，《左氏》《庄》《列赋》各一篇，《五星聚井辩》一篇，《悬象赋》一篇，《勾股机要》《象数杂说》等著藏于家。

【译文】

杨云翼，字之美，祖先是赞黄檀山人。六代祖先杨忠迁至平定州乐平县，从此定居。曾祖父杨青、祖父杨郁、父亲杨恒都得追赠官职。杨云翼天资聪颖，刚学会说话就在地上画字。每天能背诵几千字的文章。金章宗明昌五年(1194)考取进士第一名，辞赋考试也得中乙科。特别任命为承务郎、应奉翰林文字。承安四年(1199)，出任陕西东路兵马都总管判官。泰和元年(1201)任太学博士，又任太常寺丞兼翰林修撰。泰和七年(1207)，任上京、东京等路按察司事，受到皇帝召见。章宗询问治国的方法，对他的回答很满意。卫绍王大安元年(1209)，翰林承旨张行简推荐他才能出众，精通历法计算，因而被任命为提点司天台，兼翰林修撰，不久又兼礼部郎中。崇庆元年(1212)因病退休。宣宗贞祐二年(1214)，有关部门进呈官员名册，皇上阅读时记起他的名字，又重新授予从前的职位，兼吏部郎中。贞祐三年(1215)转任礼部侍郎，兼任提点司天台。

贞祐四年(1216)，元朝和西夏兴兵入侵鄜延地区，潼关失守。朝廷计划派兵部尚书蒲察阿里不孙为副元帅出征御敌。杨云翼说该人言过其实，必误大事。他的意见未被采纳，后来果然失败。

兴定元年(1217)六月，升任翰林侍讲学士，兼修国史，知集贤院事，仍兼前职。皇帝下诏说："官阶达到三品，按惯例派往外地任职。因为你遇事敢言，忠诚正直，所以特地将你留下。"当时右丞相高琪当权，有人请求油由政府专卖，高琪极力赞成，召集百官商议。户部尚书高夔等二十六人同声赞成，唯独杨云翼和赵秉义、时戬等几个人认为不可行，事情因而搁置。高琪后来借故打击，杨云翼并不害怕。兴定二年(1218)，任礼部尚书，兼职如故。兴定三年(1219)兴建京城的子城，服役的军民数万人。夏秋之交时疾病流行。杨云翼负责医药，亲自治疗，治好了许多人。兴定四年(1220)改任吏部尚书。自从金朝建立以来，捐钱买官或以战功升职的人，有关当局考核苛刻，稍有小毛病就罢官。杨云翼向皇上建议："赏罚有关国家的信誉。对这些人应该从宽处理，以鼓励后人。"

当年九月，皇上在内殿召见杨云翼和户部尚书高夔、翰林学士赵秉文，赐他们座位，商议讲和的事。有人极力主战，皇上低头不悦。杨云翼慢慢地用《孟子》中"事大、事小"的道理来讲解，说："如今只要想办法，能使人民得以解脱，才是国家的幸福。"皇上于是缓和脸色。

十一月，杨云翼改任御史中丞。皇亲完颜承立任暂任参知政事，行尚书省于京兆府路，大臣揭发他行为不法。杨云翼奉命审查，罪案成立，报告说："承立所犯的都是小事，不足以治罪。然而上次大兵入侵平凉以西，几个州被破，承立带领重兵，畏缩不前。鄜延统帅完颜合达以孤城承当强敌，屡立战功。合达立这样的大功，而承立犯那样的罪过，望皇上判明其功罪。赏罚分明，则天下都知道努力了。至于承立的那些小过，不足以追咎。"于是承立被免官，合达被重用。

分

哀宗完颜守绪即位，先命杨云翼任太常卿，又任翰林学士。哀宗正大二年（1225）二月，又担任礼部尚书兼侍读。朝廷商议尚书省费用。杨云翼说："户部司农就可以办了。如今枢密院专管军事，蔑视尚书省。尚书省是总管国家大事的地方，不管什么政务都应由这里领导。军队大事，国家命运所系。宰相却无法干预，怎么能权衡利弊总管全局呢？"皇上采纳了他的意见。

第二年，设益政院，杨云翼首先入选，每次皇上召见的时候都赐座而不唤他的名字。为皇帝讲解《尚书》时，杨云翼认为皇帝学习不必象一般学生那样逐章逐句地研究，只要体会其中治国的基本精神就行了。于是举出"任贤、去邪"，"与治同道、与乱同事"，"有言逆于汝心、有言逊于汝志"等几条，全都本着"正心诚意"的精神，详细讲解发挥。皇上听得忘记疲倦。然后又献上《龟鉴万年录》《圣学》《圣孝》等二十篇文章。

当时的朝臣，当朝议政时常常左顾右盼，吞吞吐吐，不能畅所欲言，以致形成坏风气。一天，给皇帝上完课，杨云翼说："作为臣子，有侍奉君王的礼节，也有侍奉君王的道理。礼节而言，不可问皇上的马有多大年龄，践踏了马吃的草要罚，进入皇上的门要疾行而过，见到皇上的几杖要起立致敬，皇上召唤时不等马备好就赶快动身，做皇上托付的重要事情不能回家过夜。这些都是事君的礼节，做大臣的应该遵守。然而，国家的利害，人民的疾苦，真实地向皇上报告。比较起来，上述的礼就太虚了。皇上说可行的事，有反对的理由也要提出；皇上不行的事，认为可行也应建议。正确的意见不被采纳，应象前人引裾、折槛、断鞅、轫轮那样无所畏惧。象如今这样，虚演事君的礼节，不顾事君的大义，国家还有什么依靠呢？"皇上大受感动说："不是您，我哪能听到这样的话呢！"

杨云翼曾患风痹症，这时刚刚治愈。皇上亲自探问，问他治愈的方法。杨云翼说："只要治心。心情和谐邪气就不能入侵。治国也是这样，做皇上的先正心，则朝廷百官都会树立正气。"皇上豁然明白，这是以医来劝谏。

西夏与金通好后，派遣其徽猷阁学士李弁来商议互通贸易事，但往返数不能达成协议。杨云翼奉命前往，办成了这件事。正大五年（1228）杨云翼去世，享年五十九岁，赠谥号"文献"。

杨云翼性格庄重，严于律己，宽以待人。与人交友，名分一定，生死祸福都不改变。对于国家大事，知无不言。贞祐年间（1213~1217），主管军事的人不能抵抗北方侵略，却想以侵略宋朝来获得补偿，因而连年征伐南方。有提不同意见的人，不是说为宋朝着想，则诬为与宋朝有勾结。至于宰相，别的事都敢管，唯独不敢说南征的事。杨云翼说："国家目前所面临的最主要问题，不在于攻取淮南之前，而在于得到淮南之后。淮南攻占后，长江以北成为战场。我军若进攻，则进入水乡，劲弓良马不得驰骋，对方如果扼守长江，偷袭淮河以断我粮道，或决开河堤水淹淮南，我军如何守得住呢？"时全倡议南征，宣帝征求朝臣意见。杨云翼说："朝臣们所说的都是阿谀奉承之辞。天下有治有乱。国势有弱有强。如今只讲治不讲乱，只说强不说弱，只言胜不言败，都是偏颇的说法。我想从两方面分析。我们要攻打宋朝，并非贪其土地。主要是恐怕西北方敌人入侵时南方有牵制，那就三面受敌了。因而我们打算先下手，以阻止其进攻。假使宋人丢失淮南，且不敢反攻，这仗就胜利了。即使这样，也不一定对我有利。宋朝在长江之南尚有广大的领域，即使失了淮南也不难聚集数万人马，等我国有事时伺机出击。战胜了尚且如此，战败了又怎么办呢？况且我们以骑兵攻打宋朝的步兵，我看也并没有完全的优势。如今情况与泰和年间不同。泰和时冬天出击,如今要夏天去,这是天时不同。冬天水干陆地多,夏天水多泥烂,这是地利不同。泰和时举全国的军力,以纠军(按:边地部落)为前锋,如今纠军已降蒙古,这是人事不同。主战的人只看到泰和时之易,不知道今日之难。再请以西夏人为例。过去防守西边的弓箭手,一遇敌人就英勇作战,西夏人逃避北方。如今攻陷我城池,俘虏我官员,战败我军队,生擒我主将。过去那样怕我,今天如此欺侮我,只因夏人已非前日。既如此,怎知宋人就和过去一样呢?但愿陛下想想胜利有哪些好处,战败有什么坏处,别光听好听的话,做下后悔的事。"杨云翼的主张不被采纳。随后,时全果然大败于淮上,全军覆没。宣宗责备诸将说:"我有什么脸看见杨云翼呢!"

河朔一带为骑兵所迫,十分之一的人泅黄河向南逃亡。按法律应治死罪。杨云翼说:"法律严惩私渡的人,是为防止奸细,如今平民百姓为兵匪所迫,逃奔过河,只是为了避死。如今不死于敌人而死于法律,那以后就只好投靠敌人了。"宣宗顿时醒悟,下令把百姓全部释放。河南旱灾,哀宗派官员处理冤狱,不管陕西。杨云翼说:"天、地、人是一样的道理。人的一条肢体生病则四体也会随之不舒服,哪能专治生病的地方而不管其余呢?"皇帝采纳了他的意见。

司天台有人进上《太乙新历》,尚书省交给杨云翼审阅。他找出其中错误二十多条。历法家都很信服。杨云翼著文集若干卷,校勘《大金礼仪》若干卷,《续通鉴》若干卷,《周礼辨》一篇,《左氏》《庄子》《列赋》各一篇,《五星聚井辨》一篇,《玄象赋》一篇,《勾股机要》《象数杂说》等著作收藏在家中。

赵秉文传

【题解】

赵秉文(1158~1232),字周臣,号闲闲老人,磁州滏阳(今河北省磁县)人。金大定二十五年进士,历任翰林侍讲、侍读学士、翰林学士、礼部尚书。他曾上书认为应罢免宰相胥持国,得罪,牵连王庭筠等人下狱,为士大夫所耻。赵秉文是金朝末期文坛盟主,诗文名满天下。他的诗气势奇伟纵放,而不拘格律,文长于析理,而不守程式。著述很丰,多不传,存世有《滏水集》三十卷。

他也是金朝著名书画家,"字画工夫最深,诗次之,又其次散文也。"(见《归潜志》)他的书法初学王庭筠,后学李太白、苏东坡,及其晚年,书艺大进,与王庭筠齐名。可惜书画没有留传下来。

【原文】

赵秉文字周臣,磁州滏阳人也。幼颖悟,读书若夙习。登大定二十五年进士第,调安塞簿,以课最迁邯郸令,再迁唐山。丁父忧,用荐者起复南京路转运司都勾判官。

明昌六年,入为应奉翰林文字,同知制诰。上书论宰相胥持国当罢,宗室守贞可大用。章宗召问,言颇差异,于是命知大兴府事内族膏等鞫之。秉文初不肯言,诘其仆,历数交游者,秉文乃曰:"初欲上言,尝与修撰王庭筠、御史周昂、省令史潘豹、郑赞道、高坦等私议。"庭筠等皆下狱,决罚有差。有司论秉文上书狂妄,法当追解,上不欲以言罪人,遂特免焉。当时为之语曰:"古有朱云,今有秉文,朱云攀槛,秉文攀人。"士大夫莫不耻之。坐是久废,后起为同知岢岚军州事,转北京路转运司支度判官。承安五年冬十月,阴晦连日。宰相张万公入对,上顾谓万公曰:"卿言天日晦冥,亦犹人君用人邪正不分,极有理。若赵秉文曩以言事降投,闻其人有才藻、工书翰,又且敢言,朕非弃不用,以北边军事方兴,姑试之耳。"泰和二年,召为户部主事,迁翰林修撰。十月,出为宁边州刺史。三年,改平定州。前政苛于用刑,每闻赦将至,先掊贼死乃拜赦,而盗愈繁。秉文为政一从宽简,旬月盗悉屏迹。岁饥,出禄粟倡豪民以赈,全活者甚众。

赵秉文

大安初,北兵南向,召秉文与待制赵资道论备边策,秉文言:"今我军聚于宣德,城小,列营其外,涉暑雨器械弛败,人且病,俟秋敌至,将不利矣。可遣临潢一军捣其虚,则山西之围可解,兵法所谓'出其不意、攻其必救'者也。"卫王不能用,其秋宣德果以败闻。寻为兵部郎中,兼翰林修撰,俄转翰林直学士。

贞祐初,建言时事可行者三:一迁都,二导河,三封建。朝廷略施行之。明年,上书愿为国家守残破一州,以宣布朝廷恤民之意,且曰:"陛下勿谓书生不知兵,颜真卿、张巡、许远辈以身许国,亦书生也。"又曰:"使臣死而有益于国,犹胜坐縻廪禄为无用之人。"上曰:"秉文志固可尚,然方今翰苑尤难其人,卿宿儒当在左右。"不许。

四年,拜翰林侍讲学士,言:"宝券滞塞,盖朝庭初议更张,市肆已妄传其不用,因之抑遏,渐至废绝。臣愚以为宜立回易务,令近上职官通市道者掌之,给以银钞粟麦缣帛之类,权其低昂而出纳。"诏有司议行之。

兴定元年,转侍读学士。拜礼部尚书,兼侍读学士,同修国史。知集贤院事。又明年,知贡举,坐取进士卢亚重用韵,削两阶,因请致仕。金自泰和、大安以来,科举之文其弊益甚。盖有司惟守格法,所取之文卑陋陈腐,苟合程度而已,稍涉奇峭,即遭绌落,于是文风大衰。贞祐初,秉文为省试,得李献能赋,虽格律稍疏而词藻颇丽,擢为第一。举人遂大喧噪,诉于台省,以为赵公大坏文格,且作诗谤之,久之方息。俄而献能复中宏词,入翰林,而秉文竟以是得罪。

五年,复为礼部尚书,入谢,上曰:"卿春秋高,以文章故须复用卿。"秉文以身受厚恩,无以自效,愿开忠言、广圣虑,每进见从容为上言,人主当俭勤、慎兵刑,所以祈天永命者,上嘉纳焉。哀宗即位,再乞致仕,不许。改翰林学士,同修国史,兼益政院说书官。以上嗣德在初,当日亲经史以自裨益,进《无逸直解》《贞观政要》《申鉴》各一通。

正大九年正月,汴京戒严,上命秉文为赦文,以布宣悔哀痛之意。秉文指事陈义,辞情俱尽。及兵退,大臣欲称贺,且命为表,秉文曰:"《春秋》'新宫火,三日哭'。今园陵如此,酌之以礼,当慰不当贺。"遂已。时年已老,日以时事为忧,虽食息顷不能忘。每闻一事可便民,一士可擢用,大则拜章,小则为当路者言,殷勤郑重,不能自己。三月,草《开兴改元诏》,闾巷间皆能传诵,洛阳人拜诏毕,举城痛哭,其感人如此。是年五月壬辰,卒,年七十四,积官至资善大夫、上护军、天水郡侯。

正大间,同杨云翼作《龟鉴万年录》上之。又因进讲,与云翼共集自古治术,号《君臣政要》为一编以进焉。秉文自幼至老未尝一日废书,著《易丛说》十卷,《中庸说》一卷,《扬子发微》一卷,《太玄笺赞》六卷,《文中子类说》一卷,《南华略释》一卷,《列子补注》一卷,删集《论语》《孟子解》各一十卷,《资暇录》一十五卷,所著文章号《滏水集》者三十卷。

秉文之文长于辨析,极所欲言而止,不以绳墨自拘。七言长诗笔势纵放不拘一律,律诗壮丽,小诗精绝多以近体为之,至五言古诗则沉郁顿挫。字画则草书尤遒劲。朝使至自河、湟者,多言夏人问秉文及王庭筠起居状,其为四方所重如此。

为人至诚乐易,与人交不立崖岸,未尝以大名自居。仕五朝,官六卿,自奉养如寒士。杨云翼尝与秉文代掌文柄,时人号杨赵。然晚年颇以禅语自污,人亦以为秉文之恨云。

【译文】

赵秉文字周臣,是磁州滏阳县人。从小就很聪明,开始读书,就好象以前早就读过一样。他考中大定二十五年进士,调任安塞县主簿,因政绩优秀,升任邯郸县令,又改为唐山县令。父亲逝世在家守孝,因他人推荐,起用他为南京路转运司都勾判官。

明昌六年,入京任应奉翰林文字,同知制诰。他上书认为宰相胥持国应该罢免,宗室完颜宗贞可任此要职。金章宗向他询问,他的回答与上书的内容颇不一致,于是章宗命大兴府知府人完颜膏等人来审讯。赵秉文起初不肯招认,追问他的奴仆,才一一说出他所交往的人,这时赵秉文才承认:“当初想上书,曾和修撰王庭筠、御史周昂、省令史潘豹、郑赞道、高坦等人私下商议过。”于是王庭筠等人都被逮捕入狱,分别轻重被判刑和处罚。有关部门论劾赵秉文上书内容虚妄,按照法律应当追究刑事责任,皇帝不想用言论而加罪于人,于是特予宽免。当时人针对赵秉文的行为编了几句顺口溜:“古有朱云,今有秉文;朱云进言,不惜一死,秉文进言,出卖友人。”士大夫认为赵秉文的行为是可耻的。因此,他长时间在家闲居,废而不用。后来起用为同知岢岚等州事,又转任北京路转运司支度判官。承安五年冬季十月,一连几天出现阴晦天气,白日昏暗,宰相张万公入宫应对,章宗注视着张万公说:“你说白日昏暗,就好象人君用人邪正不分一样,这话很有道理。如赵秉文这个人,以前因上书遭到贬降,听说他很有文采,又擅长书法,而且敢于说话。对此,我并不想弃之不用,因为北部边境上战事刚起,姑且考验一下他罢了。”泰和二年,征召他为户部主事,又升任翰林修撰。这年十月,又外任为宁边州刺史。泰和三年,改为平定州刺史。前任州刺史用刑苛毒,每当他听说大赦令将到,先把抓获的盗贼打死,然后再拜受大赦文书,因而盗贼越来越多。赵秉文行政一切从宽从简,不到一个月的时间,盗贼都销声匿迹了。灾害之年,他拿出自己的禄米号召富民赈救灾民,救活了很多人。

大安初年,北方蒙古兵南下,朝廷召见赵秉文和待制赵资道商议备边的策略。赵秉文说:“现在我军聚集在宣德,宣德城很小,军队在城外扎营,到了伏天,雨水会把兵械淋坏,人也容易生病,等到秋天敌人来攻,那将是非常不利的。应派临湟的军队直捣敌人空虚的老窝,那么敌人对山西的包围就可以解除,兵法上说‘出其不意,攻其必救。’就是这个道理。”他的建议,卫王不采纳。这年秋天,果然报来宣德失败的消息。不久,赵秉文被任为兵部郎中,兼翰林修撰,不久转为翰林直学士。

贞祐初年,赵秉文建言,有三项时政可以付诸实行:第一是迁都,第二是疏导黄河,第三是分封诸王。这三件事,朝廷大都实行了。第二年,他上书朝廷,表示愿意为国治理好一个残破州,以此来体现朝廷关心百姓疾苦的用心,他说:"陛下您不要认为文弱书生不懂军事,颜真卿、张巡、许远等人舍身为国,这些人也是书生啊!"他又说:"如果我不惜一死而对国家有益,总比白白消耗国家的俸禄成为无用的人要好。"宣宗说:"你的志向固然可敬,但是翰林院还难找到合适的人,你是博学大儒,应留在我身边。"没有准许他的请求。

贞祐四年,任赵秉文为翰林侍讲学士,他上书说:"纸币宝券之所以流通困难,是因为朝廷刚刚议论要改货币,市面上已经哄传宝券将要废弃不用,因而一再贬值,渐至被废弃。我认为应成立回收兑换机构,让皇帝身边懂得市场物价的官员主管,拨给该机构银币、粟麦、缣帛之类的物品,权衡价值的高低加以兑换。"皇帝命有关部门计议施行。

兴定元年,赵秉文转任侍读学士,又任礼部尚书兼侍读学士,同修国史,知集贤院事。又明年,主持科举取士,因录取进士卢亚偏重用韵获罪,官降二级,赵秉文因而请求退休。金朝从泰和、大安以后,科举文章的弊病越来越严重。因主持科举的官员只知按死格式衡量,故而所取中的文章,内容简陋,观点陈腐,只是符合格式罢了,如果文章稍稍有新奇的观点或稍有些棱角,总会被扔到一边,于是文风大为衰败。贞祐初年,赵秉文主持省试,发现李献能所做的赋,虽然格律稍有疏失,但文辞颇为典丽,选拔李献能为第一。于是举子们大肆喧哗,向上级告状,以为赵秉文严重地破坏了试文的规矩,并作诗进行诽谤,闹了好长时间才平息下来。不久,李献能又考中宏词科,进入翰林院。但赵秉文却因此而得罪。

贞祐五年,赵秉文再次任礼部尚书,在他进宫谢恩时,宣宗对他说:"你岁数已经大了,因主持考试,故而再次起用你。"赵秉文因受到皇帝的厚爱,无从报效,他希望朝廷广开言路,采纳忠言,以增益圣上的心智,因而他每次朝见皇帝时都专向皇帝陈述:人主应当节俭、勤政,用兵用刑要慎重,以此来祈求上天,永保全国的江山。皇上愉快地采纳了的建议。哀宗皇帝即位,赵秉文再次请求退休,皇帝不答应。改任他为翰林学士,同修国史,兼益政院说书官。赵秉文鉴于哀宗即位不久,应该经常接触经史以加强自我修养,于是他进呈《无逸直解》《贞观政要》《申鉴》各一部。

正大九年正月,由于元兵进逼,汴京戒严,哀宗命赵秉文起草大赦文告,以宣示圣上悔悟、哀痛的心意。赵秉文据事说理,情感表现得淋漓尽致。元兵退走以后,大臣们想向皇帝表示祝贺,让赵秉文起草贺表,赵秉文说:"《春秋》上记载:'新宫发生大灾,鲁成公哭祭了三天。'现在祖宗的陵墓成为这个样子,按照礼仪的规定,应该表示慰问,不应祝贺。"于是作罢。当时赵秉文年事已高,天天为国家大事而忧虑,连吃饭时也不能忘怀。每当他听到某一件事可以便利百姓,某一士人可以提拔任用,大事则上疏皇帝,小事则向当权的大臣面述,他的态度诚恳,表情严肃,自己也不能控制。三月,他起草的《开兴改元诏》,街头巷尾都能背诵,洛阳百姓按拜诏书后,满城一片痛哭的声音,他的文章如此感人肺腑。他于当年五月壬辰逝世,时年七十四岁,历官至资善大夫、上护军、天水郡侯。

正大年间,他和杨云翼撰述《龟鉴万年录》,进呈给皇帝。又因他向皇帝讲解经史,和杨云翼一起收集自古以来有关治世之道的文字,编成《君臣政要》一书进呈。赵秉文从幼年直到老年，没有一天不读书，他著有《易丛记》十卷，《中庸说》一卷，《扬子发微》一卷，《太玄笺赞》六卷，《文中子类说》一卷，《南华略释》一卷，《列子补注》一卷，删集《论语》《孟子解》各十卷，《资暇录》十五卷，他所著的文章集为《滏水集》三十卷。

赵秉文的文章，长于理论分析，把要说的话说尽后，便戛然而止，不受文章格式之类的束缚。他的七言长诗，气势纵放，不拘一格；律诗雄伟典丽；短诗非常精妙，多为近体诗；至于五言古诗，诗意深沉蕴藉，声调抑扬顿挫。他的字画，草书尤其刚韧奔放。朝廷的使臣从河、湟地区回来的，很多人反映：西夏人问及赵秉文和王庭筠的生活情况，他是这样受四方人士的敬重。

赵秉文为人，非常诚恳，平易近人，和朋友交往，从不摆架子，向来不以名人自居。他历事五朝，官至公卿，但饮食服饰和贫寒的读书人没有什么两样。杨云翼曾和赵秉文相继成为文坛盟主，时人称为"杨、赵"。但他在晚年时颇以佛语自我玷污，人们也为赵秉文感到遗憾。

王庭筠传

【题解】

王庭筠（1155~1202），字子端，辽东（今辽宁省）人。大定十六年进士，历官恩州军事判官、应奉翰林文字、翰林修撰。他是金代首屈一指的书法家。他的书作，很讲究布局，字的大小位置，错落有致。赵秉文曾向他学习书法，也成为金代书法名家。王庭筠、赵沨、赵秉文三人齐名，王庭筠实出二人之上。传世书迹有《法华台帖》《道林帖》《游黄华诗》《蜀先主庙碑》等。他曾和张汝方详品全内府所藏法书名画，编为五百五十卷。著有《聚辨》十卷、文集四十卷。

【原文】

王庭筠字子端，辽东人。生未期，视书识十七字。七岁学诗，十一岁赋全题。稍长，涿郡王修一见，期以国士。登大定十六年进士第。调恩州军事判官，临政即有声。郡民邹四者谋为不轨，事觉，逮捕千馀人，而邹四窜匿不能得。朝廷遣大理司直王仲轲治其狱，庭筠以计获邹四，分别诖误，坐预谋者十二人而已。再调馆陶主簿。

明昌元年三月，章宗谕旨学生院曰："王庭筠所试文，句太长，朕不喜此，亦恐四方效之。"又谓平章张汝霖曰："王庭筠文艺颇佳，然语句不健，其人才高，亦不难改也。"四月，召庭筠试馆职，中选。御史台言庭筠在馆陶尝犯赃罪，不当以馆阁处之，遂罢。乃卜居彰德，买田隆虑，读书黄华山寺，因以自号。是年十二月，上因语及学士，叹其乏材，参政守贞曰："王庭筠其人也。"三年，召为应奉翰林文字，命与秘书郎张汝方品第法书、名画，遂分入品者为五百五十卷。

五年八月，上顾谓宰执曰："应奉王庭筠，朕欲以诏诰委之，其人才亦岂易得？近党怀英作《长白山册文》，殊不工，闻文士多妒庭筠者，不论其文顾以行止为訾。大抵读书人多口颊，或相党。若东汉之士与宦官分朋，固无足怪。如唐牛僧孺、李德裕，宋司马光、王安

中华传世藏书 二十四史 精华 二十四史 金史 二三五五

石,均为儒者,而互相排毁何耶!"遂迁庭筠为翰林修撰。

承安元年正月,坐赵秉文上书事,削一官,杖六十,解职,语在《秉文传》。二年,降授郑州防御判官。四年,起为应奉翰林文字。泰和元年,复为翰林修撰,扈从秋山,应制赋诗三十馀首,上甚嘉之。明年,卒,年四十有七。上素知其贫,诏有司赙钱八十万以给丧事,求生平诗文藏之秘阁。又以御制诗赐其家,其引云:"王遵古,朕之故人也。乃子庭筠,复以才选直禁林者首尾十年,今兹云亡,玉堂、东观无复斯人矣。"

庭筠仪观秀伟,善谈笑,外若简贵,人初不敢与接。既见,和气溢于颜间,殷勤慰藉如恐不及,少有可取,极口称道,他日虽百负不恨也。从游者如韩温甫、路元亨、张进御、李公度,其引荐者如赵秉文、冯璧、李纯甫,皆一时名士,世以知人许之。

为文能通所欲言,暮年诗律深严,七言长篇尤工险韵。有《聚辨》十卷,文集四十卷。书法学米元章,与赵沨、赵秉文俱以名家,庭筠尤善山水墨竹云。

【译文】

王庭筠字子端,是辽东人。他生下来不到一周岁,看书时就认得十七个字。他七岁时学作诗,十一岁时能整首写诗。稍稍长大以后,涿郡人王修只见他一面,就认为他将来会成为国家栋梁之材。大定六年考中进士,被任为恩州军事判官,他刚刚从政,就赢得好名声。恩州人邹四谋图造反,事情被发觉,逮捕了一千多人,但邹四却躲藏起来未能捕获。朝廷派大理司直王仲轲审理此案,王庭筠用计捕获了邹四,他分辨出被牵连的人,判犯有预谋罪的只不过有十二个人罢了。再调任他为馆陶县主簿。

明昌元年三月,金章宗传旨于学士院,说道:"王庭筠所做的试文,句子太长,我不喜欢这样的句子,也担心四方学子仿效他。"章宗又对平章张汝霖说:"王庭筠的文采很好,但行文还不够老练,这个人才能高,改进也不难。"这年四月,征召王庭筠试馆阁职务,被选中。御史台上奏,说王庭筠在馆陶任职期间曾犯贪污罪,不应安排他在馆阁中任职,于是作罢。王庭筠定居在彰德,在隆虑县购置田地,入黄华山寺读书,因此自号为黄华山人。这年十二月,章宗谈及翰林学士时,感叹人才缺乏,参知政事完颜守贞说:"王庭筠就是合适的人选。"明昌三年,朝廷征召他为应奉翰林文字,让他和秘书郎张汝方评品内府所收藏的书法、名画等级,把入选的书法、名画分为五百五十卷。

明昌五年八月,章宗对宰相说:"应奉翰林文字王庭筠,我打算把起草诏诰的任务委任给他,这样的人才是很难得的。近来党怀英作《长白山册文》,很不精美。听说文人们很妒忌王庭筠,不看他的文章如何,只抓住他的品行进行诋毁。大致说来,读书人好多嘴多舌,或相互结党。过去东汉时的儒生与宦官分别结成党派,这本不足怪。又如唐朝的牛僧孺、李德裕,宋朝的司马光、王安石,他们都是读书人,而互相排斥诋毁,这也真无聊!"于是提拔王庭筠为翰林修撰。

承安元年正月,因受赵秉文上书一事的牵累,被削夺一级,杖打六十,解除职务,这事载在《赵秉文传》中。承安二年,贬降为郑州防御判官。四年,又起用为应奉翰林文字。泰和元年,再任翰林修撰,侍从章宗去秋猎,奉命作诗三十余首,受到章宗的嘉奖。第二年逝世,终年四十七岁。章宗一向知道他贫穷,命有关部门赠钱八十万,供丧葬费用,又搜集他一生所做的诗文,收藏于秘阁。又把亲笔诗作赏给他的家属,诗的小序中说:"王遵古,是我的老朋友,他的儿子王庭筠,因有文才被选入宫中任职,前后十年,现在已经去世,玉堂、东观再也找不到这样的人了。"

王庭筠外表清秀伟岸,善于谈笑,表面上看,有一种高贵气质,别人起初不敢接近他,和他见面以后,脸上洋溢着温和的气色,热情诚恳,对对方百般体贴,唯恐有不周到的地方,别人有一点可取之处,他就满口称赞,过后虽然他人有一百个对不起自己的地方,也从不计较。和他交往的如韩温甫、路元亨、张进卿、李公度等人,经他推荐的如赵秉文、冯璧、李纯甫等人,都成为一时的名人,因此世人称许他有知人之明。

王庭筠的文章能充分地表达自己的思想,晚年的诗作格律严整,七言长诗尤其工于险韵。他著有《聚辨》十卷、文集四十卷。他的书法学米芾,与赵沨、赵秉文都是书法名家,王庭筠尤其擅长画山水墨竹。

麻九畴传

【题解】

麻九畴(1183～1232),字知几,易州(今河北省属县)人。金正大初年特赐进士及第,历任太常寺太祝、权博士,应奉翰林文字。麻九畴自幼聪明,三岁识字,七岁能做草书,当时有神童之称。后博学经史,长于《易经》,知术数,善占卜算命。他诗文俱工,是当时著名文人。长于书法,"幼颖悟,善草书",赵秉文"诗颇许麻知几、元裕之,字画颇许麻知几、冯叔献"(见刘祁《归潜志》)。可见其书法在当时颇有名。

【原文】

麻九畴字知几,易州人。三岁识字,七岁能草书,作大字有及数尺者,一时目为神童。章宗召见,问:"汝入宫殿中亦惧怯否?"对曰:"君臣,父子也。子宁惧父耶?"上大奇之。弱冠入太学,有文名。

南渡后,寓居郾、蔡间,入遂平西山,始以古学自力。博通《五经》,于《易》《春秋》为尤长。兴定末,试开封府,辞赋第二,经义第一。再试南省,复然。声誉大振,虽妇人小儿皆知其名。及廷试,以误绌,士论惜之。已而,隐居不为科举计。正大初,门人王说、王采苓俱中第,上以其年幼,怪而问之,乃知尝师九畴。平章政事候挚、翰林学士赵秉文连章荐之,特赐卢亚榜进士第。以病,未拜官告归。再授太常寺太祝,权博士,俄迁应奉翰林文字。

九畴性资野逸,高褰自便,与人交,一语不相入则迳去不返顾。自度终不能与世合,顷之,复谢病去,居郾城,天兴元年,大元兵入河南,挈家走确山,为兵士所得,驱动广平,病死,年五十。

九畴初因经义学《易经》,后喜邵尧夫《皇极书》,因学算数,又喜卜筮、射复之术。晚更喜医,与名医张子和游,尽传其学,且为润色其所著书。为文精密奇健,诗尤工致。后以避谤忌,持戒不作。明昌以来,称神童者五人,太原常添寿四岁能作诗,刘滋、刘微、张汉臣后皆无称,独知几能自树立,耆旧如赵秉文,以征君目之而不名。

【译文】

麻九畴字知几，是易州人。他三岁时即识字，七岁时能做草书，能写数尺见方的大字，当时人视为神童。金章宗召见他，问道："你进入宫殿，是不是感到害怕呢？"麻九畴回答说："君臣关系就是父子关系，儿子难道会惧怕父亲吗？"章宗十分惊奇。二十岁左右进入太学，很有文名。

宋朝南渡后，他寓居郾师、上蔡之间，后来去遂平西山读书，开始致力于古学。他博通《五经》，尤其精于《易经》《春秋》。宣宗兴定末年，参加开封府的乡试，辞赋得了第二名，经义得了第一名。又参加南京会试，仍是辞赋第二，经义第一。于是名声大振。即使是妇女小孩都知道他的名字。在殿试时，因有误笔而落第，士人们很为他惋惜。于是隐居不出，不再想参加科举考试。正大初年，他的弟子王说、王采苓都考中进士，哀宗以为他们小小年纪考中进士，感到很惊奇，便询问他们的学业，才知他们曾拜麻九畴为师。平章政事侯挚、翰林学士赵秉文联名推荐麻九畴，哀宗特赐他为卢亚那一科的进士。因他生病，没有任官，告假回家。后任命他为太常寺太祝，代行太常博士，不久升任为应奉翰林文字。

麻九畴生性放逸不羁，散漫随便，和别人交往，有一句话不投机，便掉头而去，不再见面。他自料终究和世人合不来，过了不久，就称病去职。他居住在郾城，天兴元年，元兵攻入河南，他带领全家逃往确山县，被元兵捕获，把他赶往广平，生病而死，终年五十岁。

麻九畴起初因研究经学，曾学习《易经》，后来爱读邵尧夫的《皇极书》，于是便研究术数，又喜爱占卜算卦。晚年喜爱医学，和名医张子和交往，把他的医术都学到手，并且帮张子和润色他的著作。麻九畴的文章文思精密，持论稳健，诗尤其做得好。后来因避免他人的妒忌和诽谤，决心不再做诗文。明昌年间以来，有神童之称的有五人，太原人常添寿，四岁能作诗，刘滋、刘微、张汉臣，后来都没有值得称道的地方，只有麻九畴能有所建树，象元老大臣赵秉文这样的人物，对麻九畴也以"征君"相称，不直呼其名。

元好问传

【题解】

元好问（1190～1257），金代作家、史学家。字裕之，号遗山。太原秀容（今山西省忻县）人。兴定进士，曾任行尚书省左司员外郎等职。金亡不仕。

元好问论诗受传统诗教影响，强调内容，同时重视艺术成就和作家品德，《论诗绝句三十首》是其诗论代表。其诗词在金元之际颇负盛名。其诗题材广泛，兴象深邃，风格遒上。词以苏、辛为典范，兼有婉约、豪放诸种风格。曾编金诗、词总集《中州集》和《中州乐府》。有《元遗山先生全集》。

【原文】

好问字裕之。七岁能诗。年十有四，从陵川郝晋卿学，不事举业，淹贯经传百家，六

年而业成。下太行，渡大河，为《箕山》《琴台》等诗，礼部赵秉文见之，以为近代无此作也。于是名震京师。

中兴定五年第，历内乡令。正大中，为南阳令。天兴初，擢尚书省掾，顷之，除左司都事，转行尚书省左司员外郎。金亡，不仕。

为文有绳尺，备众体。其诗奇崛而绝雕刿，巧缛而谢绮丽。五言高古沈。七言乐府不用古题，特出新意。歌谣慷慨挟幽、并之气。其长短句，揄扬新声，以写恩怨者又数百篇。兵后，故老皆尽，好问蔚为一代宗工，四方碑板铭志尽趋其门。其所著文章诗若干卷、《杜诗学》一卷、《东坡诗雅》三卷、《锦礼》一卷、《诗文自警》十卷。

晚年尤以著作自任，以金源氏有天下，典章法度几及汉、唐，国亡史作，己所当任。时金国实录在顺天张万户家，乃言于张，愿为撰述，既而为乐夔所沮而止。好问曰："不可令一代之迹泯而不传。"乃构亭于家，著述其上，因名曰"野史"。凡金源君臣遗言往行，采掇所闻，有所得辄以寸纸细字为记录，至百余万言。今所传有《中州集》及《壬辰杂编》若干卷。年六十八卒。纂修《金史》，多本其所云。

【译文】

元好问，字裕之。七岁便能作诗。十四岁那年，跟随陵川（今属山西）郝晋卿学习，他不学如何参加科举考试求取功名的那一套，而是深入研究经传和诸子百家，他刻苦学习了六年，成为博洽而通达的饱学之士。接着，他下太行，过黄河，外出游学，他写了《箕山》《琴台》等诗，礼部赵秉文看到了这些诗，认为在近代没有这样优秀的作品。于是元好问的名声就震动了京师。

兴定五年（1221）中进士，任内乡（今属河南）县令。正大年间，担任南阳（今属河南）县令。天兴（1232~1234）初年，提升为尚书省的属官，接着，又授为左司都事，转行尚书省左司员外郎。金朝灭亡后，元好问就没有再做官。

元好问

元好问写文章有明确的标准。各种体裁的文章他都写得很好。他的诗构思奇特，风格劲健而绝不雕琢镂刻，巧缛新丽而绝去浮靡绮丽。五言诗高洁古雅，沉郁悲壮，七言乐府不用古题，特别有新意。歌谣慷慨悲凉，带着幽州、并州人的一种豪侠之气。他所做的词曲，发扬新声，大都是针对国家多难，人民不幸，以抒发他的悲壮胸怀，一共有几百篇。战乱以后，一些故旧相继去世，元好问成了文坛的一代领袖，各地的碑文、墓志铭之类的文字都来求他写作。他所写的文章、诗歌有若干卷、《杜诗学》一卷、《东坡诗雅》三卷、《锦礼》一卷、《诗文自警》十卷。

到了晚年，更加把著作作为自己的任务，他认为金立国以后，它的典章制度几乎可以和汉代、唐代相比，现在金国已经灭亡，赶快要把它的历史写下来，而这著史的任务，自己是当仁不让的。当时，金国的那些实录都在顺天（今北京）张万户家里，元好问就对张万户做了说明，表示自己愿意撰写《金史》，后来被乐夔所阻止而中止了。但是元好问说：

"不能让一个朝代的事迹泯灭而不传下去。"因此就在自己家里建造了一座亭子,自己就在里面撰写金代的历史,因为不是政府交给他的写作任务,所以他把自己写的东西称为《野史》。凡是金代君臣们留下来的言论、事迹,元好问都认真进行采集,他把听到的一点一滴都用小的纸条、小的字体记录下来,一直到一百多万字。今天他所传下来的著作有《中州集》以及《壬辰杂编》若干卷,六十八岁那年去世。后来别人纂修的《金史》,大多是参照元好问的著作编写的。

党怀英传

【题解】

党怀英(1134～1211),字世杰,冯翊(今陕西冯翊县)人,后定居山东泰安。大定十年成进士,历官莒州军事判官、汝阴县令、国史院编修官、应奉翰林文字、翰林待制、兼同修国史、翰林学士、翰林学士承旨。他曾和郝俣撰修《辽史》。据刘祁《归潜志》载:"党承旨怀英、辛尚收弃疾,俱山东人,少同舍。"以后幸南党北,俱有建树。党怀英长于诗文,工篆书籀书,当时称为第一,是金代颇有声誉的书法家,可惜书迹不见流传。

【原文】

党怀英字世杰,故宋太尉进十一代孙,冯翊人。父纯睦,泰安军录事参军。卒官,妻子不能归,因家焉。应举不得意,遂脱略世务,放浪山水间,箪瓢屡空,晏如也。大定十年,中进士第,调莒州军事判官,累除汝阴县令、国史院编修官、应奉翰林文字、翰林待制、兼同修国史。

怀英能属文,工篆籀,当时称为第一,学者宗之。大定二十九年,与凤翔府台中郝俣充《辽史》刊修官,应奉翰林文字移剌益、赵沨等七人为编修官。凡民间辽时碑铭墓志及诸家文集,或记忆辽旧事,悉上送官。

是时章宗初即位,好尚文辞,旁求文学之士以备侍从,谓宰臣曰:"翰林阙人如之何?"张汝霖奏曰:"郝俣能属文,宦业亦佳。"上曰:"近日制诏唯党怀英最善。"移剌履进曰:"进士擢第后止习吏事,更不复读书,近日始知为学矣。"上曰:"今时进士甚灭裂,《唐书》中事亦多不知,朕殊不喜。"上谓宰臣曰:"郝俣赋诗颇佳,旧时刘迎能之,李晏不及也。"

明昌元年,怀英再迁国子祭酒。二年,迁侍讲学士。明年,议开边防濠堑,怀英等十六人请罢其役,诏从之。迁翰林学士。七年,有事于南郊,摄中书侍郎读祝册,上曰:"读册至朕名,志微下,虽曰尊君,然在郊庙,礼非所宜,当平读之。"承安二年乞致仕,改泰宁军节度使。明年,召为翰林学士承旨。泰和元年,增修《辽史》编修官三员,诏分纪、志、列传刊修官,有改除者以书自随。久之,致仕。大安三年卒,年七十八,谥文献。怀英致仕后,章宗诏直学士陈大任继成《辽史》云。

【译文】

党怀英字世杰,是已故宋朝太尉党进的十一代孙,冯翊人。他的父亲党纯睦,官至泰安军录事参军，死于官任上，妻子儿女回不了故乡，于是就在泰安落户。他应试不幸而落榜，于是他摆脱世俗，尽情游山玩水。家无隔夜粮，他也安然处之。大定十年，考中进士，被任为莒州军事判官，历升汝阴县令、国史院编修官、应奉翰林文字、翰林待制、兼同修国史。

党怀英很会写文章，又擅长篆书和籀书，在当时被称为第一，学者都很尊崇他。大定二十九年，他和凤翔府治中郝俣担任《辽史》刊修官，应奉翰林文字移剌益、赵沨等七人为编修官。凡是民间收藏的辽代碑铭墓志以及各家的文集，或记述辽代史事的文字，全部送交官府。

当时，金章宗刚即位，他崇尚文辞，广求有文学才能的人才，充任文学侍从，章宗对宰相说：“翰林缺人，怎么办呢？”张汝霖回奏说：“郝俣很会写文章，政绩也很好。”章宗说：“近来起草诏书文字的，只有党怀英最好。”移剌履奏说：“进士们中试以后，只是学习政务，便不再读书，近来才留心学问了。”章宗说：“现在的进士太粗疏了，连《唐书》中所载的史事也大都不知道，我特别不喜欢。”他又对宰相说：“郝俣的诗写得很好，过去的刘迎也能写诗，李晏赶不上他们。”

明昌元年，党怀英又升为国子监祭酒。明昌二年，升为侍讲学士。第二年，朝廷计议开挖边防壕沟，党怀英等十六人请求取消这项工程，皇帝听从了他们的意见。他又升为翰林学士。明昌七年，行南郊祭天礼，党怀英代中书侍郎诵读祝文，章宗说：“读祝文念到我的名字时，声音低了些，虽然是出于对君主的尊敬，但是这是在祭祀，按照礼法是不应该的，应当平声诵读。”承安二年，党怀英请求退休，朝廷改任他为泰宁军节度使。第二年，又征召他为翰林学士承旨。泰和元年，增加修《辽史》的编修官三名，皇帝下令，这三名官员分别担任纪、志、列传刊修官，有改任他职的，可带所修书赴任。过了很久，党怀英才退休。大安三年去世，终年七十八岁，赠谥号为“文献”。党怀英退休后，章宗命直学士陈大任继续修成《辽史》。

列女传

【题解】

金朝的历史充满了内忧外患，内有张觉、崔立等人的起兵造反，外有元朝军队的大举进攻。这就使得不少妇女身罹战乱，其中有些人临危时自杀守节，出现了一批烈女。除此之外，《金史·列女传》似乎还是“二十五史”中最早较多记载妇女在被迫改嫁时杀身的事迹的史书。另外，在后来元明清三代史书《列女传》中较多出现的割体疗亲故事，在《金史》中已经有了两例：雷姓人的妻子师氏和聂孝女舜英。

汉成帝时，刘向开始记述三代的贤妃淑女，以及骄奢淫逸、兴亡盛衰的根源，汇集起来进行分类，名为《列女传》，借以暗示规劝帝王。范晔才开始把她们记载在《后汉书》中。古代女子十岁的时候有女师，逐渐长大后又有粗细麻线丝茧的事情，有祭祀时帮助祭奠的事务，出嫁后的职责又只是在厨房做饭，因此以无非无仪为贤惠。至于过着守寡生活，患难颠沛，这都是妇女的不幸。一旦遇到不幸，自己能够卓然有所建树，有烈士丈夫的道德风尚,因此君子为她们而感到惊奇。

【原文】

汉成帝时,刘向始述三代贤妃淑女,及淫泆奢僭、兴亡盛衰之所由,汇分类别,号《列女传》,因以讽谏。范晔始载之汉史。古者女子生十年有女师,渐长有麻丝茧之事,有祭祀助奠之事,既嫁职在中馈而已,故以无非无仪为贤。若乃嫠居寡处,患难颠沛,是皆妇人之不幸也。一遇不幸,卓然能自树立,有烈丈夫之风,是以君子异之。

阿邻妻沙里质者,金源郡王银术可之妹。天辅六年,黄龙府叛卒攻钞旁近部族。是时,阿邻从军,沙里质纠集附近居民得男女五百人,树营栅为保守计。贼千馀来攻,沙里质以毯为甲,以裳为旗,男夫授甲,妇女鼓噪,沙里质仗剑督战,凡三日贼去。皇统二年,论功封金源郡夫人。大定间,以其孙药师为谋克。

李宝信妻王氏。宝信为义丰县令,张觉以平州叛,王氏陷贼中。贼欲逼室之,王氏骂贼,贼怒遂肢解之。大定十二年,赠"贞烈县君"。

韩庆民妻者,不知何许人,亦不知其姓氏。庆民事辽为宜州节度使。天会中,攻破宜州,庆民不屈而死,以其妻配将士,其妻誓死不从,遂自杀。世宗读《太宗实录》,见庆民夫妇事,叹曰:"如此节操,可谓难矣。"

雷妇师氏,夫亡,孝养舅姑。姑病,刲臂肉饲之,姑即愈。舅姑既殁,兄师逵与夫侄规其财产,乃伪立媒证致之官,欲必嫁之。县官不能辨曲直,师氏畏逼,乃投县署井中死。诏有司祭其墓,赐谥曰"节"。

康住住,鄜州人。夫早亡,服阕,父取之归家,许严沂为妻。康氏誓死弗听,欲还夫家不可得,乃投崖而死。诏有司致祭其墓。

李文妻史氏,同州白水人。夫亡,服阕,誓死弗嫁。父强取之归,许邑人姚乙为妻。史氏不听,姚诉之官,被逮,遂自缢死。诏有司致祭其墓。

李英妻张氏。英初为监察御史,在中都,张居潍州。贞祐元年冬,大元兵取潍州,入其家,张氏尽以所有财物与之。既而,令张氏上马,张曰:"我尽以物与汝,犹不见赎邪?"答曰:"汝品官妻,当复为夫人。"张曰:"我死则为李氏鬼。"顿坐不起,遂见杀。追封陇西郡夫人,谥"庄洁"。英仕至御史中丞,有传。

相琪妻栾氏,有姿色。琪为莱州掖县司吏。贞祐三年八月,红袄贼陷掖县,琪与栾氏及子俱为所得。贼见栾悦之,杀琪及其子而诱栾。栾奋起以头触贼而仆,骂曰:"我岂为犬彘所汙者哉。"贼怒,杀之。追封西河县君,谥"庄洁"。

阿鲁真,宗室承充之女,胡里改猛安夹谷胡山之妻。夫亡寡居,有众千馀。兴定元年,承充为上京元帅,上京行省太平执承充应蒲鲜万奴。阿鲁真治废垒,修器械,积刍粮以自守。万奴遣人招之,不从,乃射承充书入城,阿鲁真得而碎之,曰:"此诈也。"万奴兵急攻之,阿鲁真衣男子服,与其子蒲带督众力战,杀数百人,生擒十馀人,万奴兵乃解去。后复遣将击万奴兵,获其将一人。诏封郡公夫人,子蒲带视功迁赏。

承充已被执,乘间谓其二子女胡、蒲速乃曰:"吾起身宿卫,致位一品,死无恨矣。若辈亦皆通显,未尝一日报国家,当思自处,以为后图。"二子乃冒险自拔南走,是年四月至南京。

独吉氏,平章政事千家奴之女,护卫银术可妹也。自幼动有礼法,及适内族撒合辇,闺门肃如。撒合辇为中京留守,大兵围之,撒合辇疽发背不能军,独吉氏度城必破,谓撒合辇曰:"公本无功能,徒以宗室故尝在禁近,以至提点近侍局,同判睦亲府,今又为留守外路第一等官,受国家恩最厚。今大兵临城,公不幸病不能战御。设若城破,公当率精锐夺门而出,携一子走京师。不能则独赴京师,又不能,战而死犹可报国,幸无以我为虑。"撒合辇出巡城,独吉氏乃取平日衣服妆具玩好布之卧榻,资货悉散之家人,艳妆盛服过于平日,且戒女使曰:"我死则扶置榻上,以衾覆面,四围举火焚之,无使兵见吾面。"言讫,闭门自经而死。家人如言,卧尸榻上,以衾覆之。撒合辇从外至,家人告以夫人之死,撒合辇拊榻曰:"夫人不辱我,我肯辱朝廷乎。"因命焚之。年三十有六。少顷,城破,撒合辇率死士欲夺门出,不果,投壕水死,有传。

许古妻刘氏,定海军节度使仲洙之女也。贞祐初,古挈家侨居蒲城,后留刘氏母子于蒲,仕于朝。既而,兵围蒲,刘谓二女曰:"汝父在朝,而兵势如此,事不可保。若城破被驱,一为所污奈何?不若俱死以自全。"已而,攻城益急,于是刘氏与二女相继自尽。有司以闻于朝,四年五月,追封刘氏为郡君,谥曰"贞洁",其长女谥曰"定姜",次"肃姜",以其事付史馆。

冯妙真,刑部尚书延登之女也。生十有八年,适进士张慥,兴定五年,慥为洛川主簿。大元兵破葭州、绥德,遂入鄜延。鄜人震恐具守备,守臣以西路输刍粟不时至,檄慥诣平凉督之。时延登为平凉行省员外郎,慥欲偕妙真以往,妙真辞曰:"舅姑老矣,虽有叔姒,妾能安乎。子行,妾留奉养。"十一月,洛川破,妙真从舅姑匿窟室,兵索得之。妙真泣与舅姑诀曰:"妇生不辰,不得终执箕帚,义不从辱。"即携三子赴井死。县人从而死者数十人。明年春,慥发井得尸,殡于县之东郭外。死时年二十四。

蒲察氏字明秀,鄜州帅讹申之女,完颜长乐之妻也。哀宗迁归德,以长乐为总领,将兵扈从。将行,属蒲察氏曰:"无他言,夫人慎毋辱此身。"明秀曰:"君第致身事上,无以妾为念。妾必不辱。"长乐一子在幼,出妻柴氏所生也,明秀抚育如己出。崔立之变,驱从官妻子于省中,人自阅之。蒲察氏闻,以幼子付婢仆,且与之金币,亲具衣棺祭物,与家人诀曰:"崔立不道,强人妻女,兵在城下,吾何所逃,惟一死不负吾夫耳。汝等惟善养幼子。"遂自缢而死。欣然若不以死为难者。时年二十七。

乌古论氏,伯祥之妹,临洮总管陀满胡土门之妻也。伯祥朝贵中声誉藉甚,胡土门死王事。崔立之变,衣冠家妇女多为所污,乌古论氏谓家人曰:"吾夫不辱朝廷,我敢辱吾兄及吾夫乎。"即自缢。一婢从死。

参政完颜素兰妻,亡其姓氏。当崔立之变,谓所亲曰:"吾夫有天下重名,吾岂肯随众陷身以辱吾夫乎。今日一死固当,但不可无名而死,亦不可离吾家而死。"即自缢于室。

温特罕氏,夫完颜忙哥,五朵山宣差提控回里不之子也,系出萧王。忙哥叔父益都,即度秦州,为大元兵所攻,适病不能军,忙哥为提控,独当一面。兵退而益都死,忙哥以城守功世袭谋克,收充奉御。及崔立之变,忙哥义不受辱,与其妻诀。妻曰:"君能为国家死,我不能为君死乎?"一婢曰:"主死,婢将安归。"是日,夫妇以一绳同缢,婢从之。

尹氏,完颜猪儿之妻也。猪儿系出萧王,天兴二年正月从哀宗为南面元帅,战死黄陵冈。其妻金源郡夫人闻猪儿死,聚家资焚之,遂自缢。年三十一。猪儿赠官,弟长住即日诏补护卫。

白氏,苏嗣之之母,许州人,宋尚书右丞子由五世孙妇也。初,东坡、颖滨、叔党俱葬郯城之小峨嵋山，故五世皆居许昌。白氏年二十馀即寡居，服除，外家迎归，兄嫂窃改醮。白氏微闻之，牵车径归，曰："我为苏学士家妇，又有子，乃欲使我失身乎。"自是，外家非有大故不往也。尝于宅东北为祭室，画两先生像，图黄州、龙川故事壁间，香火严洁，躬自洒扫，士大夫求瞻拜者往往过其家奠之。天兴元年正月庚戌，许州被兵，嗣之为汴京厢官，白拜辞两先生前曰："儿子往京师，老妇死无恨矣，敢以告。"即自缢于室侧。家人并屋焚之。年七十馀。嗣之本名宗之，避讳改焉。

聂孝女字舜英，尚书左右司员外郎天骥之长女也。年二十三，适进士张伯豪。伯豪卒，归父母家。及哀宗迁归德，天骥留汴。崔立劫杀宰相，天骥被创甚，日夜悲泣，恨不即死。舜英谒医救疗百方，至刲其股杂他肉以进。而天骥竟死。

时京城围久食尽，闾巷间有嫁妻易一饱者，重以崔立之变，剽夺暴凌，无复人理。舜英颇读书知义理，自以年尚少艾，夫既亡，父又死非命，比为兵所污，何若从吾父于地下乎。葬其父之明日，绝脰而死。一时士女贤之，有为泣下者。其家以舜英合葬张伯豪之墓。

完颜仲德妻，不知其族氏。崔立之变，妻自毁其容服，携妾及二子绐以采蔬，自汴走蔡。蔡被围，丁男皆乘城拒守，谓仲德曰："事势若此，丈夫能为国出力，妇人独不能耶。"率诸命妇自作一军，亲运矢石于城下，城中妇女争出继之。城破自尽。

哀宗宝符李氏，国亡从后妃北迁，至宣德州，居摩诃院，日夕寝处佛殿中，作幡旗。会当赴龙庭，将发，即于佛像前自缢死，且自书门纸曰："宝符御侍此处身故。"后人至其处，见其遗迹，怜而哀之。

天兴元年，北兵攻城，矢石之际忽见一女子呼于城下曰："我倡女张凤奴也，许州破被俘至此。彼军不日去矣，诸君努力为国坚守，无为所欺也。"言竟，投濠而死。朝廷遣使驰祭于西门。

正大、天兴之际，妇人节义可知者特数人耳。凤奴之事别史录之，盖亦有所激云。

【译文】

阿邻的妻子沙里质，是金源郡王银术可的妹妹。天辅六年，黄龙府叛兵进攻掠夺附近部族。当时，阿邻存外从军，沙里质聚集了五百名附近居民的男女，建造营帐栅栏作为防守的打算。贼众一千多人来进攻，沙里质把毯子作成铠甲，用衣裳制成旗子，年轻男子穿上毡甲，妇女呐喊助威，沙里质拿着剑督战，前后共三天，贼众离去。皇统二年，论功封为金源郡夫人。大定年间，任命她的孙子药师出任谋克。

李宝信的妻子王氏。李宝信任义丰县令时，张觉在平州叛乱，王氏陷落在贼人手中。贼人想强迫她嫁给他，王氏骂贼人，贼人愤怒，就肢解了她。大定十二年，赠"贞烈县君"。

韩庆民的妻子，不知道是哪里人，也不知道她的姓名。韩庆民在辽朝任宜州节度使。天会年间，攻破宜州，韩庆民不屈而死，敌兵把他的妻子许配给将士，他妻子誓死不服从，于是自杀了。世宗读《太宗实录》，看到韩庆民夫妻的事迹，叹息说："这样的节操，可以说是难得了。"

雷姓人的妻子师氏，丈夫亡故，孝顺地赡养公婆。婆婆病了，她割下手臂上的肉给婆婆吃，婆婆病马上好了。公婆去世后，她哥哥跟她丈夫的侄子谋求她的财产，于是伪造了媒妁证据把她交给官府，想一定要把她嫁出去。县官辨别不清其中是非曲直，师氏害怕被逼迫,就跳进县衙门的井里死了。朝廷下令有关官员祭奠她的坟墓,赐谥为"节"。

康住住,鄜州人。丈夫早死,服丧期满后,她父亲把她接回家里,许配给严沂做妻子。康氏誓死不从,想回丈夫家又做不到,就跳崖死了。朝廷下令有关官员去祭奠她的坟墓。

李文的妻子史氏,同州白水人。丈夫死了,服丧期满后,誓死不再嫁人。父亲强接她回家,许配给同乡人姚乙为妻子。史氏不服从,姚乙告到官府,她被逮捕,就上吊死了。朝廷下令有关官员去她坟墓上祭奠。

李英的妻子张氏。李英开始时做监察御史,在中都,张氏住在潍州。贞祐元年冬天,大元兵攻取潍州,进了她的家,张氏把所有的财物都给了他们,不久,他们命令张氏上马,张氏说:"我把财物都给你们了,还不能放过我吗?"回答说:"你是有品位的官员的妻子,应该再做夫人。"张氏说:"我死了也是李氏的鬼。"坐在地上不起来,就被杀掉了。追封为陇西郡夫人,谥"庄洁"。李英官做到御史中丞,有他的传。

相琪的妻子栾氏,姿色漂亮。相琪任莱州掖县司吏。贞祐三年八月,红袄贼人攻破掖县,相琪与栾氏及孩子都被抓住。贼人见到栾氏就喜欢她,杀了相琪和她的儿子来逼诱栾氏。栾氏跳起来用头把贼人撞倒在地上,骂道:"我岂能被猪狗污辱。"贼人愤怒,杀了她。追封为西河县君,谥"庄洁"。

阿鲁真,是皇家亲戚承充的女儿,胡里改猛安夹谷胡山的妻子。丈夫死了过着守寡生活的,有一千多人。兴定元年,承充任上京元帅,上京行省官太平捉了承充响应蒲鲜万奴。阿鲁真整治废弃的堡垒,修复器械,积聚粮草准备自卫。万奴派人招安她,不同意,就把承充的书信射到城里,阿鲁真得到后就把它撕碎了,说:"这是假的。"万奴的士兵猛烈地攻城,阿鲁真穿着男子的衣服,跟她儿子蒲带督促众人奋力作战,杀死数百人,活捉了十多人,万奴兵才解围离去。后来她又派遣将领进攻万奴军队,俘获了一员将领。朝廷下令封她为郡公夫人,儿子蒲带也因功劳受到升迁奖赏。

承充被捉住后,找个机会对他两个儿子女胡、蒲速乃说:"我从宿卫开始做官,做到一品,即使死了也没有遗憾了。你们都地位显贵,但没一天报效过国家,应当想办法活下去,准备以后报答。"两个儿子于是冒着危险向南方逃跑,这年四月到了南京。

独吉氏是平章故事千家奴的女儿,护卫银术可的妹妹。她从小一举一动都合于礼制法度,等到嫁给皇族撒合辇,闺门风气严肃。撒合辇任中京留守,大兵包围了他,撒合辇背脊上长疮不能领兵作战,独吉氏估计城市必定要被攻破,对撒合辇说:"您本来没有功劳和能力,只是因为是皇帝亲戚所以能在禁宫任禁卫,以至官做到近侍局提点,同判睦亲府,现在又任留守外路第一等官,受国家的恩惠最多。现在大兵临城,您不幸生病了,不能去作战抵御。如果城被攻破,您应当率领精锐部队夺门出去,带一个儿子逃到京师。做不到就一个人去京师,还不能做到,战死了还可以报效国家,希望不要为我考虑。"撒合辇出去巡视城防,独吉氏就把平时衣服化妆用具玩好物品都排在床上,资财物品都分给家人,比平时还要艳妆盛服,并且告诫女仆说:"我死后就把我放置在床上,用被子盖住脸,四面点火焚烧,不要让士兵看见我的脸。"说完,关上门上吊死了。家里人象她所说的,把尸体卧放在床上,用被子覆盖了。撒合辇从外面进来,家人告诉他夫人死了,撒合辇手扶着床说:"夫人不玷污我,我能玷污朝廷吗?"就下令烧了她。她死时三十六岁。不久,城被攻破,撒合辇率领不怕死的士兵想夺门出去,没有成功,跳进护城河中淹死了。《金史》中有他的传。

许古的妻子刘氏,是定海军节度使刘仲洙的女儿。贞祐初年,许古带全家侨居蒲城,后来把刘氏母子留在蒲城,自己去朝廷做官。不久,军队包围了蒲城,刘氏对两个女儿说:"你们的父亲在朝廷,而形势这样危急,事情不好办。如果城破被驱赶,一旦被污辱怎么办?不如都死了以保全自己。"过后,攻城更加猛烈,于是刘氏跟两个女儿相继自杀。有关官吏把这事报告朝廷,四年五月,追封刘氏为郡君,谥"贞洁",她的长女谥"定姜",次女谥"肃姜",把她们的事迹告诉史馆(让他们记载下来)。

冯妙真,是刑部尚书冯延登的女儿。十八岁时嫁给进士张慥。兴定五年,张慥任洛川主簿。大元军队攻破葭州、绥德,于是进入鄜延。鄜延人震动恐惧,准备防御器具,防守的大臣因为西路运输的粮草没有按时赶到,征召张慥去平凉监督粮草运输。当时冯延登是平凉行省员外郎,张慥想跟妙真一同去,妙真推辞说:"公婆老了,虽然有叔叔妹妹,我能安心吗?你去,我留下来负责赡养。"十一月,洛川被攻破,妙真跟公婆藏在地下室里,士兵找到了他们。妙真哭着跟公婆诀别说:"媳妇生不逢时,不能始终服侍你们,为了道义,我不会让人污辱。"就拉了三个孩子跳井死了。县里人跟着她去死的有几十个人。第二年春天,张慥挖井找到尸骨,埋葬在县城东郊外。她死时二十四岁。

蒲察氏字明秀,是鄜州元帅蒲察讷申的女儿,完颜长乐的妻子。哀宗迁到归德,任完颜长乐为总领,领兵保驾跟从。快出发时,嘱咐蒲察氏说:"没有别的话,夫人小心不要污辱了自己的身体。"明秀说:"您只要把心思用在大事上,不要担心我。我一定不会被污辱。"长乐一个儿子年幼,是被遗弃的妻子柴氏生的,明秀抚养教育他好象自己亲生的。崔立变乱,驱赶朝廷官员的妻子儿女到省衙门,由各人自己挑选。蒲察氏听说后,把小儿子托给仆人,并且给她们金币,自己准备了衣服棺材祭祀物品,跟家里人诀别说:"崔立没有人道,强迫别人的妻子女儿,兵在城下,我逃到哪里去,只有一死才不辜负我的丈夫啊。你们只有好好抚养小儿子。"就上吊自杀了,她赴死时高兴的样子好象不把死看作一件难事一样。当时二十七岁。

乌古论氏,是伯祥的妹妹,临洮总管陀满胡土门的妻子。伯祥在朝廷贵族中名声很显赫,胡土门为了朝廷事业死了。崔立变乱时,做官人家的妻女大多被污辱过,乌古论氏对家里人说:"我丈夫没有玷污朝廷,我怎么敢玷污我的哥哥与丈夫呢。"就上吊死了。一女仆也跟着她死了。

参政完颜素兰的妻子,不知道她的姓名。在崔立变乱时,她对亲近的人说:"我丈夫有天下大名,我怎么能跟着大家也陷身敌手玷污我丈夫呢。今天死掉是合适的,只是不能没名气地去死,也不能离开我家去死。"就在室内上吊死了。

温特罕氏,丈夫是完颜忙哥,是五朵山宣差提控回里不的儿子,系出自萧王。忙哥叔父益都,在秦州任度使,被大元兵所围攻,正好生病不能领兵作战,忙哥任提控,独当一面。元兵退去而益都去世了,忙哥因为守城有功世袭谋克,收充奉御。到了崔立变乱时,忙哥为了道义不受污辱,跟他妻子诀别。妻子说:"您能为国家去死,我不能为您去死吗?"一个女仆说:"主人死了,女仆将去哪里?"当天,夫妻用同一根绳子上吊,女仆也跟着这样做。

尹氏是完颜猪儿的妻子。猪儿系自出萧王一族,天兴二年正月跟从哀帝任南面元帅,战死在黄陵冈。他妻子金源郡夫人听说猪儿死了,聚集了家里的资财把它们烧掉后,就上吊自杀了,当时三十一岁。猪儿赠官,弟长住当日就被朝廷诏令补护卫。

白氏，是苏嗣之的母亲，许州人，是宋代尚书右丞苏子由五世孙的媳妇。当初，东坡、颖滨、叔党都埋葬在郏城的小峨眉山，因此五代都住在许昌。白氏二十多岁就寡居了，服丧期满后，由娘家人接回家，哥哥与嫂子暗中商议把她改嫁。白氏稍微有些耳闻，牵着车子直接回去，说："我是苏学士家的媳妇，又有儿子，你们想使我失身吗？"从此，娘家没有大的变故她是不去的。曾经在住宅的东北设立祭室，画了两位先生的像，把黄州、龙川的故事在墙壁上画成图，香火整齐清洁，亲自洒扫，士大夫想瞻仰拜谒的，常常到她家祭奠。天兴元年正月庚戌日，许州遭兵变，苏嗣之做汴京厢官，白氏拜辞两先生面前说："儿子已去京师，老妇人即使死了也没有遗憾了，才胆敢告诉你们。"说完在旁边上吊死了。家里人把她连同房屋都烧了。当时她七十多岁。嗣之本名宗之，为避讳才改成这名字的。

聂孝女字舜英，是尚书左右司员外郎天骥的长女。二十三岁时，嫁给进士张伯豪。张伯豪死后，回父母亲家。哀宗迁到归德时，聂天骥留在汴。崔立劫持并杀了宰相，聂天骥受了很严重的创伤，日夜悲痛哭泣，恨不能立即死去。舜英千方百计找医生救治，甚至割下大腿肉杂在别的肉里给他吃，而聂天骥最终还是死了。

当时京城被包围久了，粮食已经没有了，里巷间有把妻子嫁给别人以换得一顿饱饭的，又加上崔立的变乱，抢夺暴凌，更加没有人理。舜英读了不少书也明白义理，自己以为年轻美好，丈夫已经死了，父亲又死得很惨，与其被士兵所污辱，不如跟父亲去地下呢。埋葬了她父亲的第二天，便割断脖子死了。一时间仕女们都认为她很贤惠，有人还为她哭泣流泪。她家把她合葬在张伯豪的坟墓里。

完颜仲德的妻子，不知道她的姓名。崔立变乱，妻子自毁容貌服饰，带着妾及两个儿子哄骗说去摘野菜，从汴逃到蔡。蔡被围，男子都到城上去防守，她对完颜仲德说："事态到这一步，丈夫能够为国家出力，妻子独独不能吗？"她率领各位朝廷命妇自己组织一支军队，亲自运送弓箭石头到城下，城中妇女争着出来接替。城破后自杀。

哀宗的印玺侍者李氏，国家破亡后跟后妃北迁，到宣德州，住在摩诃院，日夜睡在佛殿里，制作旗子。到了该去龙庭，快出发时，就在佛像前上吊死了，并且在门纸上自己写道："印玺御侍在这里身死。"后人到了这个地方，见到遗迹，同情并且替她悲哀。

天兴元年，北方军队攻城，箭石满天飞时忽然见一女子在城下喊叫说："我是妓女张凤奴，许州破后被俘到这里。他们的军队过几天就要离开了，诸君努力为国坚守，不要被他们欺侮了。"说完，跳入护城河淹死了。朝廷派使者到西门祭奠她。

正大、天兴之间，妇女中节操义气能知道的就只有几个人，凤奴的事迹别的史书也记录了，大概也能够起到激励的作用。

刘完素传

【题解】

刘完素（1120～1200），字守真，金代著名医学家，河北河间人，又名刘河间，金元四大家之一，因母病失治死亡，而立志学医。自二十五岁开始研读《内经》，常手不释卷，废寝忘食，经三十余年的理论研究与临床实践，成为一名既具渊博学识，又有丰富临诊经验，著述颇多的医学家。刘完素曾三次谢绝金章宗之征召，专心致力于医学。他触类旁通，学术见解颇多独创。其立论依据多本于《内经》，尤其对运气学说及"亢则害，承乃制"等阴阳五行学说有精辟见解，临床上宗张仲景及各家理论而有所发明。

刘完素著述颇多，计有：《素问玄机原病式》一卷、《宣明论方》三卷。《素问病机气宜命集》《素问要旨论》等。

【原文】

刘完素，字守真，河间人。尝遇异人陈先生，以酒饮守真，大醉，及寤洞达医术，若有授之者。乃撰《运气要旨论》《精要宣明论》，虑庸医或出妄说，又著《素问玄机原病式》，特举二百八十八字，注二万余言。然好用凉剂，以降心火、益肾水为主。自号"通元处士"云。

【译文】

刘完素，字守真，河北河间人。他曾经遇一奇异之人，名陈先生，陈氏给刘完素进酒，完素酒后大醉，酒醒之后顿觉洞晓医术，好似有人传授一般，随后撰写《运气要旨论》《精要宣明论》，他又担心庸医乱谈医理，而著《素问玄机原病氏》，从《素问》中摘取二百八十八字作纲领，全书达二万余言。然而刘完素喜好用寒凉药物，其方剂以降心火、益肾水为主。自号"通元处士"。

张从正传

【题解】

张从正（1156~1228），金著名医学家，字子和，号戴人，河南睢州考城（今河南兰考）人，为金元四大家之一。他出身于医学世家，久居宛丘，因此又有人把他称作张宛丘。张氏从年轻时代起就好读《内经》，学术上私淑刘完素。他精于医术，名擅中州，金廷曾召入太医院供职，由于过不惯官府生活，不久便谢官还乡。

张从正

张从正的主要学术观点集中在《儒门事亲》一书中。他以张景汗、下、吐三法为宗，结合刘河间所谈之风、寒、暑、湿、燥、火六气，称为"三法六门"，即用三法六门囊括了疾病分类及治疗总则，并分别归纳为九类适用的方剂。以六气加内伤、外伤、内积、外积，称为"十形"，分别归纳为十类病征。他所掌握的汗、下、吐三法，立病"凡在上者皆可吐，凡在表者皆可汗，凡在下者皆可下"三式，以此三法包括一切治法。另外,汗、下、吐法各有禁忌,宜辨证施治。《儒门事亲》除阐述汗、下、吐三法外,对儿科斑疹伤寒的症状有较详细的描述,对妇女病与口眼㖞邪的诊断方面,亦有新的见解,在临床上有参考价值。

张从正在医学界独树一帜,用汗、下、吐法极精,号称"张子和汗、下、吐法。"他用药多寒凉,然起疾救死多获效,后人将宗其学者统称为"攻下派"。其著述除《儒门事亲》之外,还有《三复指迷》《子和心法》《张氏经验方》《三法六门》等。

【原文】

张从正,字子和,睢州考城人。精于医,贯穿《难》《素》之学,其法宗刘守真,用药多寒凉,然起疾救死多取效。古医书有《汗、下、吐法》,亦有不当汗者汗之则死,不当下者下之则死,不当吐者吐之则死。各有经络脉理,世传黄帝、岐伯所为书也。从正用之最精,号"张子和汗、下、吐法"。妄庸浅术习其方剂,不知察脉原病,往往杀人,此庸医所以失其传之过也。其所著有《六门、二法》之目,存于世云。

【译文】

张从正,字子和,河南睢州考城人。他精于医术,通晓《难经》《素问》的理论,治疗效法刘守真,多采用寒凉药物,治病救人每多获起死回生之效。古代医书有汗、下、吐法,然而有不应用发汗剂发汗而死的,有不应用攻下、泻下剂妄下而亡的,亦有不应用催吐剂吐后毙命的,汗、下、吐法各有其理论,世人相传为黄帝、岐伯所著。张从正准确使用汗、下、吐三法,人们称之为"张子和汗、下、吐法"。那些庸医只知沿用张子和的方剂,而不知细察其脉、推求病原,往往将病人置于死地,此为庸医没有真正掌握汗、下、吐法造成的。张子和有《六门、二法》之书刊行于世。

二十四史

元史

导　读

　　《元史》成书于明朝初年，是系统记载元朝兴亡过程的一部纪传体断代史。全书共二百一十卷，包括本纪四十七卷，志五十八卷，表八卷，列传九十七卷。主要记载了太祖成吉思汗元年(1206年)至顺帝至正二十八年(1368年)，约一百六十余年的历史。

　　声势浩大的元末农民大起义推翻了元朝地主阶级政权，朱元璋亲身经历了这场战争风暴。在他做皇帝的当年，就下诏修元史，总结元朝封建统治的经验教训，作为明朝地主阶级的"鉴戒"。第二年，以李善长为监修，宋濂、王祎为总裁，二月开局编写，八月便写完了除顺帝以外的本纪、志、表、列传共一百五十九卷。接着命欧阳佑采集史料，洪武三年(1370年)二月重开史局，到七月续写了未完成的部分。

　　《元史》各帝纪记事详略悬殊，太祖、太宗和定宗、宪宗三卷本纪，叙事非常简单，从世祖开始，便大大加详。《世祖纪》多达十四卷，《宁宗纪》也有十卷。这可能与原始材料的多寡有关。

　　《元史》的志写得较好，收录了不少宝贵材料，反映了元代社会的许多重要内容。通过《百官志》《选举志》《刑法志》《兵志》《食货志》，不但可以看到元代社会的阶级和阶级斗争，而且也能够了解蒙古贵族统治下的民族矛盾和民族压迫。作者企图用列传来网罗《艺文志》的内容，所以取消了《艺文志》。这样，当时的著作就无处存目了。

　　列传部分写得最差，问题较多。有的人物，由于译名不一，作者竟然分撰两传。另外，记事歧异，重复疏漏，史实讹误的，也不是个别现象。过去人们对《元史》提出许多批评，主要说它没有广泛地搜集材料，文字芜杂，错误较多，编纂方法也有不妥当的地方。《元史》的这些弊病是不可否认的。

　　但《元史》仍有可取之处，本纪部分除顺帝一朝外，都采自元十三朝实录。这部实录今已失传，这就使《元史》本纪具有不可忽视的史料价值。顺帝一朝没有实录，然而作者都是从顺帝时过来的人，耳闻目接，自然了解当时的历史情况，因此《顺帝纪》也足资参考。书中的志，史料价值更高一些，它大部分根据元文宗时撰修的《经世大典》写成，此书今已残缺，许多内容只能从《元史》中找到。

元太祖纪

【题解】

元太祖铁木真(1162~1227),蒙古开国君主,杰出的军事家、政治家。铁木真出生于蒙古贵族世家,少年时代父亲被害,家道中落。但他努力奋斗,不屈不挠,终于崛起,接连战胜强大敌手,统一草原各部,建立蒙古国,号成吉思汗。接着又攻金、夏,移师西征,灭花剌子模等国,直至印度河而返。回军后,他又发动灭夏的战争。西夏灭亡之日,也正是他病死之时。临死前还对灭金的军事活动做了部署。元朝建立后,尊他为太祖。成吉思汗铁木真的活动,在中国和世界历史上产生过很大的影响。对于他的功过,有过很多争论。《元史·太祖本纪》是关于他生平的最重要资料之一,此外重要的还有《元朝秘史》和波斯文史籍《史集》第一卷一、二分册和《世界征服者史》,可以互相参看。

【原文】

太祖法天启运圣武皇帝,讳铁木真,姓奇渥温氏,蒙古部人。

其十世祖孛端叉儿,母曰阿兰果火,嫁脱奔咩哩犍,生二子,长曰博寒葛答黑,次曰博合睹撒里直。既而夫亡,阿兰寡居,夜寝帐中,梦白光自天窗中入,化为金色神人,来趋卧榻。阿兰惊觉,遂有娠,产一子,即孛端叉儿也。孛端叉儿状貌奇异,沉默寡言,家人谓之痴。独阿兰语人曰:"此儿非痴,后世子孙必有大贵者。"阿兰没,诸兄分家赀不及之。孛端叉儿曰:"贫贱富贵,命也,赀财何足道。"独乘青白马,至八里屯阿懒之地居焉。食饮无所得,适有苍鹰搏野兽而食,孛端叉儿以缗设机取之;鹰即驯狎。乃臂鹰猎兔禽以为膳,或阙即继,似有天相之。居数月,有民数十家自统急里忽鲁之野逐水草来迁,孛端叉儿结茅与之居,出入相资,自此生理稍足。一日,仲兄忽思之,曰:"孛端叉儿独出而无赀,近者得无冻馁乎?"即自来访,邀与俱归。孛端叉儿中路谓其兄曰:"统急里忽鲁之民无所属附,若临之以兵,可服也。"兄以为然。至家,即选壮士,令孛端叉儿帅之前行,果尽降之。

成吉思汗

孛端叉儿殁,子八林昔黑剌秃合必畜嗣,生子曰咩撚笃敦。咩撚笃敦妻曰莫挐伦,生七子而寡。莫挐伦性刚急。时押剌伊而部有群小儿掘田间草根以为食,莫挐伦乘车出,适见之,怒曰:"此田乃我子驰马之所,群儿辄敢坏之耶。"驱车径出,辗伤诸儿,有至死者。押剌伊而愤怒,尽驱莫挐伦马群以去,莫挐伦诸子闻之,不及被甲,往追之。莫挐伦私忧曰："吾儿不甲以往,恐不能胜敌。"令子妇载甲赴之,已无及矣。既而果为所败,六子皆死。押剌伊而乘胜杀莫挈伦,灭其家。唯一长孙海都尚幼,乳母匿诸积木中,得免。先是,莫挈伦第七子纳真,于八剌忽民家为赘婿,故不及难。闻其家被祸,来视之,见病妪十数与海都尚在,其计无所出。幸驱马时,兄之黄马三次挈套竿逸归,纳真至是得乘之。乃伪为牧马者,诣押剌伊而。路逢父子二骑先后行,臂鹰而猎。纳真识其鹰,曰："此吾兄所挈者也。"趋前给其少者曰："有赤马引群马而东。汝见之乎?"曰："否。"少者乃问曰："尔所经过有凫雁乎?"曰:"有。"曰:"汝可为吾前导乎?"曰:"可。"遂同行。转一河隈,度后骑相去稍远,刺杀之。縶马与鹰,趋迎后骑,给之如初。后骑问曰:"前射凫雁者吾子也,何为久卧不起耶?"纳真以鼻衄对。骑者方怒,纳真乘隙刺杀之。复前行至一山下,有马数百,牧者唯童子数人,方击髀石为戏。纳真敦视之,亦兄家物也。给问童子,亦如之。于是登山四顾,悄无来人,尽杀童子,驱马臂鹰而还,取海都并病妪,归八剌忽之地止焉。海都既立,以兵攻押剌伊而,臣属之,形势寖大。列营帐于八剌合黑河上,跨河为梁,以便往来。由是四傍部族归之者渐众。

海都殁,子拜姓忽儿嗣。拜姓忽儿殁,子敦必乃嗣。敦必乃殁,子葛不律寒嗣。葛不律寒殁,子八哩丹嗣。八哩丹殁,子也速该嗣,并吞诸部落,势愈盛大。也速该崩,至元三年十月,追谥烈祖神元皇帝。

初,烈祖征塔塔儿部,获其部长铁木真。宣懿太后月伦适生帝,手握凝血如赤石。烈祖异之,因以所获铁木真名之,志武功也。

族人泰赤乌部旧与烈祖相善,后因塔儿不台用事,遂生嫌隙,绝不与通。及烈祖崩,帝方幼冲,部众多归泰赤乌。近侍有脱端火儿真者亦将叛,帝自泣留之。脱端曰:"深池已干矣,坚石已碎矣,留复何为!"竟帅众驰去。宣懿太后怒其弱己也,麾旗将兵,躬自追叛者,驱其太半而还。

时帝麾下搠只别居萨里河。札木合部人秃台察儿居玉律哥泉,时欲相侵凌,掠萨里河牧马以去。搠只麾左右匿群马中,射杀之。札木合以为怨,遂与泰赤乌诸部合谋,以众三万来战。帝时驻军答兰版朱思之野,闻变,大集诸部兵,分十有三翼以俟。已而札木合至,帝与大战,破走之。

当是时,诸部之中,唯泰赤乌地广民众,号为最强。其族照烈部,与帝所居相近。帝尝出猎,偶与照烈猎骑相属,帝谓之曰:"今夕可同宿乎?"照烈曰:"同宿固所顾,但从者四百,因粮粮不具,已遣半还矣,今将奈何?"帝国邀与宿,凡其留者,悉饮食之。明日再合围,帝使左右驱兽向照烈,照烈得多获以归。其众感之,私相语曰:"泰赤乌与我虽兄弟,常攘我车马,夺我饮食,无人君之度。有人君之度者,其惟铁木真太子乎?"照烈之长玉律,时为泰赤乌所虐,不能堪,遂与塔海答鲁领所部来归,将杀泰赤乌以自效。帝曰:"我方熟寐,幸汝觉我,自今车辙人迹之涂,当尽夺以与汝矣。"已而二人不能践其言,复叛去。塔海答鲁至中路,为泰赤乌部人所杀,照烈部遂亡。

时帝功德日盛。泰赤乌诸部多苦其主非法,见帝宽仁,时赐人以裘马,心悦之。若赤老温、若哲别、若失力哥也不干诸人,若朵郎吉、若札剌儿、若忙兀诸部,皆慕义来降。

帝会诸族薛彻、大丑等,各以旄车载潼酪,宴于斡难河上。帝与诸族及薛彻别吉之母忽儿真之前,共置马潼一革囊;薛彻别吉次母野别该之前,独置一革囊。忽儿真怒曰:"今不尊我,而贵野别该乎?"疑帝之主膳者失丘儿所为,遂笞之。于是颇有隙。时皇弟别里古台掌帝乞列思事,（乞列思,华言禁外系马所也）。播里掌薛彻别吉乞列思事。播里从者因盗去马鞦,别里古台执之。播里怒斫别里古台,伤其背。左右欲斗,别里古台止之曰:"汝等欲即复仇乎? 我伤幸未甚,姑待之。"不听。各持马乳橦疾斗,夺忽儿真、火里真二哈敦以归。薛彻别吉遣使请和,因令二哈敦还。会塔塔儿部长蔑兀真笑里徒背金约,金主遣丞相完颜襄帅兵逐之北走。帝闻之,发近兵自斡难河迎击,仍谕薛彻别吉帅部人来助。候六日不至,帝自与战,杀蔑兀真笑里徒,尽虏其辎重。

帝之麾下有为乃蛮部人所掠者,帝欲讨之,复遣六十人征兵于薛彻别吉。薛彻别吉以旧怨之故,杀其十人,去五十人衣而归之。帝怒曰:"薛彻别吉曩笞我失丘儿,斫伤我别里古台,今又敢乘敌势以陵我耶!"因帅兵逾沙碛攻之。杀虏其部众,唯薛彻、大丑仅以妻孥免。越数月,帝复伐薛彻、大丑,追至帖烈徒之隘,灭之。

克烈部札阿绀孛来归。札阿绀孛者,部长汪罕之弟也。汪罕名脱里,受金封爵为王,番言音重,故称王为汪罕。

初,汪罕之父忽儿札胡思杯禄既卒,汪罕嗣位,多杀戮昆弟。其叔父菊儿罕帅兵与汪罕战,逼于哈剌温隘败之;仅以百余骑脱走,奔于烈祖。烈祖亲将兵逐菊儿罕走西夏,复夺部众归汪罕。汪罕德之,遂相与盟,称为按答(按答,华言交物之友也)。烈祖崩,汪罕之弟也力可哈剌,怨汪罕多杀之故,复叛归乃蛮部。乃蛮部长亦难赤为发兵伐汪罕,尽夺其部众与之。汪罕走河西、回鹘、回回三国,奔契丹。既而复叛归,中道粮绝,捋羊乳为饮,刺橐驼血为食,困乏之甚。帝以其与烈祖交好,遣近侍往招之。帝亲迎抚劳,安置军中振给之。遂会于土兀剌河上,尊汪罕为父。

未几,帝伐蔑里乞部,与其部长脱脱战于莫那察山,遂掠其资财。田禾,以遗汪罕。汪罕因此部众稍集。

居亡何,汪罕自以其势足以有为,不告于帝,独率兵复攻蔑里乞部。部人败走,脱脱奔八儿忽真之隘。汪罕大掠而还,于帝一无所遗,帝不以屑意。

会乃蛮部长不欲鲁罕不服,帝复与汪罕征之,至黑辛八石之野,遇其前锋也的脱孛鲁者,领百骑来战,见军势渐逼,走据高山,其马鞍转坠,擒之。曾未几何,帝复与乃蛮骁将曲薛吾撒八剌二人遇,会日暮,各还营垒,约明日战。是夜,汪罕多燃火营中,示人不疑,潜移部众于别所。及旦,帝始知之,因颇疑其有异志,退师萨里河。既而汪罕亦还至土兀剌河,汪罕子亦剌合及札阿绀孛来会。曲薛吾等察知之,乘其不备,袭虏其部众于道。亦剌合奔告汪罕,汪罕命亦剌合与卜鲁忽歹共追之,且遣使来曰:"乃蛮不道,掠我人民,太子有四良将,能假我以雪耻乎?"帝顿释前憾,遂遣博尔尤、木华黎、博罗浑、赤老温四人,帅师以往。师未至,亦剌合已追及曲薛吾,与之战,大败,卜鲁忽歹成擒。流矢中亦剌合马胯,几为所获。须臾四将至,击乃蛮走,尽夺所掠归汪罕。已而与皇弟哈撒儿再伐乃蛮,拒斗于忽阑盏侧山,大败之,尽杀其诸将族众,积尸以为京观。乃蛮之势遂弱。

时泰赤乌犹强,帝会汪罕于萨里河,与泰赤乌部长沆忽等大战斡难河上,败走之,斩获无算。

哈答斤部、散只兀部、朵鲁班部、弘吉剌部闻乃蛮、泰赤乌败,皆畏威不自安,会于阿雷泉,斩白马为誓,欲袭帝及汪罕。弘吉剌部长迭夷恐事不成,潜遣人告变。帝与汪罕自虎图泽逆战于杯亦烈川,又大败之。

汪罕遂分兵,自由怯绿怜河而行。札阿绀孛谋于按敦阿述、燕火脱儿等曰:"我兄性行不常,既屠绝我昆弟,我辈又岂得独全乎?"按敦阿述泄其言,汪罕令执燕火脱儿等至帐下,解其缚,且谓燕火脱儿曰:"吾辈由西夏而来,道路饥困,其相誓之语,遽忘之乎?"因唾其面。坐上之人皆起而唾之。汪罕又屡责札阿绀孛,至于不能堪。札阿绀孛与燕火脱儿等俱奔乃蛮。

帝驻军于彻彻儿山,起兵伐塔塔儿部。部长阿剌兀都儿等来逆战,大败之。

时弘吉剌部欲来附,哈撒儿不知其意,往掠之。于是弘吉剌归札木合部,与朵鲁班、亦乞剌思、哈答斤、火鲁剌思、塔塔儿、散只兀诸部,会于犍河,共立札木合为局儿罕,盟于秃律别儿河岸,为誓曰:"凡我同盟。有泄此谋者,如岸之摧,如林之伐。"誓毕,共举足蹋岸,挥刀斫林,驱士卒来侵。塔海哈时在众中,与帝麾下抄吾儿连姻,抄吾儿偶往视之,具知其谋,即还至帝所,悉以其谋告之。帝即起兵,逆战于海剌儿、帖尼火鲁罕之地,破之。札木合脱走,弘吉剌部来降。

岁壬戌,帝发兵于兀鲁回失连真河,伐按赤塔塔儿、察罕塔塔儿二部。先誓师曰:"苟破敌逐北,见弃遗物,慎无获,俟军事毕散之。"既而果胜,族人按弹、火察儿、答力台三人背约,帝怒,尽夺其所获,分之军中。

初,脱脱败走八儿忽真隘,既而复出为患,帝帅兵讨走之。至是,又会乃蛮部不欲鲁罕约朵鲁班、塔塔儿、哈答斤、散只兀诸部来侵。帝遣骑乘高四望,知乃蛮兵渐至,帝与汪罕移军入塞。亦剌合自北边来据高山结营,乃蛮军冲之不动,遂还。亦剌合寻亦入塞。将战,帝迁辎重于他所,与汪罕倚阿兰塞为壁,大战于阙奕坛之野。乃蛮使神巫祭风雪,欲因其势进攻。既而反风,逆击其阵。乃蛮军不能战,欲引还。雪满沟涧,帝勒兵乘之,乃蛮大败。是时札木合部起兵援乃蛮,见其败,即还。道经诸部之立己者,大纵掠而去。

帝欲为长子木赤求昏于汪罕女抄儿伯姬,汪罕之孙秃撒合亦欲尚帝女火阿真伯姬,俱不谐。自是颇有违言。初,帝与汪罕合军攻乃蛮,约明日战。札木合言于汪罕曰:"我于君是白翎雀,他人是鸿雁耳。白翎雀寒暑常在北方,鸿雁遇寒则南飞就暖耳。"意谓帝心不可保也。汪罕闻之疑,遂移部众于别所。及议昏不成,札木合复乘隙谓亦剌合曰:"太子虽言是汪罕之子,尝通信于乃蛮,将不利于君父子。君若能加兵,我当从傍助君也。"亦剌合信之。会答力台、火察儿、按弹等叛归亦剌合,亦说之曰:"我等愿佐君讨宣懿太后诸子也。"亦剌合大喜,遣使言于汪罕。汪罕曰:"札木合,巧言寡信人也,不足听。"亦剌合力言之,使者往返者数四。汪罕曰:"吾身之存,实太子是赖。鬓须已白,遗骸冀得安寝,汝乃喋喋不已耶?汝善自为之,毋贻吾忧可也。"札木合遂纵火焚帝牧地而去。

岁癸亥,汪罕父子谋欲害帝,乃遣使者来曰:"向者所议姻事,今当相从,请来饮布浑察儿。"(布浑察儿,华言行亲酒也)。帝以为然,率十骑赴之。至中道,心有所疑,命一骑往谢,帝遂还。汪罕谋既不成,即议举兵来侵。圉人乞失力闻其事,密与弟把带告帝。帝即驰军阿兰塞,悉移辎重于他所,遣折里麦为前锋,俟汪罕至即整兵出战。先与朱力斤部遇,次与董哀部遇,又次与火力失烈门部,皆败之;最后与汪罕亲兵遇,又败之。亦剌合见势急,突来冲阵,射之中颊,即敛兵而退。怯里亦部人遂弃汪罕来降。

汪罕既败而归,帝亦将兵还至董哥泽驻军,遣阿里海致责于汪罕曰:"君为叔父菊儿罕所逐,困迫来归,我父即攻菊儿罕,败之于河西,其土地人民尽收与君。此大有功于君一也。君为乃蛮所攻,西奔日没处。君弟札阿绀孛在金境,我亟遣人召还。比至,又为蔑里乞部人所逼,我请我兄薛彻别及及我弟大丑往杀之。此大有功于君二也。君困迫来归时，我过哈丁里，历掠诸部羊、马、资财，尽以奉君，不半月间，令君饥者饱、瘠者肥。此大有功于君三也。君不告我往掠蔑里乞部，大获而还，未尝以毫发分我，我不以为意。及君为乃蛮所倾覆，我遣四将夺还尔民人，重立尔国家。此大有功于君四也。我征朵鲁班、塔塔儿、哈答斤、散只兀、弘吉剌五部，如海东鸷禽之于鹅雁，见无不获，获则必致于君。此大有功于君五也。是五者皆有明验，君不报我则已，今乃易恩为仇，而遽加兵于我哉。"汪罕闻之，语亦剌合曰："我向者之言何如？吾儿宜识之。"亦剌合曰："事势至今日，必不可已，唯有竭力战斗。我胜则并彼，彼胜则并我耳。多言何为。"

时帝诸族按弹、火察儿皆在汪罕左右。帝因遣阿里海消责汪罕，就令告之曰："昔者吾国无主，以薛彻、大丑二人实我伯祖八剌合之裔，欲立之。二人既已固辞，乃以汝火察儿为伯父聂坤之子，又欲立之，汝又因辞。然事不可中辍，复以汝按弹为我祖忽都剌之子，又欲立之，汝又固辞。于是汝等推戴吾为之主，初岂我之本心哉，不自意相迫至于如此也。三河，祖宗肇基之地，毋为他人所有。汝善事汪罕，汪罕性无常，遇我尚如此，况汝辈乎。我今去矣，我今去矣。"按弹等无一言。

帝既遣使于汪罕，遂进兵虏弘吉剌别部溺八斤以行。至班朱尼河，河水方浑，帝饮之以誓众。有亦乞烈部人孛徒者，为火鲁剌部所败，因遇帝，与之同盟。哈撒儿别居哈剌浑山，妻子为汪罕所虏，扶幼子脱虎走，粮绝，探鸟卵为食，来会于河上。时汪罕形势盛强，帝微弱，胜败未可知，众颇危惧。凡与饮河水者，谓之饮浑水，言其曾同艰难也。汪罕兵至，帝与战于哈阑真沙陀之地，汪罕大败。其臣按弹、火察儿、札木合等谋弑汪罕，弗克，往奔乃蛮。答力台、把怜等部稽颡来降。

帝移军斡难河源，谋攻汪罕，复遣二使往汪罕，伪为哈撒儿之言曰："我兄太子今既不知所在，我之妻孥又在王所，纵我欲往，将安所之耶？王傥弃我前愆，念我旧好，即束手来归矣。"汪罕信之，因遣人随二使来，以皮囊盛血与之盟。及至，即以二使为向导，令军士衔枚夜趋折折运都山，出其不意，袭汪罕，败之。尽降克烈部众。汪罕与亦剌合挺身遁去。汪罕叹曰："我为吾儿所误，今日之祸悔将何及！"汪罕出走，路逢乃蛮部将，遂为其所杀。亦剌哈走西夏，日剽掠以自资。既而亦为西夏所攻走，至龟兹国，龟兹国主以兵讨杀之。

帝既灭汪罕，大猎于帖麦该川，宣布号令，振凯而归。时乃蛮部长太阳罕心忌帝能，遣使谋于白达达部主阿剌忽思曰："吾闻东方有称帝者。天无二日，民岂有二王邪？君能益吾右翼，吾将夺其弧矢也。"阿剌忽思即以是谋报帝，居无何，举部来归。

岁甲子，帝大会于帖麦该川，议伐乃蛮。群臣以方春马瘦，宜俟秋高为言。皇弟斡赤斤曰："事所当为，断之在早，何可以马瘦为辞。"别里古台亦曰："乃蛮欲夺我弧矢，是小我也，我辈义当同死。彼恃其国大而言诤，苟乘其不备而攻之，功当可成也。"帝悦，曰："以此众战，何忧不胜。"遂进兵伐乃蛮。驻兵于建忒该山，先遣虎必来、哲别二人为前锋。太阳罕至自按台，营于沆海山，与蔑里乞部长脱脱、克烈部长阿怜太石、猥剌部长忽都花别吉，暨秃鲁班、塔塔儿、哈答斤、散只兀诸部合，兵势颇盛。时我队中羸马有惊入乃蛮营中者，太阳罕见之，与众谋曰："蒙古之马瘦弱如此，今当诱其深入，然后战而擒之。"其将火力速八赤对曰："先王战伐，勇进不回，马尾人背，不使敌人见之。今为此迁延之计，得非心中有所惧乎？苟惧之，何不令后妃来统军也。"太阳罕怒，即跃马索战。帝以哈撒儿主中军。时札木合从太阳罕来，见帝军容整肃，谓左右曰："乃蛮初举兵，视蒙古军若羔羜羔儿,意谓蹄皮亦不留。今吾观其气势,殆非往时矣。"遂引所部兵遁去。是日,帝与乃蛮军大战至晡,禽杀太阳罕。诸部军一时皆溃,夜走绝险,坠崖死者不可胜计。明日,余众悉降。于是朵鲁班、塔塔儿、哈答斤、散只兀四部亦来降。

已而复征蔑里乞部。其长脱脱奔太阳罕之兄卜欲鲁罕;其属带儿兀孙献女迎降,俄复叛去。帝至泰寒寨,遣孛罗欢、沈白二人领右军往平之。

岁乙丑,帝征西夏,拔力吉里寨,经落思城,大掠人民及其橐驼而还。

蒙古骑兵

元年丙寅,帝大会诸王群臣,建九游白旗,即皇帝位于斡难河之源。诸王群臣共上尊号曰成吉思皇帝。是岁实金泰和之六年也。

帝既即位,遂发兵复征乃蛮。时卜欲鲁罕猎于兀鲁塔山,擒之以归。太阳罕子屈出律罕与脱脱奔也儿的石河上。

帝始议伐金。初,金杀帝宗亲咸补海罕,帝欲复仇。会金降俘等具言金主璟肆行暴虐,帝乃定议致讨,然未敢轻动也。

二年丁卯秋,再征西夏,克斡罗孩城。

是岁,遣按弹、不兀剌二人使乞力吉思。既而野牒亦纳里部、阿里替也儿部,皆遣使来献名鹰。

三年戊辰春,帝至自西夏。

夏,避暑龙庭。

冬,再征脱脱及屈出律罕。时斡亦剌部等遇我前锋,不战而降,因用为向导。至也儿的石河,讨蔑里乞部,灭之。脱脱中流矢死。屈出律奔契丹。

四年己巳春,畏吾儿国来归。帝入河西。夏主李安全遣其世子率师来战,败之,获其副元帅高令公。克兀剌海城,俘其太傅西壁氏。进至克夷门,复败夏师,获其将嵬名令公。薄中兴府,引河水灌之。堤决,水外溃,遂撤围还。遣太傅讹答入中兴,招谕夏主,夏主纳女请和。

五年庚午春,金谋来伐,筑乌沙堡。帝命遮别袭杀其众,遂略地而东。

初,帝贡岁币于金,金主使卫王允济受贡于净州。帝见允济不为礼。允济归,欲请兵攻之。会金主璟殂,允济嗣位,有诏至国,传言当拜受。帝问金使曰:"新君为谁?"金使曰:"卫王也。"帝遽南面唾曰:"我谓中原皇帝是天上人做,此等庸懦亦为之耶,何以拜为!"即乘马北去。金使还言,允济益怒,欲俟帝再入贡,就进场害之。帝知之,遂与金绝,益严兵为备。

六年辛未春，帝居怯绿连河。西域哈刺鲁部主阿昔兰罕来降。畏吾儿国主亦都护来觐。

二月，帝自将南伐，败金将定薛于野狐岭，取大水泺、丰利等县。金复筑乌沙堡。

秋七月，命遮别攻马沙堡及乌月营，拔之。

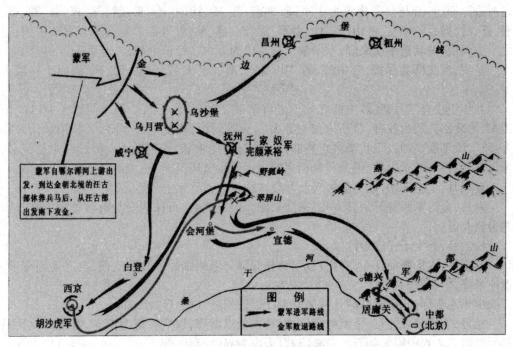

乌沙堡、会河堡作战示意图

八月，帝及金师战于宣平之会河川，败之。

九月，拔德兴府，居庸关守将遁去。遮别遂入关，抵中都。

冬十月，袭金群牧监，驱其马而还。耶律阿海降，入见帝于行在所。皇子术赤、察合台、窝阔台分徇云内、东胜、武、朔等州，下之。

是冬，驻跸金之北境。刘伯林、夹谷长哥等来降。

七年壬申春正月，耶律留哥聚众于隆安，自为都元帅，遣使来附。帝破昌、桓、抚等州。金将纥石烈九斤等率兵三十万来援，帝与战于獾儿觜，大败之。

秋，围西京。金元帅左都监奥屯襄率师来援，帝遣兵诱至密谷口逆击之，尽殪。复攻西京，帝中流矢，遂撤围。

九月，察罕克奉圣州。

冬十二月甲申，遮别攻东京不拔，即引去，夜驰还，袭克之。

八年癸酉春，耶律留哥自立为辽王，改元元统。

秋七月，克宣德府，遂攻德兴府。皇子拖雷、驸马赤驹先登，拔之。帝进至怀来。及金行省完颜纲、元帅高琪战，败之，追至北口。金兵保居庸，诏可忒、薄刹守之。遂趋涿鹿。金西京留守忽沙虎遁去。帝出紫荆关，败金师于五回岭，拔涿、易二州。契丹讹鲁不

儿等献北口,遮别遂取居庸,与可忒、薄刹会。

八月,金忽沙虎弑其主允济,迎丰王珣立之。

是秋,分兵三道:命皇子术赤、察合台、窝阔台为右军,循太行而南,取保、遂、安肃、安、定、邢、洺、磁、相、卫、辉、怀、孟,掠泽、潞、辽、沁、平阳、太原、吉、隰,拔汾、石、岚、忻、代、武等州而还;皇弟哈撒儿及斡陈那颜、拙赤歹、薄刹为左军,遵海而东,取蓟州、平、滦、辽西诸郡而还;帝与皇子拖雷为中军,取雄霸、莫、安、河间、沧、景、献、深、祁、蠡、冀、恩、濮、开、滑、博、济、泰安、济南、滨、棣、益都、淄、潍、登、莱、沂等郡。复命木华黎攻密州,屠之。史天倪、萧勃迭率众来降,木华黎承制并以为万户。帝至中都,三道兵还,合屯大口。

是岁,河北郡县尽拔,唯中都、通、顺、真定、清、沃、大名、东平、德、邳、海州十一城不下。

九年甲戌春三月,驻跸中都北郊。诸将请乘胜破燕,帝不从。乃遣使谕金主曰:"汝山东、河北郡县悉为我有,汝所守惟燕京耳。天既弱汝,我复迫汝于险,天其谓我何。我今还军,汝不能犒师以弭我诸将之怒耶?"金主遂遣使求和,奉卫绍王女岐国公主及金帛、童男女五百、马三千以献,仍遣其丞相完颜福兴送帝出居庸。

夏五月,金主迁汴,以完颜福兴及参政抹捻尽忠辅其太子守忠,留守中都。

六月,金纠军斫答等杀其主帅,率众来降。诏三摸合、石抹明安与斫答等围中都。帝避暑鱼儿泺。

秋七月,金太子守忠走汴。

冬十月,木华黎征辽东,高州卢琮、金朴等降。锦州张鲸杀其节度使,自立为临海王,遣使来降。

十年乙亥春正月,金右副元帅蒲察七斤以通州降,以七斤为元帅。

二月,木华黎攻北京,金元帅寅答虎、乌古伦以城降,以寅答虎为留守,吾也而权兵马都元帅镇之。兴中府元帅石天应来降,以天应为兴中府尹。

三月,金御史中丞李英等率师援中都,战于霸州,败之。

夏四月,克清、顺二州。诏张鲸总北京十提控兵从南征。鲸谋叛伏诛。鲸弟致遂据锦州,号汉兴皇帝,改元兴龙。

五月庚申,金中都留守完颜福兴仰药死,抹捻尽忠弃城走,明安入守之。是月,避暑桓州凉泾。遣忽都忽等籍中都帑藏。

秋七月,红罗山寨主杜秀降,以秀为锦州节度使。遣乙职里往谕金主以河北、山东未下诸城来献,及去帝号为河南王,当为罢兵。不从。诏史天倪南征,援右副都元帅,赐金虎符。

八月,天倪取平州,金经略使乞住降。木华黎遣史进道等攻广宁府,降之。

是秋,取城邑凡八百六十有二。

冬十月,金宣抚蒲鲜万奴据辽东,僭称天王,国号大真,改元天泰。

十一月,耶律留哥来朝,以其子斜阇入侍。史天祥讨兴州,擒其节度使赵守玉。

十一年丙子春,还庐朐河行宫。张致陷兴中府,木华黎讨平之。

秋,撒里知兀歹、三摸合拔都鲁率师由西夏趋关中,遂越潼关,获金西安军节度使尼庞古蒲鲁虎,拔汝州等郡,抵汴京而还。

冬十月,蒲鲜万奴降,以其子帖哥入侍。既而复叛,僭称东夏。

十二年丁丑夏,盗祁和尚据武平,史天祥讨平之,遂擒金将巢元帅以献。察罕破金监军夹谷于霸州,金求和,察罕乃还。

秋八月,以木华黎为太师,封国王,将蒙古、尽汉诸军南征,拔遂城、蠡州。冬,克大名府,遂东定益都、淄、登、莱、潍、密等州。

是岁,秃满部民叛,命钵鲁完、朵鲁伯讨平之。

十三年戊寅秋八月,兵出紫荆口,获金行元帅事张柔,命还其旧职。木华黎自西京入河东,克太原、平阳及忻、代、泽、潞、汾、霍等州。金将武仙攻满城,张柔击败之。

是年,伐西夏,围其王城,夏主李遵顼出走西凉。契丹六哥据高丽江东城,命哈真、札剌率师平之;高丽王瞰遂降,请岁贡方物。

十四年己卯春,张柔败武仙,降祁阳、曲阳、中山等城。

夏六月,西域杀使者,帝率师亲征,取讹答剌城,擒其酋哈只儿只兰秃。

秋木华黎克岢、岚、吉、隰等州,进攻绛州,拔其城,屠之。

十五年庚辰春三月,帝克蒲华城。

夏五月,克寻思干城,驻跸也儿的石河。

秋,攻斡脱罗儿城,克之。木华黎徇地至真定,武仙出降。以史天倪为河北西路兵马都元帅、行府事,仙副之。东平严实籍彰德、大名、磁、洺、恩、博、滑、浚等州户三十万来归,木华黎承制授实金紫光禄大夫、行尚书省事。

冬,金邢州节度使武贵降。木华黎攻东平不克,留严实守之,撤围趋洺州,分兵徇河北诸郡。

是岁,授董俊龙虎卫上将军、右副都元帅。

十六年辛巳春,帝攻卜哈儿、薛迷思干等城,皇子术赤攻养吉干、八儿真等城,并下之。

夏四月,驻跸铁门关,金主遣乌古孙仲端奉国书请和,称帝为兄。不允。金东平行省事忙古弃城遁,严实入守之。宋遣苟梦玉来请和。

夏六月,宋涟水忠义统辖石珪率众来降,以珪为济、兖、单三州总管。

秋,帝攻班勒纥等城,皇子术赤、察合台、窝阔台分攻玉龙杰赤等城,下之。

冬十月,皇子拖雷克马鲁察叶可、马鲁、昔剌思等城。木华黎出河西,克葭、绥德、保安、鄜、坊、丹等州,进攻延安,不下。

十一月,宋京东安抚使张琳以京东诸郡来降,以琳为沧、景、滨、棣州行都元帅。

是岁,诏谕德顺州。

十七年壬午春,皇子拖雷克徒思、匿察兀儿等城。还经木剌夷国,大掠之。渡搠搠阑河,克也里等城。遂与帝会,合兵攻塔里寒寨,拔之。木华黎军克乾、泾、邠、原等州,攻凤翔不下。

夏,避暑塔里寒寨。西域主札阑丁出奔,与灭里可汗合,忽都忽与战不利。帝自将击之,擒灭里可汗,札阑丁遁去,遣八剌追之,不获。

秋,金复遣乌古孙仲端来请和,见帝于回鹘国。帝谓曰:"我向欲汝主授我河朔地,令汝主为河南王,彼此罢兵,汝主不从。今木华黎已尽取之,乃始来请耶?"仲端乞哀,帝曰:"念汝远来,河朔既为我有,关西数城未下者,其割付我。令汝主为河南王,勿复违也。"仲端乃归。金平阳公胡天作以青龙堡降。

冬十月,金河中府来附,以石天应为兵马都元帅守之。

十八年癸未春三月,太师国王木华黎薨。

夏,避暑八鲁弯川。皇子术赤、察合台、窝阔台及八剌之兵来会,遂定西域诸城,置达鲁花赤监治之。

冬十月,金主珣殂,子守绪立。

是岁,宋复遣苟梦玉来。

十九年甲申夏,宋大名总管彭义斌侵河北。史天倪与战于恩州,败之。

是岁,帝至东印度国,角端见,班师。

二十年乙酉春正月,还行宫。

二月,武仙以真定叛,杀史天倪。董俊判官李全亦以中山叛。

三月,史天泽击仙走之,复真定。

夏六月,彭义斌以兵应仙,天泽御于赞皇,擒斩之。

二十一年丙戌春正月,帝以西夏纳仇人亦腊喝翔昆及不遣质子,自将伐之。

二月,取黑水等城。

夏,避暑于浑垂山。取甘、肃等州。

秋,取西凉府搠罗、河罗等县,遂逾沙陀,至黄河九渡,取应里等县。

九月,李全执张琳,郡王带孙进兵围全于益都。

冬十一月庚申,帝攻灵州,夏遣嵬名令公来援。丙寅,帝渡河击夏师,败之。丁丑,五星聚见于西南。驻跸盐州川。

十二月,李全降。授张柔行军千户、保州等处都元帅。

是岁,皇子窝阔台及察罕之师围金南京。遣唐庆责岁币于金。

二十二年丁亥春,帝留兵攻夏王城,自率师渡河攻积石州。

二月,破临洮府。

三月,破洮、河、西宁二州。遣斡陈那颜攻信都府,拔之。

夏四月,帝次龙德,拔德顺等州,德顺节度使爱申、进士马肩龙死焉。

五月,遣唐庆等使金。

闰月,避暑六盘山。

六月,金遣完颜合周,奥屯阿虎来请和。帝谓群臣曰:"朕自去冬五星聚时,已尝许不杀掠,遽忘下诏耶。今可布告中外,令彼行人亦知朕意。"是月,夏主李睍降。帝次清水县西江。

秋七月壬午,不豫。己丑,崩于萨里川哈老徒之行宫。临崩谓左右曰:"金精兵在潼关,南据连山,北限大河,难以遽破。若假道于宋,宋、金世仇,必能许我,则下兵唐、邓,直捣大梁。金急,必征兵潼关。然以数万之众,千里赴援,人马疲弊,虽至弗能战,破之必矣。"言讫而崩,寿六十六。葬起辇谷。至元三年冬十月,追谥圣武皇帝。至大二年冬十一月庚辰,加谥法天启运圣武皇帝。庙号太祖。在位二十二年。

帝深沉有大略,用兵如神,故能灭国四十,遂平西夏。其奇勋伟迹甚众,惜乎当时史官不备,或多失于纪载云。

戊子年。是岁,皇子拖雷监国。

太祖法天启运圣武皇帝,名铁木真,姓奇渥温氏,蒙古部人。

太祖的十世祖名叫孛端叉儿。他的母亲阿兰果火,嫁给脱奔咩哩犍,生两个儿子,长子名博寒葛答黑,次子名博合睹撒里直。丈夫去世之后,阿兰成为寡妇独自居住,晚上在账房中睡,梦见白光从账房的天窗中进来,变成金色的神人,来到她躺着的床边。阿兰惊醒过来,便怀孕了,生下一个儿子,就是孛端叉儿。孛端叉儿的相貌很奇怪,沉默寡言,家中人都说他笨。只有阿兰跟其他人说:"这个孩子不笨,他的后代子孙一定有大贵人。"阿兰去世,兄长们把财产分了,没有分给孛端叉儿。孛端叉儿说:"人的贫贱富贵,都是命里注定的,财产算得了什么。"独自骑着一匹青白马,到名叫八里屯阿懒的地方住了下来。得不到饮食,正好有鹰抓取野兽在吃,孛端叉儿便用绳子做成机关擒住了它,这头鹰很快便驯服了。于是便臂上架鹰猎取兔子和鸟类作为食物,有时食物缺少但立即又有所获,似乎天在保佑他。这样过了几个月,有数十家百姓从统急里忽鲁的旷野追随水草迁到当地,孛端叉儿盖造简陋的茅屋给他们住,进出互相帮助,因此生活还算过得去。有一天,二哥忽然想起他,说:"孛端叉儿独自出去没有带什么东西,近来会不会挨冻受饥呢?"立即前来访问,要他一起回去。半路上孛端叉儿对他的哥哥说:"统急里忽鲁的百姓没有隶属于他人,如果用武力加以威胁,是会屈服的。"哥哥以为有道理。回家以后,立即选派强壮的战士,命令孛端叉儿带领前去,果真把他们都降服了。

孛端叉儿死,其子八林昔黑刺秃合必畜继承家世,生下儿子名叫咩捻笃敦。咩捻笃敦的妻子叫作莫挈伦,生下七个儿子后成为寡妇。莫挈伦的脾气刚强而急躁,当时押剌伊而部有一群孩子挖掘田间的草根作为食物,莫挈伦乘车出门,正好看见,发怒说:"这块土地是我儿子跑马的地方,这群孩子胆敢破坏吗!"赶车前去,将这群孩子碾伤,有的因此而死。押剌伊而人愤怒怨恨,将莫挈伦的马群全都赶走。莫挈伦的儿子们听到这一消息,来不及穿上铠甲,便追上去。莫挈伦内心深感到忧虑地说:"我的儿子不穿铠甲前去,恐怕不能战胜敌人。"便叫儿媳妇载着铠甲前去,已经来不及了。果然吃了败仗,六个儿子全都战死。押剌伊而人乘胜杀死莫挈伦,把全家都杀光。只有长孙海都年纪还小,奶妈将他藏在一堆木头中,才得免于难。在此以前莫挈伦第七个儿子纳真在八剌忽的百姓家中当上门女婿,因此灾难发生时与他无关,他听说家中遭遇大祸,前来察看,只见十几位有病的老年妇女与海都还在,他不知怎么办才好。幸亏押剌伊而人驱赶马群时,纳真哥哥的黄马三次摆脱套杆逃了回来,纳真才得到马骑。于是便伪装成牧马人,前往押剌伊而人住处。路上碰到父子二人先后骑马行驰,臂上架着鹰打猎。纳真看见鹰,心中说:"这正是我哥哥常常托着的鹰。"赶上前去哄骗年少的儿子说:"有一匹红马带领一群马往东去了,你看见了吗?"少年回答说:"没有。"接着少年问:"你经过的地方有水鸟吗?"纳真说:"有。"少年说:"你能当向导吗?"纳真说:"可以。"于是便同行。转过一处河湾,纳真估计后面骑马人距离稍远,便将少年刺死。他将马匹与鹰用绳捆住,然后前去迎接后面的骑手,同样加以哄骗。后面的骑手问道:"前面射水鸟的是我的儿子,为什么老躺着不起来呢?"纳真回答说因为鼻子出血。骑手正发怒,纳真利用这一空子将他刺死,又向前去到一座山下,有几百匹马,放牧的只有几个孩子,正在拿动物的骨关节做游戏。纳真仔细看,也是哥哥家中的东西。用话向孩子们套问,也像先前一样。于是爬上山顶四面张望,到处静悄悄没有人影,他便将孩子们全都杀死,驱赶马群架着鹰回来,带上海都和有病的老年妇女,一起回到八剌忽地方住下。海都长大了,纳真率领八剌忽怯谷的百姓们拥立他为首领。海都当上首领后,攻打押剌伊而,使之成为自己的属民,势力逐渐壮大。他的营帐排列在八剌合黑河边,在河上造起了桥梁,便于往来。由此周围的部族前来归附的日益增多。

海都死,儿子拜姓忽儿继位。拜姓忽儿死,儿子敦必乃继位。敦必乃死,儿子葛不律寒继位。葛不律寒死,儿子八哩丹继位。八哩丹死,儿子也速该继位,并吞各部落,势力愈来愈大。也速该死。至元三年十月,追谥烈祖神元皇帝。

当初,也速该出征塔塔儿部,捉住了塔塔儿部的首领铁木真。这时正好宣懿太后月伦生下太祖,手中握着凝固的血块如同红色石头一般。也速该很奇怪,便以抓住的俘虏铁木真为之命名,用来纪念自己的军事胜利。

同族的泰赤乌部原来和也速该关系很好,后来因为塔儿不台管事,便产生了隔阂,互不往来。也速该死时,太祖年纪还小,部众大多归附泰赤乌部。侍从脱端火儿真也要叛变,太祖哭着挽留他。脱端说:"深深的池水已经干涸了,坚硬的石头已经碎裂了,留下干什么!"竟然带着众人骑马离去。太后月伦对于他看不起自己感到愤怒,亲自打着旗带着兵追上前去,将大部分企图叛变的部众追了回来。

当时太祖的部下搠只另外居住在萨里河。札木合部的秃台察儿居住在玉律哥泉,时常想要加以欺侮,终于将萨里河放牧的马群抢走。搠只指挥身边的人藏在马群中,将秃台察儿射死。札木合因此怨恨,便和泰赤乌各部共同商议,发动三万人前来打仗。太祖这时屯驻在答阑版朱思草原上,听到消息,大规模征集各部的军队,分成十三翼等待对方的到来。后来札木合的军队果然前来,太祖和他们激烈交锋,终于将对方打败。

在那个时候,各部之中只有泰赤乌土地广大,人口

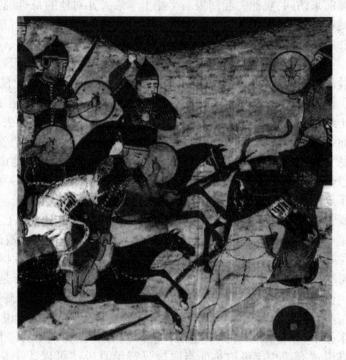

蒙古骑兵攻战图

众多,号称最强大。泰赤乌部中的照烈部,住处与太祖相接近。太祖有一次出去打猎,偶然和照烈部的打猎队伍相遇。太祖对照烈部人说:"今天晚上可以在一起宿营吗?"照烈部人说:"一起宿营当然是我的愿望,但是跟从出来打猎的有四百人,因为带的食物不够,

已经让一半回去了,现在将怎么办才好?"太祖坚持邀请他们一同宿营,凡是留下的,一概供应饮食。第二天一起打猎,太祖让身边的人将野兽都赶到照烈部人一方,照烈部人得到许多猎物回去。照烈部众都感激太祖,私下相互说:"泰赤乌和我们虽是兄弟,却常常抢我们的车马,夺我们的饮食,没有君主度量。有君主度量的,看来只有铁木真太子了。"照烈部的首领玉律这时正遭到泰赤乌部的虐待,难以忍受,便和塔海答鲁带领部众来归,愿意以杀泰赤乌人来表示自己的诚心。太祖说:"我正在熟睡,幸亏你们使我醒过来。自今以后凡是有车辙和人行痕迹的道路,我将全部夺过来给你们。"没有多久二人不能实践自己的诺言,又叛变离去。塔海答鲁行至中途被泰赤乌部众所杀,照烈部就此灭亡了。

这时太祖的功业与德行愈来愈盛,而泰赤乌各部对于他们首领的暴虐行为深感痛苦,看到太祖待人宽厚仁爱,经常拿皮衣和马匹赏赐给别人,心中都很向往。像赤老温、哲别、失力哥也不干等人,以及朵郎吉、札剌儿、忙兀诸部,都仰慕太祖的恩义,前来投降。

太祖约会同族首领薛彻别吉、大丑等,各自用牛车载着马奶和奶酪,在斡难河边举行宴会。在太祖和同族首领以及薛彻别吉的母亲忽儿真面前,共同放着一皮囊马奶,而在薛彻别吉的次母野别该面前,却单独放着一个皮囊。忽儿真发怒说:"现在不尊敬我,却要抬高野别该吗?"怀疑是太祖手下管理饮食的失丘儿干的事,就揍他,这样便产生了隔阂。这时太祖兄弟别里古台负责管理太祖的乞列思(乞列思,用汉语来说就是君主营帐外面系马的场所),播里管理薛彻别吉的乞列思。播里手下人偷盗马车用的革带,被别里古台抓住。播里发怒,用刀砍伤别里古台的背。手下人要打架,别里古台制止他们说:"你们要报仇吗? 我伤得不重,姑且等一等再说。"手下人不听,各自拿着撞马奶的木棒大打出手,将忽儿真、火里真两位夫人抢了回来。薛彻别吉派遣使者请求和好,太祖便让两位夫人回去。恰好塔塔儿部首领蔑兀真笑里徒违背与金朝之间的盟约,金朝皇帝派丞相完颜襄带领军队将他们驱赶到北方。太祖听说此事,便派遣近处的军队从斡难河迎头痛击塔塔儿部,又通知薛彻别吉带部众前来相助。等了六天不来,太祖独自与塔塔儿部作战,杀死蔑兀真笑里徒,将他们的全部辎重都缴获了。

太祖的部下有人遭到乃蛮部人抢劫,太祖准备加以讨伐,又派六十人到薛彻别吉处去征兵。薛彻别吉因为过去的怨仇,将其中十人杀死,剥去其余五十人的衣服让他们回来。太祖发怒说:"薛彻别吉过去揍我的失丘儿,砍伤我的别里古台,现在又敢利用敌人的势力来欺侮我。"于是便统率军队越过沙漠发起进攻,杀死和俘虏了他的部众,只有薛彻别吉和大丑带着妻儿得免此难。过了几个月,太祖又发兵讨伐薛彻别吉和大丑,追到帖烈徒隘口,将他们歼灭。

克烈部的札阿绀孛前来归附。札阿绀孛是克烈部首领汪罕的弟弟。汪罕原名脱里,金朝封他为王,北方民族语音重,所以称王为汪罕。

起初,汪罕的父亲忽儿札胡思杯禄去世,汪罕嗣位,杀死不少自己的兄弟。他的叔父菊儿罕带着军队与他作战,追逼到哈剌温隘口将他打败,汪罕只剩下一百多名骑兵逃脱,投奔于烈祖也速该。也速该亲自带兵将菊儿罕赶走,菊儿罕逃往西夏,也速该夺回部众还给汪罕。汪罕感恩戴德,就与也速该结盟,称为按答(按答,汉语是交换物品的朋友)。也速该死,汪罕的弟弟也力可哈剌怨恨汪罕杀人太多,又叛离了他,投向乃蛮部。乃蛮部首领亦难赤为之发兵讨伐汪罕,将他的部众都夺过来给了也力可哈剌。汪罕经过河西、回鹘、回回三国,投奔契丹。接着又叛变逃回,途中粮食没有了,挤羊奶为饮料,刺出骆驼血来吃，困乏到了极点。太祖因为汪罕与烈祖也速该之间交情很好，派遣侍从去招他。太祖亲自迎接慰劳，安置于军中，给他资助。于是在土兀剌河边聚会，太祖尊汪罕为父。

没有多久，太祖讨伐蔑里乞部，与蔑里乞部的首领脱脱在莫那察山交战，夺得他们的资财、粮食，送给汪罕。汪罕因此逐步将部众收集了起来。

又过了一些日子，汪罕以为自己势力壮大，足以有所作为，没有告诉太祖，独自领兵又去攻打蔑里乞部，对方败走，脱脱逃往八儿忽真的险要之地。汪罕大肆抢掠然后回来，没有给太祖一点东西，太祖根本不在意。

这时乃蛮部首领不欲鲁罕不服，太祖与汪罕又发兵讨伐。到黑辛八石的旷野，遇到乃蛮部的前锋也的脱孛鲁带领一百骑兵前来作战。看到太祖的军队逐渐逼近，也的脱孛鲁退到高山上据守，途中马鞍脱落掉了下来，太祖抓住了他。没有多久，太祖又与乃蛮部的猛将曲薛吾撒八剌相遇，正好这一天时间已晚，于是约定明日交战，各回自己的营垒。当天晚上，汪罕在营垒中到处点火，使人不怀疑他有什么动作，实际上偷偷将部众转移到其他地方。等到天亮，太祖才发现，因而怀疑他打有别的主意，也带着军队退到萨里河。接着汪罕也回到土兀剌河，汪罕的儿子亦剌合和札阿绀孛都来会合。曲薛吾等侦察到这种情况，乘其不备，在半路上加以袭击，俘虏了不少人。亦剌合逃走告诉汪罕，汪罕命令亦剌合和卜鲁忽斛一起追上前去，一面派人来说："乃蛮部不讲信义，抢掠我的百姓，太子您有四名优秀将领，能借给我洗雪这番耻辱吗？"太祖立即消除了以前的不满，派遣博尔尤、木华黎、博罗浑、赤老温四人带军队前去。军队还没有到，亦剌合已经追上曲薛吾，与他交锋，结果大败，卜鲁忽斛也被俘。飞箭射中了亦剌合的马股，差一点也成了俘虏。一会儿四将来到，打败乃蛮部，将他们抢掠的百姓全部夺回还给汪罕。接着太祖与兄弟哈撒儿再次讨伐乃蛮部，在忽阑盏侧山交战，大败对方，将对方的将领和部众全都杀光，将尸首堆积起来封土成为冢丘。乃蛮部的势力因此削弱了。

这时泰赤乌还相当强大，太祖和汪罕在萨里河会合，一起与泰赤乌首领沉忽等在翰难河边大战，将对方击败，杀死的和俘获的不可计数。

哈答斤部、散只兀部、朵鲁班部、塔塔儿部、弘吉剌部听说乃蛮部、泰赤乌部已战败，都感到不安，在阿雷泉相会，杀白马作祭祀品立下誓言，要对太祖和汪罕发动突然袭击。弘吉剌部首领迭夷害怕此事难以成功，偷偷派人前来告密，太祖和汪罕从虎图泽出发，迎战于杯亦烈川，又将对方打得大败。

汪罕于是分兵，自己沿怯绿连河行动。札阿绀孛和按敦阿述、燕火脱儿等商议说："我的哥哥性格做事都很古怪，他既能将我的兄弟都杀光，我们又怎么能单单活命呢？"按敦阿述将这些话泄漏了，汪罕下令将燕火脱儿等抓到自己的营帐前，将燕火脱儿解绑，对他说："我们从西夏回来，在道路上饥饿困乏，一起立有誓言，你难道忘记了吗？"便向他脸上吐唾沫。边上坐着的人也都起来向他吐唾沫。汪罕又多次责备札阿绀孛，使他深感无地自容。札阿绀孛与燕火脱儿等一起逃往乃蛮部。

太祖在彻彻儿山驻军，发兵讨伐塔塔儿部。塔塔儿部首领阿剌兀都儿等前来迎战，将他们打得大败。

这时弘吉剌部想要前来归附，哈撒儿不知道他们的意图，前去抢劫了他们的东西。于是弘吉剌部归附了札木合，和朵鲁班、亦乞剌思、哈答斤、火鲁剌思、塔塔儿、散只兀诸部在犍河会合，共同推举札木合为局儿罕。众人在秃律别儿河岸盟誓，誓言是："凡是我们同盟中人,如有泄露商议内容的,其下场如同河岸被摧毁,森林被砍伐。"说完誓言以后,大家一起举足蹬塌河岸,挥刀砍伐森林,随后驱赶士兵前来进攻。塔海哈当时在众人中间,他与太祖部下抄吾儿是亲家。抄吾儿偶然前去看他,了解到他们的密谋,赶紧回到太祖居住的地方,将这些情况报告了。太祖立即起兵,迎战于海剌儿、帖尼火鲁罕之地,打败了他们。札木合逃走,弘吉剌部前来投降。

壬戌年,太祖在兀鲁回失连真河发兵,讨伐按赤塔塔儿、察罕塔塔儿两部。出发以前誓师说:"如果打败敌人,追赶他们时,见到他们丢下的东西,注意不要拾取,等战争结束后再分配。"后来果然取得胜利,太祖同族按弹、火察儿、答力台三人违背了誓师时的言语,太祖发怒,将他们俘获的东西都加以没收,在军中分配。

原来,脱脱逃往八儿忽真隘口之后,又出来骚扰,太祖带领军队将他赶走。到此时,他又与乃蛮部的不欲鲁罕会合,联合朵鲁班、塔塔儿、哈答斤、散只兀诸部一起来进攻。太祖派骑兵登高四望,知道乃蛮部军队快要到了,便与汪罕一起将军队移入险要之处。汪罕的儿子亦剌合从北边过来占领高山立下阵势,乃蛮部军前来冲击,阵势不动,退了回去。亦剌合接着也进入险要之处。将要交战以前,太祖将辎重转移到其他地方,和汪罕一起,背靠阿兰塞,与乃蛮部军队在名叫阙奕坛的旷野上大战。乃蛮人让神巫祈祷风雪,想要利用风雪之势进攻,后来风向逆转,反过来刮向乃蛮人的兵阵。乃蛮人不能作战,想退兵。这时大雪塞满了沟涧,太祖指挥军队利用有利形势进攻,乃蛮部大败。此时札木合起兵支援乃蛮部,看见乃蛮已经失败,立即退还。路上遇见拥立自己的各部,大肆抢劫而是归。

太祖求婚于汪罕,希望自己的长子术赤娶汪罕女儿抄儿伯姬,汪罕的孙子秃撒合想娶太祖女儿火阿真伯姬,都没有成功,此后互相颇有隔阂。起初,太祖与汪罕合兵攻乃蛮部,约定明日作战。札木合对汪罕说:"我对你就像白翎雀一样,别人则像鸿雁。白翎雀无论冷热都在北方,鸿雁每逢天气寒冷就飞到南方暖和地方去了。"意思是说太祖的心是靠不住的。汪罕听了这番话果然生疑,就将部众迁移到其他地方。等到议婚不成,札木合又利用这一机会对亦剌合说:"铁木真太子虽然自己说是汪罕的儿子,实际上曾和乃蛮部有来往,这对您父子是不利的。您如果对铁木真采取军事行动的话,我一定在旁边帮助您。"亦剌合相信他的话。正好答力台、火察儿、按弹等都背叛了太祖前来归附,他又对亦剌合说:"我们愿意帮助您去攻打月伦的儿子们。"亦剌合非常高兴,派遣使者去告诉汪罕。汪罕说:"札术合是一个嘴上说得好听但没有信用的人,他的话不能听。"亦剌合坚持自己的意见,使者来回了好几次。汪罕说:"我之所以能生存下来,靠的是铁木真太子。我现在胡子已经白了,死后希望有一个安葬的地方,你怎么说个没有完呢?你好自为之,不要给我添麻烦就行了。"札木合于是焚烧了太祖的牧地扬长而去。

癸亥年,汪罕父子策划要谋害太祖,派遣使者来说:"以前商量的婚事,现在愿意听从您的意见,请您前来喝布浑察儿(布浑察儿,汉语即订婚酒)。"太祖以为是真的,带着十名骑兵前去。在途中产生了疑心,派一名骑兵前去表示谢意,自己回来。汪罕的阴谋不曾得逞,便商量发兵来攻。养马人乞失力听说这件事,偷偷和他的弟弟把带前来告诉太祖。太祖立即带着军队驰奔阿兰塞,将辎重全部转移到其他地方,派折里麦为前锋,等汪罕一到立即整好队伍出战。先遇到的是朱力斤部,接着是董哀部,后面是火力失烈门部,都击败了他们,最后与汪罕贴身亲兵交锋,也打败了他们。亦剌合看见形势危急,亲自前来冲阵，被箭射中脸颊，立即收兵退走。怯里亦部人离开汪罕前来投降。

汪罕战败回去，太祖也带着军队回到董哥泽屯驻。派遣阿里海前去责备汪罕说："您过去遭到您的叔父菊儿罕驱逐，困难交加前来投奔，我父亲立即发兵攻打菊儿罕，在河西将他打败，他的土地、百姓都拿了过来给您。这是有大功于您的第一件事。您遭到乃蛮人的攻击，逃往西边太阳降落的地方。您的兄弟札阿绀孛在金朝国境，我立即派人召他回来。等他回来时，又遭到蔑里乞部的威胁，我请我的同族哥哥薛彻别吉和兄弟大丑去杀掉他们。这是有大功于您的第二件事。您为困难所迫前来投奔时，我经过哈丁里，将各部的羊、马和财产都夺了给您，不到半月的时间，使您饥饿的部众吃得饱饱的，瘦子都长胖了。这是有大功于您的第三件事。您不告诉我就去抢劫蔑里乞部，收获很大，回来以后，没有分给我一点点，我不计较。等到您被乃蛮人颠覆，我派四将夺回你的百姓，重立你的国家。这是有大功于您的第四件事。我征伐朵鲁班、塔塔儿、哈答斤、散只兀、弘吉剌五部，如同凶猛的海东青对付鹅雁一样，看见必有收获，有收获必定送给您。这是有大功于您的第五件事。这五件事都是有明白证据的，您对我不报恩也就罢了，现在怎么能变恩为仇，突然对我发动战争呢！"汪罕听到这些话，对亦剌合说："我以前说的话怎么样？我的儿子你应知道。"亦剌合说："事情已发展到今天这样，没有法子了结，只有尽力去战斗。我们打赢了就将他们合并过来。他们赢了就吞并我们，多说干什么。"

当时和太祖同族的按弹、火察儿都在汪罕身边。太祖派遣阿里海去挖苦责备汪罕时，命令阿里海告诉他们说："过去我国没有君主，以为薛彻别吉、太丑二人是我伯祖八剌哈的后代，准备立他们为主。因为二人坚决推辞，又以你火察儿是伯父聂坤之子，准备立为主，你又坚决推辞。但是此事不能这样中途而废，又以你按弹是我祖父忽都剌的儿子，想立为主，你又坚决推辞。于是你们推戴我为君主，这并非我的本来想法，是形势所逼造成的。三河是我们祖先创业的地方，不要被他人所据有。你们要好好为汪罕服务，汪罕的本性反复无常，待我尚且这样，何况是你们呢？我现在走了，我现在走了。"按弹等人一句话也没说。

太祖既已派遣使者去汪罕哪里，便进兵俘虏弘吉剌的别部溺儿斤，队伍行进到班朱尼河，河水正浑，太祖带着部众共饮河水立下誓言。亦乞烈部的孛徒被火鲁剌部打败，遇到太祖，双方建立同盟。太祖的兄弟哈撒儿另外居住在哈剌浑山，妻子被汪罕俘虏，自己带着小儿子脱虎逃走，粮食断绝，找寻鸟蛋充饥，前来河边相会。这时汪罕的势力强大，太祖的势力微弱，胜败还不可知，部众颇为担心害怕。凡是一起饮过河水的，称为"饮浑水"，意思是曾经同患难。汪罕的军队前来，太祖在哈阑真沙陀与他们交战，汪罕大败。属臣按弹、火察儿、札木合等密谋杀害汪罕，没有成功，便逃往乃蛮部。答力台、把怜等部也前来叩头投降。

太祖将军队移到斡难河的源头，策划攻打汪罕，又派二名使者前往汪罕哪里，假装传达哈撒儿的话，说："我的哥哥铁木真太子现在不知下落，我的妻子老小又在大王您哪里，即使我想走，能走到哪里去呢！大王如果能够宽恕我以前的错误，想念我过去的好处，我立即就来投奔您。"汪罕相信这番话，就派人跟着二名使者前来，用皮囊盛血准备与哈撒儿订立盟约。到了以后，太祖立即以二名使者为向导，下令兵士衔枚禁止说话，连夜赶往折折运都山，出其不意，袭击汪罕，将他打得大败。克烈部百姓都投降了。汪罕和亦剌合脱身逃走。汪罕叹气说："我被儿子害了，今天的祸事后悔也来不及了。"汪罕在逃走的路上，遇到乃蛮部的将领，被杀。亦剌合逃到西夏，靠抢劫维持生活，很快便为西夏打败，逃到龟兹国。龟兹国君主发兵讨伐，将他杀死。

太祖灭汪罕以后，在帖麦该川举行盛大的狩猎活动，发布各种命令，凯旋而归。这时乃蛮部君主太阳罕心里妒忌太祖的才能，派人去和白达达部首领阿剌忽思商量说："我听说东方有称帝的人。天上没有两个太阳，百姓难道能有两个君主吗？您能增加我右翼的力量，我将夺过敢于称帝者的弓箭。"阿剌忽思立即将这个情况报告太祖，没有多久，他带着全部百姓前来归附。

甲子年，太祖在帖麦该川举行大聚会，商议讨伐乃蛮部。许多人都认为现在是春天马正瘦，应该等待秋高气爽马长膘再出兵。皇弟斡赤斤说："应该做的事，要早下决心，怎么能用马瘦作理由呢？"别里古台也说："乃蛮部要夺我们的弓箭，是看不起我们，我等理当共生死。他倚仗国大而吹牛，如果乘其不备发起攻势，可以成功。"太祖很高兴，说："以这样的人去作战，还愁打不赢吗！"便出动军队讨伐乃蛮部，驻军于建忒该山，先派虎必来、哲别二人为前锋。太阳罕从按台来，驻军于沆海山，和蔑里乞部首领脱脱、克烈部首领阿怜太石、猥剌部首领忽都花别吉，以及秃鲁班、塔塔儿、哈答斤、散只兀等部会合，兵势相当盛大。这时我方队伍中的瘦马因受惊跑到乃蛮部营中，太阳罕看见，与大家商议说："蒙古的马如此瘦弱，现在戌该引诱他们深入，然后和他们交战将他们俘虏。"将领火力速八赤对他说："先前的国王作战。一往直前，不让敌人看见自己的背和马的尾巴。现在您提出这样拖延的方针，是不是心中害怕呢？如果害怕，为什么不让后妃来统领军队！"太阳罕很生气，立即拍马往前要与太祖交战。太祖让哈撒儿负责中军。这时札木合跟随太阳罕前来，看见太祖的军队整齐肃静，对身边的人说："乃蛮部刚出兵时，看待蒙古军如同羊羔，意思是说连蹄皮也留不下。现在我观察他们的气势，恐怕已不同于过去了。"就带自己部下军队逃走了。这一天，太祖与乃蛮部大战直到日落，擒杀太阳罕。各部军一时都溃散，夜间在非常危险的地方奔走，从山崖掉下去死掉的不可计数。第二天，剩余下来的都投降了。于是朵鲁班、塔塔儿、哈答斤、散只兀四部也都前来投降。

接着又出征篾里乞部，该部首领脱脱逃往太阳罕的哥哥卜欲鲁罕哪里，他的部下带儿兀孙献上自己的女儿求降，很快又叛变了。太祖到泰寒寨，派孛罗欢、沈白二人带着右军前去将带儿兀孙平定了。

乙丑年，太祖出征西夏，攻克力吉里寨，经过落思城，掠取了大量百姓和骆驼回来。

元年丙寅，太祖大会诸王和群臣，竖起九游的白旗，在斡难河头登上了皇帝的位置。诸王、群臣一起尊称之为成吉思皇帝。这一年正是金朝泰和六年。

太祖即帝位后，就发兵再去打乃蛮部。这时卜欲鲁罕正在兀鲁塔山打猎，将他捉住带了回来。太阳罕的儿子屈出律和脱脱一起逃到也儿的石河边。

太祖开始谈论讨伐金朝之事。以前金朝杀害太祖同族咸补海罕，太祖想报仇。恰巧金朝投降的俘虏陈述金朝皇帝完颜璟任意施行暴虐的统治，太祖于是决定加以讨伐，但是没有敢轻举妄动。

二年丁卯的秋天，太祖再征西夏，攻克斡罗孩城。

这一年，派遣按弹、不兀剌二人出使乞力吉思。不久野牒亦纳里部、阿里替也儿部都派使者来贡献名贵的鹰。

三年戊辰的春天，太祖从西夏回来。

蒙古骑兵押送战俘图

夏天,在龙庭避暑。

冬天,再次讨伐脱脱和屈出律罕。斡亦剌部等和我军前锋遭遇,没有交战就投降了,便以他们做向导。到也儿的石河,讨伐蔑里乞部,将它消灭了。脱脱被飞箭射死。屈出律罕逃往契丹。

四年己巳的春天,畏吾儿国前来归附。太祖进军河西。西夏国王李安全派长子率领军队来作战,被我军击败,副元帅高令公成了俘虏。攻克兀剌海城,俘虏西夏的太傅西壁氏。进至克夷门,又击败西夏军队,俘获其将领嵬名令公。包围中兴府,引黄河水来冲灌这座城。但是水堤决口,水往外流,只好撤围还师。太祖派太傅讹答进入中兴府,向西夏国王招降,西夏国王献女儿请求和好。

五年庚午的春天,金朝打算来进攻,建造乌沙堡。太祖命遮别进行突然袭击,杀死筑堡的人,接着向东略取土地。

原来,太祖向金朝进献每年固定的贡品,金朝皇帝派卫王允济到净州接受。太祖见到允济,不行礼。允济回去,准备请求发兵讨伐。正好金朝皇帝完颜璟死了,允济嗣位,即位的诏书送到蒙古,派人传话要太祖跪拜接受。太祖问金朝使节说:"新皇帝是谁?"金使说:"是卫王。"太祖立即向南方吐了一口唾沫,说:"我以为中原的皇帝是天上的神做,这等无用胆小之人也能做吗!拜他干什么!"便骑马往北走了。金使回来报告,允济更加恼怒,想乘太祖下一次进贡时,在边境贸易的场所将他杀害。太祖知道这一情况,便与金朝断绝关系,进一步整顿军队做好准备。

六年辛未的春天,太祖居住在怯绿连河。西域哈剌鲁部首领阿昔兰罕来投降。畏吾儿国君主亦都护前来觐见。

二月,太祖亲自带兵南征,在野狐岭打败金朝将领定薛,攻取大水泺、丰利等县。金朝又建造乌沙堡。

秋七月,太祖命遮别攻乌沙堡和乌月营,占领了二地。

八月,太祖和金军在宣平的会河川交战,取得胜利。

九月,攻占德兴府,居庸关的守将逃跑。遮别接着入关,直抵中都。

冬十月,袭击金朝的群牧监,将群牧监管理的马匹都赶了回来。耶律阿海投降,到太祖临时屯驻的地方来谒见。皇子术赤、察合台、窝阔台分别夺取云内、东胜、武、朔等州,都占领了。

这一年冬天。太祖屯驻在金朝的北部边境。刘伯林、夹谷长哥等前来投降。

七年壬申,春正月,耶律留哥在隆安聚合人众,自称都元帅,派遣使者前来归附。太祖攻破昌、桓、抚等州。金朝将领纥石烈九斤等带领三十万军队前来援救,太祖与他们在獋儿嘴交战,金兵大败。

秋天,包围西京。金朝元帅左都监奥屯襄率领军队前来援救,太祖派兵把金军引诱到密谷口,在哪里迎击并全部消灭了他们。再攻西京,太祖为飞箭所伤。便撤围而去。

九月,察罕攻克奉圣州。

冬十二月甲申,遮别攻东京,没有成功,立即退去。夜间驰还,突然袭击,占领了东京。

八年癸酉的春天,耶律留哥自封为辽王,改元元统。

秋七月,攻占宣德府,接着攻德兴府,皇子拖雷、驸马赤驹先登城,攻克了它。太祖前进到怀来,和金朝行省完颜纲、元帅高琪交战,金军败,追到居庸关北口。金兵占据居庸关自保,太祖命可忒、薄刹守在北口前,自己前往涿鹿。金朝西京留守忽沙虎逃走。太祖出紫荆关,在五回岭击败金军,攻占涿、易二州。契丹人讹鲁不儿献北口,遮别于是占领居庸关,与可忒、薄刹会师。

八月,金朝忽沙虎杀害他的君主完颜允济,迎接丰王完颜珣立为皇帝。

这一年秋天,太祖分兵三路。命皇子术赤、察合台、窝阔台为右军,沿着太行山往南,攻取保、遂、安肃、安、定、邢、洺、磁、相、卫、辉、怀、孟,抢掠了泽、潞、辽、沁、平阳、太原、吉、隰,占领汾、石、岚、忻、代、武等地,然后回军。皇弟哈撒儿和斡陈那颜、拙赤歹、薄刹为左军,沿海向东去,攻取蓟州、平、滦、辽西等地然后回军。太祖与皇子拖雷为中军,攻取雄、霸、莫、安、河间、沧、景、献、深、祁、蠡、冀、恩、濮、开、滑、博、济、泰安、济南、滨、棣、益都、淄、潍、登、莱、沂等地。又命木华黎攻密州,城下后进行大屠杀,史天倪、萧勃迭率领队伍来降,木华黎以皇帝的名义授他们以万户之职。太祖到中都,三路军都回来会合在一起,屯驻在大口。

这一年,河北郡县都被蒙古军攻克,坚守不下的只有中都、通、顺、真定、清、沃、大名、东平、德、邳、海州等十一城。

九年甲戌,春三月,太祖屯驻在中都的北郊。将领们请求乘胜攻破燕京,太祖没有同意。于是派遣使节告知金朝皇帝说:"你的山东、河北郡县都已被我占有,你剩下的只有燕京城。天既然已使你衰弱,我又逼迫你走上绝路,天将说我什么!我的军队现在要回去,你难道不能来犒劳我的军队,借此消除我手下将领的愤怒么!"金帝于是遣使求和,献上卫绍王的女儿岐国公主,以及金帛、五百名童男女、三千匹马,还派丞相完颜福兴送太祖出居庸关。

夏五月,金帝迁都于汴,命完颜福兴和参政抹捻尽忠辅助太子守忠,留守中都。

六月,金朝纠军的斫答等杀死统帅,率领队伍前来投降。太祖命三摸合、石抹明安和斫答等包围中都。太祖自己在鱼儿泺避暑。

秋七月,金朝太子守忠逃往汴京。

冬十月,木华黎征辽东,高州卢琮、金朴等投降。锦州张鲸杀死节度使,自号临海王,派遣使者前来投降。

十年乙亥春正月,守通州的金右副元帅蒲察七斤投降,授七斤以元帅之职。

二月,木华黎攻北京,金军元帅寅答虎、乌古伦开城投降。便以寅答虎为留守,吾也而代理兵马都元帅,镇守该地。兴中府元帅石天应来降,以天应为兴中府尹。

三月,金朝御史中丞李英等率领军队前来援救中都,在霸州发生战斗,金军失败。

夏四月,攻克清、顺二州。太祖命张鲸统帅北京十提控的军队跟随南征,张鲸谋反被处死。他的兄弟张致便占据锦州,自称汉兴皇帝,改元兴龙。

五月庚申,金朝中都留守完颜福兴服毒自杀,抹捻尽忠丢下中都城逃走,石抹明安便进入中都镇守。这一月,太祖在桓州凉泾避暑,派忽都忽等前往中都查收金朝国库的收藏物品。

秋七月,红罗山寨主杜秀投降,授杜秀以锦州节度使之职。太祖派遣使者前去通知金朝皇帝,要他献出河北、山东没有被攻下的各城,去掉帝号改称河南王,这样的话可以停战。金帝不同意。太祖下令命史天倪向南进军,授以右副都元帅之职,赐给他金虎符。

八月,史天倪攻取平州,金朝经略使乞住投降。木华黎派遣史进道等攻广宁府,守城者投降。

这一年秋天,攻取的城市共八百六十二处。

冬十月,金朝宣抚蒲鲜万奴占据辽东自称天王,国号大真,改元天泰。

十一月,耶律留哥来朝觐,留下他的儿子斜阇充当太祖的侍从。史天祥讨伐兴州,俘获兴州节度使赵守玉。

十一年丙子的春天,太祖回到庐朐河边的行宫。张致攻陷兴中府,木华黎将他消灭。

秋天,撒里知兀歹、三摸合拔都鲁带领军队由西夏前往关中,越过潼关,俘获金朝西安军节度使尼庞古浦鲁虎,攻克汝州等地,抵达汴京然后还师。

冬十月,蒲鲜万奴投降,送他的儿子帖哥入朝充当侍从。不久又叛,自称东夏。

十二年丁丑的夏天,强盗祁和尚占据武平,史天祥平定了这起叛乱,并擒获金朝将领巢元帅献给太祖。察罕在霸州击败金朝监军夹谷,金方求和,察罕才回军。

秋八月,太祖授木华黎以太师之职,封他为国王,统领蒙古、纠、汉各路军马南征。木华黎攻克遂城、蠡州。

冬天,攻克大名府,接着向东攻取了益都、淄、登、莱、潍、密等州。

这一年,秃满部百姓叛乱,派钵鲁完、朵鲁伯前去平定。

十三年戊寅,秋八月,军队出紫荆口,俘获金朝行元帅事张柔,命他继续保持原来的职务。木华黎从西京进入河东,攻克太原、平阳以及忻、代、泽、潞、汾、霍等州。金朝将领武仙向满城进攻,张柔将他打败。

这一年,讨伐西夏,包围西夏的王城。西夏国王李遵顼逃往西凉。契丹人六哥占据高丽江东城,太祖命哈真、札剌带军队将他消灭,高丽王皝于是投降,请求每年进贡本地特产。

十四年已卯的春天,张柔击败武仙,祁阳、曲阳、中山等城投降。

夏六月,西域杀害使者,太祖带领军队亲自出征,攻克讹答剌城,活捉城中首脑哈只儿只兰秃。

秋天,木华黎攻克苛、岚、吉、隰等州,又向绛州进攻,占领以后将城中百姓全部屠杀。

十五年庚辰,春三月,太祖攻克蒲华城。

夏五月,攻克寻思干城,太祖的营帐屯驻在也儿的石河。

秋天,攻克斡脱罗儿城。木华黎攻取土地,来到真定,武仙投降。木华黎便以史天倪为河北西路兵马都元帅,管理真定府的事务,以武仙做他的副手。东平严实带着彰德、大名、磁、洺、恩、博、滑、浚等州三十万户前来投降,木华黎以太祖的名义授予严实金紫光禄大夫、行尚书省事。

冬天,金朝邢州节度使武贵投降。木华黎攻打东平城,未能攻下,便留下严实看守,撤出围城军队前往洺州,分兵攻取河北诸郡。

这一年,授予董俊龙虎卫上将军、右副都元帅之职。

十六年辛巳,春天,太祖进攻卜哈儿、薛迷思干等城,皇子术赤进攻养吉干、八儿真等城,都占领了。

夏季四月,太祖屯驻在铁门关,金朝皇帝派遣乌古孙仲端带着国书来请求和好,称太祖为兄,太祖没有答应。金东平行省事忙古丢掉城池逃跑,严实入城镇守。宋朝派遣苟梦玉前来请求和好。

六月,宋朝涟水忠义统辖石珪率领部众投降,以石珪为济、兖、单三州总管。

秋天,太祖进攻班勒纥等城,皇子术赤、察合台、窝阔台分兵攻打玉龙杰赤等城,都占领了。

冬季十月,皇子拖雷攻克马鲁察叶可、马鲁、昔剌思等城。木华黎出河西,攻克葭、绥德、保安、鄜、坊、丹等州,进攻延安,未能占领。

十一月,宋朝京东安抚使张琳以京东诸郡前来投降,被授予张琳沧、景、滨、棣等州行都元帅之职。

这一年,太祖下诏告谕德顺州。

十七年壬午,春天,皇子拖雷攻克徒思、匿察兀儿等城。还军途中经过木剌夷国,进行大规模掳掠。渡过搠搠阑河,攻克也里等城。随即与太祖相会,合兵攻打塔里寒寨,攻下了。木华黎的军队连克乾、泾、邠、原等州,进攻凤翔,没有成功。

夏天,太祖在塔里寒寨避暑。西域君主札阑丁出逃,与灭里可汗会合,忽都忽与他们交战,失败。太祖自己带兵进攻,捉住灭里可汗,札阑丁逃走。太祖派八剌追捕,没有抓住。

秋天,金朝又派乌古孙仲端前来请和,在回鹘国觐见太祖。太祖对他说:"我过去要你的君主将河朔地区都给我,让你的君主当河南王,彼此罢兵停战,你的君主不肯。现在木华黎已经夺取了全部河朔地区,你这时才来请求不太晚了吗?"仲端苦苦哀求,太祖说:"念你远来不易,河朔既然都已为我所有,关西还有几座没有攻下的城,都割付给我,这样可以让你的君主当河南王。不要再违背我的意思。"仲端于是回去。金朝平阳公胡天作以青龙堡来降。

冬季十月,金朝河中府归附,授石天应为兵马都元帅镇守该地。

十八年癸未,春三月,太师国王木华黎去世。

夏天,在八鲁弯川避暑。皇子术赤、察合台、窝阔台和八剌的军队都来会合,遂即平定西域各处城市,设置达鲁花赤进行监督治理。

冬季十月，金朝皇帝完颜珣死，其子完颜守绪嗣位。

这一年，宋朝又派苟梦玉前来。

十九年甲申的夏天，宋朝大名总管彭义斌侵犯河北，史天倪与他在恩州交战，打败了他。

这一年，太祖到东印度国，角端出现，于是班师。

二十年乙酉，春正月，回到行宫。

二月，武仙在真定叛变，杀死史天倪。董俊手下的判官李全也在中山叛变。

三月，史天泽向武仙发起攻击，武仙逃走，收复真定。

夏季六月，彭义斌以军队响应武仙，史天泽在赞皇防御，将他捉住杀死。

二十一年丙戌，春正月，太祖因为西夏收留仇人亦腊喝翔昆以及不送质子，亲自带领军队去讨伐。

二月，攻取黑水等城。

夏天，在浑垂山避暑。攻取甘、肃等州。

秋天，攻取西凉府搠罗、河罗等县，于是越过沙漠，到黄河九渡，攻取应里等县。

九月，李全捉住张琳，带孙郡王指挥军队将李全围困于益都。

冬季十一月庚申，太祖攻灵州，西夏派嵬名令公前来援救。丙寅，太祖渡过黄河攻击西夏军，取得胜利。丁丑，五星相聚，出现在西南，太祖屯驻在盐州川。

十二月，李全投降。授予张柔行军千户、保州等处都元帅之职。

这一年，皇子窝阔台和察罕的军队包围金南京，派遣唐庆前往金朝责问为什么不交纳每年进贡的钱物。

二十二年丁亥，春天，太祖留下一部分部队攻打西夏王城，自己带领军队渡过黄河攻打积石州。

二月，破临洮府。

三月，破洮、河、西宁三州。派遣斡陈那颜攻打信都府，占领了。

夏季四月，太祖到龙德，攻取德顺等州，德顺节度使爱申、进士马肩龙战死。

五月，派唐庆等出使金朝。

闰五月，太祖在六盘山避暑。

六月，金朝派遣完颜合周、奥屯阿虎前来请求和好。太祖对群臣说："我在去年冬天五星聚会时，已经许愿不再杀掠，急促中忘记下诏书了。现在可以向中外发布告示，让他们的使者也了解我的意思。"这个月，夏国王李睍投降。太祖到清水县西江。

秋季七月壬午，太祖身体不适。己丑，在萨里川哈老徒的行宫去世。临死前对身边的人说："金朝精锐部队都在潼关，南边有连绵的山脉可以据守，北边有广阔的黄河为界，很难迅速攻破。如果向宋朝借路，宋金是世代的仇敌，一定能答应我们的要求，于是我军攻占唐、邓，直捣金朝都城汴梁。金朝着急，必然从潼关征调军队。然而他们数万军队，从千里外前来救援，人马疲乏，即使到了也不能为不仗，我们一定能取得胜利。"说完就死了。年六十六岁。葬于起辇谷。至元三年冬十月，追谥圣武皇帝。至大二年冬十一月庚辰，加谥法天启运圣武皇帝。庙号太祖。在位二十二年。

太祖为人深沉，有伟大的志向，用兵如神，所以能灭四十国，并且平定西夏。他的奇勋伟绩很多，可惜的是当时没有设置史官，可能不少事迹没有记载下来。

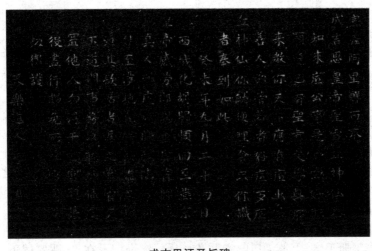

成吉思汗圣旨碑

戊子年。这一年，由皇子拖雷监守国政。

世祖后察必传

【题解】

元世祖昭睿顺圣皇后弘吉剌氏（？～1281年），名察必，弘吉剌部首领按陈之女。世祖在藩邸，迎娶为妃。宪宗末年世祖伐宋，留居爪忽都之地。宪宗卒，辅佐世祖夺取汗位，被册为正后，掌大斡耳朵（宫帐）。性情明敏节俭。生子真金，世祖时立为皇太子。

【原文】

世祖昭睿顺圣皇后，名察必，弘吉剌氏，济宁忠武王按陈之女也。生裕宗。中统初，立为皇后。至元十年三月，授册宝，上尊号贞懿昭圣顺天睿文光应皇后。

一日，四怯薛官奏割京城外近地牧马，帝既允，方以图进，后至帝前，将谏，先阳责太保刘秉忠曰："汝汉人聪明者，言则帝听，汝何为不谏。向初到定都时，若以地牧马则可，今军蘸俱分业已定，夺之可乎？"帝默然，命寝其事。

后尝于太府监支缯帛表里各一，帝谓后曰："此军国所需，非私家物，后何可得支？"后自是率宫人亲执女工，拘诸旧弓弦练之，缉为紬，以为衣，其韧密比绫绮。宣徽院羊臑皮置不用，后取之合缝为地毯。其勤俭有节而无弃物，类如此。

十三年，平宋，幼主朝于上都。大宴，众皆欢甚，唯后不乐。帝曰："我今平江南，自此不用兵甲，众人皆喜，尔独不乐，何耶？"后跪奏曰："妾闻自古无千岁之国，毋使吾子孙及此则幸矣。"帝以宋府库故物各聚置殿庭上，召后视之，后遍视即去。帝遣宦者追问后，欲何所取。后曰："宋人贮蓄以遗其子孙，子孙不能守，而归于我，我何忍取一物耶！"时宋太后全氏至京，不习北方风土，后为奏令回江南，帝不允，至三奏，帝乃答曰："尔妇人无远

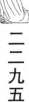

虑,若使之南还,或浮言一动,即废其家,非所以爱之也。苟能爱之,时加存恤,使之便安可也。"后退,益厚待之。

胡帽旧无前檐,帝因射日色炫目,以语后,后即益前檐。帝大喜,遂命为式。又制一衣,前有裳无衽,后长倍于前,亦无领袖,缀以两襻,名曰比甲,以便弓马,时皆仿之。后性明敏,达于事机,国家初政,左右匡正,当时与有力焉。

十八年二月崩。三十一年,成宗即位,五月,追谥昭睿顺圣皇后,其册文曰:"奉先思孝,臣子之至情;节惠勿名,古今之大典。惟殷娥有明德之号,而周任著思齐之称:爰考旧章,式崇尊谥。恭惟先皇后,厚德载物,正位承天。隆内治于公宫,纲大伦于天下。曩事龙潜之邸,及乘虎变之秋。鄂渚班师,洞识事机之会;上都践祚,居多辅佐之谋。先物之明,独断于衷;进贤之志,允叶于上。左右我圣祖,建帝王之极功;抚育我前人,嗣社稷之重托。臣下之勤劳灼见,生民之疾苦周知。俪宸极二十年,垂慈范千万世。惟全美圣而益圣,宜显册书而屡书。不胜惓惓恳恳之诚,敬展尊尊亲亲之义,以扬盛烈,以对耿光。谨遣某官某奉玉册玉宝,上尊谥曰昭睿顺圣皇后。钦惟淑灵在天,明鉴逮下。增辉炜管,茂扬徽懿之音;合响太宫,益衍寿昌之福。"升祔世祖庙。

【译文】

世祖昭睿顺圣皇后,名字叫察必,姓弘吉剌氏。是济宁忠武王按陈的女儿。生裕宗真金。中统初年,立为皇后。至元十年三月,授以册宝,上尊号贞懿昭圣顺天睿文光应皇后。

一天,四怯薛官员奏请分割京城外面较近的土地用来放马,世祖已经批准,于是把地图呈献上来。察必皇后走到世祖面前,打算谏阻。先假装责备太保刘秉忠说:"你是汉人里面的聪明人,说话皇帝都听从,你为什么不进谏呢?以前刚来到这里定都的时候,用四周的土地放马还可以。现在军户、站户都分别占有了一块土地作为产业,怎么能夺走他们的土地呢?"世祖沉默下来,命令停止这项计划。

察必皇后曾经在太府监支取丝帛制造的衣服表里各一件。世祖对她说:"这是军国所需物品,不是私家的东西。皇后怎么能够支取呢?"察必皇后从此率领宫女亲自进行纺织,收集旧的弓弦煮软之后,织成粗绸,做成衣服,坚韧细密,可以比得上绫罗绸缎。宣徽院有一些旧羊皮弃置不用,察必皇后将它们取来,拼在一起缝制成地毯。她勤俭又节制、不浪费东西,大都像这两件事一样。

至元十三年,平定南宋,南宋小皇帝前来上都朝觐。于是举行大宴会,大家都非常高兴,只有察必皇后郁郁不乐。世祖说:"我现在平定了江南,从此不再有战事,大家都很高兴,只有你不快乐,为什么呢?"察必皇后跪下来上奏说:"我听说自古以来没有延续一千年的国家。不要让我们的子孙落到这步田地就算幸运了。"世祖把南宋府库中的物品各自聚集起来,放在殿庭之上,叫察必皇后来观看。察必皇后一一看了一遍,就离开了。世祖派宦官追上去,问她想要什么东西。察必皇后说:"宋人蓄积贮藏这些东西,传给子孙,而他们的子孙却没有守住,以致被我们得到。我怎么忍心取一件东西呢?"当时南宋太后全氏到了上都,不习惯北方的水土。察必皇后替她奏请返回江南,世祖不答应。到第三次进奏,世祖才答复说:"你们妇道人家考虑问题不够长远。如果让她返回江南,一旦有造反的流言蜚语,她们全家就会受到牵连。这不是爱护她的办法。如果真的爱护她,就应该时常加以体贴照顾,让她慢慢适应这里的生活。"察必皇后退下来,对全太后更加关心照顾。

蒙古族的帽子原来没有前面的帽沿。世祖在射箭时感到太阳光刺眼,告诉了察必皇后,察必皇后就在帽子前面加上了帽沿。世祖大为高兴,下令帽子都按这种式样制作。察必皇后又缝制了一种衣服,前面有下摆而没有遮掩的衣襟,后摆比前摆长一倍,没有领子和衣袖,两侧用带子系起来,名字叫作比甲,穿上它便于骑马射箭。当时人纷纷仿效制作。察必皇后性情聪明敏锐,通晓政事机务,在元初的政治中左右匡正,在当时发挥了很大作用。

至元十八年二月,察必皇后去世。三十一年,成宗即位。五月,追谥察必为昭睿顺圣皇后。册文写道:"崇奉祖先、竭尽孝思,是臣下子孙的基本感情;调节恩惠,勉励美名,是古往今来的盛大典礼。从前殷代的有娀有明德的称号,周代的太任有思齐的美称。稽考过去的典章制度,应该奉上尊崇的美好谥号。已经去世的先朝皇后,德量弘厚,包载万物;位号端正,上承天命。使后宫得到了良好的治理,又在天下发扬了伦常纲纪。世祖即位之前就在身边侍奉,共同度过了动荡变乱的时刻。世祖从鄂州班师北撤,她先看出了事态的发展趋势;世祖在上都建元登极,她又起到了重要的辅助作用。观察问题的先见之明,由内心独自决断;选用贤能的杰出眼光,与世祖完全相符。在世祖身边辅佐,帮助完成了古代帝王的宏大事业;抚养、教导裕宗,使他能够承担国家社稷的重大寄托。既了解臣下的勤劳,也明白百姓的疾苦。居皇后之位近二十年,留下的模范榜样流传千万代。正因为人格完善,就显得更加圣明;应该明白记载下来,并且大书而特书。写不尽悱恻怀念的诚心,体现出尊老爱亲的原则,来褒扬她的盛德,表述她的荣耀。恭敬地派遣某官某人捧着玉册玉宝,上尊谥为昭睿顺圣皇后。愿她贤淑的灵魂永驻天堂,圣明的识见普照群下。演奏起嘹亮的管乐,发出美好悦耳的声音;配享在宽阔的宫殿,繁衍出绵延无穷的福祉。"将察必皇后的灵位升入世祖庙,共同受祭。

木华黎传

【题解】

木华黎(1170~1223),蒙古军大将。足智多谋,精于骑射。早年辅佐成吉思汗统一蒙古诸部,誉称"四杰"之一。后率军攻取金辽东、辽西地区,战功卓著。1217年被成吉思汗封为太师、国王,全权指挥攻金,连破河北、山西、山东省大部分重要城市。后病故于山西闻喜。

【原文】

木华黎,札剌儿氏,世居阿难水东。父孔温窟哇,以戚里故在太祖麾下,从平篾里吉,征乃蛮部,数立功。后乃蛮又叛,太祖与六骑走,中道乏食,擒水际橐驼杀之,燔以啖太祖。追骑垂及,而太祖马毙,五骑相顾骇愕,孔温窟哇以所乘马济太祖,身当追骑,死之。太祖获免。

有子五人，木华黎其第三子也。生时有白气出帐中。神巫异之，曰："此非常儿也。"及长，沉毅多智略，猿臂善射，挽弓二石强。与博尔术、博尔忽、赤老温事太祖，俱以忠勇称，号掇里班曲律，犹华言四杰也。

太祖军尝失利，会大雪，失牙帐所在，夜卧草泽中。木华黎与博尔术张裘毡，立雪中，障蔽太祖，达旦竟不移足。一日，太祖从三十余骑行溪谷间，顾谓曰："此中或遇寇，当奈何？"对曰："请以身当之。"既而，寇果自林间突出，矢下如雨，木华黎引弓射之，三发中三人。其酋呼曰："尔为谁？"曰："木华黎也。"徐解马鞍持之，捍卫太祖以出，寇遂引去。

克烈王可汗与乃蛮部仇战，求援于太祖。太祖遣木华黎及博尔术己等救之，尽杀乃蛮之众于按台之下，获甲仗、马牛而还。既而，王可汗谋袭太祖，其下拔台知之，密告太祖。太祖遣木华黎选精骑夜斫其营，王可汗走死，诸部大人闻风款附。

木华黎

岁丙寅，太祖即皇帝位，首命木华黎、博尔术为左右万户。从容谓曰："国内平定，汝等之力居多。我与汝犹车之有辕，身之有臂也。汝等切宜体此，勿替初心。"

金之降者，皆言其主璟杀戮宗亲，荒淫日恣。帝曰："朕出师有名矣。"辛未，从伐金，薄宣德，遂克德兴。壬申，攻云中、九原诸郡，拔之，进围抚州。金兵号四十万，阵野狐岭北。木华黎曰："彼众我寡，弗致死力战，未易破也。"率敢死士，策马横戈，大呼陷阵，帝麾诸军并进，大败金兵，追至浍河，僵尸百里。癸酉，攻居庸关，壁坚，不得入，遣别将阇别统兵趋紫荆口，金左监军高琪引兵来拒，不战而溃，遂拔涿州。因分兵攻下益都、滨、棣诸城，遂次霸州，史天倪、萧勃迭率众来降，并奏为万户。

甲戌，从围燕，金主请和，北还。命统诸军征辽东，次高州，卢琮、金朴以城降。乙亥，禆将萧也先以计平定东京。进攻北京，金守将银青率众二十万拒花道逆战，败之，斩首八万余级。城中食尽，契丹军斩关来降，进军逼之，其下杀银青，推寅答虎为帅，遂举城降，木华黎怒其降缓欲坑之，萧也先曰："北京为辽西重镇，既降而坑之，后岂有降者乎？"从之。奏寅答虎留守北京，以吾也而权兵马都元帅镇之。遣高德玉、刘浦速窝儿招谕兴中府，同知兀里卜不从，杀蒲速窝儿，德玉走免。未几，吏民杀兀里卜，推土豪石天应为帅，举城降，奏为兴中尹、兵马都提控。

锦州张鲸聚众十余万，杀节度使，称临海郡王，至是来降。诏木华黎以鲸总北京十提控兵，从掇忽阑南征未附州郡。木华黎密察鲸有反侧意，请以萧也先监其军。至平州，鲸称疾逗留，复谋遁去，监军萧也先执送行在，诛之。鲸弟致愤其兄被诛，据锦州叛，略平、滦、瑞、利、义、懿、广宁等州。木华黎率蒙古不花等军数万讨之，州郡多杀致所署长吏降。进逼红罗山，主将杜秀降，奏为锦州节度使。

丙子，致陷兴中府。七月，进兵临兴中。先遣吾也而等攻溜石山，谕之曰："今若急攻，贼必遣兵来援，我断其归路，致可擒也。"又遣蒙古不花屯永德县东候之。致果遣鲸子东平将骑兵八千，步卒三万，援溜石。蒙古不花引兵趋之，驰报，木华黎夜半引兵疾驰，遇于神水县东，夹击之。分麾下兵之半，下马步战。选善射者数千，令曰："贼步兵无甲，疾射之！"乃麾骑兵齐进，大败之，斩东平及士卒万二千八百余级。拔开义县，进围锦州。致遣张太平、高益出战，又败之，斩首三千余级，溺死者不可胜数。围守月余，致愤将校不戮力，杀败将二十余人。高益惧，缚致出降，伏诛。广宁刘琰、懿州田和尚降，木华黎曰："此叛寇，存之无以惩后。"除工匠优伶外，悉屠之。拔苏、复、海三州，斩完颜众家奴。咸平宣抚蒲鲜等率众十余万，遁入海岛。

丁丑八月，诏封太师、国王、都行省承制行事，赐誓券、黄金印曰："子孙传国，世世不绝。"分弘吉刺、亦乞烈思、兀鲁兀、忙兀等十军，及吾也而契丹、蕃、汉等军，并属麾下。且谕曰："太行之北，朕自经略，太行以南，卿其勉之。"赐大驾所建九斿大旗，仍谕诸将曰："木华黎建此旗以出号令，如朕亲临也。"乃建行省于云、燕，以图中原。遂自燕南攻遂城及蠡州诸城，拔之。冬，破大名府，遂东定益都、淄、登、莱、潍、密等州。戊寅，自西京由太和岭入河东，攻太原、忻、代、泽、潞、汾、霍等州，悉降之。遂徇平阳，金守臣弃城遁，以前锋拓跋按察儿统蒙古军镇之拒金兵，以义州监军李廷植之弟守忠权河东南路帅府事。己卯，以萧特末儿等出云、朔，攻降岢岚火山军。以谷里夹打为元帅达鲁花赤，攻拔石、隰州，击绛州，克之。

庚辰，复由燕徇赵，至满城。武仙举真定来降。权知河北西路兵马事史天倪进言曰："今中原粗定，而所过犹纵兵抄掠，非王者吊民之意也。"木华黎曰："善。"下令禁无剽掠，所获老稚，悉遣还田里，军中肃然，吏民大悦。兵至滏阳，金邢州节度使武贵迎降，进攻天平寨，破之。遣蒙古不花分兵略定河北卫、怀、孟州，入济南。严实籍所隶相、魏、磁、洺、恩、博、滑、濬等州户三十万，诣军门降。

时金兵屯黄陵冈，号二十万，遣步兵二万袭济南。木华黎以轻兵五百击走之。遂会大军，薄黄陵冈。金兵阵河南岸，示以死战。木华黎曰："此不可用长兵，当以短兵取胜。"令骑下马，引满齐发，亦下马督战，果大败之，溺死者众。进攻楚丘。楚丘城小而固，四面皆水，令诸军以草木填堑，直抵城下。严实率所部先登，拔之。攻下单州，围东平，以实权山东西路行省，戒之曰："东平粮尽，必弃城走，汝伺其去，即入城安辑之，勿苦郡县，以败事也。"留梭鲁忽秃以蒙古军三千屯守之。辛巳四月，东平粮尽，金行省忙古奔汴，梭鲁忽秃邀击之，斩七千余级，忙古引数百骑遁去。实入城，建行省，抚其民。

先是，郡王带孙攻洺不下，至是遣石天应拔之。五月，还军野狐岭。宋涟水忠义统辖石珪来降，以为济、兖、单三州都总管，予绣衣玉带，劳之曰："汝不惮跋涉数千里，慕义而来，寻当列奏，赐汝高爵，尔其勉之。"京东安抚使张琳皆来降，以琳行山东东路益都沧景滨棣等州都元帅府事。郑遵亦以枣乡、蒨县降，升为元州，以遵为节度使，行元帅府事。

秋八月，从驻青冢，监国公主遣使来劳，大飨将士，由东胜渡河西。夏国李王请以兵五万属焉。冬十月，复由云中历太和寨，入葭州，金将王公佐遁，以石天应权行台兵马都元帅。进取绥德，破马蹄寨，距延安三十里止舍。金行省完颜合达出兵三万阵于城东，蒙古不花以骑三千觇之，驰报曰："彼见吾兵少，有轻敌心，明日合战，当佯败可以伏兵取胜也。"从之。夜半以大军衔枚齐进，伏于城东十五里两谷间。明日，蒙古不花进兵，望见金

中华传世藏书

二十四史 精华

二十四史

元史

二二九九

兵,即弃鼓旗走。金兵果追之,伏发,鼓声震天地,万矢齐下,金兵大败,斩七千级,获马八百。合达走保延安,围之旬日,不下,乃南徇洛川,克鄜州。

北京权帅石天应擒送金骁将张铁枪,木华黎责其不降,厉声答曰:"我受金朝厚恩二十余年,今事至此,有死而已!"木华黎义之,欲解其缚,诸将怒其不屈,竟杀之。遂降坊州,大犒士卒。闻金复取隰州,以轩成为经略使,于是复由丹州渡河围隰,克之。留合丑统蒙古军镇石、隰间,以田雄权元帅府事。

壬午秋七月,令蒙古不花引兵出秦陇,以张声势。视山川险夷,大兵道云中,攻下孟州四蹄寨,迁其民于州。拔晋阳义和寨,进克三清岩,入霍邑山堡,迁其人于赵城县。薄青龙堡,金平阳公胡天作拒守,裨将蒲察定住、监军王和开壁降,迁天作于平阳。

八月,有星昼见,隐士乔静真曰:"今观天象,未可征进。"木华黎曰:"主上命我平定中原,今河北虽平,而河南、秦、巩未下,若因天象而不进兵,天下何时而定耶? 且违君命,得为忠乎!"

冬十月,过晋至绛,拔荣州胡瓶堡,所至望风归附,河中久为金有,至是复来归。木华黎召石天应谓曰:"蒲为河东要害,我择守者,非君不可。"乃以天应权河东南北路陕右关西行台,平阳李守忠、太原攸哈剌拔都、隰州田雄,并受节制。命天应造浮梁,以济归师。乃渡河拔同州,下蒲城,径趋长安。金京兆行省完颜合达拥兵二十万固守,不下。乃分麾下兀胡乃、太不花兵六千屯守。遣按赤将兵三千断潼关,遂西击凤翔,月余不下,谓诸将曰:"吾奉命专征,不数年取辽西、辽东、山东、河北,不劳余力;前攻天平、延安,今攻凤翔皆不下,岂吾命将尽耶!"乃驻兵渭水南,遣蒙古不花南越牛岭关,徇宋凤州而还。

时中条山贼侯七等聚众十余万,伺大兵既西,谋袭河中。石天应遣别将吴权府引兵五百夜出东门,伏两谷间,戒之曰:"候贼过半,急击之,我出其前,尔攻其后,可克也。"吴权府醉酒失期,天应战死。城陷,贼烧毁庐舍,杀掠人民,还走中条。先锋元帅按察儿邀击,败之,斩数万级,侯七复遁去。木华黎以天应子斡可袭领其众。

癸未春,师还,浮梁未成,顾诸将曰:"桥未毕工,安可坐待乎!"复攻下河西堡寨十余。三月,渡河还闻喜县,疾笃,召其弟带孙曰:"我为国家助成大业,擐甲执锐垂四十年,东征西讨,无复遗恨,第恨汴京未下耳! 汝其勉之。"薨,年五十四。厥后太祖亲攻凤翔,谓诸将曰:"使木华黎在,朕不亲至此矣!"至治元年,诏封孔温窟哇推忠效节保大佐运功臣、太师、开府仪同三司、上柱国、鲁国王,谥忠宣;木华黎体仁开国辅世佐命功臣、太师、开府仪同三司、上柱国、鲁国王,谥忠武。子孛鲁嗣。

【译文】

木华黎,姓札剌儿氏,他的家族世代居住在阿难河水的东岸。父亲孔温窟哇,以邻里亲戚的缘故供职于太祖麾下。跟从平定篾里吉,征讨乃蛮部,屡立战功。后来乃蛮部再次叛乱,太祖与手下六个骑士逃走,半路上没有东西吃,孔温窟哇抓来一只正在水边的骆驼杀了,烧烤后给太祖吃。追兵眼看就到了,而太祖的坐骑倒毙,其余五个骑士面面相觑,惊愕不已,孔温窟哇把自己的坐骑让给太祖,只身抵挡追兵,战死。太祖幸免于难。

孔温窟哇有五个儿子,木华黎是他第三个儿子。出生时有白色的气弥漫于帐中,神巫非常惊异说:"这是一个非同寻常的孩子。"等他长大以后,性格沉稳坚毅,足智多谋,长了一双猿猴般的长臂,擅长射箭,力挽二石的强弓。与博尔术、博尔忽、赤老温侍奉太祖,都以忠诚勇敢被人们所称道，号称"掇里班曲律"，就是汉语"四杰"的意思。

太祖曾经作战失利，正赶上天降大雪，迷失了军帐所在地，夜里躺在草丛中。木华黎与博尔尤张开毛毡，站立在雪地中，为太祖遮蔽风雪，一直到天亮始终一动不动。一天，太祖率三十余个骑兵行走于山谷之间，回头对木华黎说："此地如果遇到强盗，应当怎么办？"回答道："请让我用身体来挡住他们。"一会儿，强盗果然从树林中突然杀出，箭如雨下，木华黎弯弓搭箭，三箭射中三个人。强盗头高声叫道："你是谁？"回答道："木华黎。"慢慢地解下马鞍持在手中，护卫着太祖的身体冲出树林，强盗们也退去。

克烈王可汗与乃蛮部相互仇杀交战，向太祖求援。太祖派木华黎和博尔尤等人去援救他，在按台之下全部杀死了乃蛮的人马，缴获了甲仗、马牛而返回。不久，王可汗阴谋袭击太祖，他的部下拔台得知此事，秘密地报告了太祖。太祖派木华黎挑选精锐的骑兵夜里冲进王可汗的营地大砍大杀，王可汗逃走后死亡，各部落的头领们闻风而降。

是年丙寅，太祖即皇帝位，第一件事就是任命木华黎、博尔尤为左右万户。从容安详地对他们说："国内得以平定，你们出力最多。我同你们就好像车有辕，身体有胳膊一样。你们一定要深切体会这一点，不要改变当初的心念。"

金国投降过来的人，都说他们的皇帝完颜璟杀戮宗室亲属，荒淫无道且日甚一日。皇帝说："我出兵有了正当的名义了。"辛未，木华黎跟从皇帝讨伐金国，直逼宣德，于是攻克德兴。壬申，进攻云中、九原诸郡，攻克了它们。进军包围抚州。金兵号称四十万人马，在野狐岭北面摆好阵势。木华黎说："他们人多我军人少，不拼力死战，就不会轻易地击败他们。"率领敢死队员，跃马横枪，大声呼叫着冲入敌阵，皇帝指挥各军一起进攻，大败金兵，追杀至浍河，长达一百里的道路上布满了僵硬的敌尸。癸酉，木华黎率军攻打居庸关，该城城墙坚固，无法攻入，派遣别将阇别率领兵马直奔紫荆口，金国左监军高琪领兵前来拒战，不战而逃，于是拔下涿州。因此又分兵攻克了益都、滨、棣等城，于是部队进驻霸州，史天倪、萧勃迭率部下前来投降，木华黎上奏皇帝，一起任命他们为万户。

甲戌，跟从皇帝包围燕州，金国皇帝请和，返回北方。皇帝命令木华黎统帅各军出征辽东，进抵高州，卢琮、金朴率城投降。乙亥，部将萧也先献计平定了东京。进攻北京，金国守将银青率人马二十万拒守花道迎战，打败了他，斩首八万余级。城中粮尽，契丹族士兵杀出关来投降，木华黎率军进逼城下，银青的部下杀死了他，推举寅答虎担任主帅，于是率全城投降。木华黎认为他投降慢了并十分生气，想活埋了他们，萧也先说："北京是辽西的重镇，人家已经投降却要活埋他们，以后还会再有投降的人吗？"木华黎听从了这个意见。上奏皇帝，让寅答虎留守北京，任命吾也而代理兵马都元帅在此镇守。派遣高德玉、刘蒲速窝儿去招降兴中府，同知兀里卜拒绝投降，杀了蒲速窝儿，高德玉逃走免于一死。没过多久，兴中府的官吏和人民杀了兀里卜，推举当地土豪石天应为主帅，率全城投降，木华黎又进奏皇帝，任命他为兴中尹、兵马都提控。

锦州的张鲸聚集人马十余万，杀死节度使，自封为临海郡王，于此时前来归降。皇帝诏令木华黎，委任张鲸统帅北京十提控的部队，跟随掇忽阑南下征服尚未归附的州郡。木华黎暗中察知到张鲸有谋反的意图，请求皇帝派萧也先监视他的部队。进至平州，张鲸声称有病，滞留不前，又计划逃走，监军萧也先把他绑送到皇帝所在的地方，处死了他。张鲸的弟弟张致对他哥哥被杀十分愤恨，便占据锦州反叛，攻略平、滦、瑞、义、懿、广宁等州。木华黎率领蒙古不花等部数万人马进讨张致，各州郡多杀死张致所任命的官吏而出降。木华黎率军进逼红罗山，主持杜秀投降，木华黎上奏皇帝，任命杜秀为锦州节度使。

丙子，张致攻陷兴中府。七月，木华黎率军兵临兴中。先派吾也而等人攻打溜石山，告诉他说："现在如果急攻，贼必派兵来增援，我截断他的归路，这样就可以捉住他啦。"又派蒙古不花屯守永德县东边等候敌军。张致果然派张鲸的儿子张东平率骑兵八千、步兵三万人增援溜石。蒙古不花领兵直奔敌军，派人飞马来报告，木华黎半夜率兵急速前进，在神水县东边与敌兵相遇，夹击敌人。把手下士兵分出一半下马步战。又挑选了数千名擅长射箭的人，对他们下令说："贼军的步兵没穿铠甲，赶快射他们！"又指挥骑兵一起出击，大败敌军，杀死张东平及士兵一万二千八百余人。攻下了开义县，进兵围困锦州。张致派张太平、高益出城迎战，又被击败，斩首三千余级，淹死的人无法计算。困守了一个多月，张致对手下将校不努力作战恼羞成怒，杀死了战败失利的将领二十余人。高益十分恐惧，于是捆绑了张致出城投降，张致被处以死刑。广宁的刘琰、懿州的田和尚投降，木华黎说："这些叛乱的强盗，让他们活着就无法惩示后人。"除工匠和唱戏的人以外，全部杀了他们。攻克了苏、复、海三州，斩杀完颜众家奴。咸平宣抚蒲鲜等人率部众十余万，逃入海岛。

丁丑八月，皇帝下诏封他为太师、国王、都行省承制行事，赐予他誓券、黄金印说："你的封国由子孙相传，世世代代永不断绝。"又把弘吉剌、亦乞烈思、兀鲁兀、忙兀等十支部队以及吾也而的契丹、蕃、汉等部队，一并归他指挥。并且告诉他说："太行山北面，我自己筹划治理，太行山以南，你好自为之吧。"又把自己出行时车驾所用的九旒大旗赐给木华黎，并告知诸将说："木华黎设置此旗发出的号令，就像我亲临到场时发出的号令一样。"于是在云、燕建立行省，以图进取中原。随后从燕州南端进攻遂城及蠡州诸城，攻克了它们。冬天，攻克大名府，于是在东面平定了益都、淄、登、莱、潍、密等州。戊寅，从西京出发经由太和岭进入河东，攻打太原、忻、代、泽、潞、汾、霍等州，全部降服了它们。于是攻占平阳，金国守臣弃城逃走，木华黎任命前锋拓跋按察儿统领蒙古军镇守该城以抵御金兵，任命义州监军李廷植的弟弟李守忠代理河东南路帅府事。己卯，命令萧特末儿等人率部出云州、朔州，进攻并降服了苛岚火山军。任命谷里夹打为元帅达鲁花赤，攻打并拔除了石、隰州，进击绛州，攻克了它。

庚辰，再次从燕州进军攻取赵州，进驻满城。武仙率真定府投降。代理河北西路兵马事的史天倪进言说："目前中原已经大致上得到平定，但是我军所过之处，无不纵兵抢掠，这不是君王抚慰人民的本意。"木华黎说："讲得太好了。"下令严禁抢劫掠夺，所俘获的男女老少，一律遣还家园故里，军中从此肃然有序，各地的官吏和百姓非常欢喜。进军至滏阳，金国邢州节度使武贵前来投降，进兵攻打天平寨，攻破了它。派遣蒙古不花分兵攻略平定河北的卫、怀、孟州，进入济南。严实带着所属的相、魏、磁、洺、恩、博、滑、濬等州三十万户，前来军营投降。

当时，金兵屯守在黄陵冈，号称二十万人马，派遣步兵二万人袭击济南。木华黎率轻装士兵五百击退了他们。于是会合大部队，迫近黄陵冈，金兵在黄河南岸布下阵势，以示决一死战。木华黎说："这次战斗不能使用长武器，应当用短小的武器才会取胜。"下令骑兵下马，把弓拉满一齐放箭，自己也下马督战，果然大败敌军，淹死了许多人。进攻楚丘。楚丘城池虽小却十分坚固，四面都是水，木华黎命令各军用草木填塞壕沟，直抵城下。严实率所部将士首先登上城墙，攻克了该城。攻下单州，包围东平，任命严实代理山东西路行省,告诫他说:"东平城中的粮食吃尽,敌军一定弃城逃走,你等待他们离去,立即进城安抚百姓,千万不要使郡县受苦,以免坏了大事。"同时留下梭鲁忽秃率蒙古军三千人屯守。辛巳四月,东平的粮食吃尽,金国行省长官忙古逃奔汴京,梭鲁忽秃半路狙击他,斩首七千余级,忙古仅率数百名骑兵逃去。严实进入东平城,建置行省,安抚当地人民。

在此之前,郡王带孙攻打洺州,没有攻克,到此时木华黎派石天应拔下了洺州。五月,率军返回野狐岭。宋朝涟水忠义统辖石珪前来投降,木华黎任命他为济、兖、单三州都总管,赐予他绣衣玉带,慰问他说:"你不畏艰难,跋涉数千里,仰慕正义而来,一会儿我当上奏皇帝,赐给你高官显爵,你好好地干吧。"宋朝京东安抚使张琳都来投降,授予张琳山东东路益都、沧、景、滨、棣等州都元帅之职。郑遵也率枣乡、蓿县投降,把这两县升格为元州,任命郑遵为节度使,行元帅府事。

秋八月,木华黎跟随皇帝进驻青冢,监国的公主派使者前来慰问,大宴将士,从东胜渡到黄河西岸。夏国的李王请求率五万部众归附。冬十月,再次由云中经过太和寨,进入葭州,金朝守将王公佐逃走,任命石天应代理行台兵马都元帅。进兵攻取绥德,击破马蹄寨,距延安三十里处安营住宿。金朝行省长官完颜合达出兵三万在城东布下阵势,蒙古不花率三千名骑兵侦察敌情,飞骑来报说:"敌军看我军人少,有轻敌之心,明日会战,应当开始假装失败再用伏兵取胜。"木华黎采纳了这个建议。半夜率领大部队悄无声息地齐头并进,埋伏在距城东十五里的两条山谷之间。第二天,蒙古不花进兵出击,远远地望见金兵就丢下战鼓、旗帜逃走,金兵果然赶来,这时伏兵杀出,战鼓声声震天动地,万箭齐发,金兵大败,被斩杀七千人,被缴去战马八百匹。完颜合达逃走退保延安,木华黎率军包围延安半个月,没有攻下,就南下攻取了洛川,攻克了鄜州。

北京代帅石天应活捉并押送来金国勇将张铁枪,木华黎责问他为什么不投降,张铁枪厉声答道:"我受金朝的深厚恩德二十余年,现在事已至此,只有一死罢了!"木华黎认为他十分仗义,想解开绳索饶他一命,手下众将对他不肯屈服都十分恼怒,终于杀了他。于是降服了坊州,大宴士兵。得知金军又重新夺取了隰州,便任命轩成为经略使,于是再次由丹州渡过黄河围攻隰州,攻克了它。留下合丑统帅蒙古军镇守于石、隰之间,授予田雄代理元帅之职。

壬午年秋七月,木华黎命令蒙古不花率军越过秦陇,以扩大声势。视察山川的险峻与平坦,大军取道云中,攻下孟州四蹄寨,把这里的百姓迁移到孟州。拔除了晋阳义和寨,进兵攻克三清岩,进入霍邑山堡,把这里的人迁到赵城县。逼近青龙堡,金朝的平阳公胡天作据守抵抗,部将蒲察定住、监军王和打开山堡大门出降,把胡天作迁到平阳。

八月,有星星白天出现,隐士乔静真说:"现在观察天象,不可出兵征战。"木华黎说:"皇帝命令我平定中原,眼下河北虽然平定,但河南、秦、巩之地还没有攻克,如果因为天象的原因而不进军,天下什么时候才能平定呢?而且违反君王的命令,难道这能算是忠臣吗!'

冬十月,经过晋到了绛州,拔除了荣州胡瓶堡,他的部队所到之处无不望风归附,河中地区长期以来被金国占据,到此时才重新回归。木华黎召见石天应说:"蒲城是河东的要害之处,我选择守将,非你不可。"于是任命石天应代理河东南北路陕右关西行台,平阳李守忠部、太原攸哈剌拔都部、隰州田雄部,一并受其节制。木华黎命令石天应修建浮桥,等大军回师时使用。于是渡过黄河拔除了同州,攻克蒲城,直奔长安。金朝京兆行省完颜合达拥兵二十万坚持固守,未能攻克。就拨出部下兀胡乃、太不花所部六千人屯守于此。派遣按赤率三千名士兵截断潼关,于是向西进击凤翔,一个多月也没有攻下,对各位将领说:"我奉命专事征伐,不过几年时间就攻取了辽西、辽东、山东、河北,没费多余的力气;前些天攻打天平、延安,现在攻打凤翔都没有拿下,难道是我的生命要走到尽头了吗?"于是就把部队驻扎在渭水南岸,派蒙古不花向南越过牛岭关,攻占了宋朝的凤州而返回。

当时中条山的盗贼侯七等人聚众十余万,探知木华黎的大部队已经西进,便阴谋袭击河中。石天应派别将吴权府率五百名士兵夜里出东门,埋伏在两条山谷之间,告诫他说:"等贼军过去一半,赶紧出击,我在他们的前面,你攻打他们的后面,这样就可以打败他们。"吴权府喝醉了酒没有按时到达,石天应战死。城被攻陷,贼军烧毁屋舍,杀戮抢掠人民,退回中条山。先锋元帅按察儿在途中阻击,打败了贼军,斩首数万级,侯七再次逃去。木华黎下令石天应的儿子斡可继续统领他的部下。

癸未春,部队返回,但浮桥尚未建成,木华黎回头对众将领说:"桥还没有完工,难道能坐着等待吗?"又攻下了十余个河西一带的堡寨。三月,渡过黄河回到闻喜县,病情加重,招呼他的弟弟带孙说:"我为国家建立了伟大的功业,穿着铠甲,手执武器将近四十年,东征西讨,没有什么可遗恨的,只恨汴京还未攻下!你要努力啊。"去世,终年五十四岁。后来太祖亲自攻打凤翔,对诸将说:"要是木华黎在世,我就用不着亲临此地了!"至治元年,皇帝下诏封孔温窟哇为推忠效节保大佐运功臣、太师、开府仪同三司、上柱国、鲁国王,谥号是忠宣;木华黎为体仁开国辅世佐命功臣、太师、开府仪同三司、上柱国、鲁国王,谥号是忠武。他的儿子孛鲁继承了他的爵位。

速不台传

【题解】

速不台(1176~1248),蒙古军大将。早年跟随成吉思汗统一蒙古诸部,勇猛善战,誉称"四狗"之一。1211 年至 1215 年,参与攻金战役。1219 年,从成吉思汗西征,曾大败斡罗斯、钦察联军。1231 年跟从拖雷攻金,参与三峰山之战,歼灭了金军主力。1235 年,又随拔都西征,扫灭钦察汗国,攻陷斡罗思许多城池。1241 年,率军攻入马札儿(今匈牙利),进抵秃纳河(今多瑙河),攻取马茶城(今布达佩斯)。他是蒙古国的开国功臣之一。

【原文】

速不台,蒙古兀良合人。其先世猎于斡难河上,遇敦必乃皇帝,因相结纳,至太祖时,已五世矣。捏里必者生孛忽都,众目为折里麻。折里麻者,汉言有谋略人也。三世孙合赤温,生哈班。哈班二子,长忽鲁浑,次速不台,俱骁勇善骑射。太祖在班朱尼河时,哈班尝驱群羊以进,遇盗,被执。忽鲁浑与速不台继至,以枪刺之,人马皆倒,余党逸去,遂免父难,羊得达于行在所。忽鲁浑以百户从帝与乃蛮部主战于长城之南,忽鲁浑射却之,其众奔阔赤檀山而溃。

蒙古人猎归图

速不台以质子事帝,为百户。岁壬申,攻金桓州,先登,拔其城。帝命赐金帛一车。灭里吉部强盛不附。丙子,帝会诸将于秃兀剌河之黑林,问:"谁能为我征灭里吉者?"速不台请行,帝壮而许之。乃选裨将阿里出领百人先行,觇其虚实。速不台继进。速不台戒阿里出曰:"汝止宿必载婴儿具以行,去则遗之,使若挈家而逃者。"灭里吉见之,果以为逃者,遂不为备。己卯,大军至蟾河,与灭里吉遇,一战而获其二将,尽降其众。其部主霍都奔钦察,速不台追之,与钦察战于玉峪,败之。

壬午,帝征回回国,其主灭里委国而去。命速不台与只别追之,及于灰里河,只别战不利,速不台驻军河东,戒其众人爇三炬以张军势,其王夜遁。复命统兵万人由不罕川必里罕城追之,凡所经历皆无水之地。既度川,先发千人为游骑,继以大军昼夜兼行。比至,灭里逃入海,不月余,病死,尽获其所弃珍宝以献。帝曰:"速不台枕干血战,为我家宣劳,朕甚嘉之。"赐以大珠、银罂。

癸未,速不台上奏,请讨钦察。许之。遂引兵绕宽定吉思海,展转至太和岭,凿石开道,出其不意。至则遇其酋长玉里吉及塔塔哈儿方聚于不租河,纵兵奋击,其众溃走。矢及玉里吉之子,逃于林间,其奴来告而执之,余众悉降,遂收其境。又至阿里吉河,与斡罗思部大、小密赤思老遇,一战降之,略阿速部而还。钦察之奴来告其主者,速不台纵为民。还,以闻。帝曰:"奴不忠其主,肯忠他人乎?"遂戮之。又奏以灭里吉、乃蛮、怯烈、杭斤、钦察诸部千户,通立一军,从之。略也迷里霍只部,获马万匹以献。

帝欲征河西,以速不台比年在外,恐父母思之,遣令归省。速不台奏,愿从西征。帝命度大碛以往。丙戌,攻下撒里畏吾特勤、赤闵等部,及德顺、镇戎、兰、会、洮、河诸州,得牝马五千匹,悉献于朝。丁亥,闻太祖崩,乃还。

己丑,太宗即位,以秃灭干公主妻之。从攻潼关,军失利,帝责之。睿宗时在藩邸,言兵家胜负不常,请令立功自效。遂命引兵从睿宗经理河南,道出牛头关,遇金将合达帅步

骑数十万待战。睿宗问以方略,速不台曰:"城居之人不耐劳苦,数挑以劳之,战乃可胜也。"师集三峰山,金兵围之数匝。会风雪大作,其士卒僵仆,师乘之,杀戮殆尽。自是金军不能复振。壬辰夏,睿宗还驻官山,留速不台统诸道兵围汴。癸已,金主渡河北走,追败之于黄龙冈,斩首万余级。金主复南走归德府,未几,复走蔡州。汴降,俘其后妃及宝器以献,进围蔡州。甲午,蔡州破,金主自焚死。时汴梁受兵日久,岁饥人相食,速不台下令纵其民北渡以就食。

乙未,太宗命诸王拔都西征八赤蛮,且曰:"闻八赤蛮有胆勇,速不台亦有胆勇,可以胜之。"遂命为先锋,与八赤蛮战,继又令统大军,遂虏八赤蛮妻子于宽田吉思海。八赤蛮闻速不台至,大惧,逃入海中。

辛丑,太宗命诸王拔都等讨兀鲁思部主也烈班,为其所败;围秃里思哥城,不克。拔都奏遣速不台督战,速不台选哈必赤军怯怜口等五十人赴之,一战获也烈班。进攻秃里思哥城,三日克之,尽取兀鲁思所部而还。经哈哑里山,攻马札儿部主怯怜。速不台为先锋,与诸王拔都、呼里兀、昔班、哈丹五道分进。众曰:"怯怜军势盛,未可轻进。"速不台出奇计,诱其军至漷宁河。诸王军于上流,水浅,马可涉,中复有桥。下流水深,速不台欲结筏潜渡,绕出敌后。未渡,诸王先涉河与战。拔都军争桥,反为所乘,没甲士三十人,并亡其麾下将八哈秃。既渡,诸王以敌尚众,欲要速不台还,徐图之。速不台曰:"王欲归自归,我不至秃纳河马茶城,不还也。"及驰至马茶城,诸王亦至,遂攻拔之而还。诸王来会,拔都曰:"漷宁河战时,速不台救迟,杀我八哈秃。"速不台曰:"诸王惟知上流水浅,且有桥,遂渡而与战,不知我于下流,结筏未成,今但言我迟,当思其故。"于是拔都亦悟。后大会,饮以马乳及葡萄酒。言征怯怜时事,曰:"当时所获皆速不台功也。"壬寅,太宗崩。癸卯,诸王大会,拔都欲不往,速不台曰:"大王于族属为兄,安得不往?"甲辰,遂会于也只里河。

丙午,定宗即位,既朝会,还家于秃剌河上。戊申卒,年七十三。赠效忠宣力佐命功臣、开府仪同三司、上柱国,追封河南王,谥忠定。子兀良合台。

【译文】

速不台,蒙古兀良合部人。他的祖先在斡难河边打猎,遇见敦必乃皇帝,因而相互结交建立了良好的友谊,到太祖铁木真时,已经交往了五代了。他的祖先有一人名叫捏里必的,生子孛忽都,大家视他为折里麻。折里麻就是汉语有谋略的人的意思。三世孙名叫合赤温,生子哈班。哈班生有两个儿子,长子忽鲁浑,次子速不台,两人都骁勇擅长骑射。太祖在班朱尼河时,哈班曾驱赶一群羊来献,途中遇上强盗,被捉拿住。忽鲁浑与速不台随即赶到,用枪刺向强盗,人马都被刺倒,其余同党逃窜而去,于是免除了父亲的灾难,那群羊也得以送到了太祖住的地方。忽鲁浑以百户的身份跟从太祖与乃蛮部首领在长城以南作战,忽鲁浑用箭射退了敌人,乃蛮部众逃奔到阔赤檀山就溃散了。

速不台以质子的身份侍奉太祖,担任百户。壬申年,攻打金国的桓州,速不台率先登上城墙,拔下了该城。太祖下令赏赐给他一车金帛。灭里吉部势力强盛不肯归附。丙子,太祖在秃兀剌河的黑林召集众将开会,问道:"谁能替我去征伐灭里吉部?"速不台请求前往,太祖认为他非常壮勇就答应了他。于是挑选了部将阿里出率一百人先行出发,侦察灭里吉部的虚实。速不台跟着前进。速不台叮嘱阿里出说:"你在宿营时一定要带着婴儿的用具,离开时就留在哪里,使人觉得像是携着家小逃亡的样子。"灭里吉人看后,果然认为是逃亡的人,于是毫不戒备。己卯,大军进至蟾河,与灭里吉部相遇,一仗就擒获了对方的两名将领,全部降服了其部众。灭里吉部头领霍都逃往钦察,速不台追赶他,在玉峪同钦察人交战,打败了他们。

壬午,太祖征讨回回国,其国王灭里弃国逃亡。太祖命令速不台与只别追赶,在灰里河赶上了,只别作战失利,速不台把部队驻扎在河东岸,下令部下每人点燃三支火炬以壮军威,回回国国王连夜逃走。太祖又命令他统率一万人从不罕川、必里罕城追赶,所经之处都是没有水的地方。度过不罕川以后,先派出一千人为前哨,接着率大军昼夜兼程。等到赶上,灭里逃入海中,一个多月后病死了,全部缴获了灭里所丢弃的珍宝并献给太祖。太祖说:"速不台枕戈待旦,日夜血战,为我王家效劳,我非常赞美他的功绩。"赐给他大珠、银瓶。

癸未,速不台上奏,请求讨伐钦察。太祖批准了这个建议。于是率领部队绕过宽定吉思海,辗转到太和岭,凿石开道,出乎敌人的意料。部队到达时正遇上钦察人首领玉里吉和塔塔哈尔在不租河聚会,速不台纵兵奋勇冲杀,其部众溃散逃去。玉里吉的儿子被箭射中,逃到林子里,他的奴仆前来报告而抓获了他,其余众人全部投降。于是收服了钦察国土。又来到阿里吉河,与斡罗思部的大、小密赤思老相遇,一战便降服了他们,略取阿速部而还。钦察的那个举告他的主人的奴仆,速不台释放他成为平民。回师后,把此事告知太祖,太祖说:"奴仆不忠于他的主人,难道能忠于他人吗?"于是杀了他。又上奏将灭里吉、乃蛮、怯烈、杭斤、钦察诸部的千户,统一编为一军,太祖同意。攻略也迷里霍只部,缴获一万匹马进献给太祖。

太祖准备亲征河西,因为速不台连年在外,恐怕父母思念,便让他回家省亲。速不台上奏,愿意跟随西征。太祖命令他度过大沙漠前往。丙戌,攻克撒里畏吾特勤、赤闵等部,以及德顺、镇戎、兰、会、洮、河等州,获得母马五千匹,全部献给朝廷。丁亥,得到太祖去世的消息,就返回来了。

己丑,太宗即位,把秃灭干公主嫁给速不台为妻。随从太宗进攻潼关,部队失利,太宗责备他。睿宗当时在藩王官邸,说兵家胜败不常,请让他立功自效。太宗于是命令速不台跟随睿宗攻略河南。经过牛头关,正遇到金国将领合达率领步兵、骑兵数十万严阵以待。睿宗向速不台问制敌的方略,速不台说:"居住在城中的人不能忍受劳苦,我们用接连不断的挑战来使他们疲劳,战斗就可以获胜了。"部队集中于三峰山,金兵把他们包围了数层,正赶上风雪大作,金军士兵冻僵倒在地上,部队乘机进攻,几乎全部歼灭了金军。从此以后金军无法再次振作。壬辰夏,睿宗还师驻守官山,留下速不台统领各道兵马包围汴京。癸已,金朝皇帝渡过黄河北逃,速不台率军追上以后在黄龙冈击败他们,杀死一万多人。金朝皇帝又向南逃到归德府,没过多久,又逃到蔡州。汴京投降,俘获金朝的后妃及各种宝器献给太宗,进兵包围蔡州。甲午,蔡州城被攻下,金朝皇帝自焚而死。当时汴梁遭受战祸时间太久,这年闹饥荒发生人吃人的现象,速不台下令,允许汴梁的老百姓渡河北上就食。

乙未年,太宗命令诸王拔都等西征八赤蛮,并说:"听说八赤蛮胆勇过人,速不台也是胆勇过人,我想可以战胜他。"于是命速不台担任先锋,与八赤蛮作战,继而又令他统帅大军,于是在宽田吉思海俘虏了八赤蛮的妻子和儿女。八赤蛮听到速不台前来,十分害怕,辛丑,太宗命诸王拔都等讨伐兀鲁思部头领也烈班,被也烈班打败;围攻秃里思哥城,又未攻克。拔都奏请太宗派速不台前来督战,速不台挑选哈必赤军怯怜口等五十人前往,仅打了一仗就俘获了也烈班。进兵攻打秃里思哥城,三天就打了下来,全部获取了兀鲁思所部后回军。途经哈咂里山,进攻马札儿部首领怯怜。速不台担任先锋,与诸王拔都、呼里兀、昔班、哈丹兵分五路进击。众人说:"怯怜军势强盛,不可轻易进兵。"速不台献奇计,将怯怜军引诱到潾宁河。诸王的部队在上游,河水浅,战马可以过去,中间又有桥。下游水深,速不台准备编造木筏偷渡过河,绕到敌军的后面。没等渡河,诸王的部队抢先过河与敌交战。拔都所部争着过桥,反被敌军钻了空子,甲士三十人阵亡,部将八哈秃也战死。渡河以后,诸王以为敌兵还很多,想要速不台撤军,慢慢地回去再作打算。速不台说:"诸位大王想回去就自己回去吧,我不到秃纳河的马茶城就决不回去。"等到他率军急速赶到马茶城,诸王也都随后跟到,于是攻克了该城才回师。诸王前来聚会,拔都说:"潾宁河作战时,速不台救援来迟,以至我的八哈秃被杀。"速不台说:"诸位大王只知道上游水浅,而且有桥,于是抢先渡河与敌交战,却不知我在下游造木筏未完工,现在只说我行动迟缓,应当考虑其中的原因。"于是拔都也省悟过来。后来举行大会,赐速不台马奶和葡萄酒喝。言及征战怯怜时的事情,拔都说:"当时的所获一切都是速不台的功劳啊。"壬寅,太宗去世。癸卯,诸王大会,拔都打算不去,速不台说:"大王在皇族中是长兄,怎么能不去呢?"甲辰,于是拔都与诸王相会于也只里河。

丙午,定宗即位,速不台参加朝会后,回到秃剌河边的家中。戊申年去世,终年七十三岁。朝廷追赠他为效忠宣力佐命功臣、开府仪同三司、上柱国,追封为河南王,谥号忠定。儿子兀良合台。

巎巎列传

【题解】

巎巎(1295~1345),字子山,号恕叟,康里(今属新疆维吾尔自治区)人。因他是色目人,在元代,比汉人和南人有着优越的社会地位,他的父祖又是元朝的开国功臣,这对于巎巎的入仕,自然有举足轻重的影响。在蒙古人和色目人中,巎巎自幼受儒家文化的熏陶,又成为他政治生涯中的有利条件。因此,他宦途得意,自承直郎直至礼部尚书、翰林学士承旨,大都在皇帝身边任职,颇受宠幸。巎巎本人,又多才艺,未沾染贵胄公子恃势傲物的习气。喜欢读书人,加上自己的优越条件,自然成为读书人的宗主。

巎巎是元代著名书法家,以行书、草书见长,他的行草书,出规入矩,圆润流畅,如行云流水,线条优美,令人赏心悦目。传世书迹有《渔父辞》《颜鲁公论书帖》等。

【原文】

巎巎字子山,康里氏。父不忽木自有传。祖燕真,事世祖,从征有功。巎巎幼肄业国学,博通群书,其正心修身之要得诸许衡及父兄家传。长袭宿卫,风神凝远,制行峻洁,望而知其为贵介公子。其遇事英发，掀髯论辩，法家拂士不能过之。

始授承直郎、集贤待制，迁兵部郎中，转秘书监丞。奉命往覆泉舶，芥视珠犀，不少留目。改同佥太常礼仪院事，拜监察御史，升河东廉访副使。未上，迁秘书太监，升侍仪使。寻擢中书左司郎中，迁集贤直学士，转江南行台治书侍御史。拜礼部尚书，监群玉内司。

巙巙正色率下。国制，大乐诸坊咸隶本部，遇公宴，众伎毕陈。巙巙视之泊如，僚佐以下皆肃然。迁领会同馆事、尚书，监群玉内司如故。寻兼经筵官，复除江南行台治书侍御史。未行，留为奎章阁学士院承制学士，仍兼经筵官。升侍书学士、同知经筵事，复升奎章阁学士院大学士、知经筵事。除浙西廉访使，复留为大学士，知经筵事。寻拜翰林学士承旨、知制诰兼修国史、知经筵事，提调宣文阁崇文监。

先是，文宗励精图治，巙巙尝以圣贤格言讲诵帝侧，裨益良多。顺帝即位之后，剪除权奸，思更治化。巙巙侍经筵，日劝帝务学，帝辄就之习授，欲宠以师礼，巙巙力辞不可。凡《四书》《六经》所载治道，为帝绅绎而言，必使辞达感动帝衷敷畅旨意而后已。若柳宗元《梓人传》、张商英《七臣论》，尤善诵说。尝于经筵力陈商英所言七臣之状，左右错愕，有嫉之之色，然素知其贤，不复肆愠。帝暇日欲观古名画，巙巙即取郭忠恕《比干图》以进，因言商王受不听忠臣之谏，遂亡其国。帝一日览宋徽宗画称善。巙巙进言，徽宗多能，惟一事不能。帝问何谓一事，对曰："独不能为君尔。身辱国破，皆由不能为君所致。人君贵能为君，它非所尚也。"或遇天变民灾，必忧见于色，乘间则进言于帝曰："天心仁，爱人君，故以变示儆。譬如慈父于子，爱则教之戒之。子能起敬起孝，则父怒必释。人君侧身修行，则天意必回。"帝察其真诚，虚己以听。特赐只孙燕服九袭及玉带楮币，以旌其言。

巙巙尝谓人曰："天下事在宰相当言，宰相不得言则台谏言之，台谏不敢言则经筵言之。备位经筵，得言人所不敢言于天子之前，志愿足矣。"故于时政得失有当匡救者，未尝缄默。大臣议罢先朝所置奎章阁学士院及艺文监诸属官。巙巙进曰："民有千金之户，犹设家塾，延馆客，岂有堂堂天朝，富有四海，一学房乃不能容耶！"帝闻而深然之。即日改奎章阁为宣文阁，艺文监为崇文监，存设如初，就令巙巙董治。又请置检讨等职十六员以备进讲。帝皆俞允。时科举既辍，巙巙从容为帝言："古昔取人材以济世用，必由科举，何可废也。"帝采其伦，寻复旧制。一日进读司马光《资治通鉴》，因言国家当及斯时修辽、宋、金三史，岁久恐致阙逸。后置局纂修，实由巙巙发其端。又请行乡饮酒于国学，使民知逊悌，及请褒赠唐刘蕡、宋邵雍以旌道德正直。帝从其请，为之下诏。

巙巙以重望居高位，而雅爱儒士甚于饥渴，以故四方士大夫翕然宗之，萃于其门。达官有怙势者，言曰："儒有何好，君酷爱之。"巙巙曰："世祖以儒足以致治，命裕宗学于赞善王恂。今秘书所藏裕宗仿书，当时御笔于学生之下亲署御名习书谨呈，其敬慎若此。世祖尝暮召我先人坐寝榻下，陈说《四书》及古书治乱，至丙夜不寐。世祖言曰：'朕所以令卿从许仲平学，正欲卿以嘉言入告朕耳，卿益加懋敬以副朕志。'今汝言不爱儒，宁不念圣祖神宗笃好之意乎？且儒者之道，从之则君仁、臣忠、父慈、子孝，人伦咸得，国家咸治；违之则人伦咸失，家国咸乱。汝欲乱尔家，吾弗能御，汝慎勿以斯言乱我国也。儒者或身若不胜衣，言若不出口，然腹中贮储有过人者，何可易视也。"达官色惭。

既而出拜江浙行省平章政事。明年，复以翰林学士承旨召还。时中书平章阙员，近臣欲有所荐用，以言觇帝意。帝曰："平章已有其人，今行半途矣。"近臣知帝意在巙巙，不复荐人。至京七日，感热疾卒，实至正五年五月辛卯也，年五十一，家贫，几无以为敛。帝闻为震悼，赐赙银五锭。其所负官中营运钱，台臣奏以罚布为之代偿。巎巎善真行草书，识者谓得晋人笔意，单牍片纸，人争宝之，不翅金玉。谥文忠。

【译文】

　　巎巎字子山，姓康里氏。他的父亲不忽木，本书另有传记。他的祖父叫燕真，在元世祖手下任职，跟随世祖南征北战，建立战功。巎巎自幼在国立学校读书，他博览群书，通晓各书的精义，关于修身养性学说，他从许衡哪里学来或得自父兄的家传。他长大成人以后，袭封了宿卫之职。他神情凝重高迈，品行高洁，人们从他的外表就可以看出他是贵家子弟。他议论政事，英气勃发，手捻胡须，侃侃论辩，即使是诤谏名臣也超不过他。

　　起初任官为承直郎、集贤殿待制，升为兵部郎中，转任秘书监丞。他曾奉命去泉州稽查舟舶，对于珍珠、犀角之类的物品，看作草木一样，不肯正眼看一下。后改任为金太常礼仪院事，升任监察御史，又开河东廉访副使。还未赴任，又改为秘书太监，升任侍仪使。不久又提升为中书右司郎中，又升集贤殿直学士，转任江南行台治书侍御史。升任礼部尚书，监察群玉内司。

　　巎巎能以身作则率领部下。元朝的制度，音乐舞蹈等机构属礼部管辖，遇上礼部公共宴集，各种歌舞艺人来演奏助兴。巎巎面对这种场面，无动于衷，他的下属各官，也都正襟危坐，不敢有轻浮举动。升任领会同馆事，尚书、监群玉内司仍旧兼任。不久，又兼任经筵官，再任江南行台治书侍御史。还没有上任，仍留在京城。又升任奎章阁学士院承制学士，仍然兼任经筵官。升为侍书学士，同知经筵事，又升任奎章阁学士，院大学士，知经筵事。任命他为浙西廉访使，又留在京城，仍任大学士、知经筵事。不久，又任他为翰林学士承旨、知制诰兼修国史、知经筵事，提调宣文阁崇文监。

　　起初，元文宗励精图治，想把国家治理得更好，巎巎曾选取圣贤的格言在皇帝身边讲解，收效很大。元顺帝即位之后，除掉专权的奸臣，想重新整顿社会的风气。巎巎担任给皇帝讲解经书的经筵官，经常劝皇帝致力于经学，皇帝经常亲自去巎巎哪里听取讲述，并且想以师礼相待，巎巎认为万万不行。凡是《四书》《六经》中所记载的治国方略，他为皇帝条分缕析地进行讲解，一定要使皇帝内心省悟、完全理解了经书的内容后，才肯罢手。象柳宗元的《梓人传》、张商英的《七臣论》，他尤其喜欢讲说。他曾在皇帝面前极力陈述张商英所说的七位臣子的事迹，左右在场的人，都为之吃惊，继而表现出嫉妒的神色，但这些人一向了解巎巎为人正派，就不再怪罪他了。皇帝在闲暇之日想浏览一下古代的名画，巎巎就拿出郭史恕画的《比干图》请皇帝看，并说商王不爱听忠臣的劝诫，因此才亡国。有一天皇帝看宋徽宗的画，并连连说好。巎巎乘机说道，宋徽宗多才多艺，只有一件事他不会，皇帝问他是哪一件事，巎巎回答说："他只是不会当君主罢了。自身受到侮辱，国家灭亡，都是因他不会当君主的结果。君主重要的是要学会当君主，其他的事情都不必去追求。"如遇上自然灾变，必面带忧愁的脸色，便乘机对皇帝说："上天仁慈，爱护君主，所以才用灾变进行警告。好比慈爱的父亲对待他的儿子，出于爱护他，才对他进行教育劝诫。儿子如能敬重孝顺父亲，那么父亲的满腔愤怒，必然烟消云散。君主如能谨慎地约束自己的行为，那么上天必然会转怒为喜。"皇帝觉得他的态度诚恳，虚心听取。特别赏给他宴会服装九套以及玉带、钱币等，以表彰他的忠直。

曾对人说:"天下的政事,宰相应该向皇帝陈述,宰相如没有机会陈述,则由谏官向皇帝陈述,如谏官不敢陈述,则由经筵官向皇帝陈述。我身为经筵讲官,能够在皇帝面前说出别人不敢说的话,我就心满意足了。"因此当时行政的得失利害,应该提出纠正的,他从来不保持沉默。有的大臣提出,想把前朝设置的奎章阁学士院和艺文监等机构撤销,巙巙上书说:"平民如果有了价值千金的产业,还设立家学,聘请老师,哪有富有四海的堂堂天朝,连一所学校也答不下的道理呢!"皇帝听了以后,深深认为他的话是对的。当天就把奎章阁改为宣文阁、艺文监改为崇文监,机构设置如旧,任命巙巙进行管理。他又请求设置检讨等官十六个名额,以备经筵进讲,皇帝都同意了。当时科举取士已经中止,巙巙从容地对皇帝说:"古代选取人才治理国家,必通过科举的道路,怎么能废除呢?"皇帝采纳了他的意见,恢复了科举制度。有一天他向皇帝讲解司马光的《资治通鉴》,趁机陈述国家应及时撰修宋、辽、金三朝史书,时间长了,恐怕史料散失。后来设局纂修三朝史书,实际上是巙巙提议的。他又请求在国立学校里推行乡饮酒礼,让百姓懂得礼让谦逊,又请求给唐朝的刘蕡、宋朝的邵雍封赠荣誉官衔,以表彰他们的道学和忠直品行。皇帝接受了他的请求,专门传下圣旨。

巙巙声望很高,又官居高位,但他仍如饥似渴地喜欢读书人,因此四面八方的读书人一致以他为领袖,聚集在他的门下。有位凭借权势的蒙古大官说道:"读书人有什么好?你这样爱重他们!"巙巙说道:"世祖认为读书人可以使国家得到治理,他让裕宗向赞善王恂学习。现在内府藏书中收藏裕宗临书样张,当时裕宗亲笔在学生的名字中,写上自己的名字,并写上'习书谨呈'字样,对读书人是这样敬重。世祖曾在夜间召我的祖先来到他的床边,让我祖先讲说《四书》以及古今治乱的史实,到半夜还不想睡。世祖高兴地说:'我之所以让你向许衡求教,是想让你把那些有益于国家的言论告诉我,你应更加敬重谨慎,不辜负我的期望。'现在你说不喜欢读书人,难道你不考虑神圣的祖宗的用意所在吗?再者,读书人所讲的道理,如果采纳实行,君主就会推行仁政,臣子就会尽忠,做父亲的就会慈爱子女,子女就会孝敬父母,这样人际关系和谐,国家也得到治理;如果违背了它,人际关系不能维持,国家就会陷于混乱。如果你想把你的家庭关系搞乱,我管不着,但你千万不要用这种话弄乱我们的国家。有的读书人看来弱不禁风,说话也好象有东西倒不出来,但他们的肚子里的学问却有过人的地方,怎么可以轻视他们呢!"说得那位蒙古高官面有愧色。

后来他出任江浙行省平章政事。第二年,又任他为翰林学士承旨,召还入京。当时中书平章一职空缺,皇帝的亲近大臣想推荐人,用言语试探皇帝的意向。皇帝说:"平章一职,已经有了人选,现正在赴任的路上。"近臣就知道皇帝选中的目标是巙巙,不再推荐别人。巙巙到京城七天,患热病去世,时在至正五年五月初八,年五十一岁。因为他家境贫寒,几乎没有衣物入殓。皇帝听说这种情况,深深地悲悼,赏给他家白银五锭。他家所欠公家的埋葬费用,大臣们请求用罚布款代为偿还。巙巙擅长行书、草书,行家认为他的书法颇得晋人的笔意,他的片纸只字,人们竞相珍藏,不下金银宝物。朝廷给他加谥号为"文忠"。

耶律楚材传

【题解】

耶律楚材(1190~1244),金元之际契丹族人,辽皇族子孙。字晋卿,号湛然居士,世居中都(今北京)。楚材年轻时博览群书,旁通天文、地理、律历、术数及佛、道、医、卜等学问,因父荫在金朝做官。元太祖十年(1215),归降蒙古。随太祖成吉思汗西征中亚,占卜星象,兼行医术。在拖雷监国和太宗窝阔台当政时期,他是掌握汉文的必阇赤(书记)长,汉人称为中书令,受到重用,参与一些重大问题的决策。奏请军民分治;反对以汉地为牧场,设立燕京等十路征收课税使,推行赋税制;置编修所于燕京,经籍所于平阳,编印儒家典籍,渐兴文教;施用儒术,开科取士;废止屠城旧制,等等。对于"汉地"(指原金朝管辖的北方农业地区)经济和文化的恢复起到了有益的作用,元代立国规模多由其奠定。窝阔台汗死,乃马真皇后称制,宠信回回人奥都剌合蛮等,耶律楚材受到排挤,抑郁而死。崇信佛教,多与僧人往来。著有《湛然居士集》《西游录》《庚午元历》《皇极经世义》《五星秘语》《先知大数》等书。耶律楚材在封建时代的著作中一直被视为"名臣"。清朝乾隆皇帝曾下令在北京西郊瓮山脚下(今颐和园内)为耶律楚材立祠。以示纪念,至今该祠尚存。

【原文】

耶律楚材,字晋卿,辽东丹王突欲八世孙。父履,以学行事金世宗,特见亲任,终尚书右丞。

楚材生三岁而孤,母杨氏教之学。及长,博极群书,旁通天文、地理、律历、术数及释老、医卜之说,下笔为文,若宿构者。金制,宰相子例试补省掾。楚材欲试进士科,章宗诏如旧制。问以疑狱数事,时同试者十七人,楚材所对独优,遂辟为掾。后仕为开州同知。

贞祐二年,宣宗迁汴,完颜福兴行尚书事,留守燕,辟为左右司员外郎。太祖定燕,闻其名,召见之。楚材身长八尺,美髯宏声。帝伟之,曰:"辽、金世仇,朕为汝雪之。"对曰:"臣父祖曾委质事之,既为之臣,敢仇君耶?"帝重其言,处之左右,遂呼楚材曰"吾图撒合里"而不名。"吾图撒合里",盖国语长髯人也。

耶律楚材

己卯夏六月,帝西讨回回国。祃旗之日,雨雪三尺,帝疑之,楚材曰:"玄冥之气,见于盛夏,克敌之征也。"庚辰冬,大雷,复问之,对曰:"回回国主当死于野。"后皆验。夏人常八斤,以善造弓,见知于帝,因每自矜曰:"国家方用武,耶律儒者何用?"楚材曰:"治弓尚须用弓匠,为天下者岂可不用治天下匠耶?"帝闻之甚喜,日见亲用。西域历人奏五月望夜月当蚀。楚材曰："否。"卒不蚀。明年十月，楚材言月当蚀，西域人曰不蚀，至期果蚀八分。壬年八月，长星见西方，楚材曰："女真将易主矣。"明年，金宣宗果死。帝每征讨，必命楚材卜，帝亦自灼羊胛，以相符应。指楚材谓太宗曰："此人，天赐我家。尔后军国庶政，当悉委之。"甲申，帝至东印度，驻铁门关，有一角兽，形如鹿而马尾，其色绿，作人言，谓侍卫者曰："汝主宜早还。"帝以问楚材，对曰："此瑞兽也，其名'角端'，能言四方语，好生恶杀，此天降符以告陛下。陛下天之元子，天下之人，皆陛下之子，愿承天心，以全民命。"帝即日班师。

丙戌冬，从下灵武，诸将争取子女金帛，楚材独收遗书及大黄药材。既而士卒病疫，得大黄辄愈。帝自经营西土，未暇定制，州郡长吏，生杀任情，至孥人妻子，取货财，兼土田。燕蓟留后长官石抹咸得卜尤贪暴，杀人盈市。楚材闻之泣下，即入奏，请禁州郡，非奉玺书，不得擅征发，囚当大辟者必待报，违者罪死，于是贪暴之风稍戢。燕多剧贼，未夕，辄曳牛车指富豪，取其财物，不与则杀之。时睿宗以皇子监国，事闻，遣中使偕楚材往穷治之。楚材询察得其姓名，皆留后亲属及势家子，尽捕下狱。其家略中使，将缓之，楚材示以祸福，中使惧，从其言，狱具，戮十六人于市，燕民始安。

己丑秋，太宗将即位，宗亲咸会，议犹未决。时睿宗为太宗亲弟，故楚材言于睿宗曰："此宗社大计，宜早定。"睿宗曰："事犹未集，别择日可乎？"楚材曰："过是无吉日矣。"遂定策，立仪制，乃告亲王察合台曰："王虽兄，位则臣也，礼当拜。王拜，则莫敢不拜。"王深然之。及即位，王率皇族及臣僚拜帐下，既退，王抚楚材曰："真社稷臣也。"国朝尊属有拜礼自此始。时朝集后期应死者众，楚材奏曰："陛下新即位，宜宥之。"太宗从之。

中原甫定，民多误触禁纲，而国法无赦令。楚材议请肆宥，众以之迁，楚材独从容为帝言。诏自庚寅正月朔日前事勿治。且条便宜一十八事颁天下，其略言："郡宜置长吏牧民，设万户总军，使势均力敌，以遏骄横。中原之地，财用所出，宜存恤其民，州县非奉上命，敢擅行科差者罪之。贸易借贷官物者罪之。蒙古、回鹘、河西诸人，种地不纳税者死。监主自盗官物者死。应犯死罪者，具由申奏待报，然后行刑。贡献礼物，为害非轻，深宜禁断。"帝悉从之，唯贡献一事不允，曰："彼自愿馈献者，宜听之。"楚材曰："蠹害之端，必由于此。"帝曰："凡卿所奏，无不从者，卿不能从朕一事耶？"

太祖之世，岁有事西域，未暇经理中原，官吏多聚敛自私，财至钜万，而官无储偫。近臣别迭等言："汉人无补于国，可悉空其人以为牧地。"楚材曰："陛下将南伐，军需宜有所资，诚均定中原地税、商税、盐、酒、铁冶、山泽之利，岁可得银五十万两、帛八万匹、粟四十余万石，足以供给，何谓无补哉？"帝曰："卿试为朕行之。"乃奏立燕京等十路征收课税使，凡长贰悉用士人，如陈时可、赵昉等皆宽厚长者，极天下之选，参佐皆用省部旧人。辛卯秋，帝至云中，十路咸进廪籍及金帛陈于庭中，帝笑谓楚材曰："汝不去朕左右，而能使国用充足，南国之臣，复有如卿者乎？"对曰："在彼者皆贤于臣，臣不才，故留燕，为陛下用。"帝嘉其谦，赐之酒。即日拜中书令，事无巨细，皆先白之。

楚材奏："凡州郡宜令长吏专理民事，万户总军政，凡所掌课税，权贵不得侵之。"又举镇海、粘合，均与之同事，权贵不能平。咸得卜以旧怨，尤嫉之，潜于宗王曰："耶律中书令率用亲旧，必有二心，宜奏杀之。"宗王遣使以闻，帝察其诬，责使者，罢遣之。属有讼咸得卜不法者，帝命楚材鞫之，奏曰："此人倨傲，故易招谤。今将有事南方，他日治之未晚也。"帝私谓侍臣曰："楚材不较私仇，真宽厚长者，汝曹当效之。"中贵可思不花奏采金银楚材曰："先帝遗诏，山后民质朴，无异国人，缓急可用，不宜轻动。今将征河南，请无残民以给此役。"帝可其奏。

壬辰春，帝南征，将涉河，诏逃难之民，来降者免死。或曰："此辈急则降，缓则走，徒以资敌，不可宥。"楚材请制旗数百，以给降民，使归田里，全活甚众。旧制，凡攻城邑，敌以矢石相加者，即为拒命，既克，必杀之。汴梁将下，大将速不台遣使来言："金人抗拒持久，师多死伤，城下之日，宜屠之。"楚材驰入奏曰："将士暴露数十年，所欲者土地人民耳。得地无民，将焉用之？"帝犹豫未决，楚材曰："奇巧之工，厚藏之家，皆萃于此，若尽杀之，将无所获。"帝然之，诏罪止完颜氏，余皆勿问。时避兵居汴者得百四十七万人。

楚材又请遣人入城，求孔子后，得五十一代孙元措，奏袭封衍圣公，付以林庙地。命收太常礼乐生，及召名儒梁陟、王万庆、赵著等，使直释九经，进讲东宫。又率大臣子孙，执经解义，俾知圣人之道。置编修所于燕京、经籍所于平阳，由是文治兴焉。

时河南初破，俘获甚众，军还，逃者十七八。有旨：居停逃民及资给者，灭其家，乡社亦连坐。由是逃者莫敢舍，多殍死道路。楚材从容进曰："河南既平，民皆陛下赤子，走复何之！奈何因一俘囚，连死数十百人乎？"帝悟，命除其禁。金之亡也，唯秦、巩二十余州久未下，楚材奏曰："往年吾民逃罪，或萃于此，故以死拒战。若许以不杀，将不攻自下矣。"诏下，诸城皆降。

甲午，议籍中原民，大臣忽都虎等议，以丁为户。楚材曰："不可。丁逃，则赋无所出，当以户定之。"争之再三，卒以户定。时将相大臣有所驱获，往往寄留诸郡，楚材因括户口，并令为民，匿占者死。

乙未，朝议将四征不廷，若遣回回人征江南，汉人征西域，深得制御之术，楚材曰："不可。中原、西域，相去辽远，未至敌境，人马疲乏，兼水土异宜，疾疫将生，宜各从其便。"从之。

丙申春，诸王大集，帝亲执觞赐楚材曰："朕之所以推诚任卿者，先帝之命也。非卿，则中原无今日。朕所以得安枕者，卿之力也。"西域诸国及宋、高丽使者来朝，语多不实，帝指楚材示之曰："汝国有如此人乎？"皆谢曰："无有。殆神人也！"帝曰："汝等唯此言不妄，朕亦度必无此人。"有于元者，奏行交钞，楚材曰："金章宗时初行交钞，与钱通行，有司以出钞为利，收钞为讳，谓之'老钞'，至万贯唯易一饼。民力困竭，国用匮乏，当为鉴戒。今印造交钞，宜不过万锭。"从之。

秋七月，忽都虎以民籍至，帝议裂州县赐亲王功臣。楚材曰："裂土分民，易生嫌隙。不如多以金帛与之。"帝曰："已许奈何？"楚材曰："若朝廷置吏，收其贡赋，岁终颁之，使毋擅科征，可也。"帝然其计，遂定天下赋税，每二户出丝一斤，以给国用；五户出丝一斤，以给诸王功臣汤沐之资。地税，中田每亩二升又半，上田三升，下田二升，水田每亩五升；商税，三十分而一；盐价，银一两四十斤。既定常赋，朝议以为太轻，楚材曰："作法于凉，其弊犹贪，后将有以利进者，则今已重矣。"

时工匠制造，糜费官物，十私八九，楚材皆考覆之，以为定制。时侍臣脱欢奏简天下室女，诏下，楚材泥之不行，帝怒。楚材进曰："向择美女二十有八人，足备使令。今复选拔，臣恐扰民，欲覆奏耳。"帝良久曰："可罢之。"又欲收民牝马，楚材曰："田蚕之地，非马所产，今若行之，后必为人害。"又从之。

丁酉，楚材奏曰："制器者必用良工，守成者必用儒臣。儒臣之事业，非积数十年，殆未易成也。"帝曰:"果尔,可官其人。"楚材曰:"请校试之。"乃命宣德州宣课使刘中随郡考试,以经义、词赋、论分为三科,儒人被俘为奴者,亦令就试,其主匿弗遣者死。得士凡四千三十人,免为奴者四之一。

先是,州郡长吏,多借贾人银以偿官,息累数倍,曰"羊羔儿利",至奴其妻子,犹不足偿。楚材奏令本利相侔而止,永为定制,民间所负者,官为代偿之。至一衡量,给符印,立钞法,定均输,布递传,明驿券,庶政略备,民稍苏息焉。

有二道士争长,互立党与,其一诬其仇之党二人为逃军,结中贵及通事杨惟忠,执而虐杀之。楚材按收惟忠。中贵复诉楚材违制,帝怒,系楚材,既而自悔,命释之。楚材不肯解缚,进曰:"臣备位公辅,国政所属。陛下初令系臣,以有罪也,当明示百官,罪在不赦。今释臣,是无罪也,岂宜轻易反复,如戏小儿。国有大事,何以行为?"众皆失色。帝曰:"朕虽为帝,宁无过举耶?"乃温言以慰之。楚材因陈时务十策,曰:信赏罚,正名分,给俸禄,官功臣,考殿最,均科差,选工匠,务农桑,定土贡,制漕运。皆切于时务,悉施行之。

太原路转运使吕振、副使刘子振以赃抵罪,帝责楚材曰:"卿言孔子之教可行,儒者为好人,何故乃有此辈?"对曰:"君父教臣子,亦不欲令陷不义。三纲五常,圣人之名教,有国家者莫不由之,如天之有日月也。岂得缘一夫之失,使万世常行之道独见废于我朝乎!"帝意乃解。

富人刘忽笃马、涉猎发丁、刘廷玉等以银一百四十万两扑买天下课税,楚材曰:"此贪利之徒,罔上虐下,为害甚大。"奏罢之。常曰:"兴一利不如除一害,生一事不如省一事。任尚以班超之言为平平耳,千古之下,自有定论。后之负遣者,方知吾言之不妄也。"帝素嗜酒,日与大臣醋饮,楚材屡谏,不听,乃持酒槽铁口进曰:"麹蘖能腐物,铁尚如此,况五脏乎!"帝悟,语近臣曰:"汝曹爱君忧国之心,岂有如吾图撒合里者耶?"赏以金帛,敕近臣日进酒三钟而止。

自庚寅定课税格,至甲午平河南,岁有增羡,至戊戌课银增至一百一十万两。译史安天合者,谄事镇海,首引奥都剌合蛮扑买课税,又增至二百二十万两。楚材极力辩谏,至声色俱厉,言与涕俱。帝曰:"尔欲搏斗耶?"又曰:"尔欲为百姓哭耶?姑令试行之。"楚材力不能止,乃叹息曰:"民之困穷,将自此始矣!"

楚材曾与诸王宴,醉卧车中,帝临平野见之,直幸其营,登车手撼之。楚材熟睡未醒,方怒其扰己,忽开目视,始知帝至,惊起谢,帝曰:"有酒独醉,不与朕同乐耶?"笑而去。楚材不及冠带,驰诣行宫,帝为置酒,极欢而罢。

楚材当国日久,得禄分其亲族,未尝私以官。行省刘敏从容言之,楚材曰:"睦亲之义,但当资以金帛。若使从政而违法,吾不能徇私恩也。"

岁辛丑二月三日,帝疾笃,医言脉已绝。皇后不知所为,召楚材问之,对曰:"今任使非人,卖官鬻狱,囚系非辜者多。古人一言而善,荧惑退舍,请赦天下囚徒。"后即欲行之,楚材曰:"非君命不可。"俄顷,帝少苏,因入奏,请肆赦,帝已不能言,首肯之。是夜,医者候脉复生,适宜读赦书时也,翌日而瘳。冬十一月四日,帝将出猎,楚材以太乙数推之,亟言其不可,左右皆曰:"不骑射,无以为乐。"猎五日,帝崩于行在所。皇后乃马真氏称制,崇信奸回,庶事多紊。奥都剌合蛮以赂得政柄,廷中悉畏附之。楚材面折廷争,言人所难言,人皆危之。

癸卯五月,荧惑犯房,楚材奏曰:"当有惊扰,然讫无事。"居无何,朝廷用兵,事起仓卒,后遂令授甲选腹心,至或西迁以避之。楚材进曰:"朝廷天下根本,根本一摇,天下将乱。臣观天道,必无患也。"后数日乃定。后以御宝空纸,付奥都剌合蛮,使自书填行之。楚材曰:"天下者,先帝之天下。朝廷自有宪章,今欲紊之,臣不敢奉诏。"事遂止。又有旨:"凡奥都剌合蛮听建白,令史不为书者,断其手。"楚材曰:"国之典故,先帝悉委老臣,令史何与焉。事若合理,自当奉行,如不可行,死且不避,况截手乎!"后不悦。楚材辩论不已,因大声曰:"老臣事太祖、太宗三十余年,无负于国,皇后亦岂能无罪杀臣也。"后虽憾之,亦以先朝旧勋,深敬惮焉。

甲辰夏五月,薨于位,年五十五。皇后哀悼,赙赠甚厚。后有谮楚材者,言其在相位日久,天下贡赋,半入其家。后命近臣麻里扎覆视之,唯琴阮十余,及古今书画、金石、遗文数千卷。至顺元年,赠经国议制寅亮佐运功臣、太师、上柱国,追封广宁王,谥"文正"。子铉、铸。

【译文】

耶律楚材,字晋卿,辽朝东丹王耶律突欲的八世孙。父亲耶律履,因学问品行出众得以侍奉金世宗,特别受到亲近和信任,去世时官至尚书右丞。

楚材三岁时父亲去世,母亲杨氏教他读书。长大后,博览群书,兼通天文、地理、律历、术数以及佛、道、医、卜等学问,下笔写文章,好象早就做好似的。金朝制度,宰相之子可以按惯例通过考试担任尚书省属官。耶律楚材想参加进士科考试,章宗诏令按原有的制度办。考官用几个疑难案件进行提问,当时一起参加考试的有十七个人,唯独楚材的回答特别好,于是被征召为尚书省属官。此后又担任过开州同知。

贞祐二年,金宣宗迁都汴梁,完颜福兴为行尚书省事,留守燕京,征召耶律楚材为左右司员外郎。太祖成吉思汗攻取燕京,听说楚材的名字,于是召见他。耶律楚材身高八尺,胡须漂亮,声音洪亮,太祖很看重他,说:"辽和金是世代的仇敌,我为你报仇雪恨。"楚材回答说:"我的父亲和祖父都曾委身侍奉金朝,既然做了金朝的臣民,怎敢仇恨自己的君主呢?"太祖很敬重他这番话,把他安排在自己身边,于是称呼楚材为"吾图撒合里"而不叫他的名字,"吾图撒合里",在蒙语中意思是胡须很长的人。

已卯年夏六月,太祖向西讨伐回回国。祭旗的那一天,雪下了有三尺厚,太祖心中疑惑,耶律楚材说:"盛夏季节出现水气,这是战胜敌人的预兆。"庚辰年冬天,雷声很大,太祖又问他,他回答说:"回回国王将死在野外。"以后这些话都灵验了。西夏人常八斤,因为善于制造弓箭,得到太祖的赏识,所以经常自夸道:"国家正在兴兵打仗,耶律楚材这个书生有什么用!"楚材说:"造弓尚且要用弓匠,取天下的人怎能不用治理天下的工匠呢?"太祖听到后十分高兴,越来越信任和重用他。西域懂得历法的人上奏说五月十五日晚将出现月蚀。楚材说:"不对。"果然没有出现月蚀。第二年十月,耶律楚材说将有月蚀,西域人说没有,到时间果然月蚀八分。壬午年八月,彗星出现在西方,楚材说:"女真将改换皇帝了。"第二年,金宣宗果然去世。太祖每次出师征讨,必定要让耶律楚材占卜吉凶,太祖自己也炙烧羊胛骨,判断天意和人事是否相符。指着楚材对太宗说:"这个人是上天赐给我家的。以后军国大事都要交给他处理。"甲申年,太祖到达东印度,驻扎在铁门关,有一只头上长角的野兽,形状象鹿却长着马的尾巴,绿颜色,会讲人话,对侍卫说:"你的主人应早点回去。"太祖向耶律楚材询问这件事,楚材回答说:"这是吉祥的动物,名叫角端,能说各个地方的语言,喜欢生灵而厌恶杀戮,这是上天降下符瑞以告诫陛下。陛下是上天的大儿子,天下的人都是陛下的子女,希望陛下顺应上天的心意,保全百姓的生命。"太祖当天就班师回去了。

丙戌年冬天,跟随太祖攻克灵武,将领们都争着掠取子女金帛,唯独耶律楚材专门收集失落的书籍和大黄等药材。不久士兵们染上疫病,用大黄一治就好了。太祖亲自经营西方的疆土,来不及制定有关制度,州郡长官,任意生杀,甚至把老百姓的妻子强迫变为奴隶,掠夺财物,兼并土地。燕蓟留后长官石抹咸得卜尤其贪婪暴虐,杀人满市。楚材听说后流下眼泪,随即向太祖上奏,请求向各州郡发布禁令,如果没有皇帝的圣旨,不得随便向百姓征税调役,囚犯应处死刑的必须上报,违反者处以死罪,于是贪暴的风气有所收敛。燕京一带有许多厉害的盗贼,光天化日之下就拉着牛车到富人家索取财物,不给就杀人。当时睿宗拖雷以皇子的身份监理国事,听说这些情况,便派遣宫中使臣和耶律楚材一起前去严厉查办。楚材查问到盗贼的姓名,都是留后长官的亲属和有权势人家的子弟,将他们全部逮捕入狱。盗贼的家里贿赂宫中使臣,使臣企图拖延处理,楚材向他讲明这样做将带来的后果,使臣惧怕,听从了耶律楚材的意见,定案后,在集市上处死十六人,燕京的百姓才安定下来。

己丑年秋天,太宗将要即位,宗室皇亲都聚集在一起,讨论还没有做出决定。当时睿宗拖雷是太宗窝阔台的亲弟弟,所以耶律楚材对睿宗说:"这是宗庙社稷的大事,应该尽早确定。"睿宗说:"事情还没有完结,另外选个日子怎么样?"楚材说:"过了今天就没有吉日了。"于是确定下来,耶律楚材建立礼仪制度,进而对亲王察合台说:"亲王虽然是兄长,但地位则是臣子,按礼节应当跪拜皇帝。您跪拜了,那么就没人敢不拜了。"察合台很赞同他的意见。等到太宗即位,察合台率领全体皇族成员和大臣们在宫帐下跪拜。礼毕退下,察合台手抚着耶律楚材说:"您真是安邦定国的大臣啊!"蒙古国君臣间有跪拜之礼从这时候开始。当时朝会迟到应处死刑的人很多,楚材上奏道:"陛下刚刚即位,应该赦免他们。"太宗听从了他的意见。

中原刚刚平定,老百姓误犯法律的人很多,而国家法令中没有赦免的说法。耶律楚材请求对他们宽大处理,众人都认为不切实际,唯独楚材严肃地向皇帝建议。皇帝发布诏令,凡是庚寅年正月初一以前犯的事情都不予追究。他还拟订了十八项应办的事情,建议颁行天下。大致是说:"州郡要设置长官以管理百姓,设置万户以统率军队,使文、武双方势均力敌,以防止骄横的作风。中原地区,是国家财赋的来源,应该保存和照顾这里的百姓,州县如果没有上司的命令,胆敢擅自科征赋税的要判罪。借贷官府财物做买卖的,也要判罪。蒙古、回鹘、河西等地的人,种地不交税的处以死刑。负责管理的官员自己盗窃官府财物的也要处死。凡是犯死罪的,要将理由上奏朝廷等待批复,然后行刑。各地上贡和进献礼物,为害不小,必须严禁。"太宗全部同意,只有禁止贡献礼物这件事不答应,说:"那些自愿贡献的,应该允许。"楚材说:"腐败的祸端,必然从这里开始。"太宗说:"凡是你奏请的事情,我没有一件不答应,你难道不能顺从我一件事吗?"

太祖在世的时候,每年都要用兵西域,没有时间来经营治理中原,很多官吏都聚敛财物为自己打算,家中财物多得不得了,而官府却没有什么储备。近臣别迭等人说:"汉人对国家没什么用处,可以把他们的土地全部空出来做牧场。"耶律楚材说:"陛下即将向南征伐,军需物资要有来源,如果能均衡地确定中原地区的田税、商税以及盐、酒、铁冶和山林河湖等业的赋税,每年可以得到五十万两白银、八万匹绢帛和四十多万石粟子,足以供给军队需要,怎能说没什么用处呢?"太宗说:"你为我试着办。"于是奏请设立燕京等十路征收课税使,凡正、副长官都任用读书人,如陈时可、赵昉等都是宽厚长者、天下第一流的人物,属官都用金朝尚书省六部的原班人员。辛卯年秋天,太宗来到云中,十路都送来储存粮食的簿册和黄金、绢帛,陈列在庭院中,太宗笑着对楚材说:"你没有离开过我的身边,却能使国家经费充裕,南方金国还有象你这样的大臣吗?"楚材回答说:"在哪里的人都比我贤明能干,我没什么本事,所以才留在燕京,为陛下所用。"太宗赞赏他的谦虚,赐酒给他。当即任命他为中书令,事无大小,都要先跟他通报商议。

耶律楚材上奏:"凡是地方州郡应该让行政长官专门管理民事,万户统管军政,凡是地方所掌管的征收赋税的事务,权贵不能干预。"又推荐镇海、粘合二人,与他共同工作,权贵都不服气。咸得卜因为过去跟耶律楚材有仇,尤其忌恨他,在宗王面前诬陷道:"耶律中书令专门任用自己的亲信故旧,必定怀有叛逆之心,应该奏请皇帝杀掉他。"宗王派人告诉皇帝,太宗觉察到这是诬陷,就斥责了来人,把他打发回去。接着有人控告咸得卜有犯法行为,太宗命楚材审理此事,耶律楚材上奏说:"此人骄傲自大,因而容易招来别人的攻击。现在正要对南方用兵,以后再作处理也不晚。"太宗私下对侍臣说:"楚材不计较私仇,真是宽厚长者,你们应当效法他。"宫中显贵可思不花奏请招募采金银的役夫以及到西域种田、栽葡萄的人户,太宗下令在西京宣德迁移一万多户来充当。楚材说:"先帝遗诏中说,山后的百姓质朴,和蒙古人没有区别,遇到危难时可以利用,不应轻易迁移他们。如今即将征讨河南,请不要分散山后百姓,以便在这次军事行动中使用他们。"太宗同意了他的请求。

壬辰年春天,太宗南下征讨,将要渡黄河,诏令逃难的百姓,前来投降的可以免死。有人说:"这些人危急的时候就投降,没事的时候就逃走,只对敌人有好处,不能宽大处理。"耶律楚材请求制作几百面旗子,发给投降的难民,让他们返回乡里,很多人因此得以保全性命。按照蒙古传统的制度,凡是攻打城池,敌人用弓箭和石块袭击的,就是违抗命令,攻克之后,必定将城中军民全部杀死。汴梁将要攻下,大将速不台派人来说:"金人抗拒了很长时间,我军死伤很多,汴梁攻克之日,应该屠城。"耶律楚材急忙进去上奏道:"将士们辛苦了几十年,想要得到的不过是土地和人民。得到了土地而失去了人民,又有什么用呢?"太宗犹豫不决,楚材又说:"能工巧匠,富裕人家,都集中在这里,如果将他们全部杀死,将会一无所获。"太宗接受了他的意见,下诏只处罚完颜氏一族,其余都不追究。当时躲避打仗而住在汴梁的有一百四十七万人。

耶律楚材又请求派人进城,寻求孔子的后代,找到孔子的五十一代孙孔元措,奏请由他继承"衍圣公"的封号,将孔林、孔庙的土地交付给他,命令他收集金朝的太常礼乐生。又征召著名的儒生梁陟、王万庆、赵著等人,让他们将《九经》译成口语,讲给太子听。又率领大臣们的子孙,拿着经书讲解其中的含义,使他们知道圣人的学说。在燕京设置编修所,在平阳设置经籍所,从此文明教化开始兴盛。

当时河南地区刚刚攻下,俘虏很多,蒙军返回,俘虏逃跑的有十分之七、八。皇帝下令:凡是收留和资助逃亡者的,处死全家,同村邻里也要连坐。因此,逃亡者没有人敢收留,大多饿死在路上。耶律楚材平心静气地对太宗说:"河南已经平定,这里的百姓都是陛下的儿女,还会走到哪里去呢! 何必因为一个俘虏,而使几十个上百个人牵连受死呢?"太宗醒悟,下诏解除了这个禁令。金朝灭亡后,只有秦、巩等二十多个州很久没有投降,楚材上奏道:"过去我们的百姓逃避罪罚,有的集中在这些地方,所以拼死抵抗,如果答应不杀他们,将不攻自破。"赦免死罪的诏令一下,这些城池都投降了。

甲午年,讨论将中原百姓登记编户,大臣忽都虎等人建议以成年男子为征税对象。耶律楚材说:"不行。成年男子逃走,那么赋税就征收不到了,应当以户为征收对象。"争论多次,终于确定以户为征收对象。当时将相大臣获得的俘虏,往往寄存在地方州郡,楚材利用登记户口的机会,下令将俘虏全部登记为平民,凡是隐藏私占的处以死刑。

乙未年,朝廷讨论将四处征伐没有归附的地方,假如派遣回回人征讨江南,汉人征讨西域,那么就能有效地控制他们,耶律楚材说:"不行。中原和西域相距遥远,还没有到达敌人的边境,就已经人马疲乏了,加上水土不服,容易生传染病,应该各从其便。"皇帝接受了他的意见。

丙申年春天,宗王们大聚会,太宗亲自拿起酒杯赐给耶律楚材说:"我之所以推心置腹地任用你,是因为先帝的命令。没有你,中原地区就没有今天。我之所以能够高枕无忧,都是因为你的努力。"西域各国以及宋朝、高丽的使者前来朝见,说的话大多不可信,太宗指着耶律楚材对他们说:"你们国家有这样的人才吗?"使者们都老实地说道:"没有。他简直是神人啊!"太宗说:"你们只有这句话不假,我也觉得你们国中一定没有这样的人才。"有个叫于元的人奏请发行纸币,耶律楚材说:"金章宗时开始推行纸币,与铜钱同时使用,官府以发行纸币来谋利,不愿意回收,称为'老钞',甚至一万贯纸币只能买一张饼。百姓穷困,国家经费短缺,应该引以为戒。现在印制纸币,不能超过一万锭。"朝廷接受了他的意见。

秋七月,忽都虎送来了户口簿,太宗打算分割州县赏赐给亲王、功臣。耶律楚材说:"分割土地和人民,容易发生冲突和纠纷。不如多赐给他们金帛财物。"太宗说:"已经答应了,怎么办呢?"楚材说:"如果朝廷设置官吏,征收上交给诸王功臣的赋税,到年底分给他们,不让他们自行征收,这样就可以了。"太宗同意他的想法,于是确定全国的赋税,每两户出丝一斤,以供国家使用;五户合出丝一斤,作为诸王和功臣封地的收入。地税:中等田每亩交二升半,上等田交三升,下等田交二升,水田每亩交五升;商税征收三十分之一;盐价,白银一两可买四十斤。正常的赋税额确定后,朝廷讨论认为太轻,楚材说:"赋税从轻,仍会产生贪污的弊端,以后将会有人以增加国家收入为升官的途径,那样的话现在的赋税额就已经够重的了。"

当时工匠制造物品,随意浪费官府的物资,十之八、九被他们私自占有,耶律楚材请求全部加以考核,建立起固定的制度。当时侍臣脱欢奏请在天下没有出嫁的女子中挑选美女,诏令已经颁发,耶律楚材拦住不执行,太宗发怒。楚材进谏道:"以前挑选了二十八个美女,已经足够用来使唤。现在又要挑选,我担心骚扰百姓,正想再向陛下汇报。"太宗过了好一会儿才说:"可以取消这件事。"又打算征收民间的母马,楚材说:"耕种养蚕的地方,不出产马,现在如果推行收马之法,以后必定成为百姓的祸害。"太宗又接受了他的意见。

丁酉年,耶律楚材上奏说:"制造器具必须用好的工匠,要保持国家已取得的成就必须任用儒臣。儒臣的事业,不进行几十年的积累,是难以成功的。"太宗说:"果真是这样的话,可以让这些人做官。"楚材说:"请加以考试选拔。"于是命令宣德州宣课使刘中到各

金代交钞铜钞版

郡去主持考试,分为经义、辞赋、论三个科目,被俘为奴的读书人,也让他们参加考试,主人隐藏不让他们应试的处以死刑。共选拔了四千三百名读书人,免去奴隶身份的占四分之一。

以前,州郡官吏中有很多人借商人的银钱来偿还欠官府的债务,利息累计为本钱的好几倍,称为"羊羔儿利",甚至妻子儿女都被变卖为奴隶,还是还不清。耶律楚材上奏,下令利息与本钱相等后不许再增加,永远成为固定的制度,民间所欠的债务,由官府代为偿还。直至统一度量衡、颁发符印、建立钞法、制定统一的贸易法规、设置邮政系统、明确驿站的使用凭证,各种政务大致齐备,百姓稍微能够休养生息。

有两个道士争当道长,彼此都聚集了一批党羽,其中一个道士诬陷对手党羽中的两个人是逃兵,勾结宫中侍从和通事杨惟忠,将那两人抓起来残酷杀死。耶律楚材将杨惟忠拘留审问,宫中侍从却说楚材违反朝廷制度,太宗发怒,逮捕楚材。随即又很后悔,下令释放他。楚材不肯松绑,对太宗说:"我身为宰相,关系到国家大政。陛下开始时下令逮捕我,是因为我有罪,应当在百官面前公开宣布我的罪行不可饶恕。现在释放我,是因为我无罪,怎么能这样随便翻来覆去,像戏弄小孩一样呢?如果国家有大事,也能这样干吗?"众人吓得脸色都变了。太宗说:"我虽然是皇帝,难道就没有错误的举动吗?"于是好言安慰了他一番。楚材乘机陈述了十条处理当今时务的措施,这十条措施是:信赏罚,正名分,给俸禄,官功臣,考殿最,均科差,选工匠,务农桑,定土贡,制漕运。都切合当今时务,太宗全部同意施行。

太原路转运使吕振、副使刘子振,因为贪污而获罪。太宗责备耶律楚材说:"你讲过孔子的教导可行,读书人是好人,为什么还有这种人?"楚材答道:"君主、父亲教导臣属、子女,也不想让他们去做不讲道义的事情。三纲五常是圣人的教导,管理国家的人没有不遵循的,好比是天上有太阳和月亮一样。怎能因为一个人的过失,而使得万世经常奉行的学说单单在我们这个朝代被废止呢?"太宗的恼怒这才缓解。

富人刘忽笃马、涉猎发丁和刘廷玉等人用银一百四十万两承包天下赋税,楚材说:"这些都是贪图财利的家伙,欺骗朝廷坑害百姓,为害很大。"奏请皇帝取消这种做法。他经常说:"兴一利不如除一弊,多一事不如少一事。任尚以为班超的话平淡无奇,但是千

年之后，自有定论。以后遭到谴责的人，才知道我的话不假。"太宗素来喜欢喝酒，每天与大臣们开怀畅饮，楚材多次劝阻，太宗不听，于是就拿着酒槽的铁口对太宗说："酒能够使东西腐烂，铁尚且如此，何况是人的五脏呢？"太宗醒悟，对近臣说道："你们这些人爱护君王，为国忧虑的心意，难道能比得上吾图撒合里吗？"于是赐给他金帛财物，下令侍从们每天进酒以三钟为限。

自从庚寅年确定征税规则，到甲午年平定河南，税额每年都有增加，到戊戌年征收的白银达一百一十万两。有个翻译名叫安天合，讨好镇海，率先招引奥都剌合蛮包买赋税，又增加到二百二十万两白银。耶律楚材极力争辩劝阻，以至于声色俱厉，一边说一边哭。太宗说："你想打架呀？"又说："你想为百姓哭泣吗？姑且让他们试着做做再说。"楚材无法阻止，于是叹息道："百姓困穷，将从此开始了！"

耶律楚材曾与宗王一起吃饭，喝醉后躺在车中，太宗在原野上看见了，直接来到他的营盘里，登上车用手推他。楚材睡得正香，正为别人打扰自己而恼怒，忽然睁开眼睛一看，才知道是皇帝来了，慌忙起身谢罪，太宗说："有酒一个人喝醉，不想跟我一起快活快活吗？"笑着走了。楚材来不及穿戴好衣冠，赶紧骑马前往皇帝的行宫，太宗为他摆开酒席，尽兴而罢。

耶律楚材主持政务很长时间，把得到的俸禄分给自己的亲族，从来没有徇私情让他们做官。行省刘敏严肃认真地向他提起此事，楚材说："使亲族和睦的道理，只应是用财物资助他们。我不能为了照顾私人感情而让他们去做官违法。"

辛丑年二月三日，太宗病危，医生说脉搏已经不动了。皇后不知所措，把耶律楚材召来询问，楚材回答说："现在任用的官员不合适，出卖官职，打官司要贿赂，囚禁无辜的人很多。古人一句好话就可以使火星退到原来的位置，我请求赦免天下的囚徒。"皇后想立即去做，楚材说："没有皇帝的命令不行。"过了一会，太宗稍微苏醒过来，于是上奏请求赦免囚犯，太宗已不能说话，点头表示同意。当天夜里，医生测到脉搏重新跳动，正好是宣读赦免令的时候，第二天病就好了。冬十一月四日，太宗将出去打猎，楚材用太乙数来推算，赶紧说不能打猎，左右侍从们都说："不骑马射箭，就谈不上快乐。"打猎五天，太宗在行营中去世。皇后乃马真氏行使皇帝权力，重用和信任奸邪之人，政务都被搞乱。奥都剌合蛮因为包买赋税而执掌大权，朝廷里的人都害怕他、依附他。楚材当面斥责，在朝廷中争辩，说别人不敢说的话，人们都为他担心。

癸卯年五月，火星侵犯房星的区域，耶律楚材上奏说："将有惊扰发生，但最后会没事的。"没过多久，朝廷用兵，事情仓促发生，群情纷扰，皇后于是下令将靠得住的人武装起来，甚至想向西迁移以躲避面临的危机。楚材说："朝廷是天下的根本，根本一旦动摇，天下将会动乱。我观察天象，肯定没有灾难。"过了几天就安定下来。皇后将盖有皇帝大印的空白纸张交给奥都剌合蛮，让他自行填写办事。楚材说："天下是先皇帝的天下。朝廷自有法律规章，现在要搅乱，我不敢遵从命令。"这件事因而中止。又有旨令说："凡是奥都剌合蛮提出的建议，令史如果不记录下来，就砍断他的手。"楚材说："国家的典章制度，先帝都托付给老臣我来维护，跟令史有什么关系呢？事情如果合理，自然应当奉命执行，如果不能照办的，死都不怕，何况是断手呢！"皇后很不高兴。楚材仍然争辩不已，并大声说："老臣我侍奉太祖、太宗三十多年，没有辜负国家，皇后又怎么能没有罪名而处死我呢！"皇后虽然恨他，也因为他是先朝的有功旧臣，对他既尊敬又畏惧。

甲辰年夏五月,耶律楚材死在官位上,终年五十五岁。皇后哀悼,赠赐非常丰厚。后来有人诬陷楚材,说他当宰相时间很长,天下进贡的赋税有一半都落到他的家中。皇后命令侍从大臣麻里扎前去查看,只有十几张琴、阮以及几千卷古今书画、金石和遗文。至顺元年,赠官号为经国议制寅亮佐运功臣、太师、上柱国,追封为广宁王,谥号"文正"。

刘秉忠传

【题解】

刘秉忠,字仲晦,早年隐居武安山,从僧学道,后因其师海云禅师被召入京而出佳,多次上书仁宗,倡言为政致治之术,颇多创益。又创定典章官制,为元代曲则。堪称元代重臣,但以散人自居,所以世多目为隐士。

【原文】

刘秉忠字仲晦,初名侃,因从释氏,又名子聪,拜官后始更今名。其先瑞州人也,世仕辽,为官族。曾大父仕金,为邢州节度副使,因家焉,故自大父泽而下,遂为邢人。庚辰岁,木华黎取邢州,立都元帅府,以其父润为都统。事定,改署州录事,历钜鹿、内丘两县提领,所至皆有惠爱。

秉忠生而风骨秀异,志气英爽不羁。八岁入学,日诵数百言。年十三,为质子于帅府。十七,为邢台节度使府令史,以养其亲。居常郁郁不乐,一日投笔叹曰:"吾家累世衣冠,乃汨没为刀笔吏乎!丈夫不过于世,当隐居以求志耳。"即弃去,隐武安山中。久之,天宁虚照禅师遣徒招致为僧,以其能文词,使掌书记。后游云中,留居南堂寺。

世祖在潜邸,海云祥师被召,过云中,闻其博学多材艺,邀与俱行。既入见,应对称旨,屡承顾问。秉忠于书无所不读,尤邃于易及邵氏经世书,至于天文、地理、律历、三式六壬遁甲之属,无不精通。论天下事如指诸掌。世祖大爱

刘秉忠

之,海云南还,秉忠遂留藩邸。后数岁,奔父丧,赐金百两为葬具,仍遣使送至邢州。服除,复被召,奉旨还和林。上书数千百言,其略曰:

典章、礼乐、法度、三纲五常之教,备于尧、舜,三王因之,五霸败之。汉兴以来,至于五代,一千三百余年,由此道者,汉文、景、光武、唐太宗、玄宗五君,而玄宗不无疵也。然治乱之道,系乎天而由乎人。天生成吉思皇帝,起一旅,降诸国,不数年而取天下。勤劳

忧苦,遗大宝于子孙,庶传万祀,永保无疆之福。

愚闻之曰"以马上取天下,不可以马上治"。昔武王,兄也;周公,弟也。周公思天下善事,夜以继日,每得一事,坐以待旦,以匡周室,以保周天下八百余年,周公之力也。君上,兄也;大王,弟也。思周公之故事而行之,在乎今日。千载一时,不可失也。

君之所任,在内莫大乎相,相以领百官,化万民;在外莫大乎将,将以统三军,安四域。内外相济,国之急务,必先之也。然天下之大,非一人之可及;万事之细,非一心之可察。当择开国功臣之子孙,分为京府州郡监守,督责旧官,以遵王法;仍差按察官守,治者升,否者黜。天下不劳力而定也。

天下户过百万,自忽都那演断事之后,差徭甚大,加以军马调发,使臣烦扰,官吏乞取,民不能当,是以逃窜。宜比旧减半,或三分去一,就是在之民以定差税,招逃者复业,再行定夺。官无定次,清洁者无以迁,污滥者无以降。可比附古例,定百官爵禄仪仗,使家足身贵。有犯于民,设条定罪。威福者君之权,奉命者臣之职。今百官自行威福,进退生杀惟意之从,宜从禁治。

天下之民未闻教化,见在囚人宜从赦免,明施教令,使之知畏,则犯者自少也。教令既设,则不宜繁,因大朝旧例,增益民间所宜设者十数条足矣。教令既施,罪不至死者皆提察然后决,犯死刑者覆奏然后听断,不致刑及无辜。

天子以天下为家,兆民为子,国不足,取于民,民不足,取于国,相须如鱼水。有国家者,置府库,设仓廪,亦为助民;民有身者,营产业,辟田野,亦为资国用也。今宜打算官民所欠债负,若实为应当差发所借,宜依合罕皇帝圣旨,一本一利,官司归还。凡陪偿无名,虚契所负,及还过元本者,并行赦免。

纳粮就远仓,有一废十者,宜从近仓以输为便。当驿路州城,饮食祗待偏重,宜计所费以准差发。关市津梁正税十五分取一,宜从旧制。禁横取,减税法,以利百姓。仓库加耗甚重,宜令权量度均为一法,使锱铢圭撮尺寸皆平,以存信去诈。珍贝金银之所出,淘沙炼石,实不易为。一旦以缠丝缕,饰皮革,涂木石,妆器仗,取一时之华丽,废为尘而无济,甚可惜也。宜从禁治。除帝胄功臣大官以下章服有制外,无职之人不得僭越。今地广民微,赋敛繁重,民不聊生,何力耕耨以厚产业?宜差劝农官一员,率天下百姓务农桑,营产业,实国之大益。

古者庠序学校未尝废,今郡县虽有学,并非官置。宜从旧制,修建三学,设教授,开选择才,以经义为上,词赋论策次之,兼科举之设,已奉合罕皇帝圣旨,因而言之,易行也。开设学校,宜择开国功臣子孙受教,选达才任用之。

天下莫大于朝省,亲民莫近于县宰。虽朝省有法,县宰宜择,县宰正,民自安矣。关西、河南地广土沃,以军马之所出入,治而未丰。宜设官招抚,不数年民归土辟,以资军马之用,实国之大事。移剌中丞拘榷监铁诸产、商贾酒醋货殖诸事,以定宣课,虽使从实恢办,不足亦取于民,拖兑不办,已不为轻。奥鲁合蛮奏请于旧额加倍榷之,往往科取民间。科榷并行,民无所措手足。宜从旧例办榷,更或减轻,罢繁碎,止科征,无从献利之徒削民害国。鳏寡孤独废疾者,宜设孤老院,给衣粮以为养。使臣到州郡,宜设馆,不得于官衙民家安下。

孔子为百王师,立万世法,今庙堂虽废,存者尚多,宜令州郡祭祀,释奠如旧仪。近代礼乐器具靡散,宜令刷会,征太常旧人教引后学,使器备人存,渐以修之,实太平之基,王道之本。今天下广远，虽成吉思皇帝威福之致，亦天地神明阴所祐也。宜访名儒，循旧礼，尊祭上下神旨，和天地之气，顺时序之行，使神享民依，德极于幽明，天下赖一人之庆。

见行辽历，日月交食颇差，闻司天台改成新历，未见施行。宜因新君即位，颁历改元。令京府州郡置更漏，使民知时。国灭史存，古之常道，宜撰修金史，令一代君臣事业不坠于后世，甚有励也。

国家广大如天，万中取一，以养天下名士宿儒之无营运产业者，使不致困穷。或有营运产业者，会前圣旨，种养应输差税，其余大小杂泛并行蠲免，使自给养，实国家养才励人之大也。明君用人，如大匠用材，随其巨细长短，以施规矩绳墨。孔子曰："君子不可小知而可大受，小人不可大受而可小知。"盖君子所存者大，不能尽小人之事，或有一短；小人所拘者狭，不能同君子之量，或有一长。尽其才而用之，成功之道也。

君子不以言废人，不以人废言，大开言路，所以成天下、安兆民也。天地之大，日月之明，而或有所蔽。且蔽天之明者，云雾也；蔽人之明者，私欲佞说也。常人有之，蔽一心也；人君有之，蔽天下也。常选左右谏臣，使讽谕于未形，忖画于至密也。君子之心，一于理义，怀于忠良；小人之心，一于利欲，怀于谗佞。君子得位，有容于小人；小人得势，必排于君子。明君在上，不可不辨也。孔子曰："远佞人"，又曰"恶利口之覆邦家者"，此之谓也。

今言利者众，非图以利国害民，实欲残民而自利也。宜将国中人民必用场治，付各路课税所，以定榷办，其余言利者并行罢去。古者明王不宝远物，所宝惟贤，如使贤者在位，能者在职，此皆一人之睿知，贤王之辅成也。古者治世均民产业，自废井田为阡陌，后世因之不能复。今穷乏者益损，富盛者增加。宜禁行利之人勿恃官势，居官在位者勿侵民利，商贾与民和好交易，不生擅夺欺罔之害，真国家之利也。

笞棰之制，宜会古酌今，均为一法，使无敢过越。禁私置牢狱，淫民无辜，鞭背之刑宜禁治，以彰爱生之德。立朝省以统百官，分有司以御众事，以至京府州郡亲民之职无不备，纪纲正于上，法度行于下，是故天下不劳而治也。今新君即位之后，可立朝省，以为政本。其余百官，不在员多，惟在得人焉耳。

世祖嘉纳焉。又言："邢州旧万余户，兵兴以来不满数百，凋坏日甚，得良牧守如真定张耕、洛水刘肃者治之，犹可完复。"朝廷即以耕为邢州安抚使，肃为副使。由是流民复业，升邢为顺德府。

癸丑，从世祖征大理。明年，征云南。每赞以天地之好生，王者之神武不杀，故克城之日，不妄戮一人。己未，从伐宋，复以云南所言力赞于上，所至全活不可胜计。

中统元年，世祖即位，问以治天下之大经、养民之良法，秉忠采祖宗旧典，参以古制之宜于今者，条列以闻。于是下诏建元纪岁，立中书省、宣抚司。朝廷旧臣、山林遗逸之士，咸见录用，文物灿然一新。

秉忠虽居左右，而犹不改旧服，时人称之为聪书记。至元元年，翰林学士承旨王鹗奏言："秉忠久侍藩邸，积有岁年，参帷幄之密谋，定社稷之大计，忠勤劳绩，宜被褒崇。圣明御极，万物惟新，而秉忠犹仍其野服散号，深所未安，宜正其衣冠，崇以显秩。"帝览奏，即日拜光禄大夫，位太保，参领中书省事。诏以翰林侍读学士窦默之女妻之，赐第奉先坊，且以少府宫籍监户给之。秉忠既受命，以天下为己任，事无巨细，凡有关于国家大体者，知无不言，言无不听，帝宠任愈隆。燕闲顾问，辄推荐人物可备器使者，凡所甄拔，后悉为名臣。

初,帝命秉忠相地于桓州东滦水北,建城郭于龙冈,三年而毕,名曰开平。继升为上都,而以燕为中都。四年,又命秉忠筑中都城,始建宗庙宫室。八年,奏建国号曰大元,而以中都为大都。他如颁章服,举朝仪,给俸禄,定官制,皆自秉忠发之,为一代成宪。

十一年,扈从至上都,其地有南屏山,尝筑精舍居之。秋八月,秉忠无疾端坐而卒,年五十九。帝闻惊悼,谓群臣曰:"秉忠事朕三十余年,小心慎密,不避艰险,言无隐情,其阴阳术数之精,占事知来,若合符契,惟朕知之,他人莫得闻也。"出内府钱具棺敛,遣礼部侍郎赵秉温护其丧还葬大都。十二年,赠太傅,封赵国公,谥文贞。成宗时,赠太师,谥文正。仁宗时,又进封常山王。

秉忠自幼好学,至老不衰,虽位极人臣,而斋居蔬食,终日澹然,不异平昔。自号藏春散人。每以吟咏自适,其诗萧散闲淡,类其为人。有文集十卷。无子,以弟秉恕子兰璋后。

【译文】

刘秉忠,字仲晦,原名叫刘侃,因为信奉佛教,又改名叫子聪,当官后才改成现在的名字。他的祖上是瑞州人,世世代代在辽代当官,是官族。曾祖父在金当官,是邢州节度副使,因而住在邢州。所以从祖父刘泽往下,便成了邢州人。庚辰那一年,木华黎夺取了邢州,建立都元帅府,任命他的父亲刘润做都统。战事安定下来后,改称州录事,又当过钜鹿、内丘两县的提领,所到之处对百姓都有好处。

刘秉忠天生风骨隽秀,不同一般,志气英发飒爽,不受羁绊。八岁上学,每天念读几百字。十三岁,在帅府作为人质。十七岁,做邢台节度使府的令史,以此赡养父母。平时常常抑郁不高兴,有一天扔笔叹息道:"我家几代都是做官的,现在却能够堕落成耍笔杆子的吗?大丈夫不逢盛世,应该隐居以求得志向罢了。"便辞掉职务,隐居到武安山中。时间长了,天宁虚照禅师派弟子把他招来当了僧人,因为他能够写文章,让他当书记。后来游历云中,留住在南堂寺。

元世祖即位以前,海云禅师被召到住地,经过云中,听说刘秉忠博学多艺,邀请他同行。晋见到元世祖后,回答问题,很符合旨意,多次被世祖询问。秉忠没有什么书不读,尤其精通《周易》和邵氏的《经世书》,至于天文、地理、律历、三式六壬遁甲之类,没有不精通的。谈论天下的事就像谈论手掌中的事。元世祖很喜欢他,海云南还以后,他就留在哪里。几年以后,回去奔父亲的丧事,元世祖赐给他百两黄金作为葬费,并派人送他到邢州。守丧完后,又被召回,遵旨回到和林,上书几千言,大略是:

典章、礼乐、法度、三纲五常的教条,从尧、舜起开始齐备,三王承袭这些,五霸毁坏了它们。汉代兴起以来,到了五代,一千三百多年,遵循这些的,汉文帝、景帝、光武帝、唐太宗、玄宗五个皇帝,而唐玄宗不是没有缺点。然而天下大治和大乱的规律,关键在天,却由人来操纵。天生成吉思皇帝,带一支军队,打败了许多国家。没用几年便夺取了天下。勤劳辛苦,把皇位留给了子孙,可以留传一万代,永远保持没有尽头的幸福。

我听说"在马上打下天下的,不能在马上治天下"。古时的周武王是哥哥,周公是弟弟。周公考虑天下的善事,夜以继日,每想到一件事,性急地坐着等到天亮赶紧去做,因此帮助周王朝,保持周王朝八百多年拥有天下,这是周公的功劳啊。皇帝,是哥哥,大王,是弟弟。想一想周公的往事而照着去做，这是今天应该做的事。千载难逢的一个时机，不可以失去。

君王所任命的人，从朝廷内部说最大的无过于宰相。宰相统领百官，教育万民；从朝廷外部说莫过于将军，将军统帅三军，安定四方。内外相助，国家的当务之急，必须先去做。然而天下之大，不是一人可以照顾得完的。万种事的琐细，不是一条心可以鉴察的。应该选择开国功臣的子孙，让他们分担京府、州郡的监守，督促领导以前的官吏，来遵循皇上的法令。并让他们检察官吏，有政绩的提升，没有成绩的贬职。这样天下不用费劲就可以安定了。

社会上人口多到百万人以上，自从忽都那演施政之后，劳役很重，加上军马调拨，使臣僚烦扰，官吏搜刮，老百姓承受不了，因而逃窜。应该比原来减少一半，或者是三分之一，按照现在的人口规定差税，招募逃走的人回来定居生产，再作决定，官职没有法度，清廉的不提拔，贪污的不贬职，可以按照古代的办法，规定各种官吏的职位、俸禄和待遇，使他们家庭丰足，地位显贵。有侵犯百姓的，设置法律定罪。享受威福是君王的权利，遵奉命令是臣下的职责。现在百官各自享受威福，按照自己的意愿提升或贬斥人，应该加以禁止和严惩。

天下的老百姓没有得到教化，现在被关押的人应该放掉，明确地发布教令，使他们知道害怕，这样违法的人就自然会少了。教令既然设立，则不应该太烦琐。根据朝廷以往的惯例，增加社会上应该设置的十几条就够了。教令施行之后，犯罪不够死刑的都要先审查然后判处，犯了死罪的多次审定然后决断，这样就不至于殃及没有罪的人。

天子把天下当成家，把老百姓当成自己的子女。国家财力不够，取之于老百姓，老百姓财力不够，取之于国家，相互帮助就象鱼同水一样。统治国家的人，设置国库，建造仓库，也是为了帮助老百姓。老百姓作为个人来说，经营产业，开田种地，也是为了给国家提供财富。现在应当计算官吏和百姓所欠的债务，如果确实是应当归还的，可以根据合罕皇帝的圣旨，一本一利，加以归还。如果没有理由偿还，虚的契约负担的，或已还的超过原来借债的，都应加以赦免。

从远处的粮仓进粮，进一成浪费十成，应该从近处的粮仓进粮为好。沿路花费，吃喝招待过分，应根据需要调配。关卡渡口正常的关税是十五分取一分，应遵从以前的制度。禁止滥收税，减免税法，以利于老百姓。仓库损耗很大，应命令统一度量标准，使度量尺寸公平，以取信于人，拒绝欺诈。珍宝贝壳金银等，都是从淘沙炼石当中获得，实在不容易。一旦用来缠在丝线上，装饰在皮革上，涂在木头石头上，嵌在器物上，只图一时的华丽，把这些东西都浪费了，而无补于事，非常可惜。应该严加惩治。除了皇帝皇族功臣达官以下衣服有制度外，没有官职的人不得越份。现在土地广阔，人口稀少，赋税繁重，百姓无法生活，有什么力量来耕种，从而增加产业？应该派一个劝农官，率领天下的老百姓从事农业和养蚕，经营产业，这实在是对国家大有好处的。

古时候学校不曾废弃，现在郡县虽然有学校，并不是政府建置的。应该依照原来的制度，修建学校，设立教师，选拔人才，以经义为第一，辞赋论策为第二，兼设科举，遵循合罕皇帝的圣旨，从而发表意见，这样就容易实行了。开设学校，应该选择开国功臣的子孙来接受教育，选择有才的人加以任用。

天下没有大于朝省的，亲近百姓没有近于县官的，虽然朝省有法规，县官应经过选

元人在永定河运筏图

择,县官正直,百姓就自然安定了。关西、河南土地广阔肥沃,因为是军马在哪里活动频繁,治理却没有富饶。应该设置官职加以抚养,用不了几年百姓归回家园,开垦土地,提供军费开支,实在是国家的大事。移剌中丞监督盐铁等产业、买卖酒醋等货物,确定课税,从实照办,不足亦取之于民,拖欠不办的已为数不少。奥鲁合蛮奏请加倍征收赋税,往往导致苛取民间,制定赋税,不应太重,使民手足无措。应根据老办法减轻赋税,罢免繁琐的手续,制止科税,不跟着牟取私利的人剥削百姓,妨害国家。鳏寡孤独和残废之人,应设立孤老院,供给他们衣服粮食来养护他们。因公出差的官吏到了州郡,应开办旅店,不得在官府或百姓家居住。

孔子是所有皇帝的老师,他确立了万代都要遵循的政策。现在庙堂虽然废弃了,存留的还很多,应该让州郡如同旧的仪式一般祭祀纪念。近代礼乐器物都散失了,应该命令重新设置起来,征集太常旧人教导后来的年轻人,使器件具备,人才存在,逐渐学习。这实在是太平的基础,王道的根本。如今天下广大,虽然是成吉思汗皇帝的威福带来的,也是天地神明暗中保佑的结果。应该访问有名的儒士,遵循传统的礼仪,尊奉、祭祀上下的神灵,调和天地之气,顺从时节之行,使神灵得到共享,百姓有了依靠,德行惠及神灵,天下的百姓都依靠皇帝一人的福分。

现在通行的辽代的历书,日月运行差得较远。听说司天台改成新历,未见实行。应

该趁新的皇帝即位的时候,颁布新历,改换纪元。令京府、州郡设置更漏,使老百姓知道时间。国家灭亡了,历史要保存下来,这是古代的常理。应该撰写《金史》,让一代君臣的事业在后世不被废弃,这是很有帮助的。

国家就象天那般广大,从一万份中取一份,来养护天下名士、老儒中没有经营产业者,使他们不至于穷困。或者有经营产业的人,根据以前皇上的圣旨,交纳该交的赋税,其余大小杂碎的赋税全部免去,使他们自己赡养自己,这实在是国家培养人才鼓励人民的重大问题。圣明的君主使用人,就象技术高超的木匠使用木材,根据它粗细长短的不同,加以不同的处理。孔子说:"君子不拘小节而能注意大的方面。小人不注意大的方面而可以解决小问题。"这大概是君子心中注意的是大问题,不能全部顾及小人能做到的事,这样就可能有一短处;小人的眼光狭隘,不能等同于君子的气量,也可能有一长处。使他们各自都能发挥出他们全部的才能而加以任用,这就是成功的道路。

君子不因为别人说了不妥当的话就否定了他那个人,不因为不喜欢那个人就不采纳他的建议。广开言路,就能够夺取天下,安定百姓。天地广大,日月光明,也会有所蒙蔽。而蒙蔽天的光明的是云雾,蒙蔽人的聪明的,则是私心和诡言。一般人被蒙蔽,只蒙蔽一个人;君王被蒙蔽,就蒙蔽了天下。经常选择左右的进谏之臣,使他们在错误未形成之前就加以劝阻,周密地加以策划。君子的心思,统一在理义,胸怀着忠良;小人的心思,统一在利欲,胸怀着谄媚。君子当了官,可以容纳小人;小人得了势,必然要排挤君子,明君在上,不可以不加以辨察。孔子说:"远远地避开谄媚的小人",又说:"最讨厌花言巧语把国家弄灭亡了的人。"都是说的这一点。

如今谈利的人很多,不是企图对国家和人民有利,其实是想残害百姓而使自己获利。应该将国家中人们必须用的东西,付给各路课税所,以决定赋税标准,其他谈利的全部免去。古时候圣明的君王不看重远方的财物,所看重的只是贤人。如果使贤良的人有职务,有才能的人有职务,这都是一个人的聪明才智,贤明的君王辅助而成。古时候天下大治的时候百姓的产业都是均等的,自从废除井田制改成阡陌之后,后代因袭不能恢复。如今穷困的人愈加被剥夺,富裕的人更加富裕。应该禁止追求私利的人不要依仗官的势力,当官有职位的人不要侵犯百姓的利益,商人与老百姓和好地做买卖,不产生欺骗抢夺的念头,这才是对国家有益的事。

刑罚的制度,应该参照古代的和今天的做法,合成统一的刑法,使人们不敢违反。禁止私自设置监牢,滥捕无罪之人,用鞭抽打背的刑法应该禁止,以表现爱护生命的品德。建立朝省以统治百官,分设机构以办理众事,乃至京府、州郡爱护百姓的职能无不具备,纲纪正于上,法度行于下,因此天下不用辛劳而可获得治理。如今新君王即位之后,可以建立朝省,作为从政的根本。其余众官,不在人多,只在得到合适的人罢了。

元世祖很夸奖他,并采纳了他的建议。刘秉忠又说:"邢州以前有一万多户人口,战争兴起以来不满几百岁,凋零一天甚过一天,得到一个象真定的张耕、洛水刘肃这样的好的领导来统治,还可以恢复。"朝廷便以张耕为邢州安抚使,刘肃为副使。从此流亡的百姓又恢复生产,提升邢州为顺德府。

癸丑年,跟着元世祖征讨大理。第二年,征服了云南。常常称赞天地是爱好生的,做皇帝的人不杀人,所以攻克城的时候,不要杀一个人。己未年,跟着皇帝讨伐宋,又用在云南说的话劝说皇上,所到之处保全的生命数也数不清。

中统元年，元世祖即位，询问治理天下的关键、养育百姓的好办法，刘秉忠采纳祖宗的旧典，参照古代制度适合于今天的内容，一条条地列出来上报给皇帝听。于是皇帝下诏重设纪元纪录年岁，建立中书省、宣抚司。朝廷的旧臣、山林的隐逸之士，都被录用，人才济济，粲然一新。

刘秉忠虽然常在皇帝左右，却仍然不敢换旧日的服装。当时人称他为聪书记。至元元年，翰林学士承旨王鹗上奏说："刘秉忠长期侍奉在皇上身边，有很多年头了，参与国家的机密，制定国家的大方针，忠心勤恳，应加以奖励。皇上圣明，掌权之后，万物气象一新，而秉忠还仍然穿着朴素的散装，我非常不安。应该端正他的衣帽，加给他显赫的官职。"皇帝看了他的奏书，当天就拜刘秉忠为光禄大夫，位居太保，参与领中书省事。下诏让翰林侍读学士窦默的女儿嫁给他，赐给他奉先坊居住，并且将少府宫籍监户给他。秉忠接受命令之后，以天下为己任，事无大小，凡是有关于国家大事的，知道的就没有不说的，说的就没有不听的，皇帝对他越来越信任。空闲时帮着皇上参谋，推荐可以供使用的人才。凡是他所提拔的，后来都成了名臣。

当初，皇帝命令刘秉忠去考察桓州东滦水北的土地，在龙冈建设城市，三年完工，名叫开平。随即升为上都，而以燕为中都。至元四年，又命令刘秉忠建筑中都城，开始建宗庙宫室。至元八年，上奏建国号叫大元，而以中都为大都。其他象颁布章服，举行朝廷仪式，供给俸禄，制定官制，都是听从秉忠的建议，成为一代固定的宪章。

至元十一年，跟从皇上到上都，哪里有南屏山，曾经建了精舍居住在哪里。秋天八月的时候，刘秉忠没有病端直地坐着就去世了，时年五十九。皇帝听说后惊叹哀悼，对群臣说："秉忠服务于我三十多年，小心谨慎，不避艰险，发表意见毫不隐饰，他精通阴阳术数，占卜事情预知未来，非常应验。只有我知道这些，其他人不可能听说啊。"拿出国库的钱具办了棺殓，派礼部侍郎赵秉温护送他的灵柩回到大都安葬。至元十二年，赠太傅，封赵国公，谥号文贞。元成宗时，赠太师，谥文正。元仁宗时，又进封常山王。

秉忠自幼好学，到老不松懈，虽然地位达到了臣子最高的地步，却斋戒居住，粗茶淡饭，整天淡然，与平时没有不同，自号藏春散人，常常咏诵诗词自娱，他的诗歌消散闲淡，正象他的为人。有文集十卷。没有子女，把弟弟刘秉恕的儿子兰璋当作自己的儿子。

张文谦传

【题解】

张文谦（1215～1283），邢州沙河人（今河北邢台）。元世祖忽必烈即位以前，张文谦任其王府书记并随之出征，深受信任。世祖即位后，张文谦先后任左丞，大司农卿，御史中丞，枢密副使等职。张文谦早年与刘秉忠同学，学习研究历法计算。至元十三年，因《大明历》使用日久，误差累积，决定改制亲历。于是任命张文谦为昭文馆大学士领太史院，负责改历。在许衡、王恂、郭守敬等人努力下，完成了《授时历》。

【原文】

张文谦,字仲谦,邢州沙河人。幼聪敏,善记诵,与太保刘秉忠同学。世祖居潜邸,受邢州分地,秉忠荐文谦可用。岁丁未,召见,应对称旨,命掌王府书记,日见信任。邢州当要冲,初分二千户为勋臣食邑,岁遣人监领,皆不知抚治,征求百出,民弗堪命。或诉于王府,文谦与秉忠言于世祖曰:"今民生困弊,莫邢为甚。盍择人往治之,责其成效,使四方取法,则天下均受赐矣。"于是乃选近侍脱兀脱、尚书刘肃、侍郎李简往。三人至邢,协心为治,洗涤蠹敝,革去贪暴,流亡复归,不期月,户增十倍。由是世祖益重儒士,任之以政,皆自文谦发之。

岁辛亥,宪宗即位。文谦与秉忠数以时务所当先者言于世祖,悉施行之。世祖征大理,国主高祥拒命,杀信使遁去。世祖怒,将屠其城。文谦与秉忠、姚枢谏曰:"杀使拒命者高祥尔,非民之罪,请宥之。"由是大理之民赖以全活。己未,世祖帅伐宋,文谦与秉忠言:"王者之师,有征无战。当一视同仁,不可嗜杀。"世祖曰:"期与卿等守此言。"既入宋境,分命诸将毋妄杀,毋焚人室庐,所获生口悉纵之。

中统元年,世祖即位,立中书省,首命王文统为平章政事,文谦为左丞。建立钢纪,讲明利病,以安国便民为务,诏令一出,天下有太平之望。而文统素忌克,谟谋之际屡相可否,积不能平,文谦遽求出,诏以本官行大名等路宣抚司事。临发,语文统曰:"民困日久,况当大旱,不量减税赋,何以慰来苏之望?"文统曰:"上新即位,国家经费止仰税赋,苟复减损,何以供给?"文谦曰:"百姓足,君孰与不足!俟时和岁丰,取之未晚也。"于是蠲常赋什之四,商酒税什之二。

二年春,来朝,复留居政府。如立左右部,讲行庶务,巨细毕举,文谦之力为多。三年,阿合马领左右部,总司财用,欲专奏请,不关白中书。诏廷臣议之,文谦曰:"分制财用,古有是理,中书不预,无是理也。若中书弗问,天子将亲莅之乎?"帝曰:"仲谦言是也。"

至元元年,诏文谦以中书左丞行省西夏中兴等路。羌俗素鄙野,事元统纪,文谦得蜀士陷于俘虏者五、六人,理而出之,使习吏事,旬月间簿书有品式,子弟亦知读书,俗为一变。浚唐来、汉延二渠,溉田十数万颂,人蒙其利。

三年,还朝。诸势家言有户数千,当役属为私奴者,议久不决。文谦谓以乙未岁户帐为断,奴之未占籍者,归之势家可也。其余良民无为奴之理。议道定,守以为法。五年,淄州妖人胡王惑众,事觉,逮捕百余人。丞相安童以文谦言奏曰:"愚民无知,为所诳诱,诛其首恶足矣。"诏即命文谦往决其狱,惟三人坐弃市,余皆释之。

七年,拜大司农卿,奏立诸道劝农司,巡行劝课,请开籍田,行祭先农先蚕等礼。复与窦默请立国子学。诏以许衡为国子祭酒,选贵胄子弟教育之。时阿合马议拘民间铁,官铸农品,高其价以配民,创立行户部于东平、大名以造钞,及诸路转运司,干政害民,文谦悉于帝前极论罢之。十三年,迁御史中丞。阿合马虑宪台发其奸,乃奏罢诸道按察司以撼之,文谦奏复其旧。然自知为奸臣所忌,力求去。会世祖以大明历岁久寖差,命许衡等造新历,乃授文谦昭文馆大学士,领太史院,以总其事。十九年,拜枢密副使,岁余,以疾薨于位,年六十八。

文谦蚤从刘秉忠,洞究术数;晚交许衡,尤粹于义礼之学。为人刚明简重,凡所陈于上前,莫非尧、舜仁义之道。数忤权倖,而是非得丧,一不以经意。家惟藏书万卷。尤以引荐人材为己任,时论益以是多之。累赠推诚同德佐运功臣、太师、开府仪同三司、上柱国,追封魏国公,谥忠宣。

长子晏,仕至御史中丞,赠陕西地省平章政事,封魏国公,谥文靖。

【译文】

张文谦,字仲谦,邢州沙河人。小时聪明,善于记忆、背诵。和太保刘秉忠同学。元世祖忽必烈即位以前受封于邢州,刘秉忠向他推荐张文谦。丁未年(1247),张文谦受到召见,对答合意,被任命为王府的书记,逐渐得到信任。邢州地处交通要道,当初分二千户为功臣的食邑。这些人只知每年派人来征索,全不管治理。租税沉重,老百姓苦不堪言。有人向王府诉苦,张文谦和刘秉忠对世祖说:"如今老百姓困苦,以邢州为甚。应当选派人员去治理,考察政绩,让四方效仿,这样全天下都受益不浅。"于是选派近侍脱兀脱、尚书刘肃、侍郎李简前往。三人到了邢州,同心协力,惩治贪暴,革除弊政,逃亡的人民纷纷归来。没几个月,户口增加了十倍。从此世祖更加重视儒士,委以重任,这都是从张文谦开始的。

辛亥年(1251),宪宗即位。张文谦、刘秉忠多次向世祖建议应当优先施行的政策,都得到采纳。世祖征大理国,国主高祥拒不从命,杀了使者后逃走。世祖大怒,将要屠城。张文谦与刘秉忠、姚枢劝道:"杀使拒命的是高祥,并非老百姓的罪过,请宽恕他们。"因此大理百姓得以存活。已未年(1259),世祖率领大军伐宋。张文谦、刘秉忠说:"王者之师,有征无战。对老百姓应当一视同仁,不可杀害无辜。"世祖说:"我们共同遵守这一诺言。"攻入宋境,分头命令诸将不可妄杀无辜,不烧毁房屋,捉到的俘虏都放掉。

中统元年(1260),元世祖即位,立中书省,任命王文统为平章政事,张文谦为左丞。建立法纪,讲明利弊,以安定国家,便利人民为宗旨。诏令一出,天下可望获得太平。但王文统素来心胸狭窄,工作之间常有意见不合,久积成犯。张文谦要求外任,被委以本官行大名等路宣抚司事。临行前对王文统说:"百姓长期遭受战乱之苦,又遇上大旱。若不适当减少税赋,百姓如何喘得过气来?"王文统说:"皇上刚刚即位,国家的费用全指望赋税。若再减免,如何供给国家的需用?"张文谦说:"百姓富足了,皇帝还能不富? 等到天下太平,风调雨顺时再索取也不晚。"于是蠲免一般赋税十分之四,免商酒税十分之二。

中统二年(1261)春,张文谦回到朝廷。建立左右部,各种大小事务,出力最多。中统三年(1262),阿合马负责左右部,主管财务,想独立主张,不经过中书省。命令廷臣会议,张文谦说:"专管财政机构,古代有这样的道理。不让中书管理,没有这样的道理。中书不管,难道要皇上亲自管吗?"皇帝说:"仲谦说得对。"

至元元年(1264),张文谦受命以中书左丞的身份巡视西夏中兴等路。羌地民俗精野,办事缺乏规矩。张文谦找到五六个沦为俘虏的四川士人,让他们学习书吏的公事。没多久,他们写的公文已经很有规矩了。青年人也知道读书,风气为之一变。还疏浚了唐来、汉延两条水渠,灌溉了农田十几万顷。百姓得到许多好处。

至元三年(1266),回到朝廷。有权有势者声称有几千户人家应当属于他们的私权,朝廷久议不决。张文谦主张以乙未年(1235)的户口为准。当时为奴,没报户口的,归富家为奴,其余良民不应该为奴。于是作为法律定了下来。至元五年(1268),淄州妖人胡王煽动惑众,案发后逮捕百余人。丞相安童转达张文谦的意见:"愚民无知,受骗上当,诛杀首恶就行了。"皇上命令张文谦审理此案,结果只有三个判处弃市,其余的都释放了。

至元七年(1270),任大司农卿。奏请在各道设立劝农司,巡行各地督促农业生产。又请求建立籍田制度,行祭祀先农、先蚕的礼仪。又和窦默一起请求建立国子学。皇帝任命许衡为国子祭酒,选贵族子弟加以教育。当时阿合马提议收缴民间铁器,官方铸为农具,再高价卖给农民;在东平、大名创立行户部印制钞票;还有各路转运司,扰乱地方政府,祸害人民。张文谦都在皇帝面前极为反对,加以纠正。至元十三年(1276),升任御史中丞。阿合马害怕宪台(御史台)发现他干的坏事,劝皇帝取消诸道按察司以便削弱御史台的力量。张文谦劝皇帝恢复,但知道自己得罪了奸臣,坚决要求辞职。正好元世祖认为大明历年久误差,命令许衡等人造新历,于是任命张文谦为昭文馆大学士,领导太史院。至元十九年(1282),任枢密副使。因病死于任上,享年六十八岁。

张文谦早年跟随刘秉忠,深入研究历法数学;晚年与许衡交往,特别精通理学。为人刚直稳重,在皇帝面前提倡的,全是尧舜的仁义之道。多次得罪权贵,但个人得失全不在意。家中只有藏书万卷。尤其以引荐人才为己任,受到当时舆论的赞许。历赠官推诚同德佐运功臣、太师、开府仪同三司、上柱国,追封魏国公,谥号忠宣。张文谦长子张宴,官至御史中丞,赠官陕西行省平章政事,封魏国公,谥号文靖。

王恂传

【题解】

王恂(1235~1281),字敬甫,中山唐县(今河北)人。少时聪颖过人,被路过中山的刘秉忠赏识,将其带到磁州紫金山学习。1253年,刘秉忠将王恂推荐给元世祖,世祖命他为太子伴读,中统二年(1261)升做太子赞善。至元十三年(1276),因元初行用的金《大明历》不准,世祖任命王恂、郭守敬等进行改历。并设立太史局,"官属悉听恂辟置。"至元十六(1279),太史局改为太史院,王恂为太史令,郭守敬为同知太史院事。至元十七(1280),《授时历》颁行天下。《授时历》是中国历法史上水平最高的一部传统历法,这部历法本身以及为编历而进行的天文观测,为观测而制造的天文仪器等,均有许多创新和进步。由于王恂精于算术,《授时历》中计算方面的工作应与王恂有很大关系。王恂故世后,皇室因其在制历等方面的功绩,给予了他很高的荣誉。

【原文】

王恂,字敬甫,中山唐县人。父良,金末为中山府掾,时民遭乱后,多以违误系狱,良前后所活数百人。已而弃去吏业,潜心伊洛之学,及天文律历,无不精究,年九十二卒。

恂性颖悟,生三岁,家人示以书帙,辄识风、丁二字。母刘氏授以《千字文》,再过目,即成诵。六岁就学,十三学九数,辄造其极。岁己酉,太保刘秉忠北上,途经中山,见而奇之,及南还,从秉忠学于磁之紫金山。

癸丑,秉忠荐之世祖,召见于六盘山,命辅导裕宗,为太子伴读。中统二年,擢太子赞善,时年二十八。三年,裕宗封燕王,守中书令,兼判枢密院事,敕两府大臣:凡有咨禀,必令王恂与闻。初,中书左丞许衡,集唐、虞以来嘉言善政,为书以进。世祖尝令恂讲解,且命太子受业焉。又诏恂于太子起居饮食,慎为调护,非所宜接之人,勿令得侍左右。恂言:"太子,天下本,嘱付至重,当延名德与之居处。况兼领中书、枢密之政,诏条所当遍览,庶务亦当屡省,官吏以罪免者毋使更进,军官害人,改用之际尤不可非其人。民至愚而神,变乱之余,吾不之疑,则反复化为忠厚。"帝深然之。

恂早以算术名,裕宗尝问焉。恂曰:"算术,六艺之一;定国家,安人民,乃大事也。"每侍左右,必发明三纲五常,为学之道,及历代治忽兴亡之所以然。又以辽、金之事近接耳目者,区别其善恶,论著其得失,上之。裕宗问以心之所守,恂曰:"许衡尝言:人心如印板,惟版本不差,则虽摹千万纸皆不差;本既差,则摹之于纸,无不差者。"裕宗深然之。诏择勋戚子弟,使学于恂,师道卓然。及恂从裕宗抚军称海,乃以诸生属之许衡,及衡告老而去,复命恂领国子祭酒。国学之制,实始于此。

帝以国朝承用金大明历,岁久浸疏,欲厘正之,知恂精于算术,遂以命之。恂荐许衡能明历之理,诏驿召赴阙,命领改历事,官属悉听恂辟置。恂与衡及杨恭懿、郭守敬等,遍考历书四十余家,昼夜测验,创立新法,参以古制,推算极为精密,详在守敬传。十六年,授嘉议大夫、太史令。十七年,历成,赐名授时历,以其年冬,颁行天下。

十八年,居父丧,哀毁,日饮勺水。帝遣内侍慰谕之。未几,卒,年四十七。初,恂病,裕宗屡遣医诊治,及葬,赙钞二千贯。后帝思定历之功,以钞五千贯赐其家。延祐二年,赠推忠守正功臣、光禄大夫、司徒、上柱国、定国公,谥文肃。

子宽、宾,并从许衡游,得星历之传于家学。裕宗尝召见,语之曰:"汝父起于书生,贫无赀蓄,今赐汝钞五千贯,用尽可复以闻。"恩恤之厚如此。宽由保章正,历兵部郎中,知蠡州。宾由保章副,累迁秘书监。

【译文】

王恂,字敬甫,中山唐县人。他的父亲王良,金末任中山府掾,当时老百姓遭战乱后,很多人因受连累被捕入狱,王良前后救活数百人,随后又放弃官职,潜心研究伊洛之学及天文律历,年九十二卒。

王恂生性聪颖,三岁时,家人拿书给他看,就能识风、丁二字。母亲刘氏教他《千字文》,他再看一次,就能诵读。王恂六岁上学,十三岁学九教,立即理解得非常透彻。己酉年(1249),太保刘秉忠北上,途经中山,见了王恂,认为是个奇才,等他返回南方时,王恂即随秉忠到磁州紫金山学习。

癸丑年(1253),秉忠将王恂推荐给元世祖,世祖在六盘山召见了王恂,指派他辅导裕宗,为太子伴读。中统二年,王恂升为太子赞善,时年二十八岁。中统三年(1261),裕宗被封为燕王,担任中书令,并兼管枢密院,世祖嘱咐两府大臣,凡有公文禀告,一定要让王恂知道。开始,中书左丞许衡,搜集唐、虞以来的嘉言善政,装订成册,呈给世祖,世祖曾让王恂给他讲解,并命太子随王恂学习。又诏令王恂仔细地调养护理太子的起居饮食,不适宜接近的人,不要让其在太子左右侍候。王恂说:"太子是国家的根本,责任极重,应当延请名德高尚的人与他在一起,况且他还兼管中书、枢密院的政务,应当遍览各种诏令,也应经常检查各项杂务。官吏因犯罪被罢免的不能再用。有的军官害人,所以改换官吏的时候尤其不可以用不适当的人，老百姓没有文化，力量很大，对战乱之后生存下来的百姓，我们不要怀疑。这样他们慢慢就会变得忠厚。"世祖认为很对。

王恂很早就以算术方面的才能闻名。裕宗曾经问及此事。王恂说："算术，六艺之一；它可以使国家稳定，使人民生活安乐，是件大事啊。"王恂每当陪伴裕宗时，一定要阐发三纲五常和做学问的道理，以及历代统治迅速兴亡的原因。又以辽代、金代的一些重要事件，分别其善恶，论述其得失，呈给裕宗。裕宗问王恂，人的思想应当遵守什么，王恂说："许衡曾经说过：人的思想如同印，只要版本不错，那么印千万张纸都不会错；如果版本错了，那么印在纸上，没有不错的。"裕宗认为说得很对。于是命令挑选文武官员、王亲贵戚的子弟，向王恂学习。王恂传授学问，取得了卓越的成绩，在王恂跟随裕宗到称海抚慰军队时，诸生就被交与许衡管辖，许衡告老还乡后，又命王恂兼任国子祭酒。国学的制度，实际上是从这时候开始的。

世祖因本朝承用金大明历，年代久了而不准确，想进行改历。知道王恂对算术很精通，就把这件事交给他。王恂推荐许衡，说他能够明了治历的原理，于是世祖令驿使召他赴任，负责领导改历，官员们都听王恂的征召安排。王恂与许衡及杨恭懿、郭守敬等，查考历书四十余种，昼夜测验，参考古制，创立新法，推算极为精密。其详情记在郭守敬传中。（至元）十六年（1279），授予王恂嘉议大夫、太史令。十七年，新历修成，皇上赐名《授时历》，年终，颁行天下。

十八年，王恂为父亲守孝，由于过度悲伤而毁坏自己的身体，每日只喝一勺水。皇上派内侍安慰劝慰他。不久，王恂故世，年四十七岁。开始，王恂病了，裕宗多次派遣医生为他诊治，等埋葬时，又送钱二千贯为其办丧事。后帝念王恂制定历书的功劳，拿钱五千贯赐给他的家人。延祐二年（1315），追赠推忠守正功臣、光禄大夫、司徒、上柱国、定国公，谥号文肃。

王恂有二子：王宽、王宾，兄弟俩同时跟随许衡学习，有关星历的知识得于家学。裕宗曾经召见他们俩，对他们说："你们的父亲书生出身，很贫穷，没有积蓄，现在我赐你们五千贯，用完可以再告诉我。"由此可见裕宗对王恂恩恤之深厚。王宽由保章正，历任兵部郎中，蠡州知府。王宾由保章副，累迁至秘书监。

郭守敬传

【题解】

郭守敬（1231~1316），字若思。他从小好学不倦，受祖父郭荣熏陶，致力于水利、机械、天文、数学等多种学术的钻研。青年时期曾就学于磁州紫金山著名学者、后出仕元廷为重臣的刘秉忠、张文谦等人。他对科学技术有着很深的造诣。他出仕稍晚，三十岁时方随张文谦在家乡附近治理河道，发展生产，从而开始了他一生的科技生涯。其中最突出的是：在地形测量上高程概念的创立早于国外。仪器制造上简仪为世界上最早的赤道仪；数学方法上三次差内插法比欧洲早四个世纪。法国的拉普拉斯（P.S.Laplace）曾高度评价郭守敬测定的黄赤交角值并以此为他的黄赤交角值逐渐变小的理论作证明。他参加编订的《授时历》是中国古历中最优良的历法,行用时间也最长,历三百六十四年之久;还东传朝鲜和日本,影响深远。所开浚的通惠河,接通了直达北京的京杭大运河。他完成通惠河后晚年作为较少。他是中国科学技术发展历史上最杰出的人物之一,在世界科学史上也占有重要的地位。

【原文】

郭守敬字若思,顺德邢台人。生有异操,不为嬉戏事。大父荣,通五经,精于算数、水利。时刘秉忠、张文谦、张易、王恂,同学于州西紫金山,荣使守敬从秉忠学。

中统三年,文谦荐守敬习水得,巧思绝人。世祖召见,面陈水利六事:其一,中都旧漕河,东至通州,引玉泉水以通舟,岁可省雇车钱六万缗。通州以南,于蔺榆河口径直开引,由蒙村跳梁务至杨村还河,以避浮鸡淀盘浅风浪远转之患。其二,顺德达泉引入城中,分为三渠,灌城东地。其三,顺德沣河东至古任城,失其故道,没民田千三百余顷。此水开修成河,其田即可耕种,自小王村经滹沱,合入御河,通行舟栰。其四,磁州东北滏、漳二水合流处,引水由滏阳、邯郸、洺州、永年下经鸡泽,合入澧河,可灌田三千余顷。其五,怀、孟沁河,虽浇灌,犹有漏堰余水,东与丹河余水相合。引东流,至琥陟县北,合入御

郭守敬

河,可灌田二千余顷。其六,黄河自孟州西开引,少分一渠,经由新、旧孟州中间,顺河古岸下,至温县南复入大河,其间亦可灌田二千余顷。每奏一事,世祖欢曰:"任事者如此,人不为素餐矣。"授提举诸路河渠。四年,加授银符、副河渠使。

至元元年,从张文谦行省西夏。先是,古渠在中兴者,一名唐来,其长四百里,一名汉延,长二百五十里,它州正渠十,皆长二百里,支渠大小六十八,灌田九万余顷。兵乱以来,废坏淤浅。守敬更立插堰,皆复其旧。

二年,授都水少监。守敬言:"舟自中兴沿河四昼夜至东胜,可通漕运,及见查泊、兀郎海古渠甚多,宜加修理。"又言:"金时,自燕京之西麻峪村,分引庐沟一支东流,穿西山而出,是谓金口。其水自金口以东,燕京以北,灌田若干顷,其利不可腾计。兵兴以来,典守者惧有所失,因以大石塞之。今若按视故积,使水得通流,上可以致西山之利,下可以广京畿之漕。"又言:"当于金口西预开减水口,西南还大河,令其深广,以防涨水突入之患。"帝善之。十二年,丞相伯颜南征,议立水站,命守敬行视河北、山东可通舟者,为图奏之。

初,秉忠以《大明历》自辽、金承用二百余年,浸以后天,议欲修正而卒。十三年,江左既平,帝思用其言。遂以守敬与王恂,率南北日官,分掌测验推步于下,而命文谦与枢密张易为之主领裁奏于上,左丞许衡参预其事。守敬首言:"历之本在于测验,而测验之器莫先仪表。今司天浑仪,宋皇祐中汴京所造,不与此处天度相符,比量南北二极,约差四

度;表石年深,亦复欹侧。"守敬乃尽考其失而移置之。既又别图高爽地,以木为重棚,创作简仪、高表,用相比覆。又以为天枢附极而动,昔人尝展管望之,未得其的,作候极仪。极辰既位,天体斯正,作浑天象。象虽形似,莫适所用,作玲珑仪。以表之矩方,测天之正圆,莫若以圆求圆,作仰仪。古有经纬,结而不动,守敬易之,作立运仪。日有中道,月有九行,守敬一之,作证理仪。表高景虚,罔象非真,作景符。月虽有明,察景则难,作窥几。历法之验,在于交会,作日月食仪。天有赤道,轮以当之,两极低昂,标以指之,作星晷定时仪。又作正方案、丸表、悬正仪、座正仪,为四方行测者所用。又作《仰规覆矩图》《异方浑盖图》《日出入永短图》,与上诸仪互相参考。

十六年,改局为太史院,以恂为太史令,守敬为同知太史院事,给印章,立官府。及奏进仪表,郭守敬当帝前指陈理致,至于日晏,帝不为倦。守敬因奏:"唐一行开元间令南宫说天下测,书中见者凡十三处。今疆宇比唐尤大,若不远方测验,日月交食分数时刻不同,昼夜长短不同,日月星辰去天高下不同,即目测验人少,可先南北立表,取直测景。"帝可其奏。遂设监候官一十四员,分道而出,东至高丽,西极滇池,南逾朱崖,北尽铁勒,四海测验,凡二十七所。

十七年,新历告成,守敬与诸臣同上奏曰:

臣等窃闻帝王之事,莫重于历。自黄帝迎日推策,帝尧以闰月定四时成岁,舜在璇玑玉衡以齐七政。爰及三代,历无定法,周、秦之间,闰余乖次。西汉造《三统历》,百三十年而后是非始定。东汉造《四分历》,七十余年而仪式方备。又百八十年,姜岌造《三纪甲子历》,始悟以月食冲检日宿度所在。又五十七年,何承天造《元嘉历》,始悟以朔望及弦皆定大小余。又六十五年,祖冲之造《大明历》,始悟太阳有岁差之数,极星去不动处一度余。又五十二年,张子信始悟日月交道有表里,五星有迟疾留逆。又三十三年,刘焯造《皇极历》,始悟日行有盈缩。又三十五年,傅仁均造《戊寅元历》,颇采旧仪,始用定朔。又四十六年,李淳风造《麟德历》,以古历章蔀元首分度不齐,始为总法,用进朔以避晦晨月见。又六十三年,一行造《大衍历》始以朔有四大三小,定九服交食之异。又九十四年,徐昂造《宣明历》,始悟日食有气、刻、时三差。又二百三十六年,姚舜辅造《纪元历》,始悟食甚泛余差数。以上计千一百八十二年,历经七十改,其创法者十有三家。

自是又百七十四年,圣朝专命臣等改治新历,臣等用创造简仪、高表,冯其测实数,所考正者凡七事:

一曰冬至。自丙子年立冬后,依每日测到晷景,逐日取对,冬至前后日差同者为准。得丁丑年冬至在戊戌日夜半后八刻半,又定丁丑夏至在庚子日夜半后七十刻;又定戊寅冬至在癸卯日夜半后三十三刻;己卯冬至在戊申日夜半后五十七刻;庚辰冬至在癸丑日夜半后八十一刻。各减《大明历》十八刻,远近相符,前后应准。

二曰岁余。自《大明历》以来,凡测景、验气,得冬至时刻真数者有六,用以相距,各得其时合用岁余。今考验四年,相符不差,仍自宋大明壬寅年距至今日八百一十年,每岁合得三百六十五日二十四刻二十五分,其二十五分为今历岁余合用之数。

三曰日躔。用至元丁丑四月癸酉望月食既,推求日躔,得冬至日躔赤道箕宿十度,黄道箕九度有奇。仍冯每日测到太阳躔,或恁星测月,或恁月测日,或径恁星度测日,立术推算,起自丁丑正月至己卯十二月,凡三年,共得一百三十四事,皆躔于箕,与月食相符。

四曰月离。自丁丑以来至今,冯每日测到逐时太阴行度推算,变从黄道求入转极迟、疾并平行处,前后凡十三拃,计五十一事。内除去不真的外,有三十事,得《大明历》入拃后天。又因考验交食,加《大明历》三十刻,与天道合。

五曰入交。自丁丑五月以来,凭凭借每日测到太阴去极度数,比按黄道去极度,得月道交于黄道,共得八事。仍依日食法度推求,皆有食分,得入交时刻,与《大明历》所差不多。

六曰二十八宿距度。自《汉太初历》以来,距度不同,互有损益。《大明历》则于度下余分,附以太半少,皆私意牵就,未尝实测其数。今新仪皆细刻天度分,每度为三十六分,以距线代管窥,宿度余分并依实测,不以私意牵就。

七曰日出入昼夜刻。《大明历》日出入昼夜刻,皆据汴京为准,其刻数与大都不同。今更以本方北极出地高下,黄道出入内外度,立术推求每日日出入昼夜刻,得夏至极长,日出寅正二刻,日入戌初二刻,昼六十二刻,夜三十八刻。冬至极短,日出辰初二刻,日入申正二刻,昼三十八刻,夜六十二刻。永为定式。

所创法凡五事:一曰太阳盈缩。用四正定气立为升降限,依立招差求得每日行分初末极差积度,比古为密。二曰月行迟疾。古历皆用二十八限,今以万分日之八百二十分之一限,凡析为三百三十六限,依垛叠招差求得转分进退,其迟疾度数逐时不同,盖前所未有。三曰黄赤道差。旧法以一百一度相减相乘,今依算术勾股弧矢方圆斜直所容,求到度率积差,差率与天道实吻合。四曰黄赤道内外度。据累年实测,内外极度二十三度九十分,以圆容方直矢接勾股为法,求每日去极,与所测相符。五曰白道交周。旧法黄道变推白道以斜求斜,今用立浑比量,得月与赤道正交,距春秋二正黄赤道正交一十四度六十六分,按以为法。推逐月每交二十八宿度分,于理为尽。

十九年,恂卒。时历虽颁,然其推步之式,与夫立成之数,尚皆未有定藁。守敬于是比次篇类,正齐分秒,裁为《推步》七卷,《立成》二卷,《历议按藁》三卷,《拃神选择》二卷,《上中下三历注式》十二卷。二十三年,迹为太史令,遂上表奏进。又有《时候笺注》二卷,《修改源流》一卷。其测验书,有《仪象法式》二卷,《二至晷景考》二十卷,《五星细行考》五十卷,《古今交食考》一卷,《新测无名诸星》一卷,《月离考》一卷,并藏之官。

二十八年,有言栾河自永平挽舟逾山而上,可至开平;有言泸沟自麻峪可至寻麻林。朝廷遣守敬相视,栾河既不可行,泸沟舟亦不通,守敬因陈水利十有一事。其一,大都运粮河,不用一亩泉旧原,别引北山白浮泉水,西折而南,经瓮山泊,自西水门入城,环区于积水潭,复东折而南,出南水门,合入旧运粮河。每十里置一亩,比至通州,凡为牌七,距牌里许,上重置斗门,互炎提淤,以过舟止水。帝览奏,喜曰:“当速行之。”于是复置都水监,俾守敬领之。帝命丞相以下皆亲操畚锸倡工,待守敬指授而后行事。

先是,通州至大都,陆运官粮,岁若干万石,方秋霖雨,驴畜死者不可腾计,至是皆罢之。三十年,帝还自上都,过积水潭,见舳舻敝水,大悦,名曰通惠河,赐守敬钞万二千五百贯,仍以旧职兼提调通惠河漕运事。守敬又言:于澄清牌稍东,引水与北坝河接,且立牌的正门西,令舟楫得环城往来。志不就而罢。三十一年,拜昭文馆大学士、知太史院事。

大德二年,召守敬至上都,议开铁幡竿渠。守敬奏:“山水频年暴下,非大为渠堰,广五七十步不可。”执政吝于工费,以其言为过,缩其广三之一。明年大雨,山水注下,渠不能容,漂没人畜庐帐,几犯行殿。成宗谓宰臣曰:“郭太史神人也,惜其言不用耳。”七年,诏内外官年及七十,并听致仕,独守敬不许其请。自是翰林太史司天官不致仕,定著为令。延祐三年卒,年八十六。

【译文】

郭守敬,字若思,是顺德路邢台人。他的志趣从小就跟别人不同,不喜欢耍玩游戏。他祖父郭荣熟悉五经,精通数学与水利。当时正好有刘秉忠、张文谦、张易与王恂等人,一起在滋州西部紫金山学习,郭荣就让郭守敬去跟刘秉忠学习。

中统三年时,张文谦向朝廷推荐郭守敬是位擅长水利工程的人才,并且思想灵巧,胜过平常人。元世祖忽必烈命他进见时,他当面陈述了应该兴办的六项水利事业如下:

第一,金代中都原有的水运河道,东面可到通州。如果引西郊玉泉山的水流入,使舟船能通行,每年可节省雇车的运输费六万缗。通州南面,在蔺榆河口直向开引河道,从蒙村跳梁务至杨村回到原有河道,可以避开浮鸡淘一段河浅湾多路长有风浪的害处。

第二,将顺德府达活泉的水引进到城里,分为三支,可用以灌溉城东的土地。

第三,顺德府的沣河,本来向东通往古任城。现在原有河道已淤没,水流漂淹百姓土地一千三百余顷。如果将它开通,这些田就可以耕种。从小王村经滹沱河会合入御河,还可通行船舶。

第四,从磁州东北滏河与漳河会合处,引水由滏阳、邯郸、洺州、永年,往下经鸡泽而流入沣河,可以灌溉土地三千余顷。

第五,怀孟路的沁河,虽然灌溉了农田,但还有穿过土堰的余水,向东与丹河的余水相会合。如果引此水向东流送至琥陟县北,合流入御河,可以灌溉土地两千余顷。

第六,从孟州西部开渠引黄河的水,穿过新旧孟州之间,再沿黄河的古岸边东下到温县南面重新进入典河。这一段亦可灌溉良田二千余顷。

每奏报一项,皇帝总是赞赏道:"像这样去办事的人,方才不是白吃饭的。"于是派他担任提举诸路河渠的官职。中统四年,升任佩银符副河渠使。

至元元年,郭守敬随从张文谦去到已改为行省的前代西夏国地方去任职。哪里的中兴州本来有两处古代的河渠。一条名唐来渠,长四百里;另一条名汉延渠,长二百五十里。其他各州还有正渠十条,都长二百里;大大小小的支渠有六十八条。一共灌溉着九万余顷的土地。发生战乱以来,渠道废坏,河也淤积了。郭守敬修复了水坝水闸,整治了河身,恢复了原状。

至元二年,郭守敬升任都水监。他上奏说:"从中兴州乘船沿黄河而行,四昼夜可抵达东胜。这一段能够开辟水运,应该加以修治。"又说:"金朝时,从燕京西面的麻峪村,引卢沟河一条支流穿过西山向西,叫作金口河。它灌溉着金口以东、燕京以北的一大片土地,利益是极大的。自从进军燕京以来,守卫人员惧怕发生失误,用大石块将它填塞了。现在如查察原有河道,仍使水道畅流,上游段可把西山的货物运出来,下游段可以沟通燕京的水运。"他又道:"还应该在金口西面预先开挖一条分水渠,从西南方回归到主流道,要深一些和宽一些,以防涨水时洪水冲入京师。"皇帝认为都是很好的意见。至元十二年,伯颜丞相进军南宋,需要设立水路驿站,派郭守敬去视察河北、山东一带可以行船的河道,绘图上报。

早年,刘秉忠鉴于从辽、金两代沿用到元初的《大明历》,已经二百多年了。历法上的天象渐渐地落后于实际上的天象,曾计议修改历法。随即他去世了。至元十三年时,江东的南宋已攻灭,皇帝想到了刘的改历意见。于是就委派郭守敬与王恂,率领原有的以及来自亡宋的天文官员,进行具体的天文测量并作计算;又委派张文谦和枢密张易为主管,裁夺奏报,左丞许衡共同参与工作。郭守敬首先指出道:“治历的根本在于作测量,作测量的工具首先在于仪器。现在司天台上的浑仪,是故宋皇祐年间制作于汴京开封府,跟这里的天文度数并不相合。测量天球上南北二极,相差约四度多。圭表的基石,因年久亦已倾斜。”郭守敬于是考查缺点,重新作了安顿。接着,又另外选找高爽的地段,搭设并列的木棚,创制简仪和高表,用以测量校比。他又认为,天枢星在北极旁边转动,以前有人用窥管观测,未能测定北极位置,于是制作了候极仪。北极位置测定了,其余天体的位置就能正确标定,又制作了浑天象。浑天象形状虽很像,但还不太适用,再制作玲珑仪。圭表象矩尺,是方的,要测圆形的天,不如以圆求圆,他又创制了仰仪。古代有经纬制度,结合成固定的网格形,不能转动,郭守敬变更一下制作了立运仪。太阳和月亮的运行,分别有黄道和九行道,他合起来作了证理仪。高表虽然高,但所得表影端部模糊不够真切,他制作了景符。月虽然明亮,观测它照射出的影子时则较困难,他作了窥几。检验历法的正确性在于日月食观测,又做了日月食仪。天球上的赤道,可用圆轮置于相当的位置来表示,南北极方向的高低可用标杆指明,按此而制作了星晷定时仪。另又作正方案、丸表、悬正仪和座正仪,都是为到外地去做测量时使用的。此外还制作了《仰规覆矩图》《异方浑盖图》和《日出入永短图》,可以同以上各种仪器测量互相参照使用。

至元十六年,太史局改为正式机构太史院,发给公章,设立官署。王恂当太史令,郭守敬任副职为知太史院事。在上呈并汇报各种仪器式样时,郭守敬在皇帝面前解释使用方法及其原理,一直到天晚,皇帝并不厌倦。郭宗敬随而奏报:“唐代一行在开元年间命南宫说到各地去测量日影,书上记载有十三处地方。现在疆土比唐代还要广大,如果不到远方去做测量,怎知日月食时刻与食分的不同、昼夜长短的不同以及日月星辰在天上位置高低的不同?现今作测量的人员较少,可以先在南北若干地方立表杆,测定准确的日影长度。”皇帝同意他的意见,设置了十四个监候官,分路到各地去。东方去到高丽,西方直至滇池,南方超越朱崖,北方达到铁勒,作四海测验场的总共有二十七个地方。

至元十七年,新历完成了。郭守敬同其他负责人一起上奏说:“我们知道帝王最重要的事情要算治历。自从黄帝观测太阳,记录并作推算,帝尧设立闰月定四季作为一年,帝舜用仪器窥管测量日月五星以来,到夏、商、周三代,治历还没有固定的方法。周、秦之间,以闰月调整一年长度,仍有差错。西汉制订《三统历》,三十年之后方才是非分明,确认其正确。东汉作《四分历》,经七十多年方才比较完整。又过一百二十年,刘洪造《乾象历》,方领悟月亮的运行有快有慢。又一百八十年,姜岌作《三纪甲子历》,方懂得以月食时对冲的星宿来推定太阳的位置。又过五十七年,何承天作《元嘉历》,方知晓朔日、望日及上、下弦的月亮位置,时间上还有余分。六十五年后,祖冲之作《大明历》,方发现太阳运动中冬至点有岁差,北极星离天球北极还有一度多。又隔五十二年,张子信方了解日月食同它们在黄道与白道交点附近的位置有关,五个行星的速度有快慢变化,并有留和逆行现象。又三十三年,刘焯作《皇极历》,方明了太阳的运动也有快慢。又三十五年,傅仁钧作《戊寅元历》,较多采用旧的仪制,方才采用定朔。又过四十六年,李淳风作《麟德历》,鉴于古历中的章、蔀和元起首日期取数不同,改用总法一个数据,用进朔法避开月末晦日早晨出现月亮。又六十三年,一行作《大衍历》,应用定朔,得连续四个大月和三个小月,定出不同地区日月食时刻和食分的差别。又九十四年,徐昂作《宣明历》,方知道日食有气差、刻差和时差这三种差数。以上共计一千一百八十二年,历法改了七十次,有创造的计十三家。

此后又一百七十四年,本朝命我们专门改制新历。我们用新创制的简仪和高表实测所得的数据,考证了七项内容:

一为冬至。自丙子年冬至日之后,每天测得的太阳表得的太阳表影长度,依冬至前后日子相差数前后相同者,每日取以对比。得丁丑年冬至时刻在戊戌日夜半后八刻半,定夏至在庚子日夜半后七十刻;己卯年冬至在戊申日夜半后五十七刻半;庚辰年冬至在癸丑日夜半后八十一刻半。都比《大明历》减少十八刻,远近相合,前后应该是准确的。

二为岁余。自《大明历》以来,经测表影和验节气,得到冬至时刻确数的共有六次。按照它们的时间差数,分别可得到那时合用的一年长度所余的尾数。现经过四年校验,其数值是符合的。从刘宋大明壬寅年到今八百十年,每年得三百六十五日二十四刻二十五分。这二十五分是现今新历法内通称为岁余的数值。

三为日躔。应用至元丁丑年四月癸酉日望月食食即时的位置,推求太阳的位置;得到冬至日太阳位置依赤道宿度计算是箕宿十度,按黄道宿度计算为箕宿九度余。再按恁星测月,恁月测日或直接恁星度测日等方式,每日测量太阳位置,依法作了计算。从丁丑年正月到己卯年十二月,三年内共得一百三十四项数据,都跟按月食所得结果一样,冬至日太阳位于箕宿。

四为月离。自丁丑年以来至今日,从每天所测得的月亮连续的经行度数,计算出月亮运行中速度最快、最慢位置以及相对于恒星的月平行度,前后共十三个周期,五十一项。除去其中不太真切的以外,共有三十项,得知《大明历》落后于天象。又据考验日月交食所得,对《大明历》数据加上三十刻,就与天象相合。

五为入交。从丁丑年五月以来,依每日所测月亮距北极的度数,比照黄道上的去极度数,求得了白道与黄道的相交点,共得八项数据。依日食法式推算,可算得食分,并可算得月亮过白道与黄道交点的时刻。这同按《大明历》所算相差不多。

六为二十八宿距度。自从汉代《太初历》以来,二十八宿的二十八距度,曾有所增减,并不完全相同。《大明历》在度的单位以下附有尾数,分为太、半、少三种。但这并非经过实测而得,是以个人意见牵强附会的。现在的新仪器都详细地飧刻有全天度、分的刻度。每度分为三十六分;采用结线作瞄准来代替原有的窥管。宿度下的分数都是实测结果,不是牵强地配合上去的。

七为日出入昼夜时刻。《大明历》按太阳出没时刻而定的昼夜时间,都根据汴京开封府地理位置所定,它的刻数跟大都不相同。现另依本地北极出现高度、黄道距赤道内外的度数,计算出每天太阳出没及昼夜时间长短的刻数。得知夏至日最长,日出于寅正二刻,日入于戌初二刻,昼长六十二刻,夜长三十八刻。冬至日最短,日出于辰初二刻,日没于申正二刻,昼长三十八刻,夜长六十二刻。这是永远可取以为依据的。

所创制的方法有五项内容:

一是太阳盈缩。按定气的冬、夏至和春、秋这四正日期。立出加速和减速的区段,依照差术方法求得太阳在黄道上运行时,每天的快慢情况及经行距离,比古代要精确。

二是月行迟疾。古历以"限"作为时间区分单位，都采用二十八个限。现在改以一日的一万分之八百二十作为一限，一个月分为三百三十六限。依垛叠招差法求得月亮运行速度的变化，得到逐时不同的快慢速度，这是以前所没有的。

三是黄赤道差。以前是以一百零一度相减相乘而得。现在依勾股弧矢方圆斜直关系的计算方法，求出黄道与增道上两种度数的差数和积差，它的差额跟天上的实际情况都相符合。

四是黄赤道内外度。根据数年实际测量，黄道内外距赤道二十三度九十分。用以圆容方直矢接勾股的计算方法，求得太阳每日的去极度，跟实测所得均相符合。

五是白道交周。旧法从黄道推求白道位置的方法是以斜求斜；现在用立浑法计算，得月亮白道与赤道的交点，距黄、赤两道交点即春分点和秋分点为十四度六十六分，作为定法，再按月推算月亮距二十八宿的度分，在理论上这是正确的。

至元一五年，王恂去世了。这时，新历虽然已经颁发，可是计算的方式方法以及有关的数据表，都还没有正式的定稿。于是，郭守敬就整理各种数据和资料，分门别类，加经编纂。共编成《推步》七卷，《立成》二卷，《历议拟稿》三卷，《转神选择》二卷，《上中下三历注式》十二卷。至元二十三年，他正式继任太史令，于是上表章呈进历法资料。上述以外，又有《时候笺注》二卷，《修改源流》一卷；测验用书有《仪象法式》二卷，《二至晷影考》二十卷，《五星细行考》五十卷，《古今交食考》一卷，《新测二十八舍入宿去极》一卷，《新测无名诸星》一卷，《月离考》一卷，都收藏在官府中。

至元二十八年，有人向朝廷上方说，滦河河道上，如从永平行船，拉牵越山而上可抵开平。另有人说，泸沟河如经麻峪村通船，可至寻麻林。朝廷派郭守敬去视察。他回来汇报道，滦河不能通行，沪沟河亦不能通舟。他就此陈报关于水利的十一项工作。其中之一为，大都城的运粮河，可不再采用一亩泉原有的水源，另外开引北山白浮泉的水，先向西行，再折而向南，通过瓮山泊，从西水门流入城内，汇集于积水潭。然后再往东，转向南面出南水门，使它流入原有的运粮河。每隔一里设置一道水闸，通往通州共设水闸七道。离闸一里余，再加设斗门，配合作开闭，以便调整河水而通船。皇帝看了奏章，高兴地说，应该赶快就办。就此又重新设立了都水监机构，使郭守敬为主管。皇帝命令，开工时自丞相以下百官，都亲自拿起畚插等工具，等待郭守敬安排，带头参加劳作。

原先，运河只到通州，通州到大都是改从陆路运送官粮的。每年运来几万石正值秋天霖雨时节，拉车的驴子等牲畜不知要累死多少。这时都可免除了。至元三十年，皇帝从上都回朝，路过积水潭，只见船头接连船尾，把水面都遮没了。他大为高兴，把它起名为通惠河，赐给郭守敬钱钞一万二千五百贯，仍任太史令，兼任提调通惠河漕运事。郭守敬又上言，在通惠河澄清闸稍东处，引水跟北坝河相接，在丽正门西边设立闸门，则舟船可环绕大都城护城河通行。这件事并没有实现。至元三十一年，他被任命为昭文馆大学士，知太史院事。

大德二年，朝廷召郭守敬到上都，商议有关开控铁幡竿渠的工作。郭守敬汇报道："山洪常年暴发，渠道一定要宽广，并加设土坝，宽度非五十步到七十步不可。"办事人员不愿多化工资费用，认为郭守敬所说太过头了，缩小了三分之一。第二年大雨，山水暴发，渠不能容，浸没了人畜及庐帐差点危及行宫。元成宗对负责官员说："郭太史真是个神奇的人物！可惜没有听从他的话。"大德七年，朝廷下诏书，内外官员年纪到了七十岁的,都可退休,唯独没有同意郭守敬的请求。从此以后,翰林、太史、司天官员都不退休,成为一项规定。延祐三年,郭守敬八十六岁时去世了。

赵孟頫传

【题解】

赵孟頫(公元1254~1322年),字子昂,号松雪道人,水精宫道人,湖州(今浙江吴兴)人,赵宋宗室。他在南宋作过小官,宋亡后在家闲居。入元,世祖忽必烈派人去江南搜访遗贤,经程钜夫荐举,历任兵部郎中、集贤直学士,直至翰林学士承旨,因此后世称之为"赵承旨",死后封为魏国公,因此又称之为"赵魏公"。赵孟頫是南人,南人在元代地位最为卑下,而且他又是宗室,虽然官阶较高,只不过是文学侍从,在政治上难有作为。

赵孟頫是元代著名艺术家,他在书法、绘画以及篆刻方面都有很高的成就,尤其以书法见长。他精于楷书行书,远学王羲之、王献之,近学唐代的李邕,形成自己的独特风格,世称"赵体",与唐代的颜真卿、柳公权、欧阳询齐名,对后世影响很大。他的楷书端庄清秀,行书圆润流畅,遒劲中多有媚趣。因其以宋代宗室而仕元,后世对其节行颇有訾议,因而对他的书法成就亦颇多微词,这是不恰当的,应实事求是地做出评价。他存世书迹很多,如《洛神赋》《道德经》《玄妙观重修三门记》《四体千字文》《急就章》、《襄阳歌》等。他的绘画,山水取法董源或李成,人物,鞍马师李公麟或唐人。他主张变革南宋画院格调,在继承前人的基础上有所发展,开创了元代画风。存世画迹有《重江叠嶂》《东洞庭》《鹊华秋色》《秋郊饮马》等。诗文有《松雪斋集》。

赵孟頫

赵孟頫的妻子管道升,人称"管夫人",亦工书法绘画,她的书法作品酷肖赵孟頫,几可乱真。他的儿子赵雍,亦擅书画,尤以绘画见长。

【原文】

赵孟頫字子昂,宋太祖子秦王德芳之后也。五世祖秀安僖王子偁,四世祖崇宪靖王伯圭。高宗无子,立子偁之子,是为孝宗,伯圭,其兄也,赐第于湖州,故孟頫为湖州人。曾祖师垂,祖希永,父与訔,仕宋,皆至大官;入国朝,以孟頫贵,累赠师垂集贤侍读学士,希永太常礼仪院使,并封吴兴郡公,与訔集贤大学士,封魏国公。

孟頫幼聪敏,读书过目辄成诵,为文操笔立就。年十四,用父荫补官,试中吏部铨法,调真州司户参军。宋亡,家居,益自力于学。

至元二十三年,行台侍御史程钜夫,奉诏搜访遗逸于江南,得孟頫,以之人见。孟頫才气英迈,神采焕发,如神仙中人,世祖顾之喜,使坐右丞叶李上,或言孟頫宋宗室子,不宜使近左右,帝不听。时与立尚书省,命孟頫草诏颁天下,帝览之,喜曰:"得朕心之所欲言者矣。"诏集百官于刑部议法,众欲计至元钞二百贯赃满者死,孟頫曰:"始造钞时,以银为本,虚实相权,今二十余年间,轻重相去至数十倍,故改中统为至元,又二十年后,至元必复如中统,使民计钞抵法,疑于太重。古者,以米、绢民生所须,谓之二实,银、钱与二物相权,谓之二虚。四者为直,虽升降有时,终不大相远也,以绢计赃,最为适中。况钞,乃宋时所创,施于边郡,金人袭而用之,皆出于不得已。乃欲以此断人死命,似不足深取也。"或以孟頫年少,初自南方来,讥国法不便,意颇不平,责孟頫曰:"今朝廷行至元钞,故犯法者以是计赃论罪,汝以为非,岂欲诅格至元钞耶?"孟頫曰:"法者,人命所系,议有轻重,则人不得其死矣。孟頫奉诏与议,不敢不言。今中统钞虚,故改至元钞,谓至元钞终无虚时,岂有是理!公不揆于理,欲以势相陵,可乎?"其人有愧色。帝初欲大用孟頫,议者难之。

二十四年六月,授兵部郎中,兵部总天下诸驿。时使客饮食之费,几十倍于前,吏无以供给,强取于民,不胜其扰,遂请于中书,增钞给之。至元钞法滞涩不能行,诏遣尚书刘宣与孟頫驰驿至江南,问行省丞相慢令之罪,凡左右司官及诸路官,则径笞之。孟頫受命而行,比还,不笞一人,丞相桑哥大以为谴。

时有王虎臣者,言平江路总管赵全不法,即命虎臣往按之,叶李执奏不宜遣虎臣,帝不听,孟頫进曰:"赵全固当问,然虎臣前守此郡,多强买人田,纵宾客为奸利,全数与争,虎臣怨之。虎臣往,必将陷全,事纵得实,人亦不能无疑。"帝悟,乃遣他使。桑哥钟初鸣时即坐省中,六曹官后至者,则笞之,孟頫偶后至,断事官遽引孟頫受笞,孟頫入诉于都堂,右丞叶李曰:"古者,刑不上大夫,所以养其廉耻,教之节义,且辱士大夫,是辱朝廷也。"桑哥呕慰孟頫使出,自是所笞,唯曹史以下。他日,行东御墙外,道险,孟頫马跌堕于河。桑哥闻之,言于帝,移筑御墙稍西二丈许。帝闻孟頫素贫,赐钞五十锭。

二十七年,迁集贤直学士。是岁地震,北京尤甚,地陷,黑沙水涌出,人死伤数十万,帝深忧之。时驻跸龙虎台,遣阿剌浑撒里驰还,召集贤、翰林两院官,询致灾之由。议者畏忌桑哥,但泛引《经》《传》,及五行灾异之言,以修人事、应天变为对,莫敢语及时政。先是,桑哥遣忻都及王济等理算天下钱粮,已征入数百万,未征者尚数千万,害民特甚,民不聊生,自杀者相属,进山林者,则发兵捕之,皆莫敢诅其事。孟頫与阿剌浑撒里甚善,劝令奏帝赦天下,尽与蠲除,庶几天变可弭。阿剌浑撒里入奏,如孟頫所言,帝从之,诏草已具,桑哥怒谓必非帝意。孟頫曰:"凡钱粮未征者,其人死亡已尽,何所从取?非及是时除免之,他日言事者,倘以失陷钱粮数千万归咎尚书省,岂不为丞相深累耶!"桑哥悟,民始获苏。

帝尝问叶李、留梦炎优劣,孟頫对曰:"梦炎,臣之父执,其人重厚,笃于自信,好谋而能断,有大臣器;叶李所读之书,臣皆读之,其所知所能,臣皆知之能之。"帝曰:"汝以梦炎贤于李耶?梦炎在宋为状元,位至丞相,当贾似道误国罔上,梦炎依阿取容;李布衣,乃伏阙上书,是贤于梦炎也。汝以梦炎父友,不敢斥言其非,可赋诗讥之。"孟頫所赋诗,有"往事已非那可说,且将忠直报皇元"之语,帝叹赏焉。

孟頫退谓奉御彻里曰:"帝论贾似道误国,责留梦炎不言,桑哥罪甚于似道,而我等不言,他日何以辞其责?然我疏远之臣,言必不听,侍臣中读书知义理、慷慨有大节、又为上所亲信，无逾公者。夫捐一旦之命，为百姓除残贼，仁者之事也。公必勉之！"既而彻里至帝前，数桑哥罪恶，帝怒，命卫士批其颊，血涌口鼻。委顿地上。少间，复呼而问之，对如初。时大臣亦有继言者，帝遂按诛桑哥，罢尚书省，大臣多以罪去。

帝欲使孟頫与闻中书政事，孟頫固辞，有旨令出入宫门无禁。每见，必从容语及治道，多所裨益。帝问："汝赵太祖孙耶？太宗孙耶？"对曰："臣太祖十一世孙。"帝曰："太祖行事，汝知之乎？"孟頫谢不知，帝曰："太祖行事，多可取者，朕皆知之。"孟頫自念，久在上侧，必为人所忌，力请补外。二十九年，出同知济南路总管府事。时总管阙，孟頫独署府事，官事清简。有元掀儿者，役于盐场，不胜艰苦，因逃去。其父求得他人尸，遂诬告同役者杀掀儿，既诬服。孟頫疑其冤，留弗决，逾月，掀儿自归，郡中称为神明。金廉访司事哈剌哈孙，素苛虐，以孟頫不能承顺其意，以事中之，会修《世祖实录》，召孟頫还京师，乃解。久之，迁知汾州，未上，有旨书金字《藏经》，既成，除集贤直学士、江浙等处儒学提举，迁泰州尹，未上。

至大三年，召至京师，以翰林侍读学士，与他学士撰定祀南郊祝文，及拟进殿名，议不合，谒告去。仁宗在东宫，素知其名，及即位，召除集贤侍讲学士、中奉大夫。延祐元年，改翰林侍讲学士，迁集贤侍讲学士、资德大夫。三年，拜翰林学士承旨、荣禄大夫。又尝称孟頫操履纯正，博学多闻，书画绝伦，旁通佛、老之旨，皆人所不及。有不悦者问之，帝初若不闻者。又有上书言国史所载，不宜使孟頫与闻者，帝乃曰："赵子昂，世祖皇帝所简拔，朕特优以礼貌，置于馆阁，典司述作，传之后世，此属呶呶何也！"俄赐钞五百锭，谓侍臣曰："中书每称国用不足，必持而不与，其以普庆寺别贮钞给之。"孟頫尝累月不至宫中，帝以问左右，皆谓其年老畏寒，敕御府赐貂鼠裘。

初，孟頫以程钜夫荐，起家为郎，及钜夫为翰林学士承旨，求致仕去，孟兆页代之，先往拜其门，而后入院，时人以为衣冠盛事。六年，得请南归。帝遣使赐衣币，趣之还朝，以疾，不果行。至治元年，英宗遣使即其家，俾书《孝经》。二年，赐上尊及衣二袭。是岁六月卒，年六十九。追封魏国公，谥文敏。

孟頫所著，有《尚书注》，有《琴原》《乐原》，得律吕不传之妙；诗文清邃奇逸，读之，使人有飘飘出尘之想。篆、籀、分、隶、真、行、草书，无不冠绝古今，遂以书名天下。天竺有僧，数万里来求其书归，国中宝之。其画山水、木石、花竹、人马，尤精缬。前史官杨载称孟读之才颇为书画所掩，知其书画者，不知其文章，知其文章者，不知其经世之学。人以为知言云。

子雍、奕，并以书画知名。

【译文】

赵孟頫字子昂，他是宋太祖儿子秦王赵德芳的后代。他的五世祖是秀安僖王赵子伟，四世祖是崇宪靖王赵伯圭。宋高宗没有儿子，立赵子伟的儿子为太子，这就是宋孝宗，赵伯圭是孝宗的哥哥，皇帝赐给伯圭的宅第在湖州，因而赵孟頫就成为湖州人。他的曾祖父赵师垂、祖父赵希永、父亲赵与訔，都在宋朝当过大官。到了元朝，因赵孟頫为贵官，累次追赠赵师垂为集贤侍读学士，赵希永为太常礼仪院使，二人都被追封为吴兴郡公，赵与訔被追赠为集贤大学士，追封为魏国公。

赵孟頫自幼就很聪明，看过的书就能背诵，写文章拿起笔来就能成篇。他十四岁时，因父亲的恩荫，得以补官，经史部考试合格，调任真州司户参军。宋朝灭亡后，在家闲住，更加致力于学问。

至元二十三年，行台御史程钜夫奉皇帝之命去江南搜访隐居的人才，找到赵孟𫖯，带他去晋见皇帝。赵孟𫖯才气横溢，神采焕发，象神仙中的人一样，元世祖看到他很高兴，让他坐在右丞叶李的上位。有人说赵孟𫖯是宋朝皇族的子弟，不应该把他放在皇帝身边，世祖不听。当时刚刚设立尚书省，世祖命赵孟𫖯起草诏书，颁布天下。世祖看了他起草的诏书，很满意，说道："把我想说的话都写出来了。"世祖命群臣在刑部议定法律条款，很多人主张赃款达到中统钞二百贯者处死，赵孟𫖯说道："起初制造纸币时，是以白银的价值为标准的，纸币是虚的，白银是实的，虚实价值相等，现在已经过去二十多年，纸币和白银的价值，轻重相差至数十倍之多，因此才改中统钞为至元钞，若再过二十年后，至元钞又会像中统钞一样贬值，如果让百姓按赃钞的面值抵罪，恐怕是太重了。古代因米和绢是民生所必须的物品，称之为'二实'，白银、铜钱和米绢等值，称之为'二虚'。这四者的价值虽然因时有升有降，但终究不会相差太远，用绢来核算受赃的数额，最为合适。再说，纸币从宋代开始使用，只在边地郡县流通，金朝沿用，那是出于不得已而为之。若想用这种办法来判人的死罪，似乎是不足取的。"有人认为赵孟𫖯年纪轻，又刚从南方来，他敢于非难国法不便于民，心里愤愤不平，责备赵孟𫖯说："现在朝廷发行至元纸币，因而犯法的人以至元钞计赃论罪，你认为不合适，难道你想破坏至元钞的发行吗？"赵孟𫖯回答说："法律关系到人的身家性命，判决畸轻畸重，就会出现罚不当罪的情况。我奉皇帝之命参加讨论，不敢不说。现在中统钞贬值，因而改为至元钞，若认为至元钞永远不会贬值，哪有这样的道理！您不考虑事理之必然，却想以势压人，这样行吗？"那人面有愧色。世祖本来想重用赵孟𫖯，但参加讨论的人却提出非难。

二十四年六月，任命为兵部郎中，兵部统管天下的驿站。当时供应来往使臣的饮食花销，比以前多出几十倍，驿站官吏无法供应，便用强制手段向民间索取，百姓不胜其扰，于是赵孟𫖯向中书省申请，增加各驿的饮食用钞。至元纸钞的发行遇到困难，皇帝派尚书刘宣和赵孟𫖯乘驿马到江南，责问行省丞相怠慢政令的罪过，但凡是左右司官员以及各路官员，可以自行拷打。赵孟𫖯接受命令前去，到他回京时，没有拷打过一个人，丞相桑哥为此对赵孟𫖯大加谴责。

当时有一个叫王虎臣的人，他上书检举平江路总管赵全有不法行为，朝廷即派王虎臣去调查，叶李上书，认为不应派王虎臣，皇帝不听，赵孟𫖯进言说："赵全的问题当然应该调查审问，但王虎臣以前曾任该地长官，他强行买下别人的很多田地，又怂恿他的门客获取不法利益，赵全多次和他争论，王虎臣怀恨在心。若王虎臣前去，必然陷害赵全，即使赵全的不法行为得以证实，人也不能没有疑问。"皇帝恍然大悟，于是派遣其他人前去。桑哥在晨钟初鸣时即坐在尚书省大堂上，六曹官员迟到后，则加以鞭打。有一次赵孟𫖯偶然迟到，断事官立刻拉孟𫖯去受刑，赵孟𫖯进入大堂申诉，右丞叶李说："古时对士大夫不用刑，这是为了培养他们的廉耻观念，教育他们重视节义，再说侮辱士大夫，等于是侮辱朝廷。"桑哥马上多方安慰赵孟𫖯，让他回去。从此以后，所鞭打的只是曹史以下的吏员。有一天，赵孟𫖯行经东御墙外，因道路险狭，他的坐骑跌入河里。桑哥听说以后，报告给皇帝，于是把御墙西移了二丈多。皇帝听说赵孟𫖯一向清贫，便赏给他钞币五十锭。

二十七年，升任集贤殿学士。这一年发生地震，北京尤其严重，地面下陷，黑沙水喷涌而出,百姓死伤数十万,皇帝深为忧虑。当时皇帝在龙虎台,派阿剌诨撒里快马回京,合集贤、翰林两院的官员,询问发生灾害的原因。与会的人出于对桑哥畏惧,只不过泛泛地引证经典以及五行灾异等言论,笼统地提出应修人事、应天复来回答,没人敢于联系现实政治。在此之前,桑哥派忻都和王济等人统计天下的钱粮,已经征收了数百万,未征收的还有几千万,严重地损害了百姓,弄得民不聊生,自杀事件不断发生,逃往荒山野林的人,朝廷发兵追捕,谁也不敢阻止这件事。赵孟頫和阿剌诨撒里的关系本来很好,劝他奏明皇帝,赦免天下百姓,全部免除所征的钱粮,这样或许能消除天灾。阿剌诨撒里上奏,和赵孟頫所说的一致,皇帝听从了。诏书的草稿已经拟出,桑哥却大为恼火,认为这不是皇帝的本意。赵孟頫说:"凡是钱粮还没征收

至元通行定钞图

的民户,家里人非死即逃,空无一人,向谁去征收? 如不趁这时免除,日后提意见的人如果把亏欠数千万钱粮归罪于尚书省,这对于丞相您不是个沉重的包袱吗?"桑哥恍然大悟,百姓因此才得以喘息。

皇帝曾问及叶李和留梦炎相比谁优谁劣,赵孟頫回答说:"留梦炎是我父亲的朋友,他为人忠厚重信义,而且非常自信,长于谋略而能决断,有大臣的气度;叶李读过的书,我都读过,他的知识能力,我都具备。"皇帝说:"那么你认为留梦炎比叶李好吗? 留梦炎是宋朝的状元,官至丞相,当贾似道欺骗君主贻误国事时,留梦炎则曲意逢迎讨好;叶李是个平民百姓,却能冒死进宫向皇帝上书,这样看来叶李要比留梦炎强。你因留梦炎是你父亲的朋友,不敢直斥他的错误,可以写诗进行讥讽。"赵孟頫所写的诗,有"往事已非那可说,且将忠直报皇元"的句子,受到皇帝的赞赏。

赵孟頫出殿之后对奉御彻里说:"皇帝评论贾似道贻误国事时,责备留梦炎默不作声,现在桑哥的罪过比贾似道还严重,而我们这些人如果不出来说话,日后怎么能推卸责任! 但我是个被疏远的臣子,我说话皇帝必然不听从,在皇帝身边的大臣之中,读书知理、慷慨有大节而又得到皇帝信任的,没人超过您。不顾个人身家性命,替百姓除去残国害民的贼臣,这是仁人君子的义不容辞的任务。大人您一定要勉力去做!"然后彻里来到皇帝面前,历数桑哥的种种罪恶,皇帝大发雷霆,命卫士打彻里的耳光,彻里被打得口鼻流血,瘫在地上。过了一会儿,皇帝又把他叫到跟前询问,彻里的回答和原先一样。当时大臣们也有继彻里之后揭发桑哥罪恶的,于是皇帝下令将桑哥论罪处死,撤销尚书省这一机构,许多大臣因罪被罢免。

皇帝想让赵孟頫参与中书省的政务,赵孟頫坚决推辞,皇帝下令,赵孟頫出入宫门不

要阻拦。他每次进见，总是不厌其详地和皇帝谈论治国之道，他的意见对处理国家政事很有帮助。皇帝问他："你是宋太祖的后代，还是宋太宗的后代呢？"赵孟頫回答："我是太祖的十一代孙。"皇帝说："太祖的所作所为，你了解吗？"赵孟頫回答不了解，皇帝说："太祖的所作所为，有很多可取之处，我都了解。"赵孟頫心想，自己如在皇帝身边太久，一定会遭到猜忌，便坚决请求外任。二十九年，他被外任为同知济南路总管府事。当时总管缺员，他独自主持总管府政事，政务也比较清简。有个叫元掀儿的人，在盐场服劳役，因不堪忍受盐场的艰苦生活，乘机逃走。他的父亲找到他人一具尸体，竟然诬告一起服役的人杀害了元掀儿，被诬告的人屈打成招。赵孟頫怀疑这是一起冤案，压下来没有判决，过了一个月，元掀儿回来了，当地人都称颂赵孟頫断案如神。廉访司佥事韦哈剌哈孙为人一向苛毒暴虐，只因赵孟頫不肯顺从他的意志，便借机陷害，正逢朝廷撰修《世祖实录》，召赵孟頫回京城，才得以解脱。过了很久，迁知汾州，没有赴任，皇帝传旨要他书写

浴马图

金字《藏经》，写完以后，升任为集贤院直学士、江浙等处儒学提举，又迁任泰州尹，没有赴任。

　　至大三年，赵孟頫被召进京，他以翰林学士的身份，和其他学士撰写南郊祭天的祝文，以及拟进宫殿的名称，因与其他人意见不同，便请假回家。仁宗在东宫做太子的时候，就知道赵孟頫的名字，仁宗即位以后，升任他为集贤侍讲学士、中奉大夫，延祐元年，改任翰林侍讲学士，迁任集贤侍讲学士、资政大夫。延祐三年，升为翰林学士承旨、荣禄大夫。皇帝对他很爱重，称他的字号，而不直呼其名。皇帝曾和身边的大臣评论文学侍臣，认为赵孟頫可以和唐朝的李白、宋朝的苏轼相比。又曾称赞赵孟頫品行端正、博学多闻，书法和绘画超过时辈，并旁通佛、道二教的学说，别人都不可企及。有不喜欢他的人在皇帝面前说长道短，皇帝只装听不见。又有人上书说，国史所记载的内容，不应让赵孟頫这样的人了解和参与其事，皇帝说："赵子昂这个人，是世祖皇帝选拔的，我特别尊重优待他，把他安排在馆阁中任职，主管著述，修史流传后代，这些人喋喋不休，干什么呢！"接着赏给赵孟頫钞五百锭，对身边的大臣说："中书省常说国家经费不足，必定不肯给他，就从普庆寺另藏的钱钞支付给他。"赵孟頫曾几个月不到宫中，皇帝问身边的人，都说他年岁大了又怕寒冷，皇帝下令，让内府赐给他貂鼠皮衣。

　　当初，赵孟頫因程钜夫的推荐，初入仕途，被任为兵部郎中，后来程钜夫官至翰林学

士承旨,请求退休,赵孟頫代替他的职务,先去程钜夫家拜望,然后才进入翰林院,当时人认为此举是士大夫中间的一段佳话。延祐六年,请假回南方。皇帝派使者赏给他衣料,催他回京,因生病,未能成行。至治元年,英宗派使者去他家,让他书写《孝经》。二年,皇帝赐给他上等美酒和二套衣服。这年六月去世,终年六十九岁。追封他为魏国公,赠谥号为"文敏。"

赵孟頫的著作,有《尚书注》,还有《琴原》《乐原》,这两篇著作道出了乐律的奥妙;他的诗文清新含义深远,表现出一种超世的风致,读了以后,使人产生飘飘欲仙的感觉。他的篆书、籀书、八分书、隶书、楷书、行书、草书,没有一种书体不是古今之冠,因而以书法名闻天下。天竺国有一位僧人,远涉数万里来求赵孟頫的书法作品,带回去以后,天竺国视为宝物。他画的山水、木石、花竹、人物、骏马,特别精妙。以前曾任史官的杨载认为,赵孟頫的才能在很大程度上被书画名声所掩盖,了解他在书画方面成就的人,不了解他在文章上的成就,了解他在文章方面成就的人,不了解他在经世致用的学问。人们认为杨载的说法是很中肯的。

他的儿子赵雍、赵奕,都因长于书画而知名。

邓文原传

【题解】

邓文原(公元 1259~1329 年),字善之,一字匪石,绵州(今四川绵阳)人。至元年间入仕,历任杭州路儒学正、崇德州教授、应奉翰林文字、翰林修撰、江浙儒学提举、国子司业,后出任江南浙西道肃政廉访司金事,在任期间,屡屡昭雪冤案,辨明疑案。后官至集贤直学士,国子祭酒。邓文原还是元代的书法家和书画鉴赏家。他的书作,明显受赵孟頫的影响。明刻《停云馆帖》等丛帖中收有他的书法作品,许多书画名迹都有他颇见工力的题跋。

【原文】

邓文原字善之,一字匪石,绵州人,父漳,徙钱塘。文原年十五,通《春秋》。在宋时,以流寓试浙西转运司,魁四川士。至元二十七年,行中书省辟为杭州路儒学正。大德二年,调崇德州教授。五年,擢应奉翰林文字。九年,升修撰,谒告还江南。至大元年,复为修撰,预修《成宗实录》。三年,授江浙儒学提举。

皇庆元年,召为国子司业。至官,首建白更学校之政,当路因循,重于改作,论不合,移病去。科举制行,文原校文江浙,虑士守旧习,大书朱熹《贡举私议》,揭于门。延祐四年,升翰林待制。五年,出金江南浙西道肃政廉访司事,平江僧有憾其府判官理熙者,贿其徒,告熙赃,熙诬服。文原行部,按问得实,杖僧而释熙。吴兴民夜归,巡逻者执之,系亭下。其人遁去,有追及之者,刺其胁,仆地。明旦,家人得之以归,比死,其兄问:"杀汝者何如人?"曰:"白帽、青衣、长身者也。"其兄诉于官,有司向直初更者曰张福儿,执之,使服焉。械系三年,文原录之曰:"福儿身不满六尺,未见其长也;刃伤右肋,而福儿素用左

手,伤宜在左,何右伤也!"鞫之,果得真杀人者,而释福儿。桐庐人戴汝惟家被盗,有司得盗,狱成送郡;夜有焚戴氏庐者,而不知汝惟所之。文原曰:"此必有故也。"乃得其妻叶氏与其弟谋杀汝惟状,而于水涯树下得尸。

六年,移江东道。徽、宁国、广德三郡,岁入茶课钞三千锭,后增至十八万锭,竭山谷产,不能充其半,余皆凿空取之民间,岁以为常。时转运司官听用乡里哗狡,动以犯法诬民,而转运司得专制有司,凡五品官以下皆杖决,州县莫敢如何。文原请罢其专司,俾郡县领之,不报。徽民谢兰家僮汪姓者死,兰侄回贿汪族人诬兰杀之,兰诬服。文原录之,得其情,释兰而坐回。时久旱不雨,决狱乃雨。

至治二年,召为集贤直学士,地震,诏议弭灾之道,文原请决滞囚,置仓廪河北,储羡粟以赈饥;复申前议,请罢榷茶转运司,又不报。明年,兼国子祭酒,江浙省臣赵简请开经筵。泰定元年,文原兼经筵官,以疾乞致士归。二年,召拜翰林侍讲学士,以疾辞。四年,拜岭北湖南道肃政廉访使,以疾不赴。天历元年卒,年七十一。

文原内严而外恕,家贫而行廉。初客京师,有一书生病笃,取囊中金,嘱文原以归其亲;既死,而同舍生窃金去,文原买金偿死者家,终身不以语人。有文集若干卷,内制集若干卷,藏于家。子衍,荫授江浙等处儒学副提举,未任,卒。至顺五年,制赠文原江浙行省参知政事,谥文肃。

【译文】

邓文原字善之,一字匪石,绵州人。他的父亲邓漳,移家浙江钱塘。邓文原十五岁时,就能通晓《春秋》大义。在宋朝时,以客居的身份参加浙西转运司考试,名列四川举子第一名。至元二十七年,浙江行中书省任他为杭州路儒学正。大德二年,调任崇德州教授。五年,提拔他为应奉翰林文字。九年,升任翰林修撰,请假回到江南。至大元年,又任翰林修撰,参加《成宗实录》的修撰。三年,外任为江浙儒学提举。

皇庆元年,朝廷征召他为国子监司业。他到任之后,首先建议修改学校的办学方针,当权的人因循守旧,对改革持慎重态度,因意见不合,邓文原称病去职。科举制实行以后,邓文原任江浙行省的考试官,他担心考生墨守成规,他用大字书写朱熹的《贡举私议》一文,贴在试院门口。延祐四年,升任翰林院待制。五年,外任为江南浙西道肃政廉访司佥事,平江地方的僧人中有对平江府判官理熙存个人恩怨的人,贿赂僧徒,诬告理熙贪赃,理熙被屈打成招。邓文原巡视到平江,审问出真相,鞭打了僧徒,释放了理熙。吴兴地方有百姓夜里回家,被巡逻兵抓获,捆绑在乡亭上。被抓的百姓逃走,有人追上他,刺伤了他的肋部,那人扑倒在地。第二天早上,家属找到他,抬回家去,那人快死的时候,他的哥哥问他刺伤你的是个什么样的人,那人说:"他戴着白帽,穿着青色的衣服,身材比较高大。"他的哥哥告到官府,主管官员问那天担任初更巡逻任务的是谁,有人说是张福儿,于是逮捕了张福儿,迫使他承认杀了人。张福儿被扣押了三年,邓文原审阅案卷,说道:"张福儿身高不到六尺,不能说是身材高大;死者刀伤在右肋部位,但是张福儿是左撇子,一向用左手,伤口应在左部,为什么死者的刀伤在右肋呢?"经过审讯,果然抓获真正的杀人凶手,释放了张福儿。桐庐人戴汝惟家被盗,有关方面抓获了盗贼,审理结案,送郡审核;而案发当夜,有人放火烧了戴家的房子,但找不到戴汝惟的下落。邓文原审批道:"其中必有文章。"后来才审讯出戴汝惟的妻子和戴的弟弟谋杀的事实,在水边树下,找到戴汝惟的尸体和带血渍的斧子与尸体在一起。人们称邓文原断案如神。

延祐六年，邓文原移官江东道。徽州、宁国、广德三郡，每年征收茶税钞三千锭，后来增至十八万锭，即使把山上所产的茶都用来交税，也不到茶税的一半，其余的税款则巧立名目向民间搜刮，年年如此。当时转运司的官员任用乡间的流氓无赖，动不动就诬告百姓犯了法，而转运司又有专权处治的权力，凡是五品以下的官员，它都可以用刑处治，州县衙门不敢过问。邓文原请求朝廷罢去转运司的专治权力，交郡县衙门行使，朝廷不加理睬。徽州百姓谢兰有一个汪姓的家奴死去，谢兰的侄儿谢四贿赂汪家的本族人诬告谢兰杀死了家奴，谢兰被逼迫招认。邓文原复审此案，弄清了事实真相，释放了谢兰，判谢回有罪。当时久旱不雨，此案真相大白，天才下雨。

至治二年，朝廷征召邓文原为集贤直学士，因发生地震，皇帝令邓文原拟议消除灾变的措施。邓文原请求判决长期扣押没有审理清楚的囚犯，在河北地区设置仓库，储存多余的粟米以救济灾民；他又重申以前的主张，请求撤销榷茶转运司，朝廷仍不加理睬。第二年，邓文原兼任国子监祭酒，江浙行省官员赵简请求开设为皇帝讲解经史的经筵。泰定元年，邓文原兼经筵官，因病请求退休回乡。泰定二年，召任他为翰林侍讲学士，因病辞去。泰定四年，任岭北湖南道肃政廉访使，因病没有赴任。天历元年去世，终年七十一岁。

邓文原对自己要求很严，对人却很厚道，家里很穷，操行却十分清廉。他初次客居京师时，有一个读书人病重，病人从行囊中拿出黄金，拜托邓文原交给他的亲人。那个读书人死了以后，与邓文原同住一室的书生把黄金偷去，邓文原另外购买黄金，偿还给死者的家属，这件事他始终没有向别人说过。他著有文集若干卷，替皇帝起草的诏令集若干卷，收藏在家中。他的儿子邓衍，因邓文原的功劳，被任为江浙等处儒学副提举，没有上任就死去了。至顺五年，皇帝下令，追赠邓文原为江苏浙行省参知政事，赠谥号为"文肃"。

张养浩传

【题解】

张养浩（1270~1329），元代散曲作家。字希孟，号云庄，济南（今属山东）人。曾任监察御史、礼部尚书等职。天历二年，赴关中赈灾，积劳而卒。其散曲多写田园隐逸生活，有的流露出对官场的不满，文字显白流畅，感情真挚，格调高远。有《云庄休居自适小乐府》《云庄类稿》传世。

【原文】

张养浩字希孟，济南人。幼有行义，尝出，遇人有遗楮币于途者，其人已去，追而还之。年方十岁，读书不辍，父母忧其过勤而止之，养浩昼则默诵，夜则闭户，张灯窃读。山东按察使焦遂闻之，荐为东平学正。游京师，献书于平章不忽木，大奇之，辟为礼部令史，仍荐入御史台。一日病，不忽木亲至其家问疾，四顾壁立，叹曰："此真台掾也。"及为丞相掾，选授堂邑县尹。人言官舍不利，居无免者，竟居之。首毁淫祠三十余所，罢旧盗之朔望参者,曰:"彼皆良民,饥寒所迫,不得已而为盗耳;既加之以刑,犹以盗目之,是绝其自新之路也。"众盗感泣,互相戒曰:"毋负张公。"有李虎者,尝杀人,其党暴戾为害,民不堪命,旧尹莫敢诘问。养浩至,尽置诸法,民甚快之。去官十年,犹为立碑颂德。

仁宗在东宫,召为司经,未至,改文学,拜监察御史。初,议立尚书省,养浩言其不便;既立,又言变法乱政,将祸天下。台臣抑而不闻,乃扬言曰:"昔桑哥用事,台臣不言,后几不免。今御史既言,又不以闻,台将安用!"时武宗将亲祀南郊,不豫,遣大臣代祀,风忽大起,人多冻死。养浩于祀所扬言曰:"代祀非人,故天示之变。"大违时相意。

张养浩

时省臣奏用台臣,养浩叹曰:"尉专捕盗,纵不称职,使盗自选可乎?"遂疏时政万余言:一曰赏赐太侈,二曰刑禁太疏,三曰名爵太轻,四曰台纲太弱,五曰土木太盛,六曰号令太浮,七曰幸门太多,八曰风俗太靡,九曰异端太横,十曰取相之术太宽。言皆切直,当同者不能容。遂除翰林待制,复构以罪罢之,戒省台勿复用。养浩恐及祸,乃变姓名遁去。

尚书省罢,始召为右司都事。在堂邑时,其县达鲁花赤尝与之有隙,时方求选,养浩为白宰相,授以美职。迁翰林直学士,改秘书少监。延祐初,设进士科,遂以礼部侍郎知贡举,进士诣谒,皆不纳,但使人戒之曰:"诸君子但思报效,奚劳谢为!"擢陕西行台治书侍御史,改右司郎中,拜礼部尚书。

英宗即位,命参议中书省事,会元夕,帝欲于内庭张灯为鳌山,即上疏于左丞相拜住。拜住袖其疏入谏,其略曰:"世祖临御三十余年,每值元夕,闾阎之间,灯火亦禁;况阙庭之严,宫掖之邃,尤当戒慎。今灯山之构,臣以为所玩者小,所系者大;所乐者浅,所患者深。伏愿以崇俭虑远为法,以喜奢乐近为戒。"帝大怒,既览而喜曰:"非张希孟不敢言。"即罢之,仍赐尚服金织币一、帛一,以旌其直。后以父老,弃官归养,召为吏部尚书,不拜。丁父忧,未终丧,复以吏部尚书召,力辞不起。泰定元年,以太子詹事丞兼经筵说书召,又辞;改淮东廉访使,进翰林学士,皆不赴。

天历二年,关中大旱,饥民相食,特拜陕西行台中丞。既闻命,即散其家之所有与乡里贫乏者,登车就道,遇饿者则赈之,死者则葬之。道经华山,祷雨于岳祠,泣拜不能起,天忽阴翳,一雨二日。及到官,复祷于社坛,大雨如注,水三尺乃止,禾黍自生,秦人大喜。时斗米直十三缗,民持钞出籴,稍昏即不用,诣库换易,则豪猾党蔽,易十与五,累日不可得,民大困。乃检库中未毁昏钞文可验者,得一千八十五万五千余缗,悉以印记其背,又刻十贯、伍贯为券,给散贫乏,命米商视印记出粜,诣库验数以易之,于是吏弊不敢行。又率富民出粟,因上章请行纳粟补官之令。闻民间有杀子以奉母者,为之大恸,出私钱以济之。

到官四月,未尝家居,止宿公署,夜则祷于天,昼则出赈饥民,终日无少息。每一念至,即抚膺痛哭,遂得疾不起,卒年六十。关中之人,哀之如失父母。至顺二年,赠摅诚宣惠功臣、荣禄大夫、陕西等处行中书省平章政事、柱国,近封滨国公,谥文忠。

【译文】

张养浩,字希孟,济南(今属山东)人。年幼的时候就有侠义行为。有一次他出门,碰到一个人,那人不小心把钞票遗失在路上,当张养浩发现的时候。那个丢失钞票的人已走了,张养浩就追上去把钞票送还给了人家。年纪只有十岁,就一天到晚不停地读书,父亲母亲担心他过于用功而制止他,于是他白天就默默地背诵书卷上的诗文,到了夜晚,就把门户紧紧关闭起夹,点上灯,偷偷地读书。山东按察使焦遂听到这个情况,就推荐张养浩做东平(今属山东)地方的学正。后来,张养浩游学京师,把自己写的文章献给宰相不忽木,不忽木大为称奇,田此征拓张养浩为礼部令史,并且还推荐他进入御史台。一天,张养浩忽然生病了,不忽木亲自到他家里探问,当他看到张养浩的家里四壁空空,什么也没有时,慨然叹息说:"张养浩这种人才是真正的监察御史的好材料啊!"及至做了宰相属官,就被选授为堂邑(今属山东)县尹。人们都传说堂邑县县官住的房子不吉利,住进去的人没有一个能得到幸免的,但是张养浩还是住了进去。张养浩带头捣毁了滥设的神祠三十多所,免除了有强盗前科的人每月初一、十五例行到官府接受审讯检查的规定,张养浩说:"他们都是善良的百姓,因为生活困难,被饥寒所迫,不得已而去做了强盗;既然已经处分过了,现在仍旧把他们看成强盗,这是断绝他们走自新之路的做法啊!"强盗们感动得流了眼泪,他们相互劝诫说:"不能辜负张公。"有一个叫李虎的人,曾经杀过人,他的同党也都是暴虐残忍,为害百姓,百姓不堪忍受,从前有县尹不敢过问这件事情。张养浩到这里以后,按照国法严厉地惩处了他们,百姓们十分高兴。张养浩离开了堂邑十年,百姓们仍旧为他立了碑,歌颂他的功德。

仁宗还在东宫做太子的时候,就召张养浩为司经,还没有上任,又改为文学,授予监察御史的官职。当初,开始讨论成立尚书省时,张养浩发表意见说成立尚书省不妥当;尚书省成立以后,张养浩又说这是改变成法扰乱国政,将给天下带来灾难。御史台的大臣将张养浩的意见压制下来不报上去,因此张养浩就把这件事张扬出去,他说:"从前桑哥掌权,御史台的官员不敢说话,后来几乎不能改变,现在御史说话了,又不报上去,这样的御史台有什么作用呢!"当时武宗打算亲自去南郊祭祀,后来没有亲自参加,而是派了大臣代他祭祀,在祭祀时,忽然狂风大作,参加祭祀活动的人中不少人被冻死了。张养浩在祭祀地方扬言说:"代替仁宗参加祭祀的人选得不妥当,所以上天用灾变来表示不满。"张养浩的这些议论大大地违背了当时宰相的心意。

当时尚书省的大臣向皇帝启奏起用御史台大臣的人选,对于这件事情,张养浩极为不满,他慨叹道:"尉官是专管捕捉盗贼的,即使是不称职,难道可以让盗贼自己选择谁去担任尉官吗?"于是给仁宗皇帝上了一道一万多字长的议论当时政治的奏疏:第一件事情是议论当时的赏赐太过分;第二件事情是议论当时的刑禁漏洞太多;第三件事情是说功名爵位太轻;第四件事情说朝廷的纲纪太弱;第五件事情说朝廷兴建的工程太多;第六件事情说国家各个部分所发的号令太滥;第七件事情说宠幸太多;第八件事情说社会风俗太奢侈;第九件事情说社会上的异端思想太厉害;第十件事情说挑选宰相的标准太宽。他的议论直率,切中时弊,但是当权的人却不能容忍。于是,给了张养浩一个翰林待制的官职，不久又对他捏造了一套罪名把他罢免了，并且警告尚书省、御史台不能再用张养浩。张养浩担心给自己招来祸殃，因此改变了姓名逃走了。

后来尚书省的机构被罢黜了，张养浩才被召回担任右司都事。张养浩在做堂邑县尹时，那个县里的达鲁花赤和张养浩感情上曾有过裂痕，当时这个达鲁花赤正在要求选拔官职，张养浩为此向宰相作了推荐，结果给达鲁花赤授了一个好的官职。不久，张养浩自己升任为翰林学士，改秘书少监。延祐（1314～1320）初年，朝廷开进士科考试，张养浩以礼部侍郎的身份主持这次进士科考试，当进士们去拜见这位主考大人时，张养浩一概不接见，只是派了人去告诫那些新进士们说："各位应该认真考虑的是如何报效国家，何劳诸位来谢我呢！"不久，张养浩被提升为陕西行台治书侍御史，后来又改为右司郎中，拜礼部尚书。

英宗即位，命令张养浩参议中书省事，恰巧碰到元宵佳节，皇帝想在宫中搭一座鳌山灯，为此张养浩立即上疏给左丞相拜住，拜住把张养浩的奏疏放在袖管中便入宫进谏，张养浩奏疏的大概意思是说："元世祖在位三十多年，每到元宵佳节，连里巷之间都禁止点灯；何况宫廷本是禁地，而宫中的旁舍又是那么深远，尤其应该谨慎地警戒。现在却要搭造一座灯山，臣以为供观赏玩乐本是小事，但是它所关及的事体却极大；灯山给人带来的欢乐时间很短，但是给朝廷带来的祸患却很大。伏望圣上以崇尚节俭和考虑朝廷的长远利益为目标，以喜欢奢侈和只图眼前短暂的欢乐为警戒。"英宗听奏后非常恼怒，但是，当他读了奏疏以后，忽然又高兴起来，说："不是张养浩不敢说这些话。"立即停止建造鳌山灯，而且赏赐给张养浩宫廷中服用的金线织造的帛一匹，丝帛一匹，以表彰他的忠直。后来因为父亲年老，张养浩便不做官，回家赡养老父，朝廷召他为吏部尚书，不接受。父亲去世，张养浩为父服丧，丧期还没有满，朝廷又召张养浩做吏部尚书，张养浩坚辞不出。泰定六年（1324），朝廷又召张养浩担任太子詹事丞兼经筵说书的官职，张养浩又坚辞；后改授淮东廉访使，进翰林学士，他都没有赴任。

天历二年（1329），关中（今陕西）大旱，饥民相食，朝廷特拜张养浩为陕西行台中丞。张养浩接到这个命令后，立即把自己家里的一切资财都分送给周围邻里中的困难户，自己便登上车子向陕西进发，碰到饥饿的灾民就赈济他们，看到饿死的灾民就埋葬他们。路过华山，就到西岳庙去求雨，哭拜在地上都爬不起来，天空忽然阴云密布，一连下了两天雨。及至到了官府，又到社坛去求雨，结果是大雨如注，下了三尺方才停止，庄稼由此得到了生长，秦地的百姓十分高兴。当时一斗米的价钱要十三缗，百姓拿着钞票出去买米，钞票稍有糊涂或破损就不能用，拿到府库中去调换，那些奸刁之徒营私舞弊，百姓来调换十只给五，而且往往排队等了一整天还是换不到，百姓被陷入非常困难的处境。于是张养浩发检府库中那些还没有被损毁而且图纹还可以看得清的钞票，得到一千八百五十万多缗，全部在它的背面盖上印记，又刻十贯和五贯的新券，散发给平民百姓，命令米商看钞票上的印记把米卖给他们，凡是百姓拿着钞票到府库调换的，完全按数目进行交换，于是那些奸刁之徒再也不敢营私舞弊。张养浩又率领富裕人家出卖粮食，为此又向朝廷上奏章请求实行纳粮补官的法令。张养浩听到民间有人杀了自己的儿子以奉养母亲的事，为此大哭了一场，并拿出自己的钱救济了这户人家。

张养浩到陕西做官四个月，从来没有回到自己家里去住过，一直住在官府，夜里则向上天祈祷，白天就到外面去救济灾民，一天到晚不敢有丝毫的懈怠。每想到一件难受的事,就拍着胸脯大哭,因此得病不起,去世的时候才六十岁。关中的百姓,听到张养浩去世的消息,悲哀痛哭像失去了自己的父母。至顺二年(1331)追赠张养浩摅诚宣惠功臣、荣禄大夫、陕西等处行中书省平章政事、柱国、追封滨国公,谥号"文忠"。他有两个儿子:张疆、张引,张疆先去世。

杨朵儿只传

【题解】

杨朵儿只,早年侍奉仁宗,为仁宗所重。仁宗即位后,为太中大夫,家令丞。后又拜为礼部尚书,为人敢谏因与权臣铁木迭儿相争而遭陷害被杀,后平反昭雪。

【原文】

杨朵儿只,河西宁夏人。少孤,与其兄皆幼,即知自立,语言仪度如成人。事仁宗于藩邸,甚见倚重。大德丁未,从迁怀孟。仁宗闻朝廷有变,将北还,命朵儿只与李孟先之京师与右丞相哈剌哈孙定议,迎武宗于北藩。仁宗还京师,朵儿只讥察禁卫,密致警备,仁宗嘉赖焉,亲解所服带以赐。既佐定内难,仁宗居东宫,论功以为太中大夫、家令丞。日夕侍侧,虽休沐,不至家,众敬惮之。会兄卒,涕泣不胜哀,仁宗怜之,存问优厚。事寡嫂有礼,待兄子不异己子,家人化之。进正奉大夫、延庆使。武宗闻其贤,召见之。仁宗曰:"此人诚可任大事,然刚直寡合。"武宗顾视之,曰:"然。"

仁宗始总大政,执误国者,将尽按诛之。朵儿只曰:"为政而尚杀,非帝王治也。"帝感其言,特诛其尤者,民大悦服。帝他日与中书平章李孟论元从人材,孟以朵儿只为第一,帝然之,拜礼部尚书。初,尚书省改作至大银钞,视中统一当其二十五,又铸铜为至大钱,至是议罢之。朵儿只曰:"法有便否,不当视立法之人为废置。银钞固当废,铜钱与楮币相权而用之,昔之道也。国无弃宝,民无失利,钱未可遽废也。"言虽不尽用,时论是之。迁宣徽副使,御史请迁为台官,帝以宣徽膳用,素不会计,特以委之,未之许也。

有言近臣受贿者,帝怒其非所当言,将诛之,时张珪为御史中丞,叩头谏,不听。朵儿只言于帝曰:"诛告者,失刑;违谏者,失谊。世无净臣久矣,张珪,真中丞也!"帝喜,竟用珪言,拜朵儿只为侍御史。帝宴闲时,群臣侍坐者,或言笑逾度,帝见其正色,为之改容。有犯法者,虽贵幸无所容贷。怨者因共谮之,帝知之深,谮不得行。拜资德大夫、御史中丞。中书平章政事张闾以妻病,谒告归江南,夺民河渡地。朵儿只以失大体,劾罢之。江东、西奉使斡来不称职,权臣匿其奸,冀不问。朵儿只劾而杜之,斡来愧死。

御史纳璘言事忤旨,帝怒叵测,朵儿只救之,一日至八九奏,曰:"臣非爱纳璘,诚不愿陛下有杀御史之名。"帝曰:"为卿,宥之,可左迁为昌平令。"昌平,畿内剧县,欲以是困纳璘。朵儿只又言曰:"以御史宰京邑,无不可者。但以言事而得左迁,恐后之来者,用是为戒,不肯复言矣。"帝不充。后数日,帝读贞观政要,朵儿只待侧,帝顾谓曰:"魏征古之遗直也,朕安得用之?"对曰:"直由太宗,太宗不听,征虽直,将焉用之!"帝笑曰:"卿意在纳璘耶?当赦之,以成尔直名也。"

有上书论朝政阙失，面触宰相，宰相怒，将取旨杀之。朵儿只曰："诏书云：言虽不当，无罪。今若此，何以示信天下！果诛之，臣亦负其职矣。"帝悟，释之。于是特加昭文馆大学士、荣禄大夫，以奖其直言。时位一品者，多乘间邀王爵、赠先世。或谓朵儿只："眷倚方重，苟言之，当可得也。"朵儿只曰："家世寒微，幸际遇至此，已惧弗称，尚敢求多乎！且我为之，何以风厉侥幸者！"迁中政院使。未几，复为中丞，迁集贤大学士，为权臣铁木迭儿所害而死，年四十二。

初，武宗崩，皇太后在兴圣宫，铁木迭儿为丞相，逾月，仁宗即位，因遂相之。居两岁，得罪斥罢，更自结徽政近臣，复再入相，恃势贪虐，凶秽愈甚，中外切齿，群臣不知所为。御史中丞萧拜住拜中书右丞，又拜平章政事，稍牵制之。

朵儿只自侍御史拜御史中丞，慨然以纠正其罪为己任。上都富民张弼杀人系狱，铁木迭儿使大奴胁留守贺伯颜出之，及强以他奸利事，不能得。一日，坐都堂，盛怒，以官事召留守，将罪之，留守昌言："大奴所干非法，不敢从，他实无罪。"铁木迭儿语诎，得解去。朵儿只廉得其所受弼赃钜万万，大奴犹数千，使御史徐元素按得实，入奏。而御史亦辇真，又发共私罪二十余事。帝震怒，有诏逮问。铁木迭儿逃匿，帝为不御酒数日，以待决狱。尽诛其大奴同恶数人，铁木迭儿终不能得。朵儿只持之急，徽政近臣以太后旨，召朵儿只至宫门，责以违旨意者，对曰："待罪御史，奉行祖宗法，必得罪人，非敢违太后旨也。"帝仁孝，恐诚出太后意，不忍重伤怫之，但罢其相位，而迁朵儿只为集贤学士。帝犹数以台事问之，对曰："非臣职事，臣不敢与闻。所念者，铁木迭儿虽去君侧，反得为东宫师傅，在太子左右，恐售其奸，则祸有不可胜言者。"

仁宗崩，英宗犹在东宫，铁木迭儿复相，乃宣太后旨，召萧拜住、朵儿只至徽政院，与徽政使失里门、御史大夫秃忒哈杂问之，责以前违太后旨之罪。朵儿只曰："中丞之职，恨不即斩汝，以谢天下。果违太后旨，汝岂有今日耳！"铁木迭儿又引同时为御史者二人，证成其狱。朵儿只顾二人唾之曰："汝等尝得备风宪，乃为是犬彘事耶！"坐者皆惭俯首，即起入奏。未几，称旨执朵儿只载诸国门之外，与萧拜住俱见杀。是日，风沙晦冥，都人汹惧，道路相视以目。

英宗即位，诏书遂加以诬罔大臣之罪，铁木迭儿权势既成，毫发之怨，无不报者，太后惊悔，而帝亦觉其所谮毁者皆先帝旧臣，未及论治，而铁木迭儿以病死。会有天灾，求直言，会议廷中。集贤大学士张珪、中书参议回回，皆称萧、杨等死甚冤，是致不雨。闻者失色，言终不得达。及珪拜平章，即告丞相拜住曰："赏罚不当，枉抑不伸，不可以为治。若萧、杨等冤，何可不亟昭雪也！"丞相善之，遂请于帝，诏昭雪其冤，特赠思顺佐理功臣、金紫光禄大夫、司徒、上柱国、夏国公，谥襄愍。朵儿只死时，权臣欲夺其妻刘氏与人，刘氏剪发毁容以自誓，乃免。子不花。

【译文】

杨朵儿只，河西宁夏人。他少年丧父，与自己的兄长都在年幼时就知道自立，语言举止如同成人。他侍奉仁宗于藩邸，很受倚重（当时元成宗在位，仁宗为成宗之侄）。元成宗大德丁未，随从仁宗迁徙到怀州（按丁未为大德十一年，据《元史·仁宗本纪》，仁宗至怀州为十年事）。仁宗闻知朝廷发生局势变化（十一年成宗死，皇后与左丞相阿忽台图谋立安西王阿难答为帝），准备北还大都，命令杨朵儿只与李孟先到大都，与右丞相哈剌哈孙定议,到北部边境迎回武宗(武宗海山为仁宗的兄长,当时为怀宁王)。仁宗回到京城,杨朵儿只督察禁卫,严密警戒,仁宗极为赞赏和依赖,亲自解下所佩的衣带赐给他。他辅助平定内乱以后,仁宗为皇太子,论功任命他为太中大夫、家令丞。他早晚侍奉于皇太子之侧,就是休假的日子也不肯回家,众人敬而惮之。正值他兄长去世,他涕泣不胜悲哀,皇太子很怜悯,很是优厚。他服侍寡嫂很有礼,对待侄子与自己的儿子无异,家中人俱为感化。进职为正奉大夫、延庆使。元武宗听说他贤能,予以召见。仁宗说:"这人诚笃,可任以大事,但是他刚直寡合。"武宗看着他说:"是的。"

仁宗开始总理朝政(此时武宗刚死,仁宗尚未即位),逮捕误国之臣,准备全部依法诛杀。杨朵儿只说:"为政而崇尚杀戮,这不是帝王之治。"仁宗接受了他的意见,只诛杀了罪恶尤其大的,百姓大为悦服。有一天,仁宗与中书平章李孟谈论起早年随从自己的臣子中的人才,李孟以杨朵儿只为第一,仁宗觉得不错,拜为礼部尚书。开初,尚书省改制至大银钞,与中统钞相比为一对二十五,又铸至大铜钱,到这时全部罢用。杨朵儿只说:"法令有便有不便,不应当以立法之人为废置。银钞固然应该罢废,但铜钱与纸币相权衡而参用,这是古昔之道。国家不废弃铜币,百姓不丧失利益,铜钱不能突然废除。"他的建议虽然没有全部被采用,但当时的舆论很以为然。迁为宣徽副使,御史要求把他任命为御史台官,仁宗以为宣徽院的膳食用度一向没有计划,所以特意委任他为宣徽副使,没有答应御史的请求。

有人上言揭发近臣接受贿赂,仁宗恼怒这不是他该说的,打算诛杀这人。当时张珪为御史中丞,叩头谏劝,仁宗不肯听。杨朵儿只对仁宗说:"诛杀上告的人,这是刑法不当;不听谏劝,这是不合礼谊。世上很久没有谏诤之臣了,象张珪,这才是真中丞呢!"仁宗听了很高兴,终于采纳了张珪的建议,而拜杨朵儿只为侍御史。仁宗宴罢休息的时候,有的臣子侍坐,谈笑超越了限度,仁宗见杨朵儿只满脸庄重之色,也为之改容。有忤犯法律者,就是贵幸之臣,他也不肯宽容。怨恨他的人便一起谮毁他,但仁宗很了解他,所以谮言也没能得逞。官拜资德大夫、御史中丞。中书平章政事张闾,因为妻子有病,请假回到江南,夺取百姓的河渡地。杨朵儿只认为他有失大体,弹劾罢免了他。出使江东、江西的斡来,不能称职,权臣隐匿了他的奸事,希冀不再追问。杨朵儿只罢免他并施以杖刑,斡来羞愧而死。

御史纳璘上言忤犯了仁宗,仁宗的恼怒难于预测,杨朵儿只为了救护纳璘,一天之内八九次上奏,说:"不是我喜爱纳璘,我确实不愿意陛下落下杀死御史的名声。"仁宗说:"我看你的面子,就饶恕了他,可把他降为昌平县令。"昌平,是京畿的繁剧之县,仁宗想以此使纳璘难堪。杨朵儿只又上言说:"用御史为京畿县令,没有什么不可以的。但由于上言而降职,恐怕后面的人要以此为戒,不肯再进言了。"仁宗不答应。过了几天,仁宗阅读《贞观政要》,杨朵儿只在旁侍奉。仁宗回头对杨朵儿只说:"魏征是古代少有的直臣呀,朕怎样才能用上这样的人?"杨朵儿只答道:"魏征的直,是由于有了唐太宗,太宗如果不听,魏征虽然直,又有什么用!"仁宗笑道:"你的意思是在纳璘吧?我一定赦免他,以成就你的直名。"

有人上书评论朝政的缺失,当面触犯了宰相,宰相恼怒,准备建议皇上杀死那人。杨朵儿只说:"诏书说:上言虽然有不当之处,也没有罪。如今要是这样,何以取信于天下!果真要杀死他,我也辜负了自己的职责了。"仁宗省悟,就释放了那人。于是特别加官杨朵儿只为昭文馆大学士、荣禄大夫,以奖励他的直言。当时官居一品的,大多乘机会请求封王爵,追赠先人。有人对杨朵儿只说:"你正受皇帝宠信,如果提出请求,一定会得到的。"杨朵儿只说:"我的家世寒微,有幸际遇,得至于此,已经担心不能相称,还敢有更多的要求么! 况且我要是干了这事,还怎么指责那些希图侥幸的人!"迁升为中政院使。没有多久,又担任御史中丞,迁集贤院大学士,被权臣铁木迭儿所陷害而死,年四十二岁。

开初,武宗去世,皇太后在兴圣宫,铁木迭儿为丞相,一月以后,仁宗即位,仍然以他为丞相。过了两年,铁木迭儿得罪被罢斥,但他极力勾结徽政院的近臣,得以再次入朝为相。他仗势贪贿暴虐,凶残赃秽更胜于往年,中外切齿痛恨,但群臣不知如何是好。御史中丞萧拜住,拜为御史右丞,又拜为平章政事,才稍稍对他有所牵制。

杨朵儿只由侍御史拜御史中丞,慨然以纠察处置铁木迭儿之罪为己任。上都富民张弼因杀人被捕入狱,铁木迭儿派亲信奴才胁迫大都留守贺伯颜把张弼释放,并强制他替自己干其他奸佞谋利之事,未能得逞。有一天,铁木迭儿坐于都堂,怒气冲冲,以公事召贺伯颜,准备治罪。贺伯颜声言:"那奴才所干预的事是犯法的,我不敢相从,其他的罪我是没有的。"铁木迭儿理屈词穷,贺伯颜得以释免。杨朵儿只查明铁木迭儿接受张弼的贿赂达百万,那奴才所得尚有数千,派御史徐元素按察落实,入奏仁宗。而御史亦辇真又揭发了铁木迭儿的私罪二十余件。仁宗震怒,降诏逮捕审问。铁木迭儿逃匿起来,仁宗为此数日不饮酒,等待着结案。但只是把几个助纣为虐的亲信奴才处死,铁木迭儿还是不能逮捕归案。杨朵儿只追查得很急,徽政院近臣以太后旨意,召杨朵儿只到宫门,指责他违背太后旨意。杨朵儿只答道:"我任职御史,奉行祖宗法制,一定要逮捕罪人,这不是我敢于违背太后的旨意。"仁宗仁孝,担心这确实是出于太后的意思,不忍心重惩铁木迭儿惹得太后不快,就仅仅罢免了他的相位,而迁杨朵儿只为集贤院学士。仁宗还屡次就御史台的事询问杨朵儿只,他答道:"这不是我职责以内的事,我不敢参与。我所担心的,是铁木迭儿虽然离开君侧,却又得为东宫师傅,在太子左右,恐怕要行使其奸谋,则要产生不可胜言的祸患。"

仁宗去世,英宗还在东宫,铁木迭儿就又被任命为宰相。于是他宣布太后旨意,召萧拜住、杨朵儿只到徽政院,亲自与徽政使失里门、御史大夫秃忒哈一起审讯,指责他们过去违背太后旨意的罪。杨朵儿只说:"我身为御史中丞,恨不能斩你以谢天下。如果真的违背了太后旨意,你岂能有今日呢!"铁木迭儿又拉拢当时和杨朵儿只一起担任御史的两个人,诬证其罪。杨朵儿只对着他两人唾道:"你等也曾备位风宪之职,竟然能做出此等猪狗之事!"在座的都惭愧地低下头,于是起身入奏。没有多久,假借旨意押杨朵儿只到都门之外,与萧拜住一起被杀害。这一天,风沙昏暗,都城的人汹惧不安,路上行人相视以目。

英宗即位,诏书便加杨朵儿只以诬罔大臣之罪。铁木迭儿的权势已经巩固,毫发之怨,无不相报。太后终于悔悟,而英宗也觉得他所潜毁的都是先帝旧臣。还没有来得及论治其罪,铁木迭儿就因病而死了。正值有天灾,朝廷征求直言,会议于殿廷之中。集贤院大学士张珪、中书参议回回,都说萧拜住、杨朵儿只等人死得太冤枉,所以导致天旱不雨。听见这话的人都吓得面容失色,于是这话始终没有上达英宗。及至张珪拜为平章政事,便对丞相拜住说:"赏罚不当,冤屈不伸,不可以为治。象萧、杨等人的冤枉,为什么不赶快昭雪呢!"丞相很赞成,就请示英宗,降诏书昭雪其冤,特追赠他为思顺佐理功臣、金紫光禄大夫、司徒、上柱国、夏国公，谥为襄愍。杨朵儿只死的时候，权臣想抢夺他妻子刘氏给别人，刘氏剪去头发，毁坏容貌，以表示决心，这才得免。他儿子叫不花。

揭傒斯传

【题解】

揭傒斯(1274~1344)，字曼硕，龙兴富州(今江西省丰城市)人。年轻时即有文名，后因程巨夫、卢挚荐举，历任翰林国史院编修官、应奉翰林文字、国子助教、授经郎等职，后至翰林待制、集贤学士、侍讲学士。揭傒斯长于文辞，当时朝廷大制作，多出其手，又任《辽史》《金史》《宋史》的总裁官。揭傒斯的文章叙事严整，诗也清新可喜，传世有《揭傒斯全集》。同时他还是元代著名书法家，擅长楷书、行书、草书。

【原文】

揭傒斯字曼硕，龙兴富州人。父来成，宋乡贡进士。傒斯幼贫，读书尤刻苦，昼夜不少懈，父子自为师友，由是贯通百氏，早有文名。大德间，稍出游湘、汉。湖南帅赵琪，雅号知人，见之惊曰："他日翰苑名流也。"程巨夫、卢挚，先后为湖南宪长，成器重之，巨夫因妻以从妹。

延祐初，巨夫、挚列荐于朝，特授翰林国史院编修官。时平章李孟监修国史，读其所撰《功臣列传》，叹曰："是方可名史笔，若他人，直誉吏牍尔。"升应奉翰林文字，仍兼编修，迁国子助教，复留为应奉。南归省母，旋复召还。傒斯凡三入翰林，朝廷之事、台阁之仪，靡不闲习。集贤学士王约谓："与傒斯谈治通，大起人意，授之以政，当无施不可。"

天历初，开奎章阁，首擢为授经郎，以教勋戚大臣子孙。文宗时幸阁中，有所咨访，奏对称旨，恒以字呼之而不名。每中书奏用儒臣，必问曰："其材何如揭曼硕？"间出所上《太平政要策》以示台臣，曰："此朕授经郎揭曼硕所进也。"其见亲重如此。

富州地不产金，官府惑于奸民之言，为募淘金户三百，而以其人总之，散往他郡，采金以献，岁课自四两累增至四十九两。其人既死，而三百户所存无十一，又民不聊生。有司遂责民之受役于官者代输，民多以是破产。中书因傒斯言，遂蠲其征，民赖以苏，富州人至今德之。

与修《经世大典》，文宗取其所撰《宪典》读之，顾谓近臣曰："此岂非《唐律》乎！"特授艺文监丞，参检校书籍事，且屡称其纪实，欲进用之，会文宗崩而止。元统初，诏对便殿，慰谕良久，命赐以诸王所服表里各一，躬身辩识以授之，迁翰林待制，升集贤学士，阶中顺大夫。先是，儒学官赴吏部铨者，必移集贤，考校其所业，集贤下国子监，监子博士，吏文淹稽，动逾累月。傒斯请更其法，以事付本院属官，人甚便之。

奉旨祠北岳、济渎、南镇，便道西还。时秦王伯颜当国，屡促其还，傒斯引疾固辞。既而天子亲擢为奎章阁供奉学士，乃即日就道，未至，改翰林直学士，及开经筵，再升侍讲学士、同知经筵事，以对品进阶中奉大夫。时新格超升不越二等，独傒斯进四等，转九阶，盖异数也。经筵无专官，曰领曰知，多宰执大臣，故微辞奥义，必属傒斯订定而后进，其言往往寓献替之诚,务以裨益治道。天子嘉其忠恳,数出金织文锻以赐。

至正三年,年七十,致其事而去,诏遣使追及于溧南。寻复奉上尊谕旨,还撰《明宗神御殿碑》,文成,赐楮币万缗、白金五十两,中宫赐白金亦如之。求去,不许,命丞相脱脱及执政大臣面谕毋行。傒斯曰:"使揭傒斯有一得之献,诸公用其言而天下蒙其利,虽死于此,何恨! 不然,何益之有!"丞相因问:"方今政治何先?"傒斯曰:"储材为先,养之于位望未隆之时,而用之于周密庶务之后,则无失材废事之患矣。"一日,集议朝堂,傒斯抗言:"当兼行新旧铜钱,以救钞法之弊。"执政言不可,傒斯持之益力,丞相虽称其不阿,而竟莫行其言也。

诏修辽、金、宋三史,傒斯与为总裁官。丞相问:"修史以何为本?"曰:"用人为本,有学问文章而不知史事者,不可与;有学问文章知史事而心术不正者,不可与。用人之道,又当以心术为本也。"且与僚属言:"欲求作史之法,须求作史之意。古人作史,虽小善必录,小恶必记。不然,何以示惩劝!"由是毅然以笔削自任,凡政事得失,人材贤否,一律以是非之公;至于物论之不齐,必反复辨论,以求归于至当而后止。四年,《辽史》成,有旨奖谕,仍督早成金、宋二史。傒斯留宿史馆,朝夕不敢休,因得寒疾,七日卒。时方有使者至自上京,锡宴史局,以傒斯故,改宴日,使者以闻,帝为嗟悼,赐楮币万缗,仍给驿舟,护送其丧归江南。六年,制赠护军,追封豫章郡公,谥曰文安。有勋爵而无官阶者,有司之失也。

傒斯少处穷约,事亲菽水粗具而必得其欢心,既有禄入,衣食稍逾于前,辄愀然曰:"吾亲未尝享是也。"故平生清俭,至老不渝。友于兄弟,终始无间言。立朝虽居散地,而急于荐士,扬人之善唯恐不及,而闻吏之贪墨病民者,则尤不曲为之掩复也。为文章,叙事严整,语简而当;诗尤清婉丽密;善楷书、行、草。朝廷大典册,及元勋茂德当得铭辞者,必以命焉。殊方绝域,咸慕其名,得其文者,莫不以为荣云。

【译文】

揭傒斯字曼硕,是龙兴路富州人。他的父亲揭来成,是宋朝时的乡贡进士。揭傒斯幼年时家里很贫穷,读书非常刻苦,白日黑夜,从不懈怠,父子互相为师友,因此他博通百家学说,很早就有文名。大德年间,曾到湖南、湖北一带游学,湖南经略安抚使赵淇素称有知人之明,他见到揭傒斯,惊喜地说:"这人将来会成为文章名流。"程巨夫、卢挚先后任湖南廉访使,都对他很器重。程巨夫把堂妹嫁给他。

延祐初年,程巨夫、卢挚向朝廷荐举揭傒斯,特任他为翰林国史院编修官。当时平章政事李孟为国史监修官,他读了揭傒斯撰写的《功臣列传》,感叹地说:"这样的文章才能称为史家笔法,象其他人,只不过是誊录官方文书的抄手罢了。"升任他为应奉翰林文字,仍兼任编修,后迁任国子助教,又留任应奉翰林文字。他回南方去探望母亲,很快又被召回京。揭傒斯前后三次任职翰林,对朝廷的事务、台阁的制度,没有不熟悉的。集贤学士王约说:"和揭傒斯谈论治国之道,使人深受启发,如果让他办理政事,任何事都能办得好。"

天历初年,开设奎章阁,首先提拔揭傒斯为授经郎,让他教功勋大臣以及皇亲国戚的子孙读书。文宗经常驾临阁中,询问各种问题,揭傒斯的回答皇帝很满意,常叫他的字号,而不直呼其名。每当中书省上奏起用儒臣时,文宗必然问:"那人的才能比揭曼硕怎样?"有时拿出揭傒斯进呈的《太平政要策》给阁臣看,并说:"这是我的授经郎揭曼硕所进呈的。"他是这样受皇帝的亲重。

富州地方本不出产黄金,官府受奸民花言巧语的诱惑,为此招募了三百淘金户,而让奸民率领,散往外地,采金献给本地官府,每年征收四两,后来逐年加码,增至四十九两。奸民死去以后,三百淘金户留存下来的不到十分之一,而且贫穷无法生活,主管官员责令为官家服劳役的百姓代为交纳,很多民户因此而破产。中书省采用揭傒斯的建议,于是免去这项征调,百姓因此而得以休养生息,富州人至今对揭傒斯感恩戴德。

揭傒斯参与《经世大典》的修撰,文宗取来他撰写的《宪典》,读过以后,对身边的大臣说:"这难道不是《唐律》一样的高水平法典吗!"特任命他为艺文监丞,参与校勘书籍的事务,文宗常称赞他纯朴忠实,想提拔他,因文宗逝世作罢。元统初年,皇帝在便殿召见他,长时间和他谈话,多方安慰,下令赏给他诸王才能享用的衣料表里各一件,并且亲自鉴别以后才交给揭傒斯。迁任他为翰林待制,又升任集贤学士,官阶为中顺大夫。在此之前,儒学官到吏部考核的人,必须移交给集贤院,考核他们的学业,集贤院再下交给国子监,国子监下交给国子博士,因手续烦琐耽误时间,动不动需要几个月。揭傒斯奏请朝廷,改变这种做法,把此事直接交给集贤院官员办理,这样人人都感到很方便。

揭傒斯奉皇帝之命,去祭祀北岳、济水、南镇,顺路西去回家探望。当时秦王伯颜当权,屡次催促他回京,揭傒斯称病坚辞。不久,皇帝亲自提拔他为奎章阁供奉学士,于是当天就启程回京,他还未到京城,又改任他为翰林直学士。及开始经筵讲书,又升他为侍讲学士、同知经筵事,因官品升高相应官阶晋升为中奉大夫。按照当时的新条例,破格提升不得超越二等,只有揭傒斯晋升了四等,迁了九级,受到特殊的礼遇。经筵不设专职官员,称为领经筵、知经筵,多由内阁大臣兼任,因此凡涉及经史中的深文奥义的阐释,必定由揭傒斯审定后才向皇帝进讲。他对经史的阐释,字里行间往往寓规谏之意,以有助于政事为出发点。皇帝很赞赏他的忠心诚恳,多次赏赐给他金织纹缎。

至正三年,他已七十岁,退休离京回原籍,皇帝派使者从郭县之南把他追回。不久,又奉皇帝之命撰写《明宗神御殿碑》,文章写成,赏给他纸币一万缗、白金五十两,中宫皇后也赏给白金五十两。他请求离京回乡,朝廷不批准,皇帝派丞相脱脱和执政大臣当面劝他不要离开,揭傒斯说:"如果我揭傒斯的建议有一点可取的话,诸位大人采纳了我的建议而天下百姓受益,即使我死在这里,又有什么可遗憾的呢! 如果不是这样,我留下来有什么益处呢!"丞相趁机问他:"现在的政事应以什么为当务之急呢?"揭傒斯回答说:"以储备人才为当务之急,在他的地位和声望还不高时加以培养,在他对各种政务熟悉洞达之后再加以任用,这样就不会有埋没人才、荒废政事的忧虑了。"有一天,大臣们聚集朝堂议论政事,揭傒斯高声说道:"应该使新旧铜钱同时流通,来补救现行钞法的弊端。"执政大臣认为不可行,揭傒斯更加坚持自己的主张,丞相虽然口头上称赞他刚正不阿,但实际上并没有把他的建议付诸实行。

皇帝下令纂修辽、金、宋三朝史书,揭傒斯参与其事并被任命为总裁官。丞相问他:"修史的工作,什么最重要?"揭傒斯说:"用人最重要,有学问又很会写文章但不熟悉史事的人,不可参与;有学问很会写文章而且又熟悉史事但心术不正的人,也不可参与。用人的标准,应以心术最为重要。"并且对他手下的官员说:"要求得修史的方法,必须弄清楚修史的出发点,古人著史书,虽然是小小的善行,必加记载,虽然是小小的恶行,也必加记载。不然的话,怎么能达到劝善惩恶的目的呢?"因此他毅然担起增删修改的责任,凡是政事的得失,人物的贤明与否,是是非非,一律以公论为准;对于某些人和事,人们的意见并不一致,一定通过反复辩论,直到得出最恰当结论为止。至正四年,《辽史》修成,皇帝下旨对他进行嘉奖,并督促他及早修成金、宋二史。于是揭傒斯夜晚留宿在史馆内,日夜不停,不敢稍事休息,因此受凉生病,病了七天就去世了。当时皇帝派使者从上京来,奉命在史馆宴请修史官员,因揭傒斯去世,宴会改期。使者向皇帝回奏揭傒斯逝世,皇帝为之叹息悲悼,赏赐纸币一万缗,派驿船护送他的灵柩回江南。至正六年,皇帝下令,追赠他为护军,追封为豫章郡公,赠谥号为"文安"。他之所以得到勋位爵号而没有得到官阶封赠,是因主管官员疏失造成的。

揭傒斯少年时很贫穷,侍奉双亲,即使是粗茶淡饭也使老人高高兴兴。到他有了薪俸收入时,吃穿比以前稍好一些,就悲恸地说:"我的父母没有享受到这样的生活啊!"因此他一生清廉节俭,至老不变。他重于兄弟手足之情,兄弟相处,始终没有产生任何隔阂。他在朝廷,虽然是无实权的散官,却不遗余力地推荐人才,对他人的长处大力表彰,唯恐人不知道,但听到官吏贪污糟害百姓,对这样的人,他决不想法替他掩盖。他写的文章,叙事严密,语言简练,持论稳妥;他的诗尤其清新婉转,格律严整;他还擅长楷书、行书、草书。朝廷的重要文书,以及功勋卓著、德高望重的大臣逝世后,应得到朝廷所赐碑铭的,必请揭傒斯撰写。远方外城的人,都仰慕他的名声,能得到他的文章,都认为是荣耀。

欧阳玄传

【题解】

欧阳玄(1272~1357),字原功,浏阳(今湖南浏阳)人,著名的史学家、文学家。他参加了宋、辽、金三史的修撰,以及《皇朝经世大典》的编写。宋、辽、金三史署名为脱脱撰,然而具体撰修三史的则是欧阳玄、张起岩、揭傒斯等人,这其中出力最多的又是欧阳玄。欧阳玄不仅发凡举例,而且笔削定稿,其中论、赞、表、奏多出欧阳玄之手。三史因记载对象不同,内容形式也有差异。《辽》《金》二史除纪、传以外,还设表,如《世表》《交聘表》《属国表》等都很有特色,二史书后还附有《国语解》等。三史当中,后人一致认为《金史》较好。三史分别修撰,使辽、金二朝在中国历史上得到了应有的地位,保存了丰富的史料,对全面了解十世纪至十三世纪的中国政治、军事、经济和对外关系全貌提供了基础。

【原文】

欧阳玄字原功,其先家庐陵,与文忠公修同所自出。至曾大父新,始迁居浏阳,故玄为浏阳人。幼岐嶷,母李氏,亲授《孝经》《论语》、小学诸书,八岁能成诵,始从乡先生张贯之学,日记数千言,即知属文。十岁,有黄冠师注目视玄,谓贯之曰:"是儿神气凝远,目光射人,异日当以文章冠世,廊庙之器也。"言讫而去,亟追与语,已失所之。部使者行县,玄以诸生见,命赋梅花诗,立成十首,晚归,增至百首,见者骇异之。年十四,益从宋故老习为词章，下笔辄成章，每试庠序，辄占高等。弱冠，下帷数年，人莫见其面，经史百家，靡不研究，伊、洛诸儒源委，尤为淹贯。

延祐元年，诏设科取士，玄以《尚书》与贡。明年，赐进士出身，授岳州路平江州同知。调太平路芜湖县尹。县多疑狱，久不决，玄察其情，皆为平翻。豪右不法，虐其驱奴，玄断之从良。贡赋征发及时，民乐趋事，教化大行，飞蝗独不入境。改武冈县尹。县控制溪洞，蛮獠杂居，抚字稍乖，辄弄兵犯顺。玄至逾月，赤水、太清两洞聚众相攻杀，官曹相顾失色，计无从出。玄即日单骑从二人，径抵其地谕之。至则死伤满道，战斗未已。獠人熟玄名，弃兵仗，罗拜马首曰："我曹非不畏法，缘诉某事于县，县官不为直，反以徭役横敛掊克之，情有弗堪，乃发愤就死耳。不意烦我渍廉官自来。"玄喻以祸福，归为理其讼，獠人遂安。

召为国子博士，升国子监丞。致和元年，迁翰林待制，兼国史院编修官。时当兵兴，玄领印摄院事，日直内廷，参决机务，凡远近调发，制诏书檄。既而改元天历，郊

圭斋文集十六卷（元）欧阳玄撰

庙、建后、立储、肆赦之文，皆经撰述。复条时政数十事，实封以闻，多推行之。明年，初置奎章阁学士院，又置艺文监隶焉，皆选清望官居之。文宗亲署玄为艺文少监，奉诏纂修《经世大典》，升太监、检校书籍事。

元统元年，改金太常礼仪院事，拜翰林直学士，编修四朝实录，俄兼国子祭酒，召赴中都议事，升侍讲学士，复兼国子祭酒。重纪至元五年，足患风痹，乞南归以便医药，帝不允。拜翰林学士，未几，恳辞去位，帝复不允，免其行朝贺礼。至正改元，更张朝政，事有不便者，集议廷中，玄极言无隐，科目之复，沮者尤众，玄尤力争之。未几南归，复起为翰林学士，以疾未行。

诏修辽、金、宋三史，召为总裁官，发凡举例，俾论撰者有所据依；史官中有悻悻露才、论议不公者，玄不以口舌争，俟其呈稿，援笔窜定之，统系自正。至于论、赞、表、奏，皆玄属笔。五年，帝以玄历仕累朝，且有修三史功，谕旨丞相，超授爵秩，遂拟拜翰林学士承旨。及入奏，上称快者再三。已而乞致仕，帝复不允。御史台奏除福建廉访使，行次浙西，疾复作，乃上休致之请，作南山隐居，优游山水之间，有终焉之志。复拜翰林学士承旨，玄屡力辞，不获命。奉敕定国律，寻乞致仕，陈情恳切，乃特授湖广行中书省右丞致仕，赐白玉束带，给俸赐以终其身。将行，帝复降旨不允，仍前翰林学士承旨，进阶光禄大夫。

十四年，汝颍盗起，蔓延南北，州县几无完城。玄献招捕之策千余言，凿凿可行，当时

不能用。十七年春，乞致仕，以中原道梗，欲由蜀还乡，帝复不允。时将大赦天下，宣赴内府。玄久病，不能步履，丞相传旨，肩舆至延春阁下，实异数也。是岁十二月戊戌，卒于崇教里之寓舍，年八十五。中书以闻，帝赐赗甚厚，赠崇仁昭德推忠守正功臣、大司徒、柱国，追封楚国公，谥曰文。

玄性度雍容，含弘缜密，处己俭约，为政廉平，因官四十余年，在朝之日，殆四之三。三任成均，而两为祭酒，六入翰林，而三拜承旨。修实录、《大典》、三史，皆大制作。屡主文衡，两知贡举及读卷官，凡宗庙朝廷雄文大册、播告万方制诰，多出玄手。金缯上尊之赐，几无虚岁。海内名山大川，释、老之宫，王公贵人墓隧之碑，得玄文辞以为荣。片言只字，流传人间，咸知宝重。文章道德，卓然名世。羽仪斯文，赞卫治具，与有功焉。玄无子，以从子达老后，卒，复先玄卒。有《圭斋文集》若干卷传于世。

【译文】

欧阳玄字原功，他的祖先居住在庐陵，与文忠公欧阳修出于同一宗。到他的曾祖父欧阳新时才迁居到浏阳，所以他是浏阳人。欧阳玄幼年聪慧，他的母亲李氏亲自教他《孝经》《论语》《小学》各书。八岁能背诵，才开始跟随乡学先生张贯之学习，一天能记下几千字，就知道如何写文章。十岁时，有一道士凝视欧阳玄，告诉张贯之说："这个孩子神气凝远，目光逼人，以后会以文章为天下之冠，有担负朝廷重任的才能。"说完就离开了，急忙追出与他讲话，已不知他的去向。朝廷派遣使者巡查各县，欧阳玄以学生身份拜见使者，使者命其作梅花诗，立刻作成十首，晚上回来时增加到上百首。看见的人对此都很惊讶。十四岁时，进一步跟随宋朝遗老学习作辞章。下笔成章，每次参加乡学考试总是位于高等。成年后，闭门读书几年，人们见不到他的面，经史百家，没有不研究的，对伊、洛学派的本末，尤其淹博贯通。

延祐元年，仁宗下诏设科举取士，欧阳玄以《尚书》参加贡试。第二年，赐予他进士出身，授予岳州路平江州同知之职。调任太平路芜湖县尹。县中多疑难官司，长期不能判决，欧阳玄考察了这些情况，都公正地进行了判决或平反。豪门大族不遵守法律，虐待他们的汉族奴隶，欧阳玄判决这些奴隶恢复自由。赋税征调及时，百姓乐意去做自己的工作，政教风化非常盛行，蝗虫唯独不入此县境界。改任武冈县尹。武冈县控制着溪洞，此处蛮獠杂居，对他们的抚育爱护稍有不协调，他们就拿起武器造反。欧阳玄到任一个月后，赤水、太清两洞聚集众人相互攻杀，官吏们互相对视，脸色大变，想不出解决的计谋。第二天，欧阳玄单人匹马带领两人直接到达獠人争斗的地方告谕他们。到达的时候死伤者充斥道路，战斗还没有停止。獠人熟知欧阳玄的名望，扔掉兵器，排着队拜倒在马前，说："我们不是不惧怕法律，因为向县衙投诉某事，县官判决不公正，反而用徭役横征暴敛搜刮我们，感情上无法忍受，就发愤去死。没想到麻烦我们的清廉长官亲自前来。"欧阳玄告诉他们此事的祸福，回去为他们审理官司，獠人于是安抚下来。

召欧阳玄作国子博士，升任国子监丞。致和元年，改任翰林待制，兼任国史院编修官。当时正值战乱，欧阳玄领印代理国史院事务，每天在内廷值班，参与决策机要事务，包括远近的调拨发运，掌管制诰，撰写文书。不久改年号为天历，祭天地祖宗，册封皇后、立太子、大赦等文书，都经他撰写。又列举当时政务几十件，密封起来直奏朝廷，大多数被推行。第二年，开始设置奎章阁学士院，又在院内设置艺文监隶属它，都选择清廉、有名望的官吏任职。文宗亲自任命欧阳玄为艺文少监,奉旨编撰《经世大典》,升任太监、检校书籍事。

元统元年,改任金太常礼仪院事,官拜翰林直学士,编修四朝实录。不久,兼任国子祭酒,被朝廷召入中都参议国事,升任侍讲学士,又兼国子祭酒。后至元五年,脚部患风痹,请求回到南方以便于治病、用药,顺帝不答应。授予翰林学士,没多久,恳求辞去官职,顺帝又不答应,免去他行朝贺的礼节。改年号至正,改革朝政,凡不利的事情都在朝廷集中商议,欧阳玄尽言没有隐讳。科目复设,阻挠者非常多。他仍然竭力争取。不久,回到南方,又被提拔为翰林学士,因病没有赴任。

顺帝下诏修辽、金、宋三史,召欧阳玄为总裁官,发凡举例,使撰述者有所依据;史官中有愤怒地表露才华、议论不公正的人,欧阳玄不用口舌与他们争论,待他们交上稿件,用笔修改审定,都算作他们自己改正的。至于论、赞、表、奏,都由欧阳玄执笔。五年,顺帝因欧阳玄在几朝做官,并且有编修三史的功劳,命令丞相破格授予他爵位和俸禄,于是准备拜他为翰林学士承旨。等到奏请顺帝,顺帝再三称赞。不久,欧阳玄请求退休,顺帝又不同意。御史台上奏拜他为福建廉访使,走到浙西,病又发作。于是奏上退休的请求,作南山隐居,悠闲自得于山水之间,有在此了却余生的愿望。又被任命为翰林学士承旨,他多次坚决辞谢,不被批准。奉顺帝诏书制定国家法规,不久请求退休,陈述情况恳切,于是特别授予他以湖广行中书省右丞的职位退休,赐他白玉束带,给他俸赐养老。将要走时,顺帝又下诏不许他走,仍拜为以前的翰林学士承旨,晋升为光禄大夫。

十四年,汝颍强盗兴起,蔓延南北,州县中几乎没有完整的城池。欧阳玄呈献招捕的措施千余字,确实可行,当时不能采用。十七年春,请求退休,由于中原道路阻塞,打算经四川回乡,顺帝又不答应。当时将要大赦天下,宣他到内府。欧阳玄长期卧病,不能行走,丞相传旨,准他乘轿子到延春阁下,实际是顺帝给臣子的特殊优待。这年十二月戊戌日(二十九日),去世于崇教里的寓内,时年八十五岁。中书通知顺帝,顺帝赏赐办理丧事的财物很丰厚,赠他崇仁昭德推忠守正功臣、大司徒、柱国的称号,追封他为楚国公,赠谥号为文。

欧阳玄生性仪度大方,内含弘大缜密,对待自己节俭不奢华,为政清廉公正,做官四十多年,在朝廷的时间,将近四分之三。三次做成均,两次做祭酒,六次进入翰林,三次任承旨。编撰实录、《经世大典》、三史,都是大著作。多次做主考官,两次主持贡举和读卷官,凡宗庙朝廷重要文书册文,传达全国各地的制诏,大多出于欧阳玄之手。赏赐的金帛、丝绸、好酒,几乎每年都有。海内名山大川,寺院、道观,王公贵人墓道的碑铭,以得到欧阳玄的文辞为荣耀。只言片语,流传到民间,人们都知道它的珍贵。欧阳玄的文章和道德,以高超扬名于天下。在表率斯文,辅卫治国方面,都有功劳。欧阳玄没有儿子,以侄子达老为嗣,又先于欧阳玄去世。欧阳玄有《圭斋文集》若干卷流传于世。

李好文传

【题解】

李好文，字惟中，生卒年不详，元朝大名府东明县（今山东东明）人，至治元年进士及第，历翰林院编修、太常博士、国子博士、监察御史、阿东、湖北等道廉防使，翰林学士承旨等职。著作有《端本堂经训要义》《大宝录》《大宝锡鉴》等。

【原文】

李好文字惟中，大名之东明人。登至治元年进士第，授大名路濬州判官。入为翰国史院编修官、国子助教。泰定四年，除太常博士。会盗窍太庙神主，好文："在礼，神主当以木为之，金玉祭器，宜贮之别室。"又言："祖宗建国以来，七八十年，每遇大礼，皆临时取具，博士不过循故事应答而已。往年有诏为集礼，而乃令各省及各郡县置局纂修，宜其久不成也。礼乐自朝廷出，郡县何有载！"白长院者，选僚属数人，仍请出架阁文牍，以资采录，三年，书成，凡五十卷，名曰太常集礼。

迁国子博士。丁内忧，服阕，起为国子监丞，拜监察御史。时复以至元纪元，好文言："年号袭旧，于古未闻，袭其名而不蹈其实，未见其益。"因言时弊不如至元者十余事。录囚河东，有李拜拜者，杀人，而行凶之仗不明，凡十四不决。好文曰："岂有不决之狱如是其久乎！"立出之。王傅撒都刺，以足踢人而死，众皆曰："杀人非刃，当杖之。"好文曰："怙势杀人，其于用刃，况因有所求而杀之，其情为尤重。"乃置之死，河东为之震肃。出佥河南、浙东两道廉访司事。

六年，帝亲享太室，召佥太常礼仪院事。至正元年，除国子桀酒，改陕西行台治书侍御史。迁河东道谦访使。三年，郊祀，召为同知太常礼仪院事，帝之亲祀也。至宁宗室，遣阿鲁问曰："兄拜弟可乎？"好文与博士刘闻对曰："为人后者，为之子也。"帝遂拜。由是每亲祀，必命好文摄礼仪使。四年，除江南行台治书侍御史，未行，改礼部尚书。与修辽、金、宋史，除治书侍御史，仍与史事，俄除参议中书省事，亲事十日，以史敌。仍为治书。已而复除陕西行台地治书御史，时台臣皆缺，好文独署台事。西蜀奉使，以私憾摭拾廉访使曾文博、佥事兀马儿、王武事，文博死，兀马儿诬服，武不屈，以轻侮抵罪。好文曰："奉使代天子行事，当问疾苦，黜陟邪正，今许者以下，至于郡县，未闻举劾一人，独风宪之司，无一免者，此岂正大之礼乎！"率御史史辨武等之枉，并言奉使不法者十余事。六年。除翰林侍讲学士，兼国子祭酒，又廷改集贤侍讲学士，仍兼祭酒。

九年，出参湖广行省正衙，改湖北道廉访使。寻召为太常礼仪院使。于是帝以皇太子年渐长，闻端本堂，命皇太子入学，以右丞相脱脱、大司徒雅不花知端本堂事，而命好文以翰林学士兼谕德。好文力辞，上书宰相曰："三代圣王，莫不以教世子为先务，盖帝王之治本于道，圣贤之道存于轻，而傅经期于明道，出治在于为学，关系至重，要在得人。自非德堪节模，则不足以辅成德性。自非学致阃奥，则不足以启迪聪明。宜求道德之鸿儒，仰成国家之盛事。而好文天下资本下。人望素轻，草野之习，而久与性成，章句之学，而寝以事废,骤应重托,负荷诚难。必别加选揄,庶几国家月得人之助,而好文免妨之议。"丞相以其书闻,帝嘉驻之,而不允其辞。好文言:"俗求二帝三王之道,必由于孔氏,其书则孝经、大学、论语、孟子、中庸。"乃摘其要路。释以经义,又取史传,及先儒谕说,有关治体而协轻旨者,加以所见,仿真德秀大学衍义之例,为书十一卷,名曰端本堂轻训要义。奉表以进,诏付端本堂,令太子习焉。

好文又集历代帝王故事,总百有六篇:一曰圣慧,如汉孝昭、后汉明帝幼敏之类;二曰孝太,如舜、文王及唐玄宗友受之类;三曰恭俭,如汉文帝却千里马、罢露台之类;四曰圣学,如殷宗绪学,及陈、隋诸君不善学之类。以为太子问安馀暇之助。又取古史,自三皇迄金、宋,历代授受,国祚久速,治乱兴废为书,曰《大宝录》。又取代前帝王是非善恶之所当法当戒者为书,名曰《大宝龟鉴》。皆录以进焉。久之,陞翰林学士承旨,阶荣录大夫。

十六年,复上书皇太子,其言曰:"臣之所言,即前日所进经典之大意也。殿下宜以所进诸书,参与贞观政要、大学衍义等篇,果能一一推而行之,则万几之政、太平之治,不难致矣。"皇太子深敬礼而嘉纳之。后屡引年乞至仕,辞至再三,遂拜光禄大夫、河南行省平章政事,仍以翰林学士承旨一品录终其身。

【译文】

李好文,字惟中,大名府东明县(今山东东明)人。至治元年(1321)进士及第,授为大名路浚州(今河南浚县)判官。后入朝为翰林国史院编修官,国子监助教。泰定四年(1327),被任为太常博士。一次,盗贼偷窃了元太祖成吉思汗庙中的神主(牌位),李好文上言说:"按照古代的代礼制,神主应当用木头制作,用金银玉石制成的祭祀用具,应当别用一间屋保管起来,以免被盗。"又说:"自我朝先祖建国以来,已有七八十年,每次遇到大的礼节,都是临时将祭祀用具取来用,太常博士不过是按照惯例应答用事而已。以前,诏令臣下纂修《集礼》一书,而令各省和地方各郡县设置专门部门进行纂修工作,这样做自然长久难以修成。礼乐之事应以朝廷所制订为标准,地主郡县哪里有什么礼乐!"李好文又告知掌管太常仪礼院的长官,请上级从部下属吏中选择了几个人,又请求调用书库中的各种有关文字材料,以采录选择。三年之后,该书纂集完成,共五十卷,起名为《太常集礼》。

后来,李好文被迁升为国子监博士。赶上父母去世,解职归家。守丧完毕之后,又被起用为国子监丞,升拜监察御史。当时。朝中又用"至元",年号纪年,和以前重复。李好文上书说:"年号袭用过去已经用过的,自古以来也未曾听说。袭用过去的名字,却没有当时的实际,不见得会有什么好处。"并且谈了现在比不上元世祖忽必烈至元年间的情况十几条。到河东(今山西南部)去检录审验狱中的囚犯,有一个叫李拜拜的囚犯,犯的是杀人罪,却未找到凶器和足够的证据,押了十四年还没有决断。李好文说:"哪里有判决不了的案子拖延这么久的!"下令立即将其释放。诸侯王的师傅撒都剌用脚把别人踢死,许多人都说:"撒都剌不是用兵器杀人,以杖打处罚就行了。"李好文说:"依仗王爷的势力而杀人,比使用凶器还恶劣,况且是在向别人勒索时而杀了人家,其情节尤为严重。"下令将撒都剌处以死刑。消息传出,河东为之震动。之后,李好文又受命主持河南和浙东两道廉访司之事。

至元六年(1340),皇帝亲自在太庙中举行祭祀,召令李好文主管太常礼仪院之事。

至正元年（1341），拜除为国子监祭酒，后改为陕西行台治书侍御史，迁为河东道廉访使。至正三年（1343），朝廷兴行郊祀之礼，又召李好文为同知太常礼仪院事。元顺帝亲自主持祭祀，到元宁宗的庙中时，派阿鲁问李好文说："哥哥可以向弟弟行拜礼吗？"李好文和博士刘闻回答说："即位在别人的后面，就应该行后代之礼。"元顺帝便行了拜礼。从此以后，元顺帝每次亲自主持祭礼，必定命李好文充任礼仪使之职以辅助祭祀。至正四年，除为江南行台治书侍御史，李好文还未出发，又改任为礼部尚书，参与编修《辽史》《金史》和《宋史》，除为治书侍御史后，仍然参与修史的工作。不久，命李好文参议中书省之事。工作十天后，因编修史书工作繁忙，仍回原职任治书。后来，又任命李好文为陕西行台治书侍御史。当时，行台之中官吏人员不够，李好文一人独自处理行台中的各种政务。朝廷派使者出巡西蜀（今四川成都），使者官报私仇，污蔑西蜀廉访使曾文博、佥事兀马儿和王武等人犯罪。曾文博被迫害死；兀马儿忍受不了拷打而被迫承认有罪，王武不屈服，被处以轻君侮上之罪。李好文闻听后说："奉使代替天子巡行四方，应当查问民间百姓的疾苦，处罚邪恶，伸张正气。而现在，从行者到各郡县，不曾听说举劾过一个人，唯独有关的官吏，却没一个能够幸免的，这怎么符合正大光明的原则呢？"李好文便率领御史极力辩解王武等人的冤枉之情，并谈了十几件奉使不法的事情。至正六年，任李好文为翰林侍讲学士，兼国子监祭酒，又迁改集贤侍讲学士，仍然兼任国子监祭酒的职务。

至正九年（1349），李好文出朝任参知湖广行省政事，改任湖北道廉防使，不久，又召任为太常礼仪院使。这时，元顺帝因为皇太子年龄逐渐长大，为加强教育，开设了端本堂，令皇太子入学其中，令右丞相脱脱、大司徒雅不花二人负责端本堂的事务，而命李好文以翰林学士的身份参与教育皇太子之事。李好文极力推辞，上书宰相说："古代三代的圣明君王，莫不把教育太子放在优先的位置上，盖帝王君主治理天下之术以道为根本，古代圣贤的道保存在经书之中，而传司经书是为了明习治天下之道，出京师治理民政事务是为了锻炼能力，关系重大，关键在于要选得合适的人。如果自身的品德行为不足为人模范，便不能胜任养育太子德行的重任。如果自身学问不是臻于高深的境界，便不足以启发太子的聪明才智。应该选求品学兼优的鸿儒，以辅助养育有关国家兴衰的盛事。而我李好文天资本来就低下，在别人心目中的地位素来就很轻，草野乡村的习气已积久成习，难以去除，章句学问的功夫又因忙于俗事而耽误已久。突然肩负这样的重托，实在是难以担当。请一定选择比我更好的人，这样国家可以因得人而兴盛，而我也免于被别人讥刺妨碍贤人进身之路。"丞相把李好文的书信呈献给了元顺帝，元顺帝赞叹了他，却不答应李好文的请求。李好文说："要想求得古代圣贤的二帝三王之道，必须由孔子的儒学入门，这些书有《孝经》《大学》《论语》《孟子》《中庸》等。"李好文又将这些书的要点摘出来，按照经书的意思加以注释。又博取历史传记和前代学者的论说中那些有关治理国家的纲领，并和经书的意旨相契合的，再加上自己的理解和观点，仿照真德秀《大学衍义》一书的体例，写成一本十一卷的书，书名为《端本堂经训要义》，写上奏章，奉献给元顺帝。元顺帝诏令将此书送到端本堂，命皇太子学习。

李好文又敢集历代帝王的故事。总共有一百零六篇，将其分成几类：一是圣慧，象西汉昭帝、东汉汉明帝从小就聪明过人之类；第二类是孝友，比如舜、周文王和唐玄宗等帝王孝敬亲长、友爱兄弟之类；第三类是恭俭，如汉文帝退千里马、停止修建露台之类的节俭故事；第四类是圣学，比如殷宗喜欢学术，而陈朝、隋朝的皇帝不喜欢学习之类。将这些故事收集在一起，以便皇太子在有空闲时阅读，消磨时光。李好文又广泛采集古史，从夏、商、周三代到金朝、宋代的几千年中，各个朝代的更替、统治时间的长短，以及国家的治乱兴废等。集成一方，起名为《大宝录》。又采取前代帝王的行为中是、非、善、恶之事，哪些应当学习，哪些应当借鉴等，集为一书，起名为《大宝龟鉴》。书成后，都抄录以进献给元顺帝。过了一段时间，李好文被升为翰林学士承旨，职阶为荣禄大夫。

至正十六年（公元 1356 年），李好文又上书皇太子说："臣所要说的，就是以前进献的经典中所讲的，殿下应以臣所进的各书，参考《贞观政要》《大学衍义》等书，如果真能够一一参悟前推广应用，则日理万机，以致天下太平，实在也并不是很难的事情。"皇太子非常肃敬地接纳了李好文的话和书。以后，李好文屡次以年老为由请求辞官退休，一而再，再而三，遂被拜为光禄大夫、河南行省平章政事，仍以翰林学士承旨一品的俸禄以终其身。

贾鲁传

【题解】

贾鲁（1297~1353），贾鲁的青少年时代，是在比较安定的社会环境中成长，在二十多岁时就以明晓儒家经义步入仕途，相继担任行省掾、县尹、中书省检校、都漕运使、监察御史、工部郎中、工部尚书等官职，并以治理黄河有功擢升为荣禄大夫、集贤殿大学士。贾鲁在三十多年的为官生涯中，对时政多有建议，表现了兴利除弊的经国之志。

元顺帝至正四年，黄河多处决口酿成大灾，洪水波及今江苏、安徽、山东、河南、河北诸省，民不聊生，国计艰危。贾鲁在丞相脱脱的支持下，主持治河工程。他跋涉数千里，深入考察，绘制成河防图形，提出两个行之有效的治河方案，即一是修筑北堤，制止横溃，使水不再蔓延；二是疏塞并举，导使黄河东引，恢复旧日河道。并直接指挥黄河南北十三路的民工、军工十七万人，开展治理黄河的工作。仅用半年多的时间就使泛溢横流的黄河回归故道，舟船复通。后来欧阳元根据贾鲁的治河方略写成《至正河防记》，详细记载了这次治河的经过及其治河经验，成为世界第一本有系统有价值的水利工程著作。尽管这次大兴河工成了黄河两岸农民起义反元的导火线，并最后由起义军推翻了元王朝，但贾鲁作为我国封建时代的一位出色的水利工程专家，他的业绩仍是不可磨灭的。

贾鲁

【原文】

　　贾鲁字友恒，河东高平人。幼负志志，既长，谋略过人，延祐、至治间，两以明经领乡贡。泰定初，恩授东平路儒学教授，避宪史，历行省掾，除潞城县尹，选丞相东曹掾。擢户部主事，未上，一日觉心悸，寻得父书，笔势颤缩，即辞归。比至家，父已有风疾，未几卒。

　　鲁居丧服阕，起为太医院都事。会诏修辽、金、宋三史，召鲁为《宋史》局官。书成，选鲁燕南山东道奉使宣抚幕官，考绩居最，迁中书省检校官。上言："十八河仓，近岁沦没官粮百三十万斛，其弊由富民兼并，贫民流亡，宜合先正经界。然事体重大，非处置尽善，不可轻发。"书累数万言，切中其弊。俄拜监察御史，首言御史有封事，宜专达圣，不宜台臣先有所可否。升台都事，迁山北廉访副使。复召为工部郎中，言考工一十九事。

　　至正四年，河决白茅堤，又决金堤，并河郡邑，民居昏垫，壮者流离。帝甚患之，遣使体验，仍督大臣访求治河立略，特命鲁行都水监。鲁循行河道，考察地形，往复数千里，备得要害。为图上进二策：其一，议修筑北堤，以制横溃，则用工省；其一，议疏塞并举，挽河东行，使复故道，其功数倍。会迁右司郎中，议未及竟。其在右司，言时政二十一事，皆见举行。调都漕运使，复以漕事二十事言之。朝中廷取八事：一曰京畿和籴；二曰优恤漕司旧领漕户；三曰接连委官；四曰通州总治豫定委官；五曰船户困于坝夫，海运坏于坝户；六曰疏浚运河；七曰临清运粮万户府当隶漕司；八曰宣忠船户付本司节制。事未尽行。既而河水北侵安山，沦入运河，延袤济南、河间、将隳两漕司盐场，实妨国计。

　　九年，太傅、右丞相脱脱复相。论及河决，思拯民艰，以塞诏旨，乃集迁臣郡议。言人人殊，鲁昌言："河必当治。"复以前二策进。丞相取其后策，与鲁定议。且以其事属鲁。鲁固辞。丞相曰："此事非子不可。"及入奏，大称帝旨。十一年四月，命鲁以工部尚书、总治河防使，进秩二品，授以银章，领河南、北诸路军民，发汴梁、大名十有三路民一十万，庐州等戍十有八翼军二万供役，一切从事大小军民官，咸禀节度，便宜兴缮。是月鸠工，七月凿河成，八月决水故河，九月舟楫通，十一月诸埽诸堤成，水土工毕，河复故道。帝遣使报祭河伯，召鲁还京师，鲁以河平图献。帝迁览台臣奏疏。请褒脱脱治河之绩，次论鲁功，超拜荣禄大夫、集贤大学士，赏赉金帛。敕翰林丞旨欧阳玄制河平碑，以旌脱脱劳绩，具载鲁功，且宣付史馆，并赠鲁先臣三世。

　　寻拜中书左丞，从脱脱平徐州。脱脱既旋师，命鲁追余党。分攻濠州，同总兵官平章月可察儿督战。鲁誓师曰："吾奉旨统入卫汉军，顿兵于濠七月矣。尔诸将同心协力，必以今日巳、午时取城池，然后食。"鲁上马麾进，抵城下，忽头眩下马。且戒兵马弗散。病愈亟，却药不肯汗，竟卒于军中，年五十七。十三年五月壬午也。月可察儿躬为治丧，选士护柩还高平。有旨赐交钞五百锭以给葬事。子积。

【译文】

　　贾鲁，字友恒，河东高平(山西高平)人。幼年时代，贾鲁就胸怀远大的志向，追求高尚的节操；成年以后，更表现出超过常人的智谋和韬略。元仁宗延祐和英宗至治年间，他两次参加明经乡试被选为贡士。元泰定帝即位初，贾鲁被授东平路(治所在今山东省东平县)儒学教授；后任命为宪史，担任过行省掾，被委作为潞城县(今山西省潞城)县尹，又选拔充任丞相东曹掾。后来，元王朝提升他做户部主事，还没有正式上任，突然有一天觉得心跳,不久又得到他父亲的来信,信上的笔迹颤抖潦草,他立即辞官赶回家去。等他回到家中,父亲已经患了风瘫病,不久就去世了。

贾鲁按规定在家中服丧守灵后,被起用担任太医院都事。这时恰适元顺帝下令编修辽、金、宋三朝历史,他又被征召担任《宋史》局官。此书完成后,贾鲁被选拔出任燕南山东道宣抚使的幕僚官,经考核政绩他最为优秀,于是又升迁为中书省检校官。贾鲁上奏折建议说:"官府储运公粮的十八处河仓,近几年损失公粮达一百三十万斛,造成这种弊病是由于豪强富裕之家大肆兼并土地,贫苦百姓被迫流亡,应该采取先划定田地分界的办法来制止兼并。不过,这件事关系重大,如果不能使处置的办法周到完善,就不能轻率行动。"他的奏折共计好几万字,确切地打中了时弊的要害。不久,贾鲁被任命为监察御史。他首先就建议:御史有密封上呈给皇帝的奏章,应该专门送给皇帝本人审处,而不应由朝中台臣事先就拿出可行或不可行的意见。贾鲁被提升为御史台御事,转任山北廉防副使。不久,他又被召回朝中担任工部郎中,并有关考工的提出了十九条建议。

元顺帝至正四年(1344)五月,黄河先在白茅堤(在今江苏省境内)决口,随后又冲决了金堤(在今河南省滑县东),沿河的许多郡县城乡受灾惨重,老百姓的房屋都被洪水淹没,壮年人也被迫离乡背井四出流亡。元顺帝对此十分忧虑。专门派遣使臣去察看灾情,同时又督促朝中大臣商议提出整治黄河的方案,并特别指令贾鲁兼任都水监的职务。贾鲁沿黄河流经之地巡视,认真考察地理形势,来回行程几千里,详尽地掌握了整治黄河的关键所在。他绘出黄河形势图上呈给元顺帝,并同时提出了两种治河方案:一种方案,建议在黄河北岸修筑大堤,制止河水横向泛滥,这样做需用的人工财物能比较节省;另一种方案,建议疏浚河道和堵塞决口同时进行,引导黄河直向东流,使河水回到黄河故道之中,这样做效果能高几倍。这时,恰巧贾鲁被提升为左司郎中,他提出的建议没有能最后做出决策。贾鲁在司郎中任职期间,曾对当时的国家大政先后提出二十一条建议,都被采纳实行了。后来贾鲁高任都漕运使,他又对有关漕运的事务提出了二十条建议,其中的八条被朝廷采纳:一是在京城附近的地方实行由官府出钱收购民粮供给军饷的办法;二是对漕运司衙门原来管辖的漕运船户给予优厚的待遇;三是漕运司的官员应连续委派避免职事中断无人负责;四是应由通州(今北京市通州区)漕运总管府事先确定委任漕运官员的人选。五是沿河管水坝的人员困扰运粮船户和破坏海运的情况应该改变;六是要疏浚从通州至杭州的大运河便利漕运;七是设在临清(今山东省临清市南)的运粮万户府应隶属漕运司统一管辖;八是临时征募参加漕运的宣忠船户应交给各地漕运司衙门统一调度管理。这些建议后来没能全部实现。不久,黄河又向北泛滥危及安山(今山东省东平西南),洪水灌入运河,一直蔓延到济南(今山东济南)、河间(今河北省河间)一带,将要毁坏两地漕运司所辖的盐场,确实严重损害于国家的经济状况。

至正九年(1349),一度被免去丞相官职的脱脱又由太傅重新出任丞相。在谈论到黄河决口成灾的情况时,脱脱想要解救百姓的艰难困苦,用这个行动来表示尽职尽责报告皇帝的信托,于是集朝中大臣一起商议对策。可是,议论中大臣们各持己见,莫衷一是。只有贾鲁坚决倡议说:"黄河一定要治好。"他又把原先提过的两种治河方案请脱脱考虑。脱脱采纳了他的后一种方案,同他一起研究做出最后决定,并把实施方案治河的任务交给他负责。贾鲁坚决推辞。脱脱说:"这件事不由你来负责绝对不行。"于是进宫向元顺帝报告了这个决定,结果完全符合皇帝的心意。至正十一年(1351)四月,朝廷颁布命令:

委任贾鲁为工部尚书、总治河防使,晋升官阶为二品,授给银质的官印,让他享有统领黄河南、北路军民的权力。征调汴梁(今河南省开封)、大名(今河北省大名)等十三路的民夫十五万人和庐州(今安徽省合肥)等地十八处驻军二万人共同担负治河的差役,所有承担治河事务的兵士、百姓和大小文武官员,一律都要听从贾鲁的统一指挥,为兴工修缮黄河提供便利。就在这个月,治河工程正式动工;七月,挖掘疏通河床的工作完成;八月,开挖渠道引导泛滥横流的洪水回归黄河故道;九月,黄河上恢复了船运交通;十一月,沿河各处的护堤设施和堤坝相继修成,水、陆两部分的工程全部结束,黄河又重新按照原来的老路东流。治河完工后,元顺帝专门派遣使臣祭祀河伯,向河神报告治河成功的喜讯。并下令召贾鲁返回京城。贾鲁回京,绘制了河平图呈献给皇帝。这时,元顺帝正在审阅台臣的奏章,奏章中请求褒奖脱脱治理黄河的业绩,并随后评论了贾鲁的功劳。于是,顺帝越级提升贾鲁为荣禄大夫、集贤殿大学士,赏赐给他大量的金银,绸缎。顺帝又命令翰林院承旨欧阳玄撰写河平碑碑文,表彰脱脱的劳绩,全面记载贾鲁的功劳,并且下令将碑文交付国史馆永远保存,同时给贾鲁的祖先三代追赠了官爵。

不久,贾鲁被任命为中书左丞,跟从脱脱去征讨占据徐州(治所彭城,在今江苏省铜山区)的农民起义军。脱脱攻下徐州城,自己率领回京,命令贾鲁继续追击余部。贾鲁分兵前去攻打濠州(治所在今安徽省凤阳县东北),和总兵官、平章月可察儿一起指挥部队,贾鲁告诫壮士们说:"我奉皇帝的命令统领八万汉军,在濠州城外已经驻扎了七个月。各位将士应该齐心合力,一定要在今天的巳、午(按:现在的上午十一点至下午两点之间)时刻攻下州城,等攻下州城后再进餐。"说完,贾鲁就率先上马指挥前进,部队到了城边,他却突然头晕被迫下马。当时,贾鲁还约束将士们不准队伍解散。可是,他的病越来越严重,吃药也不起作用,竟死在军营中,时年五十七岁。贾鲁病逝的时间,是元至正十三年(1353)五月的壬午日。月可察儿亲自为贾鲁操办丧事,然后挑选将士护送贾鲁的灵柩回到高平。元顺帝闻讯后,亲自下令赏赐了价值五百锭的纸币,用来供给安葬贾鲁的费用。贾鲁有一个儿子,名积。

谭澄传

【题解】

谭澄,字彦清,金末元初人。袭叔职任交城令,时年十九,压制豪强,扶救贫民。入忽必烈藩府,颇受信任。忽必烈即位后,被提升为怀孟路总管,教民种植,地无遗利。历河南、平滦两路总管,至元七年(1270),入为司农少卿。西南夷罗罗斯内附于元,元世祖以谭澄为副都元帅,同知宣尉使司事。刚到任,便因病去世。元世祖曾与谋臣刘秉忠论各处牧守,秉忠曰:"若邢之张耕,怀之谭澄,何忧不治哉!"

【原文】

谭澄,字彦清,德兴怀来人。父资荣,金末为交城令,国兵下河朔,乃以县来附,赐金符,为元帅左都监,仍兼交城令。未几,赐虎符,行元帅府事,从攻汴有功。年四十,移病,举弟资用自代。资用卒,澄袭职。澄幼颖敏,为交城令时年十九。有文谷水,分溉交城田,文阳郭帅专其利而堰之,讼者累岁,莫能直,澄折以理,令决水,均其利于民。豪民有持吏短长为奸者,察得其主名,皆以法治之。岁乙未,籍民户,有司多以浮客占籍,及征赋,逃窜殆尽,官为称贷,积息数倍,民无以偿。澄入觐,因中书耶律楚材,面陈其害,太宗恻然,为免其逋,其私负者,年虽多,息取倍而止;亡民能归者,复三年。诏下,公私便之。壬子,复大籍其民,澄尽削交城之不土著者,赋以时集。

甲寅,世祖还自大理,澄进见,留藩府。凡遣使,必以澄偕,而以其弟山阜为交城令。时世祖以皇弟开藩京兆,总天下兵;岁丁巳,有间之者,宪宗疑之,遂解兵柄,遣阿蓝答儿往京兆,大集官吏,置计局百四十二条以考核之,罪者甚众,世祖每遣左丞阔阔与澄周旋其间,以弥缝其缺,及亲入朝,事乃释。

中统元年,世祖即位,擢怀孟路总管,俄赐金符,换金虎符。岁旱,令民凿唐温渠,引沁水以溉田,民用不饥;教之种植,地无遗利。至元二年,迁河南路总管,改平滦路总管。七年,入为司农少卿,俄出为京兆总管;居一年,改陕西四川道提刑按察使,建言:"不孝有三,无后为大,宜令民年四十无子听取妾,以为宗祀计。"朝廷从之,遂著为令。四川金省严忠范守成都,为宋将昝万寿所败,退保子城。世祖命澄代之,至则葬暴骸,修焚室,赈饥贫,集逋亡,民心稍安。会西南夷罗罗斯内附,帝以抚新国宜择文武才,遂以澄为副都元帅,同知宣慰使司事。比至,以疾卒,年五十八。

世祖尝与太保刘秉忠论一时牧守,秉忠曰:"若邢之张耕,怀之谭澄,何忧不治哉!"游显宣抚大名,尝为诸路总管求虎符宣麻,澄至中书辞曰:"皇上不识谭澄耶?乃为显所举!"中书特为去之,其介如此。子克修,历湖北、河南、陕西三道提刑按察使。

【译文】

谭澄,字彦清,德兴府怀来县人。父亲谭资荣,金朝末年任交城令,蒙古军攻下河朔地区,谭资荣率全县归附,赐给金符,任命为元帅左都监,仍兼任交城县令。不久,又赐给虎符,为行元帅府事,随从攻打汴京有功。四十岁时生病,举荐弟弟谭资用代理自己的职务。谭资用去世,谭澄又承袭了叔叔的职务。谭澄自幼聪颖,任交城县令时,年仅十九岁。交城境内有一条文谷河,分流灌溉交城的田地,文谷水北岸的郭帅筑堰独揽水利,多年来,人们一直为此事告状,都未获得妥善处理。谭澄以理折服郭帅,令其把水堰决开,使交城百姓均受其利。强豪之民中有人掌握着官吏的短处,因而作奸犯科,谭澄察出他们的姓名,都依法予以治罪。乙未年登记户籍,官府多以客居的人户登记,及到征收赋税,居民逃散殆尽,官府又借贷给百姓,积下的利息有数倍之多,百姓无法偿还。谭澄至朝廷觐见,通过中书令耶律楚材,向太宗窝阔台面陈利害,太宗为之动情,于是下令免去拖欠的赋税,私人所欠的钱物,年月虽长,也只取一倍的利息;逃走的百姓能够归回者,免去三年的租税。诏令下达后,公私都称便。壬子年,又大规模登记户口,谭澄把不是常久居住在交城者的户口全部删去,赋税因此能够按时征收。

甲寅年,忽必烈从大理归来,谭澄前往晋见,被留在忽必烈王府。凡是派遣使臣,必定要由谭澄陪同,而以他的弟弟谭山阜为交城县令。当时忽必烈以皇帝之弟在京兆设立藩府,总领全国的军队。丁巳年,有人离间忽必烈与元宪宗蒙哥之间的关系,宪宗因此对忽必烈有了疑心,于是解除了忽必烈的兵权,派阿蓝答儿前往京兆,召集大批官吏,设立考察官吏的官署，以一百四十二条考核官员，获罪的人非常多，忽必烈常派遣左丞阔阔及谭澄与阿蓝答儿等周旋，以弥补缺漏，及至忽必烈亲自入朝，宪宗才下令停止考核。

中统元年，元世祖忽必烈即位，擢升谭澄为怀孟路总管，不久又赐给金符，可换用金虎符。这一年大旱，谭澄让百姓开凿唐温渠，引来沁水灌溉田地，百姓得以躲过饥荒；他又教导百姓种田植树，土地都得到充分利用。至元二年，迁升为河南路总管，改任平滦路总管。七年，入朝廷任司农少卿，不久又出朝任京北总管；居官一年，改任为陕西四川道提刑按察使，建议说："不孝敬有三个方面，没有后代是最大的不孝，应该下令，百姓年纪在四十岁以上仍没有儿子的，听凭其娶妾，以接续香火。"朝廷采纳了这个建议，于是颁布命令。四川金省严忠范守卫成都，被宋将昝万寿击败，退守成都内城。元世祖忽必烈命谭澄取代严忠范。谭澄赴任后，掩埋抛弃在外的将士遗骸，修缮好被烧毁的房屋，赈济饥饿贫困的百姓，召集逃亡的人众，百姓才稍稍安定。这时西南夷人罗罗斯族归附元朝，元世祖认为安定新归附者，应该选用文武全才的人，于是任命谭澄为罗罗斯副都元帅，同知宣慰使司事。他刚到任，便因病去世了，享年五十八岁。

元世祖曾与太保刘秉忠评论当时各地方长官，刘秉忠说："如果都像邢州的张耕，怀来的谭澄，还忧虑不能治理好国家吗？"游显任大名宣抚使，曾经为各路的总管向朝廷请求虎符和委任状，谭澄到中书省辞谢说："难道皇上不认识我谭澄吗？却要由游显举荐！"中书省因此特地把他的名字划掉了，他就是这样耿介。他的儿子谭克修，历任湖北、河南、陕西三道提刑按察使。

杜瑛传

【题解】

杜瑛，金末元初人，祖籍霸州信安（今河北霸州市），一生以教书为业，活动于山西、河南、河北一带。多次谢绝朝廷征诏，不愿为官。杜瑛学识渊博，取得了多方面的成就。其中对音律和历法有独到的研究，特别推崇邵雍的《皇极经世》历法。他的主要著作有《春秋地理原委》《语孟旁通》《皇极引用》《皇极疑事》《极学》《律吕律历礼乐杂志》等。

【原文】

杜瑛字文玉，其先霸州信安人。父时升，《金史》有传。瑛长七尺，美须髯，气貌魁伟。金将亡，士犹以文辞规进取，瑛独避地河南缑氏山中，时兵后，文物凋丧，瑛搜访诸书，尽读之，读辄不忘，而究其指趣，古今得失如指诸掌。间关转徙。教授汾、晋间。中书粘合珪开府于相，瑛赴其聘，遂家焉。与良田千亩，辞不受。术者言其所居下有藏金，家人欲发现，辄止之。后来后者果得黄金百金，其不苟取如此。

岁己未，世祖南伐至相，召见问计，瑛从容对曰："汉、唐以还，人君所恃以为国者，法与兵、食三事而已。国无法不立，人无食不生，乱无兵不守。今守皆蔑之，殆将亡矣，兴之在圣主。若探襄樊之师，委戈下流，以揭其背，大业可定矣。"帝悦，曰："儒者中乃有此人乎！"瑛复劝帝数事，以谓事不如此，后当可彼。帝纳之，心贤瑛，谓可大用，命从行，以疾弗果。

中统初,诏征瑛。时王文统方用事,辞不就。左丞张文谦宣抚河北,奏为怀孟、彰德、大名等路提举学校官,又辞,遗执政书,其略曰:"先王之道不明,异端雅说害之也,横流奔放,天理不绝如线。今天子神圣,俊乂辐凑,言纳计用,先王之礼乐教化,兴明修复,维其时矣。基夫簿书期会,文法末节,汉、唐犹不屑也。执事者因陋就简,此焉是务,良可惜哉!夫善如者未必善终,今不能溯流求源,明法正俗,育才兴化,以拯数百千年之祸,仆恐后日之弊,将有不可胜言者矣。"人若勉之仕,则曰:"后世去古虽远,而先王之所设施,本末先后,犹可考见,故为政者莫先于复古。苟因习旧弊,以求合乎先王之意,不变难乎!吾又不能随时俛仰以赴机会,将焉用仕!"于是杜门著书,一不以穷通得丧动其志,优游道艺,以终其身。年七十,遗命其子处立、处愿曰:"吾即死,当表于墓曰缑山杜处士"。天历中,赠资德大夫、翰林学士、上护军,追封魏郡公,谥文献。

所著书曰《春秋地理原委》十卷、《语孟旁通》八卷、《皇极引用》八卷、《皇极疑事》四卷、《极学》十卷、《律吕律历礼乐杂志》三十卷,文集十卷。其中律,则究其始,研其义,长短清浊,周经积实,各以类分,取经史之说以实之,而折中其是非,其于历,则谓造历者皆从十一月甲子朔夜半冬至为历元,独邵子以为天开于子,取日甲月子、星甲辰子,为元会运世之数。无朔虚,无闰余,率以三百六十为岁,而天地之盈虚,百物之消长,不能出乎其中矣。论闭物开闭,则曰开于己,闭于戊;王,天之中也;六,地之中也;戊己,月之中星也。又分赴配之纪年,金之大定庚寅,交小过之初六;国朝之甲寅三月二十三日寅时,交小过之九四。多先儒所未发,掇其要著于篇云。

【译文】

杜瑛,字文玉,祖先是霸州信安人。父亲杜时升,在《金史》中有传。杜瑛身高七尺,胡须美,相貌魁伟。金朝将要灭亡时,读书人还在按科举旧例求取功名,杜瑛独自躲到河南缑氏山中。大动乱之后,书籍散失。杜瑛尽力寻找各种书籍,尽力阅读,过目不忘,深入研究。从古至今的历史了如指掌。他到处流浪,在汾、晋一带教书为生。中书粘合珪在相州建立衙署,自选僚属。杜瑛应聘,在哪里安了家。给他良田千亩,他推辞不要。算命的说他所住的房下藏有财宝,家里人想要挖,他制止了。后来住的人果然挖得黄金百斤。杜瑛就是这样不取非分之物。

己未年(1259年),元世祖忽必烈南征经过相州,向杜瑛请教。杜瑛说:"汉唐以来,君王立国所依赖的支柱是法律、军队和粮食这三样。国无法不立,人无食不生,乱无兵不守。如今宋朝对这三样都轻视,当然该灭亡了。国家的兴旺全靠您。若进军襄樊,沿江而下,从背后猛击,大业可建立了。"皇帝很高兴,说:"书生中也有这样的人!"杜瑛又劝皇帝若干事,说如果不这样,后果会如何。皇帝都接受了,心里佩服杜瑛,准备重用他,让他随行,但因病未能成行。

中统初年,朝廷征召杜瑛。当时王文统正当权。杜瑛推辞不去。左丞张文谦宣抚河北,推荐他任怀孟、彰德、大名等路提举学校官,又推辞。写信给丞相,大意是:"古代贤明行先王的治国之道不能推行,是因为异端邪说为害。尽管邪恶横行,但天理不绝如线。如今皇上英明,贤良辈出,言听计从,正是恢复光大先王的礼乐教化的大好时机。至于登记簿籍、定期开会,及文法末节,汉唐君臣犹不屑为。而当今当政者,只知注意这些事情,真是可惜！善始者未必善终，如今虽然建立了政权，或不逆流求源，建立法制，端正风俗，教育人才，广施教化，从而拯救数百数千年来的灾祸，我恐怕将来的恶果，是一言难尽的。"有人劝他做官，他说："如今距古代虽远，但先王的所作所为，还可以考察出来。当政者最重要的莫过于复古。如果因袭旧弊不求改革，怎么能合先王的道理呢？我又不会察言观色投机取巧，做官有什么用！"于是杜门谢客，专心著书，从不以贫富得失而动摇信念。悠闲自得，终其一生。七十岁对儿子杜处立、杜处愿立下遗嘱："我快要死了。死后在墓碑上写上缑山杜处士。"天历年间，追赠为资德大夫、翰林学士、上护军，追封魏郡公，谥号文献。

杜瑛著的书有《春秋地理原委》十卷、《语孟旁通》八卷、《皇极引用》八卷、《皇极疑事》四卷、《极学》十卷、《律吕律历礼乐杂志》三十卷、文集十卷。对于律学，杜瑛研究其本质，探讨其含义。声音的长短清浊，律管的周经容积，都进行分类，引经据典地加以说明，并加入自己的评论。对于历学，他认为过去造历者都寻找十一月甲子朔夜半冬至作为历元，唯独邵雍认为天地起始于子，取日月为甲子，星辰为甲子，发明"元会运世"的方法，既无月的日余数，也无年的日余数，直接取三百六十天为一年。因而，每年每月的日数等天象的长短变化，一年中自然界百物的生灭循环，都包括在其中了。论及"闭物开物"（百物生灭循环），则以为开始于己（月），结束于戊（月）。五是天的中数，六是地的中数。戊月、己月，十个月的中间。又分配八卦来纪年。金朝的大定庚寅年，是小过初六卦；本朝的甲寅年三月二十三日寅时，是小过九四卦。这些观点，都是前代学者没有提过的。在书中记载了其主要论点。

张特立传

【题解】

张特立，字文举，元代清官和隐士。精通程氏易学，有《易集说》《历年系事记》传世。得时雨行，可隐而隐，彼有古君子之风。

【原文】

张特立字文举，东明人。初名录，避金术绍王讳，易今名。中泰和进士，为偃师主簿。改宣德州司候。州多金国戚，号难治，特立至官，俱往谒之。有五将军率家奴劫民郡羊，特立命大索闾里，遂过将军家，温言诱之曰："将军宅宁有盗羊者邪，聊视之以杜众口。"潜使人索其后庭，得羊数十。遂缚其奴击狱，其子匿他舍，捕得之，以近族得减死谕。豪贵由是遵法，民赖以全。

正大初，迁洛阳令。时军旅数起，郡县窘迫，东帅纥石烈牙兀觥又侮慢儒士，会移镇陕右，道经洛阳，见特立淳古，不礼之，遽责令治粮具，其三日足，后期如军法。县民素贤特立，争输于庭，帅大奇之。既而拜监察御史，首言世宗诸孙不宜幽囚；尚书右丞颜盏石鲁与细民争田，参知政事徒单兀典诣事近习，当罢黜。执政者忌之。会平章政事白撒犒军陕西，特立又劾其掾不法。白撒诉于世宗，言特立所言事失实，世宗宥之，遂归田里。

特立通程氏易,晚教授诸生,东平严实每加礼焉。岁丙午,世宗在潜邸受王印首传旨谕特立曰:"前监察御史张特立,养素兵围,易代如一,今年几七十,研究圣经,宜锡嘉名,以光潜德,可特赐号曰中庸先生。"又谕曰:"先生年老目病,不有就道,入令赵宝臣谕意,且名其读书之堂曰丽泽。"壬子岁,复降玺书谕特立曰:"白首穷经,诲人不倦,无过不及,学者宗之,昔己赐嘉名,今复谕意。"癸丑,特立卒,年七十五。中统二年,诏曰:"中庸先生学有渊源,行无瑕玷,虽经丧乱,不改故常,未遂丘围之贲,俄兴奄岁之悲。可复赐前号,以彰宠数。"特立所著书有《易集说》《历年系事记》。

【译文】

张特立,字文举,东明人。起初名叫张录,因避讳金朝中绍王的名字,改成张特立。泰和年间考中科举,出任偃师县主簿。后来又改任宣德州司侯。宣德州内金朝皇帝国戚众多,号称难治之州。张特立上任后,都一家一户进行了拜访。其中有一国戚名叫五将军,带着家奴掠抢了百姓的一群羊,张特立下令在村里进行大规模搜查,搜查路过将军家时,心平气和地诱哄他说:"将军家里难道还会出盗羊贼吗? 不过随便看看,免得别人说闲话罢了。"暗地里,却叫人搜查后院,查获羊几十只。于是,将将军家的家奴捆绑起来投放到监狱。将军的儿子躲藏到别人家里,也派人将他抓获,以亲族连坐罪将其处死。这样一来,豪贵之家变得守法起来。百姓有安全感。

正大初年,改任洛阳令,当时战事频繁,军队来往很多,地方郡县穷于应付。东帅纥石烈牙兀觥又对读书人极不尊敬。刚好这支部队移防到陕右地区,途经洛阳,看见张特立一副读书人的儒雅模样,便起侮慢之意,不以礼待之。于是,责令他准备军粮器械。并且限令三天之内备足,逾期则依军法处置。洛阳全县百姓一向称道张特立的贤明,纷纷抢着将军需物品运送到县府。使得东帅万分惊奇,不得不刮目相待。等到后来晋升为监察御史时,第一个提出金世宗的诸孙不应关押;尚书右丞颜盏石鲁和百姓争夺田产,参加政事徒单兀典阿谀奉承,办事不公,都应当罢免。张特立的正直,为当权者所不容。当平章政事白撒在陕西慰劳部队时,张特立又揭露白撒的部属违法乱纪。白撒在金世宗哪里告状,说张特立所说的和事实不符。金世宗宽恕了他,他也因此解官回到了家乡。

张特立精通程氏易学,晚年教授学生,东平、严实时常对他以礼相敬。丙午年间,元世祖在王府接受王印,首先传旨告诉张特立说:"前监察御史张特立,隐居田园,朝代变换也始终如一,现在已年近七十,研究探索古代圣典,应当赏赐美名,以弘扬其潜在品德,可以特别赐号为'中唐先生'。"又下诏说:"先生年事已高且有眼病,不能出任官职,所以叫赵宝臣转达我的意思,并且将他的读书之地称之为丽泽堂。"壬子年间,又再次下诏书说:"钻研经典一辈子,诲人不倦,无人能达到他这种地步,学习的人都景仰他。以前又赏赐了美名,今日再表达这意思。"癸日年间,张特立去世,享年七十五岁。中统二年,下诏称"中庸先生学有渊源,品行端正,一生曾经历了动乱变化的多个时代,仍没有改变平素的志向,没能满足隐逸田园的愿望,却很快就有了走向天国的悲伤。可以再次赏赐以前的称号,以表达对他的爱戴。"张特立所著的书籍,有《易集说》《历年系事记》。

李杲传

【题解】

李杲（1180~1251），元代著名医学家。字明之，号东垣，真定（今河北正定）人。金元四大家之一，为"补土派"代表人物。李杲幼年爱好医学，曾拜当时名医张元素为师。张元素精通《内经》《难经》《伤寒杂病论》等经典，擅长脏腑寒热虚实标本辨证用药。不数年，尽得张氏之传，遂通医药，尤精伤寒、痈疽、眼病治疗。元壬辰（公元1232年），避兵东平（今属山东），甲辰（1244年）返回故里，将医术传授给元好问。撰有《内外伤辨惑论》《脾胃论》各三卷。李氏根据《内经》四时皆以养胃气为本的精神，强调土为万物之母，脾胃为生化之源，人以胃气为本。指出"内伤脾胃，百病由生"，治疗重在调治脾胃，且以升发脾阳为主，故提出"甘温除热"法治疗内伤脾胃发热，自制补中益气、升阳益胃诸汤方。因此，后世誉李杲为"补土（脾胃）派"的开山祖，称宗李杲之学的后世医家为"补土派"。李杲还精于辨药制方，所制方剂味多而不杂，君臣佐使，相制相用，条理井然，撰有《用药法象》一卷、《东垣试效方》九卷。李杲脾胃学说对明清医学影响很大，受到多数医家的赞扬，但亦有加以批评和补充的。如明代张介宾曾批评李氏相火论，清代叶天士提出养胃阴之说，对李氏重治脾阳而忽略胃阴做了补充。

【原文】

李杲，字明之，镇人也。世以赀雄乡里。杲幼岁好医药，时易人张元素以医名燕赵间，杲捐千金从之学，不数年，尽传其业。家既富厚，无事于技，操有余以自重，人不敢以医名之。大夫士或病其资性高嘥，少所降屈，非危急之疾，不敢谒也。其学于伤寒、痈疽、眼目病为尤长。

北京人王善甫，为京兆酒官，病小便不利，目睛凸出，腹胀如鼓，膝以上坚硬欲裂，饮食且不下，甘淡渗泄之药皆不效。杲谓众医曰："疾深矣。《内经》有之，膀胱者，津液之府，必气化乃出焉。今用渗泄之剂而病益甚者，是气不化也。启玄子云'无阳者阴无以生，无阴者阳无以化'，甘淡渗泄皆阳药，独阳无阴，其欲化得乎？"明日，以群阴之剂投，不再服而愈。

西台掾萧君瑞，二月中病伤寒发热，医以白虎汤投之，病者面黑如墨，本证不复见，脉沉细，小便不禁。杲初不知用何药，及诊之，曰："此立夏前误用白虎汤之过。白虎汤大寒，非行经之药，止能寒腑藏，不善用之，则伤寒本病隐曲于经络之间。或更以大热之药救之，

李杲

以苦阴邪，则他证必起，非所以救白虎也。有温药之升阳行经者，吾用之。"有难者曰："白虎大寒，非大热何以救，君之治奈何？"杲曰："病隐于经络间，阳不升则经不行，经行而本

让见矣。本证又何难焉。"果如其言而愈。

魏邦彦之妻,目翳暴生,从下而上,其色绿,肿痛不可忍。杲云:"翳从下而上,病从阳明来也。绿非五色之正,殆肺与肾合而为病邪。"乃泻肺肾之邪,而以入阳明之药为之使。既效矣,而他日病复作者三,其所从来之经,与翳色各异。乃曰:"诸脉皆属于目,脉病则目从之。此必经络不调,经不调,则目病未已也。"问之果然,因如所论而治之,疾遂不作。

冯叔献之侄栎,年十五六,病伤寒,目赤而顿渴,脉七八至,医欲以承气汤下之,已煮药,而杲适从外来,冯告之故。杲切脉,大骇曰:"几杀此儿。《内经》有言'在脉,诸数为热,诸迟为寒'。今脉八九至,是热极也。而《会要大论》云'病有脉从而病反者何也?脉至而从,按之不鼓,诸阳皆然'。此传而为阴证矣。令持姜、附来,吾当以热因寒用法处之。"药未就,而病者爪甲变,顿服者八两,汗寻出而愈。

陕帅郭巨济病偏枯,二指着足底不能伸,杲以长针刺骨骶中,深至骨而不知痛,出血一二升,其色如墨,又且谬刺之。如此者六七,服药三月,病良已。

裴择之妻病寒热,月事不至者数年,已喘嗽矣。医者率以蛤蚧、桂、附之药投之,杲曰:"不然,夫病阴为阳所搏,温剂太过,故无益而反害。投以寒血之药,则经行矣。"已而果然。

杲之设施多类此。当时之人,皆以神医目之。所著书,今多传于世云。

【译文】

李杲,字明之,真定人。世代都以资产富厚雄居乡里。李杲幼年爱好医药,当时易州人张元素医术名闻燕赵一带,李杲捐千金巨款跟他学习,没有几年,就学到张元素的全部医术。李氏家资富厚,无意专事医业,只不过持有一技以提高自己的价值,人们也不把他当作专职医生。为官者有的担心他生性高傲耿直,难以降志接诊,不是危急病症,不敢拜求他。李氏医术,尤长于伤寒、痈疽、眼目病的诊治。

北京人王善甫,任京城酒官,患小便不利,眼珠突出,腹胀如鼓,膝以上坚硬,疼痛欲裂,而且饮食不进,曾用甘淡渗泄药物治疗,都没有效果。李杲对那些医生说:"病加重了。《内经》有这样的话,膀胱乃津液之府,必赖气化,才能排出尿液。现在使用渗泄之剂而疾病加重,这是由于气化不利。启玄子王冰曾说过:'无阳则阴无以生,无阴则阳无以化。'甘淡渗泄都是阳药,有阳无阴,它怎么能化得呢?"第二天,用许多阴药投服,一剂而愈。

西台掾萧君瑞,二月中旬患伤寒发热,前医配给白虎汤,病人服后面黑如墨,原来热证不再出现,脉沉细,小便不禁。李杲开始不知用了何药?等诊病后说:"这是立夏前误用白虎汤的过失。白虎汤药性大寒,不是行经通化之药,只能使脏腑变寒,不善用它,则伤寒本病被冰伏隐曲于经络之间。如果用大热药去解救,以治阴邪,则其他病证必然会产生,不是解救误用白虎汤的良法。只有升阳行经的温药,我可以使用。"有人发难说:"白虎汤是大寒之剂,不用大热药用什么来救治呢?您的疗救又有什么用呢?"李杲说:"病邪隐伏在经络之间,阳气不升则经气不行,而经气运行则伤寒本病诸症就会表现出来。本症治疗又有什么难的呢?"果然象李杲所说的那样,服温药而愈。

魏邦彦的妻子,眼睛突然生翳,由下而上,呈绿色,肿痛难忍。李杲认为:"目翳从下而上,这是病邪由阳明而来。绿不是五色(青、赤、白、黑、黄)之正色,大概是肺(白)与肾

（黑）两脏合邪引起的疾病。"于是处方，以泻肺肾之邪药为主，配引诸药入阳明经的药味为使，治疗有效。后来，病又复发三次，根据传来病邪的经脉，与第一次"肾翳"的颜色都各不相同。李杲便说："诸脉都归属于目，脉有病则会影响目。这一定是经络不调，经络不调则眼病不愈。"询问病情，果然如此。按照上述论述而处方施治，眼病痊愈，才不再发作。

冯叔献的侄儿冯栎，十五六岁，患伤寒，目赤，突然口渴，呼吸一次，脉跳七八次，医生想用大承气汤峻下，已经煎好了药。这时，李杲正好从外进来，冯叔献把病孩情况告诉李杲。李杲切脉后，非常惊骇，说："这孩子差一点被药杀死。《内经》有言：'脉象，跳得快的多为热病，跳得慢的为寒病'。现在脉搏一呼吸间跳九次，这是热盛的表现。但《会要大论》说：'病证有脉与证看起来相吻合而实质上却正相反，这是为什么？阳病，见洪大浮滑的阳脉是脉证相从，但按之不鼓而无力，就不是真正的阳脉，各种阳证阳脉都是这样。'这病孩病邪转变已成阴证。叫拿干姜、附子等热药来，我要根据寒证用热药法来治疗他"。药未配好，病人指甲变色，令病人一次服姜附剂八两，旋即汗出而痊愈。

陕西军帅郭巨济患半身不遂，用二指触他的足底，无知觉，足不能伸。李杲用长针刺他委中穴，深至骨而病人仍不知痛，放出一二升瘀血，血色如墨，又用缪刺法，针刺对侧穴位。如此针刺六七次，服药三个月，偏瘫病果然痊愈。

裴择妻子患恶寒发热病，月经不来已有数年，后来气喘咳嗽。医生大多使用蛤蚧、肉桂、附子之类的药物。李杲说："不对。患阴病又为阳邪所犯，温剂太过，所以不仅没有帮助，反而有害。而用凉血药则月经畅行。"后来，果然如此。

李杲治病设法施疗大多象上述所讲的。当时人们都把他看成神医。他撰著的医书，现在大部分流传于世。

朴不花传

【题解】

朴不花，也叫王不花，高丽人。原与奇氏后同乡相依倚，后受阉入侍奇氏后，甚得爱幸，得掌奇氏后的财货贡赋。曾秉承奇氏后旨意谋使顺帝禅位未果，后与丞相搠思监、宣政院使脱欢等互相勾结，气焰逼人，凡劾其罪者皆遭贬斥。御史大夫雍王老的沙因坚决反对朴不花等，被遣返封国，老的沙中途留在孛罗帖木儿军中，朴不花遂诬孛罗帖木儿图谋不轨。孛罗帖木儿派兵进逼京师，顺帝交出朴不花，被孛罗帖木儿杀死。

【原文】

朴不花，高丽人，亦曰王不花。皇后奇氏微时，与不花同乡里，相为依倚。及选为宫人，有宠，遂为第二皇后，居兴圣宫，生皇太子爱猷识理达腊。于是不花以阉人入事皇后者有年，皇后爱幸之，情意甚胶固，累迁官至荣禄大夫、资正院使。资正院者，皇后之财赋悉隶焉。

至正十八年，京师大饥疫。时河南北、山东郡县皆被兵，民之老幼男女避居聚京师，以故死者相枕藉。不花欲要誉一时，请于帝，市地收瘗之。帝赐钞七千锭，中宫及兴圣、隆福两宫、皇太子、皇太子妃，赐金银及他物有差，省院施者无算。不花出玉带一、金带一、银二锭、米三十四斛、麦六斛、青貂银鼠裘一袭以为费。择地自南北两城抵卢沟桥，掘深及泉，男女异圹。人以一尸至者，随给以钞，异负相踵。既覆土，就万安寿庆寺建无遮大会。至二十年四月，前后瘗者二十万，用钞二十万七千九十余锭、米五百六十余石。又于大悲寺修水陆大会三昼夜，凡居民病者予之药，不能丧者给之棺。翰林学士承旨张翥为文颂其事，曰《善惠之碑》。

于是帝在位久，而皇太子春秋日盛，军国之事，皆其所临决。皇后乃谋内禅皇太子，而使不花喻意于丞相太平，太平不答。二十年，太平乃罢去，而独搠思监为丞相。时帝益厌政，不花乘间用事，与搠思监相为表里，四方警报、将臣功状，皆抑而不闻，内外解体。然根株盘固，气焰薰灼，内外百官趋附之者十九。又宣政院使脱欢之同恶相济，为国大蠹。

二十三年，监察御史也先帖木儿、孟也先不花、傅公让等乃劾奏朴不花、脱欢奸邪，当屏黜。御史大夫老的沙以其事闻，皇太子执不下，而皇后庇之尤固，御史乃皆坐左迁。治书侍御史陈祖仁连上皇太子书切谏之，而台臣大小皆辞职，皇太子乃为言于帝，令二人皆辞退。而祖仁言犹不已，又上皇帝书言："二人乱阶祸本，今不芟除，后必不利。汉、唐季世，其祸皆起此辈，而权臣、藩镇乘之。故千寻之木，吞舟之鱼，其腐败必由于内，陛下诚思之，可为寒心。臣愿俯从台谏之言，将二人特加摈斥，不令以辞退为名，成其奸计。海内皆知陛下信赏必罚，自此二人始，将士孰不效力，寇贼亦皆丧胆，天下可全，而有以还祖宗之旧。若优柔不断，彼恶日盈，将不可制。臣宁饿死于家，誓不与同朝，牵联及祸。"语具《陈祖仁传》。

会侍御史李国凤亦上书皇太子言："不花骄恣无上，招权纳赂，奔竞之徒，皆出其门，骎骎有赵高、张让、田令孜之风，渐不可长，众人所共知之，独主上与殿下未之知耳。自古宦者近君亲上，使少得志，未有不为国家祸者。望殿下思履霜坚冰之戒，早赐奏闻，投之西夷，以快众心，则纪纲可振。纪纲振，则天下之公论为可畏，法度为不可犯，政治修而百废举矣。"由是帝大怒，国凤、祖仁等亦皆左迁。

时老的沙执其事颇力，皇太子因恶之，而皇后又谮之于内。帝以老的沙母舅故，封为雍王，遣归国。已而复以不花为集贤大学士、崇正院使，皇后之力也。老的沙至大同，遂留孛罗帖木儿军中。是时，搠思监、朴不花方倚扩廓帖木儿为外援，怨孛罗帖木儿匿老的沙不遣，遂诬孛罗帖木儿与老的沙谋不轨。二十四年，诏削其官，使解兵柄归四川。孛罗帖木儿知不出帝意，皆搠思监、朴不花所为，怒不奉诏。宗王不颜帖木儿等为表言其诬枉，而朝廷亦畏其强不可制，复下诏数搠思监、朴不花互相壅蔽簧惑主听之罪，屏搠思监于岭北，窜朴不花于甘肃，以快众愤，而复孛罗帖木儿官爵。然搠思监、朴不花皆留京城，实未尝行。

未几，孛罗帖木儿遣秃坚帖木儿以兵向阙，声言清君侧之恶。四月十二日，驻于清河。帝遣达达国师问故，往复者数四，言必得搠思坚、朴不花乃退兵。帝度其势不可解，不得已执两人畀之，其兵乃退。朴不花遂为孛罗帖木儿所杀。

【译文】

　　朴不花,高丽人,也叫王不花。皇后奇氏微贱时,与朴不花同居一乡,互相依托。及至奇氏被选为宫女,得到宠爱,随即成了第二皇后,居在兴圣宫,生了皇太子爱猷识理达腊。这时,朴不花以宦官身份进宫侍奉皇后奇氏已经多年了。皇后喜爱宠信他,情意非常牢固,他历经升迁,官至荣禄大夫、资正院使。资正院是掌管皇后所有财货贡赋的部门。

　　至正十八年,京城发生严重的饥荒和瘟疫。当时河南、河北、山东各郡县都遭受战火,男女老少百姓移居他乡,聚集在京城,因故死去的人纵横交陈。朴不花打算邀求一时的声誉,向顺帝提出请求,要买地收葬死人。顺帝赐给钞币七千锭,中宫和兴圣、隆福两宫、皇太子、皇太子妃赐给金银和其他物品多少不等,省院官员施舍的多得无从计算。朴不花拿出玉带一条、金带一条、银子两锭、米三十四斛、麦六斛、青貂和银鼠皮衣各一套,作为费用。选择葬地由南北两城直抵卢沟桥,挖的坑深到见水而止,男女分坑而葬。只要有人送来一具尸体,随即付给钞币,因此招尸背尸的人前后相继。覆土掩埋后,在万安寿庆寺举办了无遮大会。到至正二十年四月,先后掩埋二十万人,用去钞币二万七千零九十余锭,米一百五六十余石。又在大悲寺举办为时三昼夜的水陆大会,对居民,凡是生病的,给予药品,无力办丧事的,给予棺材。翰林学士承旨张翥写文章称颂其事,名为《善惠之碑》。

　　这时,顺帝在位日久,皇太子的年纪越发大了,军队和国家的事务,都由皇太子亲自决断。皇后奇氏谋求把帝位让给皇太子,指使朴不花向丞相太平示意,太平不做答复。到至正二十年时,太平免被去丞相职务,只有搠思监担任丞相。当时顺帝愈发厌倦政事,朴不花乘机用事,与搠思监内外呼应,对各地的告急文书、将领的记功行状,都压下不报,朝廷内外人心涣散。然而,他们根基牢固,气焰逼人,朝廷内外百官趋炎附势,迎合他们的有十分之九。还有宣政院使脱欢与他们同恶相济,成为国家的大害。

　　至正二十三年,监察御史也先帖木儿、孟也先不花、傅公让等人上奏弹劾朴不花、脱欢奸邪,应当斥退贬黜。御史大夫老的沙将其事上报,皇太子坚持不肯批复,皇后奇氏对他们的庇护尤其尽力,于是御史一律获罪贬官。治书侍御史陈祖仁接连向皇太子上书直言劝谏,大小谏官一律辞职,皇太子这才把事情告诉顺帝,让二人都辞职引退。然而,陈祖仁仍然未停止进言,又向皇帝上书说:“朴不花和脱欢二人是祸乱的本源,如今不加铲除,对将来必然不利。汉朝和唐朝本年,祸事都由这些人引起,而权臣和藩镇利用了这一时机。所以千寻高树的腐烂,大奸巨犯的漏网,一定是由于内部发生问题,如果陛下想一想,就会感到寒心。臣希望陛下依从谏官的意见,将二人一律抛弃,不让他们以辞职引退的名义,成全他们的奸计。全国都知道陛下赏必行,罚必果,是由这两个人做起的,将士怎么不肯效力,寇贼也都会为之丧胆,这样天下才可以保全,才有恢复祖宗旧业的可能。如果犹豫不决,他们为恶日多,就将难以制服。臣宁在家中饿死,誓死不与他们同居朝班,牵连受祸。”有关这事写在《陈祖仁传》中。

　　适值侍御史李国凤也向皇太子上书说:“朴不花骄横放纵,目无皇上,招权纳贿,追逐名利之徒都走他的门路,他很快就会形成赵高、张让、田令孜那样的作风,这一苗头不可助长。大家都知道这种情况,只有皇上与殿下还不晓得。自古以来,宦官有机会亲近君王，只要稍微得志，没有不给国家带来祸患的。希望殿下想一想在霜上行走，就应知道严寒冰冻将至的告诫，及早奏报皇上，将二人流放到西夷，使大家心情畅快，就可以重振法纪。法纪振举了，天下的公论才令人生畏，法度才不可侵犯，才能政治修明，百废毕举。"由此，顺帝大怒，李国凤、陈祖仁等人也都被贬官。

当时，老的沙极力坚持其事，皇太子因而憎恶他，皇后奇氏又在宫内诋毁他。顺帝因老的沙是自己的舅舅，便封他为雍王，让他返回封国。不久，顺帝又任命朴不花为集贤大学士、崇正院使，这是皇后奇氏出力的结果。老的沙抵达大同，这时，搠思监、朴不花正依靠扩廓帖木花为外援，怨恨孛罗帖木儿隐藏老的沙，不让他走，便诬陷孛罗帖木儿与老的沙图谋不轨。至正二十四年，顺宗下诏削去孛罗帖木儿的官职，让他解除兵权，返回四川。孛罗帖木儿知道这不是顺帝的本意，都是搠思监、朴不花干的，于是发怒，不肯受诏。宗王不颜帖木儿等人为此上表说他冤枉，朝廷也畏惧他力量强大，难以制服，便又下诏历数搠思监、朴不花互相蒙蔽、巧言迷惑主上视听的罪行，将搠思监斥逐到岭北，将朴不花流放到甘肃，以纾解大家的愤恨，同时恢复孛罗帖木儿的官爵。然而，搠思监和朴不花都留在京城，实际不曾前去。

没过多久，孛罗帖木儿派秃坚帖木儿率军奔向京城，声称清除君主身旁的恶人。四月十二日，秃坚帖木儿驻扎在清河，顺帝派达达国师来问其中的缘故，往返了四五次，秃坚帖木儿说必须得到搠思监、朴不花才退兵。顺帝估计这种形势难以缓解，不得已绑了两人交出，秃坚帖木儿这才撤退。朴不花随即被孛罗帖木儿杀死。

阿合马传

【题解】

在元朝前期，阿合马是一个相当重要的人物。从元太宗窝阔台开始，元王朝的财政主要就是依靠"色目人"来主持的。阿合马就是其中的一个代表人物。他为元世祖设计了种种搜刮民财的方案，例如清理户口、垄断专利、滥发钞票等。不消说，在为朝廷残酷搜刮的同时必然就是为自己残酷搜刮，因而阿合马也就是在这一意义上成为一名酷吏，引起了汉官和汉民的强烈反对。在《元史》本传并不全面的记载中，就有"益肆贪横""内通货贿，外示刑威"这些话，从他的家里还搜出两张人皮，加上其他史料的记载，就使这个人物完全具备了入选本书的条件。另外值得注意的是王著这个人物，传中对他的描写相当细致，显现出了古代烈士舍生取义的一脉传统。

【原文】

阿合马，回回人也。不知其所由进。世祖中统三年，始命领中书左右部，诸路都转运使，专以财赋之任委之。阿合马奏降条画，宣谕各路运使。明年，以河南钧、徐等州俱有铁冶，请给授宣牌，以兴鼓铸之利。世祖升开平府为上都，又以阿合马同知开平府事，领左右部如故。阿合马奏以礼部尚书马月合乃兼领已括户三千，兴煽铁冶，岁输铁一百三万七千斤，就铸农器二十万事，易粟输官者凡二十万石。

至元年正月，阿合马言："太原民煮小盐，越境贩卖。民贪其价廉，竞买食之，解盐以故不售，岁入课银止七千五百两。请自今岁增五千两，无问僧道军匠等衣，钧出其赋其民间通用小盐从便。"是年秋八月，罢领中书左右部，并入中书，超拜阿合马为中书平章政事，进阶荣禄大夫。

三年正月，立制国用使司，阿合马又以平章政事兼领使职。久之，制国用使司奏："以东京岁课布疏恶不堪用者，就以市羊于彼。真定、顺天金银不中程者，宜改铸。别怯赤山出石绒，织为布，火不能燃，请遣官采取。"又言："国家费用浩繁，今岁自车驾至都，已支钞四千锭，恐来岁度支不足，宜量经节用。"十一月，制国用使司奏："桓州峪所采银矿已十六万斤，百斤可得银三两，锡二十五斤。采矿所需，鬻锡以给之。"悉从其请。

七年正月，立尚书省，罢制国用使司，又以阿合马平章尚书省事。阿合马为人多智巧言，以功利成效自负，众咸称其能。世祖急于富国，试以行事，颇有成绩。又见其与丞相线真、史天泽等争辩，屡有以诎之，由是奇其才，授以政柄，言无不从，而不知其专复益甚矣。丞相安童含容久之，言于世祖曰："臣近言尚书省、枢密院、御史台宜各循常制奏事，其大者从臣等议定奏闻，已有旨俞允。今尚书有一切以闻，似违前奏。"世祖曰："汝所言是。岂阿合马朕颇信用，敢如是邪？其不与卿议非是，宜如卿所言。"又言："阿合马所用部官，左丞许衡以为多非其人，然已得旨咨请宣付，如不与，恐异日有辞。宜试其能否，久当自见。"世祖然之。五月，尚书省奏括天下户口，既而御史台言所在捕蝗，百姓劳扰，括户事宜少缓。遂止。

初立尚书省时，有旨："凡铨选各官，吏部拟定资品，呈尚书省，由尚书省中书闻奏。"至是，阿合马擢用私人。不由部拟，不咨中书。丞相安童以为言，世祖令问阿合马。阿合马言："事无大小，皆委之臣，所用之人，臣宜自择。"安童因请："自今唯重刑及迁上流总管，始属之臣，余事并付阿合马，庶事体明白。"世祖俱从之。

八年三月，尚书省再以阅实户口事奏条画诏谕天下。是岁，奏增太原盐课，以千锭为常额，仍令本路兼领。

九年，并为尚书省入中书省，又以阿合马为中书平章政事。明年，又以其子忽辛为大都路总管，兼大兴府尹。右丞相安童见阿合马擅权日昔，欲救其弊，乃奏大都路总管以次多不称职，乞选人代之。寻又奏阿合马、张惠，挟宰相权为商贾，以网罗天下大利，厚毒黎民，困无所诉。阿合马曰："谁为此言，臣等当与廷辩。"安童进曰："省左司都事周祥，中木取利，罪状明白。"世祖曰："若此者，征毕当显黜之。"既而枢密院奏以忽辛有金枢密院事，世祖不允，曰："彼贾胡，事犹不知，况查责以机务邪？"

十二年，伯颜帅师伐宋。既渡江，捷报日至。世祖命阿合马与姚枢、徒单公履、张文谦、陈汉归、杨诚等。议行盐、钞法于江南及贸易药材事。阿合马奏："枢云：'江南交会不行，必致小民失所。'公履云：'伯颜已尝榜谕交会不换，今亟行之，失信于民。'文谦谓：'可行与否，当询伯颜。'汉归及诚皆云：'以中统钞易其交会，何难之有。'"世祖曰："枢与公履不识时。朕尝以此问陈岩，岩亦以宋交会速宜更换。今议已定，当依汝言行之。"又奏："北盐药材，枢与公履皆言可使百姓从便贩鬻。臣等以为此事若小民为之，恐紊乱不一。拟于南京、卫辉等路籍括药材，蔡州发盐十二万斤，禁诸人私相贸易。"世祖曰："善！其行之。"

十二年，阿合马又言："比因军兴之后，减免编民征税，又罢转运司官，令各路总管府兼领课程，以致国用不足。臣以为莫若验户数多寡，远以就近，立都转运司，量增旧额，选廉干官分理其事。应公私铁鼓铸，官为局卖；仍禁诸人毋私营造铜器。如此，则民力不屈，而国用充矣。"乃奏之诸路转运司，以亦必烈金、札马剌丁、张暠、富珪、蔡德润、纥石烈亨、阿里和者、完颜迪、姜毅、阿老瓦丁、倒剌沙等为使。有亦马多丁者，以负官银得罪而罢，既死，而所负尚多。中书省奏议裁处，世祖曰："此财谷事，其与阿合马议之。"

十五年正月，世祖以西京饥，发粟万石赈之。又谕阿合马宜广贮积，以备阙乏。阿合马奏："自今御史台非白者，毋擅召仓库吏，亦毋究索钱谷数。及集议中书不至者，罪之。"其沮抑台察如此。四月，中书左丞崔斌奏曰："行以江南官冗，委任非人，遂命阿里等澄汰之。今已显有征验，蔽不以闻，是为罔上。杭州地大，委寄非轻，阿合马滋于私爱，乃以不肖子抹速忽充达鲁花赤，佩虎符，此岂旺才授任之道？"又言："阿合马先自陈免其子弟之任，乃今身平章，而子若侄或为行省参政，或为礼部尚书，将作院达鲁花赤，领会同馆，一门悉处要律，自背前言，有亏公道。"有旨并罢黜之。然终不以是为阿合马罪。世祖尝谓淮而宣慰使昂吉儿曰："夫宰相者，明天道，察地理，尽人事，兼此三者，乃为称职。阿里海牙、麦术丁等亦未可为相；回回人中，阿合马才任宰相。"其为上所称道如此。

十六年四月，中书奏立江西榷茶运使及诸路转运盐运使、宣课提举司。未几，以忽辛为中书右丞。明年，中书省奏："阿塔海、阿里言，今立宣课提举司，官吏至五百余员，左丞陈岩、范文虎等言其扰民，且侵盗官钱。乞罢之。"阿合马奏："昨有旨籍江南粮数，屡移文取索，不以实上。遂与枢密院、御史台及廷臣诸老集议，谓设立运司，官多俸重，宜诸路立提举司，都省、行省各委一人任其事。今行省未尝委人，即请罢之，乃归咎臣等。然臣所委人，有至者仅两月，计其侵用凡千一百锭，以彼所管四年较之，又当几何？今立提举司，未及三月而罢，岂非恐彼奸弊呈露，故先自言以绝迹邪？宜令御史台遣能臣同往，凡有非法，具以实闻。"世祖曰："阿合马所言是，其令台中选人以往。若己能自白，方可责人。"

阿合马尝奏宜立大过正府。世祖曰："此事岂卿辈所宜言，乃朕卅也。然宗正之名，朕未之知，汝言良是，其思之。"阿合马欲理算江淮行省平章阿里伯、右丞燕帖木儿立行省以来一切钱谷，奏遣不鲁合答儿、刘因愈等往检覆之，深其擅易命官八百员，自分左右司官及铸造铜印等事以闻。世祖曰："阿里伯等何以为辞？"阿合马曰："彼谓行省昔尝铸印矣。臣谓昔以江南未定，故便宜行之，今与昔时事异。又擅支粮四十七万石，奏罢宣课提举司。及中书遣官理算，征钞万二千锭者奇。"二人竟以是就戮。

时阿合马在位日久，益肆贪横，援引奸党郝祯、耿仁，骤升同列，阴谋交通，专事蒙蔽，逋赋不蠲，众庶流离，京兆等路岁办理至五万四千锭，犹以为未实。民有附郭美田，辄取为己有。内通货贿，外事刑威，廷中相视，无敢论列。有宿卫士秦长卿者，慨然上书告其奸，竟为阿合马所害，毙于狱。事见《长卿传》。

十九年三月，世祖在上都，皇太子从。有益都千户王著，素志疾恶，因人心怨愤，密铸大铜锤，自誓愿击阿合马首。会妖僧高和尚，以秘术行军中，无验而归，诈称死，杀其徒，以尸欺众，逃去，人亦莫知。著乃与合谋，以戊寅日诈称皇太子还都作佛事，结八十余人，夜入京城。且遣二僧诣中书省，令市斋物。省中疑而讯之，不伏。及午，著又遣崔总管矫传旨，俾枢密副使张易发兵若干，以是夜会东宫前。易莫察其伪，即令指挥使颜义领兵俱往。著自驰见阿合马，诡言太子将至，令省官悉候于宫前。阿合马遣右司郎中脱欢察儿等数骑出关，北行十余里，遇其众，伪太子者责以无礼，尽杀之。夺其马，南入健德门。

夜二鼓,莫敢何问,至东宫前,其徒皆下马,独伪太子者立马指挥,呼省官至前,责阿合马数语,著即牵去,以所袖铜锤碎其脑,立毙。继呼左丞郝祯至,杀之;囚右丞张惠。枢密院、御史台、留守司官皆遥望,莫测其故。尚书张九思自宫中大呼,以为诈;留守司达鲁花赤张敦遂持梃前,击立马者坠地。弓矢乱发,众奔溃,多就擒。高和尚等逃去,著挺身请囚。

中丞也先帖木耳驰奏世祖。时方驻跸察罕脑儿,闻之震怒,即日于上都。命枢察副使孛罗、司徒和礼霍孙、参政阿里等地驰驿至大都,讨为乱者。庚辰,获高和尚于高梁河。辛巳,孛罗等至都。壬午,诛王著、高和尚于市,皆醢之,并杀张易。著临刑大呼曰:"王著为天下除害,今死矣,异日必有为我书其事者!"

阿合马死,世祖犹不得知其奸,令中书毋问其妻子。及询孛罗,乃尽得其罪恶,始大怒曰:"王著杀之,诚是也。"乃命发墓剖棺,戮尸于通玄门外,纵犬啗其肉。百官士庶,聚观称快。子侄皆伏诛,没入其家属财产。其妾有名引住者,籍其藏,得二熟人皮于柜中,两耳具存,一阉监专掌其扃鐍,讯问莫知为何人,但云:"诅咒时,置神座其上,应验甚速。"又以绢二幅,画甲骑二重,围守一幄殿,兵皆张弦挺刃向内,如击刺之为者。画者陈其姓。又有曹震圭者,尝推算阿合马所生年月;王台判者,妄引图谶,皆言涉不轨。事闻,敕剥四人者皮以徇。

【译文】

阿合马,回回人。不知道他进入仕途的具体情况。元世祖中统三年,才任命他兼管中书左右部,兼任诸路都转运使,专门委任他处理财政赋税方面的事。阿合马上奏世祖下令分条规划,向各路运司宣布晓谕。下一年,因为河南钧州、徐州等州都有炼铁设备,请朝廷授予宣牌,以振兴冶炼的利益。世祖把开平府升格为上都,又任命阿合马为同知开平府事,兼管中书左右部照旧不变。阿合马上奏请求任命礼部尚书马月合乃兼管已经清查到的三千户没有户籍的百姓,加强炼铁行业,每年上缴铁一百另三万七千斤,用这些铁铸锻农具二十万件,换成粮食上缴给公家的一共有四万石。

至元元年正月,阿合马上奏说:"太原的百姓熬煮私盐,越境到处贩卖。各地百姓贪图他们的盐价钱便宜,争相购买食用,解州的官盐因此而卖不出去,每年上缴的盐税银子只有七千五百两。请朝廷从今年开始增加太原的盐税银子五千两,不论和尚、道士、军士、匠人等各户,都要分摊缴纳盐税,民间通用私盐可以根据他们自己的方便。"这一年秋天十一月,裁撤领中书左右部,合并到中书省,越级任命阿合马为中书平章政事,进官阶为荣禄大夫。

至元三年正月,设立制国用使司,阿合马又以平章政事的身份兼任制国用使司的事务。过些时候,制国用使司上奏:"把东京每年纳税所得的质地稀疏恶劣不能使用的布,就在当地用来买羊。真定、顺天的金银不合规格的,应当重新冶铸。别怯赤山生产石绒,把它织成布,用火不能烧着,请求派遣官员加以开采。"又上奏说:"国家的费用支出名目多数量大,今年从皇上回京以后,已经支出了纸币四十万锭,恐怕明年会不够开支,应当酌量节约使用。"十一月,制国用使司又上奏说:"桓州峪所开采的银矿,已经有十六万斤,每一百斤可以得到银三两、锡二十五斤。采矿所需要的支出,可以出售锡来支付。"世祖全都同意制国用使司的请求。

至元七年正月，设立尚书省，裁撤制国用使司，又任命阿合马为平章尚书省事。阿合马的为人，智谋多而善于言辞，以功利和取得的效益自负，人们都称赞他有能力。世祖急于使国家富起来，就试着让阿合马办事，很有成绩。又看到阿合马和丞相线真、史天泽等争辩，阿合马屡次有理由使他人屈服，由此而对阿合马的才能表示惊奇，授予他政治大权，对他的话无不听从，却不知道他的专权任性越来越厉害了。丞相安童容忍了很久，上奏世祖说："臣下我最近上奏说凡是尚书省、枢密院、御史台应当各按照通常的制度向皇上奏事，其中的大事要经过臣下等人议定再上奏，已经得到圣旨允准。现在尚书省所有的事情都直接上奏，似乎违背了臣下我以前向皇上的奏报。"世祖说："你所说的话的确很对。难道阿合马由于朕对他很信任，敢这样办吗？他不和你商议是不对的，应当像你所说的那么办。"安童又上奏说："阿合马所任用的部下各官，左丞许衡认为大多任用不当，但已经得到圣旨让他咨请中书省宣布，如果不给，恐怕将来会有别的话。应当试验他的任用的人是否有能力，时间一长就会自然明白。"世祖认为安童的话有道理。五月，尚书省上奏要求清查全国的户口，后来御史台认为现在到处在捕捉蝗虫，百姓劳苦，清查户口的事情应当稍稍缓办。于是就停止不办。

开始设立尚书省的时候，有圣旨说："凡是加以考核选举的大小官员，由吏部拟定他的资历，呈报尚书省，由尚书省咨送中书上奏。"到这时，阿合马提拔他自己的人，不经过吏部拟定，也不咨送中书省。丞相安童因此上奏，世祖命令去问阿合马。阿合马说："事情不论大小，统统委任给臣下，所任用的人员，臣下应当自己挑选。"安童因此请求："从今以后只有严重刑事以及调任上路总管，才归臣下管理，其余的事情一并交给阿合马，以便事情职责分明。"世祖都同意了。

至元八年三月，尚书省再次把清查核实户口的事情上奏请求分条规划下诏通告全国。这一年，上奏请求增加太原的盐税，以纸币一千锭为经常的数额，仍然让本路兼管。

至元九年，把尚书省合并于中书省，又任命阿合马为中书平章政事。第二年，又任命他的儿子忽辛为大都路总管，兼大兴府尹。右丞相安童看到阿合马专权一天比一天厉害，想补救这个弊病，就上奏说大都路总管以下的官员大多不称职，请求派人代替他们。不久又上奏说阿合马、张惠，仗着宰相的权势去经商，以此一网打尽了天下的最大利益，严重的毒害百姓，使他们走投无路而没有地方可以申诉。阿合马说："是谁编出了这些话，臣下等要和他在朝廷上辩论。"安童进奏说："尚书省的左司都事周详，中木牟取暴利，罪状十分清楚。"世祖说："像这样的人，征收完毕以后应当公开罢免他。"后来枢密院上奏请求让忽辛同金枢密院事，世祖不答应，说："他是个胡商，一般的事情还不懂得，又哪能让他承担机要事务的责任呢？"

至元十二年，伯颜领兵攻打宋朝，渡江以后，捷报一天天传来。世祖命令阿合马和姚枢、徒单公履、张文谦、陈汉归、杨诚等人，商讨在江南推行盐法、钞法和贸易药材的事情。阿合马上奏说："姚枢说：'江南地区的交会如果不能通行，一定会使普通百姓失去安身之地。'徒单公履说：'伯颜已经张帖告示明白说明不兑换交会，现在急急忙忙推行，就是在百姓中失去信用。'张文谦说：'是不是可行，应当向伯颜询问。'陈汉归和杨诚都说：'把中统钞交换江南的交会，有什么困难的？'"世祖说："姚枢和徒单公履，不懂得掌握时机。朕曾经把这件事问过陈岩，陈岩也以为宋朝的交会应当尽快更换。现在商讨已经决定，就按你的话办。"阿合马又上奏说："北方的盐和药材，姚枢和徒单公履都说可以让百姓自由贩卖。臣等认为，这件事如果让普通百姓去干，恐怕会造成混乱不统一。准备在南京、卫辉等路统一征购药材，从蔡州运盐二十万斤，禁止各种人员私下互相贸易。"世祖说："好！就这么办。"

至元十二年，阿合马又说："近来由于征集财物以代价军用，减免在编百姓的征税，又裁撤转运司官，让各路总管兼管按额征税，以至于国家的用度不足。臣下以为不如查验户口数字的多少，远处的归到近处，设立都转运使，估计情况增加过去的税额，选择清廉有能力的官员分别办理这件事。应该由公家和私人冶炼铸造铁器，而由官方设局专卖；仍然禁止各种人员不得私造铜器。如果这样，就能使百姓的财力不会穷尽，而国家的用度也能充足了。"于是就上奏设立各路转运使，任命亦必烈金、札马刺丁、张昌、富珪、蔡德润、纥石烈亨、阿里和者、完颜迪、姜毅、阿老瓦丁、倒刺沙等人为转运使。有一个叫亦都马丁的人，由于亏欠公家的银钱得罪罢官，死了以后，亏欠的还有很多没有还清。中书省上奏商讨处理办法，世祖说："这是有关钱财粮食的事，去和阿合马商讨。"

十五年正月，世祖因为西京发生饥荒，发出粮食一万石加以赈济，又告诉阿合马应当广为贮藏积蓄，以准备缺乏。阿合马上奏："从今以后，御史台如果没有禀告尚书省，不能随便召见管理仓库的官吏，也不能随便查究银钱谷物的数字。以及集议中书不到的，就要判罪。"他阻挠压抑监察部门就是这样。四月，中书左丞崔斌上奏说："起先由于江南官员人数过多，担任的人也多不能称职，就命令阿里等人区别淘汰他们。现在已经明显地有了证据，却蒙蔽不向朝廷上奏，这是欺君罔上。杭州地方广大，所负的责任不轻，阿合马为私自的感情所迷惑，竟把他没有出息的儿子抹速忽充当达鲁花赤，掌握虎符，这难道是衡量才干而授以责任之道？"又说："阿合马起先自己表示请求免去他子弟的官职，可现在身为平章政事，而他的儿子以至侄子有的担任行省参政，有的担任礼部尚书，将作院达鲁花赤，领会同馆，一门之中都处在重要地位上，自己违背过去说的话，于公道有亏。"世祖下旨全都加以罢免，但始终不把这当成阿合马的罪过。世祖曾经对淮西节度使昂吉儿说："做宰相的人，要明白天道，察知地理，竭尽人事，兼有这三方面的人，这才是称职。阿里海牙、麦术丁等人也不能担任宰相；回回人中间，阿合马的才能足以胜任宰相。"他为皇帝所称道就是这样。

至元十六年四月，中书省上奏请求设立江西榷茶运司以及各路的转运盐运使、宣课提举司。没有多久，任命忽辛为中书右丞。第二年，中书省上奏说："阿塔海、阿里说，现在设立宣课提举司，官吏数字达到五百人，左丞陈岩、范文虎等说他们搅扰百姓而且侵吞偷盗官府钱财。请求加以罢免。"阿合马上奏说："过去有圣旨把江南粮食数字登记造册，屡屡发文索取，但不把实情报告上来，臣下于是就同枢密院、御史台和朝廷大臣各位元老一起商讨，认为设立运司，官员多而俸禄重，应当在各路设立提举司，都省、行省各委派一个人担任这一事务。现在行省还没有委派人，就请求裁撤，又把过错归于臣下等人。然而臣下所委派的人，有的到任才两个月，如果计算他们侵吞了共有一千一百锭，以他们管理的四年时间比较起来，又应该是多少呢？现在设立提举司，不到三月又加以裁撤，难道不是害怕他们非法的弊病败露，所以抢先自己奏请以消灭痕迹吗？应当下令让御史台派遣能干的人一起去，凡是有违法的行为，一条条据实奏报。"世祖说："阿合马所说是对的，命令御史台选择人员前去查办。如果自己能够证明自己是清白的，这样才能责备别人。"

阿合马曾经上奏应当设立大宗正府。世祖说："这件事难道是你们这些人所应当说的，这是朕的事情。然而宗正这个名称，朕还是有听说过，你的话很对，要想一想。"阿合马要清理计算江淮行省平章阿里伯、右丞帖木儿设立行省以来所有的钱粮数字，上奏派遣不鲁合答儿、刘思愈等前去清查，查到了他们擅自调换朝廷任命的官员八百人，擅自分设左右司官以及铸造铜印等等事情，上奏。世祖说："阿里伯等人用什么理由来解释？"阿合马说："他说行省过去就曾要铸造官印了。臣以为过去因为江南没有平定，所以能根据情况自己处置，现在和过去情况已经不同。他们又擅自支付粮食四十七万石，上奏裁撤宣课提举司。等到中书省派遣官员清理计算，征得纸币一万二千锭挂零。"阿里伯、燕帖木儿两个人最后竟因此被杀。

当时阿合马在位时间很久，更加肆意贪婪骄横，拉扯提拔奸党郝祯、耿仁，一下子迁升到和自己同在中书省任职，阴谋勾结，专门从事蒙蔽皇帝，积欠的赋税不加免除，百姓们逃亡迁移，京兆等路每年收入赋税达到五万四千锭，还是认为不是实际情况。百姓有近郊的良田，就抢夺据为己有。暗地里接受贿赂，表面上做得执法严明，朝中百官互相用眼神表示不满，但没有人敢于明白议论。有一个值宿禁卫的秦长卿，激昂慷慨地上书揭发他的种种邪恶，竟然被阿合马所谋害，在监狱里把他弄死。事情见于《秦长卿》传。

至元十九年三月，世祖在上都，皇太子随从。有个益都千户叫王著的人，一向疾恶如仇，由于人心对阿合马愤怒怨恨，就秘密铸造了一把大铜锤，自己发誓愿意击碎阿合马的脑袋。当时有一个妖僧高和尚，自称有秘密法术在军中行使，但毫无效果而逃走，假装身死，杀了一名徒弟，把尸首欺骗大众，自己又逃走，使人也不了解事情的真相。王著就和他一起谋划，在戊寅那一天假称皇太子回京师参加佛事，集了八十多人，夜里进入京城。早晨派遣两个僧人到中书省去，让中书省购买供奉神佛的用品。中书省的人员怀疑，对他们加以讯问，他们不肯伏罪。等到中午，王著又派遣崔总管假传皇太子的旨意，让枢密副使张易发兵若干人，在这天夜里汇集在东宫前面，张易没有察觉其中有假，就命令指挥使颜义领兵一起前去。王著自己骑马去见阿合马，诈称太子将要来到，命令中书省的官员全部都在东宫前等候。阿合马派遣右司郎中脱欢察儿等几个人骑马出关，往北走了十几里，碰上了王著的一伙人。伪装太子的人责备他们无礼，把他们全都杀了，夺取了他们的马匹，往南进入健德门。夜里二更，没有人敢问什么，到了东门前面，他们一伙都下了马，唯独伪装太子的人坐在马上指挥，呼喊中书省长官来到马前，责骂了阿合马几句话，王著就把阿合马牵去，用袖子里藏着的铜锤砸碎他的脑袋，阿合马立刻毙命。接着喊中书左丞郝祯来到，杀了他；囚禁了右丞张惠。枢密院、御史台和留守司的官员都远远看着，没有人能推测究竟是什么缘故。尚书张九思在宫中大声喊叫，认为这是个骗局；留守司的达鲁花赤传敦就手持木棒冲向前面，把骑在马上的人击倒坠地。弓箭乱发，这伙人奔逃溃散，大多被逮住。高和尚逃走，王著挺身而出要求把自己囚禁。

御史中丞也先帖木儿飞马上奏世祖。世祖当时正驻在察罕脑儿，听到以后大为震怒，当天就起驾到上都。命令枢密副使孛罗、司徒和礼霍弥、参政阿里等按驿站飞驰到大都，讨伐作乱的人。庚辰日，在高梁河抓住了高和尚。辛巳日，孛罗等人到达大都。壬午日，把王著、高和尚在市上诛杀，剁成肉酱，同时又杀了张易。王著临刑前大喊说："王著为天下除害，现在死了，将来一定有人为我写下这件事的！"

阿合马死后，世祖还不详细了解他的种种邪恶，命令中书省不要追查他的妻子儿子。等到询问孛罗，就全部知道了阿合马的罪恶，这才大怒说："王著把他杀了，的确是对的。"

于是下令掘墓开棺，在通玄门外斩戮尸体，听任狗去吃他的肉。朝廷百官和士人百姓，聚在一起观看拍手称快。阿合马的子侄都被诛杀，把他的家属和财产没收入官。他的小妾中有一个叫引住的，查抄她的物品，在柜子里得到两张熟的人皮，两只耳朵都保存完好，有一个阉人专门掌握这个柜子的钥匙，讯问他们也没有人知道究竟是什么人的人皮，只说："诅咒的时候，把神座放在这上边，应验很快。"又用两幅绢，画上穿戴盔甲的骑兵好几层，包围守在一座有帷幕的殿前，兵士都拉开了弓弦挺着刃向里边，好像在向里进攻那样。画图画的人姓陈。又有一个叫曹震圭的，曾经推算过阿合马的生辰八字；有一个叫王台判的，胡乱引用图谶，所说的都涉及谋反的事。事情上奏，世祖下令剥这四个人的皮当众宣示。

桑哥传

【题解】

桑哥(? ~1291)，又译作桑葛，元代畏吾儿人。国师胆巴之徒，通晓多国语言，曾做译使。好言财利事，为元世祖忽必烈所喜，至元年间，擢升为总制院使，领佛教及吐蕃之事。举荐过章闾及卢世荣。至元二十四年(1287)，复置尚书省，任平章政事。十一月，升任右丞相，检核前中书省所欠财物，籍没官员家产甚多。置征理司，稽考、理算各级官署仓库，增加各级税额，官民皆怨。总制院改名宣政院，世祖命其以开府仪同三司、右丞相兼宣政使。世祖又命铨调内外官之宣敕，皆通过桑哥主管的尚书省。从此以刑爵作为货物贩卖，求官者皆走其门，以贵价以买其所欲。贵价入，当刑者免，求爵者得，纲纪大坏，人心惊骇。二十八年春，为人所劾，下狱处死。

【原文】

桑哥，胆巴国师之弟子也，能通诸国语，故尝为西蕃译史。为人狡黠豪横，好言财利事，世祖喜之。及后贵幸，乃讳言师事胆巴而背之。至元中，擢为总制院使。总制院者，掌浮屠氏之教，兼治吐蕃之事。御史台尝欲以章闾为按察使，世祖曰："此人，桑哥尝言之。"及卢世荣见用，亦由桑哥之荐。中书省尝令李留判者市油，桑哥自请得其钱市之，司徒和礼霍孙谓非汝所宜为，桑哥不服，至与相殴，且谓之曰："与其使汉人侵盗，曷若与僧寺及官府营利息乎？"乃以油万斤与之。桑哥后以所营息钱进，和礼霍孙曰："我初不悟此也。"一日，桑哥在世祖前论和雇和买事，因语及此，世祖益喜，始有大任之意；尝有旨令桑哥俱省臣姓名以进，廷中有所建置，人才进退，桑哥咸与闻焉。

二十四年，闰二月，复置尚书省，遂以桑哥及铁木儿为平章政事，诏告天下。改行中书省为行尚书省，六部为尚书六部。三月，更定钞法，颁行至元宝钞于天下，中统钞通行如故。桑哥尝奉旨检核中书省事，凡校出亏欠钞四千七百七十锭、昏钞一千三百四十五锭，平章麦术丁即自伏，参政杨居宽微自辩，以为实掌铨选，钱谷非所专，桑哥令左右拳其面，因问曰："既典选事，果无黜陟失当者乎？"寻亦引服。参议伯降以下，凡钩考违惰耗失等事，及参议王巨济尝言新钞不便忏旨，款伏。遣参政忻都奏闻，世祖令丞相安童与桑哥共议，且谕："毋令麦术丁等他日得以胁问诬作为辞，此辈固狡狯人也。"数日，桑哥又奏："鞫中书参政郭佑，多所逋负，尸位不言，以疾为何不告之蒙古大臣，故殴辱之，今已款服。"世祖命穷诘之。佑与居宽后皆弃市，人咸冤焉。台吏王良弼，尝与人议尚书省政事，又言："尚书钩校中书，不遗余力，他日我曹得发尚书奸利，其诛籍无难。"桑哥闻之，捕良弼至，与中书台院札鲁忽赤鞫问，款服。谓此曹诽谤，不诛无以惩后，遂诛良弼，籍其家。有吴德者，尝为江宁县达鲁花赤，求仕不遂，私与人非议时政，又言："尚书今日核正中书之弊，他日复为中书所核，汝独不死也耶。"或以告桑哥，亟捕德按问，杀之，没其妻子入官。

桑哥尝奏以少不丁遥授江淮行省左丞，乌马儿为参政，依前领泉府、市舶两司，拜降福建行省平章；既得旨，乃言于世祖曰："臣前言，凡任省臣与行省官，并与丞相安童共议。今奏用沙不丁、乌马儿等，适丞相还大都，不及通议，臣恐有以前奏为言者。"世祖曰："安童不在，朕，若主也；朕已允行，有言者，其令朕前言之。"时江南行台与行省，并无文移，事无巨细，必咨内台呈省奏闻。桑哥以其往复稽留误事，宜如内台例，分呈行省。又言："按察司文案，宜从各路民官检核，递相纠举。且自太祖时有旨，凡临事官者互相觉察，此故事也。"从之。

十月，乙酉，世祖遣谕旨翰林诸臣："以丞相领尚书省，汉、唐有此制否？"咸对曰："有之。"翌日，左丞叶李以翰林、集贤诸臣所对奏之，且言："前省官不能行者，平章桑哥能之，宜为右丞相。"制曰："可。"遂以桑哥为尚书右丞相，兼总制院使，领功德使司事，进阶金紫光禄大夫。于是桑哥奏以平章铁木儿代其位，右丞阿剌浑撒里升平章政事，叶李迁右丞，参政马绍升左丞。

十一月，桑哥言："臣前以诸道宣慰司及路府州县官吏，稽缓误事，奉旨遣人遍笞责之。今真定宣慰使速哥、南京宣慰使答失蛮，皆勋贤旧臣之子，宜取圣裁。"敕罢其任。明年，正月，以甘肃行尚书省参政铁木哥无心任事，又不与协力，奏乞牙带代之。未几，又以江西行尚书省平章政事忽都铁不儿不职，奏而罢之。兵部尚书忽都答儿不勤其职，桑哥殴罢之而后奏，世祖曰："若此等不罢，汝事何由得行也。"万亿库有旧牌条七千余条，桑哥言岁久则腐，宜析而他用。赐诸王出伯银两万五千两、帛帛万匹，载以官驴，至则并以为赐。桑哥言，不若以驴载玉而回，世祖甚然之，其欲以小利结知如此。

漕运司达鲁花赤怯来，未尝巡查沿河诸仓，致盗诈腐败者多，桑哥议以兵部侍郎塔察儿代之。自立尚书省，凡仓库诸司，无不钩考，先摘委六部官，复以为不专，乃置征理司，以治财谷之当追者。时桑哥以理算为事，毫分缕析，入仓库者无不破产，及当更代，人皆弃家而避之。十月，桑哥奏："湖广行省钱谷，已责平章要束木自首偿矣。外省欺盗必多，乞以参政忻都、户部尚书王巨济、参议尚书省事阿散、山东西道提刑按察使何荣祖、札鲁花赤秃忽鲁、泉府司卿李佑、奉御吉丁、监察御史戒益、金枢密院事崔彧、尚书省断事官燕真、刑部尚书安祐、监察御史伯颜等二十人，理算江淮、江西、福建、四川、甘肃、安西六省，每省各二人，特给印章与之。省部官既去，事不可废，拟选人为代，听食元俸。理算之间，宜给兵以备使令，且以为卫。"世祖皆从之。当时天下骚然，江淮尤甚，而谀佞之徒，方且讽都民史吉等为桑哥立石颂德，世祖闻之曰："民欲立则立之，仍以告桑哥，使其喜也。"于是翰林制文，题曰《王公辅政之碑》。桑哥又以统制院所统西蕃诸宣慰司军民财谷，事体甚重，宜有以崇异之，奏改为宣政院，秩从一品，用三台银印。世祖问所用何人，对曰："臣与脱因。"于是命桑哥以开府仪同三司,尚书右丞相,兼宣政使,领功德使司事,脱因同为使。

世祖尝召桑哥谓曰:"朕以叶李言,更至元钞,所用者法,所贵者信,汝无以楮视之,其本不可失,汝宜识之。"二十六年,桑哥请钩考甘肃行尚书省,及益都淄莱淘金总管府,金省赵仁荣,总管明里等,皆以罪罢。世祖幸上都,桑哥言:"去岁陛下幸上都,臣日视内帑诸库,今岁欲乘小舆以行,人必窃议。"世祖曰:"听人议之,汝乘之可也。"桑哥又奏:"近委省臣检责左、右司文簿,凡经监察御史稽照者,遗逸尚多。自今当令监察御史即省部稽照,书姓名于卷末,苟有遗逸,易于归罪。仍命侍御史竖童视之,失则连坐。"世祖从之。乃笞监察御史四人,是后监察御史赴省部者,掾令史与之抗礼,但遣小吏持文簿置案而去,监察御史遍阅之,而台纲废矣。

参政忻都既去,寻召赴阙,以户部尚书王臣济专任理算,江淮省左丞相忙兀带总之。闰十月,《桑哥辅政碑》成,树于省前,楼覆其上而丹艧之。桑哥言:"国家经费既广,岁入恒不偿所出,以往岁计之,不足者余百万锭。自尚书省钩考天下财谷,赖陛下福,以所征补之,未尝敛及百姓,臣恐自今难用此法矣。何则? 仓库所征者少,而盗者亦鲜矣,臣忧之。臣愚以为盐课每引直中统钞三十贯,宜增为一锭;茶每引今直五贯,宜增为十贯;酒醋税课,江南宜增额十万锭,内地一万锭。协济户十八万,自入籍至今十三年,止输半赋,闻其力已完,宜增为赋。如此,则国用庶可支,臣等免于罪矣。"世祖曰:"如所议行之"。

桑哥既专政,凡铨调内外官,皆由于己,而其宣敕尚由中书,桑哥以为言,世祖乃命自今宣敕并付尚书省。由是以刑爵为货而贩之,咸走其门,入贵价以买所欲。贵价入,则当刑者脱,求爵者得,纲纪大坏,人心骇愕。二十八年春,世祖畋于濼北,也里审班及也先帖木儿、彻里等,劾桑哥专权黩货。时不忽木出使,三遣人趣召之至,觐于行殿,世祖以问,不忽木对曰:"桑哥壅蔽聪明,紊乱政事,有言者既诬以他罪而杀之。今百姓失业,盗贼蜂起,召乱在旦夕,非亟诛之,恐为陛下忧?"留守贺伯颜亦尝为世祖陈其奸欺。久而言者益众,世祖始决意诛之。

二月,世祖谕大夫月儿鲁曰:"屡闻桑哥沮抑台纲,杜言者之口;又尝垂挞御史,其所罪者何事,当与办之。"桑哥等持御史李渠等已刷文卷至,令侍御史杜思敬等勘验辨论,往复数四,桑哥等辞屈。明日,帝驻跸大口,复召御史台暨中书、尚书两官辨论。尚书省执卷奏曰:"前浙西按察使只必,因监烧钞受赃至千锭,尝檄台征之,二年不报。"思敬曰:"文之次策,尽在卷中,今尚书省拆卷持对,其弊可见。"速古儿赤阇里抱卷至前奏曰:"用朱印以封纸缝者,防欺弊也。若辈为宰相,乃拆卷破印与人辨,是教吏为奸,当治其罪。"世祖是之,责御史台曰:"桑哥为恶,始终四年,其奸赃暴著非一,汝台臣难云不知。"中丞赵国辅对曰:"知之。"世祖曰:"知而不劾,自当何罪?"思敬等对曰:"夺官追俸,惟上所裁。"数日不决。大夫月儿鲁奏:"台臣久任者当斥罢,新者存之。"乃仆《桑哥辅政碑》,下狱究问。至七月,乃伏诛。平章要束木者,桑哥之妻党,在湖广时,正月朔日,百官会行省,朝服以俟;要束木召至其家,受贺毕,方诣省望阙,贺如常仪;又阴召卜者有不轨言。至是,中书列其罪以闻,世祖命械致湖广,即其省戮之。

【译文】

桑哥,胆巴国师的弟子,能通晓多国语言,所以曾担任西部蕃的译使。为人狡猾强横,喜欢谈论财利之事,受到元世祖的喜爱。在贵显之后,便讳言曾以胆巴为师,并背叛了老师。至元年间,被擢升为总制院使。总制院主管佛教之事,兼管吐蕃事务,御史台曾准备任命章间为按察使,世祖说:"桑哥曾向我推荐过这个人。"卢世荣受到重用,也是由于桑哥的举荐。中书省曾命令一个名叫李留判的人购买油料,桑哥自己请求得到买油的钱去买,司徒和李霍孙说,此事你不应做,桑哥不服,与和李霍孙互打了起来,并且说:"与其让汉人侵占偷盗,不如让僧寺及官府营些利息?"于是给了和李霍孙一万斤油。桑哥后来把这笔钱所得的利息进献给官府,和李霍孙:"我当初不懂这个道理。"一天,桑哥在世祖面前论说和雇和买之事,因而谈到这件事,世祖更加喜欢他了,始有委以重任之意;曾下诏旨令桑哥列具中书省臣的名字报上,朝廷上有新的建置,人才的任用、贬退,桑哥都参与讨论。

至元二十四年,闰二月,再次恢复尚书省,于是任命桑哥及铁木儿为平章政事,下诏布告全国。改行中书省为行尚书省,六部为尚书六部。三月,再改确定钞法,向全国发行至元宝钞,中统宝钞仍旧流通。桑哥曾奉圣旨检核行中书省的事务,共查出亏欠的钱钞四千七百七十锭、磨损破烂的钱钞一千三百四十五锭,平章麦术丁当即自己伏罪,参知政事杨居宽自我辩解说自己实际上只负责铨选,钱谷之事非由他专管,桑哥令手下用拳头打他的脸说:"你既然负责铨选,难道就没有提拔、贬退失当的事吗?"不久也伏罪了。参议伯降以下的官员,凡是检核有违反规定,损耗丢失等事,以及参议王巨济曾经说新钞不便而违背圣旨,都各自伏罪。派参政忻都奏报世祖,世祖令丞相安童与桑哥共同商议,并且诏谕:"不要让麦术丁等人以后以因胁迫逼问而自诬作为口实,这些人本来就是狡狯之辈。"几天后,桑哥又奏报:"审问中书省参政郭佑,中书省欠员很多,他却失职不言,还以疾病作为理由,臣对他说:'中书省的政务,如此败坏,你力不能及,为什么不告诉蒙古大臣。'所以殴打屈辱了他一顿,如今他已伏罪。"世祖令他对此事严加追查。后来,郭佑与杨居宽被处以弃市之刑,人们都认为他们冤屈。御史台官王良弼,曾和人谈论尚书省政务,又说:"尚书省查核中书省,不遗余力,以后我们若有机会揭发尚书省的奸邪、牟取私利之事,诛杀籍没他们也没有什么困难。"桑哥听说后,把王良弼抓了起来,与中书台院札鲁忽赤一起审问,王良弼伏罪。桑哥说这些人诽谤朝政,不处死罪无法惩戒后人,于是处死王良弼,籍没其家财。有个名叫吴德的人,曾任江宁县达鲁花赤,请求升官未成功,私下与他人非议朝政,又说:"尚书省如今纠正中书省的弊端,以后再被中书省纠核,唯独你们这些人不死?"有人把这些话告诉了桑哥,立即把吴德拘捕来审问,处以死刑,将其老婆孩子没入官府。

桑哥曾上奏由沙不丁遥领江淮行省左丞,乌马儿为参政,依前例负责泉府、市舶两司之事,拜降为福建行省平章。桑哥取得圣旨后,又对世祖说:"臣下先辈曾说过,凡是任用中书、尚书两省臣属改行省官员,都要与丞相安童共同商议。这次上奏请任用沙不丁、乌马儿等人,正巧丞相回到大都,来不及商议,臣恐怕有人会以臣先前的上奏作口实议论此事。"世祖说:"安童不在,我是你的主人;朕已推批实行,有人议论,让他到我面前来说。"当时江南行御史台和行省,并没有文件往来,事无巨细,必须征求朝廷御史台的意见呈报中书省上奏。桑哥认为上呈文件稽留误事,应该按照朝廷御史台的例子,文件分别呈送到行省。又进言说:"按察司的案子,应允许各路的民官检查,互相纠核检举。况且自从太祖时便有圣旨,凡是事务性官员都要互相审察,这是先代的惯例。"意见被采纳。

十月,乙酉,世祖给翰林院诸臣发布谕旨:"以丞相负责尚书省政务,汉、唐两代有没有这种体制?"都回答说:"有过。"次日,左丞叶李把翰林、集贤院诸臣的回答上奏,并且说:"先前的中书省官不能推行的事,平章桑哥能够做到,应拜为右丞相。"世祖发布制书说:"可以。"于是任命桑哥为尚书省右丞相,兼任总制院使,领功德使司事,晋升官阶为金紫光禄大夫。桑哥又上奏,请求以平章铁木儿代替自己先前的位置,右丞阿刺浑撒里升为平章政事,叶李迁升为右丞,参知政事马绍迁升为左丞。

十一月,桑哥进言:"臣先前因各道宣慰司以及路、府、州、县官吏,行动迟缓误事,奉行圣旨派人遍加鞭笞斥责;现有真定宣慰使速哥、南京宣慰使答失蛮,都是有功勋的元老旧臣之子,应听凭圣上裁决。"敕令罢免二人的职务。次年正月,因甘肃行尚书省参知政事铁木哥无心处理政务,又不与桑哥同心,桑哥奏报由乞牙带代替。不久,又以江西行尚书省平章政事忽都铁木儿不称职,上奏请求罢免。兵部尚书忽都答儿不勤勉任职,桑哥令人殴打之后上奏,世祖说:"这些人不被罢免,你的事怎么能推行。"万亿库中保存旧牌条七千余条,桑哥进言说,年代长了会腐坏,应破开他用。曾赐给诸王出伯两万五千两白银、绢帛一万匹,用官驴驮着送去,送到后把驴子也赐给了出伯。桑哥进言说:不如用驴子把玉石运回来,世祖深表同意,桑哥在小利方面就是这样讨好世祖。

漕运司达鲁花赤怯来,未曾巡查沿河的各处仓库,致使粮谷被盗、腐烂的很多,桑哥建议以兵部侍郎塔察儿取代他。自从设立尚书省,所有的仓库诸司,无不检查考核,先是委派六部负责,后又认为职责不专,于是设立征理司,以惩治应被追回财物、粮谷的人。当时桑哥以清理核算粮谷、钱财为主要任务,条分缕析,管理仓库的人无不破产;及至应该更换替代时,人们抛弃家小四处逃避。十月,桑哥上奏:"湖广行省的钱谷,已责成平章要束木自己偿还,外省的欺骗盗取之事一定很多,请求派参知政事忻都、户部尚书王巨济、参议尚书省事阿散、山东西道提刑按察使何荣祖、札鲁花赤秃忽鲁、泉府司卿李佑、奉御吉丁、监察御史戎益、金枢密院事崔彧、尚书省断事官燕真、刑部尚书安祐、监察御史伯颜等二十人,清理核算江淮、江西、福建、四川、甘肃、安西六省,每个省各二人,特别给予印章。尚书省及六部官员派下去后,政事不能荒废,拟请选派人员代替他们的职掌,听凭其领取原来的俸禄。在清理核算的时候,应派兵给他们,以便于行使权力,而且可以护卫。"世祖都予以采纳。当时全国都骚动起来,江淮地区尤为严重,而一些阿谀谄佞之徒,却暗示京城百姓史吉等人为桑哥立碑歌功颂德,世祖知道后说:"百姓要立碑,就让他们立吧,可以告诉桑哥,让他高兴高兴。"于是由翰林书写碑文,题名为《王公辅政之碑》。桑哥又说统制院所属的西蕃各宣慰司军民、财物、粮谷,事务非常繁重,应该有所尊崇,上奏改为宣政院,官秩为从一品,使用三台银印。世祖问任用谁负责,回答说:"臣下和脱因。"于是命令桑哥以开府仪同三司、尚书右丞相,兼任宣政使,领功德使司,脱因同为宣政使。

世祖曾召见桑哥说:"朕由于叶李进言,更改至元的钞法,运用的是法令,所宝贵的是信誉,你不要看作废纸,事情的根本不可失掉,你应认识到这一点。"二十六年,桑哥请求考核甘肃行尚书省,以及益都淄莱陶金总管府,金省赵仁荣、总管明里等,皆有罪罢职。世祖到上都,桑哥说:"去年陛下临幸上都,臣每天巡视内帑的各库,今年想乘坐小轿巡查,人们一定会私下议论。"世祖说:"听凭人们议论,你可以乘坐。"桑哥又上奏:"近来委派尚书省的官员检查左、右司的文书、簿籍,所有经过监察御史查核过的,遗漏的还很多。从今后应当下令,监察御史到尚书省查核时,要把名字写在卷末,如果有遗漏,也好追究责任。仍然命令侍御史坚童巡视，有失误则要连坐。"世祖予以采纳。于是，鞭笞四名监察御史，此后凡是监察御史到尚书省各部查核，各部的掾史都可以与他们分庭抗礼，只是派低级的官吏把文簿放在案上离去，监察御史则要全部审阅，而御史台的纪纲也废驰了。

参知政事忻都被派下去之后，不久又召回京师，以户部尚书王巨济专门负责清查核算，江淮行省左丞相忙兀带总领其事。闰十月，《桑哥辅政碑》建成，立在尚书省前，碑外建楼覆盖，涂以油漆。桑哥进言："国家的经费支出广泛，每年都入不敷出，以往年的支出情况计算，不足部分还有一百余万锭钱钞。自从尚书省考核全国的钱财、粮谷，仰赖陛下洪福，只以所征收上来的财物补充，而没有赋敛百姓，臣下恐怕从今后很难用这种办法了。为什么？从仓库中所能清理的东西少了，而侵占盗取的人也不多，臣下为此忧虑。我认为盐税每一引只收中统钞三十贯，应增加至一锭；茶每引只收税五贯，应增至十贯；酒醋的税课，江南地区应增至十万锭，内地为五万锭。十八万协济户，自从入籍到现在已有十三年，只交纳半赋，听说力役已经完了，应该增为全赋。这样，国家的费用才可支持，臣下也可免于获罪。"世祖说："依照你们的建议施行。"

桑哥专断权利之后，凡是调派朝廷内外的官员，都由他独自决定，而任命官员的文书仍由中书省发布，桑哥为此向世祖进言，世祖于是下令，从今后，任命文书都由尚书省发布。此后，他便把刑罚和爵位作为货物贩卖，求取官位的人都奔走于他的门下，以昂贵的价格来实现他们的欲望。价格高，则应受刑罚的人可以免罪，求取爵位的人便可得到，从而使政纲法纪极端腐败，人们惊骇愕然。二十八年春，世祖在澝北打猎，也里审班以及也先帖木儿、彻里等人，劾奏桑哥专断权利，滥用权利求取贿赂。当时不忽木出使，世祖三次派人把他召来，在行殿上接见，世祖向他询问桑哥的事，不忽木回答说："桑哥阻塞聪明之士，紊乱朝政，谁反对他，他便以其他罪名诬陷处死。如今百姓失业，盗贼蜂拥而起，所招来的动乱旦夕既至，不立刻将其治罪，我们恐怕要为陛下担忧了。"留守贺伯颜也曾向世祖陈奏桑哥的奸恶欺瞒之事。时间长久，劾奏桑哥的人愈来愈多，世祖才开始下决心将其治罪。

二月，世祖诏谕大夫月儿鲁说："屡屡听说桑哥破坏朝廷纲纪，杜塞进言者之口；还曾殴打御史，他有什么罪状，应该坚决审查处理。"桑哥等人拿着御史李渠等人已经审查的文卷前来，世祖令侍御史杜恩敬等人查验并与桑哥辩论，先后往返四次，桑哥等人理屈词穷。次日，世祖驻在大口，又召集御史台和中书省、尚书省的官员辩论。尚书省官员拿着文书上前进奏说："前任浙西按察使只必，因在监督焚烧钱钞时接受赃钱一千锭，曾发送檄文给御史台征召他，却二年没有得到结果。"杜思敬说："文书发送的次序，都在卷宗里，如今尚书省却拆开卷宗应对，可见其有弊。"速古儿赤暗里抱着卷宗上前进奏说："用红色印章封于纸缝，是为了防止欺瞒之弊，这些人身为宰相，却拆开卷宗破坏封印与人辩论，这是教唆属吏作奸犯科，应当将其治罪。"世祖表示同意，又责备御史台说："桑哥作恶历时四年，暴露出来的奸邪贪赃之事不止一件，你们御史台之臣很难说不知道。"中丞赵国辅回答说："知道。"世祖说："知道而不加弹劾，该当何罪？"杜思敬等应对说："夺去官位，追还俸禄，唯靠圣上裁决。"辩论多日没有结果。大夫月儿鲁上奏说："御史台的臣属任职长久的，应当斥责罢免，新任官者留下。"于是把《桑哥辅政碑》拉倒捣毁，将桑哥下狱审问。七月，处以死刑。平章要束木，是桑哥的妻族。他在湖广任官时，曾在一年正月初一，本应让百官聚集在行省衙门，身穿朝服等待他；要束木却把他们召到家里，受百官祝贺完毕,才到行省门前按常规礼仪拜贺;又曾暗中召见占卜的人,有过不轨之言。现在,中书省将其罪状列出上奏,世祖下令给他戴上刑具,送到湖广行省,在当地处死。

铁木迭儿传

【题解】

铁木迭儿,元代重臣,位至宰相,为人凶险,因包滋罪犯而遭免职,后再次入相,位倾人臣,杀害忠良,后被英宗发现,被疏病死。

【原文】

铁木迭儿者,木儿火赤之子也。尝逮事世祖。成宗大德间,同知宣徽院事,兼通政院使。武宗即位,为宣徽使。至大元年,由江西行省平章政事,拜云南行省左丞相。居二载,擅离职赴阙,尚书省奏,奉旨诘问,寻以皇太后旨,得贷罪还职。明年正月,武宗崩,仁宗在东宫,以丞相三宝奴等变乱旧章,诛之。用完泽及李孟为中书平章政事,锐欲更张庶务。而皇太后在兴圣宫,已有旨,召铁木迭儿为中书右丞相。逾月,仁宗即位,因遂相之。及幸上都,命铁木迭儿留守大都,平章完泽等奏:“故事,丞相留治京师者,出入得张盖。今右丞相铁木迭儿大都居守,时方盛暑,请得张盖如故事。”许之。是年冬,制赠铁木迭儿曾祖唆海翊运宣力保大功臣、太尉,谥武烈;祖不怜吉带推诚保德定远功臣、太尉,谥忠武;父木儿火赤推忠佐理同德功臣、太师,谥忠贤;并开府仪同三司、上柱国,追封归德王。

皇庆元年三月,铁木迭儿奏:“臣误蒙圣恩,擢任中书,年衰且病,虽未能深达政体,思竭忠力,以图报效。事有创行,敢不自勉,前省弊政,方与更新。钦惟列圣相承,混一区宇,日有万机,若非整饬,恐致解弛。继今朝夕视事,左右司六部官有不尽心者,当论决,再不悛者,黜勿叙;其有托故侥幸他职者,亦不叙。”仁宗是其言。既而以病去职。

延祐改元,丞相哈散奏:“臣非世勋族姓,幸逢陛下为宰相。如丞相铁木迭儿,练达政体,且尝监修国史,乞授其印,俾领翰林国史院,军国重务,悉令议之。”仁宗曰:“然。卿其启诸皇太后。与之印,大事必使预闻。”遂拜开府仪同三司、监修国史、录军国重事。居数月,复拜中书右丞相,啥散为左丞相。铁木迭儿奏:“蒙陛下怜臣,复擢为首相,依阿不言,诚负圣眷。此闻内侍隔越奏旨者众,倘非禁止,致治实难。请敕诸司,自今中书政务,毋辄干预。又往时富民,往诸蕃商贩,率获厚利,商者益众,中国物轻,蕃货反重。今请以江浙右丞曹立领其事,发舟十纲,给牒以往,归则征税如制;私往者,没其货。又,经用不给,苟不预为规画,必至愆误。臣等集诸老议,皆谓动钞本,则钞法愈虚;加赋税,则毒流黎庶;增课额,则比国初已倍五十矣。惟预买山东、河间运使来岁盐引,及各冶铁货,庶可以足今岁之用。又,江南田粮,往岁虽尝经理,多未核实。可始自江浙,以及江东、西,宜先事严限格、信罪赏令田主手实顷亩状入官,诸王、驸马、学校、寺观亦令如之;仍禁私匿民田,贵戚势家,毋得阻挠。请敕台臣协力以成,则国用足矣。”仁宗皆从之。寻遣使者分行各省,括田增税,苛急烦扰江右为甚,致赣民蔡五九作乱宁都,南方骚动,远近惊惧,乃罢其事。

明年,铁木迭儿奏:"天下庶务,虽统于中书,而旧制,省臣亦分领之。请以钱帛、钞法、刑名,委平章李孟、左丞阿卜海牙、参政赵世延等领之。其粮储、选法、造作、驿传,委平章张驴、右丞萧拜住、参政曹从革等领之。"得旨如所请。七月,诏谕中外,命右丞相铁木迭儿总宣政院事。十月,进立太师。十一月,大宗正府奏:"累朝旧制,凡议重刑,必决于蒙古大臣,今宜听于太师右丞相。"从之。

铁木迭儿既再入中书,居首相,怙势贪虐,凶秽滋甚。于是萧拜住自御史中丞为中书右丞,寻拜平章政事,稍牵制之。而杨朵儿只自侍御史拜中丞,慨然以纠正其罪为己任。上都富人张弼杀人系狱,铁木迭儿使家奴胁留守贺伯颜,使出之,伯颜持正不可挠。而朵儿只已廉得丞相所受张弼赂有显征,乃与拜住及伯颜奏之:"内外监察御史凡四十余人,共劾铁木迭儿桀黠奸贪,阴贼险狠,蒙上罔下,蠹政害民,布置爪牙,威詟朝野,凡可以诬陷善人、要功利己者,靡所不至。取晋王田千余亩、兴教寺后上墙园地三十亩、卫兵牧地二十余亩。窃食郊庙供祀马。受诸王合儿班答使人钞十四万贯,宝珠玉带氍毹币帛又计钞十馀万贯。受杭州永兴寺僧章自福赂金一百五十两。取杀人囚张弼五万贯。且既已位极人臣,又领宣政院事,以其子八里吉思为之使。诸子无功于国,尽居贵显。纵家奴陵虐官府,为害百端。以致阴阳不和,山移地震,灾异数见,百姓流亡,己乃恬然略无省悔。私家之富,又在阿合马、桑哥之上。四海疾怨已久,咸愿车裂斩首,以快其心。如蒙早加显戮,以示天下,庶使后之为臣者,知所警戒。"奏既上,仁宗震怒,有诏逮问。铁木迭儿匿兴圣近侍家,有司不得捕。仁宗不乐者数日,又恐诚出皇太后意,不忍重伤咈之,乃仅罢其相位而已。

铁木迭儿家居未逾年,又起为太子太师,中外闻之,莫不惊骇。参政赵世延为御史中丞,率诸御史论其不法数十事,而内外御史论其不可辅导东宫者,又四十余人。然以皇太后故,终不能明正其罪。

明年正月辛丑,仁宗崩。越四日,铁木迭儿以皇太后旨,复入中书为右丞相。又逾月,英宗犹在东宫,铁木迭儿宣太后旨,召萧拜住与朵儿只至徽政院,与徽政院使失里门、御史大夫秃忒哈杂问之,责以前违太后旨,令伏罪。即起入奏,遽称旨,执二人弃市。是日,白昼晦暝,都人汹惧。

英宗将行即位礼,铁木迭儿恒病足,中书省启:"祖宗以来,皇帝登极,中书率百官称贺,班首惟上所命。"英宗曰:"其以铁木迭儿为之。"既即位,铁木迭儿即奏委平章王毅、右丞高昉等征理在京仓库所贮粮,亏七十八万石,责偿于仓官及监临出内者。所贡币帛纰缪者,责偿于本处官吏之董其事者。仍立程严督,违者杖之。五月,英宗在上都,铁木迭儿嫉留守贺伯颜素不附己,乃奏其以便服迎诏为不敬,下五府杂治,竟杀之。都民为之流涕。

赵世延时为四川行省平章政事,铁木迭儿怒其昔尝论己,方入相时,即从东宫启英宗遣人逮捕之。世延未至,铁木迭儿使讽世延,啖以美官,令告引同时异己者,世延不肯从。至是,坐以违诏不敬,令法司穷治,请置极刑。英宗曰:"彼罪在赦前,所宜释免。"铁木迭儿对曰:"昔世延与省台诸人谋害老臣,请究其姓名。"英宗曰:"事皆在赦前矣,又焉用问。"后数日,又奏世延当处死罪,又不允。有司承望风旨,锻炼欲使自裁,世延终无所屈,赖英宗素闻其忠良,得免于死。

铁木迭儿恃其权宠,乘间肆毒,睚眦之私,无有不报。英宗觉其所谮毁者,皆先帝旧人,滋不悦其所为,乃任拜住为左丞相,委以心腹。铁木迭儿渐见疏外,以疾死于家。御史盖继元、宋翼,言其上负国恩,下失民望,生逃显戮,死有余辜。乃命毁所立碑,追夺其官爵及封赠制书,籍没其家。

【译文】

铁木迭儿,是木儿火赤的儿子。他曾经赶上服侍元世祖忽必烈。到元成宗大德年间,为同知宣徽院事,兼通政院使。元武宗即位,为宣徽使。至大元年,他由江西行省平章政事,拜为云南行省左丞相。居位二年,擅自离职赴都下,尚书省劾奏,奉旨查问,不久以皇太后之旨,得以免罪复职。明年正月,武宗去世,仁宗还在东宫,因丞相三宝奴变乱旧章法,诛之。起用完泽和李孟为中书平章政事,锐意要改革政务。而皇太后在兴圣宫,已经降下旨意,召铁木迭儿为右丞相。过了一个月,仁宗即位,于是就用他为相。及至临幸上都,命铁木迭儿留守大都,平章完泽奏道:"旧例,丞相留守京师的,出入可以张伞盖。如今右丞相铁木迭儿留守大都,时当盛暑,建议允许他张用伞盖如旧例。"被应允。这年冬天,有旨追赠铁木迭儿的曾祖唆海为翊运宣力保大功臣、太尉,谥武烈;祖父不怜吉带为推诚保德定远功臣、太尉,谥忠武;父亲木儿火赤为推忠佐理同德功臣、太师,谥忠贤;俱为开府仪同三司、上柱国,追封归德王。

皇庆元年三月,铁木迭儿上奏:"臣错蒙圣恩,擢任中书,年老且有病,虽然未能深明政体,但总想尽心竭力,以图报效。政事有所创行,敢不自勉力;原来中书省的弊病,正在实行革新。皇上以列圣相承,统一宇内,日理万机,如果不加以整顿,恐怕会导致懈弛。从今以后朝夕办公,左右司、六部官有不尽力者,当论以决杖,再不改悔者,黜免不再叙用;其有假托缘由而侥幸于其他职务者,也不再叙用。"仁宗同意他的建议。接着,他就因病离职了。

改元延祐,丞相哈散奏道:"臣不是世代勋臣和名门望族,幸逢陛下委任为宰相。如丞相铁木迭儿,练达政事,并且曾监修国史,请授以印信,让他领翰林国史院,军国重事,都请他来商议。"仁宗说:"说的对。你去启禀皇太后。给他官印,大事一定让他参加议论。"于是拜为开府仪同三司、监修国史、录军国重事。过了几个月,又拜为中书右丞相,哈散为左丞相。铁木迭儿上奏:"蒙陛下怜悯,又擢臣为首相,如果依违阿顺而不言,实在有负圣恩。近来听说内侍隔越有司而上奏旨的很多,如果不加以禁止,实难达到治理。请敕命有司,从今中书的政务,不准辄加干预。又,旧日的富人,前往诸番国贸易,都能获得重利,经商的越来越多,中国的东西价贱,蕃国的货物反而价贵。今建议以江浙右丞曹立管领其事,发船十队,给以公文前往,回来则按制度征税;私自前往者,没收其货物。又,财用不足,假如不预先规划,一定会导致愆误。臣等召集众老臣商议,都说如果挪用钱钞本金,则钞法越加空虚;增加赋税,则流毒于百姓;增加课额,则现在的课额已经是国初的五十倍了。只有提前卖掉山东、河间运使明年的盐引以及各冶场的铁货,庶几可以满足今年的用项。又,江南的田粮,往年虽然曾经整顿,但大多没有核实。可由江浙开始,以及于江东、江西,应该首先严立限额,赏罚必信,让田主亲手实写他所有的田亩数目报官,诸王、驸马、学校、寺观也让他们照此办理;仍严禁私自隐匿民田,贵戚势族,不得阻挠。请敕令御史台协力实行,则国家的财用就充足了。"仁宗全应允了。不久就派遣使者分行各行省,清查田亩,增加田税,苛急烦扰,以江西为最甚,致使江西百姓蔡五九在宁都作乱,南方骚动,远近惊惧,只好停止此事。

第二年,铁木迭儿上奏:"天下的政务虽然统属于中书,但按照旧制,省臣也分领部分。建议把钱帛、钞法、刑名等事,委交给平章李孟、左丞阿卜海牙、参政赵世延等管领。其粮储、选法、制造、驿传,委交给平章张驴、右丞萧拜住、参政曹从革等管领。"仁宗按他的请求颁下诏旨。七月,诏告中外,命丞相铁木迭儿总理宣政院事。十月,进位为太师。十一月,大宗正府上奏:"历朝旧制,凡是议论重刑,一定取决于蒙古大臣,今应听于太师右丞相。"仁宗同意了。

铁木迭儿既已再次进入中书,位居首相,仗势贪虐,越来越凶残恶毒。于是萧拜住由御史中丞为中书右丞,很快又拜平章政事,对他略加牵制。而杨朵儿只从侍御史拜御史中丞,慨然以纠查他的罪过为己任。上都富人张弼因杀人被逮捕,铁木迭儿派他的家奴胁迫上都留守贺伯颜,让他释放,伯颜持正不敢。而杨朵儿只已经查访到铁木迭儿接受张弼贿赂的明确证据,便和萧拜住、贺伯颜上奏道:"内外监察御史共四十余人,共同劾奏铁木迭儿狡黠奸贪,阴贼险狠,欺上罔下,蠹政害民,布置爪牙,威慑朝野,凡是可以诬陷好人、邀功利己者,无所不为。他夺取晋王田地一千余亩,兴教寺后墙园地三十亩,卫兵牧地二十余亩。他偷窃郊庙供祭祀所用的马。他接受诸王合儿班答的差人的钱十四万贯,宝珠玉带毛毯币帛又合计十余万贯钞票。他接受杭州永兴寺和尚章自福贿赂黄金一百五十两。收取杀人犯张弼钱钞五万贯。他既已位极人臣,又管领宣政院事,把他的儿子八里吉思安排为宣政院使。他的儿子们对国家没有任何功劳,全部位居贵显。他纵使家奴凌虐官府,为害百端。以致阴阳不和,山移地震,灾异屡见,百姓流亡,而他自己恬然处之,毫无省过改悔之意。他私家的财富,又在前朝奸相阿合马、桑哥之上。四海怨愤已久,都希望把他车裂斩首,以快人心。如蒙恩把他早加显戮,昭示天下,庶几使后来为人臣者,知所警戒。"奏章既上,仁宗震怒,降诏逮捕问罪。铁木迭儿隐藏在兴圣宫(太后所居)的内侍家中,有司不敢逮捕。仁宗好几天快快不乐,又担心这出于皇太后的意旨,不忍心过分伤她的心,便仅仅罢免了铁木迭儿的相位而已。

铁木迭儿在家居住了不到一年,又起用为太子太师,中外闻讯,无不惊骇。参政赵世延为御丞中丞,率领诸御史劾论其不法事数十件,而内外御史劾论其不可辅导太子的,又有四十余人。但是因为皇太后的缘故,始终不能明正其罪。

明年正月辛丑,仁宗去世。过了四天,铁木迭儿以皇太后之旨,又进入中书为右丞相。又过了一个月,英宗还在东宫,铁木迭儿宣布太后的诏旨,召萧拜住和杨朵儿只到徽政院,与徽政院使失里门、御史大夫秃忒哈间杂拷问,责以过去违背太后旨意,命他们服罪。当即起身入奏,随即称旨,捉二人斩首弃市。这一天,白昼晦冥,都城的人一片汹惧。

英宗准备行即位大礼,铁木迭儿总是腿有病,中书省启奏:"祖宗以来,皇帝登极,都由中书省率领百官朝贺,班首由皇帝安排。"英宗说:"班首让铁木迭儿担任。"即位以后,铁木迭儿就奏请委派平章王毅、右丞高昉等人清理在京仓库所存贮的粮食,计亏损七十八万石,要求仓官和监临出纳的人赔偿。所贡币制有纰缪的,责成该处官吏之负责者赔偿。还立下时限严厉督责,违期者加以杖罚。五月,英宗在上都,铁木迭儿嫉恨留守贺伯颜一向不依附自己,便劾奏他穿便服接诏为不敬,下到五府杂治,竟然杀害了他。都城百姓为之流泪。

赵世延当时为四川行省平章政事,铁木迭儿恼恨他过去曾经劾论过自己,刚刚入为宰相,就在东宫启奏英宗派人逮捕他。赵世延还没有到,铁木迭儿就派人示意赵世延,用美官引诱,让他告发当时反对自己的人,赵世延不肯答应。到此时,便坐以违诏不敬之罪,命法司穷究,要求处以极刑。英宗说:"他的罪都是大赦以前的事,理应赦免。"铁木迭儿答道:"过去赵世延与中书省、御史台诸人谋害老臣,请追究他们的姓名。"英宗说:"这都是赦前的事了,何必再问。"过了几天,他又奏赵世延应处以死罪,英宗还是不答应。有司迎合他的意旨,想锻炼成狱,让赵世延自杀,但赵世延始终不屈招,仰赖英宗一向听说他忠良,才得免一死。

　　铁木迭儿仗恃着权宠,乘机肆其虐毒,睚眦之怨,无不报复。英宗觉察到被他所谗毁的都是先帝旧臣,越发不满意他的所作所为,就任命拜住为左丞相,委以心腹。铁木迭儿渐渐被疏远,因病死于家中。御史盖继元、宋翼,上言说他上负国恩,下失民望,生逃显戮,死有余辜。便命令毁掉所立的石碑,追夺他的官爵以及封赠的诏书,抄没他的家产。

二十四史

明史

导　读

　　《明史》是清代官修的一部反映我国明朝历史情况的纪传体通史。全书共三百十二卷，包括本纪二十四卷，志七十五卷，表十三卷，列传二百二十卷。主要记载了明朝朱元璋洪武元年(1368年)至朱由检崇祯十七年(1644年)共二百多年的历史。

　　清朝在顺治二年(1645年)设立明史馆。康熙十八年(1679年)，以徐元文为监修，开始纂修明史，万斯同以"布衣"参加编写工作，用力最多。继徐元文之后，张玉书、王鸿绪等先后为总裁官，主要工作仍由万斯同负责。康熙四十一年(1702年)万斯同去世后，花费精力最多的是王鸿绪。康熙五十三年(1714年)，王鸿绪写成了列传，到雍正元年(1723年)，写完了全稿，奏呈给皇帝，后来题名为《明史稿》。第二年，张廷玉受诏为总裁，在《明史稿》的基础上加以修订改编，于乾隆四年(1739年)最后定稿，终于修成了《明史》。《二十四史》中的《明史》，就是张廷玉的定稿。

　　《明史》的志写得比较成功，内容充实，编次得体。《天文志》《历志》《河渠志》包含了不少科学技术方面的资料，并反映了明代的一些新成就。《艺文志》不同于先前各史，它不著录存世的前代人著作，只记载明朝人的撰述。

　　《明史》有五种表，四种是因袭前史，《七卿表》是新创立的。为了加强皇权，明朝皇帝决定废除左右丞相，把它的权力分给六部，于是六部权重。都察院职掌纠察百官，也有较大的权力。所以《七卿表》把六部尚书和都御史列为七卿。明朝虽有九卿之名，但通政使和大理寺卿的权力比不上七卿。《七卿表》把二者排除在外，也是考虑到了实际情况。

　　《明史》列传新立了三个传目，即《阉党传》《土司传》《流贼传》。《阉党传》是宦官党羽的传记，从中可以看出宦官集团的残暴和腐败。《土司传》记载湖广、四川、云南、贵州、广西等地少数民族的情况。在一定程度上揭露了明朝民族压迫的残酷性。所谓"流贼"，是指张献忠、李自成领导的明末农民大起义。《明史》把彪炳史册的明末农民大起义编在《流贼传》，反映了作者对农民阶级的敌视。在《史记》中，陈胜被列入世家，从《史记》到《明史》的这一变化，反映了地主阶级由兴盛走向没落的演变过程。

　　《明史》虽以《明史稿》为蓝本，但对历史的记述存在许多差别，两书可以相互补充。就编排来说，《明史》要整齐一些。《明实录》是《明史》的主要材料来源之一，它是编年体，按年记事；《明史》则为纪传体，经过了一番认真的加工，查检起来比较便利。有人认为，流传至今的有关明朝的史料种类繁多，修《明史》所依据的原始材料仍然存世，在史料价值上，似乎《明史》不及早出各史重要。这种看法似有道理，但并不全面。

明太祖本纪

【题解】

明太祖,即朱元璋(1328～1398),明朝开国皇帝。幼名重八,又名兴宗,字国瑞,濠州钟离(今安徽凤阳)人。农民出身,自幼孤贫无依,被迫入当地皇觉寺为僧。元朝末年,政治败坏,社会黑暗,"群雄"并争天下。元顺帝至正十二年(1352年),朱元璋怀抱远图之志,到濠州投奔郭子兴,参加"红巾军"的反元斗争。他谋勇兼备,很快成为一位杰出的领导者。至正十六年,朱元璋率众渡长江,一举攻克江南重镇集庆(今南京)。然后以此为基地,顺应潮流,四出征战,严明纪律,不妄杀人,劝重农桑,减免赋税,招贤用能,虚心纳言,不急于称帝。至正二十四年,即吴王位,建百官,立制度,政权初具规模。同时审时度势,知己知彼,讲求策略,相继消灭劲敌陈友谅和张士诚。1368年,在南京即皇帝位,建国号明,年号洪武,是为明太祖。

建国以后,明太祖乘胜前进,命将南征北战,推翻元王朝,统一全中国。对外,实行和平友好的睦邻政策。对内,改革官制,废中书省,罢丞相制,分封诸王,集军政大权于一身。制礼作乐,确立典章制度。惩贪官,抑豪强,整理户口,核定田赋,均平赋役。移民垦荒,兴修水利,恢复生产。推行教化,广立学校,培养人才。置卫所,兴屯田,强兵足食。从而为明朝二百七十多年的统治奠定了基础,使其成为当时世界上最强大的国家之一。

明太祖为强化集权政治所推行的各种政策,在明初的特殊环境中;对于维护我国多民族国家的发展与巩固,对于保障社会经济的发展,都起到了一定的推动作用。而他实行的极端君主专制主义的政治模式,毋庸置疑也对明一代,乃至后来中国政治、经济、文化的发展,产生了严重的消极作用。但综观其一生的功过,仍不愧是中国历史上一位具有深远影响、很有作为的封建皇帝。

【原文】

太祖开天行道肇纪立极大圣至神仁文义武俊德成功高皇帝,讳元璋,字国瑞,姓朱氏。先世家沛,徙句容,再徙泗州。父世珍,始徙濠州之钟离。生四子,太祖其季也。母陈氏,方娠,梦神授药一丸,置掌中有光,吞之寤,口余香气。及产,红光满室。自是,夜数有光起。邻里望见,惊以为火,辄奔救,至则无有。比长,姿貌雄杰,奇骨贯顶。志意廓然,人莫能测。

至正四年,旱蝗,大饥疫。太祖时年十七,父、母、兄相继殁,贫不克葬。里人刘继祖与之地,乃克葬,即凤阳陵也。太祖孤无所依,乃入皇觉寺为僧。逾月,游食合肥。道病,二紫衣人与俱,护视甚至。病已,失所在。凡历光、固、汝、颍诸州三年,复还寺。当是时,元政不纲,盗贼四起。刘福通奉韩山童假宋后起颍,徐寿辉僭帝号起蕲,李二、彭大、赵均用起徐,众各数万,并置将帅,杀吏,侵略郡县,而方国珍已先起海上。他盗拥兵据地,寇掠甚众。天下大乱。

十二年春二月,定远人郭子兴与其党孙德崖等起兵濠州。元将彻里不花惮不敢攻,而日俘良民以邀赏。太祖时年二十五,谋避兵,卜于神,去留皆不吉。乃曰:"得毋当举大事乎?"卜之吉,大喜,遂以闰三月甲戌朔入濠见子兴。子兴奇其状貌,留为亲兵。战辄胜。遂妻以所抚马公女,即高皇后也。子兴与德崖龃龉,太祖屡调护之。

朱元璋

秋九月,元兵复徐州,李二走死,彭大、赵钧用奔濠,德崖等纳之。子兴礼大而易均用,均用怨之。德崖遂与谋,伺子兴出,执而械诸孙氏,将杀之。太祖方在淮北,闻难驰至,诉于彭大。大怒,呼兵以行,太祖亦甲而拥盾,发屋出子兴,破械,使人负以归,遂免。

是冬,元将贾鲁围濠。太祖与子兴力拒之。

十三年春,贾鲁死,围解。太祖收里中兵得七百人。子兴喜,署为镇抚。时彭、赵所部暴横,子兴弱,太祖度无足与共事,乃以兵属他将,独与徐达、汤和、费聚等南略定远。计降驴牌寨民兵三千,与俱东。夜袭元将张知院于横涧山,收其卒二万。道遇定远人李善长,与语大悦,遂与俱攻滁州,下之。

是年,张士诚据高邮,自称诚王。

十四年冬十月,元丞相脱脱大败士诚于高邮,分兵围六合。太祖曰:"六合破,滁且不免。"与耿再成军瓦梁垒,救之。力战,卫老弱还滁。元兵寻大至,攻滁,太祖设伏诱败之。然度元兵势盛且再至,乃还所获马,遣父老具牛酒谢元将曰:"守城备他盗耳,奈何舍巨寇戮良民。"元兵引去,城赖以完。脱脱既破士诚,军声大振,会中谗,遽解兵柄,江、淮乱益炽。

十五年春正月,子兴用太祖计,遣张天佑等拨和州,檄太祖总其军。太祖虑诸将不相下,秘其檄,期旦日会厅事。时席尚右,诸将先入,皆踞右,太祖故后至就左。比视事,剖决如流,众瞠目不能发一语,始稍稍屈。议分工堑城,期三日。太祖工竣,诸将皆后。于是始出檄,南面坐曰:"奉命总诸公兵,今堑城皆后期,如军法何。"诸将皆惶恐谢。乃搜军中所掠妇女纵还家,民大悦。元兵十万攻和,拒守三月,食且尽。而太子秃坚、枢密副使绊住马、民兵元帅陈野先分屯新塘、高望、鸡笼山,以绝饷道。太祖率众破之,元兵皆走渡江。三月,郭子兴卒。时刘福通迎立韩山童子林儿于亳,国号宋,建元龙凤。檄子兴子天叙为都元帅,张天佑、太祖为左右副元帅。太祖慨然曰:"大丈夫宁能受制于人耶。"遂不受。然念林儿势盛可倚藉,乃用其年号以令军中。

夏四月,常遇春来归。五月,太祖谋渡江,无舟。会巢湖帅廖永安、俞通海以水军千艘来附,太祖大喜,往抚共众。而元中丞蛮子海牙扼铜城闸、马场河诸隘,巢湖舟帅不得出。忽大雨,太祖喜曰:"天助我也。"遂乘水涨纵舟还,因击海牙于峪溪口,大败之,遂定计渡江。诸将请直趋集庆,太祖曰:"取集庆必自采石始。采石重镇,守必固,牛渚前临大江,彼难为备,可必克也。"六月乙卯,乘风引帆,直达牛渚。常遇春先登,拔之。采石兵亦溃。缘江诸垒悉附。

诸将以和州饥，争取资量谋归。太祖谓徐达曰："渡江幸捷，若舍而归，江东非吾有也。"乃悉断舟缆，放急流中，谓诸将曰："太平甚近，当与公等取之。"遂乘胜拔太平，执万户纳哈出。总管靳义赴水死，太祖曰，"义士也"，礼葬之。揭榜禁剽掠，有卒违令，斩以徇，军中肃然。改路曰府。置太平兴国翼元帅府，自领元帅事，召陶安参幕府事，李习为知府。时太平四面皆元兵。右丞阿鲁灰、中丞蛮子海牙等严师截姑孰口，陈野先水军帅康茂才以数万众攻城。太祖遣徐达、邓愈、汤和逆战，别将潜出其后，夹击之，擒野先并降其众，阿鲁灰等引去。

秋九月，郭天叙、张天佑攻集庆，野先叛，二人皆战死，于是子兴部将尽归太祖矣。野先寻为民兵所杀，从子兆先收其众，屯方山，与海牙犄角以窥太平。

冬十二月壬子，释纳哈出北归。

十六年春二月丙子，大破海牙于采石。三月癸未，进攻集庆，擒兆先，降其众，皆疑惧不自保，太祖择骁健者五百人入卫，解甲酣寝达旦，众心始安。庚寅，再败元兵于蒋山。元御史大夫福寿力战死之，蛮子海牙遁归张士诚，康茂才降。太祖入城，悉召官吏、父老谕之曰："元政溃扰，干戈蜂起，我来为民除乱耳，其各安堵如故。贤士，吾礼用之。旧政不便者，除之。吏毋贪暴殃吾民。"民乃大喜过望。改集庆路为应天府，辟夏煜、孙炎、杨宪等十余人。葬御史大夫福寿，以旌其忠。

当是时，元将定定扼镇江，别不华、杨仲英屯宁国，青衣军张明鉴据扬州，八思尔不花驻徽州，石抹宜孙守处州，其弟厚孙守婺州，宋伯颜不花守衢州，而池州已为徐寿辉将所据，张士诚自淮东陷平江，转掠浙西。太祖既定集庆，虑士诚、寿辉强、江左、浙右诸郡为所并，于是遣徐达攻镇江，拔之，定定战死。

夏六月，邓愈克广德。

秋七月己卯，诸将奉太祖为吴国公。置江南行中书省，自总省事，置僚佐。贻书张士诚，士诚不报，引兵攻镇江。徐达败之，进围常州，不下。九月戊寅，如镇江，谒孔子庙。遣儒士告谕父老，劝农桑。寻还应天。

十七年春二月，耿炳文克长兴。三月，徐达克常州。

夏四月丁卯，自将攻宁国，取之，别不华降。五月，上元、宁国、句容献瑞麦。六月，赵继祖克江阴。

秋七月，徐达克常熟。胡大海克徽州，八思尔不花遁。

冬十月，常遇春克池州，缪大亨克扬州，张明鉴降。十二月己丑，释囚。

是年，徐寿辉将明玉珍据重庆路。

十八年春二月乙亥，以康茂才为营田使。三月己酉，录囚。邓愈克建德路。

夏四月，徐寿辉将陈友谅遣赵普胜陷池州。是月，友掠据龙兴路。五月，刘福通破汴梁，迎韩林儿都之。初，福通遣将分道四出，破山东，寇秦、晋，掠幽、蓟，中原大乱。太祖故得次第略定江表。所过不杀，收召才隽，由是人心日附。

冬十二月，胡大海攻婺州，久不下。太祖自将往击之。石抹宜孙遣将率车师由松溪来援，太祖曰："道狭，车战适取败耳。"命胡德济迎战于梅花门，大破之，婺州降，执厚孙。先一日，城中人望见城西五色云如车盖，以为异，及是乃知为太祖驻兵地。入城，发粟振贫民，改州为宁越府。辟范祖斡、叶仪、许元等十三人，分直讲经史。戊子，遣使招谕方国珍。

十九年春正月乙己，太祖牟取浙东未下诸路。戒诸将曰："克城以武，戡乱以仁。吾比入集庆，秋毫无犯，故一举而定。每闻诸将得一城不妄杀，辄喜不自胜。夫师行如火，不戢将燎原。为将能以不杀为武，岂惟国家之利，子孙实受其福。"庚申，胡大海克诸暨。是月，命宁越知府王宗显立郡学。三月甲午，赦大逆以下。丁巳，方国珍以温、台、庆元来献，遣其子关为质，不受。

夏四月，俞通海等复池州。时耿炳文守长兴，吴良守江阴，汤和守常州，皆数败士诚兵。太祖以故久留宁越，徇浙东。六月壬戌，还应天。

秋八月，元察罕帖木儿复汴梁，福通以林儿退保安丰。九月，常遇春克衢州，擒宋伯颜不花。

冬十月，遣夏煜授方国珍行省平章，国珍以疾辞。十一月壬寅，胡大海克处州，石抹宜孙遁。时元守兵单弱，且闻中原乱，人心离散，以故江左、浙右诸郡，兵至皆下，遂西与友谅阽。

二十年春二月，元福建行省参政袁天禄以福宁降。三月戊子，征刘基、宋濂、章溢、叶琛至。

夏五月，徐达、常遇春败陈友谅于池州。闰月丙辰，友谅陷太平，守将朱文逊、院判花云、王鼎，知府许瑗死之。未几，友谅弑其主徐寿辉，自称皇帝，国号汉，尽有江西、湖广地。约士诚合攻应天，应天大震。诸将议先复太平以牵之，太祖曰："不可。彼居上游，舟师十倍于我，猝难复也。"或请自将迎击，太祖曰："不可。彼以偏师缀我，而全军趋金陵，顺流半日可达，吾步骑急难引还，百里趋战，兵法所忌，非策也。"乃驰谕胡大海捣信州，牵其后。而令康茂才以书绐友谅，令速来。友谅果引兵东。于是常遇春伏石灰山，徐达阵南门外，杨璟屯大胜港，张德胜等以舟师出龙江关，太祖亲督军卢龙山。乙丑，友谅至龙湾，众欲战，太祖曰："天且雨，趣食，乘雨击之。"须臾，果大雨，士卒竞奋，雨止合战，水陆夹击，大破之。友谅乘别舸走。遂复太平，下安庆。而大海亦克信州。

初，太祖令茂才绐友谅，李善良以为疑。太祖曰："二寇合，吾首尾受敌，惟速其来而先破之，则士诚胆落矣。"已而，士诚兵竟不出。丁卯，置儒学提举司，以宋濂为提举，遣子标受经学。六月，耿再成败石抹宜孙于庆元，宜孙战死，遣使祭之。

秋九月，徐寿辉旧将欧普祥以袁州降。

冬十二月，复遣夏煜以书谕方国珍。

二十一年春二月甲申，立盐、茶课。己亥，置宝源局。三月丁丑，改枢密院为大都督府。元将薛显以泗州降。戊寅，国珍遣使来谢，饰金玉马鞍以献。却之曰："今有事四方，所需者人材，所用者粟帛，宝玩非所好也。"

秋七月，友谅将张定边陷安庆。八月，遣使于元平章察罕帖木儿。时察罕平山东，降田丰，军声大振，故太祖与通好。会察罕方攻益都未下，太祖乃自将舟师征陈友谅。戊戌，克安庆，友谅将丁普郎、傅友德迎降。壬寅，次湖口，追败友谅于江州，克其城。友谅奔武昌。分徇南康、建昌、饶、蕲、黄、广济，皆下。

冬十一月己未，克抚州。

二十二年春正月，友谅江南行省丞相胡廷瑞以龙兴降。乙卯，如龙兴，改为洪都府。谒孔子庙。告谕父老，除陈氏苛政，罢诸军需，存恤贫无告者，民大悦。袁、瑞、临江、吉安相继下。二月，还应天。邓愈留守洪都。癸未，降人蒋英杀金华守将胡大海，郎中王恺死

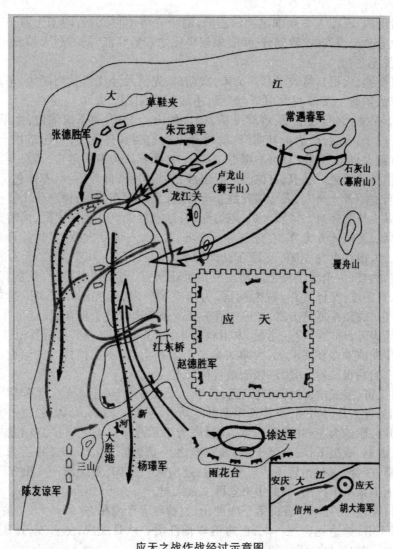

应天之战作战经过示意图

之,英叛降张士诚。处州降人李祐之闻变,亦杀行枢密院判耿再成反,都事孙炎、知府王道同、元帅朱文刚死之。三月癸亥,降人祝宗、康泰反,陷洪都,邓愈走应天,知府叶琛、都事万思诚死之。是月,明玉珍称帝于重庆,国号夏。

夏四月己卯,邵荣复处州。甲午,徐达复洪都。五月丙午,朱文正、赵德胜、邓愈镇洪都。六月戊寅,察罕以书来报,留我使人不遣。察罕,寻为田丰所杀。

秋七月丙辰,平章邵荣、参政赵继祖谋逆,伏诛。

冬十二月,元遣尚书张昶航海至庆元,授太祖江西行省平章政事,不受。察罕子扩廓帖木儿致书归使者。

二十三年春正月丙寅,遣汪河报之。二月壬申,命将士屯田积谷。是月,友谅将张定边陷饶州。士诚将吕珍破安丰,杀刘福通。三月辛丑,太祖自将救安丰,珍败走,以韩林儿归滁州,乃还应天。

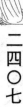

夏四月壬戌，友谅大举兵围洪都。乙丑，诸全守将谢再兴叛，附于士诚。五月，筑礼贤馆。友谅分兵陷吉安，参政刘齐、知府朱叔华死之。陷临江，同知赵天麟死之。陷无为州，知州董曾死之。

秋七月癸酉，太祖自将救洪都。癸未，次湖口，先伏兵泾江口及南湖觜，遏友谅归路。檄信州兵守武阳渡。友谅闻太祖至，解围，逆战于鄱阳湖。友谅兵号六十万，联巨舟为阵，楼橹高十余丈，绵亘数十里，旌旗戈盾，望之如山。丁亥，遇于康郎山，太祖分军十一队以御之。戊子，合战，徐达击其前锋，俞通海以火炮焚其舟数十，杀伤略相当。友谅骁将张定边直犯太祖舟，舟胶于沙，不得退，危甚。常遇春从旁射中定边，通海复来援，舟骤进水涌，太祖舟乃得脱。己丑，友谅悉巨舰出战，诸将舟小，仰攻不利，有怖色。太祖亲麾之，不前。斩退缩者十余人，人皆殊死战。会日晡，大风起东北，乃命敢死士操七舟，实火药芦苇中，纵火焚友谅舟。风烈火炽，烟焰涨天，湖水尽赤。友谅兵大乱，诸将鼓噪乘之，斩首二千余级，焚溺死者无算，友谅气夺。辛卯，复战，友谅复大败，于是敛舟自守，不敢更战。壬辰，太祖移军扼左蠡，友谅亦退保诸矶。相持三日，其左、右二金吾将军皆降。友谅势益蹙，忿甚，尽杀所获将士。而太祖则悉还所俘，伤者傅以善药，且祭其亲戚诸将阵亡者。八月壬戌，友谅食尽，越南湖觜，为南湖军所遏，遂突湖口。太祖邀之，顺流搏战，及于泾江。泾江军复遮击之，友谅中流矢死。张定边以其子理奔武昌。

九月，还应天，论功行赏。先是，太祖救安丰，刘基谏不听。至是谓基曰："我不当有安丰之行，使友谅乘虚直捣应天，大事去矣。乃顿兵南昌，不亡何待。友谅亡，天下不难定也。"壬午，自将征陈理。是月，张士诚自称吴王。

冬十月壬寅，围武昌，分徇湖北诸路，皆下。十二月丙申，还应天。常遇春留督诸军。

二十四年春正月丙寅朔，李善长等率君臣劝进，不允。固请，乃即吴王位，建百官，以擅长为右相国，徐达为左相国，常遇春、俞通海为平章政事。谕之曰："立国之初，当先正纪纲。元氏闇弱，威福下移，驯至于乱，今宜鉴之。"立子标为世子。二月乙未，复自将征武昌，陈理降，汉、沔、荆、岳皆下。三月乙丑，还应天。丁卯，置起居注。庚午，罢诸翼元帅府，置十七卫亲军指挥使司，命中书省辟文武人材。

夏四月，建祠，祀死事丁普郎等于康郎山，赵德胜等于南昌。

秋七月丁丑，徐达克庐州。戊寅，常遇春徇江西。八月戊戌，复吉安，遂围赣州。达徇荆、湘诸路。九月甲申，下江陵，夷陵、潭、归皆降。

冬十二月庚寅，达克辰州，遣别将下衡州。

二十五年春正月己巳，徐达下宝庆，湖湘平。常遇春克赣州，熊天瑞降。遂趋南安，招谕岭南诸路，下韶州、南雄。甲申，如南昌，执大都督朱文正以归，数其罪，安置桐城。二月己丑，福建行省平章陈友定侵处州，参军胡深击败之，遂下浦城。丙午，士诚将李伯升攻诸全之新城，李文忠大败之。

夏四月庚寅，常遇春徇襄、汉诸路。五月乙亥，克安陆。己卯，下襄阳。六月壬子，朱亮祖、胡深攻建宁，战于城下，深被执，死之。

秋七月，令从渡江士卒被创废疾者养之，死者赡其妻子。九月丙辰，建国子学。

冬十月戊戌，下令讨张士诚。是时，士诚所据，南至绍兴，北有通、泰、高邮、淮安、濠、泗，又北至于济宁。乃命徐达、常遇春等先规取淮东。闰月，围泰州，克之。十一月，张士诚寇宜兴，徐达击败之，遂自宜兴还攻高邮。

二十六年春正月癸未，士诚窥江阴，太祖自将救之，士诚遁，康茂才追败之于浮子门。太祖还应天。二月，明玉珍死，子升自立。三月丙申，令中书严选举。徐达克高邮。

夏四月乙卯，袭破士诚将徐义水军于淮安，义遁，梅思祖以城降。濠、徐、宿三州相继下，淮东平。甲子，如濠州省墓，置守冢二十家，赐故人汪文、刘英粟帛。置酒召父老饮极欢，曰："吾去乡十有余年，艰难百战，乃得归省坟墓，与父老子弟复相见。今苦不得久留欢聚为乐。父老幸教子弟孝弟力田，毋远贾。滨淮郡县尚苦寇掠，父老善自爱。"令有司除租赋，皆顿首谢。辛未，徐达克安丰，分兵败扩廓于徐州。夏五月壬午，至自濠。庚寅，求遗书。

秋八月庚戌，改筑应天城，作新宫钟山之阳。辛亥，命徐达为大将军，常遇春为副将军，帅师二十万讨张士诚。御戟门誓师曰："城下之日，毋杀掠，毋毁庐舍，毋发丘垄。士诚母葬平江城外，毋侵毁。"既而召问达、遇春，用兵当何先。遇春欲直捣平江。太祖曰："湖州张天骐、杭州潘原明为士诚臂指，平江穿鼙，两人悉力赴援，难以取胜。不若先攻湖州，使疲于奔命，羽翼既披，平江势孤，立破矣。"甲戌，败张天骐于湖州，士诚亲率兵来援，复败之于皂林。九月乙未，李文忠攻杭州。

冬十月壬子，遇春败士诚兵于乌镇。十一月甲申，张天骐降。辛卯，李文忠下余杭，潘原明降，旁郡悉下。癸卯，围平江。十二月，韩林儿卒。以明年为吴元年，建庙社宫室，祭告山川。所司进宫殿图，命去雕琢奇丽者。

是岁，元扩廓帖木儿与李界齐、张良弼拘怨，屡相攻击，朝命不行，中原民益困。

二十七年春正月戊戌，谕中书省曰："东南久罹兵革，民生凋敝，吾甚悯之。且太平、应于诸郡，吾渡江开创地，供亿烦劳久矣。今比户空虚，有司急催科，重困吾民，将何以堪。其赐太平田租二年，应天、镇江、宁国、广德各一年。"二月丁未，傅友德败扩廓将李二于徐州，执之。三月丁丑，始设文武科取士。

夏四月，方国珍阴遣人通扩廓及陈友定。移书责之。五月己亥，初置翰林院。是月，以旱减膳素食，复徐、宿、濠、泗、寿、邳、东海、安东、襄阳、安陆及新附地田租三年。六月戊辰，大雨，君臣请复膳。太祖曰："虽雨，伤禾已多，其赐民今年田租。"癸酉，命朝贺罢女乐。

秋七月丙子，给府、州、县官之任费，赐绢帛及其父母、妻、长子有差，著为令。己丑，雷震宫门兽吻，赦罪囚。庚寅，遣使责方国珍贡粮。八月癸丑，圆丘、方丘、社稷坛成。九月甲戌，太庙成。朱亮祖师讨国珍。戊寅，诏曰："先王之政，罪不及孥。自今除大逆不道，毋连坐。"辛巳，徐达克平江，执士诚，吴地平。戊戌，遣使致书于元主，送其宗室神保大王等北还。辛丑，论平吴功，封李善长宣国公，徐达信国公，常遇春鄂国公，将士赐赉有差。朱亮祖克台州。癸卯，新宫成。

冬十月甲辰，遣起居注吴琳、魏观以币求遗贤于四方。丙午，令百官礼仪尚左。改李善长左相国，徐达右相国。辛亥，祀元臣余阙于安庆，李黼于江州。壬子，置御史台。癸丑，汤和为征南将军，吴祯副之，讨国珍。甲寅，定律令。戊午，正郊社、太庙雅乐。

庚申，召诸将议北征，太祖曰："山东则王宣反侧，河南则扩廓跋扈，关、陇则李思齐、张思道枭张猜忌，元祚将亡，中原涂炭。今将北伐，拯生民于水火，何以决胜？"遇春对曰："以我百战之师，敌彼久逸之卒，直捣元都，破竹之势也。"太祖曰："元建国百年，守备必固，悬军深入，馈饷不前，援兵四集，危道也。吾欲先取山东，撤彼屏蔽，移兵两河，破其藩

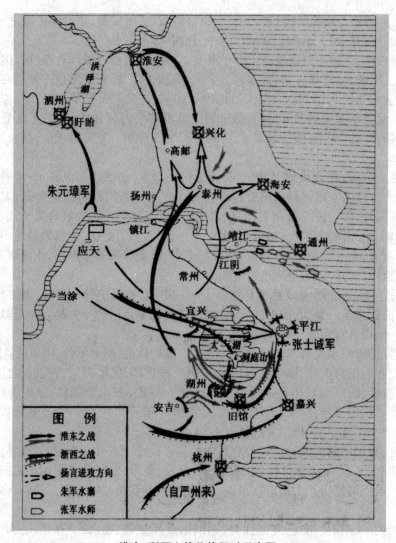

淮东、浙西之战作战经过示意图

篱,拔潼关而守之,扼其户槛。天下形胜入我掌握,然后进兵,元都势孤援绝,不战自克。鼓行而西,云中、九原、关、陇可席卷也。"诸将皆曰:"善。"

　　甲子,徐达为征虏大将军,常遇春为副将军,帅师二十五万,由淮入河,北取中原。胡廷瑞为征南将军,何文辉为副将军,取福建。湖广行省平章杨璟、左丞周德兴、参政张彬取广西。己巳,朱亮祖克温州。十一月辛巳,汤和克庆元,方国珍遁入海。壬午,徐达克沂州,斩王宣。己丑,廖永忠为征南副将军,自海道会和讨国珍。乙未,颁大统历。辛丑,徐达克益都。十二月甲辰,颁律令。丁未,方国珍降,浙东平。张兴祖下东平,兖东州县相继降。己酉,徐达下济南。胡廷瑞下邵武。癸丑,李善长帅百官劝进,表三上,乃许。甲子,告于上帝。庚午,汤和、廖永忠由海道克福州。

　　洪武元年春正月乙亥,祀天地于南郊,即皇帝位。定有天下之号曰明,建元洪武。追尊高祖考曰玄皇帝,庙号德祖,曾祖考曰恒皇帝,庙号懿祖,祖考曰裕皇帝,庙号熙祖,皇考曰淳皇帝，庙号仁祖；妣皆皇后。立妃马氏为皇后，世子标为皇太子。以李善长、徐达为左、右丞相，诸功臣进爵有差。丙子，颁即位诏于天下。追封皇伯考以下皆为王。辛巳，李善长、徐达等兼东宫官。甲申，遣使核浙西田赋。壬辰，胡廷瑞克建宁。庚子，邓愈为征戍将军，略南阳以北州郡。汤和克延平，执元平章陈友定，福建平。是月，天下府、州、县官来朝。谕曰："天下始定，民财力俱困，要在休养安息，惟廉者能约己而利人，勉之。"二月壬寅，定郊社宗庙礼，岁必亲祀，以为常。癸卯，汤和提督海运。廖永忠为征南将军，朱亮祖副之，由海道取广东。丁未，以太牢祀先师孔子于国学。戊申，祀社稷。壬子，诏衣冠如唐制。癸丑，常遇春克东昌，山东平。甲寅，杨璟克宝庆。三月辛未，诏儒臣修女诫，戒后、妃毋预政。壬申，周德兴克全州。丁酉，邓愈克南阳。己亥，徐达徇汴梁，左君弼降。

　　夏四月辛丑，蕲州进竹簟，却之。命四方毋妄献。廖永忠师至广州，元守臣何真降，广东平。丁未，袷享太庙。戊申，徐达、常遇春大破元兵于洛水北，遂围河南。梁王阿鲁温降，河南平。丁巳，杨璟克永州。甲子，幸汴梁。丙寅，冯胜克潼关，李思齐、张思道遁。五月己卯，廖永忠下梧州，浔、贵、郁林诸州皆降。辛卯，改汴梁路为开封府。六月庚子，徐达朝行在。甲辰，海南、海北诸道降。壬戌，杨璟、朱亮祖克靖江。

　　秋七月戊子，廖永忠下象州，广西平。庚寅，振恤中原贫民。辛卯，将还应天，谕达等曰："中原之民，久为群雄所苦，流离相望，故命将北征，拯民水火。元祖宗功德在人，其子孙罔恤民隐，天厌弃之。君则有罪，民复何辜。前代革命之际，肆行屠戮，违天虐民，朕实不忍。诸将克城，毋肆焚掠妄杀人，元之宗戚，咸俾保全。庶几上答天心，下慰人望，以副朕伐罪安民之意。不恭命者，罚无赦。"丙申，命冯胜留守开封。闰月丁未，至自开封。己酉，徐达会诸将兵于临清。壬子，常遇春克德州。丙寅，克通州，元帝趋上都。是月，征天下贤才为守令。免吴江、广德、太平、宁国、滁、和被灾田租。

　　八月己巳，以应天为南京，开封为北京。庚午，徐达入元都，封府库图籍，守宫门，禁士卒侵暴，遣将巡古北口诸隘。壬申，以京师火，四方水旱，诏中书省集议便民事。丁丑，定六部官制。御史中丞刘基致仕。己卯，赦殊死以下。将士从征者恤其家。逋逃许自首。新克州郡毋妄杀。输赋道远者，官为转运。灾荒以实闻。免镇江租税。避乱民复业者，听垦荒地，复三年。衍圣公袭封及授曲阜知县，并如前代制。有司以礼聘致贤士。学校毋事虚文。平刑，毋非时决囚。除书籍、田器税。民间逋负免征。蒙古、色目人有才能者，许擢用。鳏寡孤独废疾者，存恤之。民年七十以上，一子复。他利害当兴革，不在诏内者，有司具以闻。壬午，幸北京。改大都路曰北平府。征元故臣。癸未，诏徐达、常遇春取山西。甲午，放元宫人。九月癸亥，诏曰："天下之治，天下之贤共理之。今贤士多隐岩穴，岂有司失于敦劝欤，朝廷疏于礼待欤，抑朕寡昧不足致贤，将在位者壅蔽使不上达欤。不然，贤士大夫，幼学壮行，岂甘没世而已哉。天下甫定，朕愿与诸儒讲明治道。有能辅朕济民者，有司礼遣。"乙丑，常遇春下保定，遂下真定。

　　冬十月庚午，冯胜、汤和下怀庆、泽、潞相继下。丁丑，至自北京。戊寅，以元都平，诏天下。十一月己亥，遣使分行天下，访求贤才。庚子，始祀上帝于圜丘。癸亥，诏刘基还。十二月丁卯，徐达克太原，扩廓帖木儿走甘肃，山西平。己巳，置登闻鼓。壬辰，以书谕明升。

　　二年春正月乙巳，立功臣庙于鸡笼山。丁未，享太庙。庚戌，诏曰："朕淮右布衣，因天下乱,率众渡江,保民图治,今十有五年,荷天眷佑,悉皆裁定。用是命将北征,齐、鲁之民馈粮给军,不惮千里。朕轸厥劳,已免元年田租。遭旱民未苏,其更赐一年。顷者,大军平燕都,下晋、冀,民被兵燹,困征敛,北平、燕南、河东、山西今年田租亦与蠲免。河南诸郡归附,父欲惠之,西北未平,师过其地,是以未遑。今晋、冀平矣,西抵潼关,北界大河,南至唐、邓、光、息,今年税粮悉除之。"又诏曰:"应天、太平、镇江、宣城、广德供亿浩穰。去岁蠲租,遇旱惠不及下。其再免诸郡及无为州今年租税。"庚申,常遇春取大同。是月,倭寇山东滨海郡县。二月丙寅朔,诏修元史。壬午,耕耤田。三月庚子,徐达至奉元,张思道遁。振陕西饥,户米三石。丙午,常遇春至凤翔,李思齐奔临洮。

明军北上灭元作战经过示意图

　　夏四月丙寅,遇春还师北平。己巳,诸王子受经于博士孔克仁。令功臣子弟入学。乙亥,编《祖训录》,定封建诸王之制。徐达下巩昌。丙子,赐秦、陇新附州县税粮。丁丑,冯胜至临洮,李思齐降。乙酉,徐达袭破元豫王于西安。五月甲午朔,日有食之。丁酉,徐达下平凉、延安。张良臣以庆阳降,寻叛。癸卯,始祀地于方丘。六月己卯,常遇春克开平,元帝北走。壬午,封陈日煃为安南国王。

　　秋七月己亥,鄂国公常遇春卒于军,诏李文忠领其众。辛亥,扩廓帖木儿遣将破原州、泾州。辛酉,冯胜击走之。丙辰,明升遣使来。八月丙寅,元兵攻大同,李文忠击败之。己巳,定内侍官制。谕吏部曰:"内臣但备使令,毋多人。古来若辈擅权,可为鉴戒。驭之之道,常使之畏法,勿令有功,有功则骄恣矣。"癸酉,《元史》成。丙子,封王颛为高丽国王。癸未,徐达克庆阳,斩张良臣,陕西平。是月,命儒臣纂礼书。九月辛丑,召徐达、汤和还,冯胜留总军事。癸卯,以临濠为中都。戊午,征南师还。

　　冬十月壬戌,遣杨璟谕明升。甲戌,甘露降于钟山,群臣请告庙,不许。辛卯,诏天下郡县立学。是月,遣使赍元帝书。十一月乙巳,祀上帝于圜丘,以仁祖配。十二月甲戌,封阿答阿者为占城国王。甲申,振西安诸府饥,户米二石。己丑,大赉平定中原及征南将士。庚寅,护廓帖木儿攻兰州,指挥于光死之。

　　是年,占城、安南、高丽入贡。

三年春正月癸巳，徐达为征虏大将军，李文忠、冯胜、邓愈、汤和副之，分道北征。二月癸未，追封郭子兴滁阳王。戊子，诏求贤才可任六部者。是月，李文忠下兴和，进兵察罕瑙儿，执元平章竹贞。三月庚寅，免南畿，河南，山东，江西广信、饶州今年田租。

夏四月乙丑，封皇子樉为秦王，棡晋王，棣燕王，橚吴王，桢楚王，榑齐王，杞赵王，檀鲁王，从孙守谦靖江王。徐达大破扩廓帖木儿于沈儿峪，尽降其众，扩廓走和林。丙戌，元帝崩于应昌，子爱猷识理达腊嗣。是月，慈利土官覃厚作乱。五月己丑，徐达取兴元。分遣邓愈招谕吐蕃。丁酉，诏守令举学识笃行之士。己亥，设科取士。甲辰，李文忠克应昌。元嗣君北走，获其子买的里八刺，降五万余人，穷追至北庆州，不及而还。丁未，诏行大射礼。戊申，祀地于方丘，以仁祖配。辛亥，徐达下兴元。邓愈克河州。丁巳，诏开国时将帅无嗣者禄其家。是月旱，后、妃亲执灶，皇太子、诸王馈于斋所。六月戊午朔，素服草履，步祷山川坛，露宿凡三日，还斋于西庑。辛酉，赉将士，省狱囚，命有司访求通经术、明治道者。壬戌，大雨。壬申，李文忠捷奏至，命仕元者勿贺。谥元主曰顺帝。癸酉，买的里八刺至京师，群臣请献俘。帝曰："武王伐殷用之乎？"省臣以唐太宗尝行之对。帝曰："太宗是待王世充耳。若遇隋之子孙，恐不尔也。"遂不许。又以捷奏多侈辞，谓宰相曰："元主中国百年，朕与卿等父母皆赖其生养，奈何为此浮薄之言。亟改之。"乙亥，封买的里八刺为崇礼侯。丙子，告捷于南郊。丁丑，告太庙，诏示天下。辛巳，徙苏州、松江、嘉兴、湖州、杭州民无业者田临濠，给资粮、牛、种，复三年。是月，倭寇山东、浙江、福建滨海州县。

秋七月丙辰，明升将吴友仁寇汉中，参政傅友德击却之。中书左丞相杨宪有罪诛。八月乙酉，遣使瘗中原遗骸。

冬十月丙辰，诏儒士更直午门，为武臣讲经史。癸亥，周德兴为征南将军，讨覃厚，厚遁。辛巳，贻元嗣君书。十一月壬辰，北征师还。甲午，告武成于郊庙。丙申，大封功臣。进李善长韩国公，徐达魏国公，封李文忠曹国公，冯胜宋国公，邓愈卫国公，常遇春子茂郑国公，汤和等侯者二十八人。己亥，设坛亲祭战没将士。庚戌，有事于圜丘。辛亥，诏户部置户籍、户帖，岁计登耗以闻，著为令。乙卯，封中书右丞汪广洋忠勤伯，御史中丞刘基诚意伯。十二月癸卯，复贻元嗣君书，并谕和林诸部。甲子，建奉先殿。庚午，遣使祭历代帝王陵寝，并加修葺。己卯，赐勋臣田。壬午，以正月至是月，日中屡有黑子，诏廷臣言得失。

是年，古城、爪哇、西洋入贡。

四年春正月丙戌，李善长罢，汪广洋为右丞相。丁亥，中山侯汤和为征西将军，江夏侯周德兴、德庆侯廖永忠副之，率舟师由瞿塘；颍川侯傅友德为征虏前将军，济宁侯顾时副之，率步骑由秦、陇，伐蜀。魏国公徐达练兵北平。戊子，卫国公邓愈督饷给征蜀军。庚寅，建郊庙于中都。丁未，诏设科取士连举三年，嗣后三年一举。戊申，免山西旱灾田租。二月甲戌，幸中都。壬午，至自中都。元平章刘益以辽东降。是月，蠲太平、镇江、宁国田租。三月乙酉朔，始策试天下贡士，赐吴伯宗等进士及第、出身有差。乙巳，徙山后民万七千户屯北平。丁未，诚意伯刘基致仕。

夏四月丙戌，傅友德克阶州，文、隆、绵三州相继下。五月，免江西、浙江秋粮。六月壬午，傅友德克汉州。辛卯，廖永忠克夔州。戊戌，明升将丁世贞破文州，守将朱显忠死之。癸卯，汤和至重庆，明升降。戊申，倭寇胶州。是月，徙山后民三万五千户于内地，又徙沙漠遗民三万二千户屯田北平。

秋七月辛亥，徐达练兵山西。辛酉，傅友德下成都，四川平。乙丑，明升至京师，封归义侯。八月甲午，免中都、淮、扬及泰、滁、无为田租、己酉，振陕西饥。是月，高州海寇乱，通判王名善死之。九月庚戌朔，日有食之。

冬十月丙申，征蜀师还。十一月丙辰，有事于圜丘。庚申，命官吏犯赃者，罪勿贷。是月，免陕西、河南被灾田租。十二月，徐达还。

是年，安南、浡泥、高丽、三佛齐、暹罗、日本、真腊入贡。

五年春正月癸丑，待制王祎使云南，诏谕元梁王把匝刺瓦尔密。祎至，不屈死。乙丑，徙陈理、明升于高丽。甲戌，魏国公徐达为征虏大将军，出雁门，趋和林，曹国公李文忠为左副将军，出应昌，宋国公冯胜为征西将军，取甘肃，征扩廓帖木儿。靖海侯吴祯督海运，饷辽东。卫国公邓愈为征南将军，江夏侯周德兴、江阴侯吴良副之，分道讨湖南、广西洞蛮。二月丙戌，安南陈叔明弑其主日煃自立，遣使入贡，却之。三月丁卯，都督金事蓝玉败扩廓于土剌河。

夏四月己卯，振济南、莱州饥。戊戌，始行乡饮酒礼。庚子，邓愈平散毛诸洞蛮。五月壬子，徐达及元兵战于岭北，败绩。是月，诏曰："天下大定，礼仪风俗不可不正。诸遭乱为人奴隶者，复为民。冻馁者，里中富室假贷之；孤寡残疾者，官养之，毋失所。乡党论齿，相见揖拜，毋违礼。婚姻毋论财。丧事称家有无，毋惑阴阳拘忌，停枢暴露。流民复业者各就丁耕种，毋以旧田为限。僧道斋醮杂男女，恣饮食，有司严治之。闽、粤豪家毋阉人子为火者，犯者抵罪。"六月丙子，定宦官禁令。丁丑，定宫官女职之制。戊寅，冯胜克甘肃，追败元兵于瓜、沙州。癸巳，定六部职掌及岁终考绩法。壬寅，吴良平靖州蛮。甲辰，李文忠败元兵于阿鲁浑河，宣宁侯曹良臣战没。乙巳，作铁榜诫功臣。是月，振山东饥，免被灾郡县田租。

秋七月丙辰，汤和及元兵战于断头山，败绩。八月丙申，吴良平五开、古州诸蛮。甲辰，元兵犯云内，同知黄里死之。九月戊午，周德兴平婺凤、安田诸蛮。

冬十月丁酉，冯胜师还。是月，免应天、太平、镇江、宁国、广德田租。十一月辛酉，有事于圜丘。甲子，征南师还。壬申，纳哈出犯辽东。是月，召徐达、李文忠还。十二月甲戌，诏以农桑、学校课有司。辛巳，命百官奏事启皇太子。庚子，邓愈为征西将军，征吐番。壬寅，贻元嗣君书。

是年，琐里、占城、高丽、琉球、乌斯藏入贡。高丽贡使再至，谕自后三年一贡。

六年春正月甲寅，谪汪广洋为广东参政。二月乙未，谕暂罢科举，察举贤才。壬寅，命御史及按察使考察有司。三月癸卯朔，日有食之。颁《昭鉴录》，训诫诸王。戊申，大阅。壬子，徐达为征虏大将军，李文忠、冯胜、邓愈、汤和副之，备边山西、北平。甲子，指挥使於显为总兵官，备倭。

夏四月己丑，令有司上山川险易图。六月壬午，盱眙献瑞麦，荐宗庙。壬辰，扩廓帖木儿遣兵攻雁门，指挥吴均击却之。是月，免北平，河间、河南、开封、延安、汾州被灾田租。

秋七月壬寅，命户部稽渡江以来各省水旱灾伤分数，优恤之。壬子，胡惟庸为右丞相。八月乙亥，诏祀三皇及历代帝王。

冬十月辛巳，召徐达、冯胜还。十一月壬子，扩廓帖木儿犯大同，徐达遣将击败之，达仍留镇。甲子,遣兵部尚书刘仁振真定饥。丙寅,冬至,帝不豫,改卜郊。闰月乙亥,录故功臣子孙未嗣者二百九人。壬午,有事于圜丘。庚寅,颁定《大明律》。

是年,暹罗、高丽、占城、真腊、三佛齐入贡。命安南陈叔明权知国事。

七年春正月甲戌,都督金事王简、王诚,平章李伯升,屯田河南、山东、北平。靖海侯吴祯为总兵官,都督佥显副之,巡海捕倭。二月丁酉朔,日有食之。戊午,修曲阜孔子庙,设孔、颜、孟三氏学。是月,平阳、太原、汾州、历域、汲县旱蝗,并免租税。

夏四月己亥,都督蓝玉败元兵于白酒泉,遂拔兴和。壬寅,金吾指挥陆龄讨永、道诸州蛮,平之。五月丙子,免真定等四十二府州县被灾田租。辛巳,振苏州饥民三十万户。癸巳,减苏、松、嘉、湖极重田租之半。六月,陕西平凉、延安、靖宁、郧州雨雹,山西、山东、北平、河南蝗,并蠲田租。

秋七月甲子,李文忠破元兵于大宁、高州。壬申,倭寇登、莱。八月甲午朔,祀历代帝王庙。辛丑,诏军士阵殁,父母妻子不能自存者,官为存养。百姓避兵离散或客死,遗老幼,并资遣送。远宦卒官,妻子不能归者,有司给舟车资送。庚申,振河间、广平、顺德、真定饥,蠲租税。九月丁丑,遣崇礼侯买的里八刺归,遗元嗣君书。

冬十一月壬戌,纳哈出犯辽阳,千户吴寿击走之。辛未,有事于圜丘。十二月戊戌,召邓愈、汤和还。

是年,阿难功德国、暹罗、琉球、三佛齐、乌斯藏、撒里、畏兀儿入贡。

八年春正月辛未,增祀鸡笼山功臣庙一百八人。癸酉,命有司察穷民无告者,给屋舍衣食。辛巳,邓愈、汤和等十三人屯戍北平、陕西、河南。丁亥,诏天下立社学。是月,河决开封,发民夫塞之。二月甲午,宥杂犯死罪以下及官犯私罪者,谪凤阳输作屯种赎罪。癸丑,耕籍田。召徐达、李文忠、冯胜还,傅友德等留镇北平。三月辛酉,立钞法。辛巳,罢宝源局铸钱。

夏四月辛卯,幸中都。丁巳,至自中都。免彰德、大名、临洮、平凉、河州被灾田租。罢营中都。致仕诚意伯刘基卒。五月己巳,永嘉侯朱亮祖偕傅友德镇北平。六月壬寅,指挥同知胡汝平贵州蛮。

秋七月己未朔,日有食之。辛酉,改作太庙。壬戌,召傅友德、朱亮祖还,李文忠、顾时镇山西、北平。戊辰,诏百官奔父母丧,不俟报。京师地震。丁丑,免应天、太平、宁国、镇江及蕲、黄诸府被灾田租。八月己酉,元扩廓帖木儿卒。

冬十月丁亥,诏举富民素行端洁达时务者。壬子,命皇太子、诸王讲武中都。十一月丁丑,有事于圜丘。十二月戊子,京师地震。甲寅,遣使振苏州、湖州、嘉兴、松江、常州、太平、宁国、杭州水灾。是月,纳哈出犯辽东,指挥马云、叶旺大败之。

是年,撒里、高丽、占城、暹罗、日本、爪哇、三佛齐入贡。

九年春正月,中山侯汤和,颍川侯傅友德,都督金事蓝玉、王弼,中书右丞丁玉,备边

龙凤通宝

延安。三月己卯，诏曰："比年西征敦煌，北伐沙漠，军需甲仗，皆资山、陕。又以秦、晋二府宫殿之役，重困吾民。平定以来，闾阎未息。国都始建，土木屡兴。畿辅既极烦劳，外郡疲于转运。今蓄储有余，其淮、扬、安徽、池五府及山西、陕西、河南、福建、江西、浙江、北平、湖广今年租赋，悉免之。"

夏四月庚戌，京师自去年八月不雨，是日始雨。五月癸酉，自庚戌雨，至是日始霁。六月甲午，改行中书省为承宣布政使司。辛丑，李文忠还。

秋七月癸丑朔，日有食之。是月，蠲苏、松、嘉、湖水灾田租，振永平旱灾。元将伯颜帖木儿犯延安，傅友德败降之。八月己酉，遣官省历代帝王陵寝，禁刍牧，置守陵户，忠臣烈士祠，有司以时葺治。分遣国子生修岳镇海渎祠。西番朵儿只巴寇罕东，河州指挥甯正击走之。闰九月庚寅，以灾异诏求直言。

冬十月己未，太庙成，自是行合享礼。丙子，命秦、晋、燕、吴、楚、齐诸王治兵凤阳。十一月壬午，有事于圜丘。戊子，徙山西及真定民无产者田凤阳。十二月甲寅，振畿内、浙江、湖北水灾。己卯，遣都督同知沐英乘传诣陕西问民疾苦。

是年，览邦、琉球、安南、日本、乌斯藏、高丽入贡。

十年春正月辛卯，以羽林等卫军益秦、晋、燕三府护卫。是春，振苏、松、嘉、湖水灾。

夏四月己酉，邓愈为征西将军，沐英为副将军，率师讨吐番，大破之。是月，振太平、宁国及宜兴、钱塘诸县水灾。五月庚子，韩国公李善良、曹国公李文忠总中书省、大都督府、御史台，议军国重事。癸卯，振湖广水灾。丙午，户部主事赵乾振荆、蕲迟缓，伏诛。六月丁巳，诏臣民言事者，实封达御前。丙寅，命政事启皇太子裁决闻。

秋七月甲申，置通政司。是月，始遣御史巡按州县。八月庚戌，改建大殿于南郊。癸丑，选武臣子弟读书国子监。九月丙申，振绍兴、金华、衢州水灾。辛丑，胡惟庸为左丞相，汪广洋为右丞相。

冬十月戊午，封沐英西平侯。辛酉，赐百官公田。十一月癸未，卫国公邓愈卒。丁亥，合祀天地于奉天殿。是月，免河南、陕西、广东、湖广田租。威茂蛮叛，御史大夫丁玉为平羌将军，讨平之。十二月乙巳朔，日有食之。丁未，录故功臣子孙五百余人，授官有差。

是年，占城、三佛齐、暹罗、爪哇、真腊入贡。高丽使五至，以嗣王未立，却之。

十一年春正月甲戌，封皇子椿为蜀王，柏湘王，桂豫王，楧汉王，植卫王。改封吴王橚为周王。己卯，进封汤和信国公。是月，征天下布政使及知府来朝。二月，指挥胡渊平茂州蛮。三月壬午，命奏事毋关白中书省。是月，第来朝官为三等。

夏四月，元嗣君爱猷识理达腊殂，子脱古思帖木儿嗣。五月丁酉，存问苏、松、嘉、湖被水灾民，户赐米一石，蠲逋赋六十五万有奇。六月壬子，遣使祭故元嗣君。己巳，五开蛮叛，杀靖州指挥过兴，以辰州指挥杨仲名为总兵官，讨之。

秋七月丁丑，振平阳饥。是月，苏、松、扬、台海溢，遣官存恤。八月，免应天、太平、镇江、宁国、广德诸府州秋粮。九月丙申，追封刘继祖为义惠侯。

冬十月甲子，大祀殿成。十一月庚午，征西将军西平侯沐英率都督蓝玉、王弼讨西番。是月，五开蛮平。

是年，暹罗、阇婆、高丽、琉球、占城、三佛齐、朵甘、马斯藏、彭亨、百花入贡。

十二年春正月己卯，始合祀天地于南郊。甲申，洮州十八族番叛，命沐英移兵讨之。

丙申,丁玉平松州蛮。二月戊戌,李文忠督理河、岷、临、巩军事。乙巳,诏曰:"今春雨雪经旬,天下贫民困于饥寒者多有,其令有司给以钞。"丙寅,信国公汤和率列侯练兵临清。

夏五月癸未,蠲北平田租。六月丁卯,都督马云征大宁。

秋七月丙辰,丁玉回师讨眉县贼,平之。己未,李文忠还掌大都督府事。八月辛巳,诏凡致仕官复其家,终身无所与。九月己亥,沐英大破西番,擒其部长三副使。

冬十一月甲午,沐英班师,封仇成、蓝玉等十二人为侯。庚申,大宁平。十二月,汪广洋贬广南,赐死。征天下博学老成之士至京师。

是年,占城、爪哇、暹罗、日本、安南、高丽入贡。高丽贡黄金百斤、白金万两,以不如约,却之。

十三年春正月戊戌,左丞相胡惟庸谋反,及其党御史大夫陈宁、中丞涂节等伏诛。癸卯,大祀天地于南郊。罢中书省,废丞相等官,更定六部官秩,改大都督府为中、左、右、前、后五军都督府。二月壬戌朔,诏举聪明正直、孝悌力田、贤良方正、文学术数之士。发丹符,验天下金谷之数。戊辰,文武官年六十以上者听致仕,给以诰敕。三月壬辰,减苏、松、嘉、湖重赋十之二。壬申,燕王棣之国北平。壬子,沐英袭元将脱火赤于亦集乃,擒之,尽降其众。

夏四月己丑,命群臣各举所知。五月甲午,雷震谨身殿。乙未,大赦。丙申,释在京及临濠屯田、输作者。己亥,免天下田租。吏以过误罢者,还其职。壬寅,都督濮英进兵赤斤站,获故元幽王亦怜真及其部曲而还。是月,罢御史台。命从征士卒老疾者,许以子代;老而无子及寡妇,有司资遣还。六月丙寅,雷震奉天门,避正殿省愆。丁卯,罢王府工役。丁丑,置谏院官。

秋八月,命天下学校师生,日给廪膳。九月辛卯,景川侯曹震、营阳侯杨璟、永城侯薛显屯田北平。乙巳,天寿节,始受群臣朝贺,赐宴于谨身殿,后以为常。丙午,置四辅官,告于太庙。以儒士王本、杜佑、龚斅、杜敩、赵民望、吴源为春、夏官。是月,诏陕西卫军以三分之二屯田。安置翰林学士承旨宋濂于茂州,道卒。

冬十一月乙未,徐达还。丙午,元平章完者不花、乃儿不花犯永平,指挥刘广战没,千户王辂击败之,擒完者不花。十二月,天下府州、县所举士至者八百六十余人,授官有差。南雄侯赵庸镇广东,讨阳春蛮。

是年,琉球、日本、安南、占城、真腊、爪哇入贡,日本以无表却之。

十四年春正戊子,徐达为征虏大将军,汤和、傅友德为左、右副将军,帅师讨乃儿不花。命新授官者各举所知。乙未,大祀天地于南郊。壬子,罢天下岁造兵器。癸丑,命公、侯子弟入国学。丙辰,诏求隐逸。二月庚辰,核天下官田。三月丙戌,大赦。辛丑,颁《五经》《四书》于北方学校。

夏四月庚午,徐达率诸将出塞,至北黄河,击破元兵,获全宁四部以归。五月,五溪蛮叛,江夏侯周德兴讨平之。

秋八月丙子,诏求明经老成之士,有司礼送京师。庚辰,河决原武、祥符、中牟。辛巳,徐达还。九月壬午朔,傅友德为征南将军,蓝玉、沐英为左、右副将军,帅师征云南。徐达镇北平。丙午,周德兴移师讨施州蛮,平之。

冬十月壬子朔,日有食之。癸丑,命法司录囚,会翰林院、给事中及春坊官会议平允以闻。甲寅,免应天、太平、广德、镇江、宁国田租。癸亥,分遣御史录囚。己卯,延安侯唐胜宗帅师讨浙东山寇，平之。十一月壬午，吉安侯陆仲亨镇成都。庚戌，赵庸讨广州海寇，大破之。十二月丁巳，命翰林春坊官考驳诸司章奏。戊辰，傅友德大败元兵于白石江，遂下曲靖。壬申，元梁王把匝剌瓦尔密走普宁自杀。

是年，暹罗、安南、爪哇、朵甘、乌斯藏入贡。以安南寇思明，不纳。

十五年春正月辛巳，宴群臣于谨身殿，始用九奏乐。景川侯曹震、定远侯王弼下威楚路。壬午，元曲靖宣慰司及中庆、澄江、武定诸路俱降，云南平。己丑，减大辟囚。乙未，大祀天地于南郊。庚戌，命天下朝觐官各举所知一人。二月壬子，河决河南，命驸马都尉李祺振之。甲寅，以云南平，诏天下。闰月癸卯，蓝玉、沐英克大理，分兵徇鹤庆、丽江、金齿，俱下。三月庚午，河决朝邑。

宫廷乐舞

夏四月甲申，迁元梁王把匝剌瓦尔密及威顺王子伯伯等家属于耽罗。丙戌，诏天下通祀孔子。壬辰，免畿内、浙江、江西、河南、山东税粮。五月乙丑，太学成，释奠于先师孔子。丙子，广平府吏王允道请开磁州铁冶。帝曰："朕闻王者使天下无遗贤，不闻无遗利。今军器不乏，而民业已定，无益于国，且重扰民。"杖之，流岭南。丁丑，遣行人访经明行修之士。

秋七月乙卯，河决荥泽、阳武。辛酉，罢四辅官。乙亥，傅友德、沐英击乌撒蛮，大败之。八月丁丑，复设科取士，三年一行，为定制。丙戌，皇后崩。己丑，延安侯唐胜宗、长兴侯耿炳文屯田陕西。丁酉，擢秀才曾泰为户部尚书。辛丑，命征至秀才分六科试用。九月己酉，吏部以经明行修之士郑韬等三千七百余人入见，令举所知，复遣使征之。赐韬等钞，寻各授布政使、参政等官有差。庚午，葬孝慈皇后于孝陵。

冬十月丙子，置都察院。丙申，录囚。甲辰，徐达还。是月，广东群盗平，诏赵庸班师。十一月戊午，置殿阁大学士，以邵质、吴伯宗、宋讷、吴沉为之。十二月辛卯，振北平被灾屯田士卒。己亥，永城侯薛显理山西军务。

是年，爪哇、琉球、乌斯藏、占城入贡。

十六年春正月乙卯，大祀天地于南郊。戊午，徐达镇北平。二月丙申，初命天下学校岁贡士于京师。三月甲辰，召征南师还，沐英留镇云南。丙寅，复凤阳、临淮二县民徭赋，世世无所与。

夏五月庚申，免畿内各府田租。六月辛卯，免畿内十二州县养马户田租一年，滁州免二年。

秋七月，分遣御史录囚。八月壬申朔，日有食之。九月癸亥，申国公邓镇为征南将军，讨龙泉山寇，平之。

冬十月丁丑，召徐达等还。十二月甲午，刑部尚书开济有罪诛。

是年，琉球、占城、西番、打箭炉、暹罗、须文达那入贡。

十七年春正月丁未，大祀天地于南郊。戊申，徐达镇北平。壬戌，汤和巡视沿海诸城防倭。三月戊戌朔，颁科举取士式。曹国公李文忠卒。甲子，大赦天下。

夏四月壬午，论平云南功，进封傅友德颍国公，陈恒等侯者四人，大赉将士。庚寅，收阵亡遗骸。增筑国子学舍。五月丙寅，凉州指挥宋晟讨西番于亦集乃，败之。

秋七月戊戌，禁内官预外事，敕诸司毋通内官监文移。癸丑，诏百官迎养父母者，官给舟车。丁巳，免畿内今年田租之半。庚申，录囚。壬戌，盱眙人献天书，斩之。八月丙寅，河决开封。壬申，决杞县，遣官塞之。己丑，蠲河南诸省逋赋。

冬十月丙子，河南、北平大水，分遣驸马都尉李祺等振之。闰月癸丑，诏天下罪囚，刑部、都察院详议，大理寺覆谳后奏决。是月，召徐达还。十二月壬子，蠲云南逋赋。

是年，琉球、暹罗、安南、占城入贡。

十八年春正月辛未，大祀天地于南郊。癸酉，朝觐官分五等考绩，黜陟有差。二月甲辰，以久阴雨雷雹，诏臣民极言得失。己未，魏国公徐达卒。三月壬戌，赐丁显等进士及第、出身有差。诏中外官父母殁任所者，有司给舟车归其丧，著为令。乙亥，免畿内今年田租。命天下郡县瘗暴骨。丙子，初选进士为翰林院、承敕监、六科庶吉士。己丑，户部侍郎郭恒坐盗官粮诛。

夏四月丁酉，吏部尚书余煷以罪诛。丙辰，思州蛮叛，汤和为征虏将军，周德兴为副将军，帅师从楚王桢讨之。六月戊申，定外官三年一朝，著为令。

秋七月甲戌，封王禑为高丽国王。庚辰，五开蛮叛。八月庚戌，冯胜、傅友德、蓝玉备边北平。是月，赈河南水灾。

冬十月己丑，颁《大诰》于天下。癸卯，召冯胜还。甲辰，诏曰："孟子传道，有功名教。历年既久，子孙甚微。近有以罪输作者，岂礼先贤之意哉。其加意询访，凡圣贤后裔输作者，皆免之。"是月，楚王桢、信国公汤和讨平五开蛮。十一月乙亥，蠲河南、山东、北平田租。十二月丙午，诏有司举孝廉。癸丑，麓川平缅宣慰使思伦发反，都督冯诚败绩。千户王升死之。

是年，高丽、琉球、安南、暹罗入贡。

十九年春正月辛酉，振大名及江浦水灾。甲子，大祀天地于南郊。是月，征蛮师还。二月丙申，耕籍田。癸丑，赈河南饥。

夏四月甲辰，诏赎河南饥民所鬻子女。六月甲辰，诏有司存问高年。贫民年八十以上，月给米五斗，酒三斗，肉五斤；九十以上，岁加帛一匹，絮一斤；有田产者罢给米。应天、凤阳富民年八十以上赐爵社士,九十以上乡士;天下富民八十以上里士,九十以上社士。皆与县官均礼,复其家。鳏寡孤独不能自存者,岁给米六石。士卒战伤除其籍,赐复三年。将校阵亡,其子世袭加一秩。岩穴之士,以礼聘遣。丁未,赈青州及郑州饥。

秋七月癸未,诏举经明行修练达时务之士。年六十以上者,置翰林备顾问;六十以下,于六部、布按二司用之。八月甲辰,命皇太子修泗州盱眙祖陵,葬德祖以下帝后冕服。九月庚申,屯田云南。

冬十月,命官军已亡子女幼或父母老者皆给全俸,著为令。十二月癸未朔,日有食之。是月,命宋国公冯胜分兵防边。发北平、山东、山西、河南民运粮于大宁。

是年,高丽、琉球、暹罗、占城、安南入贡。

二十年春正月癸丑,冯胜为征虏大将军,傅友德、蓝玉副之,率师征纳哈出。焚锦衣卫刑具,以系囚付刑部。甲子,大祀天地于南郊。礼成,天气清明。侍臣进曰:"此陛下敬天之诚所致。"帝曰:"所谓敬天者,不独严而有礼,当有其实。天以子民之任付于君,为君者欲求事天,必先恤民。恤民者,事天之实也。即如国家命人任守令之事,若不能福民,则是弃君之命,不敬孰大焉。"又曰:"为人君者,父天母地子民,皆职分之所当尽,祀天地,非祈福于己,实为天下苍生也。"二月壬午,阅武。乙未,耕耤田。三月辛亥,冯胜率师出松亭关,城大宁、宽河、会州、富峪。

夏四月戊子,江夏侯周德兴筑福建濒海城,练兵防倭。六月庚子,临江侯陈镛从征失道,战没。癸卯,冯胜兵逾金山。丁未,纳哈出降。闰月庚申,师还次金山,都督濮英殿军,遇伏,死之。

秋八月癸酉,收冯胜将军印,召还。蓝玉摄军事。景川侯曹震屯田云南品甸。九月戊寅,封纳哈出海西侯。癸未,置大宁都指挥使司。丁酉,安置郑国公常茂于龙州。丁未,蓝玉为征虏大将军,延安侯唐胜宗、武定侯郭英副之,北征沙漠。是月,城西宁。

冬十月戊申,封朱寿为舳舻侯,张赫为航海侯。是月,冯胜罢归凤阳,奉朝请。十一月壬午,普定侯陈恒、靖宁侯叶升屯田定边、姚安、毕节诸卫。己丑,汤和还,凡筑宁海、临山等五十九城。十二月,赈登、莱饥。

是年,琉球、安南、高丽、占城、真腊、朵甘、乌斯藏入贡。

二十一年春正月辛巳,麓川蛮思伦发入寇马龙他郎甸,都督宁正击败之。辛卯,大祀天地于南郊。甲午;赈青州饥,逮治有司匿不以闻者。三月乙亥,赐任亨泰等进士及第、出身有差。丙戌,赈东昌饥。甲辰,沐英讨思伦发败之。

夏四月丙辰,蓝玉袭破元嗣君于捕鱼儿海,获其次子地保奴及妃主王公以下数万人而还。五月甲戌朔,日有食之。六月甲辰,信国公汤和归凤阳。甲子,傅友德为征南将军,沐英、陈恒为左、右副将军,帅师讨东川叛蛮。

秋七月戊寅,安置地保奴于琉球。八月癸丑,徙泽、潞民无业者垦河南、北田,赐钞备农具,复三年。丁卯,蓝玉师还,大赉北征将士。戊辰,封孙恪为全宁侯。是月,御制八谕饬武臣。九月丙戌,秦、晋、燕、周、楚、齐、湘、鲁、潭九王来朝。癸巳,越州蛮阿资叛,沐英会傅友德讨之。

冬十月丁未,东川蛮平。十二月壬戌,进封蓝玉凉国公。

是年,高丽、占城、琉球、暹罗、真腊、撒马儿罕、安南入贡。诏安南三岁一朝,象犀之属毋献。安南黎季犛弑其主炜。

二十二年春正月丙戌，改大宗正院曰宗人府，以秦王樉为宗人令，晋王㭎、燕王棣为左、右宗正，周王橚、楚王桢为左、右宗人。丁亥，大祀天地于南郊。乙未，傅友德破阿资于普安。二月己未，蓝玉练兵四川。壬戌，禁武臣预民事。癸亥，湖广千户夏德忠结九溪蛮作乱，靖宁侯叶升讨平之，得忠伏诛。是月，阿资降。三月庚午，傅友德帅诸将分屯四川、湖广，防西南蛮。

夏四月己亥，徙江南民田淮南，赐钞备农具，复三年。癸丑，魏国公徐允恭、开国公常升等练兵湖广。甲寅，徙元降王于眈罗。是月，遣御史按山东官匿灾不奏者。五月辛卯，置泰宁、朵颜、福余三卫于兀良哈。

秋七月，傅友德等还。八月乙卯，诏天下举高年有德识时务者。是月，更定《大明律》。九月丙寅朔，日有食之。

冬十一月丙寅，宣德侯金镇等练兵湖广。己卯，思伦发入贡谢罪，麓川平。十二月甲辰，周王橚有罪，迁云南。寻罢徙，留居京师。定远侯王弼等练兵山西、河南、陕西。

是年，高丽、安南、占城、暹罗、真腊入贡。元也速迭儿弑其主脱古思帖木儿而立坤帖木儿。高丽废其主禑，又废其主昌。安南黎季犛复弑其主日焜。

二十三年春正月丁丑，晋王㭎、燕王棣师师征元丞相咬住、太尉乃儿不花，征虏前将军颍国公傅友德等皆听节制。己卯，大祀天地于南郊。庚辰，贵州蛮叛，延安侯唐胜宗讨平之。乙酉，齐王榑帅师从燕王棣北征。赣州贼为乱，东川侯胡海充总兵官，普定侯陈恒、靖宁侯叶升为副将，讨平之。唐胜宗督贵州各卫屯田。二月戊申，蓝玉讨平西番叛蛮。丙辰，耕籍田。癸亥，河决归德，发诸军民塞之。三月癸巳，燕王棣师次迤都，咬住等降。

夏四月，吉安侯陆仲亨等坐胡惟庸党下狱。丙申，潭王梓自焚死。闰月丙子，蓝玉平施南、忠建叛蛮。五月甲午，遣诸公侯还里，赐金币有差。乙卯，赐太师韩国公李善长死，陆仲亨等皆坐诛。作《昭示奸党录》，布告天下。六月乙丑，蓝玉遣凤翔侯张龙平都匀、散毛诸蛮。庚寅，授耆民有才德者知典故者官。

秋七月壬辰，河决开封，赈之。癸巳，崇明、海门风雨海溢，遣官赈之，发民二十五万筑堤。八月壬申，诏毋以吏卒充选举。蓝玉还。是月，赈河南、北平、山东水灾。九月庚寅朔，日有食之。

冬十月己卯，赈湖广饥。十一月癸丑，免山东被灾田租。十二月癸亥，令殊死以下囚输粟北边自赎。壬申，罢天下岁织文绢。

是年，墨剌、哈梅里、高丽、占城、真腊、琉球、暹罗入贡。

二十四年春正月癸卯，大祀天地于南郊。戊申，颍国公傅友德为征虏将军，定远侯王弼、武定侯郭英副之，备北平边。丁巳，免山东田租。二月壬申，耕籍田。三月戊子朔，日有食之。魏国公徐辉祖、曹国公李景隆、凉国公蓝玉等备边陕西。乙未，靖宁侯叶升练兵甘肃。丁酉，赐许观等进士及第、出身有差。

夏四月辛未，封皇子㮵为庆王、㰘宁王、㮤岷王、橞谷王、㰂韩王、楩沈王、㰘安王、桱唐王、栋郢王、㰘伊王。癸未，燕王棣督傅友德诸将出塞，败敌而还。五月戊戌，汉、卫、谷、庆、宁、岷六王练兵临清。六月己未，诏廷臣参考历代礼制，更定冠服、居室、器用制度。甲子，久旱录囚。

秋七月庚子，徙富民实京师。辛丑，免畿内官田租之半。八月乙卯，秦王樉有罪，召还京师。乙丑，皇太子巡抚陕西。乙亥，都督佥事刘真、宋晟讨哈梅里，败之。九月乙酉，遣使谕西域。是月，倭寇雷州，百户李玉、镇抚陶鼎战死。

冬十月丁巳，免北平、河间被水田租。十一月甲午，五开蛮叛，都督佥事茅鼎讨平之。庚戌，皇太子还京师，晋王㭎来朝。辛亥，赈河南水灾。十二月庚午，周王橚复国。辛巳，阿资复叛，都督佥事何福讨降之。

是年，天下郡县赋役黄册成，计户千六十八万四千四百三十五，丁五千六百七十七万四千五百六十一。琉球、暹罗、别失八里、撒马儿罕入贡。以占城有篡逆事，却之。

二十五年春正月戊子，周王橚来朝。庚寅，河决阳武，发军民塞之，免被水田租。乙未，大祀天地于南郊。何福讨都匀、毕节诸蛮，平之。辛丑，令死囚输粟塞下。壬寅，晋王㭎、燕王棣、楚王桢、湘王柏来朝。二月戊午，召曹国公李景隆等还京师。靖宁侯叶升等练兵于河南及临、巩、甘、凉、延庆。都督茅鼎等平五开蛮。丙寅，耕耤田。庚辰，诏天下卫所军以十之七屯田。三月癸未，冯胜等十四人分理陕西、山西、河南诸卫军务。庚寅，改封豫王桂为代王，汉王楧为肃王，卫王植为辽王。

夏四月壬子，凉国公蓝玉征罕东。癸丑，建昌卫指挥月鲁帖木儿叛，指挥鲁毅败之。丙子，皇太子标薨。戊寅，都督聂纬、徐司马、瞿能讨月鲁帖木儿，俟蓝玉还，并听节制。五月辛巳，蓝玉至罕东，寇遁，遂趋建昌。己丑，振陈州原武水灾。六月丁卯，西平侯沐英卒于云南。

秋七月庚辰，秦王樉复国。癸未，指挥瞿能败月鲁帖木儿于双狼寨。八月己未，江夏侯周德兴坐事诛。丁卯，冯胜、傅友德帅开国公常升等分行山西，籍民为军，屯田于大同、东胜，立十六卫。甲戌，给公、侯岁禄，归赐田于官。丙子，靖宁侯叶升坐胡惟庸党诛。九月庚寅，立皇孙允炆为皇太孙。高丽李成桂幽其主瑶而自立，以国人表来请命，诏听之，更其国号曰朝鲜。

冬十月乙亥，沐春袭封西平侯，镇云南。十一月甲午，蓝玉擒月鲁帖木儿，诛之，召玉还。十二月甲戌，宋国公冯胜、颍国公傅友德等兼东宫师保官。闰月戊戌，冯胜为总兵官，傅友德副之，练兵山西、河南，兼领屯卫。

是年，琉球中山、山南、高丽、哈梅里入贡。

二十六年春正月戊申，免天下耆民来朝。辛酉，大祀天地于南郊。二月丁丑，晋王㭎统山西、河南军出塞，召冯胜、傅友德、常升、王弼等还。乙酉，蜀王椿来朝。凉国公蓝玉以谋反，并鹤庆侯张翼、普定侯陈桓、景川侯曹震、舳舻侯朱寿、东莞伯何荣、吏部尚书詹徽等皆坐诛。己丑，颁《逆臣录》于天下。庚寅，耕田。三月辛亥，代王桂率护卫兵出塞，听晋王节制。长兴侯耿炳文练兵陕西。丙辰，冯胜、傅友德备边山西、北平，其属卫将校悉听晋王、燕王节制。庚申，诏二王军务大者始以闻。壬戌，会宁侯张温坐蓝玉党诛。

夏四月乙亥，孝感饥，遣使乘传发仓贷之。诏自今遇岁饥，先贷后闻，著为令。戊子，周王橚来朝。庚寅，旱，诏群臣直言得失，省狱囚。丙申，以安南擅废立，绝其朝贡。

秋七月甲辰朔，日有食之。戊申，选秀才张宗浚等随詹事府官分直文华殿，侍皇太孙。八月，秦、晋、燕、周、齐五王来朝。九月癸丑，代、肃、辽、庆、宁五王来朝。赦胡惟庸、蓝玉余党。

冬十月丙申，擢国子监生六十四人为布政使等官。十二月，颁《永鉴录》于诸王。

是年，琉球、爪哇、暹罗入贡。

二十七年春正月乙卯，大祀天地于南郊。辛酉，李景隆为平羌将军，镇甘肃。发天下仓谷贷贫民。三月庚子，赐张信等进士及第、出身有差。辛丑，魏国公徐辉祖、安陆侯吴杰备倭浙江。庚戌，课民树桑、枣、木棉。甲子，以四方底平，收藏甲兵，示不复用。

秋八月甲戌，吴杰及永定侯张铨率致仕武臣，备倭广东。乙亥，遣国子监生分行天下，督吏民修水利。丙戌，阶、文军乱，都督甯正为平羌将军讨之。九月，徐辉祖节制陕西沿边诸军。

冬十一月乙丑，颍国公傅友德坐事诛。阿资复叛，西平侯沐春击败之。十二月乙亥，定远侯王弼坐事诛。

是年，乌斯藏、琉球、缅、朵甘、爪哇、撒马儿罕、朝鲜入贡。安南来贡，却之。

二十八年春正月丙午，阶、文寇平，甯正以兵从秦王樉征洮州叛番。丁未，大祀天地于南郊。甲子，西平侯沐春擒斩阿资，越州平。是月，周王橚、晋王棡、率河南、山西诸卫军出塞，筑城屯田。燕王棣帅总兵官周兴出辽东塞。二月丁卯，宋国公冯胜坐事诛。己丑，谕户部编民百户为里。婚姻死丧疾病患难，里中富者助财，贫者助力。春秋耕获，通力合作，以教民睦。

夏六月壬申，诏诸土司皆立儒学。辛巳，周兴等自开原追敌至甫答迷城，不及而还。己丑，御奉天门，谕群臣曰："朕起兵至今四十余年，灼见情伪，惩创奸顽，或法外用刑，本非常典。后嗣止循《律》与《大诰》，不许用黥刺、刵、劓、阉割之刑。臣下敢以请者，置重典。"又曰："朕罢丞相，设府、部、都察院分理庶政，事权归于朝廷。嗣君不许复立丞相。臣下敢以请者置重典。皇亲惟谋逆不赦。余罪，宗亲会议取上裁。法司只许举奏，毋得擅逮。勒诸典章，永为遵守。"

秋八月丁卯，都督杨文为征南将军，指挥韩观、都督金事宋晟副之，讨龙州土官赵宗寿。戊辰，信国公汤和卒。辛巳，赵宗寿伏罪来朝，杨文移兵讨奉议、南丹叛蛮。九月丁酉，免畿内、山东秋粮。庚戌，颁《皇明祖训条章》于中外，"后世有言更祖制者，以奸臣论"。十一月乙亥，奉议、南丹蛮悉平。十二月壬辰，诏河南、山东桑枣及二十七年后新垦田，毋征税。

是年，朝鲜、琉球、暹罗入贡。

二十九年春正月壬申，大祀天地于南郊。二月癸卯，征虏前将军胡冕讨郴、桂蛮，平之。辛亥，燕王棣帅师巡大宁，周世子有燉帅师巡北平关隘。三月辛酉，楚王桢、湘王柏来朝。甲子，燕王败敌于彻彻儿山，又追败之于兀良哈秃城而还。

秋八月丁未，免应天、太平五府田租。九月乙亥，召致仕武臣二千五百余人入朝，大赉之，各进秩一级。

是年，琉球、安南、朝鲜、乌斯藏入贡。

三十年春正月丙辰，耿炳文为征西将军，郭英副之，巡西北边。丙寅，大祀天地于南郊。丁卯，置行太仆寺于山西、北平、陕西、甘肃、辽东，掌马政。己巳，左都督杨文屯田辽东。是月，沔县盗起，诏耿炳文讨之。二月庚寅，水西蛮叛，都督金事顾成为征南将军，讨平之。三月癸丑，赐陈郎等进士及第、出身有差。庚辰，古州蛮叛，龙里千户吴得、镇抚井孚战死。

夏四月己亥，都指挥齐让为平羌将军，讨之。壬寅，水西蛮平。五月壬子朔，日有食之。乙卯，楚王桢、湘王柏帅师讨古州蛮。六月辛巳，赐礼部覆试贡士韩克忠等进士及第、出身有差。己酉，驸马都尉欧阳伦有罪赐死。

秋八月丁亥，河决开封。甲午，李景隆为征虏大将军，练兵河南。九月庚戌，汉、沔寇平。戊辰，麓川平缅土酋刀幹孟逐其宣慰使思伦发以叛。乙亥，都督杨文为征虏将军，代齐让。

冬十月戊子，停辽东海运。辛卯，耿炳文练兵陕西。乙未，重建国子监先师庙成。十一月癸酉，沐春为征虏前将军，都督何福等副之，讨刀幹孟。

是年，琉球、占城、朝鲜、暹罗、乌斯藏、泥八剌入贡。

三十一年春正月壬戌，大祀天地于南郊。乙丑，遣使之山东、河南课耕。二月乙酉，倭寇宁海，指挥陶铎击败之。辛丑，古州蛮平，召杨文还。甲辰，都督佥事徐凯讨平麽些蛮。

夏四月庚辰，廷臣以朝鲜屡生衅隙请讨，不许。五月丁未，沐春击刀幹孟，大败之。甲寅，帝不豫。戊午，都督杨文从燕王棣，武定侯郭英从辽王植，备御开平，俱听燕王节制。

闰月癸未，帝疾大渐。乙酉，崩于西宫，年七十有一。遗诏曰："朕膺天命三十有一年，忧危积心，日勤不怠，务有益于民。奈起自寒微，无古人之博知，好善恶恶，不及远矣。今得万物自然之理，其奚哀念之有。皇太孙允炆仁明孝友，天下归心，宜登大位。内外文武臣僚同心辅政，以安吾民。丧祭仪物，毋用金玉。孝陵山川因其故，毋改作。天下臣民，哭临三日，皆释服，毋妨嫁娶。诸王临国中，毋至京师。诸不在令中者，推此令从事。"辛卯，葬孝陵。谥曰高皇帝，庙号太祖。永乐元年，谥圣神文武钦明启运俊德成功统天大孝高皇帝。嘉靖十七年，增谥开天行道肇纪立极大圣至神仁文义武俊德成功高皇帝。

帝天授智勇，统一方夏，纬武经文，为汉、唐、宋诸君所未及。当其肇造之初，能沉几观变，次第经略，绰有成算。尝与诸臣论取天下之略，曰："朕遭时丧乱，初起乡土，本图自全。及渡江以来，观群雄所为，徒为生民之患，而张士诚、陈友谅尤为巨蠹。士诚恃富，友谅恃强，朕独无所恃。惟不嗜杀人，布信义，行节俭，与卿等同心共济。初与二寇相持，士诚尤逼近，或谓宜先击之。朕以友谅志骄，士诚器小，志骄则好生事，器小则无远图，故先攻友谅。鄱阳之役，士诚卒不能出姑苏一步，以为之援。向使先攻士诚，浙西负固坚守，友谅必空国而来，吾腹背受敌矣。二寇既除，北定中原，所以先山东、次河洛，止潼关之兵不遽取秦、陇者，盖扩廓帖木儿、李思齐、张思道皆百战之余，未肯遽下，急之则并力一隅，猝未易定，故出其不意，反旗而北。燕都既举，然后西征。张、李望绝势穷，不战而克，然扩廓犹力抗不屈。向令未下燕都，骤与角力，胜负未可知也。"帝之雄才大略，料敌制胜，率类此。故能勘定祸乱，以有天下。语云："天道后起者胜"，岂偶然哉。

【译文】

太祖开天行道肇纪立极大圣至神仁文义武俊德功成高皇帝，名元璋，字国瑞，姓朱。先世家在沛，后迁到句容，再迁到泗州。父亲朱世珍，开始迁居濠州的钟离。生了四个儿子，太祖为其第四子。母亲陈氏。她刚刚怀孕太祖的时候，梦见神送给她一丸药，放在手中闪闪发光，吞服以后睡醒，口中仍有香气。及生太祖时，红光满屋。从此，每夜多次有火光升起。邻里望见，害怕是发生火灾，总是奔往相救，到太祖家一看则见不到有火光。到他长大以后，姿容相貌一副英雄豪杰的气派，有块奇特的骨头贯穿到头顶。意志广大，人不能推测。

至正四年,旱灾蝗灾并发,大饥大疫同生。太祖时年十七,父母兄长相继死亡,家贫不能治葬。同村的刘继祖送给他一块坟地,才得以安葬,后来的凤阳皇陵即在此。太祖因为孤苦伶仃无依无靠,于是入皇觉寺为僧。过了一个月,游食到了合肥。在路上患病,有二位穿紫色衣服的人与他在一起,对他照护得甚为周到。病愈后,见此二人已不在哪里。于是游历光、固、汝、颍各州凡三年,再回到皇觉寺。当是时,元朝政治腐败,盗贼四起。刘福通崇奉韩山童假称宋朝的后代在颍州起兵,徐寿辉冒用帝号在蕲州起兵,李二、彭大、赵均用在徐州起兵,他们各拥有部众数万人,并且设将帅,杀污吏,攻打郡县,而方国珍已先在海上起事了。其他的盗贼也都拥有武装占据地盘,参与抢掠的人多得很。天下大乱。

至正十二年春二月,定远人郭子兴与其党羽孙德崖等人在濠州起兵。元将彻里不花因害怕不敢去攻打,天天抓良民为俘虏用以邀功请赏。太祖时年二十五,谋求逃避兵火,在神像前求签问卜,出去和留下都不吉利。于是说:"莫非当举大事不成?"问卜得吉利,大为欢喜,于是在闰三月初一日到濠州见郭子兴。子兴见他相貌非凡,当即留为亲兵。太祖每战必胜。郭子兴于是将他所抚养的马公的女儿嫁与太祖为妻,她就是后来的高皇后。每当子兴与德崖发生矛盾的时候,太祖总是一再从中调停和保护郭子兴。

秋九月,元兵收复徐州,李二兵败窜走身死,彭大、赵均用奔往濠州,孙德崖等人招纳了他们。子兴礼待彭大而轻视赵均用,均用因此怨恨他。德崖于是与赵均用合谋,乘子兴外出之机,把他抓起来并且上了刑具押到了孙德崖哪里,准备要杀死他。当时太祖正在淮北,得知郭子兴有难立即跃马扬鞭赶到,告知彭大。彭大一听怒不可遏,马上调兵出发,太祖也披甲持盾,撞开屋门救出郭子兴,解开刑具,叫人把他背回家,于是使郭子兴幸免于死。

这一年冬天,元将贾鲁围困濠州。太祖与子兴力战拒敌。

马皇后

至正十三年春,贾鲁死,濠州解围了。太祖回到村里募兵得七百人。子兴很高兴,命他代理镇抚。当时彭大、赵均用所属的部众恣暴横行,子兴软弱无能,太祖已估计到不能和他共事,于是将所募的士兵委托他人带领,自己与徐达、汤和、费聚等人南攻定远。用计降服了驴牌寨的民兵三千人,和他们一起东去。在横涧山夜袭元将张知院,接收了他的士兵二万人。在路上遇到定远人李善长,与他谈话甚投机非常高兴,于是和他一起攻打滁州,获得胜利。

这一年,张士诚占据高邮,自称诚王。

至正十四年冬十月,元朝丞相脱脱在高邮大败张士诚,分兵包围六合。太祖说:"一旦六合城被攻破,滁州也不能避免。"即与耿再成进驻瓦梁堡,以救六合之危。经过一番奋战之后,将年老体弱的护送回滁州。元兵不久蜂拥而至,进攻滁州,太祖埋设伏兵诱使

他们失败。然而也清醒地估计到元兵势力强盛必会再来,于是送还所缴获的马匹,并派遣父老带着牛和酒前去酬谢元将说:"我们守护城是为了防备其他的盗贼,你们为何放去大盗而杀戮良民。"元兵于是解围他去,滁州得以完好无损。脱脱自从打败张士诚以后,军威大振,不料元顺帝中谗言,突然解除他的兵权,江、淮地区的混乱局面更为加剧。

至正十五年春正月,郭子兴采用太祖的计谋,派遣张天祐等人夺取和州,发文书令太祖总领他的军队。太祖考虑到各位将领会不服从,将文书秘而不宣,约定第二天到厅堂开会议事。当时座次以右面为上,第二天开会时各位将领先到会,都坐在右面,太祖故意晚到坐在左面。到办事时,太祖对各种问题的分析决断如同流水一般透彻清晰,而各位将领却瞠目结舌哑口无言,这时他们才开始稍稍屈从太祖。又决定用砖修筑城墙,期限三日。太祖如期完工,各位将领都不能按时完成。至此太祖才开始拿出郭子兴发给他的文书,面向南而坐说:"我奉命总领各位的部队,而今筑城皆超过期限,当按军法治罪如何。"各位将领无不惶恐认错。于是下令把军队中所掠夺的妇女搜查出来,释放回家,百姓大为高兴。此时元兵十万人围攻和州,城内将士坚守三个月,粮食已尽,而元朝子秃坚、枢密副使绊住马、民兵元帅陈野先分别驻守在新塘、高望、鸡笼山,因此断绝了运粮饷入和州的道路。太祖率兵打败了他们,元兵皆逃走渡过长江。三月,郭子兴去世。是时刘福通在亳州迎立韩山童的儿子韩林儿为帝,国号宋,年号龙凤。发文书令郭子兴的儿子郭天叙为都元帅,张天和、太祖分别为左右副元帅。太祖很有感慨地说:"大丈夫岂宁肯受别人的控制呀。"于是不接受任命。然而又想到韩林儿势力强盛可以作为倚仗,于是使用他的龙凤年号,用以号令军队。

夏四月,常遇春前来加入太祖的队伍。五月,太祖计划渡长江,没有船。恰巧遇到巢湖统帅廖永安、俞通海带领水军千艘前来归附,太祖大喜,立即去安抚慰问他们的部众。由于元朝中丞蛮子海牙控制着铜城闸、马场河各个险要关口,使巢湖水军不能出来。忽然降下大雨,太祖一见喜上心头说:"老天助我呀。"于是乘水涨之机从小港纵身而过把船只驶出来,因而得以在峪溪口痛击蛮子海牙,大败其众,于是定计渡长江。各位将领请直接进军集庆。太祖说:"攻取集庆必须从采石开始。采石是一个军事重镇,防守必然坚固,牛渚前面靠大江,敌人难以守备,攻其可以必胜的。"六月乙卯,渡江大军乘风扬帆,直达牛渚。常遇春捷足先登,夺取牛渚。在采石的元兵也纷纷溃败。长江沿岸的各个堡垒全部归附。

各位将领因和州无粮可食,争着筹集钱粮计划回和州。太祖对徐达说:"渡江幸而得胜,若舍此而回兵和州,江东就不是我们所能占有了。"于是把系船的缆绳全部砍断,放入急流之中,对各位将领说:"太平离这里很近,我当与各位一起去夺取它。"于是乘胜夺取太平,俘获元朝万户纳哈出。总管靳义投水而死,太祖说:"他是一位义士呀。"命以礼安葬他。同时公开张贴榜文严禁抢掠。有一个士兵违反了命令,当众斩死以示警告,军中秩序井然。太祖还改路为府。设置太平兴国翼元帅府,自己负责总领元帅府的事务,召陶安参幕府事,李习为太平知府。当时太平四面都是元兵。元朝右丞阿鲁灰、中丞蛮子海牙等人严令其军堵截姑孰口,陈野先水军率领康茂才用数万人围攻太平城。太祖派徐达、邓愈、汤和督兵迎战,另外遣将暗中出其后,前后夹攻他们,活捉陈野先并降服其部众,阿鲁灰等人见势不利收兵而去。

秋九月,郭天叙、张天祐进攻集庆,陈野先叛变,郭、张二人皆战死,于是郭子兴的部将全都归了太祖。陈野先不久为民兵所杀，其从子陈兆先收其部众，驻守方山，与蛮子海牙互为犄角之势伺机夺回太平。

冬十二月壬子，释放纳哈出回到北方。

至正十六年春二月丙子，在采石大败蛮子海牙。三月癸未，进攻集庆，活捉陈兆先，降其众三万六千人，降者皆疑虑重重害怕不能保全自己。为此太祖专门选择骁勇健壮的五百人令入宿卫，他自己解除武器在此通宵达旦酣睡，那些人的心情才开始安定下来。庚寅，在蒋山再次挫败元兵。元朝御史大夫福寿力战身死，蛮子海牙逃归张士诚，康茂才投降。太祖进入集庆城，召集所有的官吏与父老告谕他们说："元朝政治败坏所在纷扰，各处兵火蜂起，我来不过是为百姓消除战乱而已，你们当和以往一样安居稳定。贤能的人士我将以礼聘使用他们，旧政不方便百姓的一概予以废除，官吏不得贪暴残害我的百姓。"百姓于是大为高兴，喜出望外。改集庆路为应天府，召见夏煜、孙炎、杨宪等十余人，各授以官职，又令埋葬元朝御史大夫福寿以表彰他的忠义。

当是时，元将定定扼守镇江，别不华、杨仲英驻守宁国，青衣军张明鉴占据扬州，八思尔不花驻扎徽州，石抹宜孙守卫处州，石抹宜孙的弟弟石抹厚孙守卫婺州，宋伯颜不花守卫衢州，而池州已经为徐寿辉的部将所占据，张士诚从淮东攻陷平江，转而掠夺浙西。太祖既平定集庆，考虑到士诚、寿辉势力强大，江左、浙右各郡为其所吞并，于是派徐达进攻镇江，大获全胜，定定战死。

夏六月，邓愈攻克广德。

秋七月己卯，各位将领尊奉太祖为吴国公。设置江南行中书省，自己总理行省事务，又设置官属辅佐政务。送信给张士诚，士诚拒不回报，统兵进攻镇江。徐达将其打败，并进而围攻常州，未能攻下。九月戊寅，到镇江，拜谒孔子庙。派儒士告谕父老，劝他们重视农作种植桑麻，随后回到应天。

至正十七年春二月，耿炳文攻克长兴。三月，徐达攻克常州。

夏四月丁卯，亲自带兵攻打宁国，旗开得胜，别不华投降。五月，上元、宁国、句容进献象征丰收的麦穗。六月，赵继祖攻陷江阴。

秋七月，徐达攻克常熟。胡大海攻克徽州，八思尔不花逃走。

冬十月，常遇春攻克池州，缪大亨攻克扬州，张明鉴投降。十二月己丑，释放囚犯。

这一年，徐寿辉的部将明玉珍占据重庆路。

至正十八年春二月乙亥，用康茂才为营田使。三月己酉，审核记录囚徒的罪状。邓愈攻克建德路。

夏四月，徐寿辉的部将陈友谅派赵普胜攻陷池州。这一月，陈友谅占据龙兴路。五月，刘福通攻下汴梁，迎韩林儿在此建都。起初，刘福通派遣将领分兵四出，攻入山东，骚扰秦、晋，掠夺幽、蓟，中原大乱，太祖因故得以先后平定江表。所过不杀人，招纳俊才，因此人心日益归附。

冬十二月，胡大海攻打婺州，久久不能攻下。太祖亲自统兵前去攻击。石抹宜孙遣将率领车战部队由松溪入援。太祖说："道路狭窄，使用车战正是自取灭亡。"命令胡德济在梅花门迎战，大败敌人，婺州投降，活捉石抹宜孙。开战前一天，城中有人望见城西出现如同五色云彩那样的车盖，觉得很奇怪，至此才知道那是太祖驻兵的营地。入城以后，发放粮谷赈济贫民，改婺州为宁越府。召用范祖干、叶仪、许元等十三人，分别轮流讲解经史。戊子,派遣使者招谕方国珍。

至正十九年春正月乙巳,太祖计划夺取浙东尚未攻下的各路。告诫各位将领说:"攻城用武力,治乱用仁义。我及入集庆,秋毫无犯,所以能一举平定。每次听到各位将领攻得一城不妄行杀戮,总是喜不自胜。部队行军迅速如火,若不能稍加约束势必如火燎原。身为将领能以不杀人为勇猛,不仅是国家的利益,子孙后代也会深受其福。"庚申,胡大海攻克诸暨。同月,命令宁越知府王宗显建立府学。三月甲午,赦免犯大逆以下的罪犯。丁巳,方国珍将温、台、庆元进献给太祖,并派其子方关作为人质,不予接受。

夏四月,俞通海等人收复池州。当时耿炳文守卫长兴,吴良守卫江阴,汤和守卫常州,皆多次打败张士诚的部队。太祖因此久留宁越,攻打浙东。六月壬戌,回到应天。

秋八月,元朝察罕帖木儿收复汴梁,刘福通与韩林儿退保安丰。九月,常遇春攻克衢州,活捉宋伯颜不花。

冬十月,派遣夏煜任命方国珍为行省平章,国珍以病为由加以推辞。十一月壬寅,胡大海攻克处州,石抹宜孙逃走。是时元朝守卫各地的兵力单弱,而且闻知中原一片混乱,人心离散,因此江左、浙右诸郡,兵至皆战无不胜,于是西面与陈友谅相毗邻。

至正二十年春二月,元朝福建行省参政袁天禄在福宁投降。三月戊子,召用刘基、宋濂、章溢、叶琛到应天。

夏五月,徐达、常遇春在池州打败陈友谅。闰五月丙辰,陈友谅攻陷太平,守将朱文逊、院判花云、王鼎,知府许瑗被害。不久,友谅杀其主子徐寿辉,自称皇帝,国号汉,江西、湖广的地盘尽归其所有。同时相约张士诚联合攻打应天,应天为此大受震动。各位将领商议首先收复太平用以牵制他们,太祖说:"不可以。陈友谅居长江上游,水军比我们多出十倍,一下子难以收复太平。"有人请太祖亲自率兵迎击,太祖说:"不可以。陈友谅以非主力部队牵制我军,而全军直攻金陵,顺流而下半日即可到达,我军的步兵和骑兵难以紧急返回,百里催战,兵法所忌,不是良策呀。"于是迅速派人命胡大海直捣信州以牵制陈友谅的后方,同时命康茂才去信哄骗友谅,令其速来。友谅果然受骗引兵东下。于是常遇春设伏兵于石灰山,徐达布阵于南门外,杨璟驻守大胜巷,孙德胜等人率水军出龙江关,太祖亲自在卢龙山坐镇指挥。乙丑,陈友谅到龙湾时,众军欲开战,太祖说:"天快下雨了,赶快吃饭,乘雨攻击他。"不一会,果然倾盆大雨,士卒竞相奋勇争先,雨停止之后合力作战,水陆夹击,大败陈友谅。友谅乘坐别的大船逃走。于是收复太平,攻下安庆,过后胡大海又攻克信州。

起初,太祖令康茂才哄骗陈友谅,李善长对此表示疑惑不解。太祖说:"陈、张二敌联合,我首尾受敌,只有令其速来先打败他,张士诚就必将丧胆落魄了。"后来张士诚的军队终究不敢出来。丁卯,设置儒学提举司,用宋濂为提举,派长子朱标学习经学。六月,耿再成在庆元打败石抹宜孙,宜孙战死,遣使祭奠他。

秋九月,原来徐寿辉的部将欧普祥在袁州投降。

冬十二月,再次派夏煜送信招谕方国珍。

至正二十一年春二月甲申,建立食盐课税法和茶叶课税法。己亥,置立宝源局。三月丁丑,改枢密院为大都督府。元将薛显在泗州投降。戊寅,方国珍遣使前来谢罪,进献用金玉装饰的马鞍,拒绝接受,说:"今日四方多事,所需要的是人才,所急用的是粮食和布匹,珍宝玩物不是我所爱好的。"

秋七月，陈友谅的部将张定边攻陷安庆。八月，派遣使者到元朝平章察罕帖木儿哪里。当时察罕出兵平山东，招降田丰，军威大振，所以太祖要与他通好。刚好遇到察罕正在进攻益都而未能攻下，太祖于是亲自领水军出征陈友谅。戊戌，攻克安庆，陈友谅的部将丁普郎、傅友德出城迎降。壬寅，到达湖口，在江州追击陈友谅并将其打败，攻克江州城，陈友谅逃奔武昌。于是分兵攻打南康、建昌、饶、蕲、黄、广济，所向皆捷。

冬十一月己未，攻克抚州。

至正二十二年春正月，陈友谅的江西行省丞相胡廷瑞在龙兴投降。乙卯，到龙兴，改其为洪都府。拜谒孔子庙。指示父老，废除陈友谅的苛政，罢免各种军需供应，慰问抚恤贫苦百姓和鳏寡孤独，百姓大为高兴。袁、瑞、临江、吉安相继攻下。二月，回到应天。令邓愈留守洪都。癸未，降人蒋英杀死金华守将胡大海，郎中王恺遇难，蒋英叛降张士诚。处州降人李祐之听到蒋英叛变的消息，也起来造反杀死行枢密院判耿再成、都事孙炎、知府王道同、元帅朱文刚遇难。三月癸亥，降人祝宗、康泰起兵反叛，攻陷洪都，邓愈急走应天，洪都知府叶琛、都事万思诚遇难。这一月，明玉珍在重庆称帝，国号夏。

夏四月己卯，邵荣收复处州。甲午，徐达收复洪都。五月丙午，命朱文正、赵德胜、邓愈镇守洪都。六月戊寅，察罕帖禾儿命人送信来报，扣留太祖派去的使者不予遣还。不久察罕被田丰杀死。

秋七月丙辰，平章邵荣、参政赵继祖阴谋反对太祖，被杀死。

冬十二月，元朝派尚书张昶从海上到达庆元，任命太祖为江西行省平章政事，不接受。察罕帖木儿的儿子扩廓帖木儿致信将送回使者。

至正二十三年春正月丙寅，派汪河前去回报扩廓帖木儿。二月壬申，命将士屯田积谷。同月，陈友谅的部将张定边攻陷饶州。张士诚的部将吕珍攻破安丰，杀死刘福通。三月辛丑，太祖亲自督兵救安丰，吕珍兵败逃走。太祖与韩林儿一起回滁州，然后自己才回到应天。

夏四月壬戌，陈友谅调大军围攻洪都。乙丑，诸全守将谢再兴叛变，归附于张士诚。五月，建筑礼贤馆。陈友谅分兵攻陷吉安，参政刘齐、知府朱叔华被害，又攻陷临江，同知赵天麟被害。再陷无为州，知州董曾被害。

秋七月癸酉，太祖亲自统兵救洪都。癸未，到湖口，首先在泾江口以及南湖觜埋设伏兵，阻止陈友谅的归路，发文书命令信州的军队守住武阳渡。陈友谅得知太祖到洪都，撤兵解围，在鄱阳湖迎战太祖。陈友谅的军队号称六十万人，连接大船为战斗陈列，船楼高十余丈，长达数十里，各种旗帜和成堆的兵器，远远望去犹如一座山。丁亥，双方在康郎山遭遇，太祖把他的军队分为十一队以抗御陈友谅。戊子，太祖的军队合力作战，徐达出击陈友谅的前锋，俞通海用火炮焚毁陈友谅的战船数十艘，双方死伤大略相当。陈友谅的猛将张定边直接进攻太祖所在的战船，使该战船搁浅在沙滩上，不能退却，处境非常危险。幸亏常遇春从旁边射中张定边，俞通海再统兵来援，由于船只骤然驶进使湖水随着涌过来，太祖的战船才得以脱离险境。己丑，陈友谅用所有的大船出战，太祖的各位将领船小，仰攻不利，脸有惧色。太祖亲自指挥，仍畏缩不前，当众斩死十余个畏敌退缩的人，这时才人人拼死力战。到午后，东北忽起大风，于是命令敢死的勇士驾驶七只战船，在芦苇中堆满火药，放火焚烧陈友谅的战船。风烈火猛，烟焰满天，把湖水照得一片赤红。陈友谅的军队一时大乱，各位将领摇旗呐喊乘胜前进，斩杀陈友谅军二千多人，烧死淹死的不计其数。陈友谅的气焰由此丧失。辛卯，双方再次交战，陈友谅再大败。于是收船自守，不敢再战。壬辰，太祖转移部队控制左蠡，陈友谅也退保渚矶。相持三天，陈友谅的左、右二金吾将军都投降了。陈友谅的势力日益穷蹙，愤怒异常，竟把所俘获的将士全部杀死。而太祖则将所有的俘虏释放遣还，受伤的用良药给予医治，并且祭奠他们阵亡的亲戚和将领。八月壬戌，陈友谅由于粮食已尽，转移到南湖觜，为南湖的驻军所阻挡，于是突入湖口。太祖进行阻击，顺流搏战，到达泾江。泾江的守军再拦击他，陈友谅中流箭

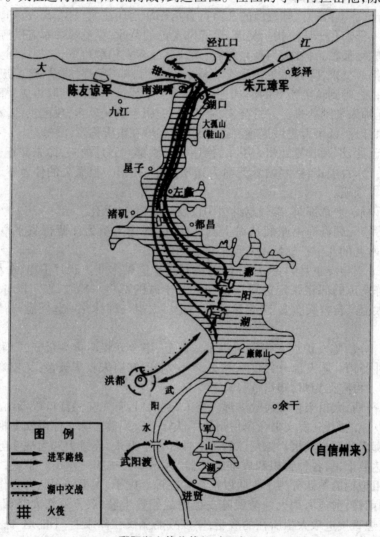

鄱阳湖之战作战经过示意图

身亡。张定边与其子陈理逃奔武昌。

　　九月，回到应天，论功行赏。当初，太祖亲自统兵救安丰，刘基进谏不听。至此他对刘基说："我不应当有安丰之行，假使陈友谅乘虚直捣应天，建功立业的大事就会丧失殆尽了。但他却把自己的军队困顿在南昌，除了坐等灭亡之外还能得到什么。陈友谅灭亡，天下就不难平定了。"壬午，亲自领兵征讨陈理。同月，张士诚自称吴王。

冬十月壬寅,包围武昌,分兵攻打湖北各路,皆取得胜利。十二月丙申,回到应天,留常遇春总督各路兵马。

至正二十四年春正月丙寅初一,李善长等人率领群臣劝太祖即皇帝位,不允许。一再恳请,于是就吴王位。立文武百官。用李善长为右相国,徐达为左相国,常遇春、俞通海为平章政事,指示他们说:"立国之初,应当先正法度。元朝昏暗,权力下移,致使天下大乱,今日宜引以为鉴。"立长子朱标为嫡长子。二月乙未,再次亲自带兵出征武昌,陈理投降,汉、沔、荆、岳皆攻下。三月乙丑,回到应天。丁卯,设立起居注。庚午,罢去各翼元帅府,置立十七卫亲军指挥使司,命中书省召用文武人才。

夏四月,修建忠臣祠,在康郎山祭祀遇难的丁普郎等人,在南昌祭祀赵德胜等人。

秋七月丁丑,徐达攻克庐州。戊寅,常遇春攻江西。八月戊戌,收复吉安,于是进围赣州。徐达攻打荆、湘各路。九月甲申,攻下江陵,夷陵、潭、归都投降。

冬十二月庚寅,徐达攻克辰州,并派别的将领攻下衡州。

至正二十五年春正月己巳,徐达攻下宝庆,湖湘平定。常遇春攻克赣州,熊天瑞投降。于是进军南安,招谕岭南各路,攻下韶州、南雄。甲申,到南昌,逮捕大都督朱文正回应天,列其罪状,安置于桐城。二月己丑,福建行省平章陈友定侵扰处州,参军胡深击败他,于是攻下浦城。丙午,张士诚的部将李伯升进攻诸全的新城,李文忠将他打得大败。

夏四月庚寅,常遇春攻打襄、汉各路。五月乙亥,攻克安陆。己卯,攻下襄阳。六月壬子,朱亮祖、胡深攻打建宁,在城下激战,胡深被俘,遇害。

秋七月,命令抚养随从他渡江受伤残疾的士兵,死亡的赡养其妻子儿女。九月丙辰,建立国子学。

冬十月戊戌,下令讨伐张士诚。这时,张士诚所占据的地盘,南至绍兴,北拥有通、泰、高邮、淮安、濠、泗,再往北到达济宁。于是命徐达、常遇春等人首先牟取淮东。闰十月,进围泰州,攻下。十一月,张士诚侵扰宜兴,徐达击败他,于是自宜兴回师进攻高邮。

至正二十六年春正月癸未,张士诚伺机攻占江阴,太祖亲自统兵前往救援,张士诚逃走,康茂才在浮子门追击打败他。太祖回到应天。二月,明玉珍死,子明升自立为帝。三月丙申,令中书省严格选举人才。徐达攻克高邮。

夏四月乙卯,在淮安用计攻破张士诚部将徐义的水军,徐义逃走,梅思祖在城中投降。濠、徐、宿三州相继攻下,淮东平定。甲子,到濠州拜祭祖墓,设置守坟户二十家,赐给旧友汪文、刘英粮食和布匹。办酒席召乡亲父老开怀畅饮,说:"我离开乡里十多年,经过艰难百战,才得以回乡祭坟墓,与父老子弟再次相见。今日苦于不得久留与各位欢聚同乐。希望父老好好教育子弟孝顺父母、尊敬兄长、努力种田,不要远出经商,临淮郡县尚在遭受劫掠之苦,各位父老珍重自爱。"令有关部门免除租赋,众皆叩头谢恩。辛末,徐达攻克安丰,在徐州分兵打败扩廓帖木儿。夏五月壬午,自濠州回到应天。庚寅,命访求古今各种书籍。

秋八月庚戌,改建应天城,在钟山的南面建造新的宫殿。辛亥,任命徐达为大将军,常遇春为副将军,统兵二十万讨伐张士诚。在宫门誓师说:"攻下平江城之日,不要杀人抢掠,不要毁坏房舍,不要破坏田地。张士诚的母亲埋葬在平江城外,不要侵毁。"过后召问徐达、常遇春,此行用兵当先从何处入手。常遇春想直捣平江。太祖说:"湖州张天骐、杭州潘原明为张士诚的手臂手指,一旦平江受到困逼,两人必会全力入援,我军就难以取胜。不如先攻湖州,使敌疲于奔命,一旦将张士诚的羽翼分开,平江的形势就必然是孤立无援,立即可以攻破。"甲戌,在湖州打败张天骐,张士诚亲自率兵赴援,又在皂林被打败。九月乙未,李文忠攻打杭州。

冬十月壬子,常遇春在乌镇挫败张士诚的部队。十一月甲申,张天骐投降。辛卯,李文忠攻下余杭,潘原明投降,余杭周边各地也都攻下了。癸卯,合围平江。十二月,韩林儿去世。以明年为吴元年,建筑庙社宫殿,祭告山川诸神。有关部门进献宫殿图式,命令删去雕琢华丽的部分。

该年,元朝扩廓帖木儿与李思齐、张良弼构恶交怨,一再互相攻击,朝廷的命令得不到实行,中原地区的百姓日益困苦。

至正二十七年春正月戊戌,指示中书省说:"东南地区长久以来遭受战争,民生凋敝不堪,我非常怜悯他们。而且太平、应天各府,是我渡江开创功业的地方,供应劳累已经很久了。而今户户空虚,官府又急于催征赋税,使我的百姓更加困难,他们将如何能够忍受。当赐免太平的田租二年,应天、镇江、宁国、广德各免一年。"二月丁未,傅友德在徐州打败扩廓帖木儿的部将李二,活捉了他。三月丁丑,开始设立文武科举取士的制度。

夏四月,方国珍暗中派人交通扩廓帖木儿和陈友定,太祖致信谴责他。五月己亥,开始设立翰林院。同月,因旱情严重减少膳费只吃素食,免除徐、宿、濠、泗、寿、邳、东海、安东、襄阳、安陆以及新近归附地区的田租三年。六月戊辰,下大雨旱象解除,群臣请恢复膳食。太祖说:"虽然下了雨,但庄稼已多受伤,当赐免百姓今年的田租。"癸酉,命令朝贺时撤去女乐。

秋七月丙子,赐给府州县官赴任时的道里费,并赐他们及其父母、妻子与长子不同等额的丝棉织品,从此立为一项法令。己丑,雷火震击宫门上的兽吻,赦免罪犯。庚寅,遣使责令方国珍进贡粮食。八月癸丑,建成圜丘、方丘、社稷坛。九月甲戌,太庙落成。朱亮祖统兵讨伐方国珍。戊寅,下诏说:"先王为政,治罪不连累妻子和儿女。自今开始除犯大逆不道的罪行之外,决不要连坐。"辛巳,徐达攻克平江,活捉张士诚,吴地平定。戊戌,遣使送信给元朝的君主,送元朝宗室神保大王等人回到北方。辛丑,论平定张士诚吴地的战功,封李善长为宣国公,徐达为信国公,常遇春为鄂国公,将士赏赐各有差别。朱亮祖攻克台州。癸卯,新宫殿落成。

冬十月甲辰,派遣起居注吴琳、魏观带着钱币到全国各地访求遗留在社会上贤能人士。丙午,令文武百官的礼仪以左为上。于是改李善长为左相国,徐达为右相国。辛亥,分别在安庆和江州祭祀元朝大臣余阙、李黼。壬子,置立御史台。癸丑,命汤和为征南将军,吴祯为副将军,兴师讨伐方国珍。甲寅,制定法令。戊午,端正郊社、太庙雅乐。

庚申,召集各位将领商议北伐。太祖说:"在山东王宣反叛,在河南扩廓帖木儿专横跋扈,在关、陇李思齐、张思道强横而猜忌,元朝的统治行将灭亡,中原生灵涂炭。今日我军即将北伐中原,拯救百姓于水深火热之中,如何才能决战决胜?"常遇春回答说:"用我们百战百胜的军队,去对付敌人长期闲逸的士兵,直捣元大都,必是势如破竹的形势。"太祖说:"元朝建国百年,守备必然坚固,若孤军深入,粮饷不能运到前方,而敌人则可援兵四集,那就是一条极为危险的道路。我想先取山东,撤其屏障,移师两河,破其藩篱,夺取潼关而坚守,控制敌人的门户。这样天下的山川地理就全都掌握在我们的手里,然后进兵,元朝大都势孤援绝,就可以不战而胜。再大张声势地向西进军,云中、九原、关、陇便可席卷而下了。"各位将领都称"善策"。

甲子，命徐达为征虏大将军，常遇春为副将军，统兵二十五万人，由淮河进入黄河，向北挺进夺取中原。命胡廷瑞为征南将军，何文辉为副将军，攻夺福建。命湖广行省平章杨璟、左丞周德兴、参政张彬挥师攻取广西。己巳，朱亮祖攻克温州。十一月辛巳，汤和攻克庆元，方国珍逃窜入海。壬午，徐达攻克沂州，斩杀王宣。己丑，命廖永忠为征南副将军，从海路会合汤和进讨方国珍。乙未，颁行《大统历》。辛丑，徐达攻克益都。十二月甲辰，颁布法令。丁未，方国珍投降，浙东平定。张兴祖攻下东平，兖州以东州县相继投降。己酉，徐达攻下济南。胡廷瑞攻下邵武。癸丑，李善长率领文武百官请登皇帝位，三次上劝进表，才同意。甲子，祈告上帝。庚午，廖永忠由海路攻克福州。

洪武元年春正月乙亥，在南郊祭祀天地，即皇帝位。定国号为明，年号洪武。追尊高祖父为玄皇帝，庙号德祖；曾祖父为恒皇帝，庙号懿祖；祖父为裕皇帝，庙号熙祖；皇父为淳皇帝，庙号仁祖；母均为皇后。册立妃马氏为皇后，长子朱标为皇太子。任命李善长、徐达分别为左、右丞相，各位功臣各按等级晋升爵位。丙子，在全国颁布即皇帝位的诏书。追封皇伯父以下的皆为王。辛巳，命李善长、徐达等人兼任东宫官。甲申，遣使核定浙西田赋。壬辰，胡廷瑞攻克建宁。庚子，命邓愈为征戍将军，攻取南阳以北各州郡。汤和攻克延平，活捉元朝平章陈友定，福建平定。同月，全国府州县官到京师朝见。指示他们说："全国刚刚平定，民力财力都甚为困难，重要的在于与民休养安息，只有廉明的人才能约制自己而有利于别人，希望各位以此自勉。"二月壬寅，制定祭祀天地和宗庙的礼仪，每年必亲自祭祀以成为制度。癸卯，命汤和提督海运。廖永忠为征南将军，朱亮祖为副将军，由海路夺取广东。丁未，在国子学用牛、羊、猪三牲祭祀先师孔子。戊甲，祭祀社稷。壬子，诏令衣冠按照唐代的制度。癸未，常遇春攻克东昌，山东平定。甲寅，杨璟攻克宝庆。三月辛末，命儒臣编写有关于妇女的戒律，告诫皇后和嫔妃不要干预朝政。壬申，周德兴攻克全州。丁酉，邓愈攻克南阳。己亥，徐达攻取汴梁，左君弼投降。

夏四月辛丑，蕲州进献竹席，予以拒绝，命各地不要随意妄献。廖永忠的部队到达广州，元朝守臣何真投降，广东平定。丁未，在太庙合祭祖宗。戊申，徐达、常遇春在洛水以北大败元兵，于是进围河南。梁王阿鲁温投降，河南平定。丁巳，杨璟攻克永州。甲子，巡幸汴梁。丙寅，冯胜攻克潼关，李思齐、张思道逃走。五月己卯，廖永忠攻下梧州，浔、贵、容、郁林各州皆投降。辛卯，令改汴梁路为开封府。六月庚子，徐达在汴梁行在朝见。甲辰，海南、海北各道投降。壬戌，杨璟、朱亮祖攻克靖江。

秋七月戊子，廖永忠攻下象州，广西平定。庚寅，赈济抚恤中原贫民。辛卯，即将回应天，指示徐达等人说："中原百姓，长久以来为群雄所害，流离失所死亡相枕，所以朕命将北征，以拯救百姓于水深火热之中。元朝祖宗的功德在于人心，他的子孙不顾百姓的困苦，因此引起上天的厌烦抛弃他们。元朝的君主是有罪的，而百姓却是无辜的。以往改朝换代的时候，肆行屠戮，违背天意，虐害百姓，朕实在不忍心。各位将领攻克城池，决不要恣行烧、抢和乱杀人，元朝的宗室皇亲，要全部予以保全。这样才能对上报答天心、对下安慰人民的愿望，以符合朕讨伐罪人、安抚百姓的心意。不遵命的必罚无赦。"丙申，命冯胜留守开封。闰七月丁未，自开封回到应天。己酉，徐达在临清会合各位将帅的部队。壬子，常遇春攻克德州。丙寅，攻克通州，元顺帝急走上都。同月，召集全国的贤德之人为府州县官。免去吴江、广德、太平、宁国、滁、和受灾地方的田租。

八月己巳，以应天为南京、开封为北京。庚午，徐达进入元大都，查封库府图册书籍，守卫宫门，禁止士兵侵害百姓，派将领巡视古北口的各个险要的关口。壬申，因为京师发生火灾、四方水旱，诏令中书省集议便民事宜。丁丑，制定吏、户、礼、兵、刑、工六部的官制。御史中丞刘基退休。己卯，赦免判处斩首以下的罪犯。将士入伍从征的抚恤其家，因拖欠赋税而逃亡的准许自首。对新攻克的州县不要非法杀戮。运送田赋路途遥远的，由官军中途转运，灾荒要如实奏报。免去镇江租税。避乱的百姓回家复业的，准许开垦荒地，三年免纳租税。衍圣公袭封以及任命曲阜知县，一律按照前代的旧制。有关部门应当以礼聘请贤能之人，学校不要从事毫无意义的礼节。刑罚要平恕宽大，不要在法定以外的时间处决囚犯，废除书籍和农具的税收。免去民间旧欠的赋税。蒙古人、色目人凡有才能的，准许提拔任用。鳏寡孤独残疾的，慰问救济他们。百姓年七十岁以上的，一个儿子免除徭役。其他的利与害当兴当除而没有写在即位诏书之内的，有关部门要如实具文禀报。壬午，巡幸北京。令改大都路为北平府。召集元朝的旧臣为新政府效劳。癸未，命徐达、常遇春攻取山西。甲午，释放元朝的宫女。九月癸亥，下诏说："天下的长治久安，由天下的贤人共同治理。现今贤士多隐居于山林岩穴，究竟是有关部门失职没有诚恳聘请？还是朝廷礼待不周，抑或是朕寡闻愚昧不能招贤？将在位的壅蔽起来致使他们的情况不能为上面所了解？不然的话，贤士大夫，自幼勤学年壮力行，岂甘心埋没于世而后己。天下刚刚平定，朕愿与各位儒臣共同讲求为政清明的统治方法。凡是能够帮助朕为百姓谋利益的，有关部门一定要用礼调遣送来"。乙丑，常遇春攻下保定，于是进军真定。

冬十月庚午，冯胜、汤和攻下怀庆，泽、潞相继攻下。丁丑，自北京回到京师。戊寅，因元大都平定，下诏告知全国。十一月己亥，遣使分赴全国各地，访求贤才。庚子，开始在天坛圜丘祭祀上帝。癸亥，命令刘基回京师。十二月丁卯，徐达攻克太原，扩廓帖木儿逃走甘肃，山西平定。己巳，设置登闻鼓。壬辰，致信劝谕明升。

洪武二年春正月乙巳，在鸡笼山建立功臣庙。丁未，到太庙祭祀祖宗。庚戌，下诏说："朕本为淮右的普通百姓，因为天下大乱，率众渡长江，保民图治，至今已十有五年。承蒙上天眷顾保佑，均已平定。因此命将北征，齐、鲁的百姓不远千里送粮饷军。朕时刻惦念着他们的功苦，已免去他们洪武元年的田租。又因为遭受旱灾百姓的困苦仍未解除，当再赐免他们的田租一年。不久以前，大军平定燕都，进攻晋、冀，百姓遭受兵火，苦于征敛，北平、燕南、河东、山西今年的田租也准予免除。河南各地归附，早就想施恩惠于他们，因为西北尚未平定，军队要经过该地，所以没有空闲。现今晋、冀俱已平定，西抵达潼关，北以大河为界，南至唐、邓、光、息，今年的税粮全部予以免除。"又下诏说："应天、太平、镇江、宣城、广德供应了大量的粮食。去年免租，由于遇到干旱下面的百姓并没有得到实惠。应当再免以上各府州以及无为州今年的田租。"庚申，常遇春攻取大同。同月，倭寇侵扰山东沿海郡县。二月丙寅初一，下令纂修《元史》。壬午，耕耘耤田。三月庚子，徐达到达奉元，张思道逃走。救济陕西饥民，每户给米二石。丙午，常遇春到凤翔，李思齐逃奔临洮。

夏四月丙寅，常遇春回师北平。己巳，各位王子从博士孔克仁读经史。令功臣子弟入学。乙亥，编辑《祖训录》，确定分封诸王的制度。徐达攻下巩昌。丙子，赐免秦、陇新近归附州县的税粮。丁丑，冯胜到临洮，李思齐投降。乙酉，徐达在西安用计攻破元朝的豫王。五月甲午初一,日食。丁酉,徐达攻下平凉、延安。张良臣在庆阳投降,不久叛变。癸卯,在方丘祭祀地神。六月己卯,常遇春攻克开平,元顺帝向北出走。壬午,封陈日煃为安南国王。

秋七月己亥,鄂国公常遇春死于军队里,命李文忠统领他的部队。扩廓帖木儿遣将攻破原州、泾州。辛酉,冯胜把他打败赶走。丙辰,明升遣使到京师。八月丙寅,元兵进攻大同,李文忠将其击败。己巳,制定内侍官职制度。指示吏部说:"内臣只用于备使唤,人不要多,自古以来他们擅权,可为鉴戒。驾驭他们的方法,当使其害怕法律,不要让其有功劳,有功劳就会骄横恣肆。"癸酉,《元史》修成。丙子,封王颛为高丽国王。癸未,徐达攻克庆阳,斩死张良臣,陕西平定。同月,命儒臣编纂礼书。九月辛丑,召徐达、汤和回京师,冯胜留下总督军事。癸卯,将临濠定为中都。戊午,征南部队班师回朝。

冬十月壬戌,派遣杨璟对明升进行警告劝诫。甲戌,钟山降甘露,群臣请祭告太庙,不准。辛卯,命令全国府州县建立学校。同月,遣使送信给元顺帝。十一月乙巳,在圜丘祭祀上帝,以仁祖为配祭。十二月甲戌,封阿答阿者为占城国王。甲申,救济西安各府的饥民,每户发给米二石。己丑,大赏平定中原以及南征的将士。庚寅,扩廓帖木儿攻打兰州,指挥于光遇难。

这一年,占城、安南、高丽到京师朝贡。

洪武三年春正月癸巳,命徐达为征虏大将军,李文忠、冯胜、邓愈、汤和为副将军,分道北征。二月癸未,追封郭子兴为滁阳王。戊子,下诏访求堪任六部官员的贤能才士。同月,李文忠攻下兴和,进军察罕脑儿,俘获元朝平章竹贞。三月庚寅,免征南畿,河南,山东,北平,浙东,江西广信、饶州今年的田租。

夏四月乙丑,封皇子朱樉为秦王,朱棡为晋王,朱棣为燕王,朱橚为吴王,朱桢为楚王,朱榑为齐王,朱梓为潭王,朱杞为赵王,朱檀为鲁王,从孙朱守谦为靖江王。徐达在沈儿峪大败扩廓帖木儿,尽降其众,扩廓逃走和林。丙戌,元顺帝死于应昌,其子爱猷识理达腊嗣位。同月,慈利土官覃厚叛乱。五月己丑,徐达攻取兴元。分派邓愈招谕吐蕃。丁酉,命令府州县官推举学识渊博,德行良好,意志坚定的贤人。己亥,开设科举取士。甲辰,李文忠攻克应昌。元朝嗣君向北出走,俘获其子买的里八剌,降其众五万余人,穷追元朝嗣君到北庆州,不及而还。丁未,下诏实行大射礼。戊申,在方丘祭祀土地神,以仁祖为配祭。辛亥,徐达攻下兴元。邓愈攻克河州。诏令开国时的将帅凡无子继嗣的俸禄由家人享受。同月天旱,斋戒,皇后和嫔妃亲自烧火做饭,皇太子和各王由斋所馈送。六月戊午初一,穿素服草鞋,步行祈祷山川诸神,露宿了三天,回来在西庑吃素。辛酉,赏赐将士,减少狱囚,命有关部门访求精通经术明识治国之道的人士。壬戌,下大雨。壬申,李文忠进呈的捷报到达京师,命令过去曾在元朝政府做过官的不要参加庆贺。谥元王为元顺帝。癸酉,买的里八剌到京师,群臣请举行献俘礼。太祖高皇帝说:"周武王讨伐殷商时曾用过这种方式吗?"中书省的官员以唐太宗曾经举行过这种典礼回答太祖高皇帝。太祖高皇帝说:"唐太宗只是对待王世充而已。假如遇到隋朝的子孙,恐怕就不会这样了。"于是不允许。又因李文忠的捷报浮侈之辞过多,对宰相说:"元朝统治中国百年,朕与你等人的父母都依赖其生存,为何使用如此轻浮刻薄的语言,赶快改正它。"乙亥,封买的里八剌为崇礼侯。丙子,在南郊举行告捷典礼。丁丑,禀告太庙,下诏通告全国。辛巳,迁移苏州、松江、嘉兴、湖州、杭州无业的居民到临濠种田,官府供给粮食、耕牛、和种子，并免纳三年的赋税。同月，倭寇侵犯山东、浙江、福建沿海州、县。

秋七月丙辰，明升的部将吴友仁进犯汉中，参政傅友德将其击退。中书省左丞杨宪犯罪被杀。八月乙酉，派遣使臣收埋中原地区的尸骨。

冬十月丙辰，命儒士轮流在午门值班，为武臣讲解经史。癸亥，命周德兴为征南将军，讨伐覃垕，覃垕逃走。辛已，送信给元朝的嗣君。十一月壬辰，北征的部队班师回朝。甲午，在南郊和太庙宣告武事成功。丙申，大封功臣。晋升李善长为韩国公，徐达为魏国公，封李文忠为曹国公，冯胜为宋国公，邓愈为卫国公，常遇春的儿子常茂为郑国公，汤和等二十八人为侯。己亥，设坛亲自奠祭在战场上牺牲的将士。庚戌，在圜丘祭祀上帝。辛亥，令户部置立户籍、户帖，每年统计户口增减之数报告皇帝，从此成为一项法令。乙卯，封中书省右丞汪广洋为忠勤伯，御史中丞刘基为诚意伯。十二月癸亥，再次送信给元朝的嗣君，并招谕和林各部。甲子，修建奉先殿。庚午，遣使祭祀历代帝王的陵墓，并加以整修。己卯，赐给勋臣田土。壬午，由正月至本月，太阳屡次出现黑子，下诏求廷臣直言时政得失。

该年，占城、爪哇、西洋入京师朝贡。

洪武四年正月丙戌，李善长罢官，命汪广洋为右丞相。丁亥，令中山侯汤和为征西将军，江夏侯周德兴、德庆侯廖永忠为副将军，统率水军由瞿塘出发，颍川侯傅友德为征虏前将军，济宁侯顾时为副将军，率领步兵和骑兵由秦、陇启程共同讨伐蜀。魏国公徐达在北平练兵。戊子，命卫国公邓愈督运粮饷供应征蜀的部队。庚寅，在中都修建祭祀天地之坛和太庙。丁未，下诏开设科举取士连续举行三年，今后每三年举行一次。戊申，免征山西遭受旱灾地区的田租。二月甲戌，巡幸中都。壬午，自中都回到京师。元朝平章刘益在辽东投降。同月，免除太平、镇江、宁国的田租。三月乙酉初一，开始亲自考试全国的贡士，分别赐吴伯宗等人为进士及第、进士出身。乙巳，迁山后居民一万七千户到北平屯田。丁未，诚意伯刘基退休。

夏四月丙戌，傅友德攻克阶州，文、隆、绵三州相继攻下。五月，免去江西、浙江的秋粮。六月壬午，傅友德攻克汉州。辛卯，廖永忠攻克夔州。戊戌，明升的部将丁世贞攻破文州，守将朱显忠被害。癸卯，汤和到重庆，明升投降。戊申，倭寇侵犯胶州。同月;迁山后居民三万五千户入内地，又迁移沙漠遗民三万二千户到北平屯田。

秋七月辛亥，徐达在山西练兵。辛酉，傅友德攻下成都，四川平定。乙丑，明升到京师，封为归义侯。八月甲午，免去中都、淮、扬以及泰、滁、无为的田租。己酉，救济陕西饥民。同月，高州的海寇作乱，通判王名善遇难。九月庚戌初一，日食。

冬十月丙申，征蜀大军凯旋归来。十一月丙辰，在圜丘祭祀上帝。庚申，命令官吏犯贪污赃私罪的决不轻贷。这一月，赐免陕西、河南受灾地区的田租。十二月，召徐达回京师。

该年，安南、浡泥、高丽、三佛齐、暹罗、日本、真腊入京师朝贡。

洪武五年春正月癸丑，待制王祎奉命出使云南，诏谕元朝梁王把匝剌瓦尔密。王祎到云南后，不屈而死。乙丑，将陈理、明升迁居高丽。甲戌，命魏国公徐达为征虏将军，出雁门关，进军和林，曹国公李文忠为左副将军，出应昌，宋国公冯胜为征西将军，攻取甘肃，征讨扩廓帖木儿。命靖海侯吴祯总督海运，供应辽东军饷。令卫国公邓愈为征南将军，江夏侯周德兴、江阴侯吴良为副将军，分道讨伐湖南、广西洞蛮。二月丙戌，安南陈叔明杀其国王陈日煃而自立为王,遣使来京师朝贡,予以拒绝。三月丁卯,都督金事蓝玉在土剌河打败扩廓帖木儿。

夏四月己卯,赈济济南、莱州的饥民。戊戌,开始实行乡饮酒礼。庚子,邓愈讨平散毛各洞蛮。五月壬子,徐达在岭北遇到元兵双方交战,失利。这一月,下诏说:"天下已经平定,礼仪风俗不可不正。凡遭遇战乱而沦为他人奴隶的一律恢复为平民。饥寒交迫的由村里的富户借贷给他们,孤寡残疾的由官府予以抚养,不要使他们流离失所。乡里关系讲究年龄,相见时行揖拜礼,不要违背礼节。婚姻不要讲钱财。办理丧事要根据自家有无能力,不要迷惑和拘束于阴阳风水的忌讳,将棺材停放在外而不埋葬。流民复业为农的各依丁力多寡耕种田地,不要受到原有田土的限制。僧道打斋建醮做法事时男女混杂,恣行饮食的,有关部门要严加惩治。闽、粤势豪大户不得阉割他人的儿子为火者,犯者抵罪。"六月丙子,制定宦官禁令。丁丑,制定宫廷女职官的制度。戊寅,冯胜攻克甘肃,在瓜、沙州追击打败元兵。癸巳,制定六部的职权以及年终考核政绩的办法。壬寅,吴良平息靖州蛮。甲辰,李文忠在阿鲁浑河打败元兵,宣宁侯曹良臣战死。乙巳,制作铁榜告诫功臣。这一月,赈济山东饥民,免除受灾郡县的田租。

秋七月丙辰,汤和在断头山遇到元兵双方交战,失利。八月丙申,吴良讨平五开、古州各蛮。甲辰,元兵进犯云内,同知黄里被害。九月戊午,周德兴平息婺凤、安田各蛮。

冬十月丁酉,冯胜班师回朝。同月,免去应天、太平、镇江、宁国、广德的田租。十一月辛酉,在圜丘祭祀上帝。甲子,征南大军凯旋归来。壬申,纳哈出进犯辽东。这一月,召徐达、李文忠回京师。十二月甲戌,命令用重视农桑和学校考核有关部门的政绩。辛巳,命令文武官员奏事要先报告皇太子。庚子,命邓愈为征西将军,统兵征讨吐蕃。壬寅,送信给元朝嗣君。

这一年,琐里、占城、高丽、琉球、乌斯藏到京师朝贡。高丽贡使再来,令自此之后每三年朝贡一次。

洪武六年春正月甲寅,贬谪汪广洋为广东参政。二月乙未,令暂时停止科举考试,访察举荐贤能才士。壬寅,命御史及按察使考察有关部门的官员。三月癸卯初一,日食。颁布《昭鉴录》,训诫各位亲王。戊申,举行大规模的阅兵典礼。壬子,命徐达为征虏大将军,李文忠、冯胜、邓愈、汤和为副将军,整顿山西、北平边备。甲子,命指挥使於显为总兵官,防备倭寇。

夏四月己丑,命令有关部门进呈有关山、河险易的形势图。六月壬午,盱眙进献象征祥和的麦穗,上供太庙。壬辰,扩廓帖木儿派兵攻打雁门关,指挥吴均将其击退。同月,免去北平、河间、河南、开封、延安、汾州受灾地区的田租。

秋七月己丑,命令户部稽查自从渡江以来各省水旱灾害的情况,给予优免和抚恤。壬子,命胡惟庸为右丞相。八月乙亥,下令祭祀三皇和历代帝王。

冬十月辛巳,召徐达、冯胜回京师。十一月壬子,扩廓帖木儿进犯大同,徐达命将打败他,徐达仍然留下镇守哪里。甲子,派遣兵部尚书刘仁救济真定的饥民。丙寅,冬至,太祖高皇帝身体不适,更改卜郊的日期。闰十一月乙亥,录用已故功臣的子孙尚未嗣爵的计二百零九人。壬午,在圜丘祭祀上帝。庚寅,颁定《大明律》。

该年,暹罗、高丽、占城、真腊、三佛齐入京师朝贡。命令安南陈叔明暂时代理国事。

洪武七年春正月甲戌,都督金事王简、王诚,平章李伯升,分别到河南、山东、北平屯田。命靖海侯吴祯为总兵官,都督於显为副总兵官,巡视海防缉捕倭寇。二月丁酉初一,日食。戊午,整修曲阜孔子庙,开设孔学、颜学、孟学。同月,平阳、太原、汾州、历城、汲县发生旱灾和蝗灾,一并免予交纳租税。

夏四月己亥,都督蓝玉在白酒泉打败元兵,于是夺取兴和。壬寅,金吾指挥陆龄讨伐永、道各州蛮,平息了他们。五月丙子,免去真定等四十二个府州县受灾地区的田租。辛巳,赈济苏州饥民三十万户。癸巳,将苏、松、嘉、湖租额极重的田租减去一半。六月,陕西平凉、延安、靖宁、鄜州降大雨和冰雹,山西、山东、北平、河南发生蝗灾,一并免去田租。

秋七月甲子,李文忠在大宁、高州攻破元兵。壬申,倭寇侵犯登、莱。八月甲午初一,祭祀历代帝王庙。辛丑,下诏令军士阵亡,而其父母妻子儿女不能养活自己的,由官府予以抚养。百姓因逃避兵祸流离失散或者死于外乡,留下老幼,一概由官府帮助送回。在远处做官死于任上,妻子儿女不能回归的,由有关部门提供船、车送回。庚申,救济河间、广平、顺德、真定的饥民,减免租税。九月丁丑,遣送崇礼侯买的里八剌北归,送信给元朝嗣君。

冬十一月壬戌,纳哈出进犯辽阳,千户吴寿将其击退。在圜丘祭祀上帝。十二月戊戌,召邓愈、汤和回京师。

这年,阿难功德国、暹罗、琉球、三佛齐、乌斯藏、撒里、畏兀儿入京师朝贡。

洪武八年春正月辛未,在鸡笼山功臣庙里增加祭祀一百零八人;癸酉,命有关部门访察鳏寡孤独的贫困百姓,供给他们房舍和衣、食。辛巳,命邓愈、汤和等十三人在北平、陕西、河南屯田守边。丁亥,令全国建立社学。同月,黄河在开封决堤,征发民夫堵塞决口。二月甲午,宽待杂犯死罪以下和犯私罪的官吏,贬到凤阳从事运输、制作和屯种作为赎罪。癸丑,耕耘耤田。召徐达、李文忠、冯胜回京师,傅友德等人留下镇守北平。三月辛酉,建立钞法。辛巳,停止宝源局铸钱。

夏四月辛卯,巡幸中都。丁巳,自中都回到京师。免去彰德、大名、临洮、平凉、河州受灾地区的田租。停止营建中都。退休的诚意伯刘基去世。五月己巳,命永嘉侯朱亮祖同傅友德一起镇守北平。六月壬寅,指挥同知胡汝平息贵州蛮。

秋七月己未初一,日食。辛酉,改建太庙。壬戌,召傅友德、朱亮祖回京师,李文忠、顾时镇守山西、北平。戊辰,命令文武百官为父母奔丧的不必等待批准才动身。京师发生地震。丁丑,免去应天、太平、宁国、镇江以及蕲、黄各府受灾地区的田租。八月己酉,元朝扩廓帖木儿去世。

冬十月丁亥,令推举品行端正通达时务的富民。壬子,命皇太子和各位亲王到中都讲习军事。十一月丁丑,在圜丘祭祀上帝。十二月戊子,京师发生地震。甲寅,遣使救济苏州、湖州、嘉兴、松江、常州、太平、宁国、杭州水灾。同月,纳哈出进犯辽东,指挥马云、叶旺大败其众。

这年,撒里、高丽、占城、暹罗、日本、爪哇、三佛齐入京师朝贡。

洪武九年春正月,中山侯汤和,颍川侯傅友德,都督金事蓝玉、王弼,中书右丞丁玉,到延安整饬边防。三月己卯,下诏说:"近年西征敦煌,北伐沙漠,军需武器,皆取给于山西、陕西,又因修建秦王、晋王二府宫殿,使我的百姓负担更重。全国平定以来,平民百姓未得到休息。国都始建,土木屡兴。京师附近的地区已经极度劳累,外郡也因转运各种物资而疲乏不堪。现在积蓄储备尚有盈余,淮、扬、安、徽、池五府以及山西、陕西、河南、福建、江西、浙江、北平、湖广今年的田租,全部准予免纳。"

夏四月庚戌,京师自去年八月以来一直没有下雨,今日才下雨。五月癸酉,自庚戌下雨,至今日始为晴天。六月甲午,改行中书省为承宣布政使司。辛丑,李文忠回京师。

秋七月癸丑初一,日食。同月,免苏、松、嘉、湖水灾地区的田租,救济永平的旱灾。元将伯颜帖木儿进犯延安,傅友德将其打败并收降他。八月己酉,遣官视察历代帝王的陵墓,禁止放牧,并置立守陵户。命令对忠臣烈士祠,有关部门要经常进行修缮。分别派遣国子生到各处修建五岳、各方主山、大海、大川的祭祀。西番朵儿只巴进犯罕东,河州指挥甯正将其击退。闰九月庚寅,因发生灾害下诏要求臣民直言朝政得失。

冬十月己未,太庙建成,自此实行合祭祖宗。丙子,命令秦、晋、燕、吴、齐各王到凤阳带领军队。十一月壬午,在圜丘祭祀上帝。戊子,迁山西及真定没有产业的百姓到凤阳耕种田地。十二月甲寅,救济畿内、浙江、湖北水灾。己卯,派遣都督同知沐英乘驿站的车马到陕西慰问民间疾苦。

这一年,览邦、琉球、安南、日本、乌斯藏、高丽入京师朝贡。

洪武十年春正月辛卯,用羽林等卫的军队加强秦、晋、燕三王府的护卫力量。这个春季,救济苏、松、嘉、湖水灾。

夏四月己酉,命邓愈为征西将军,沐英为副将军,统兵征讨吐蕃,将其打得大败。这一月,救济太平、宁国以及宜兴、钱塘各县水灾。五月庚子,命韩国公李善长、曹国公李文忠总领中书省、大都督府、御史台,商议军国大事。癸卯,赈济湖广水灾。丙午,户部主事赵乾因救济荆、蕲行动迟缓,被处决。六月丁巳,下诏令臣民上书言事的可以密封直接送到皇帝面前。丙寅,命令政事先经皇太子裁决然后再奏闻。

秋七月甲申,设置通政司。同月,开始派遣御史巡按全国各州县。八月庚戌,在南郊改建大祀殿。癸丑,推选武臣的子弟入国子监读书。九月丙申,救济绍兴、金华、衢州水灾。辛丑,任命胡惟庸为左丞相,汪广洋为右丞相。

冬十月戊午,封沐英为西平侯。辛酉,赐给文武百官公田。十一月癸未,卫国公邓愈去世。丁亥,在奉天殿合祭天地。同月,免去河南、陕西、广东、湖广的田租。威茂蛮发动叛乱,命御史大夫丁玉为平羌将军,发兵讨平它。十二月乙巳初一,日食。丁未,录用已故功臣的子孙五百余人,各授以不同的官职。

这一年,占城、三佛齐、暹罗、爪哇、真腊到京师朝贡。高丽的使者先后五次到京师,因该国嗣王未立,拒绝了他们的要求。

洪武十一年正月春甲戌,封皇子朱椿为蜀王,朱柏为湘王,朱桂为豫王,朱楧为汉王,朱植为卫王。改封吴王朱橚为周王。己卯,进封汤和为信国公。这一月,征召全国布政使以及知府来京师朝见。二月,指挥胡渊平息茂州蛮。三月壬午,命令奏事不要报告中书省。这一月,将进京师朝见的官员按其政绩分为三等。

夏四月,元朝嗣君爱猷识理达腊死亡,其子脱古帖木儿嗣位。五月丁酉,遣使慰问苏、松、嘉、湖遭受水灾的百姓,每户赐给米一石,免去旧欠的赋税六十五万余石。六月壬子,遣使吊祭已故的元朝嗣君。己巳,五开蛮反叛,杀死靖州指挥过兴,以辰州指挥杨仲名为总兵官,兴师讨伐它。

秋七月丁丑,救济平阳饥民。同月,苏、松、扬、台海水涨溢,派遣官员前往慰问抚恤。八月,免征应天、太平、镇江、宁国、广德各府州的秋粮。九月丙申,追封刘继祖为义惠侯。

冬十月甲子，太祀殿落成。十一月庚午，征西将军西平侯沐英率领都督蓝玉、王弼讨伐西番。同月，五开蛮平定。

这一年，暹罗、阇婆、高丽、琉球、占城、三佛齐、朵甘、乌斯藏、彭亨、百花入京师朝贡。

洪武十二年春正月己卯，开始在南郊合祭天地。甲申，洮州十八族番发动叛乱，命沐英转移部队前去讨伐。丙申，丁玉平息松州蛮。二月戊戌，由李文忠督理河、岷、临、巩军事。乙巳，下诏说："今春雨雪连绵数十日不止，全国有许多贫民饥寒交困，当令有关部门给钞救济。"丙寅，信国公汤和率领各侯赴临清练兵。

夏五月癸未，免征北平的田租。六月丁卯，都督马云出征大宁。

秋七月丙辰，丁玉回师讨伐眉县的妖贼，尽歼其众。己未，令李文忠回京师掌领大都督府的事务。八月辛巳，下诏令凡是退休的官员免去其家的徭役，终身不必负担。九月己亥，沐英大败西番，活捉其部长和三副使。

冬十一月甲午，沐英班师回朝，封仇成、蓝玉等十二人为侯。庚申，大宁平定。十二月，汪广洋被贬到广南，赐其自尽。召全国各地博学老成的人士到京师。

该年，占城、爪哇、暹罗、日本、安南、高丽入京师朝贡。高丽进贡黄金一百斤，白银一万两，因其不按照条约的规定，予以拒绝。

洪武十三年春正月戊戌，左丞相胡惟庸谋反，与其党羽御史大夫陈宁、中丞涂节等人皆被处死。癸卯，在南郊隆重祭祀天地。罢中书省，废除丞相等官。重新规定六部官的品级，改大都督府为中、左、右、前、后五军都督府。二月壬戌初一，下诏令推举聪明正直，孝顺父母、尊敬兄长、努力种田、德才兼备、精通文学和治国策略的人士。发放朱砂的凭证，检查全国金谷的数量。戊戌，令文武官年六十以上的准其自动退休，发给诰敕。三月壬辰，减免苏、松、嘉、湖重赋田租的十分之二。壬寅，燕王朱棣到达封国北平。壬子，沐英在亦集乃奇袭元将脱火赤，活捉他，尽降其众。

夏四月已丑，命令群臣各自举荐自己所了解的贤德才士。五月甲午，雷震谨身殿。乙未，大赦囚犯。丙申，释放在京师和临濠屯田以及输作的罪犯。己亥，下令免征全国各地的田租。胥吏因犯错误而被罢官的准其恢复原职。壬寅，都督濮英进军赤斤站，俘获过去元朝的幽王亦怜真及其家奴，凯旋而归。同月，罢御史台。下诏令入伍从征的士兵年老有病的准许由子替代，年老而无子的以及寡妇，均由有关部门帮助遣送回家。六月丙寅，雷震奉天殿，离开正殿反省自己的过失。丁卯，下令罢去修建王府的工役。丁丑，设置谏院官。

秋八月，命令全国各地学校的师生，每日由国家供给膳食。九月辛卯，令景川侯曹震、营阳侯杨璟、永城侯薛显到北平屯田。乙巳，天寿节，开始接受群臣朝贺，并在谨身殿设宴招待他们，自此成为制度。丙午，设置四辅官，禀告太庙。以儒士王本、杜佑、龚斆、杜斅、赵民望、吴源分别为春、夏官。同月，命令在陕西的卫所军队以三分之二屯田。翰林院学士承旨宋濂被安置到茂州，在途中逝世。

冬十一月乙未，徐达回京师。丙午，元朝平章完者不花、乃儿不花进犯永平，指挥刘广战死，千户王辂把他们击败，擒获完者不花。十二月，全国府州县所推举的士人到达京师的计八百六十余人，各授以不同级别的官职。南雄侯赵庸镇守广东，进讨阳春蛮。

这一年，琉球、日本、安南、占城、真腊、爪哇到京师朝贡。其中日本因没有进贡表而被拒绝。

洪武十四年春正月戊子，命徐达为征虏大将军，汤和、傅友德分别为左、右副将军，统兵进讨乃儿不花。令新任命的官员各自举荐自己所了解的品学兼优的人士。乙未，在南郊隆重祭祀天地。壬子，停止全国每年制造兵器。癸丑，命令公、侯的子弟入国子学读书。丙辰，下诏访求隐居山林的贤人。二月庚辰，查核全国各地的官田。三月丙戌，大赦囚犯。辛丑，向北方地区的学校颁行《五经》《四书》。

夏四月庚午，命徐达统率各位将领出塞外，至北黄河，击败元兵，俘获全宁四部回到北平。五月，五溪蛮叛乱，江夏侯周德兴出兵讨伐，平息了他们。

秋八月丙子，下诏访求精通经术而又老成的人士，由有关部门礼送京师。庚辰，黄河在原武、祥符、中牟一带决口。辛巳，徐达回京师。九月壬午初一，命傅友德为征南将军，蓝玉、沐英分别为左、右副将军，统兵出征云南。徐达镇守北平。丙午，令周德兴转移部队讨伐施州蛮，一举平息。

冬十月壬子初一，日食。癸丑，命令司法部门审核记录囚犯的罪状，并会同翰林院、给事中以及春坊官共同商议公正合理的处理意见然后奏闻。甲寅，免去应天、太平、广德、镇江、宁国的田租。癸亥，分别派遣御史到全国各地检查记录囚犯的罪状。己卯，延安侯唐胜宗举兵讨伐浙东的山寇，平息其乱。十一月壬午，吉安侯陆仲亨镇守成都。庚戌，赵庸讨伐广州海寇，大败其众。十二月丁巳，命令翰林院和春坊官考核驳正各衙门的章奏。戊辰，傅友德在白石江大败元兵，于是进军曲靖。壬申，元朝梁王把匝剌瓦尔密逃到普宁自杀。

这一年，暹罗、安南、爪哇、朵甘、乌斯藏入京师朝贡。因安南侵犯思明，不予接纳。

洪武十五年春正月辛巳，在谨身殿宴请群臣，开始使用九奏乐。景川侯曹震、定远侯王弼攻下楚威路。壬午，元朝曲靖宣慰司以及中庆、澄江、武定各路皆投降，云南平定。己丑，令减少已被判为死刑的囚徒。乙未，在南郊隆重祭祀天地。庚戌，命令全国到京师朝见的官员各举荐一名自己所熟悉的贤能之士。二月壬子，黄河在河南决堤，命驸马都尉李祺前往救济。甲寅，为云南平定，下诏告知全国。闰二月癸卯，蓝玉、沐英攻克大理，分兵攻打鹤庆、丽江、金齿，均取得胜利。三月庚午，黄河在朝邑决堤。

夏四月甲申，把元朝梁王把匝剌瓦尔密以及威顺王的儿子伯伯等人的家属迁移到耽罗。丙戌，下诏令全国各地一律祭祀孔子。壬辰，免征畿内、浙江、江西、河南、山东的税粮。五月乙丑，国子学落成，陈设酒食祭奠先师孔子。丙子，广平府吏王允道上书请求开炼磁州铁矿。太祖高皇帝说："朕听说过做帝王的人必须使全国没有被遗弃的贤人，从未听说要没有遗留下来的财利。现今兵器并不缺乏，而且百姓的本业已经稳定，开矿不但对国家毫无益处，且会重新扰乱百姓。"为此杖打王允道，并把他流放到岭南。丁丑，派遣行人访求精通经术、德行良好的才士。

秋七月乙卯，黄河在荥泽、阳武一带决堤。辛酉，罢免四辅官。乙亥，傅友德、沐英出击乌撒蛮，大败其众。八月丁丑，再次设科举取士，令每三年举行一次，由此成为制度。丙戌，高皇后马氏逝世。己丑，命延安侯唐胜宗、长兴侯耿炳文在陕西屯田。丁酉，提拔秀才曾泰为户部尚书。辛丑，命令召到京师的秀才分别到吏、户、礼、兵、刑、工六科试用。九月己酉，吏部将精通经术、德行良好的才士郑韬等三千七百余人召入京师拜见，太祖令其举荐自己所了解的贤人，然后派遣使者征召他们。赐给郑韬等人钞，过后各授以布政使、参政等不同级别的官职。庚午，安葬孝慈皇后于孝陵。

冬十月丙子,设置都察院。丙申,检察记录囚犯的罪状。甲辰,徐达回到京师。同月,广东群盗平定,命赵庸班师回朝。十一月戊午,设置殿阁大学士,由邵质、吴伯宗、宋纳、吴沉四人担任。十二月辛卯,救济北平受灾地区的屯田士兵。己亥,命永城侯薛显督理山西军务。

该年,爪哇、琉球、乌斯藏、占城入京师朝贡。

洪武十六年春正月乙卯,在南郊隆重祭祀天地。戊午,令徐达镇守北平。二月丙申,首次命令全国各地学校的岁贡士到京师。三月甲辰,召征南部队回京师,沐英留下镇守云南。丙寅,下令免除凤阳、临淮二县百姓的徭役和赋税,世世代代永不负担。

夏五月庚申,免征畿内各府的田租。六月辛卯,免征畿内十二个州县养马户的田租一年,其中滁州免征二年。

秋七月,分别派遣御史到各地检察记录囚犯的罪状。八月壬申初一,日食。九月癸亥,命申国公邓镇为征南将军,讨伐龙泉山的寇盗,荡平其众。

冬十月丁丑,召徐达等人回京师。十二月甲午,刑部尚书开济犯罪被杀。

这一年,琉球、占城、西番、打箭炉、暹罗、须文达那入京师朝贡。

洪武十七年春正月丁未,在南郊隆重祭祀天地。戊申,命徐达镇守北平。壬戌,汤和巡视沿海各城防备倭寇。三月戊戌初一,颁行科举取士的规则。曹国公李文忠逝世。甲子,大赦全国各地的囚犯。

夏四月壬午,论平定云南的战功,进封傅友德为颍国公、陈桓等四人为侯,大赏将士。庚寅,收埋阵亡将士的尸骨。增建国子监的学舍。五月丙寅,凉州指挥宋晟在亦集乃征讨西番,打败他们。

秋七月戊戌,严禁内官干预外廷的事务,敕令外廷各衙门不得和内官监互相往来公文。癸丑,下诏令文武百官回家迎接父母奉养于任所的,由官府供给船、车。丁巳,免征畿内今年田租的一半。庚申,检察记录囚犯的罪状。壬戌,盱眙县有人进献天书,令斩死他。八月丙寅,黄河在开封决口。壬申,黄河在杞县决口,派官员去堵塞它。己丑,下令免去河南等省旧欠的赋税。

冬十月丙子,河南、北平发生大水,分别派遣驸马都尉李祺等人前去救济。闰十月癸丑,诏令全国各地的罪囚,先由刑部、都察院审议,再由大理寺覆审定罪,然后报请皇帝裁决。同月,召徐达回京师。十二月壬子,免去云南旧欠的赋税。

这年,琉球、暹罗、安南、占城入京师朝贡。

洪武十八年春正月辛未,在南郊隆重祭祀天地。癸酉,令入京师朝见的官员分五等考核政绩,罢降晋升各有差别。二月甲辰,因长久以来出现阴雨雷电,下诏求官民尽言时政得失。己未,魏国公徐达逝世。三月壬戌,分别赐丁显等人为进士及第、进士出身。下诏令在朝中和外地官员的父母凡死于住所的,由有关部门供给船、车送其回家安葬,从此成为一项法令。乙亥,免征畿内今年的田租。命令全国各府县掩埋暴露在外的尸骨。丙子,首次选用进士为翰林院、承敕监、六科庶吉士。己丑,户部侍郎郭桓因犯侵盗官粮罪被杀。

夏四月丁酉,吏部尚书余焴因罪被杀。丙辰,思州蛮叛乱,命汤和为征虏将军,周德兴为副将军,统兵随从楚王朱桢前去进讨。六月戊申,规定在外地的官员每三年到京师朝见一次,由此定为法令。

秋七月甲戌，封王禑为高丽国王。庚辰，五开蛮发动叛乱。八月庚戌，令冯胜、傅友德、蓝玉在北平守备边境。同月，赈济河南水灾。

冬十月己丑，向全国各地颁发《大诰》。癸卯，召冯胜回京师。甲辰，下诏说："孟子传播道义，有功于正名分的礼教。历今年久，子孙甚少。近来其子孙有因罪而被罚从事劳作的，这哪里是礼待先贤的意愿呀。应当尽心询访，凡是圣贤的后代被罚劳作的，一概予以免除。"同月，楚王朱桢、信国公汤和讨平五开蛮。十一月乙亥，免去河南、山东、北平的田租。十二月丙午，命有关部门推举孝廉之人。癸丑，麓川平缅宣慰使思伦发反叛，都督冯诚出征失败，千户王升遇难。

该年，高丽、琉球、安南、暹罗到京师朝贡。

洪武十九年春正月辛酉，救济大名及江浦水灾。甲子，在南郊隆重祭祀天地。同月，征蛮的部队回到京师。二月丙申，耕耘耤田。癸丑，赈济河南饥民。

流民图

夏四月甲辰，下诏令赎还河南饥民所卖的子女。六月甲辰，命有关部门慰问老年人。凡贫民年八十岁以上的，每月给米五斗，酒三斗，肉五斤；九十岁以上的，每年加布帛一匹，棉絮一斤；有田产的不给米。应天、凤阳富民年八十以上的赐爵社士，九十岁以上的赐乡士；全国其他地方的富民年八十以上的赐里士；九十岁以上的赐社士。皆与县官享有同等的礼遇，并免去其家的赋役。鳏寡孤独不能自存的，每年给米六石。士兵在战场上受伤的废除其军籍，赐免三年的赋役。将校阵亡的，其子孙世袭爵位增加一级俸禄。隐居山林岩穴的才士，用礼聘请送来京师。丁未，救济青州及郑州的饥民。

秋七月癸未，命令推举明识经学、德行良好、练达时务之士。年六十以上的，安置于翰林院备顾问；六十岁以下的，由六部和布，按二司安排使用。八月甲辰，命皇太子修建泗州盱眙祖陵，准备安葬德祖以下皇帝、皇后的礼帽和礼服。九月庚申，在云南实行屯田。

冬十月，命官军已经死亡而其子女幼小或者父母年老的，皆照旧给予全部俸禄，由此定为法令。十二月癸未初一，日食。同月，命宋国公冯胜分兵防守边境。征发北平、山东、山西、河南的民夫运粮到大宁。

这一年，高丽、琉球、暹罗、占城、安南入京师朝贡。

中华传世藏书

二十四史 精华

明史

二四四三

洪武二十年春正月癸丑,以冯胜为征虏大将军,傅友德、蓝玉为副将军,率师出征纳哈出。令焚毁锦衣卫的刑具,缘由锦衣卫监狱关押的囚犯移交给刑部的监狱。甲子,在南郊隆重祭祀天地。典礼完毕时,天气清明。侍臣进言说:"这是陛下敬天有诚心的结果。"太祖高皇帝说:"所谓敬天,不单要在形式上庄严而有礼,更应当有其实在的内容。上天将百姓当作儿子的重任托付给做君主的,做君主的想侍奉天,就必须首先体恤百姓。体恤百姓,就是侍奉天的实在内容。就象国家任命人担任府州县官的事一样,假若他们不能造福于百姓,就是背弃了君主的命令,哪有比这更大为不敬的呀。"又说:"做人君的,敬天为父,敬地为母,视百姓如儿子,都是职分所应当尽力而为的,祭祀天地,不是为自己祈祷幸福,实在是为了天下的百姓。"二月壬午,检阅军队。乙未,耕耘耤田。三月辛亥,冯胜率兵出松亭关,建筑大宁、宽河、会州、富峪四城。

夏四月戊子,江夏侯周德兴在福建沿海筑城,练兵防倭。六月庚子,临江侯陈镛从征走错道路,遇敌战死。癸卯,冯胜的部队越过金山。丁未,纳哈出投降。闰六月庚申,冯胜班师驻扎金山,都督濮英统率的部队走在最后面遇到敌人的伏兵,濮英遇难身死。

秋八月癸酉,下令收回冯胜的将军印,召回京师,由蓝玉代理军事。景川侯曹震在云南品甸屯田。九月戊寅,封纳哈出为海西侯。癸未,设置大宁都指挥使司。丁酉,郑国公常茂被安置到龙州。丁未,以蓝玉为征虏大将军,延安侯唐胜宗、武定侯郭英为副将军,北征沙漠。同月,筑西宁城。

冬十月戊申,封朱寿为舳舻侯,张赫为航海侯。同月,冯胜罢官回到凤阳,可按时入京朝见。十一月壬午,命普定侯陈桓、靖宁侯叶升在定边、姚安、毕节各卫屯田。己丑,汤和回京师,总计修筑宁海、临山等五十九座城。十二月,救济登、莱饥民。

该年,琉球、安南、高丽、占城、真腊、朵甘、乌斯藏入京师朝贡。

洪武二十一年春正月辛巳,麓川蛮思伦发入侵马龙他郎甸,都督甯正击败他。辛卯,在南郊隆重祭祀天地。甲午,救济青州饥民。逮捕法办隐匿灾情不报的有关部门的官员。三月乙亥,分别赐任亨泰等人为进士及第、进士出身。丙戌,赈济东昌饥民。甲辰,沐英进讨思伦发,一举打败他。

夏四月丙辰,蓝玉在捕鱼儿海用计打败元朝嗣君,俘获其次子地保奴以及嫔妃、公主、王公以下数万人回来。五月甲戌初一,日食。六月甲辰,信国公汤和回到凤阳。甲子,以傅友德为征南将军,沐英、陈桓分别为左、右副将军,统兵讨伐东川叛蛮。

秋七月戊寅,地保奴被安置到琉球。八月癸丑,迁移泽、潞无业的居民到黄河南、北开垦田地,赐给钞置农具,免其三年租税。丁卯,蓝玉班师回朝,大赏北征将士。戊辰,封孙恪为全宁侯。同月,御制八条指示训令武臣遵行。九月丙戌,秦、晋、燕、周、楚、齐、湘、鲁、潭九位藩王进京朝见。癸巳,越州蛮阿资发动叛乱,沐英会同傅友德讨伐他。

冬十月丁未,东川蛮平息。十二月壬戌,封蓝玉为凉国公。

这一年,高丽、占城、琉球、暹罗、真腊、撒马儿罕、安南入京师朝贡。命令安南自今以后每三年朝贡一次,不要进献象、犀一类的东西。安南黎季犛杀其国王陈炜。

洪武二十二年春正月,改大宗正院为宗人府,以秦王朱樉为宗人令,晋王朱棡、燕王朱棣分别为左、右宗正,周王朱橚、楚王朱桢分别为左、右宗人。丁亥,在南郊隆重祭祀天地。乙未,傅友德在普安打败阿资。二月己未,蓝玉在四川练兵。壬戌,禁止武臣干预民事。癸亥,湖广千户夏得忠勾结九溪蛮发动叛乱,靖宁侯叶升讨平他,得忠被处死。同月,阿资投降。三月庚午,傅友德率各位将领分别屯守四川、湖广,以防御西南蛮。

夏四月己亥,移江南的居民到淮南屯田,赐给钞购置农具,免征三年租税。癸丑,令魏国公徐允恭、开国公常升等人在湖广练兵。甲寅,迁元朝降王到耽罗。同月,遣御史审察山东匿灾不报的官员。五月辛卯,在兀良哈设置泰宁、朵颜、福余三卫。

秋七月,召傅友德等人回京师。八月乙卯,下诏令全国推举年高德望明识时务之人。同月,重亲修定《大明律》。九月丙寅初一,日食。

冬十一月丙寅,宣德侯金镇等人在湖广练兵。己卯,思伦发入京进贡认罪,麓川平定。十二月甲辰,周王朱橚有罪,令迁往云南,不久罢迁,留居京师。命定远侯王弼等人在山西、河南、陕西练兵。

这一年,高丽、安南、占城、真腊到京师朝贡。元朝也速迭儿杀其君脱古思帖木儿而立坤帖木儿。高丽废其国王王禑,又废国王王昌。安南黎季犛再杀其国王陈日焜。

洪武二十三年春正月丁卯,晋王朱棡、燕王朱棣统兵征元朝丞相咬住,太尉乃儿不花,征虏前将军颍国公傅友德等皆听从晋、燕二王的指挥。己卯,在南郊隆重祭祀天地。庚辰,贵州蛮发动叛乱,延安侯唐胜宗兴师讨平。乙酉,齐王朱榑统兵从燕王朱棣北征。赣州贼作乱,令东川侯胡海为总兵官,普定侯陈桓、靖宁侯叶升为副将,发兵予以平息。命唐胜宗督责贵州各卫屯田。二月戊申,蓝玉讨平西番叛蛮。丙辰,耕耘耤田。癸亥,黄河在归德决堤,征发各军和民夫堵塞它。三月癸巳,燕王朱棣的部队进驻迤都,咬住等人投降。

夏四月,吉安侯陆仲亨等因被定为胡惟庸的同党关入监狱。丙申,潭王朱梓自焚身亡。闰四月丙子,蓝玉平息施南、忠建叛蛮。五月甲午,遣送各位公、侯回归故里,各赐给不同数量的金币。乙卯,赐太师韩国公李善长自尽,陆仲亨等皆被杀死。作《昭示奸党录》,布告全国。六月乙丑,蓝玉派遣凤翔侯张龙平息都匀、散毛各蛮。庚寅,任命德才兼备而又熟悉典故、年六十以上的老人为官。

秋七月壬辰,黄河在开封决口,令予赈济。癸巳,崇明、海门暴风骤雨海水溢入田舍,遣官进行救济,并征发民夫二十五万修筑堤岸。八月壬申,下令不要用吏卒担任选举。蓝玉回京师。同月,救济河南、北平、山东水灾。九月庚寅初一,日食。

冬十月己卯,救济湖广饥民。十一月癸丑,免征山东受灾地区的田租。十二月癸亥,命令被判为死刑以下的囚犯运粮到北方边境以弥补自己的罪过。壬申,令停止全国各地每年织造丝织品。

这一年,墨剌、哈梅里、高丽、占城、真腊、琉球、暹罗入京朝贡。

洪武二十四年春正月癸卯,在南郊隆重祭祀天地。戊申,命颍国公傅友德为征虏将军,定远侯王弼、武定侯郭英为副将军,整治北平边防。三月戊子初一,日食。命魏国公徐辉祖、曹国公李景隆、凉国公蓝玉等人在陕西守备边境。乙未,靖宁侯叶升在甘肃练兵。丁酉,分别赐许观等人为进士及第、进士出身。

夏四月辛未,封皇子朱㰘庆王,朱权为宁王,朱楩为岷王,朱橞为谷王,朱松为韩王,朱模为沈王,朱楹为安王,朱桱为唐王,朱栋为郢王,朱㰘为伊王。癸未,燕王朱棣督领傅友德各将帅出塞外,打败敌人凯旋归来。五月戊戌,命汉、卫、谷、庆、宁、岷六位亲王到临清练兵。六月己未,命令廷臣参考历代礼仪制度,重新制定衣帽、居室、用具的制度。甲子,因久旱无雨,令审察记录囚徒的罪状。

秋七月庚子,迁移富民充实京师。辛丑,免征畿内官田的租税一半。八月乙卯,秦王朱樉有罪,被召回京师。乙丑,皇太子巡抚陕西。乙亥,都督佥事刘真、宋晟进讨哈梅里,打败他们。九月乙酉,遣使告谕西域。同月,倭寇侵犯雷州,百户李玉、镇抚陶鼎力战身死。

冬十月丁巳,免去北平、河间受灾地区的田租。十一月甲午,五开蛮叛乱,都督佥事茅鼎兴兵讨伐,平息他们。庚戌,皇太子回京师,晋王朱棡进京朝见。辛亥,赈济河南水灾。十二月庚午,周王朱橚恢复封国。辛巳,阿资再次反叛,都督佥事何福出兵讨伐降服了他。

这年,全国各郡县赋役黄册造成,总计有一千六十八万四千四百三十五户,五千六百七十七万四千五百六十一丁。琉球、暹罗、别失八里、撒马儿罕入京师朝贡。因占城发生篡位叛逆的严重事件,拒绝其朝贡。

洪武二十五年春正月戊子,周王朱橚入京朝见。庚寅,黄河在阳武决口,征发军民加以堵塞,并免去受水灾地区的田租。乙未,在南郊隆重祭祀天地。命何福进讨都匀、毕节各蛮,平定了他们。辛丑,命令被判为死罪的囚犯运粮到边塞。壬寅,晋王朱棡、燕王朱棣、楚王朱桢、湘王朱柏进京朝见。二月戊午,召曹国公李景隆等回京师。靖宁侯叶升等人在河南以及临、巩、甘、凉、延庆各地练兵。都督茅鼎等平息五开蛮。丙寅,耕耤耤田。庚辰,命令全国各卫所的军队用十分之七屯田。三月癸未,命冯胜等十四人分别督理陕西、山西、河南各卫的军务。庚寅,改封豫王朱桂为代王,汉王朱楧为肃王、卫王朱植为辽王。

夏四月壬子,命凉国公蓝玉征讨罕东。癸丑,建昌卫指挥月鲁帖木儿叛变,指挥鲁毅出兵打败他。丙子,皇太子朱标逝世。戊寅,命都督聂纬、徐司马、瞿能进讨月鲁帖木儿,等蓝玉回来以后,均听从他的指挥。五月辛巳,蓝玉到罕东,贼寇逃走,于是进军建昌。己丑,救济陈州原武水灾。六月丁卯,西平侯沐英死于云南。

秋七月庚辰,秦王朱樉恢复封国。癸未,指挥瞿能在双狼塞打败月鲁帖木儿。八月己未,江夏侯周德兴因事被杀。丁卯,冯胜、傅友德率领开国公常升等分赴山西,征民为军,到大同、东胜屯田,建立十六个卫。甲戌,每年赐给公、侯俸禄,原来所赐给的田土归还官府。丙子,靖宁侯叶升因定为胡惟庸的党羽被杀。九月庚寅,立皇孙朱允炆为皇太孙。高丽李成桂囚禁其国王王瑶而自立为王,并拿着国人的劝进表来京师请求批准,下诏予以接受,更改国号号为朝鲜。

冬十月乙亥,沐英继承爵位封西平侯,镇守云南。十一月甲午,蓝玉擒获月鲁帖木儿,杀死他,召蓝玉回京师。十二月甲戌,宋国公冯胜、颖国公傅友德等兼任东宫师、保官。闰十二月戊戌,命冯胜为总兵官,傅友傅为副总兵,在山西、河南练兵,兼领屯卫的事务。

这一年,琉球的中山与山南,高丽、哈梅里入京师朝贡。

洪武二十六年春正月戊申,下令免全国六十岁以上的老年人来京师朝见。辛酉,在南郊隆重祭祀天地。二月丁丑,晋王朱棡统领山西、河南的军队出塞外,召冯胜、傅友德、常升、王弼等人回京师。乙酉,蜀王朱椿进京朝见。凉国公蓝玉因谋反,与并受其株连的鹤庆侯张翼、普定侯陈桓、景川侯曹震、舳舻侯朱寿、东莞伯何荣、吏部尚书詹徽等人皆因此被杀。己丑,向全国颁布《逆臣录》。庚寅,耕耤耤田。三月辛亥,代王朱桂率领护卫兵出塞,听从晋王的调遣。长兴侯耿炳文在陕西练兵。丙辰,命冯胜、傅友德整饬山西、北平边备,其所辖的卫所将校一律听从晋王、燕王的指挥。庚申,诏令晋、燕二王遇有重大的军务才奏报。壬戌,会宁侯张温因定为蓝玉的党羽被处死。

夏四月乙亥,孝感发生饥荒,派遣使者乘坐驿站的车马迅速前去发放仓粮借给饥民。命令自今开始凡遇到饥荒年,先贷粮给饥民然后再奏闻,立为法令。戊子,周王朱橚进京朝见。庚寅,旱灾,诏群臣上书直言朝政得失。减少狱因。丙申,因安南擅自废君自立,绝其朝贡。

秋七月甲辰初一,日食。戊申,选秀才张宗浚等随从詹事府的官员在文华殿轮流值班,侍候皇太孙。八月,秦、晋、燕、周、齐五位藩王进京朝见。九月癸丑,代、肃、辽、庆、宁五位藩王进京朝见。令赦免胡惟庸、蓝玉的余党。

冬十月丙申,提拔国子监生六十四人为布政使等官。十二月,向各位藩王颁布《永鉴录》。

这一年,琉球、爪哇、暹罗入京朝贡。

洪武二十七年春正月乙卯,在南郊隆重祭祀天地。辛酉,命李景隆为平羌将军,镇守甘肃。发放全国的仓谷贷给贫民。三月庚子,分别赐张信等人为进士及第、进士出身。辛丑,魏国公徐辉祖、安陆侯吴杰在浙江防备倭寇。庚戌,令督促百姓种植桑枣、木棉。甲子,因为全国四方已经彻底平定,将兵器收藏起来,表示永不再用。

秋八月甲戌,吴杰及永定侯张铨率领退休的武臣,到广东防备倭寇。乙亥,遣国子监生分赴全国各地,督促官吏和百姓兴修水利。丙戌,在阶、文的军队发动叛乱,令都督宁正为平羌将军兴师讨伐。九月,令徐辉祖指挥陕西沿边各部队。

冬十一月乙丑,颍国公傅友德因事被处死。阿资再次叛变,西平侯沐春出兵击败他。十二月乙亥,定远侯王弼因事被杀。

这一年,乌斯藏、琉球、缅、朵甘、爪哇、撒马儿罕、朝鲜入京朝贡。安南来贡,拒绝之。

洪武二十八年春正月丙午,阶、文的寇乱被平息,宁正率所部随从秦王朱樉征讨洮州叛番。丁未,在南郊隆重祭祀天地。甲子,西平侯沐春擒获并斩死阿资,越州平定。同月,命周王朱橚、晋王朱棡率领河南、山西各卫的军队出塞外,筑城、屯田。燕王朱棣带领总兵官周兴出辽东边塞。二月丁卯,宋国公冯胜因事被杀。己丑,命令户部编居民每一百户为一里。遇有婚姻、死丧、疾病各种患难,里中富的资助钱财,贫的资助劳力。春秋耕种收获,通力合作,这些都是为了使百姓和睦相处。

夏六月壬申,命令各土司都建立儒学。辛巳,周兴等人自开原追击敌人至甫答迷城,不及而还。己丑,到奉天门,指示群臣说:"朕起兵至今四十年,十分了解事情的真假是非,为了惩治奸顽,有时法外用刑,这本不是常法。今后的嗣君只许遵循《律》和《大诰》,不许使用黥刺、剕、劓、阉割等各种刑罚。臣下有敢用这些奏请的,处以重刑。"又说:"朕罢丞相,设五军都督府、六部、都察院分理各种繁多的政务,事权归于朝廷。今后的嗣君不许再立丞相,臣下有敢用这些奏请的处以重刑。皇亲只有犯谋逆的大罪才不能赦免。犯其他罪行的,由宗亲会议报请皇上裁决。司法部门只许检举奏报,不得擅自逮捕。这些都要刻于典章之上,永为遵守。"

秋八月丁卯,命都督杨文为征南将军,指挥韩观、都督金事宋晟为副将军,进讨龙州土官赵宗寿。戊辰,信国公汤和逝世。辛巳,赵宗寿认罪来京师朝见,杨文转而移兵讨伐奉议、南丹的叛蛮。九月丁酉，免征畿内、山东的秋粮。庚戌，向朝廷内外颁布《皇明祖训条章》，规定"后世有议论更改祖宗制度的，按奸臣论处"。十一月乙亥，奉议、南丹的叛蛮皆被平息。十二月壬辰，命令河南、山东种植桑、枣以及洪武二十七年以后新开垦的田地，不要进行征税。

这一年，朝鲜、琉球、暹罗入京师朝贡。

洪武二十九年春正月壬申，在南郊隆重祭祀天地。二月癸卯，征虏前将军胡冕督兵讨伐郴、桂蛮乱，平定了他们。辛亥，燕王朱棣率军队巡视大宁，周世子朱有燉率军队巡视北平关口。三月辛酉，楚王朱桢、湘王朱柏进京朝见。甲子，燕王在彻彻儿击败敌军，又追击敌军到兀良哈秃城并在哪里将其打败，然后胜利归来。

秋八月丁未，免征应天、太平五府的田租。九月乙亥，召退休的武臣二千五百余人到京师朝见，大赏他们，各晋升俸禄一级。

这一年，琉球、安南、朝鲜、乌斯藏入京师朝贡。

洪武三十年春正月丙辰，命耿炳文为征西将军，郭英为副将军，巡视西北边防。丙寅，在南郊隆重祭祀天地。丁卯，分别在山西、北平、陕西、甘肃、辽东设置行太仆寺，掌管马政。己巳，左都督杨文在辽东屯田。同月，沔县盗寇暴动，令耿炳文兴兵讨伐它。二月庚寅，水西蛮叛乱，命都督佥事顾成为征南将军，讨平他们。三月癸丑，分别赐陈䢿等人为进士及第、进士出身。庚辰，古州蛮叛乱，龙里千户吴得、镇抚井孚战死。

夏四月己亥，命都指挥齐让为平羌将军，讨伐古州蛮。壬寅，水西蛮平定。五月壬子初一，日食。乙卯，楚王朱桢、湘王朱柏率兵进讨古州蛮。六月辛巳，分别赐礼部覆试贡士韩克忠等人为进士及第、进士出身。己酉，驸马都尉欧阳伦有罪，令其自尽。

秋八月丁亥，黄河在开封决堤。甲午，命李景隆为征虏大将军，在河南练兵。九月庚戌，汉、沔贼寇平息。戊辰，麓川平缅土司酋长刀干孟赶走其宣慰使思伦发，由此发动叛乱。乙亥，命都督杨文为征虏将军，代替齐让。

冬十月戊子，停止辽东海运。辛卯，耿炳文在陕西练兵。乙未，重新修建的国子监先师庙落成。十一月癸酉，命沐春为征虏前将军，都督何福等人为副将军，进讨刀干孟。

这一年，琉球、占城、朝鲜、暹罗、乌斯藏、泥八剌入京师朝贡。

洪武三十一年春正月壬戌，在南郊隆重祭祀天地。乙丑，派遣使者到山东、河南督促百姓耕种田地。二月乙酉，倭寇侵犯宁海，指挥陶铎击败他们。辛丑，古州蛮平息，召杨文回京师。甲辰，都督佥事徐凯讨平麽些蛮。

夏四月庚辰，廷臣因朝鲜一再生事挑衅，请出兵讨伐，不准。五月丁未，沐春攻击刀干孟，将他打得人仰马翻。太祖高皇帝身体不安适。戊午，都督杨文随从燕王朱棣，武定侯郭英随从辽王朱植，到开平备边御敌，皆听燕王指挥。

闰五月癸未，太祖高皇帝的疾病大为加重。乙酉，死于西宫，年七十有一。遗诏说："朕承天命三十一年，心里总是忧虑着国家和百姓的安危，日日勤劳，不敢倦怠，致力于为百姓谋利益。无奈出身寒微，没有像古人那样博学多闻，好善疾恶，远不如他们。今日懂得了万物本身的客观规律，何有哀念之情。皇太孙允炆仁义明达孝顺友爱，天下归心，最适合于登皇帝位。内外文武百官要同心辅佐政事，以安定我的百姓。治丧祭奠仪式的物品，不要使用金玉。孝陵的山川仍照旧，不要改动。天下官民，哀悼仪式举行三日之后，皆免穿素服，不要防碍嫁女娶亲。各位藩王只在封国哀悼，不要到京师。凡不在这个诏令之中的,根据这个诏令行事。"辛卯,葬于孝陵。谥号高皇帝,庙号太祖。永乐元年,再谥为圣神文武钦明启运俊德成功统天大孝高皇帝。嘉靖十七年,增谥为开天行道肇纪立极大圣至神仁文义武俊德成功高皇帝。

太祖高皇帝由上天授给他智慧和能力,统一了全中国,武功文治,为汉、唐、宋各位君主所未能及。当其开创功业之初,能够沉着镇定审时度势,循次经营,很有计划。经常与各位大臣议论夺取天下的策略,说:"朕时逢死亡和战乱,当初起兵乡里,本为保全自己。及渡过长江以后,看到各处群雄的所作所为,只是祸害百姓,而张士诚、陈友谅尤其是大蛀虫。士诚倚仗富有,友谅倚仗兵强,朕独无所倚仗。只有不爱好杀人,布施信义,实行节俭,和你们同心共济。起初与张士诚、陈友谅二位敌人相对峙,士诚尤为逼近,有说应该先击败他。朕依据友谅志气骄傲,士诚器量狭小,志气骄傲必好生事端,器量狭小必没有远大的规划,所以首先攻打友谅。鄱阳湖之战,士诚终于不能走出姑苏一步去支援陈友谅。假使首先攻打士诚,他在浙西负固坚守,友谅必会倾国而来,我就会腹背受敌了。士诚、友谅两个敌人既消灭,北定中原,所以先取山东,次及河洛,而制止潼关的军队不急于夺取秦、陇,是因为扩廓帖木儿、李思齐、张思道都是身经百战之后,未必肯于匆忙甘拜下风,急于进攻,他们势必会联合在一起,一下子不容易平定,所以出其不意,将战旗转向北方。燕都既攻克,然后西征。张、李望绝势穷,不战而胜,然而扩廓仍在极力抗拒不肯屈服。假使那时未攻下燕都,骤然和他们斗力,谁胜谁负就未可知了。"太祖高皇帝的雄才大略,料敌如神,克敌制胜,都与此相类似。所以能够平定祸乱,直到得有天下。古语说"天道后起者胜",这绝不是偶然的。

成祖仁孝徐皇后传

【题解】

明成祖皇后徐氏(1362~1407年)是明朝开国功臣徐达的女儿。靖难之役中,徐皇后曾亲自指挥守城。永乐五年,徐皇后去世,谥号为"仁孝皇后"。葬长陵。

【原文】

成祖仁孝皇后徐氏,中山王达长女也。幼贞静,好读书,称女诸生。太祖闻后贤淑,召达谓曰:"朕与卿,布衣交也。古君臣相契者,率为婚姻。卿有令女,其以朕子棣配焉。"达顿首谢。

洪武九年册为燕王妃。高皇后深爱之。从王之藩,居孝慈高皇后丧三年,蔬食如礼。高皇后遗言可诵者,后一一举之不遗。

靖难兵起,王袭大宁,李景隆乘间进围北平。时仁宗以世子居守,凡部分备御,多禀命于后。景隆攻城急,城中兵少,后激劝将校士民妻,皆授甲登陴拒守,城卒以全。

王即帝位,册为皇后。言:"南北每年战斗,兵民疲敝,宜与休息。"又言:"当世贤才皆高皇帝所遗,陛下不宜以新旧间。"又言:"帝尧施仁自亲始。"帝辄嘉纳焉。初,后弟增寿常以国情输之燕,为惠帝所诛,至是欲赠爵,后力言不可。帝不听,竟封定国公,命其子景昌袭,乃以告后。后曰:"非妾志也。"终弗谢。尝言汉、赵二王性不顺,官僚宜择廷臣兼署之。一日,问:"陛下谁与图治者?"帝曰:"六卿理政务,翰林职论思。"后因请悉召见其命妇,赐冠服钞币。谕曰:"妇之事夫,奚止馈食衣服而已,必有助焉。朋友之言,有从有违,夫妇之言,婉顺易入。吾旦夕侍上,唯以生民为念,汝曹勉之。"尝采《女宪》《女诫》作《内训》二十篇,又类编古人嘉言善行,作《劝善书》,颁行天下。

永乐五年七月,疾革,唯劝帝爱惜百姓,广求贤才,恩礼宗室,毋骄畜外家。又告皇太子:曩者北平将校妻为我荷戈城守,恨未获随皇帝北巡,一赉恤之也。是月乙卯崩,年四十有六。帝悲痛,为荐大斋于灵谷、天禧二寺,听群臣致祭,光禄为具物。十月甲午,谥曰仁孝皇后。七年营寿陵于昌平之天寿山,又四年而陵成,以后葬焉,即长陵也。帝亦不复立后。仁宗即位,上尊谥曰仁孝慈懿诚明庄献配天齐圣文皇后,祔太庙。

【译文】

明成祖仁孝皇后徐氏,是中山王徐达的大女儿。自幼贞淑文静,喜欢读书,被称为"女秀才",明太祖听说她贤惠善良,便把徐达召来,对他说:"我和你还是百姓时便有交情。古来皇帝和臣子合得来的,大概都结为姻亲。你有个好女儿,就许配给我的儿子朱棣吧。"徐达叩头谢恩。

洪武九年册封徐氏为燕王妃。明太祖皇后马氏很喜欢她。她随燕王居住在封地,为明太祖的马皇后守丧三年,完全按照礼仪吃素。马皇后的遗言能够朗读的,徐氏一一摘出,绝无遗漏。

燕王朱棣起兵靖难,亲自率军奔袭大宁。李景隆乘机围攻北平(今北京)。后来的明仁宗当时还是燕王世子,指挥守城,凡是军队部署等事项,多半都要禀报徐氏,受命遵行。李景隆攻势很急,城中军队不多,徐氏便极力劝说将校士民的妻子,让她们都穿上甲胄登城守御,由此守住了城池。

燕王登上皇帝宝座,册封徐氏为皇后。徐皇后曾说:"南方北方连年交战,士兵和百姓都已疲惫困乏,应该让他们休养生息。"她还说:"当今的英贤人才都是太祖皇帝给我们留下来的,陛下不要因为新人或旧臣而区别对待他们。"她又说:"尧帝施行仁政从自己的亲人开始。"明成祖对此都欣然采纳。当初徐皇后的弟弟徐增寿经常把南京方面的情况报告给燕王那边,因此被明惠帝处死,现在明成祖打算追赠徐增寿爵位,徐皇后坚决不同意。明成祖没有听她的,追封徐增寿为定国公,让他的儿子徐景昌继袭,这才告知徐皇后。徐皇后说:"这不是我的意思。"最后也没有谢恩。徐皇后曾说汉王与赵王二人性情不和顺,他们二人的属官应该在朝廷大臣中选择合适的人兼任。有一天,她问明成祖说:"陛下同谁一起治理国家?"明成祖说:"六卿负责日常行政,翰林院职责谋划国策。"徐皇后便请求把这些官员的妻子们有品级的全部召来,赏赐她们衣帽钱钞等,对她们说:"妻子侍奉丈夫,并非仅仅在于吃饭穿衣,必须要能成为丈夫的帮手。朋友间的话语,有的听从,有的不听从,夫妇间的话语,婉转平顺,易于被接受。我每天侍奉皇上,一心只为百姓着想,你们也要以之自勉。"徐皇后曾经摘录《女宪》《女诫》的内容,编成《内训》二十篇,又把古人的好言语好行为分类编成《劝善书》,让天下人阅读。

永乐五年七月,她病重,遗言中只是劝明成祖爱惜百姓,广泛寻访英贤人才,对皇族要恩礼备至,不要骄纵外戚。又告诉皇太子说,往年在北平时,将校的妻子都为我拿起武器守卫城池,可惜的是成祖皇帝到北平巡视时我未能随行,没有对她们加以赏赐或抚恤。当月乙卯日,徐皇后去世,享年四十六岁。明成祖十分悲痛,在灵谷寺和天禧寺作大斋追荐亡灵,听凭大臣们前来吊祭,光禄寺为她设置祭物。十月甲午日,给徐皇后定下谥号为"仁孝皇后"。永乐七年在昌平(今北京昌平)天寿山建造陵墓,过了四年陵墓建成,把徐皇后葬在这里,就是长陵。明成祖也不再立皇后。明仁宗即位,为徐皇后追赠尊号"仁孝慈懿诚明庄献配天齐圣文皇后",神主袝祭于太庙。

万贵妃传

【题解】

　　万贵妃(1431~1487年)是明宪宗最宠爱的妃子,诸城(今山东诸城)人。她的岁数较之宪宗皇帝要大近二十岁,但皇帝对她的宠爱却始终不衰。在宫中十分专横。成化二十三年病逝。葬于天寿山。

【原文】

　　恭肃贵妃万氏,诸城人。四岁选入掖廷,为孙太后宫女。及长,侍宪宗于东宫。宪宗年十六即位,妃已三十有五,机警,善迎帝意,遂谮废皇后吴氏,六宫希得进御。帝每游幸,妃戎服前驱。成化二年正月生皇第一子,帝大喜,遣中使祀诸山川,遂封贵妃。皇子未期薨,妃亦自是不复娠矣。

　　当是时,帝未有子,中外以为忧,言者每请溥恩泽以广继嗣。给事中李森、魏元,御史康永韶等先后言尤切。四年秋,彗星屡见。大学士彭时、尚书姚夔亦以为言。帝曰:"内事也,朕自主之。"然不能用。妃益骄。中宫用事者,一忤意,立见斥逐。掖廷御幸有身,饮药伤坠者无数。孝宗之生,顶寸许无发,或曰药所中也。纪淑妃之死,实妃为之。佞幸钱能、覃勤、汪直、梁芳、韦兴辈皆假贡献,苛敛民财,倾竭府库,以结贵妃欢。奇技淫巧,祷祠宫观,靡费无算。久之,帝后宫生子渐多,芳等惧太子年长,他日立,将治己罪,同导妃劝帝易储。会泰山震,占者谓应在东宫。帝心惧,事乃寝。

　　二十三年春,暴疾薨,帝辍朝七日。谥曰恭肃端慎荣靖皇贵妃,葬天寿山。弘治初,御史曹璘请削妃谥号。鱼台县丞徐顼请逮治诊视纪太后诸医,捕万氏家属,究问当时薨状。孝宗以重违先帝意,已之。

万贵妃

【译文】

明宪宗恭肃贵妃万氏,是诸城(今山东诸城)人。四岁时被选进皇宫,是孙太后的宫女。长大以后,她在东宫侍奉皇太子(即后来的宪宗皇帝)。宪宗皇帝十六岁登上皇位,这时万氏已经三十五岁了。她为人机警,善于迎合宪宗皇帝的心意,她说皇后吴氏的坏话,结果吴氏被废。宫中的女子很少能受到宪宗皇帝的眷顾。宪宗皇帝春游,万贵妃总是穿一身军服在前面开道。成化二年正月,万氏生下了宪宗皇帝的长子,皇帝大为高兴,派宫中太监为使者去祭祀国中名山大川,万氏便被封为贵妃。皇子生下不到一年就死了,万贵妃此后也未能再怀孕。

当时,宪宗皇帝没有儿子,朝廷内外都为此担忧,很多人建议皇帝广施恩泽,多行善事,希望借此能得到继承人。给事中李森、魏元,御史康永韶等人先后上奏章,言词更为恳切。成化四年秋天,多次看见彗星。大学士彭时、尚书姚夔也谈到此事。宪宗皇帝说:"这是内廷事务,我自己来解决。"但皇帝也没有什么办法。万贵妃更为骄横。管事的太监,只要违背万贵妃的心意,立刻就被斥逐。宫内怀孕的侍女,被万贵妃强迫服药堕胎的不计其数。孝宗皇帝刚生下来的时候,头顶一寸左右范围内没有头发,有人说就是吃药造成的。淑妃纪氏(即孝宗皇帝的生母)的死,实际上也是万贵妃干的。奸邪太监钱能、覃勤、汪直、梁芳、韦兴等人都假借向皇帝进贡之名,搜刮民间的财物和官府的库藏,献给了贵妃,以讨她欢心。万贵妃追求各种奇怪巧妙的东西,建造了多所祠堂庙宇,浪费了大量的金钱。久而久之,宪宗皇帝宫内生的男孩渐渐多起来,梁芳等人害怕太子年龄已大,将来当了皇帝,会惩治他们所犯的罪过,便同万贵妃一起劝宪宗皇帝另立太子。正碰上泰山一带地震,占卜者说地震与东宫太子有关。宪宗皇帝心里害怕,更换太子之事便停了下来。成化二十三年的冬天,万贵妃突然患病死去,宪宗皇帝为她的死停止上朝七天。她的谥号为"恭肃端慎荣靖皇贵妃",葬于天寿山。弘治初年,御史曹璘请求削除万贵妃的谥号。鱼台(今山东鱼台)县丞徐顼请求逮捕为纪太后看病的医生,还要逮捕万贵妃的家属,从他们哪里查究纪太后死时的情形。孝宗皇帝觉得这太违背死去皇帝的意愿而作罢。

郑贵妃传

【题解】

郑贵妃(?~1630年),大兴人(今北京大兴区),明神宗的皇妃。她在神宗皇帝面前极为得宠,想使自己所生的儿子立为太子,结果惹出很多麻烦。崇祯三年去世,葬于银泉山。

【原文】

恭恪贵妃郑氏,大兴人。万历初入宫,封贵妃,生皇三子,进皇贵妃。帝宠之。外廷疑妃有立己子谋。群臣争言立储事,章奏累数千百,皆指斥宫闱,攻击执政。帝概置不问。由是门户之祸大起。万历二十九年春，皇长子移迎禧宫，十月立为皇太子，而疑者仍未已。

先是，侍郎吕坤为按察使时，尝集《闺范图说》。太监陈矩见之，持以进帝。帝赐妃，妃重刻之，坤无与也。二十六年秋，或撰《闺范图说跋》，名曰《忧危竑议》，匿其名，盛传京师，谓坤书首载汉明德马后由宫人进位中宫，意以指妃，而妃之刊刻，实藉此为立己子之据。其文托"朱东吉"为问答。"东吉"者，东朝也。具名曰"忧危"，以坤曾有"忧危"一疏，因借其名以讽，盖言妖也。妃兄国泰，姪承恩以给事中戴士衡尝纠坤，全椒知县樊玉衡并纠贵妃，疑出自二人手。帝重谪二人，而置妖言不问。踰五年，《续忧危竑议》复出。是时太子已立，大学士朱赓得是书以闻。书托"郑福成"为问答。"郑福成"者，谓郑之福王当成也。大略言："帝于东宫不得已而立，他日必易。其特用朱赓内阁者，实寓更易之义。"词尤诡妄，时皆谓之妖书。帝大怒，敕锦衣卫搜捕甚急。久之，乃得皦生光者，坐极刑，语详郭正域、沈鲤传。

四十一年，百户王曰乾又告变，言奸人孔学等为巫蛊，将不利于圣母及太子，语亦及妃。赖大学士叶向高劝帝以静处之，而速福王之藩，以息群言。事乃寝。其后"梃击"事起，主事王之采疏言张差狱情，词连贵妃宫内侍庞保、刘成等，朝议汹汹。贵妃闻之，对帝泣，帝曰："外廷语不易解，若须自求太子。"贵妃向太子号诉。贵妃拜，太子亦拜。帝又于慈宁宫太后几筵前召见群臣，令太子降谕禁株连，于是张差狱乃定。神宗崩，遗命封妃皇后。礼部侍郎孙如游争之，乃止。及光宗崩，有言妃与李选侍同居乾清宫谋垂帘听政者。久之始息。

崇祯三年七月薨，谥恭恪惠荣和靖皇贵妃，葬银泉山。

【译文】

恭恪贵妃郑氏，大兴（今北京大兴）人。万历初年进宫，被封为贵妃，为神宗皇帝生下第三个儿子后，晋升为皇贵妃。神宗皇帝非常宠爱她。朝中大臣们怀疑她想立自己的亲生儿子为太子。于是大家争相议论立太子的事，奏章累积成百上千，都指责宫廷，批评执掌朝政的大臣。皇帝一概不理。朋党之祸便由此而起。万历二十九年春天，神宗皇帝的长子移居迎禧宫，十月被立为太子，但是人们仍未消除疑心。

早先侍郎吕坤当按察使的时候，曾经编了一本《闺范图说》。太监陈矩看见了，拿去献给神宗皇帝。皇帝又把此书赐给了郑贵妃。贵妃把这部书重新刊刻，吕坤并不知道。万历二十六年秋天，有人写了《闺范图说跋》，又名《忧危竑议》，不题作者姓名，在京城广为流传。此文中说吕坤所编《闺范图说》一书首先就记载了汉代明德皇后马氏由宫人晋封为皇后的事，用意即在影射郑贵妃，而郑贵妃刊刻其书，也正要借此为册立自己所生的儿子为太子的根据。《忧危竑议》一文托名"朱东吉"为问答之体。"东吉"二字，即指太子所居的东宫。所以名为"忧危"，是因为吕坤曾上过一道奏疏，就名为"忧危"，此处便借用作暗示。此文当属煽惑之言。郑贵妃的哥哥郑国泰，侄子郑承恩怀疑该文出自给事中戴士衡与全椒知县樊玉衡之手。因为戴弹劾吕坤，而樊更一并弹劾郑贵妃本人。神宗皇帝重重地贬谪戴、樊二人，对于流传之言则置之不理。过了五年，又出了一篇《续忧危竑议》。当时太子已经确立。大学士朱赓得到此书并上报神宗皇帝。该书托名"郑福成"作问答体。"郑福成"也就是郑贵妃所生的福王当成的意思。书中内容大概是说，神宗皇帝立太子是不得已的事,将来一定会更换。所以特地用"朱赓"主持朝政,正包含了更换的意思,此书中的词句更是诡诈狂妄,当时人都称之为妖书。神宗皇帝大怒,命令锦衣卫尽快缉拿作此书的人。过了很长时间,才抓到一个叫"皦生光"的人,处以极刑,详情见《郭正域、沈鲤传》。

万历四十一年,百户王曰乾又告发非常事件,他说奸邪之徒孔学等人施行巫术,将要作对圣母和皇帝不利的事,话语中也涉及郑贵妃。大学士叶向高劝神宗皇帝先静观其变,而赶快让福王回他自己的封地去,以使流言平息。事情就这样压下来了。后来出现"梃击"一案,主事王之采上奏疏汇报犯人张差的案情,说供词中牵连到郑贵妃宫内的太监庞保、刘成等人,朝廷大臣们因此议论纷纷。郑贵妃听说后,在神宗皇帝面前哭泣,皇帝说:"朝廷官员哪里不容易解释,你得自己去求太子帮忙。"郑贵妃去向太子哭诉此事。郑贵妃拜倒在地,太子也向贵妃下拜。神宗皇帝又在慈宁宫慈圣太后面前召见大臣们,让太子告诉他们不要牵连无辜,张差"梃击"一案这才定下来。神宗皇帝死后,遗嘱命令进封郑贵妃为皇后,礼部侍郎孙如游坚持不同意,此事便没有进行。到光宗皇帝死后,又有人说郑贵妃与李选侍同住乾清宫,正谋求垂帘听政,过了好久流言才平息。

崇祯三年,郑贵妃去世,谥号为"恭恪惠荣和靖皇贵妃",葬于银泉山。

常遇春传

【题解】

常遇春(1330～1369)明朝开国将领。字伯仁,安徽怀远人。历任中翼大元帅,中书平章军国重事、左副将军,封鄂国公。

初常遇春从刘聚起义,元至正十五年(1355)投归朱元璋。随朱元璋渡长江,取太平(今安徽当涂),破集庆(今南京);配合大将军徐达取婺州,下衢州。在与陈友谅的鄱阳湖决战中,曾救了朱元璋性命;在全歼陈友谅部后,又转征张士诚,攻克平江(今苏州),俘获张士诚部众二十五万;再北上,转战中原,攻克大都(今北京),灭亡元朝。洪武二年(1369),又率军北征,攻占元上都,俘获元宗王及将士万余。在回师途中得暴病身亡,追封为开平王,谥忠武。

常遇春读书不多,但勇敢沉着,善于用兵。在朱元璋扫平群雄、推翻元朝、统一全国的过程中,战功卓绝,是一位智勇双全的杰出将帅。他自谓率十万军队能横行天下,因此有"常十万"之美称。

【原文】

常遇春,字伯仁,怀远人。貌奇伟,勇力绝人,猿臂善射。初从刘聚为盗,察聚终无成,归太祖于和阳。未至,困卧田间,梦神人被甲拥盾呼曰:"起起,主君来"。惊寤,而太祖适至,即迎拜。时至正十五年四月也。无何,自请为前锋。太祖曰:"汝特饥来就食耳,吾安得汝留也。"遇春固请。太祖曰:"俟渡江,事我未晚也。"及兵薄牛渚矶,元兵陈矶上,舟距岸且三丈余,莫能登。遇春飞舸至,太祖麾之前。遇春应声,奋戈直前。敌接其戈,乘势跃而上，大呼跳荡，元军披靡。诸将乘之，遂拔采石，进取太平。授总管府先锋，进总管都督。

时将士妻子辎重皆在和州，元中丞蛮子海牙复以舟师袭据采石，道中梗。太祖自将攻之，遣遇春多张疑兵分敌势。战既合，遇春操轻舸，冲海牙舟为二。左右纵击，大败之，尽得其舟。江路复通。寻命守溧阳，从攻集庆，功最。从元帅徐达取镇江，进取常州。吴兵围达于牛塘，遇春往援，擒其将，进统军大元帅。克常州，迁中翼大元帅。从达攻宁国，中流矢，裹创斗，克之。别取马驼沙，以舟师攻池州，下之，进行省都督马步水军大元帅。从取婺州，转同金枢密院事，守婺。移兵围衢州，以奇兵突入南门瓮城，毁其战具，急攻之，遂下，得甲士万人，进金枢密院事。攻杭州，失利，召还应天。从达拔赵普胜之水寨，从守池州，大破汉兵于九华山下。

常遇春

友谅薄龙湾，遇春以五翼军设伏，大破之，遂复太平，功最。太祖追友谅于江州，命遇春留守，用法严，军民肃然无敢犯，进行省参知政事。从取安庆。汉军出江游徼，遇春击之，皆反走，乘胜取江州。还守龙湾，援长兴，俘杀吴兵五千余人，其将李伯升解围遁。命甓安庆城。

先是，太祖所任将帅最著者，平章邵荣、右丞徐达与遇春为三。而荣尤宿将善战，至是骄蹇有异志，与参政赵继祖谋伏兵为变。事觉，太祖欲宥荣死，遇春直前曰："人臣以反名，尚何可宥，臣义不与共生"。太祖乃饮荣酒，流涕而戮之，以是益爱重遇春。

池州帅罗友贤据神山寨，通张士诚，遇春破斩之。从援安丰。比至，吕珍已陷其城，杀刘福通，闻大军至，盛兵拒守。太祖左右军皆败，遇春横击其阵，三战三破之，俘获士马无算。遂从达围庐州。城将下，陈友谅围洪都，召还。会师伐汉，遇于彭蠡之康郎山。汉军舟大，乘上流，锋锐甚。遇春偕诸将大战，呼声动天地，无不一当百。友谅骁将张定边直犯太祖舟，舟胶于浅，几殆。遇春射中定边，太祖舟得脱，而遇春舟复胶于浅。有败舟顺流下，触遇春舟乃脱。转战三日，纵火焚汉舟，湖水皆赤，友谅不敢复战。诸将以汉军尚强，欲纵之去，遇春独无言。比出湖口，诸将欲放舟东下，太祖命扼上流。遇春乃溯江而上，诸将从之。友谅穷蹙，以百艘突围。诸将邀击之，汉军遂大溃，友谅死。师还，第功最，赉金帛土田甚厚。从围武昌，太祖还应天，留遇春督军困之。

明年，太祖即吴王位，进遇春平章政事。太祖复视师武昌。汉丞相张必先自岳来援。遇春乘其未集，急击擒之。城中由是气夺，陈理遂降，尽取荆、湖地。从左相国达取庐州，别将兵略定临江之沙坑、麻岭、牛陂诸寨，擒伪知州邓克明，遂下吉安。围赣州，熊天瑞固守不下。太祖使使谕遇春："克城无多杀。苟得地，无民何益？"于是遇春浚壕立栅以困之。顿兵六月，天瑞力尽乃降，遇春果不杀。太祖大喜，赐书褒勉。遇春遂因兵威谕降南雄、韶州，还定安陆、襄阳。复从徐达克泰州，败士诚援兵，督水军壁海安坝以遏之。

其秋拜副将军，伐吴。败吴军于太湖，于毗山，于三里桥，遂薄湖州。士诚遣兵来援，屯于旧馆，出大军后。遇春将奇兵由大全港营东阡，更出其后。敌出精卒搏战，奋击破之。袭其右丞徐义于平望，尽燔其赤龙船，复败之于乌镇，逐北至升山，破其水陆寨，悉俘旧馆兵，湖州遂下。进围平江，军虎丘。士诚潜师趋遇春，遇春与战北濠，破之，几获士诚。久之，诸将破葑门，遇春亦破阊门以入，吴平。时中书平章军国重事，封鄂国公。

复拜副将军，与大将军达帅兵北征。帝亲谕曰："当百万众，摧锋陷坚，莫如副将军。不虑不能战，虑轻战耳。身为大将，顾好与小校角，甚非所望也。"遇春拜谢。既行，以遇春兼太子少保，从下山东诸郡，取汴梁，进攻河南。元兵五万陈洛水北。遇春单骑突其阵，敌二十余骑攒槊刺之。遇春一矢殪其前锋，大呼驰入，麾下壮士从之。敌大溃，追奔五十余里。降梁王阿鲁温，河南郡邑以次下。谒帝于汴梁，遂与大将军下河北诸郡。先驱取德州，将舟师并河而进，破元兵于河西务，克通州，遂入元都。别下保定、河间、真定。

与大将军攻太原，扩廓帖木儿来援。遇春言于达曰："我骑兵虽集，步卒未至，骤与战必多杀伤，夜劫之可得志。"达曰："善"。会扩廓部将豁鼻马来约降，且请为内应，乃选精骑夜衔枚往袭。扩廓方燃烛治军书，仓促不知所出，跣一足，乘孱马，以十八骑走大同。豁鼻马降，得甲士四万，遂克太原。遇春追扩廓至忻州而还。诏改遇春左副将军，居右副将军冯胜上。北取大同，转徇河东，下奉元路，与胜军合，西拔凤翔。

会元将也速攻通州，诏遇春还备，以平章李文忠副之，帅步骑九万，发北平，径会州，败敌将江文清于锦州，败也速于全宁。进攻大兴州，分千骑为八伏。守将夜遁，尽擒之，遂拔开平。元帝北走，追奔数百里。获其宗王庆生及平章鼎住等将士万人，车万辆，马三千匹，牛五万头，子女宝货称是。师还，次柳河川，暴疾卒，年仅四十。太祖闻之，大震悼。丧至龙江，亲出奠，命礼官议天子为大臣发哀礼。议上，用宋太宗丧韩王赵普故事。制曰"可"。赐葬钟山原，给明器九十事纳墓中。赠翊运推诚宣德靖远功臣、开府仪同三司、上柱国、太保、中书右丞相，追封开平王，谥忠武。配享太庙，肖像功臣庙，位皆第二。

遇春沉鸷果敢，善抚士卒，摧锋陷阵，未尝败北。虽不习书史，用兵辄与古合。长于大将军达二岁，数从征伐，听约束惟谨，一时名将称徐常。遇春常自言能将十万众，横行天下，军中又称"常十万"云。

【译文】

常遇春，字伯仁，怀远人。他外貌异常魁伟，胆量力气超乎常人，手臂特别长，善于射箭。起初跟从刘聚当强盗，后察觉到刘聚始终成不了大事，就去和阳投归朱元璋。还未到和阳，因困乏在田间睡着了，梦见一个披甲举盾的神人向他喊道："快起来，起来，你的主君来了！"遇春从梦中惊醒，这时朱元璋正好从这里经过，常遇春赶忙上前迎拜。当时是元至正十五年四月。不多久，常遇春自告奋勇请求当军队的前锋。朱元璋说："你只是因为饥饿才来这里找饭吃的，我怎么能收留你呢？"常遇春再三请求，朱元璋说："待渡江以后，你再为我效力为时也不晚。"朱元璋部队逼近牛渚矶，矶上布满了元兵，船离岸将近有三丈多，没有人能登上岸去。常遇春驾船飞速前来，朱元璋命令上前进攻。他应声而动，挥舞着手中的戈直向前冲。敌人接住他刺去的铁戈，他借势一跃，登上江岸，一边口中大喊,一边东跳西突地砍杀敌兵。元军溃败了。这时其他将领乘胜追击,顺势攻下了采石,进而攻取太平府。常遇春被授为总管府先锋,又进为总管都督。

这时,将士的家眷和部队辎重都在和州,元朝中丞蛮子海牙又一次派水军袭击占据了采石矶,使和州和太平之间的水路阻塞。朱元璋亲自率军去攻打元兵,他派常遇春在各处多设疑阵分散敌人兵力。战斗打响后,常遇春驾着小船,将海牙的船队冲散成为两部分。朱元璋军随即从左右出击,大败元军,缴获了敌人的全部战船。江上的道路又畅通了。接着命令常遇春守溧阳,配合攻打集庆,战功最著。又跟从元帅徐达攻取镇江,接着进取常州。张士诚的军队在牛塘包围了徐达,遇春前去救援,攻破了敌人的包围,俘获了敌方将领,被提升为统军大元帅。攻下常州后,又迁升为中翼大元帅。随即跟从徐达攻打宁国,被流箭射中,他包扎好伤口后又继续作战,拿下了宁国。另外攻取马驼沙,率水师攻打并取下了池州,为此晋升为行省都督马步水军大元帅。他跟从朱元璋取下婺州,转任同金枢密院事,驻守婺州。后又带兵去围攻衢州,出奇兵突入衢州城南门的瓮城,捣毁了敌人的防御工事,随即迅速攻城,终于拿下城池,俘获对方武装兵士一万余人,常遇春升为金枢密院事。进攻杭州时,常遇春的部队失利,被召回应天府。又跟随徐达拔掉了赵普胜的水寨,配合守卫池州,又在九华山下大败陈友谅军。

陈友谅进逼龙湾,常遇春用五支军队设下埋伏,大败友谅军,终于又收复了太平府,论功遇春最高。朱元璋追击陈友谅到江州,命令常遇春留守太平府。常遇春用法严明,军民都恭守没有敢违反的,又晋升为行省参知政事。他跟从朱元璋攻取安庆。陈友谅军在长江里流动游弋,常遇春出兵袭击,他们都转身逃走,朱元璋于是乘胜取下江州。后还守龙湾,支援长兴,俘获、斩杀了张士诚的士兵五千多人,张士诚部将李伯升撤围逃跑。朱元璋命令常遇春修筑安庆城。

起初,朱元璋任用的将帅中最有名的是:平章邵荣、右丞徐达和常遇春三人。其中邵荣是老将,尤其善于打仗,但到这时他却居功骄慢,心有不轨的企图,和参政赵继祖谋划用伏兵来搞叛变。事情被察觉后,朱元璋想宽恕邵荣一死,常遇春径直上前对朱元璋说:"臣子有了谋反的名声,还有什么可以宽宥的? 我决不和他共生!"朱元璋于是请邵荣饮酒,流着眼泪下令处斩了邵荣,从此就更加喜欢、器重常遇春了。

池州将领罗友贤占据了神山寨,勾结张士诚,常遇春打败并杀死了他。跟从朱元璋支援安丰,等他们到达时,吕珍已攻占了安丰,杀了刘福通,听说朱元璋大军到来,吕珍也集合兵力抵抗守卫。双方交战时,朱元璋的左、右两路大军都被吕珍打败,这时常遇春率兵从横里冲击敌阵,三战三胜,俘获了吕珍的兵士车马不计其数。接着配合徐达围攻庐州。城即将攻下时,陈友谅军包围了洪都,朱元璋召常遇春回守。朱元璋各部队会师攻打陈友谅,在彭蠡的康郎山双方相遇。陈友谅军的战船高大,又据上流,战锋很锐利。常遇春和其他将领一起与敌大战,喊杀声震天动地,无不以一当百。陈友谅的骁将张定边驾船直攻朱元璋的坐船,朱元璋的船恰恰又搁浅,几乎被击毁。常遇春发箭射中了张定边,朱元璋的船才得以脱险,但常遇春的船又搁浅了。这时有一条战败的船只顺流而下,撞上遇春的船只才使他也脱险。双方转战三天三夜,朱元璋军纵火焚烧陈友谅战船,湖水被火光映得通红,陈友谅不敢再战了。众将领认为陈友谅军还很强盛,想放他逃走,只有常遇春一言不发。等到朱元璋军出了湖口,众将领想放船顺流东下,朱元璋却下令发舟上溯,把守住上游。常遇春于是沿江而上,众将领跟他前去。陈友谅被逼得走投无路,只得率百余艘船突围。众将领率军迎面阻击,陈友谅军彻底崩溃,陈友谅本人也战死。部队凯旋,论功行赏,常遇春功排第一,被赏赐丰厚的钱财、丝帛和土地。又跟从朱元璋围攻武昌。朱元璋回应天府,留下常遇春继续率军围困武昌。

第二年,朱元璋即吴王位,晋升常遇春为平章政事。朱元璋又到武昌视察军队。陈友谅的丞相张必先从岳州来增援武昌守军。常遇春趁他的部队还未结集,迅速出击擒获了他。武昌城中的士气为此一落千丈,守将陈理终于投降,常遇春随即占取了荆、湖各地。他又跟从左相国徐达攻克庐州,还带兵打下了临江的沙坑、麻岭、牛陂等寨,擒获了陈友谅伪汉知州邓克明,接着攻下吉安。常遇春围攻赣州,熊天瑞坚守抵抗,久攻不下。朱元璋派遣使者对常遇春说:"攻打城市不能多杀人。如果得到了土地而没有人民百姓,那又有什么好处?"于是常遇春挖壕沟、树木栅,围困赣州城。屯兵六个月,熊天瑞人力财力都耗尽了只好投降,常遇春果然不杀戮无辜。朱元璋知道后十分高兴,亲自写信予以表扬勉励。常遇春于是趁兵势正盛的威风去劝谕南雄、韶州的敌人投降,接着又返师平定了安陆、襄阳。之后跟徐达攻克泰州,击败张士诚的援兵,率领水军在海安筑坝以遏制敌人前进。

这年秋天,常遇春被授为副将军,率军讨伐张士诚的吴国,先后在太湖、毗山、三里桥大败吴军,接着进逼湖州。张士诚派兵前来救援,驻扎在旧馆,在常遇春大军后面出现。常遇春带领一支小部队从大全港出发在东阡筑营,更在吴军的后面。敌方派出精锐部队来进攻,将士们奋勇回击打退了敌兵。遇春袭击了平望张士诚的右丞相徐义,将吴军的赤龙船全部烧毁,在乌镇又一次打败了他,向北追到升山,破了他的水陆营寨,俘获了屯驻在旧馆的全部士兵,这样湖州终于被攻下来了。接着参加围攻平江的战斗,驻军虎丘。张士诚暗中派部队向常遇春逼近,常遇春在北濠与对方交战,打败对方,差一点将张士诚抓获。相持了一段时间后,别的将领攻破葑门,常遇春也攻破阊门进入苏州城,张士诚的吴国被扫平。常遇春晋升中书平章军国重事,封为鄂国公。

常遇春再次被拜为副将军,和大将军徐达统帅大军北征。朱元璋亲自告谕常遇春说:"统兵百万,摧折敌人锐锋,攻陷对方坚阵,没有人能比得上你副将军,我不担心你不能作战,而是担忧你轻敌啊!身为大将,却喜欢和小校官们斗,这实在不是我所期望的!"常遇春恭敬地接受。部队出发后,朱元璋又让遇春兼太子少保衔,配合徐达打下山东各郡,攻取汴梁,转而进攻河南。元兵五万人在洛水北岸列阵布防。常遇春单枪匹马冲入敌阵,敌人二十多个骑兵一起将手中槊矛向常遇春刺去。常遇春一箭射死了对方的前锋,高声呼喊着策马突入敌阵,部下壮士紧随他前进。敌人大败,遇春带兵追击了五十多里。他逼降了梁王阿鲁温,河南郡县便相继攻下。到汴梁拜见了朱元璋,接着又与大将军徐达攻扫河北各郡县。先驱兵取下德州,随后统领水师沿黄河而进,在河西务击败元兵,攻克通州,最后进入元大都。另外还取下保定、河间、真定。

常遇春和徐达攻打太原,元将扩廓帖木儿前去援救。遇春对徐达说:"我军骑兵虽已调集,但步兵还没到,马上和他们交战一定会有较大伤亡,我们夜间去偷袭则可以达到目的。"徐达说:"很好。"这时正好扩廓的部将豁鼻马前来约降,并且请求同意让他为内应,于是挑选了精良骑兵,口中衔枚在夜间前往偷袭。扩廓正点着蜡烛在研究军书,遇到来袭,仓促之间竟不知从哪里逃跑,光着一只脚,骑上一匹劣马,只带了十八个骑兵往大同方向逃去。豁鼻马应约来降,得到了他的四万兵士,终于取下了太原。常遇春追击扩廓到忻州才返回。朱元璋下诏改常遇春为左副将军,位居右副将军冯胜之上。遇春又率军往北攻克大同,转而扫平河东各地,取下了奉元路,与冯胜军会合,向西打下了凤翔。

这时正好元将也速攻打通州,朱元璋调常遇春回守,并以平章李文忠辅助他。遇春统帅步、骑兵九万人,从北平出发,路经会州,在锦州打败敌将江文清,在全宁战胜也速。进攻大兴州时,常遇春将一千骑兵分八面埋伏。元守将在夜间逃跑,全部都被捕获,于是攻克开平。元朝皇帝向北逃亡,常遇春率军追赶了几百里路。俘虏元宗王庆生及平章鼎住等将士一万多人,获车一万多辆、马三千匹、牛五万头,及百姓、珍宝无数。然后还师北平,驻扎在柳河川,遇春突然得暴病而亡,年仅四十岁。元璋闻讯,大为震惊,悲痛不已。他的遗体运到龙江,元璋亲自出来祭奠,命令礼官讨论天子为大臣致哀的礼仪。礼官报上建议,照宋太宗哀悼韩王赵普的先例办事。元璋颁诏令说:"可照此办理。"遇春被赐葬在钟山的宽阔平坦之地,赐明器九十件放入墓中。赠遇春翊运推诚宣德靖运功臣、开府仪同三司、上柱国、太保、中书右丞相,追封为开平王,谥号忠武。将其灵位放在太庙享祭,并在功臣庙中塑肖像,地位都在第二位。

常遇春深沉勇猛又果敢,善于安抚士兵,冲锋陷阵,从未失败过。他虽不熟悉经籍文史,但用兵却常与古代兵法相符。他比大将军徐达长二岁,却多次跟从徐达南征北战,听从管束,恭敬谨慎,当时可称名将的就是徐达、常遇春二人。遇春曾经自己说,能统帅十万将士,驰骋天下,因此,军中又称他"常十万"。

徐达传

【题解】

徐达(1332~1385)明初名将。字天德,濠州(今安徽凤阳)人,世代务农。二十二岁参加朱元璋的队伍,很受重视。在部队中,他和常遇春都以勇敢知名,而他比常遇春更有谋略,行军稳重,尤其注意军纪,有大将风度,深得将士拥护。在攻灭张士诚,北上灭元的战斗中,他身任大将,所向披靡,屡建奇功。

洪武元年(1368),徐达攻克大都后,分兵平定北方各地,操练兵马,修缮城池,开垦屯田。以后,连年出击残元势力扩廓帖木儿,每年春天被派出,岁末被召回京师,几乎成了惯例。回京师,立即交还将印,驾一辆轻车回家。他以礼接待儒生,和他们广泛交谈,关系很融洽。

徐达为人宽厚、正派,遇事小心谨慎,在军中功劳最大,又是皇亲,与朱元璋有布衣兄弟之称,但他从不居功自傲。封魏国公,死后追封中山王。配享太庙,置像功臣庙,都位列第一。

【原文】

徐达,字天德,濠人,世业农。达少有大志,长身高颧,刚毅武勇。太祖之为郭子兴部帅也,达时年二十二,往从之,一见语合。及太祖南略定远,帅二十四人往,达首与焉。寻从破元兵于滁州涧,从取和州,子兴授达镇抚。子兴执孙德崖,德崖军亦执太祖,达挺身诣德崖军请代,太祖乃得归,达亦获免。从渡江,拔采石,取太平,与常遇春皆为军锋冠。从破擒元将陈野先,别将兵取溧阳、溧水,从下集庆。太祖身居守,而命达为大将,帅诸军东攻镇江,拔之。号令明肃,城中宴然。授淮兴翼统军元帅。

徐达

时张士诚已据常州,挟江东叛将陈保二以舟师攻镇江。达败之于龙潭,遂请益兵以围常州。士诚遣将来援。达以敌狡而锐,未易力取,乃离城设二伏以待,别遣将王均用为奇兵,而自督军战。敌退走遇伏,大败之,获其张、汤二将,进围常州。明年克之。进金枢密院事。继克宁国,徇宜兴,使前锋赵德胜下常熟,擒士诚弟士德。明年复攻宜兴,克之。太祖自将攻婺州,命达留守应天,别遣兵袭破天完将赵普胜,复池州。迁奉国上将军、同知枢密院事。进攻安庆,自无为陆行,夜掩浮山寨,破普胜部将于青山,遂克潜山。还镇池州,与遇春设伏,败陈友谅军于九华山下,斩首万人,生擒三千人。遇春曰:“此劲旅也,不杀为后患。”达不可,乃以状闻。而遇春先以夜阬其人过半,太祖不怿,悉纵遣余众。于是始命达尽护诸将。陈友谅犯龙江,达军南门外,与诸将力战破之,追及之慈湖,焚其舟。

明年,从伐汉,取江州。友谅走武昌,达追之。友谅出战舰沔阳,达营汉阳沌口以遏之。进中书右丞。明年,太祖定南昌,降将祝宗、康泰叛。达以沌口军讨平之。从援安丰,破吴将吕珍,遂围泸州。会汉人寇南昌,太祖召达自泸州来会师,遇于鄱阳湖。友谅军甚盛,达身先诸将力战,败其前锋,杀千五百人,获一巨舟。太祖知敌可破,而虑士诚内犯,即夜遣达还守应天,自帅诸将鏖战,竟毙友谅。

明年,太祖称吴王,以达为左相国。复引兵围泸州。克其城。略下江陵、辰州、衡州、宝庆诸路,湖、湘平。召还,帅遇春等徇淮东,克泰州。吴人陷宜兴,达还救复之。复引兵渡江,克高邮,俘吴将士千余人。会遇春攻淮安,破吴军于马骡港,守将梅思祖以城降。进破安丰,获元将忻都,走左君弼,尽得其运艘。元兵侵徐州,迎击,大破之,俘斩万计。淮南、北悉平。

师还,太祖议征吴。右相国李善长请缓之。达曰:“张氏汰而苛,大将李伯升辈徒拥子女玉帛,易与耳。用事者,黄、蔡、叶三参军,书生不知大计。臣奉主上威德,以大军蹙之,三吴可计日定。”太祖大悦,拜达大将军,平章遇春为副将军,帅舟师二十万人薄湖州。敌三道出战,达亦分三军应之,别遣兵扼其归路。敌战败返走,不得入城。还战,大破之,擒将吏二百人,围其城。士诚遣吕珍等以兵六万赴救,屯旧馆,筑五寨自固。达使遇春等为十垒以遮之。士诚自以精兵来援,大破之于皂林。士诚走,遂拔升山水陆寨。五太子、朱暹、吕珍等皆降,以徇于城下,湖州降。遂下吴江州,从太湖进围平江。达军葑门,遇春军虎丘,郭子兴军娄门,华云龙军胥门,汤和军阊门,王弼军盘门,张温军西门,康茂才军北门,耿炳文军城东北,仇成军城西南,何文辉军城西北,筑长围困之。架木塔与城中浮屠等。别筑台三成，瞰城中，置弓弩火筒。台上又置巨炮，所击辄糜碎。城中大震。达遣使请事，太祖敕劳之曰："将军谋勇绝伦，故能遏乱略，削群雄。今事必禀命，此将军之忠，吾甚嘉之。然将在外，君不御。军中缓急，将军其便宜行之，吾不中制。"既而平江破，执士诚，传送应天，得胜兵二十五万人。城之将破也，达与遇春约曰："师入，我营其左，公营其右。"又令将士曰："掠民财者死，毁民居者死，离营二十里者死。"既入，吴人安堵如故。师还，封信国公。

寻拜征虏大将军，以遇春为副，帅步骑二十五万人，北取中原，太祖亲于龙江。是时称名将，必推达、遇春。两人才勇相类，皆太祖所倚重。遇春剽疾敢深入。而达尤长于谋略。遇春下城邑不能无诛戮，达所至不扰，即获壮士与谍，结以恩义，俾为己用。由此，多乐附大将军者。至是，太祖谕诸将御军持重有纪律，战胜攻取得为将之体者，莫如大将军达。又谓达，进取方略，宜自山东始。师行，克沂州，降守将王宣。进克峄州，王宣复叛，击斩之。莒、密、海诸州悉下。乃使韩政分兵扼河，张兴祖取东平、济宁，而自帅大军拔益都，徇下潍、胶诸州县。济南降，分兵取登、莱。齐地悉定。

洪武元年，太祖即帝位，以达为右丞相。册立皇太子，以达兼太子少傅。副将军遇春克东昌，会师济南，击斩乐安反者。还军济宁，引舟师溯河，趋汴梁，守将李克彝走，左君弼、竹贞等降。遂自虎牢关入洛阳，与元将脱因帖木儿大战洛水北，破走之。梁王阿鲁温以河南降，略定嵩、陕、陈、汝诸州，遂捣潼关。李思齐奔凤翔，张思道奔鄜城，遂入关，西至华州。

捷闻，太祖幸汴梁，召达诣行在所，置酒劳之，且谋北伐。曰："大军平齐鲁，扫河洛，王保保逡巡观望；潼关既克，思齐辈狼狈西奔。元声援已绝，今乘势直捣元都，可不战有也。"帝曰："善。"达复进曰："元都克，而其主北走，将穷追之乎？"帝曰："元运衰矣，行自澌灭，不烦穷兵。出塞之后，固守封疆，防其侵轶可也。"达顿首受命。遂与副将军会师河阴，遣裨将分道徇河北地，连下卫辉、彰德、广平。师次临清，使傅友德开陆道通步骑，顾时浚河通舟师，遂引而北。遇春已克德州，合兵长芦，扼直沽，作浮桥以济师。水陆并进，大败元军于河西务，进克通州。顺帝帅后妃太子北去。逾日，达陈兵齐化门，填濠登城。监国淮王帖木儿不花，左丞相庆童，平章迭儿必失、朴赛因不花，中丞张康伯，御史中丞满川等不降，斩之，其余不戮一人。封府库，籍图书宝物，令指挥张胜以兵千人守宫殿门，使宦者护视诸宫人、妃、主，禁士卒毋所侵暴。吏民安居，市不易肆。

捷闻，诏以元都为北平府，置六卫，留孙兴祖等守之，而命达与遇春进取山西。遇春先下保定、中山、真定，冯胜、汤和下怀庆，度太行，取泽、潞，达以大军继之。时扩廓帖木儿方引兵出雁门，将由居庸以攻北平。达闻之，与诸将谋曰："扩廓远出，太原必虚。北平有孙都督在，足以御之。今乘敌不备，直捣太原，使进不得战，退无所守，所谓批亢捣虚者也。彼若西还自救，此成擒耳。"诸将皆曰："善。"乃引兵趋太原。扩廓至保安，果还救。达选精兵夜袭其营。扩廓以十八骑遁去。尽降其众，遂克太原。乘势收大同，分兵徇未下州县。山西悉平。

二年引兵西渡河。至鹿台，张思道遁，遂克奉元。时遇春下凤翔，李思齐走临洮，达会诸将议所向。皆曰："张思道之才不如李思齐，而庆阳易于临洮，请先庆阳。"达曰："不然，庆阳城险而兵精，猝未易拔也。临洮北界河、湟，西控羌、戎，得之，其人足备战斗，物产足佐军储。蘗以大兵，思齐不走，则束手缚矣。临洮既克，于旁郡何有。"遂渡陇，克秦分兵克兰州，袭走豫王，尽收其部落辎重。还出萧关，下平凉。思道走宁夏，为扩廓所执，其弟良臣以庆阳降。达遣薛显受之。良臣复叛，夜出兵袭伤显。达督军围之。扩廓遣将来援，逆击败去，遂拔庆阳。良臣父子投于井，引出斩之。尽定陕西地。诏达班师，赐白金文绮甚厚。

将论功大封，会扩廓攻兰州，杀指挥使。副将军遇春已卒。三年春，帝复以达为大将军，平章李文忠为副将军，分道出兵。达自潼关出西道，捣定西，取扩廓。文忠自居庸出东道，绝大漠，追元嗣主。达至定西，扩廓退屯沈儿峪，进军薄之。隔沟而垒，日数交。扩廓遣精兵从间道劫东南垒，左丞胡德济仓卒失措，军惊扰，达帅兵击却之。德济，大海子也，达以其功臣子，械送之京师，而斩其下指挥等数人以徇。明日，整兵夺沟，殊死战，大破扩廓兵。擒郯王、文济王及国公、平章以下文武僚属千八百六十余人，将士八万四千五百余人，马驼杂畜以巨万计。扩廓仅挟妻子数人奔和林。德济至京，帝释之，而以书谕达："将军效卫青不斩苏建耳，独不见穰苴之待庄贾乎？将军诛之，则已，今下廷议，吾且念其信州、诸暨功，不忍加诛。继自今，将军毋事姑息。"

达既破扩廓，即帅师自徽州南一百八渡至略阳，克沔州，入连云栈，攻兴元，取之。而副将军文忠亦克应昌，获元嫡孙妃主将相。先后露布闻，诏振旅还京师。帝迎劳于龙江。乃下诏大封功臣，授达开国辅运推诚宣力武臣，特进光禄大夫、左柱国、太傅、中书右丞相，参军国事，改封魏国公，岁禄五千石，予世券。明年帅盛熙等赴北平练军马，修城池，徙山后军民实诸卫府，置二百五十四屯，垦田一千三百余顷。其冬，召还。

五年复大发兵征扩廓。达以征虏大将军出中道，左副将军李文忠出东道，征西将军冯胜出西道，各将五万骑出塞。达遣都督蓝玉击败扩廓于土剌河。扩廓与贺宗哲合兵力拒，达战不利，死者数万人。帝以达功大，弗问也。时文忠军亦不利，引还。独胜至西凉获全胜，坐匿驼马，赏不行。明年，达复帅诸将行边，破敌于答剌海，还军北平，留三年而归。十四年，复帅汤和等讨乃儿不花。已，复还镇。

每岁春出，冬暮召还，以为常。还辄上将印，赐休沐，宴见欢饮，有布衣兄弟称，而达愈恭慎。帝尝从容言："徐兄功大，未有宁居，可赐以旧邸。"旧邸者，太祖为吴王时所居也。达固辞。一日，帝与达之邸，强饮之醉，而蒙之被，舁卧正寝。达醒，惊趋下阶，俯伏呼死罪。帝觇之，大悦。乃命有司即旧邸前治甲第，表其坊曰"大功"。胡惟庸为丞相，欲结好于达，达薄其人，不答，则赂达阍者福寿使图达。福寿发之，达亦不问；惟时时为帝言惟庸不任相。后果败，帝益重达。

十七年，太阴犯上将，帝心恶之。达在北平病背疽，稍愈，帝遣达长子辉祖赍敕往劳，寻召还。明年二月，病笃，遂卒，年五十四。帝为辍朝，临丧悲恸不已。追封中山王，谥武宁，赠三世皆王爵。赐葬钟山之阴，御制神道碑文。配享太庙，肖像功臣庙，位皆第一。

达言简虑精。在军，令出不二。诸将奉持凛凛，而帝前恭谨如不能言。善拊循，与下同甘苦，士无不感恩效死，以故所向克捷。尤严戢部伍，所平大都二，省会三，郡邑百数，间井宴然，民不苦兵。归朝之日，单车就舍，延礼儒生，谈议终日，雍雍如也。帝尝称之曰："受命而出，成功而旋，不矜不伐，妇女无所爱，财宝无所取，中正无疵，昭明乎日月，大将军一人而已。"

徐达，字天德，濠州人，家里世代务农。徐达从小便立下远大的志向，身材颀长，颧骨比较高，一副刚毅勇武的气概。朱元璋在郭子兴部下当元帅时，刚二十二岁的徐达去投奔他，一见面便谈得很投机。朱元璋决定向南发展夺取定远，带领三十四个人前往，第一个被选上的便是徐达。接着，徐达又跟随朱元璋在滁州涧打败了元兵，夺取了和州，郭子兴任命他为镇抚。郭子兴抓了孙德崖，孙德崖的军队亦抓住了朱元璋，徐达挺身而出，前往孙德崖部队，请求代替朱元璋，朱元璋这才能够回去，而徐达亦得到释放。后来跟随朱元璋渡长江，攻下采石，攻取了太平，在军队里，他和常遇春都是冲在最前面的人。又跟随太祖打败了元将陈野先，俘虏了他。另派兵攻占了溧阳、溧水，跟从朱元璋攻下集庆。太祖坐镇，任命徐达为大将，率领各部队向东夺取镇江，把它拿下了。徐达部队号令严明，所以城里非常平静。徐达被任命为淮兴翼统军元帅。

当时张士诚已经占据了常州，挟持着在江东叛变的将领陈保二用水军攻打镇江。徐达在龙潭把他战败，并请求增派军队包围常州。张士诚调军队前来增援。徐达认为敌军狡猾而且精锐，不容易取胜，于是在城外设了两处伏兵等待，另派将领王均用为出奇制胜的部队，而自己亲自督兵作战。敌军撤退时遇到埋伏，大败。徐达俘获了张士诚部张、汤两将领，进而包围常州。第二年，攻克了它。徐达升为金枢密院事。接着攻克了宁国，进攻宜兴，派前锋赵得胜攻下了常熟，活捉了张士诚的弟弟张士德。第二年再攻打宜兴，把它拿下了。朱元璋自己领兵攻打婺州，命徐达留守应天，另派兵袭击天完将领赵普胜，把他打败，收复了池州。调徐达为奉国上将军、同知枢密院事。徐达进攻安庆，从无为陆路进军，趁夜袭击了浮山寨，在青山战败了赵普胜部将，于是攻克潜山。回去镇守池州，和常遇春一起设下伏兵，在九华山下把陈友谅的部队打得大败，斩首上万人，活捉的有三千。常遇春说："这是很有实力的部队，不杀死他们将会留下后患。"徐达不同意，于是向朱元璋报告。而常遇春已经先在晚上把一半以上的人都活埋了，朱元璋深表不满，把剩下的俘虏全都放走了。由是朱元璋开始命令徐达统辖各部。陈友谅侵犯龙江，徐达军队在南门外，和各将领协力将他击败，一直紧追到慈湖，把他赶上，并烧了他的船。

第二年，徐达跟随朱元璋征伐汉，夺取了江州。陈友谅撤到武昌时，他穷追不舍。陈友谅在沔阳派出战舰，徐达便在汉阳沌口宿营，以扼制他。徐达被提升为中书右丞。第二年，朱元璋平定了南昌，降将祝宗、康泰叛变。徐达用驻在沌口的部队讨伐他们，把他们平息了。又跟随朱元璋支援安丰，打败了吴的将领吕珍，包围了庐州。正好汉兵侵犯南昌，朱元璋召徐达从庐州来会师，部队在鄱阳湖和汉兵遭遇。陈友谅军队士气很骄傲，徐达身先将领，奋力作战，打败了他的前锋，杀死了一千五百人，俘获了一只大船。朱元璋知道可以战胜汉军，但又担心张士诚会攻打自己的后方，于是连夜调徐达率部回去守应天，自己统帅众将领苦战，终于把陈友谅打死了。

第二年，朱元璋称吴王，任命徐达为左相国。徐达再引兵围庐州，并把它攻克。夺取了江陵、辰州、衡州、宝庆等路，湖、湘平定。朱元璋召回徐达，命令他率领常遇春等攻取了淮东，攻克泰州。吴军攻陷宜兴，徐达回去救援，收复了它。然后领兵渡过长江，攻克高邮，生俘了吴军将士一千多人。这时正好常遇春攻打淮安，在马骡港打败了吴军，守将梅思祖举城投降。接着攻破安丰，俘虏了元将忻都，左君弼虽然逃脱了，但他的运输船全部被缴获。元兵侵犯徐州，徐达给予迎头痛击，把他打得大败，被俘虏、打死的元兵数以万计。淮南、淮北至此全部被平定。

徐达班师回去，朱元璋又商议征伐吴。右丞相李善长建议暂缓进行。徐达说："张士诚这个人奢侈而苛刻，他的大将李伯升之流，只顾拥有女子和财产，很容易解决。真正起作用的是黄、蔡、叶三个参军，但他们都是书生，没有远大的眼光和计划。我们遵奉主上的威德，用大军逼迫他们，三吴的被平定，当指日可待。"朱元璋非常高兴，拜徐达为大将军，平章常遇春为副将军，带领水军二十万，逼迫湖州。敌军分三路出击，徐达亦分兵三路迎敌，另派部队扼制他的退路。敌军战败后撤，不能进城。回兵再战，徐达把他打得大败，俘获了将吏二百人，并包围了他的城。张士诚派吕珍等带了六万兵前往援救，驻扎在旧馆，筑了五个寨自守。徐达命令常遇春等建了十个堡垒来阻塞他。张士诚亲自率精兵来援救，徐达在皂林把他打得大败。张士诚逃跑，于是夺取了升山水陆寨。五太子、朱进、吕珍等都投降，徐达让他们攻城，湖州投降。于是攻下了吴的江州，从太湖进围平江。徐达驻军葑门，常遇春驻军虎丘，郭子兴驻军娄门，华云龙驻军胥门，汤和驻军阊门，王弼驻军盘门，张温驻军西门，康茂才驻军北门，耿炳文驻军城东北，仇成驻军城西南，何文辉驻军城西北，筑起了很长的壁垒群围困敌人。又架起了和城中佛塔一样高的木塔，还筑了三个台，台建成后，在上面可以俯瞰城里动静，台上安放了弓弩火筒，装上大炮，炮击中的地方都被打得粉碎。城里因此大为震动。徐达派使者向朱元璋汇报请示，朱元璋写敕慰劳他说："将军有超群的智谋和勇敢，所以能够制止叛乱的阴谋，削弱群雄的势力。现在遇事都报告请示，更体现了将军的忠心，对此我非常赞赏。但是，将在外，君主不加以牵制。部队中各种事情，将军可以斟酌情况自行处理，我不从中控制。"不久，徐达攻破平江，俘虏了张士诚，把他解送到应天，收编了张士诚部队二十五万人。城将要攻破时，徐达和常遇春约定说："部队进城以后，我驻扎在左面，公驻扎在右面。"又命令将士说："抢掠老百姓财物的，处死；拆毁民房的，处死；离开驻地二十里的，处死。"部队进城以后，吴的百姓和往常一样安居。班师回来，封徐达为信国公。

不久，拜徐达为征虏大将军，以常遇春为副将军，率步骑兵二十五万，北进夺取中原。部队出发后，朱元璋亲自到龙江祭神。当时的人一谈到名将，都首推徐达、常遇春。他们两人的才能和勇敢相类似，都被朱元璋倚靠重用。常遇春剽悍敏捷，敢于深入敌阵，而徐达尤其擅长于出谋划策。常遇春攻下城邑时，难免会杀人，而徐达部队所到之处，都不扰民，即使抓到了壮士和间谍，也都以恩义相待，使他为自己所用。因此，多数人都乐于归附大将军。这时，太祖告谕各将领说，带兵稳重而又有严格纪律，攻取城池和战争得胜的时候，最有大将风度的，你们都不如大将军徐达。又告诉徐达，下一步军事行动的计划，应当从山东开始。于是向山东进军，攻克了沂州，降服了守将王宣。进而攻克峄州，这时王宣再叛，把他打败，斩了。接着相继攻下了莒州、密州、海州等。便派韩政分兵扼守黄河，张兴祖夺取东平、济宁，而自己率大部队攻克益都，占领了潍、胶各个州县。济南投降，又分兵夺取登州、莱州。山东地区至此全部平定。

洪武元年，朱元璋即皇帝位，就是明太祖，任命徐达为右丞相。册立皇太子，用徐达兼任太子少傅。副将军常遇春攻克东昌，在济南会师，打击并斩了在乐安反叛的人。部队回到济宁后，带领水军溯黄河而上，进军汴梁，守将李克彝逃跑，左君弼、竹贞等投降。于是从虎牢关进入洛阳，在洛水以北，与元将脱因帖木儿大战，脱因帖木儿大败而逃。梁王阿鲁温带领河南投降。在夺取和稳定了嵩州、陕州、陈州、汝州后，才向潼关进攻。这时李思齐跑到凤翔，张思道逃到了鄜城，大军于是入了关，向西进至华州。

收到捷报后，太祖到汴梁，召见徐达，设酒宴慰劳他，并计划北伐。徐达说："大军平定了齐鲁，扫荡了河洛，王保保正在徘徊观望，潼关已经攻克，李思齐等人狼狈向西逃跑。元朝的声援已经断绝，现在乘胜直攻元朝的京师，不用打什么大仗就可以占领了。"皇帝说："好。"徐达又接着说："元朝大都攻克了，而元主向北逃跑，这时要穷追他吗"？皇帝说："元朝的气数已尽，将会像水的干涸一样慢慢消灭，不必竭尽兵力去追赶，他出塞以后，只要加强边境的守卫，防止他的进犯便可以了。"徐达叩头接受命令。于是与副将军会师河阴，派副将分路攻占河北各地，接连拿下了卫辉、彰德、广平。部队驻扎在临清，命傅友德修筑陆路，以便骑兵通过，顾时浚通河道以便水师通行，于是挥军北上。常遇春攻克了德州，双方合兵攻占长芦，控制了直沽，大造浮桥让部队渡过。水陆两军同时进发，在河西务大败元军，进而夺取了通州。元顺帝领着太子后妃仓皇向北遁逃。隔了一天，徐达列兵齐化门，填城濠登城。监国的淮王帖木儿不花，左丞相庆童，平章迭而必失、朴赛因不花，右丞张康伯，御史中丞满川等拒绝投降，把他们斩了，其余的人一个不杀。封了仓库，造册登记图籍珍宝文物，命令指挥张胜领一千兵守卫宫殿门，使宦官保护照顾各宫人、妃嫔、公主，禁止士卒无礼侵犯。官吏百姓都得以安居，市内的作坊店铺，也都照常营业。

皇帝收到捷报后，下诏将元朝的京师改为北平府，设置六个卫，令孙兴祖等留守，而徐达与常遇春进取山西。常遇春先攻下了保定、中山、真定，冯胜、汤和攻下怀庆，越过太行山，攻占了泽州、潞州，徐达亦率大军开到。当时扩廓帖木儿正领兵出雁门，准备由居庸关进攻北平。徐达得讯后，与各将领商议说："扩廓帖木儿远出，太原必定空虚。北平有孙都督守卫，足以抵御他。我们正可以出其不意，直捣太原，使他进不能攻，退无处守，正所谓抓住要害乘虚而入。如果他领兵向西回来自救，正好把他抓住。"众将领都说："好。"于是挥军太原。扩廓帖木儿到了保定，果然回军自救。徐达选派精兵夜袭他的营地，扩廓帖木儿带着十八骑逃脱了。徐达降服了他的部众，把他们全部收编，就这样攻克了太原。乘势拿下了大同，分兵攻取还未占领的州县。山西便全部被平定。

洪武二年，徐达引兵向西渡过黄河，到了鹿台，张思道遁逃，于是攻克奉元。当时常遇春已攻下了凤翔，李思齐跑到临洮，徐达召集众将领商议进军目标。大家都说："张思道的能力不如李思齐，而攻打庆阳比攻打临洮更容易，请先攻庆阳。"徐达说："不是的，庆阳城险而部队精锐，一下子不容易拿下来，临洮北面与黄河、湟水相连，西面控制羌、戎，占领了它，哪里的人足以补充兵源，哪里的物产亦完全可以补充军队物资的储备。我们用大兵逼迫它，李思齐不走，则只能束手就擒。临洮已经拿下，其他郡还有什么关系。"于是渡过陇水，攻克秦州，拿下了伏羌、宁远，进入巩昌，派遣右副将军冯胜进逼临洮，李思齐果然不战而降。分兵攻克了兰州，袭击打跑了豫王，把他的部落辎重全部收缴。回兵出萧关，拿下了平凉。张思道跑到宁夏，被扩廓帖木儿抓住，他的弟弟张良臣举庆阳投降。徐达派薛显受降。张良臣又叛变，晚上出兵袭击打伤了薛显。徐达指挥部队把他包围了。扩廓帖木儿派将领前来援救，反击失败撤走，于是占领了庆阳。张良臣父子已投井，把他们捞出来斩了。陕西地区全部平定。下诏徐达班师，赐给他大量的白金和华丽的丝织品。

将要论功大行封赏,而扩廓帖木儿攻打兰州,杀了指挥使。这时副将军常遇春已经死了。洪武三年春天,皇帝再以徐达为大将军,平章李文忠为副将军,分道出兵,徐达从潼关走西路出,直捣定西,攻打扩廓帖木儿。李文忠从居庸关走东路出,穿越沙漠,追赶继位的元主。徐达到了定西,扩廓帖木儿退到沈儿峪屯守,徐达进兵逼迫他。隔壕沟彻起了堡垒,每日数次接触。扩廓帖木儿派精兵从小道猛然强夺东南的堡垒,左丞胡德济仓皇失措,部队惊慌骚动,徐达领兵把他们打退了。胡德济,是胡大海的儿子,徐达因为他是功臣的儿子,所以把他戴上刑具押送京师,而斩了他下属的指挥等几个人示众。第二天,整顿队伍抢夺壕沟,拼死作战,大败扩廓帖木儿兵。俘虏了郯王、文济王以及国公、平章以下文武部属一千八百六十多人,将士八万四千五百多人,马、骆驼和其他牲口以万计。扩廓帖木儿仅仅带着妻子等几个人跑到和林。胡德济到了京师,皇帝释放了他,而写信晓谕徐达说:“将军效法卫青不斩苏建罢了,难道没看见穰苴是怎样对待庄贾的吗?将军杀了他,便算了。现在放下廷议,我姑且念他在信州、诸暨的功劳,不忍心杀了他。从今以后,将军不要姑息。”

徐达既打败扩廓帖木儿,便立即率部队从徽州南面一百八渡到略阳,攻克了沔州,进入连云栈,攻打兴元,夺取了它。而副将军李文忠亦攻克应昌,俘获元嫡孙、妃、公主、将相。捷报先后上闻,下诏休整军队班师回朝。皇帝到龙江慰劳迎接。于是下诏大封功臣,授予徐达开国辅运推诚宣力武臣,特进光禄大夫、左柱国、太傅,中书右丞相参军国事,改封魏国公,年俸禄五千石,给予世袭铁券。第二年,徐达率领盛熙等到北平操练军马,修缮城池,迁徙山后军民充实各个卫府,设置了二百五十四个屯,开垦荒地一千三百多顷。这年冬天,诏徐达回京师。洪武五年,再派大军征讨扩廓帖木儿。徐达任征虏大将军由中路出,左副将军李文忠从东路出,征西将军冯胜从西路出,各带五万骑兵出塞。徐达派都督蓝玉在土剌河打败了扩廓帖木儿。扩廓与贺宗哲合兵顽拒,徐达失利,死了几万人。皇帝因为徐达功劳大,不予追究。当时李文忠部队亦不顺利,引兵退回。只有冯胜到西凉获得全胜,但被告私藏骆驼、马匹,所以不给赏赐。第二年,徐达再领众将领巡行边境,在答剌海打败了敌人,回军北平,在哪里守了三年才回京师。洪武十四年,再统帅汤和等征讨乃儿不花,然后再回去镇守。

徐达每年春天出去,冬末被召回京师,已经习以为常。回来总是立即交还将印,皇帝赐给假期,设宴接见痛饮,有布衣兄弟之称,而徐达更加谦恭谨慎。皇帝曾经从容地说:“徐兄功劳大,未有合适的宅第,可以把旧邸赐给他。”所谓旧邸,就是太祖当吴王时所住的地方。徐达坚决推辞。有一天,皇帝与徐达到旧邸,把他灌醉了,用被子裹着,抬到正中寝室里睡。徐达醒过来,吓得赶快跑下台阶,俯伏在哪里高呼自己死罪。皇帝偷看到了,非常高兴。于是命令有关部门在旧邸前起盖封侯的宅第给他,旌表他的牌坊题为“大功”。胡惟庸当丞相,想和徐达拉关系,徐达鄙薄他的为人,不予理睬。胡惟庸便贿赂徐达的守门人福寿,让他设法加害徐达。福寿把他揭发了,徐达亦不追究;只是常常对皇帝说胡惟庸不能胜任丞相。后来胡惟庸的阴谋果然败露,皇帝更加看重徐达。洪武十七年,月球侵犯上将星座,皇帝心里很忌讳。徐达在北平生病,背上长疽,稍微好一点,皇帝派徐达的长子徐辉祖带着敕书前去慰劳,不久召回。第二年二月,病重,便去世,享年五十四岁。皇帝因此停止出朝,参加葬礼时悲伤哀恸不已。追封为中山王,谥号武宁,赠予三代都封王爵。赐葬在钟山的北面,亲自撰写神道碑文。牌位供在太庙附祭,肖像供在功臣庙,排列都在第一位。

徐达话说得不多,但考虑问题很周到。在部队里,发布了命令就不再更改。各将领都敬畏地遵奉着他的领导,但在皇帝面前,他恭敬谨慎得好像不会说话。他很会关心慰问别人,和部下同甘共苦,兵士没有不感谢他的关怀愿意效死力的,因此所向披靡。尤其注意于收敛部队,他所平定的大都两个,省会三个,郡邑上百个,都是里巷市井平静,百姓没有受到士兵的骚扰。回京师的时候,轻车回家,礼貌地接待儒生,整天和他们交谈议论,非常和谐。皇帝曾经称赞他说:"接受命令立即出动,成功便归来,不居功,不自傲,不贪女色,不取财宝,不偏不倚,没有过失,像日月一样光明,只有大将军一人罢了。"

刘基传

【题解】

刘基(1311~1375)是明代著名大臣、文学家、思想家。元末进士。曾任江西高安县丞、江浙儒学副提举,不久弃官隐居。后出任江浙行省都事,因反对招抚方国珍而被革职,于是回乡寄居。朱元璋占据金陵后,网罗人才,刘基于是再度出山,在辅佐朱元璋推翻元朝的过程中,建立了不少功勋。后辞归养老青田。后来被胡惟庸诬陷,忧愤而死。又说被胡惟庸毒死。谥文成。

刘基早年受正统儒家思想的影响,哲学思想上有浓厚的神秘色彩;弃官归乡后,他的思想受到农民起义的震荡,发生了重大变化,对元统治者的暴行有了更多的认识。他认为人能够认识部分物质世界;人也能够控制自然,利用自然,他认为自然界是取之不竭,用之不穷的,只要好好地利用它,就会"天地之生愈滋,庶民之用愈足"。他指出天灾流行并不是天有警于人,不过是自然变化的现象而已;国家政治的好坏,不决定于天而决定于人;他反对当时流行的迷信思想,继承了王充以来的无神论思想传统,有不彻底的无鬼论思想。但是他在社会问题和人性问题上有较大的局限和矛盾。

刘基诗文兼长,他的散文奔放旷达,诗歌雄浑夸张,语言质朴通俗,或忧于时事,或讥讽繁政苛令,气魄飞扬豪迈。他的佳作多半写于元末,明代以后,多是一些叹老伤怀之作,非往日之气象可比。

他的诗文后人汇编为《诚意伯文集》。其中《郁离子》最为有名。他通晓天文律令,后人有假托其名的伪作不少。

刘基

【原文】

刘基，字伯温，青田人。曾祖濠，仁宋为朝林掌书。宋亡，邑子林融倡义旅。事败，元遣使簿录其党，多连染。使道宿濠家，濠醉使者而焚其庐，籍悉毁。使者计无所出，乃为其更其籍，连染者皆得免。基幼颖异，其师郑复初谓其父烓曰："君祖德厚，此子必大君之门矣。"元至顺间，举进士，除高安丞，有廉直声。行省辟之，谢去。起为江浙儒学副提举，论御史失职，为台臣所阻，再投劾归。基博通经史，于书无不窥，尤精象纬之学。西蜀赵天泽论江左人物，首称基，以为诸葛孔明俦也。

方国珍起海上，掠郡县。有司不能制。行省复辟基为元帅府都事。基议筑庆元诸城以逼贼，国珍气沮。及左丞帖里帖木儿招谕国珍，基言方氏兄弟首乱，不诛无以惩后。国珍惧，厚赂基。基不受。国珍乃使人浮海至京，贿用事者。遂招抚国珍，授以官，而责基擅威福，羁管绍兴，方氏逐愈横。亡何，山寇蜂起，行省复辟基剿捕，与行院判石抹宜孙守处州。经略使李国凤上其功，执政以方氏故抑之，授总管府判，不与兵事。基逐弃官还青田，著《郁离子》以见志。时避方氏者争依基，基稍为部署，寇不敢犯。

及太祖下金华，定括苍，闻基及宋濂等名，以币聘。基未应，总制孙炎再致书固邀之，基始出。既至，陈时务十八策。太祖大喜，筑礼贤馆以处基等，宠礼甚至。初，太祖以韩林儿称宋后，遥奉之。岁首，中书省设御座行礼，基独不拜，曰："牧竖耳，奉之何为！"因见太祖，陈天命所在。太祖问征取计，基曰："士诚自守虏，不足虑。友谅劫主胁下，名号不正，地据上流，其心无日忘我，宜先图之。陈氏灭，张氏势孤，一举可定。然后北向中原，王业可成。"太祖大悦曰："先生有至计，匆惜尽言。"曾陈友谅陷太平，谋东下，势张甚，诸将或议降，或议奔据钟山，基张目不言。太祖召入内，基奋曰："主降及奔者，可斩辄。"太祖曰："先生计安出？"基曰："贼骄矣，待其深入，伏兵邀取之，易耳。天道后举者胜，取威制敌以成王业，在此举矣。"太祖用其策，诱友谅至，大破之，以克敌赏基。基辞。友谅兵复陷安庆，太祖欲自将讨之，以问基。基力赞，逐出师攻安庆。自旦及暮不下，基请巡趋江州，拧友谅巢穴，逐悉军西上。友谅出不意，帅妻子奔武昌，江州降。其龙兴守将胡美遣子通欸，请勿散其部曲。太祖有难色。基从后蹋胡床。太祖悟，许之。美降，江西诸郡皆下。

基丧母，值兵事未敢言，至是请还葬。会苗军反，杀金、处守将胡大海、耿再成等，浙东摇动。基至衢，为守将夏毅谕安诸蜀邑，复与平章邵荣等谋复处州，乱逐定。国珍素畏基，致书喑。基答书，宣示太祖威德，国珍逐入贡。太祖数以书即家访军国事，基条答悉中机宜。寻赴京，太祖方亲援安丰。基曰："汉、吴伺隙，未可动也。不听。友谅耳之，乘间围洪都。"太祖曰："不听君言，几失计。逐自将救洪都，与友谅大战鄱阳湖，一日数十接。太祖坐胡床督战，基侍侧，忽跃起大呼，趣太祖更舟。太祖仓卒徙别舸，坐未定，飞砲声旧所御舟立碎。友谅乘高见之，大喜。而太祖舟更进，汉军皆失色。时湖中相持，三日未决，基请移军湖口扼之，以金木相犯日决胜，友谅走死。其后太祖取士诚，北伐中原，逐成帝业，略如基谋。

吴元年以基为太史令，上《戊申大统历》。荧惑守心，请下诏罪己。大旱，请决滞狱。即命基平反，雨随注。因请立法定制，以止滥杀。太祖方欲刑人，基请其故，太祖语之以梦。基曰："此得土得众之象，宜停刑以待。后三日，海宁降。太祖喜，悉以囚付基纵之。

寻拜御史中丞兼太史令。

太祖即皇帝位，基奏立军卫法。初定处州税粮，视宋制亩加五合，惟青田命毋加，曰："今令温乡里世世为美谈也。"帝幸汴梁，基与左丞相擅长居守。基谓宋、元宽纵天下，今宜肃纪纲。食御史纠劾无所避，宿卫宦侍有过者，皆启皇太子置之法，人惮其敢。中书省都事李彬坐贪纵抵罪，擅长素匿之，请缓其狱。基不听，驰奏。报可。方祈雨，即斩之。由是与擅长忤。帝归，塑基戮人坛墠下，不敬。诸怨基者亦交潛之。会以旱求言，基奏："士将物故者，其妻悉处另管，凡数万人，阴气郁结。工匠死，肉骸暴露，吴将吏降者皆编军户，足干和气。"帝纳其言，旬日仍不雨，帝怒。会基有妻丧，逐请告归。时帝方营中都，又锐意灭扩廓。基濒行，奏曰："凤阳虽帝乡，非建都地。王保保未可轻也。"已而定西失利，扩廓竟走沙漠，迄为边患。其冬，帝手诏叙倭基勋伐，召赴京，赐赉甚厚，追赠基祖、父皆永嘉郡公。累欲进基爵，基固辞不受。

初，太祖以事责丞相李善长，基言："擅长勋旧，能调和诸将。"太祖曰："是数欲害君，君乃为之地耶？吾行相君矣。"基顿首曰："是如易柱，须得大木。若束小木为之，且立覆。"及擅长罢，帝欲相杨宪，宪素善基，基力言不可，曰："宪有相才无相器。夫宰相者，持心如水，以义理为权衡，而己无与者也，宪则不然。"帝问汪广洋，曰："此褊浅殆甚于宪。"又问胡惟庸，曰："譬之驾，惧其偾辕也。"帝曰："吾之相，诚无逾先生。"基："臣疾恶太甚，又不耐繁剧，为之且孤上恩。天下何患无才，惟明主悉心求之，目前诸人诚未见其可也。"后宪、广洋、惟庸皆败。三年授弘文馆学士。十一月大封功臣，授基开国翊运守正文臣、资善大夫、上护军，封诚意伯，禄二百四十石。明年赐归老于乡。

帝尝手书问天象。基条答甚悉而焚其草。大要言霜雪之后，必有阳春，今国威已立，宜少济以宽大。基佐定天下，料事如神。性刚嫉恶，与物多忤。至是还隐山中，惟饮酒弈棋，口不言功。邑令求见不得，微服为野人谒基。基方濯足，令从子引入茅舍，炊黍饮令。令告曰："某青田知县也。"基惊起称民，谢去，终不复见。其韬迹如此，然究为惟庸所中。

初，基言瓯、括间有隙地曰谈洋，南抵闽界，为盐盗薮，方氏所由乱，请设巡检司守之。奸民弗便也。会茗洋逃军反，吏匿不以闻。基令长子琏奏其事，不先白中书省。胡惟庸方以左丞掌省事，挟前憾，使吏讦基，谓谈洋地有王气，基图为墓，民弗与，则请立巡检逐民。帝虽不罪基，然颇为所动，逐夺基禄。基惧入谢，乃留京，不敢归。未几，惟庸相，基大戚曰："使吾言不验，苍生福也。"忧愤疾作。八年三月，帝亲制文赐之，遣使护归。抵家，疾笃，以《天文书》授子琏曰："亟上之，毋令后人习也。"又谓次子璟曰："夫为政，宽猛如循环。当今之务在修德省刑，祈天永命。诸形胜要害之地，宜与京师声势连络。我欲为遗表，惟庸在，无益也。惟庸败后，上必思我，有所问，以是密奏之。"居一月而卒，年六十五。基在京病时，惟庸以医来，饮其药，有物积腹中如拳石。其后中丞涂节首惟庸逆谋，并谓其毒基致死云。

基虬髯，貌修伟，慷慨有大节，论天下安危，义形于色。帝察其至诚，任以心膂。每召基，辄屏人密语移时。基亦自谓不世遇，知无不言，遇急难，勇气奋发，计画立定，人莫能测。暇则敷陈王道。帝每恭己以听，常呼为老先生而不名，曰："吾子房也。"又曰："数以孔子之言导予。"顾帏幄语秘莫能详，而世所传为神奇，多阴阳风角之说，非其至也。所为文章，气昌而奇，与宋濂并为一代之宗。所著有《覆瓿集》、《犁眉公集》传于世。子琏、璟。

【译文】

刘基,字伯温,青田(今浙江省文成县)人。曾祖父刘濠,在宋朝为官任翰林掌书。宋朝灭亡,同乡人林融倡议反抗。结果失败,元朝廷派使者把叛党全部记录下来,牵连的很多。使者途中住在刘濠家里,刘濠把使者灌醉而烧掉了自己的房子,记录簿都烧掉了。使者无法子可想,于是他为使者改了部籍,牵连的人全都幸免了。刘基小时候聪明伶俐,与众不同,他的老师郑复初对他的父亲烆说:"您的祖先积德很多,这儿子一定是出入于君主门下的人物。"元至顺年间,举进士,任高安丞,有廉洁耿直之声名。行省征召他,他辞谢了。后起用为浙江儒学副提举,议论御史失职,被台臣所阻拦,再次投书弹劾而回。刘基博通经史,对于书没有不读的,尤其精于星象谶纬之学。西蜀赵天泽评论江左人物,居首位的就是刘基,认为他有诸葛孔明的谋略。

方国珍起兵海上,攻掠郡县,主管部门没有办法,行省再次征召刘基为元帅府都事。刘基主张建筑庆元各城,用来夹逼贼寇,方国珍士气沮丧。等左丞贴里木儿招谕方国珍,刘基说方氏兄弟首先叛乱,不诛杀他们就不足以警诫后来者。方国珍害怕了,用很多东西贿赂刘基。刘基不接受。于是方国珍派人乘船到达京城,贿赂官事的官员。于是下诏招抚方国珍,授给他官位,反而指责刘基施威擅权,把绍兴作为寄居之地。方氏于是更加肆无忌惮。没多久,各地贼寇纷纷起兵,行省再次征召刘基剿捕,与行院判石抹宜孙守处州。经略使李国凤上奏他的功劳,执政者以方氏的事情为由压倒了他,授他总管府判,但不让他参与军务。刘基于是辞职回到青田,著《郁离子》,以表明自己的志向。当时逃避方氏的人,争相来依附刘基,刘基稍微加以部署,贼寇就不敢侵扰了。

到明太祖攻下金华,稳定了括苍,听说刘基和宋濂等人的名气,用很多钱去聘他们。刘基没有答应,总制孙炎又写信给他,坚决诚恳地邀请刘基,刘基才出来。到了以后,陈述十八条时政要务。太祖十分高兴,专门修筑了礼贤馆让刘基等人居住,给了很多特殊礼遇。当初,因为韩林儿称帝,太祖还遥远地尊奉他。年初,中书省设御座行庆贺礼,刘基一个人不拜叩,说:"放牧小儿,尊奉他干什么呢!"因此拜见太祖,陈说天命所在。太祖询问有何计可施,刘基说:"张士诚本人只不过是守房而已,不足为虑。陈友谅劫持幼主胁迫下属,名号不正,又居于上流,他没有一天忘记过我们,应对他先下手。陈氏灭亡了,张氏势单力孤,一举可以平定。然后北上中原,王业就可以成就了。"太祖十分高兴地说:"先生有上好的计谋,请不要不陈说完!"正遇陈友谅攻陷太平,谋划东下,气焰很凶猛,各位将领有的说投降他,有的议论逃到钟山据守,刘基睁大眼睛一句话也不说。太祖把他召进内室,刘基亢奋地说:"主张投降和逃跑的人,都可以斩首。"太祖说:"先行有什么计谋可用?"刘基回答说:"贼寇骄横至极,等他们深入领地,埋伏士兵拦截攻打,太容易了。天道后举者胜利,树立威望制服敌人,成就王业的行动,在此一举了。"太祖采纳了刘基的策略,引诱陈友谅到来,大破陈友谅军,以克敌制胜奖赏刘基。刘基辞谢不受。陈友谅的军队又攻陷了安庆,太祖打算亲自率兵讨伐,他去询问刘基。刘基全力表示赞称,于是出师攻打安庆。从天亮一直战斗到晚上,还没有攻下来,刘基请求直赴江州,捣坏陈友谅的巢穴,于是他率全军西上。陈友谅没有想到,在出其不意的打击下,只好带着妻子儿女逃到武昌,江州投降。其龙兴守将胡美派遣儿子来表示诚意,请求不要解散自己的军队。太祖显出为难的样子。刘基在后面踩胡床暗示。太祖醒悟过来,答应了胡美儿子的请求。胡美归降，江西各郡县都成了太祖的地盘。

刘基的母亲去世了，正值激战之时，他没敢说出来，这时候他请求回去归葬。正好苗军反叛，杀了金、处守将胡大海、耿再成等人，浙东局势不稳。刘基到达衢，帮助守将夏毅告谕安抚各属下地界，又与平章邵荣等人筹划恢复处州，叛乱才被平定下来。方国珍素来害怕刘基，致信吊唁他母亲。刘基回信，宣扬太祖的威德，方国珍这才前来入贡。太祖多次写信到他家询问军国大事，刘基一条一条回答太祖，都与事情的关键相适宜。不久回到京师，太祖正要亲自救援安丰。刘基劝说："汉、吴在等待机会，不可大动。"太祖没有听他的话。陈友谅听说了，乘机围攻洪都。太祖说："不听先生的话，差一点误了大事。"于是亲自率军救援洪都，与陈友谅在阳胡展开大决战，每天交锋几十次。太祖坐在临时坐具胡床上督战，刘基在旁边侍候，突然跳起来大喝一声，催促太祖更换舰船。太祖匆匆忙忙转移到另外的大船上，还没有坐安稳，一发飞砲击中他刚才所坐的御船，那船立即化为碎片，陈友谅爬到高处看到这一情景，十分高兴。但太祖的舰船更加往前冲来，汉军都大惊失色。当时在湖中相持了三天，还未见分晓，刘基请求把军队转移到湖口阻住敌军，在金木相犯的那一天与他决胜负，结果陈友谅逃走被杀。其后太祖攻取张士诚，北伐中原，终于成就了帝王之业，大概确实象刘基所筹划的方略一样准确。

吴元年（1363），任命刘基为太史令，献上《戊申大统历》。荧惑星围着心宿，请求下诏书自我批评。天大旱，请判决滞留未决的案件。于是立即命刘基令平反冤狱，随之天下了大雨。因此他请求立法定制度，用来制止滥杀无辜。太祖正准备处罚，刘基请求了解原因，太祖把自己的梦告诉了刘基。刘基回答说："这是得土郡、得民众之象，应该停止刑罚等待这个时候的到来。"过了三天，海宁归降。太祖高兴了，把全部的囚徒交给刘基放了。不久拜刘基为御史中丞兼太史令。

太祖登上皇帝宝座，刘基上书建立军队保卫国家法度。当初确定处州税粮，根据宋制亩数加五合，只有青田，命令没有增加，说："让伯温的乡里世世传为美谈。"太祖巡牵汴梁，刘基与左丞相李善长居守朝内。刘基说宋、元因为宽纵失去天下，现在应该整肃纪纲。命令御史纠察弹劾不要有什么例处，宿卫宦侍有过错的，都送皇太子依法处置，人都害怕他的严厉。中书省都事李彬犯了贪污放纵之罪，李善长平常与他很亲近，这时请求对李彬缓期处刑。刘基不采纳，派人赶去请示皇帝，皇帝答应可以。将要向天祈雨，就把他斩首了。从此以后与李善长关系恶化。皇帝回来，向皇帝诉说刘基在坛下侮辱人，犯了不敬之罪。各种怨恨刘基的人也交口诋毁他。正好因为干旱征求意见，刘基上书："士兵死去的，他们的妻子都在另外的营里居住，有几万人，阴气郁结。工匠死了，腐烂的尸骨暴露在外面，吴将官吏投降者都编为军户，都足以干扰和气。"太祖采纳了他的建议，十多天仍不下雨，于是发怒了。正巧刘基的妻子死了，于是他请求归去。当时太祖正在营建中都，又积蓄力量要全力消灭扩廓。刘基临走，上书说："凤阳虽然是皇帝的家乡，但不是建都城的地方。王保保不可轻视。"不久定西失利，扩廓竟然逃入沙漠地带，一直成为边患。这年冬天，皇帝亲自下诏表述刘基征战的功勋，召他回京，赏赐特别多，并追赠刘基的祖父、父亲都为永嘉郡公。多次想升刘基的爵位，刘基坚辞不受。

当初，太祖因为某事责怪丞相李善长，刘基说："李善长是有功勋的老臣，能够调和诸将间的关系。"太祖说："是他几次想加害先生，先生为何说他好话呢？我做事应学着先生了。"刘基顿首回答说："这好比是要换柱子，必须得用大木材。如果捆绑小木材为大柱，不一会就会倒掉。"等李善长罢去,太祖想任杨宪为丞相,杨宪素来与刘基友善,刘基却坚持说不行,他说:"杨宪有做丞相的才华,但没有做丞相的气度。做宰相的人,持心如水,办事公正,以义理为权衡标准,而不掺杂自己的私见。可杨宪就不行了。"太祖问汪广洋怎么样,刘基回答说:"他偏祖浅陋比杨宪更甚一些。"又问胡惟庸怎样,刘基回答说:"比如驾车之马,害怕他掀翻车子。"太祖说:"我的丞相,实际上先生最合适不过了。"刘基说:"我太疾恶如仇了,又对繁琐匆乱之事没有耐心,做了丞相又会辜负皇上的大恩。天下何患没有相才,希望皇上圣明全心地寻求他,目前这几个人真是没看到有可以为相的。"后来杨宪、汪广洋、胡惟庸都出事而败。三年授刘基弘文馆学士。十一月大封功臣,授刘基为开国翊运守正文臣、资善大夫、上护军,封为诚意伯,俸禄二百四十石。第二年,赐他回到家乡养老。

太祖曾写信询问天象,刘基条列回答十分详细,但烧掉了草稿。大概说霜雪以后,一定会有阳春到来,现在国威已经树立,应该少许用一些宽大的政策。刘基辅佐太祖平定天下,料事如神。性格刚直,疾恶如仇,与众人常发生不同意见。到这时归隐山中,只有饮酒下棋,从来不谈自己的功劳。地方长官求见不得,便换上百姓的衣服去拜见刘基。刘基正要洗脚,让从子引他到茅屋中,做了黍面的饭给他吃。邑令告诉刘基说:"我是青田的知县。"刘基吃惊地起身称民,辞谢而去,再未见他。他的行迹虽然这样,但终究还是被胡惟庸所言中。

当初,刘基说瓯、括之间有一块空地叫谈洋,南边抵达闽边界,是盐盗的贼窝,方氏据此为乱,请求设置巡检司据守它。奸猾刁民就不方便了。正巧遇上茗洋的逃军反叛,官员隐瞒不报。刘基让他的长子刘琏上书报告这事,没有先向中书省讲。当时胡惟庸正以左丞掌管省里事务,怀着对以前相事的不快,让官吏诬陷刘基,说谈洋地带有帝王之气,刘基想在哪里做坟墓,百姓不给,他就请设立巡检司以驱逐老百姓。太祖虽然没有追问刘基的罪过,但特别被这话打动了,于是削夺了刘基的俸禄。刘基害怕进京谢罪,于是留在京城,不敢回家乡。不久,胡惟庸做了丞相,刘基大发感慨说:"假如我的话不灵验,那是平民百姓的福气! 从此忧虑愤懑引发了疾病。八年(1375)三月,太祖亲自写了文书赐给刘基,派使臣保护他回家乡。到家以后,病更严重了,把《天文书》交给儿子刘琏,说:"尽快交给皇帝,不要让后来人学习它。"又对次子刘璟说:"从事政务,宽松凶猛象循环一样。现在的要务在于修德少刑,祈求上天永远保佑。各种形势险峻的要害之地,应该与京师声势联络。我想留一份遗表,但胡惟庸在朝,没有用处。胡惟庸败绩之后,皇上一定会想到我,有要询问的事,把它秘密地交给皇上。"过了一月,就去世了。享年六十五岁。刘基在京师病后,胡惟庸派医生来治,吃了他开的药,有什么东西积聚在腹中,象拳头大的石头一般。其后中丞涂节首先告发胡惟庸的叛逃阴谋,并且说他毒死了刘基等等。

刘基有虬龙般的髯须,相貌伟岸和善,为人慷慨,高风亮节,评论天下安危形势,义形于色。太祖观察到他十分忠诚,所以把他当作顶梁柱般的知心人。每次召见刘基,都要让别人回避与他私谈很久。刘基也自己说难遇知己,知无不言。遇到危急艰难,更加勇气奋发,计划马上就会制定出来,没有人能测猜到他的计谋。闲暇的时候,他就陈说王道。太祖每次洗耳恭听,常叫他为老先生而不叫他的名字,说:"我的子房啊!"又说:"他多次拿孔子的言论教导我。"这本来是帷幄之中的话,因秘密而没有人知道其详情,而被世人传得神乎其神,最多的传说是阴阳风角之说,并非他所最精到的。他所做的文章,气势昌盛,风格奇特,与宋濂一起被认为是一代宗师。他的著作有《覆瓿集》、《犁眉公集》流传于世。

方孝孺传

【题解】

　　方孝孺(1357~1402)是明初著名儒臣,为当时极优秀的文章家。早年曾投师浙东大儒、明朝开国文臣宋濂门下,学问文章,突飞猛进。1382年因吴沉、揭枢之荐,赴京接受明太祖召见,受到大加赞赏。此后他努力于修身齐家治国平天下的儒家学说。提出积极地"承天命"的主张,认为在天命面前人可以发挥自己的主观努力;他主张行仁政、反对暴政;并严正地提出"君职"之说,认为君王之职,"为天养民者也";他义正词严地对洪武严猛政治进行了批判。

　　惠帝继位,他得以与君共事,以"明五道,致太平"为己任,极力辅佐惠帝,推行了一系列新政;行宽政,重德省刑;均免赋役,革除弊政;限僧道占田;更定官制,增损洪武礼制;精简机构,革除冗负。这些措施给社会带来了新气象。

　　正当方孝孺佐惠帝行新政之际,明王朝内部斗争爆发,燕王举兵南下,方孝孺出谋挽回局面,都未见效,终于惠帝自焚,燕王成为新君。方孝孺被逼草诏,面对燕王的淫威,他坚决拒绝,凛然大气,最后他以身殉道,取义成仁,在儒家大忠、大节的正气下,走向死亡。

【原文】

　　方孝孺,字希直,一字希古,宁海人。父克勤,洪武中循吏,自有传。孝孺幼警敏,双眸炯炯,读书日盈寸,乡人目为"小韩子"。长从宋濂学,濂门下知名士皆出其下。先辈胡翰、苏伯衡亦自谓弗如。孝孺顾末视文艺,恒以明王道、致太平为己任。尝卧病,绝。家人以告,笑曰:"古人三旬九食,贫岂独我哉。"父克勤坐"空印"事诛,扶丧归葬,哀动行路。既免丧,得从濂卒业。

　　洪武十五年,以吴沉、揭枢荐,召见。太祖喜其举止端整,谓皇太子曰:"此壮士,当老其才。"礼遣还。后为仇家所连,逮至京,太祖见其名,释之。二十五年,又以荐召至。太祖曰:"今非用孝孺时。"除汉中教授,日与诸生讲学不倦。蜀献王闻其贤,聘为世子师。每见,陈述道德。王尊以殊礼,名其读书之庐曰"正学"。

　　及惠帝即位,召为翰林侍讲。明年,迁侍讲学士。国家大政事辄咨之。帝好读书,每

方孝孺

有疑，即召使讲解。临朝侍奉，臣僚面议可否，或命考孺就扆前批答。时修《太祖实录》及《类要》诸书，教孺皆为总裁。更定官帛，孝孺改文学博士。燕兵起，廷议讨之，诏檄皆出自其手。

建文三年，燕兵掠大名。王闻齐、黄已窜。上书请罢盛庸、吴杰、平安兵。孝孺建议曰："燕兵久顿大名，天暑雨，录不战自疲。急令辽东诸将入山海关攻永平，真定诸将渡卢沟捣北平，彼心归救。我以大兵蹑其后，可成擒也。今其奏事适至，宜且兴报，书往返逾月，使其将士心懈，我谋定势合进而蹴之不难矣。"帝以为然，命孝孺草诏，遣大理寺少卿薛岩驰报燕，层赦燕罪，使罢兵归藩。又为宣谕数千言，授岩持至燕军中密散诸将士。比至，匿宣谕不敢出，燕王亦不奉诏。

五月，吴桀、平安、盛庸发兵扰燕饷道。燕王复遣指挥武胜上书伸前请。帝将许之。孝孺曰："兵罢，不可复聚，愿毋为所惑。"帝乃诛胜以绝燕。未几，燕兵掠沛县，烧粮艘。时河北师老无功，而德州又饷道绝，孝孺深以为忧。以燕王世子仁厚，其弟高煦狡谲，有宠于燕王，尝使夺嫡，谋以计间之，使内乱。乃建议白帝，遣锦衣千户张安斋玺书往北平赐世子，世子得书不启封，并安送燕军前，间不得行。

明年五月，燕兵至江北，帝下诏微四方兵。孝孺曰："事急矣。遣人许以割地，稽延数日，东南募兵渐集，北军不长舟楫，决战江上，胜负未可知也。"帝遣庆成郡王往燕军，陈其说。燕王不听。帝命诸将集舟师江上，而陈瑄以战舰降燕，燕兵逐渡江，时六月乙卯也。帝忧惧，或劝帝他幸，复图兴。孝孺力请守京城以待援兵，即事不济，当死社稷。乙丑，金川门启，燕兵入，帝自焚。是日，孝孺被执下狱。

先是，成祖发北平，姚广孝以孝孺为托，曰："城下之日，彼必不降，幸勿杀之。杀孝孺，天下读书种子绝矣。"成祖领之。至是欲使草诏。召至，悲恸声彻殿陛。成祖降榻劳曰："先生毋自苦，予欲法周公辅成王耳。"孝孺曰："成王安在？"成祖曰："彼自焚死。"孝孺曰："何不立成王之子？"成祖曰："国赖长君。"孝孺曰："何不立成王之弟？"成祖曰："此朕家事。"顾左右授笔札，曰："诏天下，非先生草不可。"孝孺投笔于地，且哭且骂曰："死即死耳，诏不可草。"成祖怒，命磔诸市。孝孺慨然就死，做绝命词曰："天降乱离兮孰知其由，奸臣得计兮谋国用犹。忠臣发愤兮血泪交流，以此殉君兮抑又何求。呜呼哀哉兮庶不我尤。"时年四十有六。其门人德庆侯廖永忠之孙镛与其弟铭检遗骸痤聚宝门外山上。

孝孺有兄孝闻，力学笃行，先孝孺死。弟孝友与孝孺同就戮，亦赋诗一章而死。妻郑及二子中宪、中愈先自经死，二女投淮河死。

孝孺工文章，醇深雄迈。每一篇出，海内争相传诵。永乐中，藏孝孺文者罪至死。门人王稌潜录为侯城集，故后得行于世。

仁宗即位，谕礼部："建文诸臣，已蒙显戮，家属籍在官者，悉宥为民，还其田土。其外亲戍边者，留一人戍所，余放还。"万历十三年三月释坐孝孺谪戍者后裔，浙江、江西、福建、四川、广东凡千三百余人。而孝孺绝无后，惟克勤弟克家有子曰孝复。洪武二十五年尝上书阙下，请减信国公汤和所加宁海赋，谪戍庆远卫，以军籍获免。孝复子琬，后亦得释为民。世宗时，松江人俞斌自称孝孺后，一时士大夫信之，为纂归宗录。既而方氏察其伪，言于官，乃已。神宗初，有诏褒录建文忠臣，建表忠祠于南京，首徐辉祖，次孝孺云。

方孝孺,字希直,又字希古,宁海(今浙江宁海县)人。父亲方克勤,洪武年间的官吏,自己有传。

孝孺小时候就机警聪慧,双眸炯炯有神,每天读书达一寸多,乡人都称他为"小韩子"(即喻为唐朝的韩愈)。长大以后,从宋濂学习,宋濂门下众多的知名人士都不如他,连先辈学者胡翰、苏伯衡也说自己都不如他。不过孝孺不重视文艺,一直以明王道、致太平为己任。他曾卧病在庆,断了口粮。家人告诉了情况,他却笑着说"古人尚有三旬吃九餐饭的,贫困难道只我方孝孺一人吗!"

父亲方克勤,因牵连"空印"案被杀,他扶丧归葬,哀动行路之人。服丧完了,又从宋濂学习,一直到完成学业。

洪武十五年(1382),因吴沉、揭枢的推荐,方孝孺赴京接受明太祖的召见,明太祖赞赏他的举止端庄,对皇太子说:"这是位庄士,当老其才。"礼貌地把他又送回了家。后来遭到仇人诋毁牵连,被逮捕到京,太祖看到他的名字,就把他释放了。

洪武二十五年(1392),又因为举荐召他进京。但明太祖说:"现在还不是重用方孝孺的时候。"于是把他任命为汉中府教授。他便每天不知疲倦地与学生讨论学问。蜀献王听说了方孝孺的大名,于是礼聘他为世子的师傅。每次相见,总陈述道德之事。蜀王待以殊礼,并把读书之庐改名为"正学"。

明惠帝即位以后,召方孝孺为翰林侍讲。第二年迁为侍讲学士,凡国家大政事务都咨询他。惠帝喜欢读书,每有疑难,就召他去讲解。到朝廷奏对政事,臣僚面议可否,又命方孝孺在屏风前批复。当时纂修《太祖宗录》和《类要》等书,方孝孺都任总裁职。后改定官制,方孝孺改为文学博士。燕王起兵,朝廷商议讨伐,所有诏令檄文都出自方孝孺的手。

建文三年(1401),燕王举兵攻掠大名(今河北大名等地)。惠王听说齐泰、黄子澄已经逃跑,有人上书请罢盛庸、吴杰、平安的兵事。方孝孺建议说:"燕兵在大名住得久了,又正值天热下雨,当不战自疲。那时急令辽东诸将入山海关攻打永平,真定诸将渡卢沟直捣北平,燕兵一定会回去救援。我们以大兵随其后,可以擒拿他们。现在奏事刚到,应该回复他们,这样往返一个多月,使燕兵将士松懈了警惕,心里也疲乏了。我们商议计谋,确定合围之势,举兵进攻,就不怎么难了。"惠帝也以为这样,便命方孝孺起草诏书,派遣大理寺少卿薛岩快速去通报燕王,全部赦免燕王之罪,让解除大兵归顺朝廷。又另宣谕数千字交给薛岩,带到燕王的军队中,密密地散发给各位将士。薛岩到了燕军中,藏了宣瑜不敢拿出来,燕王也不服从朝廷的诏令。

五月(1401年),吴杰、平安、盛庸发兵骚扰燕兵的粮饷道路。燕王又派指挥武胜上书惠帝,申述以前的请求。惠帝准备答应他。方孝孺说:"兵已罢,不可能再聚,但愿不要被他所迷惑。"惠帝于是杀了武胜,与燕王断绝关系。不久,燕兵攻掠沛县,焚烧粮船。当时黄河以北的军队一直没有战绩,而德州驻军又粮道断绝,缺乏粮草,孝孺很是忧虑。因燕世子仁厚,他弟弟高煦狡黠,在燕王面前受宠爱,曾想夺取嫡传之位,于是方孝孺想施反间之计,引发燕王内部的混乱。他建议惠帝,派遣锦衣卫千户张安携带玺书前往北平赐世子,但世子拿到玺书,连封口都未打开,连同张安一同送到燕王军前,这个反间计也未成功。

　　第二年五月，燕兵到达长江以北，惠帝下诏征募四方军队。孝孺说："情况危急。派人前去答应割地，以拖延几天时间，等东南招募的军队逐渐集合起来，与北方不擅长掌握舟楫的军队，在长江上展开决战，胜负还难说是谁呢。"惠帝派庆成郡主前往燕军，把这个意思告诉燕王。燕王不予理睬。惠帝命令各位将领在长江上集中水军，可陈瑄带着战舰投降了燕王，燕兵于是渡过了长江，当时是六月乙卯时候。惠帝既担忧又害怕，有人劝惠帝到外地去，以图复兴大业。方孝孺力请坚守京城等待援兵到来，即使大势已去，无可挽回，也应捐躯社稷。乙丑时分，金川门被打开，燕兵进入京城，惠帝自焚。当天，方孝孺被捉拿进狱中。

　　明成祖起兵北平南下以前，姚广孝就方孝孺其人托付燕王说："南京城被攻下的时候，他决不会投降，万望不要杀他。如果杀了方孝孺，天下的读书种子就绝了。"成祖点头同意。这时成祖想让他起草诏书。召方孝孺前来进见，悲恸声响彻殿堂。成祖走下到榻边说："先生不要自己苦自己，我打算效法周公辅成王的事迹罢了。"孝孺说："成王在那儿呢？"成祖说："他自己焚烧了自己。"孝孺又说："为何不立成王的儿子？"成祖说："国家要靠长大的君王。"孝孺又说："为何不立成王的弟弟呢？"成祖答到："这是我家的事！"于是招呼左右官员拿笔札过来，说："颁诏天下，没有先生的起草是不行的。"孝孺将笔扔到地上，边哭边骂说："死就死，诏不能草。"成祖愤怒了，命令在市内斩首。孝孺慷慨从容地去死，并做绝命词说："天降乱离哟谁知缘由，奸臣得计哟篡国用谋。忠臣愤怒哟涕泪横流，以身报君哟还又何求。呜呼哀哉啊那不是我的错。"当时年仅四十六岁。他的门徒德庆侯廖永忠的孙子廖镛与弟弟廖铭收敛了他的遗骸，埋在聚宝门外的山上。

　　方孝孺有兄孝闻，致力于学问道德，先孝孺去世。弟弟孝友和他一同被杀，也赋诗一章而死。妻子和两个儿子中宪、中愈先已自缢，两个女儿投秦淮河自杀。

　　方孝孺擅于做文章，醇深雄迈。每出一篇文章，海内争相传诵。永乐年间，收藏方孝孺文章者，判处死罪。门徒王稌偷偷地收集他的文章，编成《侯城集》，所以才得以传世。

　　仁宗即位，诏谕礼部："建文诸臣，身遭杀戮，而家属登记在官府的，全部赦免为民，交还他们的田地。有外戚亲朋还在戍边的，留一人在戍所，其余的放还。"万历十三年（公元1530年）三月又释放了因孝孺之罪牵连，谪戍边防之人的后代，浙江、江西、福建、四川、广东，约有一千三百多人。孝孺没有了后代，只有父亲克勤的弟弟克家有儿子叫孝复。洪武二十五年（公元1392年）曾上书朝廷，请求减免信国公汤和所加的宁海赋，而被谪戍庆远卫，这时以军籍获免。孝复子琬，后也得以释放为民。世宗时，松江人俞斌自称是方孝孺的后代，一时间士大夫信以为真，为纂《归宗录》。后来方氏发现是假冒的，告到官府，就又停纂了。神宗初年，有诏令让褒扬建文忠臣，并建表忠祠于南京，第一个是徐辉祖，第二个便是方孝孺。

姚广孝传

【题解】

姚广孝(1335~1418),苏州长州(今江苏苏州)人。十四岁时度为僧人,名道衍,字斯道。太祖时,侍候燕王,相交甚密。太祖死后,惠帝即位,姚广孝力劝燕王(后为成祖)发兵反叛。成祖登皇位后,授予道衍曾录司左善世,拜为资善大夫、太子少师。深受成祖宠信。监修《太祖实录》,又与解缙等编纂《永乐大典》。死后追赠为推诚辅国协谋宣力父臣、特进荣禄大夫、上柱国、荣国公,谥号为恭靖。

【原文】

姚广孝,长洲人,本医家子。年十四,度为僧,名道衍,字斯道,事道士席应真,得其阴阳术数之学。尝游嵩山寺,相者袁珙见之曰:"是何异僧,目三角,形如病虎,性必嗜杀,刘秉忠流也。"道衍大喜。

洪武中,诏通儒书僧试礼部。不受官,赐僧服还。经北固山,赋诗怀古。其侪宗泐曰:"此岂释子语耶?"道衍笑不答。高皇后崩,太祖选高僧侍诸王,为诵经荐福。宗泐时为左善世,举道衍。燕王与语甚合,请以从。至北平,住持庆寿寺。出入府中,迹甚密,时时屏人语。及太祖崩,惠帝立,以次削夺诸王,周、湘、代、齐、岷相继得罪,道衍遂密劝成祖举兵。成祖曰:"民心向彼,奈何?"道衍曰:"臣知天道,何论民心。"乃进袁珙及卜者金忠。于是成祖意益决,阴选将校,勾军卒,收材勇异能之士。燕邸,故元宫也,深邃。道衍练兵后苑中。穴地作重屋,缭以厚垣,密瓴甋瓶缶,日夜铸军器,畜鹅鸭乱其声。

建文元年六月,燕府护卫百户倪谅上变。诏逮府中官属。都指挥张信输诚于成祖,成祖遂决策起兵。适大风雨至,檐瓦堕地,成祖色变。道衍曰:"祥也。飞龙在天,从以风雨。瓦堕,将易黄也。"兵起,以诛齐泰、黄子澄为名,号其众曰"靖难之师"。道衍辅世子居守。其年十月,成祖袭大宁,李景隆乘间围北平。道衍守御甚固,击却攻者。夜缒壮士击伤南兵。援师至,内外合击,斩首无算。景隆、平安等先后败遁。成祖围济南三月,不克,道衍驰书曰:"师老矣,请班师。"乃还。复攻东昌,战败,亡大将张玉,复还。成祖意欲稍休,道衍力趣之,益募勇士,败盛庸,破房昭西水寨。道衍语成祖:"毋下城邑,疾趋京师。京师单弱,势必举。"从之。遂连败诸将于淝河、灵璧,渡江入京师。

成祖即帝位,授道衍僧录司左善世。帝在藩邸,所接皆武人,独道衍定策起兵。及帝转战山东、河北,在军三年,或旋或否,战守机事皆决于道衍。道衍未尝临战阵,然帝用兵有天下,道衍力为多,论功以为第一。永乐二年四月拜资善大夫、太子少师,复其姓,赐名广孝,赠祖父如其官。帝与语,呼少师而不名。命蓄发,不肯。赐第及两宫人,皆不受。常居僧寺,冠带而朝,退仍缁衣。出振苏、湖,至长洲,以所赐金帛散宗族乡人。重修《太祖实录》,广孝为监修。又与解缙等纂修《永乐大典》。书成,帝褒美之。帝往来两都,出塞北征,广孝皆留辅太子于南京。五年四月,皇长孙出阁就学,广孝侍说书。

十六年三月入觐,年八十有四矣,病甚,不能朝,仍居庆寿寺。车驾临视者再,语甚欢，赐以金唾壶，问所欲言。广孝曰："僧溥洽系久，愿赦之。"溥洽者，建文帝主录僧也。初，帝入南京，有言建文帝为僧遁去，溥洽知状，或言匿溥洽所。帝乃以他事禁溥洽，而命给事中胡濙等遍物色建文帝，久之不可得，溥洽坐系十余年。至是，帝以广孝言，即命出之。广孝顿首谢。寻卒。帝震悼，辍视朝二日，命有司治丧，以僧礼葬。追赠推诚辅国协谋宣力文臣、特进荣禄大夫、上柱国、荣国公，谥恭靖。赐葬房山县东北。帝亲制神道碑志其功，官其养子继尚宝少卿。

广孝少好学，工诗。与王宾、高启、杨孟载友善。宋濂、苏伯衡亦推奖之。晚著《道余录》，颇毁先儒，识者鄙焉。其至长洲，候同产姊。姊不纳。访其友王宾。宾亦不见，但遥语曰："和尚误矣，和尚误矣。"复往见姊，姊詈之。广孝惘然。

洪熙元年加赠少师，配享成祖庙庭。嘉靖九年，世宗谕阁臣曰："姚广孝佐命嗣兴，劳烈具有。顾系释氏之徒，班诸功臣，侑食太庙，恐不足尊敬祖宗。"于是尚书李时偕大学士张璁、桂萼等议请移祀大兴隆寺，太常春秋致祭。诏曰："可。"

【译文】

姚广孝，长洲人，本来是出生于医生家庭的孩子。十四岁时，度为僧人。名道衍，字斯道，侍奉道士席应真，得到他阴阳术数之学。曾经游历嵩山寺，相面人袁珙看见他说："这是什么样的奇异的僧人？三角眼，形状象病蛇，性格一定好杀，刘秉忠一类的人。"道衍非常高兴。

洪武年中，下诏博学的儒生和知书的僧人参加礼部考试。姚广孝不接受官职，皇帝赐给他衣服回去。经过北固山，赋诗怀古。他同事宗泐说："这岂是僧人的语言？"道衍笑而不答。高皇后死，太祖选高僧侍候诸王，为其念经祈福。宗泐当时是左善世，推荐道衍。燕王跟他交谈很投机，请求让他跟自己。到了北平，作庆寿寺的住持。进出府中，来往很密。时时把人喊开二人密语。等到太祖死，惠帝即位，挨着削减诸王势力，周、湘、代、齐王相继获罪，道衍便秘密劝说成祖发兵反叛。成祖说："民心向着那边，怎么办？"道衍说："我只知道天道，哪里管什么民心。"于是推荐袁珙和占卜人金忠。因而成祖的意思更坚决了。暗中选将校，连结军士，收罗勇敢有才能的人。燕邸，元氏的旧宫，很深。道衍在后苑中练兵。挖地作地下室，用厚墙围绕，暗藏瓶罐，日夜铸造武器，养鹅鸭来掩盖声音。

姚广孝

建文元年六月，燕府护卫百户倪谅叛变。皇帝下诏逮捕府中官吏。都指挥张信向成祖表白诚心，成祖于是决定起兵。刚好大风大雨，屋顶上的瓦刮到地下，成祖脸色都变了。道衍说："这是吉祥的。飞龙在天，风雨跟着。瓦刮下来，是将要换主子了。"部队反叛后，以杀齐泰、黄子澄为名，把部队称作"平难之师"。道衍辅佐成祖的儿子留守。当年十月,成祖攻击大宁,李景龙乘机包围了北平。道衍防守很坚固,打退进攻者。夜里用绳放下壮士打伤南兵。增援部队到,内外合击,砍头无数。景隆、平安等先后打败逃跑。成祖包围济南三个月,攻不下来,道衍送去信说:"部队疲惫了,请撤回部队。"便回来了。又攻东昌,战败,大将张玉死,又撤回。成祖想要稍微休整一下,道衍竭力鼓动,更多地招募勇士,打败盛庸,在西水寨挫败了房昭。道衍对成祖说:"不要攻打城市,赶快去京师。京师力量小,一定能打下来。"皇帝听从了他的话。于是在淝河、灵璧接连打败几员将领。渡过长京,进入京师。

成祖登上皇帝的位置,授予道衍僧录司左善世。皇帝在未当政之前,所交往的都是武人,却只有道衍决定起兵的谋略。等到皇帝转战山东、黄河之北,在战争的三年当中,或肯定或否定,战和守的军事策略都决定于道衍。道衍不曾临阵打仗,但是皇帝靠军队统有天下,道衍起的作用最大,论功劳为第一。永乐二年四月拜他为资善大夫、太子少师,恢复他的姓,赐他广孝一名,也赠他的祖父同样的官。皇帝同他说话,喊他少师而不喊他名。让他留头发,他不肯。赐给他一套住宅和两个宫人,他都不要。经常住在佛寺中,穿戴好了上朝,回去就穿黑色的衣服。去救苏、湖灾,到了长洲,将皇帝赐他的金帛发放给同族的乡亲。重新编修《太祖实录》时,广孝是监修。又同解缙等编纂《永乐大典》。书编成后,皇帝予以嘉奖。皇帝往来于南北二都,到塞北打仗,广孝都留在南京辅佐太子。永乐五年四月,皇帝的长孙开始读书,广孝教他读书。

永乐十六年三月入朝觐见,年纪已有八十四岁了。病得很厉害,不能上朝,仍然住在庆寿寺。皇帝坐着车来看了他两次,谈得很高兴,赐给他金唾壶,问他想说什么话。广孝说:"僧人溥洽被关押了很长时间,希望释放他。"溥洽,就是建文帝的主录僧。当初,皇帝进入南京,有种说法是建文帝被僧人带跑了,溥洽知道情况。又据说就藏在溥洽处。皇帝于是借着其他事情囚禁了溥洽,而命令给事中胡濙等到处去找建文帝,找了很久也找不到,溥洽因而被关了十多年。到了这时,皇帝由于广孝说了话,立刻命令释放他。广孝叩头感谢。不久就去世了。皇帝很感震惊,表示哀悼,停止处理朝政两天。命令有关人员经办丧事,按照僧人的礼节入葬。追赠他推诚辅国协谋宣力文臣、特进荣禄大夫、上柱国、荣国公,谥号为恭靖。赐葬在房山区东北。皇帝亲自撰写神道碑记录他的功劳,让他的养子姚继当了尚宝少卿。

姚广孝小时好学,诗做得好。与王宾、高启、杨孟载关系好。宋濂、苏伯衡也推举嘉奖他。晚年写了《道余录》,颇为批评以前的儒家,有识之士都责备他。他到长洲时,问候他的同胞姐姐,姐姐不理睬他。去拜访朋友王宾,王宾也不见他。只是远远地对他说:"你错了,你错了。"又去看他的姐姐,姐姐骂他。姚广孝感到很惘然。

洪熙元年加赠他少师,配在成祖的庙中供人祭祷。嘉靖九年,明世宗对大臣说:"姚广孝帮助取得政权,功劳辛苦都有。只是他乃佛家之徒,放在功臣之中,配享太庙,恐怕对祖宗不够尊敬。"于是尚书李时同大学士张璁、桂萼等商议请求把广孝移到大兴隆寺祭祷,太常春秋主持祭祀。皇帝下诏说:"同意。"

杨士奇传

【题解】

杨士奇(1365~1444),明初名相。名寓,以字行,号东里,后谥号文贞。江西泰和人。传见《明史》卷一四八。少孤,家贫,力学,以教书自给。建文初年,以史才被荐入翰林院,充任编纂官,参与修《太祖实录》。吏部考选,奏为第一。明成祖即位,改编修。不久,选入内阁,掌管机务。永乐二年(1404)入选东宫官。成祖北巡,常命他与蹇义、黄淮等人留辅太子于南京。汉王朱高煦数次诬陷太子,他因是东宫官而下狱。太子之位赖其正言保全。明仁宗即位,提升他为礼部侍郎兼华盖殿大学士。忠心辅政,仁宗曾赐给"杨贞一印"。修《太宗实录》,与黄淮、金幼孜、杨溥同任总裁。明宣宗即位,修《仁宗实录》,又任总裁。宣德元年(1426),宣宗亲征汉王高煦,平息叛乱,侍郎陈山提议袭捉赵王,为他阻止。规劝宣宗放弃交阯(今越南),蠲免赋税,清理冤狱,裁汰工程。与杨荣、杨溥以大学士同心辅政,并称"三杨",时称治世。

杨士奇正直敢言,廉洁奉公,知人善任。晚年值英宗年少登基,太皇太后深深倚重。但他年纪已大,对宦官王振得宠及儿子杨稷横暴杀人,都已无能为力,忧病不起去世。著作有《东里全集》《文渊阁书目》《历代名臣奏议》《三朝圣谕录》等。

【原文】

杨士奇,名寓,以字行,泰和人。早孤,随母适罗氏,已而复宗。贫甚,力学,授徒自给。多游湖、湘间,馆江夏最久。建文初,集诸儒修《太祖实录》,士奇已用荐征授教授,当行,王叔英复以史才荐。遂召入翰林,充编纂官。寻命吏部考第史馆诸儒,尚书张纨得士奇策,曰:"此非经生言也。"奏第一。授吴王府审理副,仍供馆职。成祖即位,改编修。已,简入内阁,典机务,数月进侍讲。

永乐二年,选宫僚,以士奇为左中允。五年,进左谕德。士奇奉职甚谨,私居不言公事,虽至亲厚不得闻。在帝前,举止恭慎,善应对,言事辄中。人有小过,尝为掩覆之。广东布政使徐奇载岭南土物馈廷臣,或得其目籍以进。帝阅无士奇名,召问,对曰:"奇赴广东时,群臣作诗文赠行,臣适病弗预,以故独不及。今受否未可知,且物微,当无他意。"帝遽命毁籍。

六年,帝北巡,命与蹇义、黄淮留辅太子。太子喜文辞,赞善王汝玉以诗法进。士奇曰:"殿下当留意《六经》,暇则观两汉诏令。诗小技,不足为也。"太子称善。

初,帝起兵时,汉王数力战有功,帝许以事成立为太子。既而不得立,怨望。帝又怜赵王年少,宠异之。由是两王合而间太子,帝颇心动。九年,还南京,召士奇问监国状。士奇以孝敬对,且曰:"殿下天资高,即有过必知,知必改,存心爱人,决不负陛下托。"帝悦。十一年正旦,日食。礼部尚书吕震请勿罢朝贺。侍郎仪智持不可。士奇亦引宋仁宗事,力言之,遂罢贺。明年,帝北征,士奇仍辅太子居守。汉王潜太子益急。帝还,以迎驾缓,尽征东宫官黄淮等下狱。士奇后至,宥之。召问太子事,士奇顿首言:"太子孝敬如初。凡所稽迟，皆臣等罪。"帝意解。行在诸臣交章劾士奇不当独宥，遂下锦衣卫狱，寻释之。

十四年，帝还京师，微闻汉王夺嫡谋及诸不轨状，以问蹇义。义不对，乃问士奇。对曰："臣与义俱侍东宫，外人无敢为臣两人言汉王事者。然汉王两遣就藩，皆不肯行。今知陛下将徙都，辄请留守南京，唯陛下熟察其意。"帝默然，起还宫。居数日，帝尽得汉王事，削两护卫，处之乐安。明年，进士奇翰林学士，兼故官。十九年，改左春坊大学士，仍兼学士。明年复坐辅导有阙，下锦衣卫狱，旬日而释。

仁宗即位，擢礼部侍郎兼华盖殿大学士。帝御便殿，蹇义、夏原吉奏事未退。帝望见士奇，谓二人曰："新华盖学士来，必有谠言，试共听之。"士奇入，言："恩诏减岁供甫下二日，惜薪司传旨征枣八十万斤，与前诏戾。"帝立

杨士奇

命减其半。服制二十七日期满，吕震请即吉。士奇不可，震厉声叱之。蹇义兼取二说进。明日，帝素冠麻衣经带而视朝。廷臣惟士奇及英国公张辅服如之。朝罢，帝谓左右曰："梓宫在殡，易服岂臣子所忍言，士奇执是也。"进少保，与同官杨荣、金幼孜并赐"绳愆纠缪"银章，得密封言事。寻进少傅。

时藩司守令来朝，尚书李庆建议发军伍余马给有司，岁课其驹。士奇曰："朝廷选贤授官，乃使牧马，是贵畜而贱士也，何以示天下后世。"帝许中旨罢之，已而寂然。士奇复力言，又不报。有顷，帝御思善门，召士奇谓曰："朕向者岂真忘之？闻吕震、李庆辈皆不喜卿，朕念卿孤立，恐为所伤，不欲因卿言罢耳，今有辞矣。"手出陕西按察使陈智言养马不便疏，使草敕行之。士奇顿首谢。群臣习朝正旦仪，吕震请用乐。士奇与黄淮疏止，未报。士奇复奏，待庭中至夜漏十刻，报可。越日，帝召谓曰："震每事误朕，非卿等言，悔无及。"命兼兵部尚书，并食三禄。士奇辞尚书禄。

帝监国时，憾御史舒仲成，至是欲罪之。士奇曰："陛下即位，诏向忤旨者皆得宥。若治仲成，则诏书不信，惧者众矣。如汉景帝之待卫绾，不亦可乎？"帝即罢弗治。或有言大理卿虞廉言事不密，帝怒，降一官。士奇为白其罔，得复秩。又大理少卿弋谦以言事得罪，士奇曰："谦应诏陈言，若加之罪，则群臣自此结舌矣。"帝立进谦副都御史，而下敕引过。

时有上书颂太平者，帝以示诸大臣，皆以为然。士奇独曰："陛下虽泽被天下，然流徙尚未归，疮痍尚未复，民尚艰食。更休息数年，庶几太平可期。"帝曰："然"。因顾蹇义等曰："朕待卿等以至诚，望匡弼。惟士奇曾五上章，卿等皆无一言。岂果朝无阙政，天下太平耶？"诸臣惭谢。是年四月，帝赐士奇玺书曰："往者朕膺监国之命，卿侍左右，同心合德，徇国忘身，屡历艰虞，曾不易志。及朕嗣位以来，嘉谟入告，期予于治，正固不二，简在

朕心。兹创制'杨贞一印'赐卿，尚克交修，以成明良之誉。"寻修《太宗实录》，与黄淮、金幼孜、杨溥俱充总裁官。未几，帝不豫，召士奇与蹇义、黄淮、杨荣至思善门，命士奇书敕，召太子于南京。

宣宗即位，修《仁宗实录》，仍充总裁。宣德元年，汉王高煦反。帝亲征，平之。师还，次献县之单家桥，侍郎陈山迎谒，言汉、赵二王实同心，请乘势袭彰德，执赵王。荣力赞决。士奇曰："事当有实，天地鬼神可欺乎？"荣厉声曰："汝欲挠大计耶！今逆党言赵实与谋，何谓无辞？"士奇曰："太宗皇帝三子，今上惟两叔父。有罪者不可赦，其无罪者宜厚待之。疑则防之，使无虞而已。何遽加兵，伤皇祖在天意乎？"时惟杨溥与士奇合。将入谏，荣先入，士奇继之，闻者不纳。寻召义、原吉入，二人以士奇言白帝。帝初无罪赵意，移兵事得寝。比还京，帝思士奇言，谓曰："今议者多言赵王事，奈何？"士奇曰："赵最亲，陛下当保全之，毋惑群言。"帝曰："吾欲封群臣章示王，令自处何如？"士奇曰："善，更得一玺书幸甚。"于是发使奉书至赵。赵王得书大喜，泣曰："吾生矣。"即上表谢，且献护卫，言者始息。帝待赵王日益亲而薄陈山，谓士奇曰："赵王所以全，卿力也。"赐金币。

时交阯数叛，屡发大军征讨，皆败没。交阯黎利遣人伪请立陈氏后。帝亦厌兵，欲许之。英国公张辅、尚书蹇义以下，皆言与之无名，徒示弱天下。帝召士奇、荣谋，二人力言："陛下恤民命以绥荒服，不为无名；汉弃珠崖，前史以为美谈，不为示弱，许之便。"寻命择使交阯者。蹇义荐伏伯安口辩。士奇曰："言不忠信，虽蛮貊之邦不可行。伯安小人，往且辱国。"帝是之，别遣使。于是弃交阯，罢兵，岁省军兴钜万。

五年春，帝奉皇太后谒陵，召英国公张辅、尚书蹇义及士奇、荣、幼孜、溥，朝太后于行殿。太后慰劳之。帝又语士奇曰："太后为朕言，先帝在青宫，惟卿不惮触忤，先帝能从，以不败事。又诲朕当受直言。"士奇对曰："此皇太后盛德之言，愿陛下念之。"寻敕鸿胪寺，士奇老有疾，趋朝或后，毋论奏。帝尝微行，夜幸士奇宅。士奇仓皇出迎，顿首曰："陛下奈何以社稷宗庙之身自轻？"帝曰："朕欲与卿一言，故来耳。"后数日，获二盗，有异谋。帝召士奇，告之故，且曰："今而后知卿之爱朕也。"

帝以四方屡水旱，召士奇议下诏宽恤，免灾伤租税及官马亏额者。士奇因请并蠲逋赋、薪刍钱，减官田额，理冤滞，汰工役，以广德意。民大悦。逾二年，帝谓士奇曰："恤民诏下已久，今更有可恤者乎？"士奇曰："前诏减官田租，户部征如故。"帝怫然曰："今首行之，废格者论如法。"士奇复请抚逃民，察墨吏，举文学武勇之士，令极刑家子孙皆得仕进。又请廷臣三品以上及二司官，各举所知，备方面郡守选。皆报可。当是时，帝励精图治，士奇等同心辅佐，海内号为治平。帝乃仿古君臣预游事，每岁首，赐百官旬休。车驾亦时幸西苑万岁山，诸学士皆从，赋诗赓和，从容问民间疾苦。有所论奏，帝皆虚怀听纳。

帝之初即位也，内阁臣七人。陈山、张瑛以东宫旧恩入，不称，出为他官。黄淮以疾致仕。金幼孜卒。阁中惟士奇、荣、溥三人。荣疏闿果毅，遇事敢为。数从成祖北征，能知边将贤否，厄塞险易远近，敌情顺逆。然颇通馈遗，边将岁时致良马。帝颇知之，以问士奇，士奇力言："荣晓畅边务，臣等不及，不宜以小眚介意。"帝笑曰："荣尝短卿及原吉，卿乃为之地耶？"士奇曰："愿陛下以曲容臣者容荣。"帝意乃解。其后，语稍稍闻，荣以此愧士奇，相得甚欢。帝亦益亲厚之，先后所赐珍果、牢醴、金绮衣币、书器无算。

宣宗崩，英宗即位，方九龄，军国大政关白太皇太后。太后推心任士奇、荣、溥三人，有事遣中使诣阁谘议，然后裁决。三人者亦自信，侃侃行意。士奇首请练士卒，严边防，设南京参赞机务大臣,分遣文武镇抚江西、湖广、河南、山东,罢侦事校尉。又请以次蠲租税,慎刑狱,严核百司。皆允行。正统之初,朝政清明,士奇等之力也。三年,《宣宗实录》成,进少师。四年,乞致仕,不允。敕归省墓,未几,还。

是时,中官王振有宠于帝,渐预外庭事,导帝以严御下,大臣往往下狱。靖江王佐敬私馈荣金,荣先省墓,归不之知。振欲借以倾荣,士奇力解之,得已。荣寻卒,士奇、溥益孤。其明年,遂大兴师征麓川,帑藏耗费,士马物故者数万。又明年,太皇太后崩,振势益盛,大作威福,百官小有牴忤,辄执而系之。廷臣人人惴恐,士奇亦弗能制也。

士奇既耄,子稷傲很,尝侵暴杀人。言官交章劾稷。朝议不即加法,封其状示士奇。复有人发稷横虐数十事,遂下之理。士奇以老疾在告。天子恐伤士奇意,降诏慰勉。士奇感泣,忧不能起。九年三月卒,年八十。赠太师,谥文贞。有司乃论杀稷。

初,正统初,士奇言瓦剌渐强,将为边患,而边军缺马,恐不能御,请于附近太仆寺关领,西番贡马亦悉给之。士奇殁未几,也先果入寇,有土木之难,识者思其言。又雅善知人,好推毂寒士,所荐达有初未识面者。而于谦、周忱、况钟之属,皆用士奇荐,居官至一、二十年,廉能冠天下,为世名臣云。

【译文】

杨士奇,名寓,通常以字称呼他,泰和人。他从小死去父亲,跟随母亲嫁到罗家,后来恢复了原来的杨姓。家里很贫穷,但他努力学习,靠教授生徒维持生活。经常在湖南、湖北一带教书,以在江夏教学馆的时间最长。建文帝初年,招集各儒生纂修《太祖实录》,杨士奇已经被推荐征用为教授,正要上任,王叔英因为他修史方面的才能又荐举了他。于是召他进入翰林院,担任编纂官。不久皇帝命吏部考试评定史馆中各儒生的等第。尚书张纨看到杨士奇写的对策,说:"这不是平常儒生所能说出的话。"于是上奏他为第一名。朝廷授职吴王府副审理。仍然让他在实录馆里供职。明成祖即位,改任编修。后来,选入内阁,掌管机密的军国大事,几个月后提升做了侍讲。

永乐二年人选做东宫太子的宫僚,以他为左中允。永乐五年升为左谕德。杨士奇供职非常谨慎,在私宅里不谈论公事,即便是最亲密友好的人都不能从他哪里听到这些事情。在皇帝面前,举止动作恭敬慎重,善于回答问题,而且他说的话常常能够应验。有人有小的过错,常常给他掩饰过去。广东布政使徐奇带了些岭南的土特产送给朝廷的官员们,有人把他送了东西的官员名单拿给皇帝看,皇帝看到上面没有杨士奇的名字,就把他召去询问。杨士奇回答说:"徐奇去广东上任的时候,群臣们做诗文赠给他送行,我正巧生病没有参加,因此没有送东西给我。现在名单上的官员是不是都接受了这些东西还不知道,而且东西很少,估计没有其他的意思。"皇帝立即命令把那名单烧毁了。

永乐六年,皇帝巡幸北方,命杨士奇和蹇义、黄淮留在南京辅佐皇太子。太子喜好文章诗词,赞善王汝玉把诗法进献给他。杨士奇说:"殿下应当用心学习《六经》,有空闲的时候看看两汉的诏令。作诗是小技巧,不值得去研究。"太子认为很对。

当初,成祖起兵的时候,汉王多次拼死作战很有功劳。成祖答应事情成功以后把他立为太子。后来没有能得到册立,他心怀怨恨。成祖又怜惜赵王年纪小,对他特别宠爱。因此两王联合起来离间太子,成祖心里很有些活动。永乐九年回南京,把杨士奇召去询问太子监国的情况。士奇回答太子孝顺恭敬,而且说:"殿下天资很高,即使有过错也一定能知道,知道以后必定改正,心地好,待人仁爱,决不会辜负陛下对国家大事的托付。"皇帝满意了。永乐十一年正月初一,有日食出现。礼部尚书吕震请求不要停罢朝贺的仪式。侍郎仪智坚持认为不可以。士奇也引用宋仁宗时的事例极力反对。于是停止了朝贺。第二年,皇帝北征。士奇仍然辅佐太子留守南京。汉王诬陷太子越来越严重。皇帝回来,因为太子迎接来迟,把太子的东宫官属黄淮等人全部投入监狱。杨士奇后来才到,皇帝饶恕了他。召他询问太子的情况。杨士奇叩头说:"太子孝顺恭敬像以前一样。凡是有耽搁迟缓,都是我们臣下的罪过。"皇帝的气消了。随从皇帝的各大臣纷纷上奏弹劾杨士奇不应当单独得到宽恕,于是把他也关进锦衣卫监狱,不久释放了他。

永乐十四年,皇帝回到京师,听到一点汉王想要夺取太子位置的阴谋和其他不轨的行为,便问蹇义。蹇义不回答,于是又问杨士奇。他回答说:"我和蹇义都侍奉东宫太子,外人没有敢和我们两人说汉王的事的。但是两次让汉王到藩王分封的地方去,他都不肯走。现在知道陛下将要迁都北京,总是要求留守南京。希望陛下认真考虑他的用心。"皇帝沉默着没有说话,起驾回宫了。过了几天,皇帝完全知道了汉王的事情,削夺了两支隶属于他的护卫武装部队,把他安置到乐安去了。第二年提升杨士奇做翰林学士,仍然兼任原来的官职。永乐十九年改为左春坊大学士,仍旧兼翰林学士。次年又以辅导太子有过错为由,被关入锦衣卫监狱,十来天后才释放。

仁宗即位做了皇帝,提升杨士奇做礼部侍郎兼华盖殿大学士。皇帝在便殿,蹇义、夏原吉奏事没有退出。仁宗望见杨士奇,对两人说:"新华盖学士来了,一定有正直的言论,让我们一起来听听他讲些什么。"杨士奇进殿后说:"皇上开恩减少岁供的诏令刚才下达两天,惜薪司就传圣旨征收枣八十万斤,这和前面所下的诏令是相矛盾的。"仁宗立即命令征收数字减去一半。成祖死后,按照丧服制度的规定,穿丧服的时间至二十七日期满,吕震请求换穿吉服。杨士奇认为不可以。吕震厉声斥责他。蹇义把他们两人的意见都上报给皇帝。第二天,皇帝头戴素冠,身穿麻衣制的丧服扎着孝带出理朝政。朝廷大臣只有杨士奇和英国公张辅像他一样身着丧服。退朝以后,皇帝对左右的人说:"先帝的棺材还在停放着,做臣下的怎么能忍心说换上吉服,杨士奇坚持的对。"升他做少保,与同事杨荣、金幼孜一起被赐给刻有"绳愆纠缪"四个字的银印章,准许密封上奏事情。不久升为少傅。

当时布政使知县等地方官员进京朝见,尚书李庆建议把发给军队剩余的马匹给他们,每年向他们征收马驹。杨士奇说:"朝廷选举贤能的人授给官职,却让他们养马,是贵牲畜而轻视士人,这怎么能够向天下和后世交代呢。"皇帝答应从宫中直接发圣旨停止这一做法,但后来没有消息了。杨士奇再次极力争辩,又没有回音。不久,皇帝到思善门,召见杨士奇说:"朕难道真的忘记了这件事吗?听说吕震、李庆等人都不喜欢你,朕考虑你孤立,恐怕被他们中伤,不想因为你的话而停止这件事罢了,现在有的说了。"随手拿出陕西按察使陈智讲养马不妥当的奏疏,让杨士奇起草敕文实行。杨士奇叩头拜谢。群臣练习正月初一日朝拜的仪式,吕震请求用乐,杨士奇和黄淮上疏请求停止。皇帝没有回答。士奇再次上奏,在庭院里一直等到夜深,皇帝同意了他的意见。过了一天,皇帝召见杨士奇,对他说:"吕震经常耽误朕的事,不是你们提出,将会后悔不及。"任命杨士奇兼兵部尚书,一起领三个职务的俸禄。杨士奇辞去尚书俸禄。

皇帝做太子监国的时候,恨御史舒仲成,这时想要惩处他。杨士奇说:"陛下即位,下诏说过去违背了圣旨的人都可以得到宽恕。如果惩治舒仲成，那就是诏书不讲信用，害怕的人就多了。就像汉景帝对侍卫缪那样，不是也可以吗？"于是皇帝马上停止惩治舒仲成。又有人说大理卿虞谦讲事情不缜密，皇帝很生气，把虞谦降了一级。杨士奇为他辩白冤枉，使他得以恢复原来的品级。还有大理少卿弋谦因为进谏朝事得罪。杨士奇说："弋谦是响应诏书进言的。如果给他加上罪名，那么群臣从此都不敢讲话了。"皇帝立即提升弋谦做副都御史，而且发下敕文承认自己的过错。

当时有上书歌颂太平的，皇帝拿出来给各位大臣看，都认为是这样。只有杨士奇说："陛下虽然恩泽遍布天下，但是迁徙流移的人还没有回归故乡，战争创伤还没有恢复，百姓衣食还比较艰难。还需要再休息几年，也许到那时可以期望达到太平。"皇帝说："对。"于是回头看着蹇义等人说："朕坦诚对待你们，希望得到你们的辅助和纠正。只有杨士奇曾经五次上奏章，你们都没说一句话。难道真的是朝廷政治没有疏漏过错，天下太平了吗？"各位大臣都惭愧认错。这一年四月，皇帝赐给杨士奇玺书说："从前朕负有监国的使命，你侍奉在左右，同心同德，为了国事忘记了自己，屡次经历艰难忧患，都没有改变志向。到朕即位以来，贡献良好的谋略，希望给予天下太平，忠贞不渝，所有这些都记在朕的心里。现在创制'杨贞一印'赐给你，还希望能够友好相处，以达到明达贤良的美名。"不久纂修《太宗实录》，与黄淮、金幼孜、杨溥一起充当总裁官。不久，皇帝一病不起，召杨士奇和蹇义、黄淮、杨荣到思善门，命士奇写敕书从南京召回皇太子。

宣宗即帝位，纂修《仁宗实录》，杨士奇仍然担任总裁。宣德元年，汉王朱高煦发动叛乱。皇帝亲自征讨，平息了叛乱。大军凯旋，驻扎在献县的单家桥，侍郎陈山来迎接拜见，说汉王和赵王是一条心，请求乘势袭击彰德，捉住赵王。杨荣极力赞成。杨士奇说："事情应当有证据，天地鬼神是可以欺瞒的吗？"杨荣厉声地说："你想要阻挠这重大的谋划吗！现在叛党说赵王实在是与汉王同谋的，怎么说没有口供？"杨士奇说："太宗皇帝有三个儿子，现在皇上只有两位叔父。有罪的不可以赦免，而没有罪的应该宽厚对待，有怀疑的话可以防备他，使不发生意外的事就是了。为什么突然发兵攻打他，伤害了在天皇祖的感情呢？"当时只有杨溥的意见和杨士奇是相同的。他们打算到皇帝哪里去进谏，杨荣先进去了，杨士奇跟着到，守门的人不让进去。不久皇帝召蹇义、夏原吉进去。他们两人把杨士奇的话告诉了皇帝。皇帝起初没有惩治赵王的意思，所以调动军队攻打彰德的事得以停止。回到京师以后，皇帝考虑杨士奇说的话，对他说："现在人们议论赵王之事的很多，怎么办？"士奇说："赵王和陛下最亲，陛下应该保全他，不要被人们的话所迷惑。"皇帝说："我想把群臣上的奏章封起来送给赵王看，让他自行处理，怎么样？"杨士奇说："好，如能再有一封玺书就更好了。"于是皇帝派使者捧玺书去赵王哪里。赵王得到玺书非常高兴。哭泣着说："我能活了。"立即上表谢恩，而且献出护卫武装部队，外面对他的议论才平息下来。皇帝对待赵王日益亲近而疏远了陈山，对杨士奇说："赵王所以能够保全，都是靠了你的努力。"于是赐给他金币。

当时交阯几次叛乱。明廷屡次发大军去征讨，都因失败而全军覆没。交阯黎利派人假意请求册立陈氏的后代。皇帝也讨厌进行战争，想要答应他。英国公张辅、尚书蹇义以下的官员们，都说没有理由答应他，这样做只会对天下显示出自己的软弱。皇帝召见杨士奇、杨荣和他们商议。两个人都极力说："陛下为了体恤百姓生命安抚边远的地区，不是没有理由；汉朝放弃了珠崖，以前历史上都认为是好事，不能说是表示软弱，答应他是对的。"接着皇帝命令选择派往交阯的使臣，蹇义推荐伏伯安有口才。杨士奇说："说话不讲信用，虽然是蛮貊这样的地方也不能去。伯安是小人，派他前去会有失国体。"皇帝认为他说的对，另外派人去了。于是放弃交阯，停止战争，每年节省战争耗费巨万。

宣德五年春天，皇帝侍奉皇太后拜谒皇陵，召英国公张辅、尚书蹇义和杨士奇、杨荣、金幼孜、杨溥，在行殿朝见太后。太后慰劳他们。皇帝又对杨士奇说："太后对朕说起，先帝在东宫的时候，只有你不怕触犯，敢于直谏，先帝能够听从你的话，所以没有误事。又教导朕应该接受正直的意见。"杨士奇回答说："这是皇太后大恩大德的话，希望陛下记住。"不久，皇帝下敕书给鸿胪寺，杨士奇年老有病，上朝有时会晚一些，不要弹劾他。皇帝曾经便服出宫，在晚上到了杨士奇的家里。士奇慌忙出来迎接，叩头说："陛下为什么把掌管社稷宗庙的身体看得这样轻？"皇帝说："朕想和你说句话，所以就来了。"几天以后，捉获了两个强盗，都图谋不轨。皇帝召见杨士奇，告诉他这件事。并且说："从今以后更知道你对朕的爱心了。"

皇帝因为各地屡次有水旱灾害，召杨士奇拟写诏令宽恤，免去受灾地方的租税和养官马亏欠的数额。杨士奇乘机请求免除过去拖欠的赋役和柴薪草料钱，减少官田的数额，清理积压下来的冤狱，裁减工程役作，以扩大皇帝对百姓的恩德。百姓都很高兴。过了两年，皇帝对杨士奇说："抚恤百姓的诏令颁布已经很长时间了，现在还有什么可以宽恤的地方吗？"杨士奇说："从前下诏减少了官田的租税，可是户部却照旧征收。"皇帝愤怒地说："现在开始实行，不实行或阻挠实行的按法律治罪。"杨士奇再请求安抚逃亡的百姓，调查贪官污吏，推举有文才、精通武艺而又勇敢的士人，令被判死罪的人家的子孙可以做官。又建议请朝廷大臣三品以上和地方上的布政使、按察使，各自举荐自己所知道的人，准备充当地方官员的人选。皇帝都回答可以。在那个时候，皇帝励精图治，杨士奇等人同心辅佐，天下号称太平治世。皇帝于是仿效历史上帝王和臣下共同游乐的故事，每到年初，赐给朝廷大臣十天休假。皇帝也时常到西苑万寿山，各位大学士都随从他去，作诗唱和，从容地询问民间百姓的疾苦。大臣们有什么议论上奏，皇帝都能虚心听取。

皇帝刚即位的时候，内阁大臣有七个人。陈山、张瑛是因为曾在东宫供职的旧情而进入内阁的，不称职，调出去做其他的官了。黄淮因为生病退了休。金幼孜去世。内阁中只有杨士奇、杨荣、杨溥三个人。杨荣豪放开阔、果敢刚毅，遇到事情敢作敢为。多次随从成祖北征，很熟悉边关将领德才的高低，要塞的险易远近，敌人归顺与叛逆。但是他却很喜欢接受礼物，边关将领每年都给他送好马，皇帝很有些知道这些事，就向杨士奇询问。士奇极力说："杨荣了解边防的事务，我们都比不上他，不应该把小毛病放在心上。"皇帝笑着说："杨荣曾经讲你和夏原吉的坏话，你还为他说情吗？"杨士奇说："希望陛下像曲折周到地容忍我那样宽容杨荣。"皇帝的不快于是解除了。那以后，杨士奇说的话逐渐让杨荣知道了，杨荣因此觉得愧对杨士奇，两人相互间相处得很好。皇帝也更加亲近优厚地对待杨士奇，先后赐给他珍奇果品、祭祀用的牺牲美酒、金绮衣币、书籍器具无数。

宣宗逝世以后，英宗即位做了皇帝，他才九岁，国家的军政大事都要报告太皇太后。太皇太后推心置腹地信用杨士奇、杨荣、杨溥三个人。有事就派宫中宦官到内阁咨询商议，然后裁决。杨士奇等三人也很自信，理直气壮地推行自己的意见。杨士奇首先请求训练士兵，加强边境的守备防御，设置南京参赞机务大臣，分别派遣文武官员镇守巡抚江西、湖广、河南、山东，罢免进行特务活动的校尉。又请求有安排地免除租税，慎重处理刑事案件，严格考核各部门的官员。皇帝都答应实行。正统初年，朝廷政治清明，是杨士奇等人的功劳。正统三年，《宣宗实录》纂修完成，升杨士奇做少师。正统四年，他请求退休，没有被准许。诏令让他回乡祭扫墓地。不久，还朝。

当时太监王振为皇帝所宠信，逐渐干预朝廷政务，诱导皇帝用严酷的手段统治臣下，大臣们往往被投入监狱。靖江王朱佐敬私自送给杨荣黄金。杨荣先已经回乡祭扫墓地去了，回来并不知道这件事。王振想借这件事排挤杨荣，杨士奇极力为他解释，得以作罢。杨荣不久去世，杨士奇、杨溥更加孤立。在王振的怂恿下，第二年便大举兴兵征讨麓川，耗费国库储藏，士兵马匹死去几万。再过了一年，太皇太后去世，王振的势力更加大了，大作威福，大小官员稍微有抵触违抗他的，马上被捉进监狱。朝廷大臣人人都心怀恐惧，杨士奇也不能够制止。

杨士奇年老以后，他的儿子杨稷傲慢狠毒，曾经侵害平民并用暴力杀人。主管监察的官员纷纷上奏弹劾杨稷。朝臣议论不立即按法律治他的罪，而把那些有关文件封起来交给杨士奇看。后来又有人揭发杨稷蛮横暴虐的几十件事，于是把他捉进了监狱。杨士奇因为年老生病休假在家，皇帝恐怕伤害了他的感情，下诏予以安慰勉励。杨士奇感动得流泪，因为忧虑而使疾病加重卧床不起。正统九年三月去世，享年八十岁。追赠太师，根据他生前的事迹给他"文贞"的称号。有关衙门这才判了杨稷的死刑。

起初，正统初年的时候，杨士奇曾经说瓦剌逐渐强盛起来，将会成为边疆的祸患，而边境军队缺少马匹，恐怕不能抵御。请求在附近的太仆寺领取，西番进贡的马匹也全都发给他们。杨士奇死了不久，瓦剌也先果然侵犯内地，发生了"土木之变"的灾难，有记得的人想起了杨士奇的话。杨士奇平素善于发现人才，喜好推荐贫寒的士人，他所荐举任用的人，有些他起初并没有见过面。而于谦、周忱、况钟等人，都是由于杨士奇的推荐，担任官职一、二十年，廉洁和才能为天下第一，是当时的著名大臣。

徐有贞传

【题解】

徐有贞，原名珵，后因政坛不得志而易名为有贞，字元玉，吴地（今江苏）人。他才华横溢，精通天文、地理、兵法、水利、阴阳方术等，善观天象，笃信天命。

他生活在明王朝由盛转衰的多事之秋。他对名利看得极重，一生都在刻意追求。明宣宗宣德八年（1434）考取进士后，只做到编修一类小官。十几年后好容易晋升为侍讲，却又因主张南迁险些丢官。明代宗景泰三年（1452），徐有贞奉命督治黄河水患。他深入实地考察，提出了切实可行的整治方案。力排众议，躬亲施行，仅用五百五十五天就把七年治理不成的水患治平了。充分展示了他的学识渊博，机断果敢。他因治水有功而获重赏，升任左副都御史。

徐有贞积极参与权贵宦官们的政争，数度大起大落，最终被排除政坛，抱憾而死。在1457年明英宗复辟的军事政变中，徐有贞扮演了主要角色，他的政治胆略和才干表现得淋漓尽致，是他政治生涯中最精彩的一段。他虽权倾当朝，名噪一时，但他却位高而骄固。终于在权臣宦官的夹击下,很快沦为阶下囚。他虽大难不死,但终不得大用,满腹经纶未得施展。

徐有贞对马士权赖婚一事,充分说明他追名逐利,却不注重操守德行。

【原文】

徐有贞,字元玉,初名珵,吴人。宣德八年进士。选庶吉士,授编修。为人短小精悍,多智数,喜功名。凡天官、地理、兵法、水利、阴阳方术之书,无不谙究。

时承平既久,边备愈隳,而西南用兵不息,珵以为忧。正统七年疏陈兵政五事。帝善之而不能用。十二年进侍讲。十四年秋,荧惑入南斗。珵私语友人刘溥曰:"祸不远矣",亟命妻子南还。及土木难作,王召廷臣问计。珵大言曰:"验之星象,稽之历数,天命已去,惟南迁可以纾难。"太监金英叱之,胡濙、陈循咸执不可。兵部侍郎于谦曰:"曰南迁者,可斩也。"珵大沮,不敢复言。

景帝即位,遣科道官十五人募兵于外,珵行监察御史事,往彰德。寇退,召还,仍故官。珵急于进取,自创南迁议为内廷仙笑,久不得迁。因遗陈循玉带,且用星术,言"公带将玉矣"。无何,循果加少保,大喜,因屡荐之。而是时用人多决于少保于谦。珵属谦门下士游说,求国子祭酒。谦为言

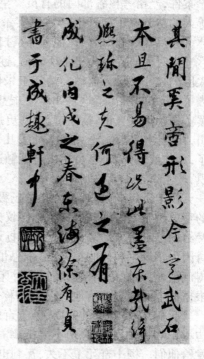

徐有贞《行书题识》

于帝,帝曰:"此议南迁徐珵邪?为人倾危,将坏诸生心术。"珵不知谦之荐之也,以为沮己,深怨谦。循劝珵改名,因名有贞。

景泰三年迁右谕德。河决沙湾七载,前后治者皆无功。廷臣共举有贞,乃擢左金都御史,治之。至张秋,相度水势,条上三策:一置水门,一开支河,一浚运河。议既定,督漕都御史王竑以漕渠淤浅滞运艘,请急塞决口。帝敕有贞如竑议。有贞守便宜,言:"临清河浅,旧矣,非因决口未塞也。漕臣但知塞决口为急,不知秋冬虽塞,来春必复决,徒劳无益。臣不敢邀近功。"诏从其言。有贞大集于是民夫,躬亲督率,治渠建闸,起张秋以接河、沁。河流之旁出不顺者,为九堰障之。更筑大堰,楗以水门,总五百五十五日而工成。名其渠曰"广济",闸曰"通源"。方工之未成也,帝以转漕为急,工部尚书江渊等请遣中书偕文武大臣督京军五万人往助役,期三月毕工。有贞言:"京军一出,日费不赀,遇涨则束手坐视,无所施力。今泄口已合,决堤已坚,但用沿河民夫,自足集事。"议遂寝。事竣,召还,佐院事。帝厚劳之。复出巡视漕河。济宁十三州县河夫多负官马及他杂办,所司趣之亟,有贞为言免之。七年秋,山东大水,河堤多坏,唯有贞所筑如故。有贞乃修旧堤决口,自临清抵济宁,各置减水闸,水患悉平。还朝,帝召见,奖劳有加,进左副都御史。

八年正月,景帝不豫。石亨、张轨等谋迎上皇,以告太常卿许彬。彬曰:"此不世功也。彬老矣,无能为。徐元玉善奇策,盖与图之。"亨即夜至有贞家。闻之,大喜,曰:"须令南城知此意。"轨曰:"阴达之矣。"令太监曹吉祥入白太后。辛巳夜,诸人复会有贞所。

有贞升屋览乾象,亟下曰:"时至矣,勿失。"时方有边警,有贞令辄诡言备非常,勒兵入大内。亨掌门钥,夜四鼓,开长安门纳之。既入,复闭以遏外兵。时天色晦冥,亨、辄皆惶惑,谓有贞曰:"事当济否?"有贞大言必济,趣之行。既薄南城,门锢,毁墙以入。上皇灯下独出问故。有贞等俯伏请登位,乃呼进辇。兵士惶惧不能举,有贞率诸人助挽以行。星月忽开朗,上皇各问诸人姓名。至东华门,门者拒弗纳,上皇曰"朕太上皇帝也",遂反走。乃升奉天门,有贞等常服谒贺,呼万岁。

景帝明当视朝,群臣咸待漏闼下。忽闻殿中呼噪声,方惊谔。俄诸门毕启,有贞出号于众曰:"太上皇帝复位矣。"趣入贺。即日命有贞兼学士,入内阁,参予机务。明日加兵部尚书。有贞谓亨曰:"愿得冠侧注从兄后。"亨为言于帝,封武功伯兼华盖殿大学士,掌文渊阁事,赐号奉天翊卫推诚宣力守正文臣,禄千一百石,世锦衣指挥使,给诰券。有贞遂诬少保于谦、大学士王文,杀之。内阁诸臣斥逐略尽。陈循素有德于有贞,亦弗救也。事权尽归有贞,中外咸侧目。而有贞愈益发舒,进见无时,帝亦倾心委任。

有贞既得志,则思自异于曹、石。窥帝于二人不能无厌色,乃稍稍裁之,且微言其贪横状,帝亦为之动。御史杨瑄奏劾亨、吉祥侵占民田。帝问有贞及李贤,皆对如瑄奏。有诏奖瑄。亨、吉祥大怨恨,日夜谋构有贞。帝方眷有贞,时屏人密语。吉祥令竖窃听得之,故泄之帝。帝惊问曰:"安所受此语?"对曰:"受之有贞,某日语某事,外间无弗闻。"帝自是疏有贞。会御史张鹏等欲纠亨他罪,未上,而给事中王铉泄之亨、吉祥。二人乃泣诉于帝,谓内阁实主之。遂下诸御史狱。并逮系有贞及李贤。忽雷雹交作,大风折木。帝感悟,重违亨意,乃释有贞出为广东参政。

亨等憾未已,必欲杀之。令人投匿名书,指斥乘舆,云有贞怨望,使其客马士权者为之。遂追执有贞于德州,并士权下诏狱,榜治无验。会承天门灾,肆赦。亨、吉祥虑有贞见释,言于帝曰:"有贞自撰武功伯券辞云'缵禹成功',又自择封邑武功。禹受禅为帝,武功者曹操始封也,有贞志图非望。"帝出以示法司,邢部侍郎刘广衡等奏当弃市。诏徙金齿为民。

亨败,帝从容谓李贤、王翱曰:"徐有贞何大罪,为石亨辈所陷耳,其释归田里。"成化初,复冠带闲住。有贞既释归,犹冀帝复召,时时仰观天象,谓将星在吴,益自负。常以铁鞭自随,数起舞。及闻韩雍征两广有功,乃掷鞭太息曰:"孺子亦应天象邪?"遂放浪山水间,十余年乃卒。

有贞初出狱时,拊士权背曰:"子,义士也,他日一女相托。"金齿归,士权时往侯之,绝不及婚事。士权辞去,终身不言其事,人以是薄有贞而重士权。

【译文】

徐有贞,字元玉,原名珵,吴地(今江苏)人。明宣宗宣德八年(公元1434年)考中进士,被选为庶吉士,授编修之职。他精明强悍,足智多谋,刻意追求功名利禄。大凡天文、地理、兵法、水利、阴阳方术等类书籍,他无不深究谙熟。

当时,天下已安定了很长时间,边防有所疏忽,而西南部却常有战事,徐珵很为担忧。明英宗正统七年(1442),他上书提出有关军事的五条意见。英宗看了大表赞同,却并未采纳。正统十二年,他晋升为侍讲。正统十四年秋季,火星进入南斗。徐珵私下对朋友刘溥说:"灾祸快来了。"他急急忙忙把妻儿送回南方。不久,发生了英宗被俘的土木堡事

变。郕王把大臣们召来商议对策。徐珵大声说："我观察天象，又仔细核对了历数，看来上天不再庇佑我们了，唯有南迁才能避难。"太监金英厉声呵斥他。大臣胡濙和陈循都说这是万不可行的。兵部侍郎于谦则说："主张南迁的人，应当问斩。"徐珵十分沮丧，不敢再说南迁的事了。

明景帝即位后，派了十五位给事中和监察御史去招兵，徐珵以监察御史的身份去到彰德。敌人退兵以后，他奉召回京，仍任原职。徐珵念念不忘升官。但是，自提议南迁遭到大家斥责讪笑之后，很久都得不到提拔。他为了升官，特地送陈循一条玉带，又引用占星术对陈说："你佩带了这条玉带，一定会吉祥发达的。"没有多久，陈循果然加封了少保，他因此非常高兴，常常在景帝面前保荐徐珵。然而在当时用人与否多半取决于谦。徐珵又求于谦的门客去游说于谦，想谋得国子祭酒的职位。于谦在景帝面前替徐珵说项。景帝说："说的是那个提议南迁的徐珵吗？他为人险诈，将会把国子生们的心术都搞坏了。"徐珵不知道于谦推荐了他，反以为于谦败坏了他，因而深深怨恨于谦。陈循劝徐珵更名，他便改名叫有贞。

景泰三年（1452），徐有贞升任右谕德。黄河在沙湾决口已有七年，前后治了多次都未成功。大臣们一致举荐徐有贞，景帝将他升为左佥都御史，派他去治河。徐有贞到张秋一带察看水情以后，向景帝提出治水的三条办法：安置水闸，开凿支河，疏浚运河。景帝批准了这些办法。但是，办理漕运的督漕都御史王竑以漕道淤浅漕运船只不便航行为理由，请求尽快堵塞决口。景帝命令徐有贞照王竑的意见，把决口堵起来。徐有贞从实情出发，权衡利害得失后，坚持自己的意见，向景帝奏道："临清一带河水浅是原来就如此，并不是因为决口没堵才造成的。管漕运的大臣只知道堵塞决口刻不容缓，不知道即便冬季堵住了，来年春季又会决口，这是徒劳无益的。我不敢图这样的急功近利。"景帝下诏采纳了他的意见。于是，徐有贞召集了大量民夫，亲自督率。从张秋开始修渠建闸，把黄河和沁水连起来。在支流不通畅的地方，修了九座拦河坝，以抬高水位，使支流通畅。还筑了更大的拦河坝，用土石、竹木等材料建成水闸。历时五百五十五天完成了全部工程。他将渠命名为"广济"，将闸命名为"通源"。在工程尚未竣工的时候，景帝为漕运一事很为焦急。工部尚书江渊等人奏请派中书带领文武大臣督领京都的卫戍军队五万人去帮助整治，并以三月为期必须完工。徐有贞得知后奏明景帝："京都的卫戍军队一旦开赴工地，每天的花费难以计数。如果遇到河水上涨，就只能眼睁睁地看着，什么事也做不成。现在，决口都堵好了，溃决的河堤也修好了，剩下的事情用沿河的民夫就能做好了。"原议便撤销了。工程完工后，徐有贞奉诏回京，参与内阁事务。景帝还重重地奖赏了他。后来，他又出京巡视漕河。济宁等十三个州县的河夫都拖欠了官府的徭役和摊派，官府又催得很急，他便替河夫们说话，使官府把这些徭役、摊派都免了。景泰七年秋天，山东发生大水灾，许多河堤被毁，只有徐有贞建筑的河堤完好无损。徐有贞还修复了旧堤决口，自临清至济宁还安置了减水闸，水患从此消弭。回到京城后，景帝召见他，厚厚给予奖赏，并将他提升为左副都御史。

景泰八年（1457）正月，景帝身体不适。石亨、张辄等人谋划要迎立太上皇，他们把这个打算告诉太常卿许彬。许彬说："这是流芳百世的大功业。我老了，怕起不了多大的作用。徐元玉足智多谋，你们可以和他商议。"石亨等当夜就到徐有贞家。徐有贞听到这件事很高兴，他说："这件事必须让内宫知道。"张辄说："可以秘密地通报。"于是，就让太监曹吉祥将他们的谋划禀告了太后。一天夜里，石亨等人又在徐有贞家聚会。徐有贞爬上屋顶去观察天象，然后急匆匆跑下来对大家说："时机已经到了，切不可坐失良机。"当时，正值边境不安宁，徐有贞就让张𫐄借口防备发生不测事故，领兵进入皇宫。石亨掌管着宫门钥匙，四更天，他打开长安门，把张𫐄的军队放进去。然后，又关闭宫门，以防止宫外别的军队进去。当时，天色阴晦，石亨、张𫐄都感到很惶恐。他们问徐有贞："这事能成功吗？"徐有贞很肯定地说一定会成功，并催促他们赶快行动。到了皇宫南部，宫门紧紧关着，他们便破墙而入。太上皇就着灯光独自出来问发生了什么事。徐有贞等人马上跪伏在地上请太上皇复位，还把皇帝乘坐的大轿也叫了进来。士兵们惧怖异常，连轿子也抬不起来，徐有贞等人上前帮助，抬着太上皇离开了南内。这时，天空突然放晴，星月当空，太上皇一一问了徐有贞等人的姓名。他们一行来到东华门，看管宫门的官吏拒不放他们进去。太上皇对门官说："我是太上皇。"说完便转身另寻他路。太上皇登上奉天门，徐有贞等人着便服朝贺，高呼万岁。

景帝次日天亮便要登朝，群臣都在阙下等候。忽然听到宫殿内有呼喊吵闹的声音，大家惊愕不已。过了一会，各处宫门都打开了，徐有贞出来向君臣宣告："太上皇已经复位了。"他催促大臣们赶快进去朝贺。当天，太上皇任命徐有贞兼学士，成为内阁成员，参与大政事务。次日，又加封兵部尚书。徐有贞对石亨说："我如果得到加官晋爵，一定追随你。"石亨在复位后的明英宗面前替徐说了许多好话，英宗便封徐有贞为武功伯兼华盖殿大学士，执掌文渊阁职事，还赐号"奉天翊卫推诚宣力守正文臣"，俸禄一千一百石，世袭锦衣指挥使，并颁发诰封文书。徐有贞得势以后，便诬陷少保于谦和大学士王文，并杀害了他们。原在内阁任职的大臣大都遭他排挤。连陈循这样向来对徐有贞有恩德的人，都不能幸免。朝中大权都落入徐有贞手中，朝野上下对他侧目而视，畏惧不已。而他却更加横行无忌，动不动就去见英宗，英宗也对他十分信任，重要的事都叫他去处理。

徐有贞虽已得宠，却总觉得还不如曹吉祥、石亨。他看出英宗对这两个庸才并无厌烦之意，便从中离间，说了他们如何贪婪横行等等坏话，英宗也慢慢听进去了。御史杨瑄上奏章弹劾石亨、曹吉祥霸占民田。英宗向徐有贞、李贤核实，他们异口同声说杨瑄说的是实情。英宗下诏褒奖了杨瑄。石亨、曹吉祥恼羞成怒，日夜都在谋划，罗织罪名陷害徐有贞。当时，英宗正对徐有贞百般信赖，恩宠有加，常常屏退左右和他单独密谈。曹吉祥让小太监偷听到他们谈话的内容，又故意转而密告给英宗。英宗十分惊讶问道："这些话是从哪里听来的？"曹吉祥答道："是徐有贞告诉我的。你们哪一天谈了哪件事，外面没有不知道的。"从此，英宗开始疏远徐有贞。恰在这时，御史张鹏等人正打算举发石亨别的罪行，还没来得及上奏，就被给事中王铉偷偷告诉了石亨、曹吉祥。于是，石、曹二人便跪到英宗面前去哭诉，说内阁已被御史们操纵了。英宗听信谗言下令将御史们投入监牢，还把徐有贞、李贤也抓了起来。突然，雷电冰雹交加，狂风大作，摧林折木。英宗忽然有所感悟，一反石亨的意愿，把徐有贞放了出来，并命他为广东参政。

石亨等人对徐有贞的怨恨有增无减，必欲除之而后快。他们让人写匿名信去责骂皇上，反过来说这是徐有贞对皇上怀恨在心，让他的门客马士权干的。英宗听信了他们的诬告，就下令追捕徐有贞，在他赴任途经德州时抓住他，连同马士权一起作为钦犯下了大狱。经过严刑拷打，却没有得到罪证。适逢承天门发生火灾，徐有贞得以赦免。石亨和曹吉祥对徐有贞获释深感不安，对英宗说："徐有贞自己撰写的武功伯卷上有'继承大禹治水，建树了极大的功业'一类的话，又自己选择武功为封邑。大禹曾经接受禅让而作了皇帝，'武功'是曹操最早的封号。看来，徐有贞是心存非分之想的。"英宗向司法重臣征询意见，刑部侍郎刘衡等人回奏说，应该把徐有贞斩首于闹市，且暴尸街头示众。英宗便把徐有贞削为庶民，流放到金齿去了。

石亨罪行败露，死在狱中，英宗不慌不忙地对李贤、王翱说："其实，徐有贞有什么大罪，不过是石亨他们陷害他，把他放回故里吧。"明宪宗成化初年(1465)，徐有贞恢复了仕宦的身份，在家赋闲。他既已获释回归故里，就总是希望皇帝再召出去做官。他常常仰观天象，说将星就在吴地，他也因此更加自负。他总是把铁鞭带在身边，经常挥舞操习。当他听说韩雍征讨两广战功卓著时，就扔掉铁鞭叹息道："这小子也应了天象吗？"从此，他浪迹天涯，十几年后去世。

徐有贞刚出狱的时候，拍着马士权的肩背说："你真是一个侠骨义气的人，以后我一定把一个女儿许配给你。"他从金齿流放归来，马士权经常去拜访他，希望他能履行诺言，而他却绝口不提这件事了。马士权后来离他而去，终身都不再提及这件事了。世人因此而看不起徐有贞，却十分敬重马士权。

王守仁传

【题解】

王守仁(1472~1528)，字伯安，浙江余姚市人。二十七岁考中进士，先后任刑部主事、兵部主事。因反对宦官刘瑾，被廷杖，贬到贵州担任龙场驿丞。刘瑾被诛后，历任知县、南京大仆少卿等。后升察都院右佥都御史，巡抚南安府、赣州。因平定藩王叛乱有功，封新建伯。又曾以原官兼都察院左都御史、总督两广兼巡抚，平定思恩府、田州之乱。曾筑室于阳明洞以居，故世称王阳明，或称谥号为王文成公。著有《王文成公全书》(一称《阳明全书》)。

王守仁在明代中叶的特定社会历史条件下，继承和发扬了南宋陆九渊"心即理"的学说，并提出"致良知""知行合一"等命题加以阐发。又广收弟子，发展成王学的各个分支，使陆王心学派成为理学内部足以与主流派程朱理学派相抗衡的一大派，并在明代中后期一度占据主导地位。他是在朱熹之后对思想界影响最大的一人。

【原文】

王守仁，字伯安，余姚人。

父华，字德辉，成化十七年进士第一。授修撰。弘治中，累官学士、少詹事。华有气度，在讲幄最久，孝宗甚眷之。李广贵幸，华讲《大学衍义》，至唐李辅国与张后表里用事，指陈甚切。帝命中官赐食劳焉。正德初，进礼部左侍郎。以守仁忤刘瑾，出为南京吏部尚书，坐事罢。旋以《会典》小误，降右侍郎。瑾败，乃复故，无何卒，华性孝，母岑年逾百岁卒。华已年七十余，犹寝苦蔬食，士论多之。

守仁娠十四月而生。祖母梦神人自云中送儿下，因名云。五岁不能言，异人拊之，更名守仁,乃言。年十五,访客居庸、山海关。时阘出塞,纵观山川形胜。弱冠举乡试,学大进。顾益好言兵,且善射。登弘治十二年进士。使治前威宁伯王越葬,还而朝议方急西北边,守仁条八事上之。寻授刑部主事。决囚江北,引疾归。起补兵部主事。

正德元年冬,刘瑾逮南京给事中御史戴铣等二十余人。守仁抗章救,瑾怒,廷杖四十,谪贵州龙场驿丞。龙场万山丛薄,苗、僚杂居。守仁因俗化导,夷人喜,相率伐木为屋,以栖守仁。瑾诛,最移庐陵知县。入觐,迁南京刑部主事,吏部尚书杨一清改之验封。屡迁考功郎中,擢南京太仆少卿,就迁鸿胪卿。

兵部尚书王琼素奇守仁才。十一年八月擢右佥都御史,巡抚南、赣。当是时,南中盗贼蜂起。谢志山据横水、左溪、桶冈,池仲容据浰头,皆称王,与大庾陈曰能、乐昌高快马、郴州龚福全等攻剽府县。而福建大帽山贼詹师富

王守仁

等又起。前巡抚文森托疾避去。志山合乐昌贼掠大庾,攻南康、赣州、赣县主簿吴玭战死。守仁至,知左右多贼耳目,乃呼老黠隶诘之。隶战栗不敢隐,因贳其罪,令间贼,贼动静无勿知。于是檄福建、广东会兵,先讨大帽山贼。

明年正月,督副使杨璋等破贼长富村,逼之象湖山,指挥覃桓、县丞纪镛战死。守仁亲率锐卒屯上杭。佯退师,出不意捣之,连破四十余寨,俘战七千有奇,指挥王铠等擒师富。疏言权轻,无以令将士,请给旗牌,提督军务,得便宜从事。尚书王琼奏从其请。乃更兵制:二十五人为伍,伍有小甲;二伍为队,队有总甲;四队为哨,哨有长,协哨二佐之;二哨为营,营有官,参谋二佐之;三管为阵,阵有偏将;二阵为军,军有副将。皆临事委,不命於朝;副将以下,得递相罚治。

其年七月进兵大庾。志山乘间急攻南安,知府季斅击败之。副使杨璋等亦生絷曰能以归。遂议讨横水、左溪。十月,都指挥许清、赣州知府邢珣、宁都知县王天与各一军会横水,斅及守备郏文、汀州知府唐淳、县丞舒富各一军会左溪,吉安知府伍文定、程乡知县张晋戤遏其奔轶。守仁自驻南康,去横水三十里,先遣四百人伏贼巢左右,进军逼之。贼方迎战,两山举帜。贼大惊,谓官军已尽犁其巢,遂溃。乘胜克横水,志山及其党萧贵横等皆走桶冈。左溪亦破。守仁以桶冈险固,移营近地,谕以祸福。贼首蓝廷凤等方震恐,见使至大喜,期仲冬朔降,而珣、文定已冒雨夺险入。贼祖水阵,珣直前搏战,文定与戤自右出,贼仓卒败走,遇淳兵又败。诸军破桶冈,志山、贵模、廷凤面缚降。凡破巢八十有四,俘斩六千有奇。时湖广巡抚秦金亦破福全。其党千人突至,诸将擒斩之。乃设崇义县于横水,探诸瑶。还至赣州,议讨浰头贼。

初,守仁之平师富也,龙川贼卢珂、郑志高、陈英咸请降。及征横水,浰头贼将黄金巢亦以五百人降,独仲容未下。横水破,仲容始遣弟仲安来归,而严为战守备。诡言珂、志

高，仇也，将袭我，故为备。守仁佯杖系珂等，而阴使珂弟集兵待，遂下令散兵。岁首大张灯乐，仲容信且疑。守仁赐以节物，诱入谢。仲容率九十三人管教场，而自以数人入谒。守仁呵之曰："若皆吾民，屯于外，疑我乎？"悉引入祥符宫，厚饮食之。贼大喜过望，益自安。守仁留仲容观灯乐。正月三日大享，伏甲士于门，诸贼入，以次悉擒戮之。自将抵贼巢，连破上、中、下三燤斩馘二千有奇。余贼奔九连山。山横互数百里，陡绝不可攻。乃简壮士七百人衣贼衣，奔崖下，贼招之上。官军进攻，内外合击，擒斩无遗。乃于下燤立和平县，置戍而归。自是境内大定。

初，朝议贼势强，登广东、湖广兵合剿。守仁上疏止之，不及。桶冈既灭，湖广兵始至。及平燤头，广东尚未承檄。守仁所将皆文吏及偏裨小校，平数十年巨寇，远近惊为神。进右副都御史，予世袭锦衣卫百户，再进副千户。

十四年六月命勘福建叛军。行至丰城而宁王宸濠反，知县顾佖以告。守仁急趋吉安，与伍文定征调兵食，治器械舟楫，傅檄暴宸濠罪，俾守令各率吏士勤王。都御史王懋中，编修邹守益，副使罗循、罗钦德，郎中曾直，御史张鳌山、周鲁，评事罗侨，同知郭祥鹏，进士郭持平，降谪驿丞王思、李中，咸赴守仁军。御史谢源、伍希儒自广东还，守仁留之纪功。因集众议曰："贼若出长江顺流东下，则南都不可保。吾欲以计挠之，少迟旬日无患矣。"乃多遣间谍，檄府县言："都督许泰、邵永将边兵，都督刘晖、桂勇将京兵，各四万，水陆并进。南赣王守仁、湖广秦金、两广杨旦各率所部合十六万，直捣南昌，所至有司缺供者，以军法论。"又为蜡书遗伪相李士实、刘养正，叙其归国之诚，令从臾早发兵东下，而纵谋泄之。宸濠果疑。与士实、养正谋，则皆劝之疾趋南京即大位，宸濠益大疑。十余日间知中外兵不至，仍悟守仁绐之。七月壬辰朔留宜春王拱㭐居守，而劫其众六万人，袭下九江、南康，出大江，薄安庆。

守仁闻南昌兵少则大喜，趋樟树镇。知府临江戴德孺、袁州徐琏、赣州邢珣，都指挥余恩，通判瑞州胡尧元童琦、抚州邹琥、安吉谈储，推官王玮、徐文英，知县新淦李美、泰和李辑，万安王冕、宁都王天与，各以兵来会，合八万人，号三十万。或请救安庆，守仁曰："不然。今九江、南康已为贼守，我越南昌与相持江上，二郡兵绝我后，是腹背受敌也。不如直捣南昌。贼精锐悉出，守备虚。我军新集气锐，攻必破。贼闻南昌破，必解围自救。逆击之湖中，蔑不胜矣。"众曰"善"。己酉次丰城，以文定为前锋，先遣奉新知县刘守绪袭其伏兵。庚戌夜半，文定兵抵广润门，守兵骇散。辛亥黎明，诸军梯垣登，缚拱㭐等，宫人多焚死。军士颇杀掠，守仁戮犯令者十余人，宥胁从，安士民，慰谕宗室，人心乃悦。

居二日，遣文定、瑄、琏、德孺各将精兵分道进，而使尧元等设伏。宸濠果自安庆还兵。乙卯遇于黄家渡。文定当其前锋，贼趋得。珣绕出贼背贯其中，文定、恩乘之，琏、德孺张两翼分贼势，尧元等伏发，贼大溃，退保八字脑。宸濠惧，尽发南康、九江兵。守仁遣知府抚州陈槐、饶州林城取九江，建昌曾玙、广信周朝佐取南康。丙辰复战，官军却，守仁斩先却者。诸军殊死战，贼复大败，退保樵舍，联舟为方阵，尽出金宝犒士。明日，宸濠方晨朝其群臣，官军奄至。以小舟载薪，乘风纵火，焚其副舟，妃妻娄氏以下皆投水死。宸濠舟胶浅，仓卒易舟遁，王冕所部兵追执之。士实、养正及降贼按察使杨璋等皆就擒。南康、九江亦下。凡三十五日而贼平。京师闻变，诸大臣震惧。王琼大言曰："王伯安居南昌上游，必擒贼。"至是，果奏捷。

帝蛙已亲征，自称威武大将军，率京边骁卒数万南下。命安边伯许泰为副将军，偕提督军务太监张忠、平贼将军左都督刘晖将京军数千，溯江而上，抵南昌。诸劈幸故与宸濠。守仁初上宸濠反书，因言："觊觎者非特一宁王，请黜奸谀以回天下豪杰心。"诸劈幸皆恨。宸濠既平，则相与娼功。且惧守仁见天子发其罪，竞为蜚语，谓守仁先与通谋，虑事不成，乃起兵。又欲令纵宸濠湖中，待帝自擒。

守仁乘忠、泰未至，先俘宸濠，发南昌，忠、泰以威武大将军檄邀之广信。守仁不与，间道趋玉山，上书请献俘，止帝南征。帝不许。至钱唐遇太监张永。永提督赞书机密军务，在忠、泰辈上，而故与杨一清善，除刘瑾，天下称之。守仁夜见永，颂其贤，因极言江西困敝，不堪六师扰。永深然之，曰："永此来，为调护圣躬，非邀功也。公大勋，永知之，但事不可直情耳。"守仁乃以宸濠付永，而身至京口，欲朝行在。闻巡抚江西命，乃还南昌。忠泰已先至，恨失宸濠。故纵京军犯守仁，或呼名嫚骂。守仁不为动，抚之愈厚。病予药，死予棺，遭丧于道，必停车慰问良久始去。京军谓王都堂爱我，无复犯者。忠、泰言："宁府富厚甲天下，今所蓄安在？"守仁曰："宸濠异时尽以输京师要人，约内应，籍可按也。"忠、泰故尝纳宸濠贿者，气慑不敢复言。已，轻守仁文士，强之射。徐起，三发三中。京军皆欢呼，无不泣下思归者。忠、泰不得已班师。比见帝，与纪功给事中祝续、御史章纶谗毁百端，独永时左右之。忠扬言帝前曰："守仁必反，试召之，必不至。"忠、泰屡矫旨召守仁。守仁得永密信，不赴。及是知出帝意，立驰至。忠、泰计沮，不令见帝。守仁乃入九华山，日晏乃易前奏，言奉威武大将军方略讨平叛乱，而尽入诸劈幸名，江彬等乃无言。

当是时，谗邪构煽，祸变叵测，微守仁，事几殆。世宗深知之。甫即位，趣召入朝受封。而大学士杨廷和与王琼不相能。守仁前后平贼，率归功琼，廷和不喜，大臣亦多忌其功。会有言国哀未毕，不宜举宴行赏者，因拜守仁南京兵部尚书。守仁不赴，请归省。已，论功封特进光禄大夫、柱国、新建伯，世袭，岁禄一千石。然不予铁券，岁禄亦不给。诸同事有功者，惟吉安守伍文定至大官，当上赏。其他皆名示迁，而阴绌之，废斥无存者。守仁愤甚。时已丁父忧，屡疏辞爵，乞录诸臣功，咸报寝。免丧，亦不召。久之，所善席书及门人方献夫、黄绾以议礼得幸，言于张璁、桂萼，将召用，而费宏故衔守仁，复沮之。屡推兵部尚书，三边总督，提督团营，皆弗果用。

嘉靖六年，思恩、田州土酋卢苏、王受反。总督姚镆不能定，乃诏守仁以原官兼左部御史，总督两广兼巡抚。绾因上书讼守仁功，请赐铁券岁禄，并叙讨贼诸臣，帝咸报可。守仁在道，疏陈用兵之非，且言："思恩未设流官，土酋岁出兵三千，听官征调。既设流官，我反岁遣兵数千防戍。是流官之设，无益可知。且田州怜交阯，深山绝谷，翻瑶、僮盘踞，必乃设土官，斯可藉其兵力为屏蔽。若改土为流，则边鄙之患，我自当之，后必有悔。"章下兵部，尚书王时中条其不合者五，帝令守仁更议。二二月，守仁抵浔州，会巡按御史石金定计招抚。悉散遣诸军，留永顺、保靖土兵数千，解甲休息。苏、受初求抚不得，闻守仁至益惧，至是则大喜。守仁赴南宁，二人遣乞降，守仁令诣军门。二人窃议曰："王公素多诈，恐绐我。"陈兵入见。守仁数二人罪，杖而释之。亲入营，抚其众七万。奏闻于朝，陈用兵十害，招抚十善。因请复设流官，量割田州地，别立一州，以岑猛次子邦相为吏目，署州事，俊有功擢知州。而于田州置十九巡检司，以苏、受等任之，并受约束于流官知府。帝皆从之。

断藤峡瑶贼，上连八寨，下通仙台、花相诸洞蛮，盘互三百余里，郡邑罹害者数十年。

守仁欲讨之，故留南宁。罢湖广兵，示不再用。伺贼不备，进破牛肠、六寺等十馀寨，峡贼悉平。遂循横石江而下，攻克仙台、花相、白竹、古陶、罗凤诸贼。令布政使林富率苏、受兵直抵八寨，破石门，副将沈希仪邀斩轶贼，尽平八寨。

始，帝以苏、受之抚，遣行人奏玺书奖谕。及奏断藤峡捷，则以手诏问阁臣杨一清等，谓守仁自诩大，且及其生平学术。一清等不知所对。守仁之起由璁、萼荐，萼故不善守仁，以璁强之。后萼长吏部，璁入内阁，积不相下。萼暴贵喜功名，风守仁取交阯，守仁辞不应。一清雅知守仁，而黄绾尝上疏欲令守仁入辅，毁一清，一清亦不能无移憾。萼遂显底守仁征抚效失，赏格不行。献夫及堆韬不平，上疏争之，言："诸瑶为患积年，初尝用兵数十万，仅得一田州，旋复召寇。守仁片言驰谕，思、田稽首。至八寨、断藤峡贼，阻深严绝冈，国初以来未有轻议剿者，今一举荡平，若拉枯朽。议者乃言守仁受命征思、田，不受命征八寨。夫大夫出疆，有可以安国家、利社稷，专之可也。况守仁固承诏得便宜从事者乎？守仁讨平叛藩，忌者诬以初同贼谋，又诬其辇载金帛。当时大臣杨廷和、乔宇饰成其事，至今未白。夫忠如守仁，有功如守仁，一屈于江西，再屈於两广。臣恐劳臣灰心，将士解体，后此疆圉有事，谁复为陛下任之！"帝报闻而已。

守仁已病甚，疏乞骸骨，举郧阳巡抚林富自代，不俟命竟归。行至南安卒，年五十七。丧过江西，军民无不缟素哭送者。

守仁天姿异敏。年十七谒上饶娄谅，与论朱子格物大指，还家，日端坐，讲读《五经》，不苟言笑。游九华归，筑室阳明洞中。泛滥二氏学，数年无所得。谪龙场，穷荒无书，日绎旧闻。急悟格物致知，当自求诸心，不当求诸事物，喟然曰："道在是矣。"遂笃信不疑。其为教，专以致良知为主。谓宋周、程二子后，惟象山陆氏简易直捷，有以接孟氏之传。而朱子《集注》《或问》之类，乃中年未定之说。学者翕然从之，世遂有"阳明学"云。

守仁既卒，桂萼奏其擅离职守。帝大怒，下廷臣议。萼等言："守仁事不师古，言不称师。欲立异以为高，则非朱熹格物致知之论；知众论之不予，则为朱熹晚年定论之书。号召门徒，互相倡和。才美者乐其任意，庸鄙者借其虚声。传习转化，背谬弥甚。但讨捕举贼，擒获叛藩，功有足录，宜免追夺伯爵以章大信，禁邪说以正人心。"帝乃下诏停世袭，邮典俱不行。隆庆初，廷臣多颂其功。诏赠新建候，谥文成。二年予进袭伯爵。既又有请以守仁与薛瑄、陈献章同以祀文庙者。帝独允礼臣议。以瑄配。及万历十二年，御史詹事讲申请前。大学士申时行等言："守仁言致知出《大学》、良知出《孟子》。陈献章主静，沿宋儒周敦颐、程颢。且孝友出处如献章，气节文章功业如守仁，不可谓禅，诚宜崇祀。"且言胡居仁纯以笃行，众论所归，亦宜并祀，帝皆从之。终明之进，从祀者止守仁等四人。

始守仁无子，育子正宪为后，晚年，生子正亿，二岁而孤。即长，袭锦衣副千户。隆庆初袭新建伯。肆历五年卒。子承勋嗣，督漕运二十年。子先进，无子，将以弟先达子业弘继。先达妻曰："伯无子，爵自傅吾夫。由父及子，爵安往？"先进怒，因育族子业润为后。及承勋卒，先进未袭死。业润自以非嫡嗣，终当归爵先达，且虞其争，乃谤先达为乞养，而别推承勋弟子先通尝嗣，屡争于朝，数十年不决。崇祯时，先达子业弘复与通疏辨。而业润兄业浩时为总督，所司惧忤业浩，竟以先通嗣。业弘愤，持疏入禁门诉。自刎不殊，执下狱，寻释。先通袭伯四年，流贼隐京师，被杀。

守仁弟子盈天下，其有传者不复载，惟冀元亨尝与守仁共患难。

冀元亨，字惟乾，武陵人。笃信守仁学。举正德十一年乡试。从守仁于赣，守仁属以教子。宸濠怀不轨，而外务名高，贻书守仁问学，守仁使元亨往。宸濠语挑之，佯不喻，独与之论学，宸濠目为凝。他日讲《西铭》，反覆君臣义甚悉。宸濠亦服，厚赠遣之，元亨反其赠于官。已，宸濠败，张忠、许泰诬守仁与通。诘宸濠，言无有。忠等诘不已，曰："独尝遣冀元亨论学。"忠等大喜，榜元亨，加以炮烙，终不承，械系京师诏狱。

世宗嗣位，言者交白其冤，出狱五日卒。元亨在狱，善待诸囚若兄弟，囚皆感泣。其被逮也，所司系其妻李，李无怖色，曰："吾夫尊师乐善，岂他虑哉。"狱中与二女治麻枲不辍。事且白，守者欲出之。曰："未见吾夫，出安往？"按察诸僚妇闻其贤，召之，辞不赴。已就见，则囚服见，手不释麻枲。问其夫学，曰："吾夫之学，不出闺门衽席间。"取者悚然。

【译文】

王守仁，字伯安，余姚市人。父亲王华，字德辉，宪宗成化十七年考上进士第一名，授予修撰职务。孝宗弘治年间，逐步升到学士、少詹事。王华有才干风度，在给皇帝讲课的职位上呆得最久，孝宗很看重他。宦官李广地位高贵很受宠幸，王华讲授《大学衍义》，讲到唐朝的宦官李辅国与张皇后一个在外面一个在宫里揽权干政时，有所指地面陈规谏甚为剀切，皇帝命令宦官赐给他食物表示慰劳。武宗正德元年，晋升为礼部左侍郎。由于儿子王守仁忤逆了宦官刘瑾，被排挤出去担任南京吏部尚书，又因事被罢免。随后又因编写《会典》有小错误，隐职为吏部右侍郎。刘瑾身败后，才恢复旧职，没多久死去。王华性情孝顺，母亲岑氏年过百岁才死，王华已七十多岁，还睡草席吃粗饭履行丧事，士大夫的舆论很称赞他。

王守仁是怀孕十四个月才生的。祖母梦见神仙从云彩里送小孩下来，因此给他取名叫云。五岁还不能说话，一个奇异的人抚摸了他，给他改名守仁，才说话。十五岁，出门访问客居于居庸、山海关，时常擅自跑到塞外去，放眼观察山河的险要形势。二十岁考上举人，学问大有长进。但更加喜好谈论军事，而且很会射箭。考上弘治十二年的进士。派他主持以前封为威宁伯的王越的埋葬事宜，回来时朝廷正急着讨论西北边界上的事，王守仁提出八条意见奏上去。随即授予刑部主事的职衔。奉命去江北判决囚犯，托病回到家里。上来后充任兵部主事。

正德元年冬天，刘瑾逮捕了南京给事中御史戴铣等二十多人。王守仁上章直言进行援救，刘瑾大怒，罚他在殿前台阶上挨打四十杖，贬到贵州龙场驿担任驿丞。龙场成山连绵草木茂盛，苗族、僚族杂居。王守仁顺着当地习俗加以感化引导，少数民族都很高兴，一起砍树盖房，来给王守仁居住。刘瑾被杀后，量情移任庐陵县知县。入见皇帝后，升为南京刑部主事，吏部尚书杨一清改命他去负责验封。逐步升到考功郎中，提拔为南京太仆少卿，就地升为鸿胪卿。

兵部尚书王琼素来看重王守仁的才能。正德十一年八月提拔他为右佥都御史，巡抚南安府、赣州府。当这个时候，南方盗贼纷纷起来。谢志山霸据横水、左溪、桶冈，池仲容霸据浰头，都自称为王，与大庾的陈曰能、乐昌的高快马、郴州的龚福全等，攻打和抢劫州县。而福建大帽山的盗贼詹师富等人又起来了。前任巡抚文森托病避开了。谢志山联合乐昌盗贼掳掠大庾，进攻南康、赣州，赣县的主簿吴玭战死。王守仁到达后，知道身边很多人是盗贼的耳目，就叫来一个老而狡诈的仆役来盘问。仆役吓得发抖不敢隐瞒，便赦免他的罪，让他监视盗贼的动静便无所不知。于是传军令给广东、福建来会师，先讨伐大帽山盗贼。

第二年正月,督促副使杨璋等在长富村击破贼兵,逼迫他们逃到象湖山,指挥覃桓、县丞纪镛战死。王守仁亲自统率精锐部队屯驻在上杭,假装退兵,出其不意直捣贼兵巢穴,接连攻破四十多个寨子,俘虏和斩杀七千人有余,指挥王铠等捉住了詹师富。上疏说权力太轻,无法指挥将士,请求发给旗牌,总督军务,可以依据事宜不经请示自行处置。兵部尚书王琼奏请皇帝同意了他的请求。于是改革兵制:以二十五个人为一伍,每伍设一个小甲率领;两个伍为一队,每队设一个总甲率领;四个队为一哨,每哨设一个哨长率领,有协哨二人辅佐他;两个哨为一营,每营设一个营官率领,有参谋二人辅佐他;三个营为一阵,每阵设一个偏将率领;两个阵为一军,每军设一个副将率领。都是临到事情需要时委任,不由朝廷任命;副将以下,可以依次对下一级实行处罚惩治。

这年七月,进兵到大庾。谢志山乘空子急攻南安府,知府季敩打败了他。副使杨璋等也活捉了陈曰能带回来。便商议讨伐横水、左溪。十月,都指挥许清、赣州府知府邢珣、宁都县知县王天与各带一支军队汇集在横水,季敩与守备郏文、汀州府知府唐淳、县丞舒富各带一支军队汇集在左溪,吉安府知府伍文定、程乡县知县张戬负责阻拦贼兵逃跑。王守仁自己驻扎在南康,离横水三十里,先派四百人埋伏在贼兵巢穴的左右两旁,然后大军逼近。贼兵刚刚迎战,埋伏的人在两旁山上举起旗帜。贼兵大惊,以为官军已经全部犁平了他们的巢穴,于是溃散。官军乘胜攻克横水,谢志山和他的爪牙肖贵模等人都逃到桶冈。这时左溪也被攻破了。王守仁由于桶冈险要牢固,把兵营移到桶冈附近,派人去向他们讲清利害祸福。贼兵头目兰廷凤等人正十分惊恐,见到官军的使者到来便十分高兴,濛瑮约定十一月初一那天投降,而邢珣、伍文定已经冒雨攻下险要地形进入。贼兵依靠河水的阻挡在对岸布阵,邢珣率兵径直上前搏斗,伍文定和张戬从右边出兵包抄,贼兵惊慌败走,遇到唐淳的部队又被打败。各路军马攻破桶冈,谢志山、肖贵模、兰廷凤都反绑双手投降。总共攻破巢穴八十四处,俘虏和斩杀六千有余。当时湖广巡抚秦金也击破了龚福全,他的爪牙上千人逃窜到这一带,将军们把他们全部俘虏和杀死。于是在横水设立崇义县,控制各寨瑶人。回到赣州,高议讨伐浰头的盗贼。

起初,王守仁讨平詹师富的时候,龙川的盗贼头目卢珂、郑志高、陈英都请求投降。到征讨横水时,浰头的贼将黄金巢也带五百人投降,只有池仲容还没有攻下。横水攻破后,池仲容才派弟弟池仲安前来归附,却又严密地进行防守的准备,诡称卢珂、郑志高,是仇人,将会偷袭我,所以要做防备。王守仁假装把卢珂等人杖打和关押起来,而又暗地让卢珂的弟弟集合士兵待命。然后下令解散士兵,正月初一大规模张设花灯和乐队,池仲容又相信又怀疑。王守仁赐给池仲容节日的礼物,引诱他进来道谢。池仲容带领九十三个人在教练场上扎营,而自己带几个人进来谒见。王守仁叱责他说:"他们都是我的老百姓,屯扎在外面,是怀疑我吗?"于是把这九十三人也都带入祥符宫,以丰厚的饮食款待。贼兵们因超过了原来所期望的待遇而极为高兴,更加感到安心。王守仁留池仲容观赏花灯音乐。正月初三那天大摆酒席,在大门口埋伏武士,盗贼们进来,逐个拿下杀掉。亲自带兵抵达贼巢,接连攻破上浰、中浰和下浰,暂获两千有余。剩下的贼兵逃奔九连山。这座山横亘好几百里,极为陡峻无法攻打。就挑选壮士七百人穿上贼兵的衣服,假装败逃跑到悬崖下面,贼兵招呼他们上去。官军发动进攻,内外配合作战,俘虏和斩杀得一个不留。于是在下浰设立和平县,修好防御工事才回来。从此以后境内为安定。

起初,朝廷议论贼兵势力强大,要调发广东、湖广的兵力联合进剿。王守仁上疏劝阻,没有来得及。桶冈消灭以后,湖广的兵才到达。等到平定浰头以后,广东还没有接到军令。王守仁所率领的都是文官和一些担任副职、助理的将官和低级军官,却扫平了横行几十年的大盗,远近的人都吃惊地把他看作神仙。晋升为右副都御史,赐给可世袭的锦衣卫百户,又再晋升为副千户。

正德十四年六月,命令他去平定福建的叛军。走到丰城县而宁王朱宸濠发动造反,知县顾泌把这件事告诉了王守仁。王守仁急忙赶到吉安府,和知府伍文定一起征调军队和食物,修造器械和船只,传军令揭露朱宸濠的罪恶,让知府、县令各自率领下级和士兵为皇上效力。都御史王懋中,编修邹守益,副使罗循、罗钦德,郎中曾直,御史张鳌山、周鲁,评事罗侨,同知郭祥鹏,进士郭持平,因罪降职为驿丞的王思、李中,都奔赴王守仁的部队。御史谢源、伍希儒从广东回来,王守仁留下他们为大家记录功劳。于是集合大家商议说:"反贼如果出兵到长江顺流东下,南京便无法保住。我想用计策阻挠他们,稍许拖住他们十来天就没有问题了。"于是大量派出间谍,传军令给各府各县说:"都督许泰、邵永率领守卫边界的部队,都督刘晖、桂勇率领京兵,各有四万,水陆两路齐头并进。南安、赣州的王守仁、湖广的秦金、两广的杨旦各自率领所统的部队共十六万,直捣南昌,所到之处官府缺乏供应的,以军法论处。"又写了一封蜡封的密信送给伪宰相李士实、刘养正,奖励他们归顺国家的诚意,叫他们顺着说话怂恿朱宸濠早点发兵东下,而又放出间谍泄露这个消息。朱宸濠果然产生疑虑。和李士实、刘养正商量,便都劝他赶快去南京就皇帝位,朱宸濠更加十分疑虑。十多天后探听到朝中和外地的军队都没有到,才醒悟到是王守仁欺骗他。七月壬辰初一,朱宸濠留下宜春王朱拱樤在原地防守,而强行夺走他的部下六万人,袭击占领了九江、南康两府,然后出兵到长江,进逼安庆。

王守仁听说南昌守军很少便极为高兴,急忙赶到樟树镇。知府中临江府的戴德孺、袁州府的徐琏、赣州府的邢珣,都指挥余恩,通判中瑞州府的胡尧元和童琦、抚州府的邹琥、吉安府的谈储,推官王玮、徐文英,知县中新淦县的李美、泰和县的李楫、万安县的王冕、宁都县的王天与,各自带兵来会师,总共八万人,号称三十万。有人请求去救安庆,王守仁说:"不这样。现在九江、南康两府已被反贼据守,我军越过南昌府去和江上与贼军对峙,两个府的贼兵断了我们的后路,这是腹背受敌了。不如直捣南昌。反贼精锐部队全部外出,南昌防守空虚,我军新近集合士气锐利,进攻必定能破。贼兵听到南昌攻破,必定解除对安庆的包围来救南昌。我方在鄱阳湖上迎击它,没有不胜的。"大家说:"好。"乙酉那天,进驻丰城,让伍文定部为前锋,先派奉新县知县刘守绪去袭击对方的伏兵。庚戌那天半夜里,伍文定部抵达南昌广润门,守兵都惊慌逃散。辛亥那天黎明各路部队用云梯、绳索登上城墙,捆住了朱拱樤等人,宫人多数烧死。士兵颇有杀人抢劫的,王守仁杀了违反命令的十多个人,宽赦了胁从者,安抚了读书人和老百姓,对宗室的人进行了安慰解释,人心便高兴起来。

住了两天,派伍文定、邢珣、徐琏、戴德孺各领精兵分路进军,而让胡尧元等人设下埋伏。朱宸濠果然从安庆回师。乙卯那天在黄家渡相遇。伍文定迎击它的前锋,贼兵急忙走向有利地形。邢珣带兵绕到贼兵背后穿插到贼兵中间,伍文定、余恩的部队乘势压上,徐琏、戴德孺从左右两翼出动分散贼兵的力量,胡尧元等人埋伏的部队也发动进攻,贼兵全面崩溃,退守八字脑。朱宸濠害怕了,把南康、九江的兵力全部调来。王守仁派抚州府知府陈槐、饶州府知府林城去攻取九江，建昌府知府曾玙，广信府知府周朝佐去攻取南康。丙辰日又会战，官军退却，王守仁斩了先退却的人。各路部队拼死战斗，贼兵又大败，退守樵舍，把船拴在一起成为方阵，将黄金珠宝全部拿出来犒赏士兵。第二天早晨，朱宸濠正在朝见他的群臣，官军突然到达，用小船装上木柴，乘风放火，烧掉了他的副船，妃子从娄氏以下都跳水淹死。朱宸濠乘坐的船搁浅不能动，慌忙换船逃走，王冕所率部队追上去抓住了他。李士实、刘养正以及投降反贼的按察使杨璋等人都被擒。南康、九江也攻下了。总共三十五天而反贼平定。京师起初听到事变消息，大臣们都震惊恐惧。王琼大声地说："王伯安驻在南京上游，必定能抓住反贼！"到这时，果然奏上了捷报。

皇帝这时已亲自出征，自称为威武大将军，率领京师附近守边界的勇猛士卒好几万南下。命令安边伯许泰为副将军偕同提督军务太监张忠、平贼将军左都督刘晖带领京军好几千，溯长江而上，抵达南昌。那些皇帝宠幸的太监们以前与朱宸濠通谋，王守仁最初送上的有关朱宸濠造反的奏章，曾因此说道："窥伺陛下权位的不仅仅是一个宁王，请求罢斥那些奸诈阿谀的人来挽回天下豪杰对陛下的忠心。"所以那些受宠幸的人都很恨他。朱宸濠平定以后，则又合伙儿嫉妒他的功劳。而且害怕王守仁见到天子会揭发他们的罪恶，便争着制造流言蜚语，说王守仁起先和朱宸濠通谋，顾虑事情不能成功，才起兵讨伐。又想叫王守仁把朱宸濠放走到鄱阳湖里去，等皇帝自己来捉拿。

王守仁乘张忠、许泰还没到，先俘虏了朱宸濠，从南昌出发。张忠、许泰以威武大将军军令的名义邀他去广信。王守仁不愿把朱宸濠交给他们，走僻径赶到玉山，给皇帝上书请求献俘，劝止皇帝南征，皇帝不允许。到钱唐，遇到太监张永。张永负责协助皇帝策划机密军事要务，地位在张忠、许泰一班人之上，而且以往和杨一清友好，合力除掉刘瑾，天下人都称道他。王守仁夜里去拜见张永，称颂他的贤明，借此又极力说明江西贫困凋敝，经受不住皇上大军的扰动。张永深深赞同，说："我到这里来，为的是协调行动维护皇上，不是抢功劳。你的大功勋，我知道，但事情不能径直凭自己的感情去办罢了。"王守仁就把朱宸濠交给张永，而自己到了京口，想到行宫朝见皇帝。接到巡抚江西的命令，就回到南昌。张忠、许泰已经先到，恼恨没弄到朱宸濠，故意放纵京军去冒犯王守仁，有的还指名道姓地谩骂。王守仁不为之动声色，对他们的抚恤更加优厚，病了的给药，死了的给棺材，路上遇到给死亡官兵送葬的，一定停下车来慰问好久才离开。京军官兵都说王都堂爱护我们，没有再冒犯他。张忠、许泰说："宁王府的富足殷实天下数第一，现在他所积蓄的财富在哪里？"王守仁说："朱宸濠往常把财富全部输送给京师的显要人物，约好做他的内应，这是有账本可查的。"张忠、许泰以前是曾接受过朱宸濠的贿赂的，气势便消失不敢再说什么。完了，轻视王守仁是个文人，强使他射箭。王守仁慢悠悠站起来，三发三中，京军都欢呼，张忠、许泰更加丧气。正值冬至，王守仁命令居民举行巷祭，完了，又上坟去哭。当时因新近发生死亡与动乱，悲哭声震动原野，京军离家很久了，听了没有不落泪想回去的。张忠、许泰不得已只好班师回京。等到见了皇帝，和纪功给事中祝续、御史章纶一起千方百计诋毁王守仁，只有张永常常说些好话帮着他。张忠在皇帝面前扬言说："王守仁必定造反。试召他来看看，必定不会来。"张忠、许泰曾屡次假冒皇帝的旨意召王守仁去，王守仁收到了张永的密信，就是不去。到这时知道是出自皇帝本人的意思，立即急驰赶到。张忠、许泰的计谋失败，就不让他见皇帝。王守仁就进入九华山，日暮时坐在和尚庙里。皇帝探知后，说："王守仁是学道的人，听到召唤就来了，为什么说他造反!"就派遣他回到自己镇守的地方,让他另行送上捷报。王守仁就修改以前的奏章,说是奉行威武大将军的谋略讨平了叛乱,而又把皇帝宠幸的人的名字全部写进去,江彬等人才无话可说。

当这个时候,那些进谗言的邪恶者诬陷煽动,灾祸变故无法预测,没有王守仁,东南部的事情极为危险。世宗皇帝深知这一点,才接位,就急忙催促他进京接受封赐。而大学士杨廷和与王琼互相不和睦。王守仁前后平定叛逆,总是归功于王琼,杨廷和很不高兴,大臣们也嫉妒他的功劳。正值有说武宗皇帝的丧事没有结束,不应当举办宴会施行赏赐的,于是只拜王守仁为南京兵部尚书。王守仁不去赴任,请求回家省亲。完了,讨论他的功劳封为特进光禄大夫、柱国、新建伯,爵位世袭,每年禄米一千石。然而不发给他世代收藏的铁制证书,每年的禄米也不给。一起共事而有功的,只有吉安府知府伍文定做上大官,受上等赏赐。其他人都名义上表示升官,而暗地罢黜,废弃排斥没有一个留下的。王守仁极为愤慨。这时已在为父亲服丧,屡次上疏辞去爵位,请求纪录共事的臣子们的功劳,都答复按下不讨论。服完丧,也不召用他。过了好久,他所友爱的席书以及学生方献夫、黄绾由于议论大礼的事得到宠幸,在张璁、桂萼面前说了话,将要召用他,而费宏素来恨王守仁,又阻碍了他。多次推举为兵部尚书、三边总督、提督团营等,都没有真用他。

世宗嘉靖六年,思恩府、田州的少数民族酋长卢苏、王受反叛。总督姚镆不能平定,就下诏让王守仁以原任官职兼任左都御史,总督两广兼巡抚。黄绾借机上书颂扬王守仁的功劳,请求赐给他铁制证书和每年的禄米,并分别等级奖励和任用曾一起征讨反贼的臣子们,皇帝都答复同意。王守仁在半路上上疏陈述用兵的不对,而且说:"思恩府没有设置朝廷派去的流动官时,当地土人的酋长每年出兵三千,听候官府征调。设立流动官以后,我们反而每年要派兵好几千去防守。这样流动官的设立,没有益处不难知道了。而且田州邻近交趾,深山绝谷中,都是瑶族、僮族占据,必须仍旧设立当地土人担任的官,这才可以凭借他们的兵力作为屏障。如果改当地官为流动官,边界的外患就要我们自己去承当,将来必然产生后悔。"奏章下交兵部,兵部尚书王时中逐条陈述其中五点不对之处,皇帝命令王守仁再考虑。十二月,王守仁抵达浔州,正逢巡按史石金确定了进行招抚的办法,把各路兵马全部解散,留下永顺,保靖的士兵几千人,解下盔甲休息。卢苏、王受起初要求安抚未成功,听说王守仁到了更加害怕,到这时便十分高兴。王守仁去到南宁,这两人派使者请求投降,王守仁命令他们到总督衙门来。两人私下商议说:"王大人向来多诡计,恐怕会诈我们。"于是布好阵势才进去拜见。王守仁数落了两人的罪过,杖打一顿才释放。又亲自到他们的军营里去,安抚他们的七万部众。上奏告知朝廷,陈述了用兵的十条害处,招抚的十条好处。于是请求再设立流动官,酌量割出田州的部分土地,另立一个州,用岑猛的第二个儿子岑邦相充当吏目,代理州里的事务,等他有了功劳就提拔为知州。而在田州设立十九个巡检司,让卢苏、王受等人任职,都接受流动官知府的节制指挥。皇帝都同意了。

断藤峡中瑶人的反贼,上面联络八寨,下面和仙台、花相各洞的蛮人串通,盘踞长达三百多里的地方,各州县受其害好几十年。王守仁想讨伐他们,所以留在南宁。把湖广调来的兵力撤走,示意不再用兵。侦察到反贼没有防备,进兵攻破牛肠、六寺等十多个寨子,峡里的反贼都平定。便沿着横石江而下,攻克仙台、花相、白竹、古陶、罗凤各地的反贼。命令布政使林富率领卢苏、王受的部下径直抵达八寨,攻破石门,副将沈希仪拦路斩杀逃跑的贼兵,完全平定八寨。

起初,皇帝因为卢苏、王受的招抚成功,派使者持盖了御玺的诏嘉奖。等到王守仁奏上平定断藤峡的捷报,就用亲手写的诏书问内阁大臣杨一清等,说王守仁夸大自己的功劳,而且提到他平时学术上的问题。杨一清等人不知拿什么话回答。王守仁的起用是由于张璁、桂萼的推荐,桂萼本来不喜欢王守仁,是由于张璁勉强他。后来桂萼当了兵部长官,张璁进入内阁,多年互相不服气。桂萼因骤然贵幸而喜好立功扬名,示意王守仁攻取交趾,王守仁推辞不答应。杨一清向来赏识王守仁,然而王守仁的学生黄绾曾上疏想让王守仁进入内阁铺臣之列,诋毁过杨一清,杨一清也不能不把对黄绾的恨转移到王守仁身上。桂萼便公然诋毁王守仁征讨和招抚两方面都失策,赏赐办法不执行。王守仁的学生方献夫以及霍韬感到不平,上疏争论此事,说:"各寨瑶人为害多平,起初曾用兵好几十万,只得到一个田州,随即又招来侵扰。王守仁只用几句话跑去开导,思恩府和田州的酋长就叩头降服。至于八寨、断藤峡的反贼,依仗悬崖绝壁,本朝初创以来没有敢轻易谈论剿灭的,现在一举扫平,如同摧枯拉朽。议论的人却说王守仁只奉到命令征讨思恩府、田州,并没有奉到命令去征讨八寨。古代的大夫去到边疆,有可以安定国家、利于社稷的事情,专权办理是可以的,何况王守仁本来是接受了诏令允许依情况的便利与需要办理事情的呢? 王守仁讨平叛变的藩王,嫉妒的人诬蔑他起初曾同反贼通谋,又诬蔑他用车子装载反贼的金银财帛。当时的大臣杨廷和、乔宇把这件事描绘成事一样,到现在还没有洗刷清白。像王守仁这样的忠诚,这样的有功,头一次在江西受冤屈,第二次在两广受冤屈。臣下担心勤劳的臣子都会心灰意懒,将士们都会体倦神疲,今后边疆有难,谁又会替陛下当此重任!"皇帝只答复"知道了"而已。

王守仁已经病得很重,上疏请求保全完整的骸骨回去,举荐郧阳巡抚林富接替自己,不等命令便回家了。走到南安便死去,享年五十七岁。灵柩经过江西,军民没有不穿上白色丧服哭送的。

王守仁天生资质异常聪敏。十七岁拜见上饶的娄谅,和他讨论朱子所论"格物"的基本意旨。回家后,每天端正地坐着,研读《五经》,不随便谈笑。游九华山回来,在阳明洞中修筑了居室,广泛涉猎释氏、老氏的学说,好几年都没什么收获。贬官到龙场驿,贫穷荒僻的地方没有书籍,天天思考以前学到的东西。忽然体悟到《大学》所说的格物致知(通过格物求得知识),应当到自己的心里去求,不应当到事物中去求,感叹地说:"道就在这里了。"于是深信不疑。他用教学生的,专门以推极内心的良知为主。说宋代周敦颐,程颐二子之后,只有住在象山的陆九渊的主张是求得知识的最简易快速的办法,有可以继承孟子的理论之处。而朱子的《四书章句集注》《四书或问》之类,是他中年尚未定论时的说法。学者们很快便纷纷信从他,世上便有"阳明学派"了。

王守仁死后,桂萼上奏说他擅自脱离职守。皇帝大怒,下交朝廷大臣讨论。桂萼等说:"王守仁做事不师法古代,立言不称述先师。想标新立异以炫耀其高明,便否定朱熹关于格物致知的理论;知道舆论不赞成他,便编写论证朱熹到晚年才确定结论的书。以此号召他的门徒,彼此一唱一和。才智高明的喜欢其学说容许任意胡来,平庸低下的利用其虚假不实的名声。传授讲习的过程中辗转发生讹错,悖理荒谬愈加严重。但讨伐和捕捉瑶人中的反贼,擒拿叛变的藩王,功劳有足取之处,应当免于追夺伯爵的封号以表明巨大的信用,禁止他的邪说流行以端正世道人心。"皇帝便下诏停止爵位的世袭,规定的丧葬礼仪和抚恤措施也不执行。穆宗隆庆元年,朝廷大臣很多人颂扬他的功德,皇帝下诏赠给新建侯的爵名,赐他谥号叫文成。二年,给予世袭伯爵的恩典。既而又有请求让王守仁、薛瑄、陈献章一起在文庙陪从孔子受祭祀的。皇帝只同意礼部大臣的建议,将薛瑄配祀。到神宗万历十二年,御史詹事讲重申前人的请求。大学士申时行等人说:"王守仁讲的'致知'出自《大学》,'良知'出自《孟子》。陈献章主张静,是沿袭宋代大儒周敦颐、程颐的说法。况且孝顺友爱、出仕居家都守大节像陈献章这样,气节、文章、功业像王守仁这样,不能说是禅学,的确应当崇敬地祭祀。"而且说胡居仁纯洁的心地与笃实的德行,是舆论所归心的,也应当一起祭祀。皇帝都同意了。到明代终结为止,随从孔子受祭祀的只有王守仁等四个人。

起初王守仁没有亲生儿子,抚养了弟弟的儿子王正宪作为后代。到晚年,生了儿子王正亿,才两岁王守仁便去世。长大后,承袭了锦衣卫副千户的职位。隆庆元年,承袭了新建伯的爵位。万历五年去世。他儿子王承勋继承爵位,监督漕运达二十年之久。王承勋的儿子王先进没有儿子,想要让弟弟王先达的儿子王业弘继承。王先达的妻子说:"大伯没有儿子,爵位自然应当传给我丈夫。再由我丈夫传给我儿子,这样爵位还能跑到哪里去?"王先进大怒,因而抚养族兄弟的儿子王业洵为后代。等到王承勋死后,王先进没来得及承袭爵位便死了。王业洵自认为不是嫡传的继承人,最终还将归还爵位给王先达,而且担忧他会来争抢,于是毁谤王先达是养子,而另推王承勋的弟弟的儿子王先通应当继承。屡次打官司打到朝廷,好几十年不能判决。崇祯时,王先达的儿子王业弘又与王先通上疏争辩。而王业洵的哥哥王业浩当时担任总督,官府怕忤逆了王业浩的心意,终于让王先通继承了。王业弘拿着奏疏进宫门控诉,自己割脖子没有割断,被抓住送进牢狱,不久即释放。王先通承袭伯爵才四年,流寇攻陷京师,被杀。

王守仁的弟子满天下,其中另有传记的不再在这里记载。只有冀元亨曾经和王守仁一起共患难。

冀元亨,字惟乾,武陵县人。笃实地信仰王守仁的学术。考上正德十一年的举人。在赣州府师从王守仁,王守仁委托他教自己的儿子。

朱宸濠怀有不法的企图,而表面上追求高尚的名声,写信给王守仁请教学问,王守仁派冀元亨去教他。朱宸濠用话挑唆他,他假装不懂,只与对方谈论学问,朱宸濠把他看成书呆子。后来有一天给朱宸濠讲解张载写的《西铭》,反复阐明君臣之间的大义非常详尽。朱宸濠也佩服,赠给他丰厚的礼物送他回去,冀元亨把赠品还给了官府。不久后,朱宸濠造反失败,张宗、许泰诬蔑王守仁与他通谋。问朱宸濠,说没有这事。张忠等问个不停,回答说:"只是曾派冀元亨来讲论学术。"许忠等大喜,拷打冀元亨,又施以炮烙之刑,他始终不承认,被戴上刑具关在京师的牢狱里。

世宗接位,进言的人都替他昭雪冤枉,放出牢狱后五天就死了。冀元亨在牢狱里,友好地对待囚犯们像兄弟一样,囚犯们都感动得掉泪。他被逮捕的时候,官吏捆绑他妻子李氏,李氏面无惧色,说:"我丈夫尊敬老师乐于为善,难道人有别的图谋。"在牢狱里和两个女儿纺麻线不停手。事情快弄清楚时,看守官想把她放出去。她说:"没见到我丈夫,出了狱又到哪儿去?"负责审查的官僚们的妻子听说她很贤惠,请她去见面,推辞不去。随即到牢里去见她,她就穿着囚服相见,手里的麻线也不放下。问她丈夫的学问,回答说："我丈夫的学问，不超出家庭日常生活种种规矩的范围之外。"听到的人都很敬畏。

史官赞道：王守仁开始时以正直的节操著称于世。等到负责边疆的事，统率弱小的军队，带领书生们扫荡多年逍遥法外的盗贼，平定叛逆的藩王。明代到终结时止，文臣用兵夺得胜利，没有比得上王守仁的了。每当危难与狐疑之际，神智愈加镇定，思臣万无一失，虽然是由于天资高超，恐怕也是内心修养上有所收获吧。骄矜于自己的创见，标新立异于先儒之后，终于被学者所讥弹。王守仁曾说胡世宁缺少讲学工夫，胡世宁说："胡某只恨王公多了一个讲学罢了。"桂萼的议论，虽然是出于嫉妒的私心，但也还是他讲学的流弊实是如此，的确是不能够因为他功劳多而替他隐瞒的啊！

戚继光传

【题解】

戚继光(1528～1587)，明朝抗倭名将，军事家。字元敬，号南塘，晚年又号孟诸，山东蓬莱人。将官家庭出身。嘉靖中期承袭职位，担任登州卫指挥佥事。嘉靖三十四年(1555)，调到浙江担任参将，抵御倭寇的进犯。他见旧军队素质不好，便到义乌招募农民、矿工三千人，编成新军，加以严格训练，这就是名闻全国的"戚家军"，当时抗倭的主力部队。嘉靖四十年(1561)，在台州九战九捷。次年福建告急，戚继光往援，捣毁了倭寇在横屿(宁德城外海中)的老巢。四十二年(1563)再援福建，又建首功。升都督同知，代总兵官。二年后，与俞大猷合力剿平广东倭寇，解除了东南的倭患。

张居正很赏识戚继光，隆庆二年(1568)，命他以都督同知身份总理蓟州、昌平、保定三镇练兵事宜，总兵官以下全部由他指挥。从此戚继光坐镇蓟州十六年，官至左都督。他号令严明，赏罚公平，在练兵、制造军器、摆设阵图等方面都有创见，通过建敌台、立车营、用方阵战术等办法加强战备，使这一带多事的边境长期得到安宁。

张居正死后，戚继光受到排挤打击，先是调任广东，继而罢官。著有《纪效新书》《练兵纪实》《止止堂集》等。

【原文】

戚继光，字元敬，世登州卫指挥佥事。父景通，历官都指挥，署大宁都司，入为神机坐营，有操行。继光幼倜傥负奇气。家贫，好读书，通经史大义。嘉靖中嗣职，用荐擢署都指挥佥事，备倭山

戚继光

东。改金浙江都司，充参将，分部宁、绍、台三郡。

三十六年，倭犯乐清、瑞安、临海，继光援不及，以道阻不罪。寻会俞大猷兵，围汪直余党于岑港。久不克，坐免官，戴罪办贼。已而倭遁，他倭复焚掠台州。给事中罗嘉宾等劾继光无功，且通番。方按问，旋以平汪直功复官，改守台、金、严三郡。

继光至浙时，见卫所军不习战，而金华、义乌俗称慓悍，请招募三千人，教以击刺法，长短兵迭用，由是继光一军特精。又以南方多薮泽，不利驰逐，乃因地形制阵法，审步伐便利，一切战舰、火器、兵械精求而更置之。"戚家军"名闻天下。

四十年，倭大掠桃渚、圻头。继光急趋宁海，扼桃渚，败之龙山，追至雁门岭。贼遁去，乘虚袭台州。继光手歼其魁，蹙余贼瓜陵江尽死。而圻头倭复趋台州，继光邀击之仙居，道无脱者。先后九战皆捷，俘馘一千有奇，焚溺死者无算。总兵官卢镗、参将牛天锡又破贼宁波、温州。浙东平，继光进秩三等。闽、广贼流入江西。总督胡宗宪檄继光援。击破之上坊巢，贼奔建宁。继光还浙江。

明年，倭大举犯福建。自温州来者，合福宁、连江诸倭攻陷寿宁、政和、宁德。自广东南澳来者，合福清、长乐诸倭攻陷玄钟所，延及龙岩、松溪、大田、古田、莆田。是时宁德已屡陷。距城十里有横屿，四面皆水路险隘，贼结大营其中。官军不敢击，相守逾年。其新至者营牛田，而酋长营兴化，东南互为声援。闽中连告急，宗宪复檄继光剿之。先击横屿贼。人持草一束，填壕进。大破其巢，斩首二千六百。乘胜至福清，捣败牛田贼，覆其巢，余贼走兴化。急追之，夜四鼓抵贼栅。连克六十营，斩首千数百级。平明入城，兴化人始知，牛酒劳不绝。继光乃旋师。抵福清，遇倭自东营澳登陆，击斩二百人。而刘显亦屡破贼。闽宿寇几尽。于是继光至福州饮至，勒石平远台。

及继光还浙后，新倭至者日益众，围兴化城匝月。会显遣卒八人赍书城中，衣刺"天兵"二字。贼杀而衣其衣，绐守将得入，夜斩关延贼。副使翁时器，参将毕高走免，通判奚世亮摄府事，遇害，焚掠一空。留两月，破平海卫，据之。初，兴化告急，时帝已命俞大猷为福建总兵官，继光副之。及城陷，刘显军少，壁城下不敢击。大猷亦不欲攻，需大军合以困之。四十二年四月，继光将浙兵至。于是巡抚谭纶令将中军，显左，大猷右，合攻贼于平海。继光先登，左右军继之，斩级二千二百，还被掠者三千人。纶上功，继光首，显、大猷次之。帝为告谢郊庙，大行叙赉。继光先以横屿功，进署都督佥事，及是进都督同知，世荫千户，遂代大猷为总兵官。

明年二月，倭余党复纠新倭万余，围仙游三日。继光击败之城下，又追败之王仓坪，斩首数百级，余多坠崖谷死，存者数千奔据漳浦蔡丕岭。继光分五哨，身持短兵缘崖上，俘斩数百人，余贼遂掠渔舟出海去。久之，倭自浙犯福宁，继光督参将李超等击败之。乘胜追永宁贼，斩馘三百有奇。寻与大猷击走吴平于南澳，遂击平余孽之未下者。

继光为将号令严，赏罚信，士无敢不用命。与大猷均为名将，操行不如，而果毅过之。大猷老将务持重，继光则飙发电举。屡摧大寇，名更出大猷上。

隆庆初，给事中吴时来以蓟门多警，请召大猷、继光专训边卒。部议独用继光，乃召为神机营副将。会谭纶督师辽、蓟，乃集步兵三万，征浙兵三千，请专属继光训练。帝可之。二年五月命以都督同知总理蓟州、昌平、保定三镇练兵事，总兵官以下悉受节制。至镇，上疏言：

蓟门之兵，虽多亦少。其原有七：营军不习戎事，而好末技，壮者役将门，老弱仅充伍，一也。边塞逶迤，绝鲜邮置，使客络绎，日事将迎，参游为驿使，营垒皆传舍，二也。寇至，则调遣无法，远道赴期，卒毙马僵，三也。守塞之卒约束不明，行伍不整，四也。临阵马军不用马，而反用步，五也。家丁盛而军心离，六也。乘障卒不择冲缓，备多力分，七也。七害不除，边备曷修。

而又有士卒不练之失六，虽练无益之弊四。何谓不练？夫边所藉惟兵，兵所藉惟将；今恩威号令不足服其心，分数形名不足齐其力，缓急难使，一也。有火器不能用，二也。弃土著不练，三也。诸镇入卫之兵，嫌非统属，漫无纪律，四也。班军民兵数盈四万，人各一心，五也。练兵之要在先练将。今注意武科，多方保举似矣，但此选将之事，非练将之道，六也。何谓虽练无益？今一营之卒，为炮手者常十也。不知兵法五兵迭用，当长以卫短，短以救长，一也。三军之士各专其艺，金鼓旗帜，何所不蓄，今皆置不用，二也。弓矢之力不强于寇，而欲藉以制胜，三也。教练之法，自有正门。美观则不实用，实用则不美观，而今悉无其实，四也。

臣又闻兵形象水，水因地而制流，兵因地而制胜。蓟之地有三。平原广陌，内地百里以南之形也。半险半易，近边之形也。山谷仄隘，林薄翳翳，外边之形也。寇入平原，利车战。在近边，利马战。在边外，利步战。三者迭用，乃可制胜。今边兵惟习马耳，未娴山战、林战、谷战之道也，惟浙兵能之。愿更予臣浙东杀手、炮手各三千，再募西北壮士，足马军五枝，步军十枝，专听臣训练，军中所需，随宜取给，臣不胜至愿。又言："臣官为创设，诸将视为缀疣，臣安从展布。"

章下兵部，言蓟镇既有总兵，又设总理，事权分，诸将多观望，宜召还总兵郭琥，专任继光。乃命继光为总兵官，镇守蓟州、永平、山海诸处，而浙兵止弗调。录破吴平功，进右都督。寇入青山口，拒却之。

自嘉靖以来，边墙虽修，墩台未建。继光巡行塞上，议建敌台。略言："蓟镇边垣，延袤二千里，一瑕则百坚皆瑕。比来岁修岁圮，徒费无益。请跨墙为台，睥睨四达。台高五丈，虚中为三层，台宿百人，铠仗糗粮具备。令戍卒画地受工，先建千二百座。然边卒木强，律以军法将不堪，请募浙人为一军，用倡勇敢。"督抚上其议，许之。浙兵三千至，陈郊外。天大雨，自朝至日昃，植立不动。边军大骇，自是始知军令。五年秋，台功成。精坚雄壮，二千里声势联接。诏予世荫，赉银币。

继光乃议立车营。车一辆用四人推辕，战则结方阵，而马步军处其中。又制拒马器，体轻便利，遏寇骑冲突。寇至，火器先发，稍近则步军持拒马器排列而前，间以长枪、筤筅。寇奔，则骑军逐北。又置辎重营随其后，而以南兵为选锋，入卫兵主策应，本镇兵专戍守。节制精明，器械犀利，蓟门军容遂为诸边冠。

当是时，俺答已通贡，宣、大以西，烽火寂然。独小王子后土蛮徙居插汉地，控弦十余万，常为蓟门忧。而朵颜董狐狸及其兄子长昂交通土蛮，时叛时服。万历元年春，二寇谋入犯。驰喜峰口，索赏不得，则肆杀掠，猎傍塞，以诱官军。继光掩击，几获狐狸。其夏，复犯桃林，不得志去。长昂亦犯界岭。官军斩获多，边吏讽之降，狐狸乃款关请贡。廷议给以岁赏。明年春，长昂复窥诸口不得入，则与狐狸共逼长秃令入寇。继光逐得之以归。长秃者，狐狸之弟，长昂叔父也。于是二寇率部长亲族三百人，叩关请死罪，狐狸服素衣叩头乞赦长秃。继光及总督刘应节等议，遣副将史宸、罗端诣喜峰口受其降。皆罗拜，献还所掠边人，攒刀设誓。乃释长秃，许通贡如故。终继光在镇，二寇不敢犯蓟门。

寻以守边劳,进左都督。已,增建敌台,分所部十二区为三协,协置副将一人,分练士马。炒蛮入犯,汤克宽战死,继光被劾,不罪。久之,炒蛮偕妻大嬖只袭掠边卒,官军追破之。土蛮犯辽东,继光急赴,偕辽东军拒退之。继光已加太子太保,录功加少保。

自顺义受封,朝廷以八事课边臣:曰积钱谷、修险隘、练兵马、整器械、开屯田、理盐法、收塞马、散叛党。三岁则遣大臣阅视,而殿最之。继光用是频荫赉。南北名将马芳、俞大猷前卒,独继光与辽东李成梁在。然蓟门守甚固,敌无由入,尽转而之辽,故成梁擅战功。

自嘉靖庚戌俺答犯京师,边防独重蓟。增兵益饷,骚动天下。复置昌平镇,设大将,与蓟相唇齿。犹时蹂内地,总督王忬、杨选并坐失律诛。十七年间,易大将十人,率以罪去。继光在镇十六年,边备修饬,蓟门宴然。继之者,踵其成法,数十年得无事。亦赖当国大臣徐阶、高拱、张居正先后倚任之。居正尤事与商确,欲为继光难者,辄徙之去。诸督抚大臣如谭纶、刘应节、梁梦龙辈咸与善,动无掣肘,故继光益发舒。

居正殁半岁,给事中张鼎思言继光不宜于北,当国者遽改之广东。继光悒悒不得志,强一赴,逾年即谢病。给事中张希皋等复劾之,竟罢归。居三年,御史傅光宅疏荐,反夺俸。继光亦遂卒。

继光更历南北,并著声。在南方战功特盛,北则专主守。所著《纪效新书》《练兵纪实》、读近者遵用焉。

【译文】

戚继光,字元敬,家中历代担任登州卫指挥佥事。父名景通,曾任都指挥使,代理大宁都指挥使司事,召入京师任神机营坐营,品行很好。戚继光少年时便很洒脱,气度不凡。家穷,喜爱读书,通晓经史的主要论点。嘉靖中承袭世职,由于推荐升为代理都指挥佥事,在山东防御倭寇。改佥浙江都司,担任参将,分别统辖宁、绍、台三郡。

嘉靖三十六年,倭寇侵犯乐清、瑞安、临海,戚继光未能及时援救,由于是道路阻塞所致,故不加罪。不久,会合了俞大猷的兵,在岑港包围了汪直的余党。很久都不能将之攻克,因此被撤官,戴罪惩办敌人。不久这些倭寇逃跑,其他倭寇又到台州焚烧抢掠。给事中罗嘉宾等上奏弹劾戚继光无功,而且勾通外国。正在调查审问,不久即以平定汪直的功劳恢复原官职,改守台、金、严三郡。

戚继光到浙江时,见卫所的军队不习惯战斗,而金华、义乌的人却素有剽悍之称,于是请准招募三千人,教他们攻击、刺杀的方法,长短兵器轮番使用,从此戚继光这支部队特别精锐。又因为南方很多沼泽地,不利于骑马追逐,便按照地形制成阵法,考虑步行作战的方便,所有战舰、火药武器、兵械都精心研制然后加以更换。"戚家军"驰名天下。

嘉靖四十年,倭寇大肆抢掠桃渚、圻头。戚继光急忙赶到宁海,据守桃渚,在龙山把他们打败,追到雁门岭。倭寇逃脱后,趁机袭击台州。戚继光亲手消灭了他们的魁首,把其余的贼全部迫到瓜陵江溺死。而圻头的倭寇又再跑向台州,戚继光在仙居拦击,在路上的倭寇没有能够逃脱的。戚继光先后九次作战都大获全胜,俘虏、斩首的有一千多人,烧死溺死的无数。总兵官卢镗、参将牛天锡又在宁波、温州打败了敌人。浙东被平定,戚继光提升了三级俸禄。福建、广东的匪徒流入了江西。总督胡宗宪行文使戚继光援助。捣毁了在上坊的贼窝,贼跑到建宁。戚继光回到浙江。

第二年，倭寇大举进犯福建。从温州来的，会合了福宁、连江各股倭寇攻陷了寿宁、政和、宁德。从广东南澳来的，会合了福清、长乐各股倭寇攻陷了玄钟所，蔓延至龙岩、松溪、大田、古田、莆田。这时宁德已经屡次失陷。离城十里有个名叫横屿的地方，四面都是狭窄险要的水路，贼寇的大本营就设在里面。官军不敢攻打他，对峙了一年多。那些新到的倭寇驻扎在牛田，而酋长则驻于兴化，东南两面互相声援。福建接连告急，胡宗宪再行文戚继光剿灭他。戚继光首先进攻横屿的匪徒。兵士每人拿一束草，填壕沟前进。捣毁了贼巢，斩首二千六百级。乘胜进到福

抗倭图卷

清，打败了牛田的贼，捣毁了贼巢，其余的贼跑到兴化。戚继光急忙追赶，晚上四更时分抵达贼的栅栏。接连攻克了六十个营，斩首一千数百级。天亮进城，兴化人才知道，送牛酒前往慰劳的人络绎不绝。戚继光便回师。到了福清，与从东营澳登陆的倭寇遭遇，斩杀了二百人。而刘显亦屡次打败了贼。过去一直在福建的倭寇基本上已被消灭。于是戚继光到福州设宴庆功，在平远台刻石纪功。

及至戚继光回到浙江后，新来的倭寇又越来越多，包围了兴化城整整一个月。刚好刘显派了八个兵卒带信入城，衣服上刺着"天兵"两个字。贼杀了他们而穿了他们的衣服，瞒过守城将领进了城，晚上斩开城门接应贼入内。副使翁时器、参将毕高走脱了，通判奚世亮兼理府的政务，遇害，城被焚烧抢掠一空。倭寇停留了两个月，攻破平海卫，占据了它。当初，兴化告急，当时皇帝已经任命俞大猷为福建总兵官，戚继光为副。及至城失陷，刘显军队少，建营垒在城下不敢攻打。俞大猷也不想攻，需要调大部队联合围困他。嘉靖四十二年四月，戚继光领浙江兵到。于是巡抚谭纶命令他率中军，刘显在左，俞大猷在右，在平海联合攻打贼人。戚继光先登城，左右两军接着，斩首二千二百级，归还被抢掠去的三千人。谭纶上报功劳，以戚继光为首功，刘显、俞大猷为其次。皇帝为这次的胜利禀告拜谢天地祖宗，大规模地评功赏赐。戚继光先是因为在横屿的功劳，晋升代理都督佥事，现在晋升为都督同知，世袭荫千户，于是代替了俞大猷任总兵官。

次年二月，倭寇的残余势力又纠集了新的倭寇一万多人，把仙游包围了三天。戚继光在城下把他们打败，又追到王家坪打败他们，斩首数百级，其余的很多坠落崖谷跌死，余下的几千人跑去占据了漳浦蔡丕岭。戚继光把军士分成五哨，亲自率领佩戴短兵器的

兵士攀崖而上，俘虏斩首的有几百人，其余的贼人便抢了渔船出海。过了一段时间以后，倭寇又从浙江侵犯福宁，戚继光指挥参将李超等把他打败。乘胜追击在永宁的贼人，斩首三百多。接着又和俞大猷一起在南澳打走了吴平，进而攻打吴平那些没有投降的残部。

戚继光当将军，号令严明，赏罚公正，士卒没有敢不听从命令的。戚继光和俞大猷都是名将，操行没有俞大猷好，但遇事果断勇敢刚毅都超过了他。俞大猷是老将，办事力求稳重，戚继光则风驰电掣般进军，屡次摧毁强敌，名声更在俞大猷之上。

隆庆初年，给时中吴时来因为蓟门经常有警报，请求召俞大猷、戚继光专职负责训练边境的士卒。兵部意见只用戚继光，于是召他担任神机营副将。刚好谭纶在辽、蓟指挥军队，于是集中了步兵三万人，征集了浙江兵三千人，请求专门交由戚继光训练。皇帝批准了。隆庆二年五月，命令戚继光以都督同知的身份，总理蓟州、昌平、保定三个镇练兵的事，总兵官以下全部归他指挥。戚继光到了镇，上奏疏说：

蓟门的兵，虽然人数很多，但是实际上是很少，所以这样说，有七个原因：营军不熟悉军事，而爱好那些不重要的技能，壮健的在将官家里服役，老弱的才在队伍，这是第一。边关要塞的位置曲折连绵，很少驿站，使者来客络绎不绝，每天都要忙于送往迎来，参将、游击成了驿使，兵营堡垒成了旅舍，这是第二。贼寇来到，则调遣不得其法，远道赶往，兵士倒毙马匹僵死，这是第三。守卫边塞的士卒纪律不严格，队伍不整齐，这是第四。临阵时马军不用马，反而用步，这是第五。家丁兴盛而军心离散，这是第六。不管地势是否险要，都布置士卒防守堡垒，到处安排分散了力量，这是第七。这七个问题不解决，边境的守备怎能治理？

而且又有不训练士卒的六项失误，虽然练了也无实效的弊病四项。什么是不练？边防所依靠的主要是兵，兵所依靠的是将领；现在关怀威信号令都不能使他们心服，言行不一不能把他们的力量集中到一起，这样，当情况紧急时便难以使用，这是第一。有火药武器不能使用，这是第二。撇开本地人不加以训练，这是第三。各镇前来支援的兵，讨厌不是自己的统属，漫无纪律，这是第四。班军民兵数量超过了四万，但人各一心，这是第五。练兵的要领在于首先训练将领。现在注重武科，好像是多方保举了，但这是挑选将领的做法，不是培养将领的方法，这是第六。什么是虽然练了也没有用处？现在一个营的兵卒，当炮手的常常是十个人。不知道兵法是五个兵轮番使用，应当用配备戈矛弓箭之类长武器的士兵来掩护那些配备刀剑等短武器的士兵，而以配备短武器的兵来救援那些配备长武器的兵，这是第一。三军的兵士各有技艺，金鼓旗帜，什么没有，现在都放置不用，这是第二。我方弓箭的力量不比敌人强，而想依靠它取得胜利，这是第三。培养训练的方法，自有正当的门径。好看的则不实用，实用的则不好看，现在完全不讲究实用，这是第四。

臣又听说军队的形状像水，水因为地势而决定流向，兵考虑地势而决定取胜的战略。蓟镇的地形可以分成三类。广阔的平原，是内地百里以南的形势。一半险要一半平易，这是靠近边界的形势。山谷狭窄，林木茂密相逼，这是边塞以外的形势。敌寇进入平原，适宜车战。在边界附近，适宜马战。在边界以外，适宜步战。三种方式交替使用，才可以取得胜利。现在守边的兵士只习惯马战，不熟悉山地作战、林中作战、狭谷作战的方法，只有浙兵可以这样做。希望再给我浙东的杀手、炮手各三千人，再招募西北的壮士，取足

明骑兵作战图

马军五支,步军十支,专听臣的训练,军中所需用物资,随时根据情况发给,这是臣最恳切的期望。又说:"臣这官职是初次创设,各将领都把它看作是赘疣,臣怎能开展工作。"

戚继光这奏章下发到兵部,认为蓟镇既有总兵,又设总理,权力分散,众将领很多都在观望,应该把总兵郭琥召回,只委任戚继光负责。于是任命戚继光为总兵官,镇守蓟州、永平、山海各处,而停止对浙江兵的调动。确认戚继光攻破吴平的功劳,升右都督。敌寇进青山口,击退了他。

自嘉靖以来,边界的城墙虽然有修筑,但没有建造墩台。戚继光在塞上巡视,提出建造敌台。大致说:"蓟镇边墙,周围延续两千里,一处出了问题则到处都坚固也会发生问题。近来年年修筑,年年倒塌,徒然耗费并无效益。请跨墙建台,这样到处都可以随意的观察敌人的动静。台五丈高,中空为三层,台住一百人,盔甲武器干粮全都齐备。令戍守的兵卒定点施工,先建一千二百座。但是边防士卒性格粗犷,难以忍受军法的约束,请准招募浙江人独立为一军,用以倡导勇敢。"督抚上报了他的意见,皇帝准许了。浙江兵三千来到,排列在郊外。天下大雨,从早上直到日西斜,仍然直立不动。边防兵士十分惊骇,从此才知道什么是军令。隆庆五年秋天,敌台完工。精细坚固雄伟壮观,二千里间声势相连接。下诏给戚继光世袭荫职,赐给银币。

戚继光于是提出建立车营,每辆车用四个人推拉,作战时结集成方阵,而骑兵步兵在其中。又制造拒马器,形体轻便,用以阻挡敌骑兵的冲突。敌寇来到,先发火药武器,比较接近,则步兵拿着拒马器列队向前,其中又杂有长枪、狼筅等武器。敌寇逃跑,则骑兵追击。又设置辎重营跟随在后面,而用南兵作前锋,入卫兵负责接应,本镇兵专职防守。管理制度缜密严明,器械锋利,蓟门的军容因此得以在各边镇之上。

当时,俺答已经来朝贡,宣府、大同以西,全无战事。只有小王子的后人土蛮迁居到插汉的地方,拥有十余万军士,经常威胁着蓟门。而朵颜董狐狸和他的侄子长昂勾结土蛮,时叛时服。万历元年春天,这两股敌人计划入侵。骑兵到了喜峰口,勒索赏赐没有得到,便大肆烧杀抢掠,到边塞附近打猎,以引诱明军。戚继光突然出击,几乎抓到了狐狸。这年夏天,再侵犯桃林,达不到目的便离去。长昂亦侵犯界岭。明军斩首俘获很多,边关的官员劝他投降,狐狸这才老老实实地到关请求入贡。廷议每年给以赏赐。第二天春天,长昂再窥测各个关口,都无法入内,于是和狐狸一同逼使长秃进犯明朝。戚继光追击,把长秃抓了回来。长秃,是狐狸的弟弟,长昂的叔父。于是这两个敌寇率领着部长亲族三百人,入国求见请死罪,狐狸穿着白色冠服,叩头请求赦免了长秃。戚继光和总督刘应节等商议,派遣副将史宸、罗端前往喜峰口受降。狐狸等都围着他们拜,献还所抢去的边界百姓,把刀聚在一起发誓。这才释放了长秃,准许他们依旧朝贡。戚继光在蓟镇的整个期间,他们再也不敢侵犯蓟门。

不久,以守卫边疆的功劳,升戚继光为左都督。随后,增建敌台,将所统辖的十二区分为三协,每协设置副将一人,分别操练兵马。炒蛮进犯,汤克宽战死,戚继光受到弹劾,不惩罚他。一段时间以后,炒蛮和他的妻子大嬖只袭击掳掠边防士卒,明军追击,打败了他。土蛮侵犯辽东,戚继光赶忙前往,和辽东军一起阻击打退了他。戚继光已经加了太子太保,确认功劳加少保。

自从顺义受封以后,明政府从八个方面对边疆大臣进行考核,这八个方面是:储备钱粮、修筑险要关隘、操练兵马、整治器械、开垦屯田、清理盐法、收牧塞马、离散叛党。每三年派大臣检阅视察,而分别等第。戚继光因此不断得到荫职赏赐。南方北方的名将马芳、俞大猷已经死了,只有戚继光和辽东的李成梁健在。但是蓟门的防守非常稳固,敌人无法入侵,便全部转到了辽东,所以李成梁得以独擅战功。

自从嘉靖三十八年俺答侵犯京师以来,边防最重视蓟镇。增兵加饷,以致天下骚动。又置昌平镇,设大将,和蓟镇唇齿相依。俺答部队仍然经常蹂躏内地,总督王杼、杨选都被以不守军律的罪名处死。十七年间换了十个大将,都因为获罪去职。戚继光在蓟镇镇守十六年,边防守备井井有条,蓟门太平安定。后继的人,遵照他已制定的法则,亦能够几十年平安无事。这亦多亏当时朝中执政大臣徐阶、高拱、张居正先后依靠信任他。张居正尤其是事事都和他商议,想与戚继光为难的人,常常都被调走。各督抚大臣像谭纶、刘应节、梁梦龙等和他关系都很好,戚继光的行动不受掣肘,所以更能施展自己的抱负。

张居正死后半年,给事中张鼎思说戚继光不适于在北方工作,执政者马上把他调到广东。戚继光郁郁不得志,勉强前往,过了一年便称病。给事中张希皋等再弹劾他,竟被罢官回家。过了三年,御史傅光宅上疏推荐他,反而受停薪处分。戚继光也就去世。

戚继光在南方北方任职,声望都很高。在南方战功尤其显赫,在北方则专负责防守。所撰写的《纪效新书》《练兵纪实》,都被研究军事的人所采用。

张居正传

【题解】

张居正(1525~1582),明朝著名宰相,我国古代杰出的政治家、改革家。字叔大,号太岳,湖广江陵(今湖北江陵)人。嘉靖二十六年(1547年)进士,历翰林院编修、左中允、右谕德、侍讲学士、礼部右侍郎兼翰林学士、吏部左侍郎东阁大学士等,终太师兼太子太师、吏部尚书、中极殿大学士。

张居正聪明敏捷,深沉机警,胸有大志,勇于任事。明神宗年幼嗣位,他取代高拱而

为内阁首辅,慨然以天下为己任。当时吏治腐败,财政匮乏,边备废弛,民生凋敝。张居正当政十年,振纲剔弊,大力进行政治、经济改革,以求富国强兵。他的改革主要包括以下几个方面的内容:请皇帝勤于讲学,亲理国事,戒绝游宴,节省费用;立考成法,明信赏罚,整齐号令,综核名实,整顿吏治,提高行政效率;推行一条鞭法,均平赋役;清丈土地,抑制豪强,减轻百姓负担,增加财政收入;兴修水利,用潘季驯治理黄河、淮河;加强边防,用王崇古等人主持贡市,李成梁镇辽东,戚继光守蓟门。通过改革出现了万历初年经济富庶、政治稳定、边防巩固的太平局面,这是他一生中最主要的历史功绩。当然,在他当政期间,也有钳制言路,挟私抱怨的缺点。

张居正

张居正的改革触动了权要豪势们的利益,于是招致怨恨;同时由于他权柄独握,"几于震主",使神宗皇帝也不能容忍。因此,他死后不久,即遭到激烈攻击直至追夺官阶、抄家没产。家属罹难,他的改革也被扼杀。

千秋功罪,自有评说。张居正是"功在国家",难在身家。万历以后许多人公开要求为其平反,恢复名誉。天启元年(1621 年),复官如初。

【原文】

张居正,字叔大,江陵人。少颖敏绝伦,十五为诸生。巡抚顾璘奇其文,曰:"国器也。"未几,居正举于乡,璘解犀带以赠,且曰:"君异日当腰玉,犀不足溷子。"嘉靖二十六年,居正成进士,改庶吉士。日讨求国家典故,徐阶辈皆器重之。授编修,请急归,亡何还职。

居正为人,颀面秀眉目,须发至腹。勇敢任事,豪杰自许。然沉深有城府,莫能测也。严嵩为首辅,忌阶,善阶者皆避匿。居正自如,嵩亦器居正。迁右中允,领国子司业事。与祭酒高拱善,相期以相业。寻还理坊事。迁侍裕邸讲读,王甚贤之,邸中中官亦无不善居正者。而李芳数从问书义,颇及天下事。寻迁右谕德兼侍读,进侍讲学士,领院事。

阶代嵩首辅,倾心委居正。世宗崩,阶草遗诏,引与共谋。寻迁礼部右侍郎兼翰林院学士。月余,与裕邸故讲官陈以勤俱入阁,而居正为吏部左侍郎兼东阁大学士。寻充《世宗实录》总裁,进礼部尚书兼武英殿大学士,加少保兼太子太保,去学士五品仅岁余。时徐阶以宿老居首辅,与李春芳皆折节礼士。居正最后入,独引相体,倨见九卿,无所延纳。间出一语辄中肯,人以是严惮之,重于他相。

高拱以很躁被论去,徐阶亦去,春芳为辅。亡何赵贞吉入,易视居正。居正与故所善掌司礼者李芳谋,召用拱,俾领吏部,以扼贞吉,而夺春芳政。拱至,益与居正善。春芳寻引去,以勤亦自引,而贞吉、殷士儋皆为所构罢,独居正与拱在,两人益相密。拱主封俺答,居正亦赞之,授王崇古等以方略。加柱国、太子太傅。六年满,加少傅、吏部尚书、建极殿大学士。以辽东战功,加太子太师。和市成,加少师,余如故。

初,徐阶既去,令三子事居正谨。而拱衔阶甚,嗾言路追论不已,阶诸子多坐罪。居正从容为拱言,拱稍心动。而拱客构居正纳阶子三万金,拱以诮居正。居正色变,指天誓,辞甚苦。拱谢不审,两人交遂离。拱又与居正所善中人冯保郤。穆宗不豫,居正与保密处分后事,引保为内助,而拱欲去保。神宗即位,保以两宫诏旨逐拱,居正遂代拱为首辅。帝御平台,召居正奖谕之,赐金币及绣蟒斗牛服。自是赐赉无虚日。

帝虚己委居正,居正亦慨然以天下为己任,中外想望丰采。居正劝帝遵守祖宗旧制,不必纷更,至讲学、亲贤、爱民、节用皆急务。帝称善。大计廷臣,斥诸不职及附丽拱者。复具诏召群臣廷饬之,百僚皆惕息。帝当尊崇两宫。故事,皇后与天子生母并称皇太后,而徽号有别。保欲媚帝生母李贵妃,风居正以并尊。居正不敢违,改尊皇后曰仁圣皇太后,贵妃曰慈圣皇太后,两宫遂无别。慈圣徙乾清宫,抚视帝,内任保,而大柄悉以委居正。

居正为政,以尊主权、课吏职、信赏罚、一号令为主。虽万里外,朝下而夕奉行。黔国公沐朝弼数犯法,当逮,朝议难之。居用擢用其子,驰使缚之,不敢动。既至,请贷其死,锢之南京。漕河通,居正以岁赋逾春,发水横溢,非决则涸,乃采漕臣议,督舻卒以孟冬月兑运,及岁初毕发,少罹水患。行之久,太仓粟充盈,可支十年。互市饶马,乃减太仆种马,而令民以价纳,太仆金亦积四百余万。又为考成法,以责吏治。初,部院覆奏行抚按勘者,尝稽不报。居正令以大小缓急为限,误者抵罪。自是,一切不敢饰非,政体为肃。南京小奄醉辱给事中,言者请究治。居正谪其尤激者赵参鲁于外以悦保,而徐说保裁抑其党,毋与六部事。其奉使者,时令缇骑阴诇之。其党以是怨居正,而心不附保。

居正以御史在外,往往凌抚臣,痛欲折之。一事小不合,诟责随下。又敕其长加考察。给事中余懋学请行宽大之政。居正以为风己,削其职。御史傅应祯继言之,尤切。下诏狱,杖戍。给事中徐贞明等群拥入狱,视具橐饘,亦逮谪外。御史刘台按辽东,误奏捷。居正方引故事绳督之,台抗章论居正专恣不法,居正怒甚。帝为下台诏狱,命杖百,远戍。居正阳具疏之,仅夺其职。已,卒戍台。由是诸给事御史益畏居正,而心不平。

当是时,太后以帝冲年,尊礼居正甚至,同列吕调阳莫敢异同。及吏部左侍郎张四维入,恂恂若属吏,不敢以僚自处。

居正喜建竖,能以智数驭下,人多乐为之尽。俺答款塞,久不为害。独小王子部众十余万,东北直辽左,以不获通互市,数入寇。居正用李成梁镇辽,戚继光镇蓟门。成梁力战却敌,功多至封伯,而继光守备甚设。居正皆右之,边境晏然。两广督抚殷正茂、凌云翼等亦数破贼有功。浙江兵民再作乱,用张佳胤往抚即定,故世称居正知人。然持法严。核驿递,省冗官,清庠序,多所澄汰。公卿群吏不得乘传,与商旅无别。郎署以缺少,需次者辄不得补。大邑士子额隘,艰于进取。亦多怨之者。

时承平久,群盗蝟起,至入城市劫府库。有司恒讳之,居正严其禁。匿弗举者,虽循吏必黜。得盗即斩决,有司未敢饰情。盗边海钱米盈数,例皆斩,然往往长系或瘐死。居正独亟斩之,而追捕其家属,盗贼为衰止。而奉行不便者,相率为怨言,居正不恤也。

慈圣太后将还慈宁宫,谕居正谓:"我不能视皇帝朝夕,恐不若前者之向学、勤政,有累先帝嘱托。先生有师保之责,与诸臣异。其为我朝夕纳诲,以辅台德,用终先帝凭几之谊。"因赐坐蟒、白金、彩币。未几,丁父忧。帝遣司礼中官慰问,视粥药,止哭,络绎道路,三宫赙赠甚厚。

户部侍郎李幼孜欲媚居正,倡夺情议,居正惑之。冯保亦固留居正。诸翰林王锡爵、张位、赵志皋、吴中行、赵用贤、习礼教、沈懋学辈皆以为不可,弗听。吏部尚书张瀚以持慰留旨,被逐去。御史曾士楚、给事中陈三谟等遂交章请留。中行、用贤及员外郎艾穆、主事沈思孝、进士邹元标相继争之。皆坐廷杖,谪斥有差。时彗星从东南方起,长亘天。人情汹汹,指目居正,至悬谤书通衢。帝诏谕群臣,再及者诛无赦,谤乃已。于是使居正子编修嗣修与司礼太监魏朝驰传往代司丧,礼部主事曹诰治祭,工部主事徐应聘治丧。居正请无造朝,以青衣、素服、角带入阁治政,侍经筵讲读,又请辞岁俸。帝许之。及帝举大婚礼,居正吉服从事,给事中李涞言其非礼,居正怒,出为佥事。时帝顾居正益重,常赐居正札,称"元辅张少师先生",待以师礼。

居正乞归葬父,帝使尚实少卿郑钦、锦衣指挥史继书护归,期三月,葬毕即上道。仍命抚按诸臣先期驰赐玺书敦谕。范"帝赉忠良"银印以赐之,如杨士奇、张孚敬例,得密封言事。戒次辅吕调阳等"有大事毋得专决,驰驿之江陵,听张先生处分。"居正请广内阁员,诏即令居正推。居正因推礼部尚书马自强、吏部右侍郎申时行入阁。自强素不连居正,不自意得之,颇德居正,而时行与四维皆自昵于居正,居正乃安意去。帝及两宫赐赉慰谕有加礼,遣司礼太监张宏供张钱郊外,百僚班送。所过地,有司饬厨传,治道路。辽东奏大捷,帝复归功居正。使使驰谕,俾定爵赏。居正为条列以闻,调阳益为惭,坚卧,累疏乞休不出。

居正言母老不能冒炎暑,请俟清凉上道。于是内阁、两都院寺卿、给事、御史俱上章,请趣居正亟还朝。帝遣锦衣指挥翟汝敬驰传往迎,计日以俟;而令中官护太夫人以秋日由水道行。居正所过,守臣率长跪,抚、按大吏越界迎送,身为前驱。道经襄阳,襄王出候,要居正宴。故事,虽公侯谒王执臣礼,居正具宾主而出。过南阳,唐王亦如之。抵郊外,诏遣司礼太监何进宴劳,两宫亦各遣大珰车琦、李用宣谕,赐八宝钉川扇、御膳、饼果、醪醴,百僚复班迎。入朝,帝慰功恳笃,予假十日而后入阁,仍赐白金、彩币、宝钞、羊酒,因引见两宫。及秋,魏朝奉居正母行,仪从煊赫,观者如堵。比至,帝与两宫复赐赉加等,慰谕居正母子,几用家人礼。

时帝渐备六宫,太仓银钱多所宣进。居正乃因户部进御览数目陈之,谓每岁入额不敌所出,请帝置坐隅时省览,量入为出,罢节浮费。疏上,留中。帝复令工部铸钱给用,居正以利不胜费止之。言官请停苏、松织造,不听。居正为面请,得损大半。复请停修武英殿工,及裁外戚迁官恩数,帝多曲从之。帝御文华殿,居正侍讲读毕,以给事中所上灾伤疏闻,因请振。复言:"上爱民如子,而在外诸司营私背公,剥民罔上,宜痛钳以法。而皇上加意撙节,于宫中一切用度、服御、赏赉、布施,裁省禁止。"帝首肯之,有所蠲贷。居正以江南贵豪怙势及诸奸猾吏民善逋赋,选大吏精悍者严行督责。赋以时输,国藏日益充,而豪猾率怨居正。

居正服将除,帝召吏部问期日,敕赐白玉带、大红坐蟒、盘蟒。御平台召对,慰谕久之。使中官张宏引见慈庆、慈宁两宫,皆有恩赉,而慈圣皇太后加赐御膳九品,使宏侍宴。

帝初即位,冯保朝夕视起居,拥护提抱有力,小扞格,即以闻慈圣。慈圣训帝严,每切责之,且曰:"使张先生闻,奈何!"于是帝甚惮居正。及帝渐长,心厌之。乾清小珰孙海、客用等导上游戏,皆爱幸。慈圣使保捕海、用,杖而逐之。居正复条其党罪恶,请斥逐。而令司礼及诸内侍自陈,上裁去留。因劝帝戒游宴,以重起居;专精神,以广圣嗣;节赏赉,以省浮费;却珍玩,以端好尚;亲万几,以明庶政;勤讲学,以资治理。帝迫于太后,不得已,皆报可,而心颇嗛保、居正矣。

帝初政,居正尝纂古治乱事百余条,绘图,以俗语解之,使帝易晓。至是,复属儒臣纪太祖列圣《宝训》《实录》分类成书,凡四十:曰创业艰难,曰励精图治,曰勤学,曰敬天,曰法祖,曰保民,曰谨祭祀,曰崇孝敬,曰端好尚,曰慎起居,曰戒游佚,曰正宫闱,曰教储贰,曰睦宗藩,曰亲贤臣,曰去奸邪,曰纳谏,曰理财,曰守法,曰儆戒,曰务实,曰正纪纲,曰审官,曰久任,曰重守令,曰驭近习,曰待外戚,曰重农桑,曰兴教化,曰明赏罚,曰信诏令,曰谨名分,曰裁贡献,曰慎赏赉,曰敦节俭,曰慎刑狱,曰褒功德,曰屏异端,曰饬武备,曰御戎狄。其辞多警切,请以经筵之暇进讲。又请立起居注,纪帝言动与朝内外事,日用翰林官四员入直,应制诗文及备顾问。帝皆优诏报许。

居正自夺情后,益偏恣。其所黜陟,多由爱憎。左右用事之人,多通贿赂。冯保客徐爵擢用至锦衣卫指挥同知、署南镇抚。居正三子皆登上第。苍头游七入赀为官,勋戚文武之臣多与往还,通姻好。七具衣冠报谒,列于士大夫。世以此益恶之。

亡何,居正病。帝频颁敕谕问疾,大出金帛为医药资。四阅月不愈,百官并斋醮为祈祷。南都、秦、晋、楚、豫诸大吏,亡不建醮。帝令四维等理阁中细务,大事即家令居正平章。居正始自力,后急甚不能遍阅,然尚不使四维等参之。及病革,乞归。上复优诏慰留,称"太师张太岳先生"。居正度不起,荐前礼部尚书潘晟及尚书梁梦龙,侍郎余有丁、许国、陈经邦。已,复荐尚书徐学谟、曾省吾、张学颜,侍郎王篆等可大用。帝为粘御屏。晟,冯保所受书者也,张居正荐之。时居正已昏甚,不能自主矣。及卒,帝为辍朝,谕祭九坛,视国公兼师傅者也。居正先以六载满,加特进中极殿大学士;以九载满,加赐座蟒衣,进左柱国,荫一子尚宝丞;以大婚,加岁禄百石,录子锦衣千户为指挥金事;以十二载满,加太傅;以辽东大捷,进太师,益岁禄二百石,子由指挥金事进同知。至是,赠上柱国,谥文忠,命四品京卿、锦衣堂上官、司礼太监护丧归葬。于是四维始为政,而与居正所荐引王篆、曾省吾等交恶。

初,帝所幸中官张城见恶冯保斥于外,帝使密诇保及居正。至是,诚复入,悉以两人交结恣横状闻,且谓其宝藏逾天府。帝心动。左右亦浸言保过恶,而四维门人御史李植极论徐爵与保挟诈通奸诸罪。帝执保禁中,逮爵诏狱。谪保奉御居南京,尽籍其家金银珠宝钜万计。帝疑居正多蓄,益心艳之。言官劾篆、省吾并劾居正,篆、省吾俱得罪。新进者益务攻居正。诏夺上柱国、太师,再夺谥。居正诸所引用者,斥削殆尽。召还中行、用贤等,迁官有差。刘台赠官,还其产。御史羊可立复追论居正罪,指居正构辽庶人宪㸅狱。庶人妃因上疏辩冤,且曰:"庶人金宝万计,悉入居正。"帝命司礼张诚及侍郎丘橓偕锦衣指挥、给事中籍居正家。诚等将至,荆州守令先期录人口,锢其门,子女多遁避空室中。比门启,饿死者十余辈。诚等尽发其诸子、兄弟藏,得黄金万两,白金十万余两。其长子礼部主事敬修不胜刑,自诬服寄三十万金于省吾、篆及傅作舟等,寻自缢死。事闻,时行等与六卿大臣合疏,请少缓之;刑部尚书潘季驯疏尤激楚。诏留空宅一所、田十顷,赡其母。而御史丁此吕复追论科场事,谓高启愚以舜、禹命题,为居正策禅受。尚书杨巍等与相驳。此吕出外,启愚削籍。后言者复攻居正不已。诏尽削居正官秩,夺前所赐玺书、四代诰命，以罪状示天下，谓当剖棺戮尸而姑免之。其弟都指挥居易，子编修嗣修，俱发戍烟瘴地。

终万历世，无敢白居正者。熹宗时，廷臣稍稍追述之。而邹元标为都御史，亦称居正。诏复故官，予葬祭。崇祯三年，礼部侍郎罗喻义等讼居正冤。帝令部议，复二荫及诰命。十三年，敬修孙同敝请复武荫，并复敬修官。帝授同敝中书舍人，而下部议敬修事。尚书李日宣等言："故辅居正，受遗辅政，事皇祖者十年。肩劳任怨，举废伤弛，弼成万历初年之治。其时中外乂安，海内殷阜，纪纲法度莫不修明。功在社稷，日久论定，人益追思。"帝可其奏，复敬修官。

【译文】

张居正，字叔大，江陵人。从小聪敏过人，十五岁成为诸生。湖广巡抚顾璘认为他的文章非同一般，说："这是可以主持国家大事的人才。"不久，张居正参加乡试中举人，顾璘解自己的犀带送给他，并且说："你日后当腰佩玉带，这犀带不配玷辱你。"嘉靖二十六年，张居正成为进士，改选庶吉士。每天采求国家的典章制度和各种掌故。徐阶等人都很器重他。任他为编修，因急事请假回家，不久回到职上。

张居正这个人，长脸形，眉目清秀，胡须长至腹部。勇于任事，素以豪杰自许。然而性格深沉，胸有城府，人莫能测。严嵩为内阁首辅时，妒忌徐阶，和徐阶友好的人都躲开徐阶不相往来。张居正却行为自如，严嵩也器重他。升任右中允，掌管国子监司业的事务。与祭酒高拱关系很好，互相勉励将来能够担当宰相的大业。不久又回去管理春坊，升任裕王府讲读。裕王很善待他。王府中的太监也无不和张居正友好，而李芳更是经常向他请教书中的义理，广泛地联系到国家的大事。不久升任右谕德兼侍读，进侍讲学士，负责翰林院的事务。

徐阶代替严嵩成为内阁首辅以后，全心信任张居正。世宗去世，徐阶草拟遗诏，拉张居正和他共同谋划。不久升为礼部右侍郎兼翰林院学士。一个多月以后，与裕王府原来的讲官陈以勤一齐进入内阁，张居正任吏左侍郎兼东阁大学士。不久充任《世宗实录》总裁，晋升为礼部尚书兼武英殿大学士，加少保兼太子太保，这时距离他担任学士五品官仅仅一年多。当时徐阶以前朝老臣任内阁首辅，和李春芳都能屈己礼贤下士。张居正最后入阁，唯独他以宰相的身份自居，见到九卿傲慢得很，没有延请接纳过什么人。间或说出一句话总是很中肯，所以人们特别害怕他，尊重也超过其他的宰相。

高拱因凶狠暴躁被弹劾去官，徐阶也离职去官，李春芳成为内阁首辅。没有多久赵贞吉进入内阁，轻视张居正。张居正与故旧友好掌管司礼监太监李芳合谋，召用高拱，使他负责吏部，以扼制赵贞吉，而夺李春芳权力。高拱到任后，更加与张居正友好。李春芳不久引退，陈以勤也自行引退，而赵贞吉、殷士儋都被诬陷罢了官，只有张居正与高拱在内阁，两人的关系更为密切。高拱主张封贡俺答，张居正也赞成，并将治边的策略教给王崇古等人。封张居正为柱国、太子太傅。六年考满，加少傅、吏部尚书、建极殿大学士。因辽东战功，加太子太师。边境互市成功，再加少师，其余官衔如故。

当初，徐阶既已去位，令三个儿子恭恭谨谨地跟随张居正。但是高拱很怀恨徐阶，唆使言官不断追究弹劾，徐阶的几个儿子多被治罪。张居正从旁向高拱为徐阶说情，高拱有些动心。而高拱的门客诬陷张居正接受徐阶儿子三万贿金，高拱为此责备张居正。张居正一听脸色大变,指天为誓,话说得非常沉痛。高拱当即表示道歉,说自己不了解情况,两人的交情于是疏远。高拱又与同张居正友好的太监冯保有矛盾。穆宗皇帝患病时,张居正与冯保密商处理后事,拉拔冯保充当他在内廷的助手,而高拱却想除掉冯保。神宗皇帝即位,冯保用两宫皇太后的诏旨驱逐高拱。张居正于是代替高拱成为内阁首辅。神宗皇帝在平台召见张居正,对他加以奖赏勉励,赐给金币及绣蟒斗牛服。从此赐赏不断。

神宗皇帝虚心重用居正,居正也慷慨地以天下为己任,朝廷内外都想望他的风采。居正劝说神宗皇帝遵守祖宗制定的制度,不必多作更改,至于讲学、亲贤、爱民、节用都是当务之急。神宗皇帝说这些意见很好。考核廷臣时,罢免不称职的以及依附高拱的人,再用诏旨在朝廷召集群臣严加整饬,文武百官都胆战心惊不敢出声。皇帝应当尊敬崇奉两宫皇太后。按照过去的制度,皇后与皇帝的生母并称为皇太后,而徽号则有所区别。冯保想讨好神宗皇帝的生母李贵妃,暗示张居正将两宫太后并加尊崇。张居正不敢违背,议定尊崇皇后为仁圣皇太后,皇贵妃为慈圣皇太后,两宫的徽号于是没有差别了。慈圣迁居乾清宫,抚养照顾神宗皇帝,宫内的事务委任冯保,而把国家大权全部交给张居正。

张居正执掌朝政,以尊崇皇权、考核官吏、明信赏罚,统一号令为主。虽然在万里之外,早晨下令,到了傍晚即得到施行。黔国公沐朝弼多次犯法,应当逮捕,朝臣商议以为难办。张居正提拔重用沐朝弼的儿子,迅速遣使去抓他,沐朝弼不敢反抗。沐朝弼到京师以后,张居正请免其死,禁锢于南京。运漕粮的运河修通以后,张居正根据每年赋税都是过了春天以后才起运,河流发水横溢,不是决堤便是干涸,于是采纳漕臣的意见,督令漕船的运军在冬十月兑运,到明年初全部发完,减少了水患的祸害。经过长期实行这种办法,太仓库的粮食储备充足,可以使用十年。通过边境互市增添了马匹,于是减少太仆寺的种马,而令百姓用银按价折纳,太仆寺也由此积蓄了四百余万两的银子。又用考成法督责吏治。起初,部、院复奏行令巡抚、巡按查勘的公事。经常拖延不报。张居正命令按照大小缓急为期限,违误者要抵罪。从此,一切都不敢文过饰非,政体肃然。南京小宦官酒醉侮辱给事中,言官请追究治罪。张居正把其中尤为激烈的赵参鲁降调到外地以讨好冯保,而后慢慢劝说冯保制裁抑止他的党羽,不要干预六部的事务。对奉命出使的太监,时常令缇骑暗中监视他们。冯保的党羽因此怨恨张居正,并且在心里不依附冯保。

张居正因为御史在外面,往往欺凌巡抚,决心想惩治他们。遇事稍为处理不妥,责骂之声随下,又令他们的长官加紧考察他们。给事中余懋学请实行宽大的政策,张居正认为是讽刺自己,夺了他的官职。御史傅应祯继而提出这个问题,而且说得更为中肯迫切。张居正把他关入诏狱,杖打充军戍边。给事中徐贞明等人成群拥入监狱,带着衣物、饭食看望傅应祯,也被逮捕贬到外地。御史刘台巡按辽东,误奏捷报。张居正准备根据以往的典章制度制裁和督责他,刘台却抗命上奏批评张居正专横恣肆不守法度,张居正十分愤怒。神宗皇帝为此把刘台关入诏狱,命令杖打一百,流放到边远地区充军戍边。张居正在表面上假意上疏申救他,仅夺了他的官职。过了不久,还是把他流放充军。由此,各位给事中和御史更加害怕张居正,而心里一直愤愤不平。

当时,皇太后因为神宗皇帝年幼,对张居正非常尊敬和有礼貌,与张居正一起在内阁共事的吕调阳不敢发表任何不同意见。到吏部左侍郎张四维进入内阁时,更是恭恭敬敬

互市图

得像他的下属一样,不敢以同僚自居。

　　张居正喜欢建功立业,能够运用智谋和权术驾驭他的下属,人们多愿意为他尽力效劳。俺答和明朝政府在边境互市成功以后,很久没有入犯扰害。唯独小王子的部众十余万人,从东北直至辽东,因没有获得通贡互市,数次入边劫掠。张居正用李成梁镇守辽东,戚继光镇守蓟门。李成梁奋力作战打退敌人的进攻,积了很多战功以至被封为伯,而戚继光的守备设施也甚为周到。张居正都很支持他们,边境晏然无事。两广督抚殷正茂、凌云翼等人也多次打败贼寇有战功。浙江的士兵和民众再次叛乱时,张居正用张佳胤前去安抚立即平定,所以世人都说张居正知人善任。然而他执法非常严厉。查核驿递,裁减冗官,清理学校,淘汰了很多人。公卿和众吏不得乘坐驿站的车马,与外出经商的商人没有区别。因为衙门官员减少,需要依次提升的人总是得不到补缺。大县的学生因名额太少,很难进取。也有很多人埋怨张居正。

　　当时天下太平已经很久了,各地的盗贼像刺猬的毛那样繁多,纷纷起来闹事,直至进入城市抢劫仓库。有关部门往往不敢禀报这类的事情,张居正严厉禁止这种做法。隐瞒不报的,即使是勤政廉洁的官吏也必须革职开除。抓到盗贼立即斩死,有关部门不敢掩饰实情。盗窃边防、海防地区的银钱和粮食数额巨大的,按例都要斩首,然而以往常常是长期关押或者病死在狱中。只有张居正极力主张马上处斩,而且要追究逮捕他们的家属。盗贼为此衰败平息。但是执行这些命令感到不方便的人，相继为此发出怨言，张居正从不怜悯他们。

慈圣太后即将回慈宁宫，告谕张居正说："我不能早晚照护皇帝，恐怕他不像从前那样向学、勤政，有负于先帝的嘱托。先生负有师、保的责任，与各位大臣不同。请你代替我朝夕教诲他，以辅助他有更好的品德，如此才能始终不辜负先帝临终时托付的情谊。"为此赐给坐蟒、白金、彩币。不久，张居正为父亲去世丁忧。神宗皇帝派遣司礼监的太监去慰问张居正，劝他吃饭服药，不要过分哀伤痛哭，前往看望的使臣络绎不绝，三宫送给他帮助办理丧事的礼物甚为丰厚。

户部侍郎李幼孜想讨好张居正，建议他不要离开职位回家守丧，张居正被此议说动。冯保也坚持留下张居正。各位翰林官王锡爵、张位、赵志皋、吴行、赵用贤、习孔教、沈懋学等人都以为不可这样，张居正不听。吏部尚书张瀚因为抵制皇帝慰留张居正的诏旨，被张居正斥逐去职。御史曾士楚、给事中陈三谟等于是纷纷上疏请留下张居正。吴中行、赵用贤以及员外郎艾穆、主事沈思孝、进士邹元标相继为此抗争，结果他们都受到廷杖，分别被罢斥和发配充军。此时彗星从东南方出现，长长地横贯在天空中。群情动荡不安，手指目视责备张居正，至于在通衢大道上张贴诽谤他的文章。神宗皇帝诏令群臣，再提及这事的一律杀死决不赦免，诽谤的事才得到制止。于是指派张居正的儿子，编修张嗣修和司礼监太监魏朝为专使乘坐驿站的车马前去代表张居正主持丧礼，礼部主事曹诰负责祭祀，工部主事徐应聘负责办丧事。张居正请求不到朝堂，以穿青衣、素服、角带到内阁处理政务，侍候经筵讲读，又请求辞去年俸。神宗皇帝准许他的请求。到神宗皇帝举行大婚典礼时，张居正穿吉服办事。给事中李涞说他这样做不符合礼法，张居正发怒，把他调到外地当佥事。当时神宗皇帝更加眷顾和尊重张居正，常常赐给张居正御札，称"元辅张少师先生"，用对待老师的礼节对待他。

张居正请求回家葬父，神宗皇帝令尚宝少卿郑钦、锦衣指挥史继书护送回去，期限三个月，安葬完毕立即上路回朝。还命令巡抚、巡按等大臣先期驰往赐给玺书敦促。又铸"帝赉忠良"银印赐给他，依照杨士奇、张孚敬的例子，可以密封言事。同时告诫内阁次辅吕调阳等人："遇有大事不可专断，把公文由驿站驰送到江陵，听张先生处理。"张居正请增加内阁成员，神宗立即下诏令张居正自己推举。张居正因此推举礼部尚书马自强、吏部右侍郎申时行入内阁。马自强历来不顺从张居正，自己没有想到会得到他的推举，对张居正颇为感恩戴德，而申时行与张四维都是主动和张居正亲近，张居正才安心地回去。神宗皇帝以及两宫皇太后赏赐和慰谕都大大超过常礼的规定，派遣司礼监太监张宏在郊外陈设帷帐饯行，文武百官班列相送。张居正所要经过的地方，有关部门都命令备好食宿车马，整治道路。辽东打仗奏报大捷，神宗皇帝再归功于张居正。派使者驰送诏旨，让他评定爵赏。张居正拟出方案上报。吕调阳更加感到内心惭愧，坚持卧病不起，一再上疏恳乞退休不出来办事。

张居正说他母亲年老不能忍受炎热酷暑，请求等到气候清快凉爽以后再动身上路来京。于是内阁、南北两都部院寺卿、给事中、御史都上奏章，请敦促张居正赶快回朝。神宗皇帝派锦衣指挥翟汝敬乘驿传前去迎接，计日以待；而令宦官护送张母太夫人在秋天由水路行走。张居正一路所过的地方，府州县官都要长久跪在道旁，巡抚、巡按这些大吏要越过自己的辖区去迎接和送行，亲自在前面开道。张居正路经襄阳时，襄王出城恭候，邀请张居正赴宴。按照以往的制度，虽然是公、侯谒见藩王也要执行为臣的礼节，张居正只用了宾主相见的礼节便出来了。经过南阳时，唐王也是如此。抵达京都郊外时，下诏令派司礼监太监何进设宴慰劳，两宫皇太后也各派太监李琦、李用宣读谕旨，赐给八宝金钉扇、御膳、饼果、好酒，文武百官再次排班迎接。进入朝廷时，神宗皇帝对他的慰劳更是诚恳亲切，给他们休假十日后才入内阁办事，还赐给白金、彩币、宝钞、羊酒，于是引见两宫皇太后后，到了秋天，魏朝侍候张居正的母亲起行，仪仗随从浩浩荡荡，观看热闹的人像墙一样。及到京师，神宗皇帝与两宫皇太后再加倍赏赐，慰问张居正母子，几乎用了对待家人的礼节。

当时神宗皇帝的六宫后妃渐趋完备，太仓库的银钱多次被命令调进宫中支用。张居正于是根据户部进呈皇帝阅览的数目加以陈述，说每年收入的数额不及所出，请皇帝把它放在座位的旁边时时翻看，量入为出，罢去和节省不必要的费用。奏疏呈上，神宗皇帝把它留在宫中不发。神宗皇帝再命令工部铸钱供给使用，张居正因为铸钱所得的利益不能胜过铸钱的花费而制止。言官请停止苏州、松江地区的织造，神宗皇帝不听。张居正为此当面去请求，才得以减去一大半。再请求停止修建武英殿的工程，以及裁减优待外戚升官的数额，神宗皇帝大都勉强准从其请。神宗皇帝到文华殿，张居正侍候讲读完毕，将给事中所呈上的灾害的奏书告诉皇帝，于是请求救济。又说："皇上爱民如子，而在外各衙门营私背公剥民欺上，应当依法严治。皇上也应尽心节省，宫中的一切用度、服御、赏赐、布施等，宜于裁减禁止。"神宗皇帝点头答应他，有所减少。张居正因为江南权贵豪强依仗权势及各种奸猾吏民都善于采取各种手段拖欠赋税，选派精明能干的大吏严加督责。赋税因此按时输纳，国家的库藏日益充足，所以豪强和奸猾之徒都埋怨张居正。

张居正即将脱去孝服时，神宗皇帝召见吏部的官员问明日期，敕赐给白玉带、大红坐蟒、盘蟒。神宗皇帝在平台召对他，进行长时间的安慰和劝谕。派宦官张宏引见慈庆、慈宁两宫皇太后，都有恩赐，并且慈圣皇太后还加赐御膳九品，令张宏侍候宴请。

神宗皇帝刚登皇帝位的时候，冯保日夜护起居，竭力保护，神宗皇帝稍有违反常规，立即奏报慈圣皇太后。慈圣皇太后教育皇帝非常严格，往往痛责，并且说："假使让张先生知道了，如何是好！"于是神宗皇帝很害怕张居正。到神宗皇帝渐渐长大以后，从心里厌恶他。乾清宫的小太监孙海、客用等人诱导皇上游玩嬉戏，都得到皇上的喜欢宠信。慈圣皇太后令冯保逮捕孙海、客用，进行杖打并且赶走他们。张居正再开列他们同伙的罪恶，请求罢斥驱逐他们，并且令司礼监及各内侍自己陈述所作所为，由皇上裁夺去职或留用。张居正于是劝神宗皇帝戒除游戏、夜宴以慎重起居，专注精神以广储圣嗣，节省赏赐以减少浪费，拒绝珍珠宝玩以端正好尚，亲自日理万机清明政治，勤于讲学以帮助治理国家。神宗皇帝为皇太后所迫，不得已，都同意了，但是心里却很是怀恨冯保、张居正。

神宗皇帝执政之初，张居正曾经编纂古代治乱得失的事例一百余条，画成图，用通俗的语言解释它，使神宗皇帝明白易懂。至此，再嘱咐儒臣记录太祖等几位皇帝的《宝训》《实录》分类成书，共计四十种：分别为创业艰难、励精图治、勤学、敬天、法祖、保民、谨祭祀、崇孝敬、端好尚、慎起居、戒游佚、正宫闱、教储贰、睦宗藩、亲贤臣、去奸邪、纳谏、理财、守法、警诫、务实、正纪纲、审官、久任、重守令、驭近习、待外戚、重农桑、兴教化、明赏罚、信诏令、谨名分、裁贡献、慎赏赉、敦节俭、慎刑狱、褒功德、屏异端、饬武备、御戎狄。里面所说的话很多都是非常发人深省的，请在经筵之暇进讲。又请建立起居注，记录皇帝的言论行动和朝廷内外的事情,每日用翰林院的官员四人入内阁轮流值班,按照皇帝的要求撰写诗文以及担任皇帝的顾问。神宗皇帝都很满意地同意。

张居正自从父死而不离职守丧以后,更加偏激恣横。他所罢免和提升的官员,多数是由个人的爱憎出发。在他左右办事的人也多接受贿赂。冯保的门客徐爵被提拔重用为锦衣卫指挥同知,代理南镇抚司。张居正的三个儿子都举进士及第。家奴游七用钱捐官,勋臣国戚和文武官员多与他互相往来,通婚结为亲好。游七穿戴官服官帽拜见应酬,置身于士大夫之中。世人因此更加憎恶他。

不久,张居正患病。神宗皇帝频频颁发敕文询问病情,拿出大量的金钱布帛作为医药费。过了四个月病还没有治愈,文武百官一起设斋建醮为张居正祈祷。南京、陕西、山西、湖广、河南各地的大吏,无不建醮祈祷。神宗皇帝命令张四维等人处理内阁中的琐细事务,大事令送到张居正家里由他决断处理。张居正起初亲自办理,后来因过于疲乏不能一一审阅,然而还是不让张四维等人参与。到病危时,乞求回乡。皇上再次下诏好言挽留,称他为“太师张太岳先生”。张居正估计到自己病重不能再起,推荐前礼部尚书潘晟以及尚书梁梦龙,侍郎余有丁、许国、陈经邦,这之后,又推荐尚书徐学谟、曾省吾、张学颜,侍郎王篆等人可以重用。神宗皇帝把他们的名字粘贴在御屏上。潘晟,教过冯保读书,冯保强迫张居正推荐他。当时张居正已经严重昏迷,不能控制自己了。到他死的时候,神宗皇帝为之停止视朝,令祭九坛,视他为国公兼师傅。张居正因六年考满,加特进中极殿大学士;因九年考满,加赐坐蟒衣,进左柱国,荫一子为尚宝丞;因神宗皇帝大婚,每年增加俸禄一百石,封其子锦衣千户为指挥金事;因十二年考满,加太傅;因辽东大捷,进为太师,每年再增加俸禄二百石,其子由锦衣指挥金事晋升为同知。至此时,赠上柱国,谥文忠,命令四品京卿、锦衣堂上官、司礼监太监护送棺柩回乡安葬。于是张四维才开始在内阁主持政务。而与张居正所推荐的王篆、曾省吾等人关系很坏。

当初,神宗皇帝所宠信的宦官张诚为冯保所厌恶排斥于宫外,神宗皇帝令他在暗中刺探冯保以及张居正的动静。至此,张诚再次进入宫内,将冯保和张居正两人互相交结恣横不法的情形全部报告给神宗皇帝,并且说他们所积蓄的珍宝财物超过皇家的仓库。神宗皇帝于是为之动心。在皇上左右的人也连续不断地诉说冯保的过错和罪恶,其后张四维的学生御史李植更加激烈攻击徐爵和冯保挟制诈骗狼狈为奸的各种罪行。神宗皇帝将冯保抓起来关押在宫中,逮捕徐爵关入诏狱。后来把冯保贬为奉御安置于南京,将他家里总计巨万的金银珠宝全部没收。神宗皇帝怀疑张居正的积蓄更多,心里尤其羡慕它。言官弹劾王篆、曾省吾并弹劾张居正,王篆、曾省吾都被认定有罪。新升官的人更加致力于攻击张居正。下诏令削夺张居正的上柱国、太师,再除夺谥号。张居正所推荐任用的官员,几乎全部被罢斥和革职。召还吴中行、赵用贤等人,分别予以提升。刘台给予赠官,退还所没收的财产。御史羊可立再追究张居正的罪行,指责张居正制造了辽王府庶人宪炜的冤案。庶人宪炜的妃子于是上疏申冤,并且说:“庶人金银财宝数以万计,都落入了张居正的手里。”神宗皇帝司礼太监张诚以及侍郎丘橓同锦衣卫指挥、给事中查抄张居正的家产。张诚等人即将到张居正的老家江陵时,荆州知府已事先登记了张居正家的人口,封锁门窗,他的子女多数逃避到空房里,到开门时,已有十余人饿死。张诚等人将张居正几个儿子、兄弟的家产全部抄没。共得黄金一万两,白银十余万两。张居正的长子、礼部主事张敬修忍受不了严刑拷打,自己伪供有三十万两金银寄存在曾省吾、王篆以及傅作舟等人哪里,不久上吊身死。此事上报以后,申时行等人与六部尚书联名上疏,请求稍加宽大他们;刑部尚书潘季驯的奏疏说得尤其愤激苦楚。诏令留空房一所、田十顷,以供赡养张居正的母亲。而后御史丁此吕又追究科举考试中的问题,说高启愚用舜、禹命题,是为张居正策划接受禅让。尚书杨巍等人对他进行反驳。结果丁此吕被调外任,高启愚革职为民。后来言官又不断攻击张居正。诏令革除张居正所有的官职和俸禄的等级,追夺以前所赐给的玺书、四代的诰命,将他的罪状公布于全国,说本来应当开棺戮尸,今姑且宽免。张居正的弟弟都指挥张居易、儿子编修张嗣修,都发配到西南边远地方充军。

直到万历朝结束为止,没有人敢为张居正申冤昭雪。明熹宗时,廷臣才渐渐追述他的事迹。而邹元标已成为都御史,也称赞张居正。明熹宗下诏恢复张居正原来的官职,按照仪礼给予安葬祭祀。崇祯三年,礼部侍郎罗喻义等人申诉张居正遭受冤枉。崇祯皇帝命令吏部商议,恢复两个荫职和诰命。崇祯十三年,张敬修的孙子张同敞请求恢复所荫的武职,并恢复张敬修的官职。崇祯皇帝任命张同敞为中书舍人,并且将他的奏疏交给吏部,命商议恢复张敬修官职问题。尚书李日宣等人说:"前内阁首辅张居正,接受穆宗皇帝的遗诏辅佐政事,侍奉皇祖神宗皇帝十年。任劳任怨,举废振衰,辅助成万历初年的太平治世。当时内外安定,国家殷实富裕,纪纲法度无不清明。张居正功在国家,时间一久自有定论,人们越来越追忆和思念他。"崇祯皇帝同意他的上奏,下令恢复张敬修的官职。

海瑞传

【题解】

海瑞(1514~1587)字汝贤,琼山人,举人出身。明朝著名清官。历任知县、州判官、户部尚书、兵部尚书、尚书丞、右佥都御史等职。为政清廉,洁身自爱。为人正直刚毅,职位低下时就敢于蔑视权贵,从不谄媚逢迎。一生忠心耿耿,直言敢谏,曾经买好棺材,告别妻子,冒死上疏。海瑞一生清贫,抑制豪强,安抚穷困百姓,打击奸臣污吏,因而深得民众爱戴。他的生平事迹在民间广泛流传,经演义加工后,成了许多戏曲节目的重要内容。

【原文】

海瑞,字汝贤,琼山人。举乡试。入都,即伏阙上《平黎策》,欲开道置县,以靖乡土,识者壮之。署南平教谕,御史诣学宫,属吏咸伏谒,瑞独长揖,曰:"台谒当以属礼,此堂,师长教士地,不当屈。"迁淳安知县,布袍脱粟,令老仆艺蔬自给。总督胡宗宪尝语人曰:"昨闻海令为母寿,市肉二斤矣。"宗宪子过淳安,怒驿史,倒悬之。瑞曰:"曩胡公按部,令所过毋供张。今其行装盛,必非胡公子。"发橐金数千,纳之库,驰告宗宪,宗宪无以罪。都御史鄢懋卿行部过,供具甚薄,抗言邑小不足容车马。懋卿恚甚,然素闻瑞名,为敛威去,而属巡盐御史袁淳论瑞及慈谿知县霍与瑕。与瑕,尚书韬子,亦抗直不谄懋卿者也。时瑞已擢嘉兴通判,坐谪兴国州判官。久之,陆光祖为文选,擢瑞户部主事。

时世宗享国日久，不视朝，深居西苑，专意齐
醮。督抚大吏争上符瑞，礼官辄表贺。廷臣自杨
最、杨爵得罪后，无敢言时政者。四十五年二月，
瑞独上疏曰：

臣闻君者，天下臣民万物之主也，其任至重。
欲称其任，亦唯以责寄臣工，使尽言而已。臣请披
沥肝胆，为陛下陈之。

昔汉文帝贤主也，贾谊犹痛哭流涕而言。非
苟责也，以文帝性仁而近柔，虽有及民之美，将不
免于怠废，此谊所大虑也。陛下天资英断，过汉文
远甚。然文帝能充其仁恕之性，节用爱人，使天下
贯朽粟陈，几致刑措。陛下则锐精未久，妄念牵之
而去，反刚明之质而误用之。至谓遐举可得，一意
修真，竭民脂膏，滥兴土木，二十余年不视朝，法纪
驰矣。数年推广事例，名器滥矣。二王不相见，人
以为薄于父子。以猜疑诽谤戮辱臣下，人以为薄
于君臣。乐西苑而不返，人以为薄于夫妇。吏贪
官横，民不聊生，水旱无时，盗贼滋炽。陛下试思
今日天下，为何如乎？

海瑞

迩者严嵩罢相，世蕃极刑，一时差快人意。然嵩罢之后犹嵩未相之前而已，世非甚清
明也，不及汉文帝远甚。盖天下之人不直陛下久矣。古者人君有过，赖臣工匡弼。今仍
修齐建醮，相率进香，仙桃天药，同辞表贺。建宫筑室，则将作竭力经营；购香市宝，则度
支差求四出。陛下误举之，而诸臣误顺之，无一人肯为陛下正言者，谀之甚也。然愧心馁
气，退有后言，欺君之罪何如！

夫天下者，陛下之家。人未有不顾其家者，内外臣工皆所以奠陛下之家而磐石之者
也。一意修真，是陛下之心惑。过于苛断，是陛下之情偏。而谓陛下不顾其家，人情乎？
诸臣徇私废公，得一官多以欺败，多以不事事败，实有不足当陛下意者，其不然者，君心臣
心偶不相值也，而遂谓陛下厌薄臣工，是以拒谏。执一二之不当，疑千百之皆然，陷陛下
于过举，而恬不知怪，诸臣之罪大矣。《记》曰"上人疑则百姓惑，下难知则君长劳"，此之
谓也。

且陛下之误多矣，其大端在于齐醮。齐醮所以求长生也。自古圣贤垂训，修身立命
曰"顺受其正"矣，未闻有所谓长生之说。尧、舜、禹、汤、文、武圣之盛也，未能久世，下之
亦未见方外士自汉、唐、宋至今存者。陛下受术于陶仲文，以师称之。仲文则既死矣，彼
不长生，而陛下何独求之。至于仙桃、天药，怪妄尤甚。昔宋真宗得天书于乾祐山，孙奭
曰"天何言哉？岂有书也"。桃必采而后得，药必制而后成。今无故获此二物，是有足而
行耶？曰"天赐者"，有手执而付之耶？此左右奸人，造为妄诞以欺陛下，而陛下误信之，
以为实然，过矣。

陛下又将谓悬刑赏以督责臣下，则分理有人，天下无不可治，而修真为无害已乎？太
甲曰："有言逆于汝心，必求诸道；有言逊于汝志，必求诸非道。"用人而必欲其唯言莫违，

此陛下之计左也。既观严嵩，有一不顺陛下者乎？昔为同心，今为戮首矣。梁材守道守宫，陛下以为逆者也，历任有声，官户部者至今首称之。然诸臣宁为嵩之顺，不为材之逆，得非有以窥陛下之微，而潜为趋避乎？即陛下亦何利于是？

陛下诚知斋醮无益，一旦翻然悔悟，日御正朝，与宰相、侍从、言官讲求天下利害，洗数十年之积误，置身于尧、舜、禹、汤、文、武之间，使诸臣亦得自洗数十年阿君之耻，置其身于皋、夔、伊、傅之列，天下何忧不治，万事何忧不理。此在陛下一振作间而已。释此不为，而切切于轻举度世，敝精劳神，以求之于系风捕影、茫然不可知之域，臣见劳苦终身，而终于无所成也。今大臣持禄而好谀，小臣畏罪而结舌，臣不胜愤恨。是以冒死，愿尽区区，惟陛下垂听焉。

帝得疏，大怒，抵之地，顾左右曰："趣执之，无使得遁。"宦官黄锦在侧曰："此人素有痴名。闻其上疏时，自知触忤当死，市一棺，诀妻子，待罪于朝，僮仆亦奔散无留者，是不遁也。"帝默然。少顷复取读之，日再三，为感动太息，留中者数月。尝曰："此人可方比干，第朕非纣耳。"会帝有疾，烦懑不乐，召阁臣徐阶议内禅，因曰："海瑞言俱是。朕今病久，安能视事。"又曰："朕不自谨惜，致此疾困。使朕能出御便殿，岂受此人诟詈耶？"遂逮瑞下诏狱，究主使者，寻移刑部，论死。狱上，仍留中。户部司务何以尚者，揣帝无杀瑞意，疏请释之。帝怒，命锦衣卫杖之百，锢诏狱，昼夜榜讯。越二月，帝崩，穆宗立，两人并获释。

帝初崩，外庭多未知。提牢主事闻状，以瑞且见用，设酒馔款之。瑞自疑当赴西市，恣饮啖，不顾。主事因附耳语："宫车适晏驾，先生今即出大用矣。"瑞曰："信然乎？"即大恸，尽呕出所饮食，陨绝于地，终夜哭不绝耳。既释，复故官，俄改兵部。擢尚宝丞，调大理。

隆庆元年，徐阶为御史齐康所劾，瑞言："阶事先帝，无能救于神仙土木之误，畏威保位，诚亦有之。然自执政以来，尤勤国事，休勤国事，休休有容，有足多者。康乃甘心鹰犬，捕噬善类，其罪又浮于高拱。"人韪其言。

历两京左、右通政。三年夏，以右佥都御史巡抚庆天十府。属吏惮其威，墨者多自免去。有势家朱丹其门，闻瑞至，黝之。中人监织造者，为减舆从。瑞锐意兴革，请浚吴淞、白茆，通流入海，民赖其利。素疾大户兼并，力摧豪强，抚穷弱。贫民田入于富室者，率夺还之。徐阶罢相里居，按问其家无少贷。下令飚发凌历，所司惴惴奉行，豪有力者至窜他郡以避。而奸民多乘机告讦，故家大姓时有被诬负屈者。又裁节邮传冗费，士大夫出其境率不得供顿，由是怨颇兴。都给事中舒化论瑞迂滞不达政体，宜以南京清秩处之，帝犹优诏奖瑞。已而给事中戴凤翔劾瑞庇奸民，鱼肉搢绅，沽名乱政，遂改督南京粮储。瑞抚吴甫半岁。小民闻当去，号泣载道，家绘像祀之。将履新任，会高拱掌吏部，素衔瑞，并其职于南京户部，瑞遂谢病归。

万历初，张居正当国，亦不乐瑞，令巡按御史廉察之。御史至山中视，瑞设难黍相对食，居舍萧然，御史叹息去。居正惮瑞峭直，中外交荐，卒不召。十二年冬，居正已卒，吏部拟用左通政。帝雅重瑞名，畀以前职。明年正月，召为南京右佥都御史，道改南京吏部右侍郎，瑞年已七十二矣。疏言衰老垂死，愿比古人尸谏之义，大略谓："陛下励精图治，而治化不臻者，贪吏之刑轻也。诸臣莫能言其故，反借待士有礼之说，交口而文其非。夫待士有礼，而民则何辜哉？"因举太祖法剥皮囊草及洪武三十年定律枉法八十贯论绞，谓今当用此惩贪。其他规切时政，语极剀切。独劝帝虐刑，时议以为非。御史梅鹍祚劾之。帝虽以瑞言为过，然察其忠谠，为夺鹍祚俸。

帝屡次欲召用瑞，执政阴沮之，乃以为南京右都御史。诸司素偷惰，瑞以身矫之。有御史偶陈戏乐，欲遵太祖法予以之杖。百司憷恐，多患苦之。提学御史房寰恐见纠摘欲先发，给事中钟宇淳复怂恿，寰再上疏丑诋。瑞亦屡疏乞休，慰留不允。十五年，卒官。

瑞无子。卒时，金都御史王用汲入视，葛帏敝篑，有塞士所不堪者，因泣下，醵金为敛。小民罢市。丧出江上，白衣冠送者夹岸，酹而哭者百里不绝。赠太子太保，谥忠介。

瑞生平为学，以刚为主，因自号刚峰，天下称刚峰先生。尝言："欲天下治安，必行井田。不得已而限田，又不得已而均税，尚可存古人遗意。"故自为县以至巡抚，所至力行清丈，颁一条鞭法。意主于利民，而行事不能无偏云。

【译文】

海瑞，字汝贤，琼山人。中举人。到北京，即拜伏于宫殿下献上《平黎策》，要开辟道路设立县城，用来安定乡土，有见识的人赞扬海瑞的设想。代理南平县教谕，御史到学宫，部属官吏都伏地通报姓名，海瑞单独长揖而礼，说："到御史所在的衙门当行部属礼仪，这个学堂，是老师教育学生的地方，不应屈身行礼。"迁淳安知县，穿布袍、吃粗粮糙米，让老仆人种菜自给。总督胡宗宪曾告诉别人说："昨天听说海县令为老母祝寿，才买了二斤肉啊。"胡宗宪的儿子路过淳安县，向驿吏发怒，把驿吏倒挂起来。海瑞说："过去胡总督按察巡部，命令所路过的地方不要供应太铺张。现在这个人行装丰盛，一定不是胡公的儿子。"打开袋有金子数千两，收入到县库中，派人乘马报告胡宗宪，胡宗宪没因此治罪。都御史鄢懋卿巡查路过淳安县，酒饭供应的十分简陋，海瑞高声宣言县邑狭小不能容纳众多的车马。懋卿十分气愤，然而他早就听说过海瑞的名字，只得收敛威风而离开，但他嘱咐巡盐御史袁淳治海瑞和慈溪和县霍与瑕的罪。霍与瑕，尚书霍韬的儿子，也是坦率正直不诣媚鄢懋卿的人。当时，海瑞已提拔为嘉兴通判，因此事贬为兴国州判官。过了很长时间，陆光祖主张文官选举，提拔海瑞任户部尚书。

当时，明世宗朱厚熜在位时间很长了，不去朝廷处理政务，深居在西苑，专心致志地设坛求福。总督、巡抚等边面大吏争着向皇帝贡献有祥瑞征兆的物品，礼官总是上表致贺。朝廷大臣白杨最、杨爵得罪以后，没有人敢说时政。嘉靖四十五年二月，海瑞单独上疏说：

臣听说君主，是天下臣民万物的主人，其责任最重大。要名副其实，也只有委托臣工，使臣工尽心陈言而已。臣请竭诚所见。直所欲言，为陛下陈说。

从前汉文帝是贤良君主，贾谊还痛哭流涕而上疏言事。并非是苛刻责备，因汉文帝性格仁慈而近于柔弱，虽有推恩惠到百姓的美德，将不免于怠废，这是贾谊所大为顾虑的。陛下天资英明杰出，超过汉文帝很远。然而汉文帝能富有仁义宽恕的性格，节用爱人，使天下钱粮丰富，几乎达到刑具不用的境地。陛下则锐意精心治国时间不长，就被狂妄想法牵涉过去，反而把刚毅圣明的本质误用了。以致说退举可成，一心一意学道修行，倾尽民脂民膏，用于滥兴土木工程，二十余年不临听政，法律纲纪已经废弛了。数年来卖官鬻爵推广开纲事例，毁坏了国家名器。二王不能相见，人们认为薄情于父子。因猜疑诽谤杀戮污辱臣下，人们认为薄情于君臣。享乐在西苑不返回大内，人们认为薄情于夫妇。官吏贪污骄横，百姓无法生活，水旱灾害经常发生，盗贼滋蔓炽烈。请陛下想想今日的天下，究竟成了什么样子？

近来严嵩罢相，严世蕃受极刑，一时较快人心。然严嵩罢相之后还像严嵩未任相之前一样而已，世道并不十分清明，不及汉文帝时太远了。因为天下人不用直道侍奉陛下已经很久了。古代君主有过失，依靠臣工扶正补救。现在竟然修斋建醮，大都前来进香、仙桃天药，大家一块奉辞上表祝贺。建筑宫室，则由将做官员竭力经营；购买香料珍宝，则由度支派人四处寻求。陛下的错误举动，而诸臣都跟着错误地顺从，没有一个人肯为陛下端正言论，阿谀奉承的太过分了。然而心中惭愧胆气空虚，退回去又有议论怨言，欺君之罪到了何等地步。

天下，是陛下的家。人没有不顾自己家的，内外臣工都是使陛下的家奠基的如同磐石一样的人。一心一意学道修行，是陛下的心受了迷惑。过分的苛断，是陛下的情偏。然而说陛下连家也不顾，合乎人情吗？诸臣徇私废公，得一官职多因欺诈失败，多因不做任何事情败，实在有不能使陛下满意的人。其实不然，是君主之心和臣下之心偶尔不相遇合造成的，而遂说陛下憎恶卑薄臣工，因此拒谏。因一两个不合意，就怀疑千百个都这样，使陛下陷于有过失的举动中，而安然处之而不知怪，诸臣的罪恶太大了。《礼记》："在上君主有疑心则百姓易迷惑，若在下的人怀奸诈难知其心则在上君治理劳苦。"就是说的这种情况。

而且陛下的失误很多了，其大端在于斋醮。斋醮的目的是为了追求长生不老。自古圣贤留给后人的训条，修身立命的说法叫"顺理而行，所接受的便是正命"了，没有听说过所谓长生不老的说法。唐尧、虞舜、大禹、商汤、周文王、周武王是圣人中的典范，没有能长久在世，在此后也没有见过真正自汉、唐、宋至今仍存在的。授给陛下道术的陶仲文，因此称为师。陶仲文既已死去了，他没有长生，而陛下如何能够单独求到。至于仙桃、天药，怪异虚妄最成问题。从前宋真宗得天书于乾祐山，孙奭说："天如何能说话呢？岂能有书。"桃子一定是采摘后才能得到，药一定是炮制以后才能成。现在无故获得这两个东西，是有脚而能走吗？说"天赐给的"，是上天用手拿着而交给您的吗？这是左右奸邪的人，制造荒唐离奇的事用来欺骗陛下，而陛下去误信了他，以为确实这样，太过分了。

陛下又要说标明刑罚奖赏用来督责臣下，则分别职掌治理有人，天下没有不可治，而学道修行为无害己吗？大甲说："有人以言语违背了你的心，一定要用意义求其意。有人以言语顺从了你的心，一定要非道来考察。"用人而一定要他一句话也不违背，这是陛下谋划的错误。既而观察严嵩，他主持政务时，有一点不顺从陛下的吗？过去为同心的人，现在成为戮首了。梁材遵守正道坚守职责，陛下认为是叛逆的人，历任都成就好声望，现在在户部做官的人还在称赞他。然而诸臣宁可学习严嵩的顺从，不敢仿效梁材的抗争，难道真没有窥测陛下的细微好恶、而暗暗作为趋吉避凶的人吗？就是陛下又从这些人当中得什么好处呢？

陛下的确知道斋醮没有好处，一旦幡然改悔，每天临朝听政，和宰相、侍从、言官等人，讲论天下利害，雪洗数十年以来的积误，置身在唐尧、虞舜、大禹、商汤、周文王、周武王圣贤君主的行列，使诸臣也得以自己洗净数十年阿谀奉承君主的耻辱，置身于皋陶、夔龙、伊尹、傅说贤明辅臣的行列中，天下有什么忧虑不能治，万事有什么忧虑不能理。这只是在陛下一振作之间而已。放下这些不做，而急迫于轻身能飞脱离世间，枉费精神，用

中华传世藏书 二十四史 精华 明史 二五二六

来追求系风捕影、茫然不可知的领域,臣见劳苦一辈子,而最终将一无所成。现在大臣为保持禄位而喜欢阿谀奉承,小臣害怕治罪而不敢说话,臣制止不住自己的愤恨。因此冒着死的危险,愿意竭尽诚挚之情,希望陛下听取。

嘉靖皇帝读了海瑞上疏,十分愤怒,把上疏扔在地上,对左右说:"快把他逮起来,不要让他跑掉。"宦官黄锦在旁边说:"这个人向来有傻名。听说他上疏时,自己知道冒犯该死,买了一个棺材,和妻子诀别,在朝廷听候治罪,奴仆们也四处奔散没有留下来的,是不会逃跑的。"皇帝听了默默无言。过了一会又读海瑞上疏,一天里反复读了多次,为上疏感到叹息,只得把上疏留在宫中数月。曾说:"这个人可和比干相比,但朕不是商纣王。"正遇上皇帝有病,心情闷郁不高兴,召来阁臣徐阶议论禅让帝位给皇太子的事,便说:"海瑞所说的都对。朕现在病了很长时间,怎能临朝听政。"又说:"朕确实不自谨,导致现在身体多病。如果朕能够在便殿议政,岂能遭受这个人的责备辱骂呢?"遂逮捕海瑞关进诏狱,追究主使的人。不久移交给刑部,判处死刑。狱词送上后,仍然留在宫中不发布。户部有个司务叫何以尚的,揣摩皇帝没有杀死海瑞的心意,上疏陈请将海瑞释放。皇帝大怒,命锦衣卫杖责一百,关进诏狱,昼夜用刑审问。过了两个月,嘉靖皇帝死,明穆宗继位,海瑞和何以尚都被释放出狱。

嘉靖皇帝刚死,外面一般都不知道。提牢主事听说了这个情况,认为海瑞不仅会释放而且会被任用,就办了酒菜来款待海瑞。海瑞自己怀疑应当是被押赴西市斩首,恣情吃喝,不管别的。主事因此附在他耳边悄悄说:"皇帝已经死了,先生现在即将出狱受重用了。"海瑞说:"确实吗?"随即悲痛大哭,把刚才吃的东西全部吐了出来,晕倒在地,一夜哭声不断。被释放出狱,官复原职,不久改任兵部。提拔为尚宝丞,调任大理。

隆庆元年,徐阶被御史齐康所弹劾,海瑞上言说:"徐阶侍奉先帝,不能挽救于神仙土木工程的失误,惧怕皇威保持禄位,实在也是有这样的事。然而自从主持国政以来,忧劳国事,气量宽宏能容人,有很多值得称赞的地方。齐康如此心甘情愿地充当飞鹰走狗,捕捉吞噬善类,其罪恶又超过了高拱。"人们赞成他的话。

经历南京,北京左、右通政。隆庆三年夏天,以右佥都御史身份巡抚应天十府。属吏害怕他的威严,贪官污吏很多自动免去。有显赫的权贵把门漆成红色的,听说海瑞来了,改漆成黑色的。宦官在江南监织造,因海瑞来减少了舆从。海瑞一心一意兴利除害,请求整修吴淞江、白茆河,通流入海,百姓得到了兴修水利的好处。海瑞早就憎恨大户兼并土地,全力摧毁豪强势力,安抚穷困百姓。贫苦百姓的土地有被富豪兼并的,大多夺回来交还原主。徐阶罢相后在家中居住,海瑞追究徐家也不给予优待。推行政令气势猛烈,所属官吏恐惧奉行不敢有误,豪强甚至有的跑到其他地方去躲避。而有些奸民多乘机揭发告状,世家大姓不时有被诬陷受冤枉的人。又裁减邮传冗费,士大夫路过海瑞的辖区大都得不到很好地张罗供应,因此怨言越来越多。都给事中舒化说海瑞迂腐滞缓不通晓施政的要领,应当用南京清闲的职务安置他,皇帝还是用嘉奖的语言下诏书鼓励海瑞。不久给事中戴凤翔弹劾海瑞庇护奸民,鱼肉士大夫,沽名乱政,遂被改任南京粮储。海瑞巡抚吴地才半年。平民百姓听说海瑞解职而去,呼号哭泣于道路,家家绘制海瑞像祭祀他。海瑞要到新任上去,正遇高拱掌握吏部,早就仇恨海瑞,把海瑞的职务合并到南京户部当中,海瑞因此遂因病引退,回到琼山老家。

明神宗万历初年,张居正主持国政,也不喜欢海瑞,命令巡按御史考察海瑞。御史到山中审察，海瑞杀鸡为黍相招待，房屋居舍冷清简陋，御史叹息而去。张居正惧怕海瑞严峻刚直，中外官员多次推荐，最终也不任用。万历十二年冬天，张居正已死，吏部拟用为左通政，皇帝向来器重海瑞名，给他以前职。明年正月，召为南京右佥都御史，在道上改为南京吏部右侍郎，海瑞当时年已七十二岁了。上疏言衰老垂死，愿意效仿古人尸谏的意思，大略说："陛下励精图治，而治平教化不至的原因，在于对贪官污吏刑罚太轻。诸臣都不能说到其原因，反而借待士有礼的说法，大家交口而文其非。待士有礼，而平民百姓则有什么罪呢？"因而举明太祖刑法剥人皮装上草制成皮囊以及洪武三十年定律枉法达八十贯判处绞刑的规定，说现在应当用这样的方法惩治贪污。其他谋划时政，言语极为切实。只有劝皇帝用暴虐刑法，当时评议认为是错误的。御史梅鹍祚弹劾海瑞。皇帝虽然认为海瑞言论有过失，然而清楚海瑞的忠诚，为此免去梅鹍祚俸禄。

皇帝屡次要召用海瑞，主持国事的阁臣暗中阻止，于是任命为南京右都御史。诸司向来苟且怠慢，海瑞身体力行矫正弊端。有的御史偶尔陈列戏乐，海瑞要按明太祖法规给予杖刑。百官恐惧不安，都怕受其苦。提学御史房寰恐怕被举发纠正要先告状，给事中钟宇淳又从中怂恿，房寰再次上疏诽谤诬蔑海瑞。海瑞也多次上疏请求退休，皇帝下诏慰留不允许。万历十五年，死于任上。

海瑞没有儿子。去世时，金都御史王用汲去照顾海瑞，只见用葛布制成的帏帐和破烂的竹器，有些是贫寒的文人也不愿使用的，因而禁不住哭起来，凑钱为海瑞办理丧事。海瑞的死讯传出，南京的百姓因此罢市。海瑞的灵柩用船运回家乡时，穿着白衣戴着白帽的人站满了两岸，祭奠哭拜的人百里不绝。朝廷追赠海瑞太子太保，谥号忠介。

海瑞一生的治学，以刚为主，因而自号刚峰，天下称为刚峰先生。曾经说："要想天下清明安定，一定要实行井田，不得已而为限田，又不得已而实行均税，尚可存古人的遗意。"因此自从做县官直至巡抚，所到之处力行清丈，颁行一条鞭法。意图主张在于有利于老百姓，而行事不能没有偏差。

徐光启传

【题解】

徐光启（1562~1633），字子先，号玄扈，南直隶（明代松江府直接隶属"南都"南京，故称"南直隶"）松江府上海县人。出身于一个小商人兼小土地所有者家庭，幼年时代便接触到农业、手工业生产知识。徐光启一生勤劳俭朴，关心国计民生和有旺盛的求知欲，不能不说受影响于其家庭。二十一四十岁期间，先后以秀才和举人的资历在家乡和广东、广西等地，以课馆为生。万历二十八年（1600）结识意大利传教士利玛窦，并加入天主教。万历三十二年，以进士及第授翰林院庶吉士。此后在明廷担任过不少重要官职。崇祯五年（1632），终于位，时为太子太保、礼部尚书兼文渊阁大学士，年七十二岁。《明史》本传说他"盖棺之日，束无余赀"。徐光启有治国济世的才干，但到他官位较高，掌握一定权力时，年纪已老；加之正值周延儒、温体仁二人把持朝政，其政治抱负无法得到施展。这对他个人来说，不能不说是一件遗憾的事。

徐光启是明末的一位优秀科学家。他与利玛窦一起研究天文、历法、数字、地学、水利等学问。并和利玛窦等共同翻译了许多近代科学著作,如《几何原本》《测量法义》《泰西水法》等,成为中国介绍西方科学的先驱。他自己也有不少关于历算、测量方面的著作,如《测量异同》《勾股义》等。在科学技术研究方面,徐光启用力最勤,收罗最富的要算是在农业方面了。因此,在他的科学著作中也以《农政全书》为最重要。本书是他几十年心血的结晶,为一部集中国古代农业科学技术大成的著作。全书共六十卷,五十余万字,分农本、田制、农事、水利、农器、树艺、蚕桑、蚕桑广类、种植、牧养、制造和荒政十二大项。徐光启的学术思想在当时是比较先进的,对科学的认识和科学研究方法都提出了独到的见解。

徐光启

【原文】

徐光启,字子先,上海人。万历二十五年举乡试第一,又七年成进士。由庶吉士历赞善。从西洋人利玛窦学天文、历算、火器,尽其术。遂遍习兵机、屯田、盐策、水利诸书。

杨镐四路丧师,京师大震。累疏请练兵自效。神宗壮之,超擢少詹事兼河南道御史。练兵通州,列上十议。时辽事方急,不能如所请。光启疏争,乃稍给以民兵戎械。

未几,熹宗即位。光启志不得展,请裁去,不听。既而以疾归。辽阳破,召起之。还朝,力请多铸西洋大炮,以资城守。帝善其言。方议用,而光启与兵部尚书崔景荣议不合,御史丘兆麟劾之,复移疾归。天启三年起故官,旋擢礼部右侍郎。五年,魏忠贤党智铤劾之,落职闲住。

崇祯元年召还,复申练兵之说。未几,以左侍郎理事。帝忧国用不足,敕廷臣献屯盐善策。光启言屯政在于垦荒、盐政在严禁私贩。帝褒纳之,擢本部尚书。时帝以日食失验,欲罪台官。光启言:"台官测候本郭守敬法。元时尝当食不食,守敬且尔,无怪台官之失占。臣闻历久必差,宜及时修正。"帝从其言,召西洋人龙华民、邓玉函、罗雅谷等推算历法,光启为监督。

四年春正月,光启进《日躔历指》一卷、《测天约说》二卷、《大测》二卷、《日躔表》二卷、《割圆八线表》六卷、《黄道升度》七卷、《黄赤距度表》一卷、《通率表》一卷。是冬十月辛丑朔,日食,复上测候四说。其辩时差里之法,最为详密。

五年五月以本官兼东阁大学士,入参机务,与郑以伟并命。寻加太子太保,进文渊阁。光启雅负经济财,有志用世。及柄用,年已老,值周延儒、温体仁专政,不能有所建白。明年十月卒。赠少保。

郑以伟,字子器,上饶人。万历二十九年进士。改庶吉士,授检讨,累迁少詹事。泰昌元年官礼部右侍郎。天启元年,光宗祔庙,当祧宪宗,太常少卿洪文衡以睿宗不当入

庙,请祧奉玉芝宫,以伟不可而止,论者卒是文衡。寻以左侍郎协理詹事府。四年,以伟直讲筵,与珰忤,上疏告归。崇祯二年召拜礼部尚书。久之,与光启并相。再辞,不允。以伟修洁自好,书过目不忘。文章奥博,而票拟非其所长。尝曰:"吾富于万卷,窘于数行,乃为后进所藐"。章疏中有"何况"二字,为人名也,拟旨提问,帝驳改始悟。自是词臣为帝轻,遂有馆员须历推知之谕,而阁臣不专用翰林矣。以伟累乞休,不允。明年六月,卒官。赠太子太保。御史言光启,以伟相继没,盖棺之日,橐无余赀,请优恤以愧贪墨者。帝纳之,乃谥光启文定,以伟文恪。

其后二年,同安林釪为大学士,未半岁而卒。亦有言其清者,得谥文穆。釪,字实甫,万历四十四年殿试第三人,授编修。天启时,任国子司业。监生陆万龄请建魏忠贤祠于太学旁,具簿醵金,强釪为倡。釪援笔涂抹,即夕挂冠棂星门径归。忠贤矫旨削其籍。崇祯改元,起少詹事。九年由礼部侍郎入阁,有谨愿诚恪之称。

久之,帝念光启博学强识,索其家遗书。子骥入谢,进《农政全书》六十卷。诏令有司刊布,加赠太保,其孙为中书舍人。

【译文】

徐光启,字子先,上海人。万历二十五年(1597)省试考中第一名举人,七年后考中进士。由庶吉士做到赞善。曾跟从西洋人利玛窦学习天文、历算、火器、完全掌握其方法。继而全面学习军事、屯田、盐政、水利等各种书籍。

杨镐四路兵马丧失于辽东,京城大为震惊。徐光启几次上疏要求让自己去练兵以报效国家。神宗皇帝嘉许他的雄心壮志,越级提升为少詹事兼河南道御史。在通州练兵时,他上奏陈列了十条建议。当时辽东战事正吃紧,没有答应他的请求。徐光启上疏力争,才批准给了他少量民兵和武器军械。

没过多久,明熹宗即位。徐光启因自己的抱负不得施展,请求辞职而去,没获得批准。接着因病请假回乡。辽阳被攻破,熹宗下令起用他。回到朝中,他大力提议多铸造西洋大炮,以供守城用。熹宗同意他的看法。正考虑采纳他的建议,而徐光启与兵部尚书崔景荣的建议不一致,受到御史丘兆麟的弹劾。他又称病请假回家。天启三年(1623)以原官起用,接着升为礼部右侍郎。天启五年,魏忠贤勾结智铤弹劾他,终于丢掉了官职而闲居。

崇祯元年(1628)被召回朝廷,又提出练兵建议。不久,以左侍郎负责礼部事务。崇祯考虑国家财政困难,命朝廷大臣提出整理屯田和盐政的好办法。徐光启说,屯政的关键在于垦荒,盐政在于严禁私盐的贩卖。崇祯帝赞扬并采纳了他的意见,升他为礼部尚书。当时,皇帝因为日食预报发生错误,想要处分钦天监台官。徐光启说:"钦天监预测天象是本照着郭守敬的方法,元代已经出现了应当发生日、月食而没有发生的情况。郭守敬尚且如此,所以不能责怪钦天监台官计算出差错。我听说,任何一种历法使用久了,就必定会出现差错,宜于及时修正。"崇祯帝听从其言,下诏请西洋人龙华民、邓玉函、罗雅谷等来推算,进行改历的工作。徐光启任监督。

崇祯四年春季正月,徐光启送上《日躔历指》一卷、《测天约说》二卷、《大测》二卷、《日躔表》二卷、《割圆八线表》六卷、《黄道升度》七卷、《黄赤距度表》一卷、《通率表》一卷。当年冬季十月初一日，发生日食，又进上测候四说，其中以论述时差里差的方法最为详细周密。

五年五月，以礼部尚书兼东阁大学士，入阁参预机要事务，与郑以伟同时被任命。随即加太子太保，进文渊阁。徐光启颇有治国经世的才干，而且立志用于当世。不过，到被信任而掌权时，年纪已老，又恰逢周延儒、温体仁独断专政，不能够有所倡议第二年十月去世。赐诰封少保。

郑以伟，字子器，上饶人。万历二十九年进士。改为庶吉士，授检讨，积功升少詹事。泰昌元年(1620)官任礼部右侍郎。天启元年，光宗的神主迁入祖庙，当承继为宪宗的后嗣，太常少卿洪文衡认为睿宗不应当入太庙，请求把其神主迁入玉芝宫，郑以伟认为不可而加以阻止，朝臣们议论结果是同意洪文衡的提议。随即以左侍郎协助治理詹事府。四年，郑以伟当值讲解儒家经义，违逆了宦官，上疏请求辞职回家。崇祯二年召拜为礼部尚书。过了一段时候，和徐光启并为宰相。再次辞职，不批准。郑以伟为人廉洁自好，读书过目可忘，撰写的文章精深渊博，但不善于拟写批答公文。他曾说："我腹中富有万卷书，但却受窘于几行公文，而被后仕者所看不起"。奏章疏文中有"何况"二字，郑以伟误认作是人名，在代皇帝草拟的圣旨中提出要归案审问。崇祯帝给以修正改错后，他才醒悟过来。从此，以文学见长的朝臣就被崇祯帝所轻视。于是乃有馆阁工作人员须历任过推知的上谕，而内阁大臣不再只选用翰林出身的人了。郑以伟屡次请求退休，不获批准。第二年六月，死于任上。追赠太子太保。御史说，徐光启、郑以伟相继去世，盖棺下葬时，口袋中没有多余的钱财，请朝廷加以优厚抚恤，以使贪赃枉法者感而羞愧。崇祯帝采纳御史意见，于是赐谥号徐光启为文定，郑以伟为文恪。

过了二年，同安人林钎任大学士，不到半年就去世。也有人说他廉洁奉公，得谥号文穆。林钎，字实甫，万历四十四年殿试第三名，授任编修。天启时(1621~1627)，任国子司业。监生陆万龄提请在太学旁边建造一座魏忠贤生祠，聚凑了些钱，并强使林钎出来倡议。林钎提起笔来涂抹掉自己的名字，当晚即在棂星门挂冠而回家。魏忠贤伪造圣旨削去他的官职。崇祯即位，起用他为少詹事。崇祯九年，由礼部侍郎入阁，有诚实忠敬之称。

过了较长一段时候，皇帝想念到徐光启博学强识，要他的家属把遗留下的著作送上。徐光启的儿子徐骥入朝谢恩，进献上《农政全书》六十卷。崇祯帝下诏命令有关部门刊刻颁布，加赠太保，并录用他的孙子为中书舍人。

袁崇焕传

【题解】

袁崇焕(1584~1630)，明朝军事家。字元素，今广东东莞人，也有说是广西藤县人的。万历年间进士，历官到兵部尚书。天启二年(1622)，他单骑出山海关考察形势，回京后自告奋勇愿意守卫辽东。他执法果敢，抗击后金坚决，防守边境的措施周到落实，兴建

了宁远（今辽宁兴城）等城，多次击退后金军队的进攻。天启六年（1626），取得了宁远大捷，努尔哈赤在这场战役中伤死。袁崇焕被任命为辽东巡抚。为了赢得时间，他一度建议与后金议和，朝议不准。天启七年（1622），又获宁锦大捷，但因为他不归附阉党，所以不仅无功，反而被逼辞官。

崇祯元年（1628），被任命为兵部尚书兼右副都御史，督师蓟、辽，兼督天津、登州、莱州军务，赐尚方剑。崇祯二年（1629）闰四月，评议防守的功劳，加太子太保。六月，擅自斩了皮岛守将左都督毛文龙。几个月后，后金军队绕道从古北口进入长城，包围北京。袁崇焕星夜千里驰救。崇祯帝却中了后金设下的反间计，在召对时把袁崇焕逮捕关到诏狱。当时阉党的残余势力王永光等，正要制造大案为阉党报仇，因此乘机以擅主和议、专戮大帅两件事作为袁崇焕的罪名，把他判处死刑。崇祯三年（1630）八月，在闹市把他肢解，抄了家，兄弟妻子均流放三千里。从此明朝更没有防守边疆的人才了。

袁崇焕

【原文】

袁崇焕，字元素，东莞人。万历四十七年进士。授邵武知县。为人慷慨负胆略，好谈兵。遇老校退卒，辄与论塞上事，晓其扼塞情形，以边才自许。

天启二年正月，朝觐在都，御史侯恂请破格用之，遂擢兵部职方主事。无何，广宁师溃，廷议扼山海关，崇焕即单骑出阅关内外。部中失袁主事，讶之，家人亦莫知所往。已，还朝，具言关上形势。曰："予我军马钱谷，我一人足守此。"廷臣益称其才，遂超擢佥事，监关外军，发帑金二十万，俾招募。时关外地悉为哈剌慎诸部所据，崇焕乃驻守关内。未几，诸部受款，经略王在晋令崇焕移驻中前所，监参将周守廉、游击左辅军，经理前屯卫事。寻令赴前屯安置辽人之失业者。崇焕即夜行荆棘虎豹中，以四鼓入城，将士莫不壮其胆。在晋深倚重之，题为宁前兵备佥事。然崇焕薄在晋无远略，不尽遵其令。及在晋议筑重城八里铺，崇焕以为非策。争不得，奏记首辅叶向高。

十三山难民十余万，久困不能出。大学士孙承宗行边，崇焕请："将五千人驻宁远，以壮十三山势，别遣骁将救之。宁远去山二百里，便则进据锦州，否则退守宁远，奈何委十万人置度外。"承宗谋于总督王象乾。象乾以关上军方丧气，议发插部护关者三千人往。承宗以为然，告在晋。在晋竟不能救，众遂没，脱归者仅六千人而已。及承宗驳重城议，集将吏谋所守。阎鸣泰主觉华，崇焕主宁远，在晋及张应吾、邢慎言持不可，承宗竟主崇焕议。已，承宗镇关门，益倚崇焕。崇焕内抚军民，外饬边备，劳绩大著。崇焕尝核虚伍，立斩一校。承宗怒曰："监军可专杀耶？"崇焕顿首谢，其果于用法类此。

三年九月，承宗决守宁远。佥事万有孚、刘诏力阻，不听，命满桂偕崇焕往。初，承宗令祖大寿筑宁远城，大寿度中朝不能远守，筑仅十一，且疏薄不中程。崇焕乃定规制：高三丈二尺，雉高六尺，址广三丈，上二丈四尺。大寿与参将高见、贺谦分督之。明年讫工，遂为关外重镇。桂，良将，而崇焕勤职，誓与城存亡；又善抚，将士乐为尽力。由是商旅辐辏，流移骈集，远近望为乐土。遭父忧，夺情视事。四年九月，偕大将马世龙、王世钦率水陆马步军万二千，东巡广宁，谒北镇祠，历十三山，抵右屯，遂由水道泛三岔河而还。寻以五防叙劳，进兵备副使，再进右参政。

崇焕之东巡也，请即复锦州、右屯诸城，承宗以为时未可，乃止。至五年夏，承宗与崇焕计，遣将分据锦州、松山、杏山、右屯及大、小凌河，缮城郭居之。自是宁远且为内地，开疆复二百里。十月，承宗罢，高第来代，谓关外必不可守，令尽撤锦、右诸城守具，移其将士于关内。督屯通判金启倧上书崇焕曰："锦、右、大凌三城皆前锋要地。倘收兵退，既安之民庶复播迁，已得之封疆再沦没，关内外堪几次退守耶！"崇焕亦力争不可，言："兵法有进无退。三城已复，安可轻撤。锦、右动摇，则宁、前震惊，关门亦失保障。今但择良将守之，必无他虑。"第意坚，且欲并撤宁、前二城。崇焕曰："我宁前道也，官此，当死此，我必不去。"第无以难，乃撤锦州、右屯、大、小凌河及松山、杏山、塔山守具，尽驱屯兵入关，委弃米粟十余万。而死亡载途，哭声震野，民怨而军益不振。崇焕遂乞终制，不许。十二月进按察使，视事如故。

我大清知经略易与，六年正月，举大军西渡辽河，二十三日抵宁远。崇焕闻，即偕大将桂，副将左辅、朱梅，参将大寿，守备何可刚等集将士誓死守。崇焕更刺血为书，激以忠义。为之下拜，将士咸请效死。乃尽焚城外民居，携守具入城，清野以待。令同知程维模诘奸，通判启倧具守卒食，辟道上行人。檄前屯守将赵率教、山海守将杨麒，将士逃至者悉斩，人心始定。明日，大军进攻，戴楯穴城，矢石不能退。崇焕令闽卒罗立，发西洋巨炮，伤城外军。明日，再攻，复被却。围遂解，而启倧亦以然炮死。

启倧起小吏，官经历，主赏功事，勤敏有志介。承宗重之，用为通判，核兵马钱粮，督城工，理军民词讼，大得众心。死，赠光禄少卿，世荫锦衣试百户。

初，中朝闻警，兵部尚书王永光大集廷臣议战守，无善策。经略第、总兵麒并拥兵关上，不救。中外谓宁远必不守。及崇焕以书闻，举朝大喜，立擢崇焕右佥都御史，玺书奖励，桂等进秩有差。

我大清初解围，分兵数万略觉华岛，杀参将金冠等及军民数万。崇焕方完城，力竭不能救也。高第镇关门，大反承宗政务，折辱诸将，诸将咸解体。遇麒若偏裨，麒至，见侮其卒。至是坐失援，第、麟并褫官去，而以王之臣代第，赵率教代麒。

我大清举兵。所向无不摧破，诸将罔敢议战守。议战守，自崇焕始。三月复设辽东巡抚，以崇焕为之。魏忠贤遣其党刘应坤、纪用等出镇。崇焕抗疏谏，不纳。叙功，加兵部右侍郎，赉银币，世荫锦衣千户。

崇焕既解围，志渐骄，与桂不协，请移之他镇，乃召桂还。崇焕以之臣奏留桂，又与不协。中朝虑偾事，命之臣专督关内，以关外属崇焕，画关守。崇焕虞廷臣忌己，上言："陛下以关内外分责二臣，用辽人守辽土，且守且战，且筑且屯。屯种所入，可渐减海运。大要坚壁清野以为体，乘间击瑕以为用。战虽不足，守则有余；守既有余，战无不足。顾勇猛图敌，敌必仇；奋迅立功，众必忌。任劳则必召怨，蒙罪始可有功。怨不深则劳不著，罪不大则功不成。谤书盈箧，毁言日至，从古已然，惟圣明与廷臣始终之。"帝优旨褒答。

其冬,崇焕偕应坤、用、率教巡历锦州、大、小凌河,议大兴屯田,渐复第所弃旧土。忠贤与应坤等并因是荫锦衣,崇焕进所荫为指挥佥事。崇焕遂言:"辽左之坏,虽人心不固,亦缘失有形之险,无以固人心。兵不利野战,祇有凭坚城用大炮一策。今山海四城既新,当更修松山诸城,班军四万人,缺一不可。"帝报从之。

先是,八月中,我太祖高皇帝晏驾,崇焕遣使吊,且以觇虚实。我太宗文皇帝遣使报之,崇焕欲议和,以书附使者还报。我大清兵将讨朝鲜,欲因此阻其兵,得一意南下。七年正月,再遣使答之,遂大兴兵渡鸭绿江南讨。朝议以崇焕、之臣不相能,召之臣还,罢经略不设,以关内外尽属崇焕,与镇守中官应坤、用并便宜从事。崇焕锐意恢复,乃乘大军之出,遣将缮锦州、中左、大凌三城,而再使使持书议和。会朝鲜及毛文龙同告急,朝命崇焕发兵援。崇焕以水师援文龙,又遣左辅、赵率教、朱梅等九将将精卒九千先后逼三岔河,为牵制之势。而朝鲜已为大清所服,诸将乃还。

崇焕初议和,中朝不知。及奏报,优旨许之,后以为非计,频旨戒谕。崇焕欲藉是修故疆,持愈力。而朝鲜及文龙被兵,言官因谓和议所致。四月,崇焕上言:"关外四城虽延袤二百里,北负山,南阻海,广四十里尔。今屯兵六万,商民数十万,地隘人稠,安所得食?锦州、中左、大凌三城,修筑必不可已。业移商民,广开屯种。倘城不完而敌至,势必撤还,是弃垂成功也。故乘敌有事江东,姑以和之说缓之。敌知,则三城已完,战守又在关门四百里外,金汤益固矣。"帝优旨报闻。

时率教驻锦州,护版筑。朝命尤世禄来代,又以辅为前锋总兵官,驻大凌河。世禄未至,辅未入大凌,五月十一日,大清兵直抵锦州,四面合围。率教偕中官用婴城守,而遣使议和,欲缓师以待救。使三返不决,围益急。崇焕以宁远兵不可动,选精骑四千,令世禄、大寿将,绕出大军后决战。别遣水师东出,相牵制。且请发蓟镇、宣、大兵,东护关门。朝廷已命山海满桂移前屯,三屯孙祖寿移山海,宣府黑云龙移一片石,蓟辽总督阎鸣泰移关城;又发昌平、天津、保定兵驰赴上关;檄山西、河南、山东守臣整兵听调。世禄等将行,大清已于二十八日分兵趋宁远。崇焕与中官应坤、副使毕自肃督将士登陴守,列营濠内,用炮距击。而桂、世禄、大寿大战城外,士多死,桂身被数矢。大军亦旋引去,益兵攻锦州。以溽暑不能克,士卒多损伤,六月五日亦引还,因毁大、小凌河二城。时称宁、锦大捷,桂、率教功为多。忠贤因使其党论崇焕不救锦州为暮气,崇焕遂乞休。中外方争颂忠贤,崇焕不得已,亦请建祠,终不为所喜。七月遂允其归,而以王之臣代为督师兼辽东巡抚,驻宁远。及叙功,文武增秩赐荫者数百人,忠贤孙亦封伯,而崇焕止增一秩。尚书霍维华不平,疏乞让荫,忠贤亦不许。

未几,熹宗崩。庄烈帝即位,忠贤伏诛,削诸冒功者。廷臣争请召崇焕。其年十一月擢右都御史,视兵部添注左侍郎事。崇祯元年四月,命以兵部尚书兼右副都御史,督师蓟、辽,兼督登、莱、天津军务,所司敦促上道。七月,崇焕入都,先奏陈兵事。帝召见平台,慰劳甚至,咨以方略。对曰:"方略已具疏中。臣受陛下特眷,愿假以便宜,计五年,全辽可复。"帝曰:"复辽,朕不吝封侯赏。卿努力解天下倒悬,卿子孙亦受其福。"崇焕顿首谢。帝退少憩,给事中许誉卿叩以五年之略。崇焕言:"圣心焦劳,聊以是相慰耳。"誉卿曰:"上英明,安可漫对。异日按期责效,奈何?"崇焕怃然自失。顷之,帝出,即奏言:"东事本不易竣。陛下既委臣,臣安敢辞难。但五年内,户部转军饷,工部给器械,吏部用人,兵部调兵选将，须中外事事相应，方克有济。"帝为饬四部臣，如其言。

崇焕又言："以臣之力，制全辽有余，调众口不足。一出国门，便成万里。忌能妒功，夫岂无人。即不以权力掣臣肘，亦能以意见乱臣谋。"帝起立倾听，谕之曰："卿无疑虑，朕自有主持。"大学士刘鸿训等请收还之臣、桂尚方剑，以赐崇焕，假之便宜。帝悉从之，赐崇焕酒馔而出。崇焕以前此熊廷弼、孙承宗皆为人排构，不得竟其志，上言："恢复之计，不外臣昔年以辽人守辽土，以辽土养辽人，守为正著，战为奇著，和为旁著之说。法在渐不在骤，在实不在虚。此臣与诸边臣所能为。至用人之人，与为人用之人，皆至尊司其钥。何以任而勿贰，信而勿疑？盖驭边臣与廷臣异，军中可惊可疑者殊多，但当论成败之大局，不必摘一言一行之微瑕。事任既重，为怨实多。诸有利于封疆者，皆不利于此身者也。况图敌之急，敌亦从而间之，是以为边臣甚难。陛下爱臣知臣，臣何必过疑惧，但中有所危，不敢不告。"帝优诏答之，赐蟒玉、银币，疏辞蟒玉不受。

是月，川、湖兵戍宁远者，以缺饷四月大噪，余十三营起应之，缚系巡抚毕自肃、总兵官朱梅、通判张世荣、推官苏涵淳于谯楼上。自肃伤重，兵备副使郭广初至，躬翼自肃，括抚赏及朋椿二万金以散，不厌，贷商民足五万，乃解。自肃疏引罪，走中左所。自经死。崇焕以八月初抵关，闻变驰与广密谋，宥首恶杨正朝、张思顺，令捕十五人戮之市；斩知谋中军吴国琦，责参将彭簪古，黜都司左良玉等四人。发正朝、思顺前锋立功，世荣、涵淳以贪虐致变，亦斥之。独都司程大乐一营不从变，特为奖励。一方乃靖。

关外大将四五人，事多掣肘。后定设二人，以梅镇宁远，大寿仍驻锦州。至是梅将解任，崇焕请合宁、锦为一镇，大寿仍驻锦州，加中军副将何可刚都督佥事，代梅驻宁远，而移蓟镇率教于关门，关内外止设二大将。因极称三人之才，谓"臣自期五年，专藉此三人，当与臣相终始。届期不效，臣手戮三人，而身归死于司败"。帝可之，崇焕遂留镇宁远。自肃既死，崇焕请停巡抚。及登莱巡抚孙国桢免，崇焕又请罢不设。帝亦报可。哈剌慎三十六家向受抚赏，后为插汉所迫，且岁饥，有叛志。崇焕召至于边，亲抚慰，皆听命。二年闰四月，叙春秋两防功，加太子太保，赐蟒衣、锦币，荫锦衣千户。

崇焕始受事，即欲诛毛文龙。文龙者，仁和人。以都司援朝鲜，逗留辽东。辽东失，自海道遁回，乘虚袭杀大清镇江守将，报巡抚王化贞，而不及经略熊廷弼，两人隙始开。用事者方主化贞，遂授文龙总兵，累加至左都督，挂将军印，赐尚方剑，设军镇皮岛如内地。皮岛亦谓之东江，在登、莱大海中，绵亘八十里，不生草木，远南岸，近北岸，北岸海面八十里即抵大清界，其东北海则朝鲜也。岛上兵本河东民，自天启元年河东失，民多逃岛中。文龙笼络其民为兵，分布哨船，联连登州，以为犄角计。中朝是之，岛事由此起。

四年五月，文龙遣将沿鸭绿江越长白山，侵大清国东偏，为守将击败，众尽歼。八月，遣兵从义州城西渡江，入岛中屯田。大清守将觉，潜师袭击，斩五百余级，岛中粮悉被焚。五年六月，遣兵袭耀州之官屯寨，败归。六年五月，遣兵袭鞍山驿，丧其卒千余。越数日，又遣兵袭撒尔河，攻城南，为大清守将所却。七年正月，大清兵征朝鲜，并规剿文龙。三月，大清兵克义州，分兵夜捣文龙于铁山。文龙败，遁归岛中。时大清恶文龙蹑后，故致讨朝鲜，以其助文龙为兵端。

顾文龙所居东江，形势虽足牵制，其人本无大略，往辄败衄，而岁糜饷无算；且惟务广招商贾，贩易禁物，名济朝鲜，实阑出塞，无事则鬻参贩布为业，有事亦罕得其用，工科给事中潘士闻劾文龙糜饷杀降,尚宝卿董茂忠请撤文龙,治兵关、宁。兵部议不可,而崇焕心弗善也,尝疏请遣部臣理饷。文龙恶文臣监制,抗疏驳之,崇焕不悦。及文龙来谒,接以宾礼,文龙又不让,崇焕谋益决。

至是,遂以阅兵为名,泛海抵双岛,文龙来会。崇焕与相燕饮,每至夜分,文龙不觉也。崇焕议更营制,设监司,文龙怫然。崇焕以归乡动之,文龙曰:"向有此意,但惟我知东事东事毕,朝鲜衰弱,可袭而有也。"崇焕益不悦。以六月五日邀文龙观将士射,先设幄山上,令参将谢尚政等伏甲士幄外。文龙至,其部卒不得入。崇焕曰:"予诘朝行,公当海外重寄,受予一拜。"交拜毕,登山。崇焕问从官姓名,多毛姓。文龙曰:"此皆予孙。"崇焕笑,因曰:"尔等积劳海外,月米止一斛,言之痛心,亦受予一拜,为国家尽力。"众皆顿首谢。

崇焕因诘文龙违令数事,文龙抗辩。崇焕厉色叱之,命去冠带絷缚,文龙犹倔强。崇焕曰:"尔有十二斩罪,知之乎?祖制,大将在外,必命文臣监。尔专制一方,军马钱粮不受核,一当斩。人臣之罪莫大欺君,尔奏报尽欺罔,杀降人难民冒功,二当斩。人臣无将,将则必诛。尔奏有牧马登州取南京如反掌语,大逆不道,三当斩。每岁饷银数十万,不以给兵,月止散米三斗有半,侵盗军粮,四当斩。擅开马市于皮岛,私通外番,五当斩。部将数千人悉冒己姓,副将以下滥给札付千,走卒、舆夫尽金绯,六当斩。自宁远还,剽掠商船,自为盗贼,七当斩。强取民间子女,不知纪极,部下效尤,人不安室,八当斩。驱难民远窃人参,不从则饿死,岛上白骨如莽,九当斩。辇金京师,拜魏忠贤为父,塑冕旒像于岛中,十当斩。铁山之败,丧军无算,掩败为功,十一当斩。开镇八年,不能复寸土,观望养敌,十二当斩。"数毕,文龙丧魂魄不能言,但叩头乞免。崇焕召谕其部将曰:"文龙罪状当斩否?"皆惶怖唯唯。中有称文龙数年劳苦者,崇焕叱之曰:"文龙一布衣尔,官极品,满门封荫,足酬劳,何悖逆如是!"乃顿首请旨:"臣今诛文龙以肃军。诸将中有若文龙者,悉诛。臣不能成功,皇上亦以诛文龙者诛臣。"遂取尚方剑斩之帐前。乃出谕其将士曰:"诛止文龙,余无罪。"

当是时,文龙麾下健校悍卒数万,惮崇焕威,无一敢动者。于是命棺敛文龙。明日,具牲醴拜奠曰:"昨斩尔,朝廷大法;今祭尔,僚友私情。"为下泪。乃分其卒二万八千为四协,以文龙子承祚、副将陈继盛、参将徐敷奏、游击刘兴祚主之。收文龙敕印、尚方剑,令继盛代掌。犒军士,檄抚诸岛,尽除文龙虐政。还镇,以其状上闻,末言,"文龙大将,非臣得擅诛,谨席槁待罪。"时崇祯二年五月也。帝骤闻,意殊骇,念既死,且方倚崇焕,乃优旨褒答。俄传谕暴文龙罪,以安崇焕心;其爪牙伏京师者,令所司捕。崇焕上言:"文龙一匹夫,不法至此,以海外易为乱也。其众合老稚四万七千,妄称十万,且民多,兵不能二万,妄设将领千。今不宜更置帅,即以继盛摄之,于计便。"帝报可。

崇焕虽诛文龙,虑其部下为变,增饷银至十八万。然岛弁失主帅,心渐携,益不可用,其后致有叛去者。崇焕言:"东江一镇,牵制所必资。今定两协,马军十营,步军五,岁饷银四十二万,米十三万六千。"帝颇以兵减饷增为疑,以崇焕故,特如其请。

崇焕在辽,与率教、大寿、可刚定兵制,渐及登、莱、天津,及定东江兵制,合四镇兵十五万三千有奇,马八万一千有奇,岁费度支四百八十余万,减旧一百二十余万。帝嘉奖之。

文龙既死，甫逾三月，我大清兵数十万分道入龙井关、大安口。崇焕闻，即督大寿、可刚等入卫。以十一月十日抵蓟州，所历抚宁、永平、迁安、丰润、玉田诸城，皆留兵守。帝闻其至，甚喜，温旨褒勉，发帑金犒将士，令尽统诸道援军。俄闻率教战殁，遵化、三屯营皆破，巡抚王元雅、总兵朱国彦自尽，大清兵越蓟州而西。崇焕惧，急引兵入护京师，营广渠门外。帝立召见，深加慰劳，咨以战守策，赐御馔及貂裘。崇焕以士马疲敝，请入休城中，不许。出与大军鏖战，互有杀伤。

时所入隘口乃蓟辽总理刘策所辖，而崇焕甫闻变即千里赴救，自谓有功无罪。然都人骤遭兵，怨谤纷起，谓崇焕纵敌拥兵。朝士因前通和议，诬其引敌胁和，将为城下之盟。帝颇闻之，不能无惑。会我大清设间，谓崇焕密有成约，令所获宦官知之，阴纵使去。其人奔告于帝，帝信之不疑。十二月朔再召对，遂缚下诏狱。大寿在旁，战栗失措，出即拥兵叛归。大寿当有罪，孙承宗欲杀之，爱其才，密令崇焕救解。大寿以故德崇焕，惧并诛，遂叛。帝取崇焕狱中手书，往召大寿，乃归命。

方崇焕在朝，尝与大学士钱龙锡语，微及欲杀毛文龙状。及崇焕欲成和议，龙锡尝移书止之。龙锡故主定逆案，魏忠贤遗党王永光、高捷、袁弘勋、史范辈谋兴大狱，为逆党报仇，见崇焕下吏，遂以擅主和议、专戮大帅二事为两人罪。捷首疏力攻，范、弘勋继之，必欲并诛龙锡。法司坐崇焕谋叛，龙锡亦论死。三年八月，遂磔崇焕于市。兄弟妻子流三千里，籍其家。崇焕无子，家亦无余赀，天下冤之。

崇焕既缚，大寿溃而去。武经略满桂以趣战急，与大清兵战，竟死，去缚崇焕时甫半月。初，崇焕妄杀文龙，至是帝误杀崇焕。自崇焕死，边事益无人，明亡征决矣。

【译文】

袁崇焕，字元素，广东东莞人。万历四十七年考取进士。为人慷慨大方，自认为有胆识韬略，喜欢谈论军事。遇到老年的军校或退役的老兵，常常和他们谈论边塞上的事，了解边防情况，把自己看作是治理边境的有用之才。

天启二年正月，在京师朝觐，御史侯恂建议破格使用他，于是提升为兵部职方主事。不久，广宁兵败，廷议扼守山海关，袁崇焕立即单骑跑到山海关内外视察。兵部不见了袁主事，很奇怪，家人亦不知道他去了哪里。察看以后，他回朝，详细地介绍了关上的情况。说："给我兵马钱粮，我一个人就可以守住此地。"廷臣更加称赞他的才能。于是越级提升为佥事，指挥关外的部队，拨国库银二十万给他招募军队。当时关外的地方，已经全部被哈剌慎各部族所占领，袁崇焕于是驻守关内。不久，各部族归附，经略王在晋命令袁崇焕移驻中前所，监督参将周守廉、游击左辅的军队，管理前屯卫的事。接着又命令他到前屯，安置失业的辽人。袁崇焕立即连夜起行，走过了到处荆棘丛生虎豹出没的路，四更天入城，将士们没有不佩服他的胆量的。王在晋深深的依靠他、重用他，提拔他为宁前兵备佥事。但是袁崇焕看不起王在晋没有远大的谋略，不完全遵从他的命令。及至王在晋提出在八里铺修筑重城时，袁崇焕认为这做法不策略。争论没有效果，袁崇焕把这情况报告给首辅叶向高。

十三山有十多万难民，被围困了很久都不能出来。大学士孙承宗巡视边境时，袁崇焕提出："率领五千人驻于宁远，以壮大十三山的声势，另外派猛将援救他们。宁远离山二百里,有机会则进据锦州,否则便退守宁远,为什么把十万人置之不顾。"孙承宗与总督王象乾商议。王象乾认为关上军队士气正低落,提出派插汉部护关的三千人前往。孙承宗认为合适,告诉了王在晋。王在晋竟然不能救援,这些难民便陷落了,能逃回来的仅有六千人。及至孙承宗批驳建重城的意见,召集将吏商议在哪里驻守时,阎鸣泰主张在觉华,袁崇焕主张在宁远,王在晋和张应吾、邢慎言则坚持不可以,孙承宗竟采用了袁崇焕的意见。不久,孙承宗镇守山海关,更加倚重袁崇焕。袁崇焕对内安抚军民,对外整饬边防战备,成绩非常显著。袁崇焕曾经查出虚报兵卒的情况,立即斩了一个校官。孙承宗发怒说:"监军可以擅自杀人的吗?"袁崇焕叩头谢罪,他执法的果断都和这事相类似。

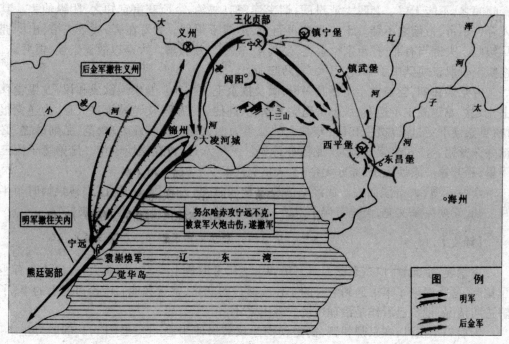

宁远之战作战经过示意图

天启三年九月,孙承宗决定驻守宁远。金事万有孚、刘诏极力劝阻,不听,命令满桂和袁崇焕前往。当初,孙承宗命令祖大寿修筑宁远城,祖大寿认为朝廷没有能力驻守到这么远,所以只建了十分之一,而且城墙疏薄不合规格。袁崇焕于是制定规格标准:高三丈二尺,雉堞高六尺,城基宽三丈,城头宽二丈四尺。由祖大寿和参将高见、贺谦分别督工。第二年工程完竣,宁远便成了关外的重镇。满桂是优秀的将领,而袁崇焕勤于职守,发誓与城共存亡;又关心部下,将官士卒都乐于为他尽力。因此商人从四方八面赶来贸易,流民移民聚集到这里,远近的人都把宁远当作乐土。袁崇焕父亲去世,朝廷不准他回家守制,让他素服办公。天启四年九月,袁崇焕与大将马世龙、王世钦带领水陆马步军一万二千人,向东巡视广宁,拜谒北镇祠,经十三山,到达右屯,然后由水路经三岔河回来。不久以五防的功劳,晋升兵备副使,再晋升右参政。

袁崇焕东巡时,建议立即收复锦州、右屯各城,孙承宗认为时机未成熟,这才作罢。

天启五年夏,孙承宗与袁崇焕商议,派遣将官分别占据锦州、松山、杏山、右屯和大凌河、小凌河,修缮城廓进驻。从此宁远又变成了内地,收复了二百里疆土。十月,孙承宗罢官,高第接任,说关外一定守不住,命令把锦州、右屯各城的守备全部撤除,把哪里的将士移到关内。督屯通判金启倧写信给袁崇焕说:"锦州、右屯、大凌河三个城都足前锋要地,如果撤兵,已经安定了的民众又要再搬迁,已经得到的国土又要再次沦丧,关内外能经得起几次这样的退守啊呢!"袁崇焕亦极力争辩,认为不能这样做,他说:"兵法上强调进攻,不要轻易退却。三个城已经收复了,怎么可以轻易撤退。锦州、右电动摇,则宁远、前屯会震惊,山海关这大门亦失去保障。现在只要选派良将驻守,一定不会发生什么问题。"高第坚持自己的意见,而且想一同撤掉宁远、前屯两个城。袁崇焕说:"我是宁前道,在这里做官,应当死守这里,我一定不撤走。"高第没有办法责难他,于是撤去锦州、右屯、大凌河、小凌河和松山、杏山的工事,把屯兵全部赶入关内,丢弃了米、粟十多万石。而兵民沿途死去、逃跑的不少,哭声震动了旷野,民众怨恨而士气更加不振。袁崇焕便请求回家守制,不准。十二月,晋升为按察使,照旧管理公事。

大清知道明政府的经略易于对付,天启六年正月,派大军向西渡过辽河,二十三日到了宁远。袁崇焕得讯,马上和大将满桂,副将左辅、朱梅、参将祖大寿,守备何可刚等召集将士,发誓死守宁远。袁崇焕更写血书,用忠义来激励将士,向他们下拜,将士们全都请求以死报效国家。于是把城外的民房全部烧掉,把防守的器械带入城中,坚壁清野等待清兵。命令同知程维模盘查奸细,通判金启倧准备守军的粮食,清除路上的行人。行文前屯守将赵率教、山海关守将杨麒,凡有逃到该处的将士,一律斩首,这样人心才安定下来。第二天,清兵大举进攻,戴着盾牌挖城,用弓箭、擂石都无法将之击退。袁崇焕命令福建兵罗立,发射西洋大炮,杀伤了城外敌军。第二天,再进攻,再被击退。对宁远的包围被打破了,而金启倧亦因为燃炮而死。

金启倧是小吏出身,官任经历,负责对军功的奖赏,为人聪明勤快有志气。孙承宗很看重他,任用他当通判,管核兵马钱粮,监督城池修建工程,审理军民的诉讼,很得人心。死后,赠光禄少卿,世代荫袭锦衣试百户。

起初,朝廷接到警报,兵部尚书王永光广泛召集廷臣商议作战防守的方略,没有好的办法。经略高第、总兵杨麒都拥兵山海关,不去援救。朝廷内外都认为宁远一定无法防守。当袁崇焕战报送到时,朝廷上下都非常高兴,立即提升袁崇焕为右金都御史,发玺书奖励,满桂等亦分别得到升级。

清兵开始解除对宁远的包围时,分了几万兵去夺取觉华岛,杀了参将金冠等和军民几万人。袁崇焕正在修复城池,没有兵力去救援。高第在山海关镇守,完全推翻了孙承宗的做法,折磨侮辱各将官,将官全都涣散了。高第对杨麒就像对偏裨将校一样,杨麒去到,被高第手下的士卒侮辱。到这时因为失于援救,高第、杨麒都被削去官职,而任命王之臣代替高第,赵率教代替杨麒。

清兵兴起以来,所到之处没有不被摧毁攻破的,明朝将官都不敢议论作战和防守的事。议论作战和防守的事,是从袁崇焕开始的。三月,再设辽东巡抚,由袁崇焕担任。魏忠贤派遣他的党羽刘应坤、纪用等到山海关镇守。袁崇焕极力上疏谏阻,不被采纳。评议功劳,加兵部右侍郎,赐给银币,世袭荫职锦衣千户。

袁崇焕解了宁远之围以后，渐渐骄傲起来，和满桂合不来，提出要把他调往别处，于是朝廷召了满桂回去。袁崇焕因为王之臣奏请挽留满桂，又和他不协调。朝廷顾虑因为意气误事，命令王之臣专负责指挥关内，以关外交给袁崇焕，两人划关分守。袁崇焕又恐怕廷臣嫉妒自己，上奏说："陛下以山海关内外分别责成两臣管辖，用辽人守辽土，一面防守一面进攻，一面筑城一面屯田。屯种的收入，可以逐渐减少海运粮食的数量。主要以坚壁清野为主，有机会则趁机攻击敌人防守薄弱的地方。虽然兵力不足以进攻，但用于防守则有余。防守既有余力，进攻的力量就不会不足。但是勇猛地进攻敌人，敌人一定会痛恨；很快便立了功，众人一定会嫉妒。任劳则一定招怨，戴罪才可以有功。被怨恨得不深则功劳不显著，戴的罪不大就立不了功。诽谤的章奏装满了箱子，诋毁的言辞每日都会传来，自古以来都是这样，只希望皇上圣明和廷臣对我的信用能有始有终。"皇帝以温和的圣旨褒奖回答了他。

这年冬天，袁崇焕和刘应坤、纪用、赵率教巡视锦州、大凌河、小凌河，提出大兴屯田，逐渐收复高第所放弃了的旧地。魏忠贤和刘应坤等，都因此得到荫锦衣，袁崇焕的荫职升为指挥佥事。袁崇焕因此说："辽左的衰败，虽然是因为人心不稳，但亦是因为没有险要的地形可守，没有办法稳定人心。军队不利于野外作战，只有凭恃坚固的城池使用大炮一个办法。现在山海关外四座城已经葺新，应当再修筑松山等城，调班军四万人守卫，缺一都不行。"皇上批复同意了他。

早些时候，在八月中，清太祖高皇帝驾崩，袁崇焕派使者前往吊唁，并观察对方的情况。太宗文皇帝遣使者回报，袁崇焕想议和，写信托使者带回。清兵正准备征讨朝鲜，也想借议和来阻挡他的军队，以便一心一意南下。七年正月，再派使者答复袁崇焕，便大举兴兵渡过鸭绿江南下征讨。朝议认为袁崇焕、王之臣互不合作，召回王之臣，撤了经略不设，把关内外全部交给袁崇焕，让他和镇守中官刘应坤、纪用一起，根据实际情况自行处理有关问题。袁崇焕立志要恢复国土，便乘清军大批出动的机会，派将官修缮锦州、中左、大凌三座城，并再派使者带信去议和。正好朝鲜和毛文龙同时告急，朝廷命令袁崇焕发兵援救。袁崇焕用水师支援毛文龙，又派左辅、赵率教、朱梅等九个将领领精兵九千人，先后逼迫三岔河，造成牵制的形势。但是朝鲜已经被清兵征服，各将领于是撤回。

袁崇焕开始议和的时候，明廷并不知道。及至奏报上呈，皇帝用温和的语句下圣旨准许了，后来又认为这做法不策略，接连下旨禁止。袁崇焕要借议和收复故土，更加极力坚持。而朝鲜和毛文龙被攻打，科道官便说这是议和所导致的。四月，袁崇焕上奏说："关外四个城虽然延绵二百里，但北靠山，南到海，只有四十里宽。现在屯兵六万人，商民数十万人，地狭人稠，哪里去找粮食？锦州、中左、大凌三个城的修筑，一定不能停止。已经迁来的商人百姓，广泛开展了屯种。如果城池没有修好而敌人来到，势必要撤回，这是功败垂成。所以趁敌人在江东有战事，姑且用议和的办法拖延他们。等敌人知道，则三个城已经修建完好，战与守又在关门四百里以外，城池的防守更加巩固了。"皇帝用好言下旨说知道了。

当时赵率教驻守锦州，用护版修建城墙。朝廷派尤世禄来代替他，又用左辅为前锋总兵官，驻于大凌河。尤世禄未到，左辅亦未入大凌河，五月十一日，清兵直抵锦州，把它四面包围。赵率教和中官纪用环城守御，而派遣使者议和，希望拖延敌军等待援救。使者往返三次还未能有结果，围攻得更急。袁崇焕认为宁远的兵不能动用，选派了四千精锐的骑兵，令尤世禄、祖大寿率领，绕到清军的背后决战。另派水师向东出发，相互牵制。而且请求派蓟镇、宣府、大同的兵，东来保护关门。朝廷已经命令山海关满桂移驻前屯，三屯的孙祖寿移驻山海，宣府的黑云龙移驻一片石，蓟辽总督阎鸣泰移关城；又调昌平、天津、保定的兵迅速赶到上关；行文山西、河南、山东的守将整兵等待调动。尤世禄等将要出发，清军已经在二十八日分兵向宁远。袁崇焕和中官刘应坤、副使毕自肃督促将士登上女墙守卫，在壕沟内扎营，用炮反击。而满桂、尤世禄、祖大寿在城外大战，兵士很多战死，满桂身中数箭。清大军不久亦撤去，增兵攻锦州。由于天气潮湿闷热，不能攻克，士兵损伤较多，六月五日亦撤退，只毁了大、小凌河两座城。当时称这次是宁锦大捷，满桂、赵率教的功劳最多。魏忠贤于是指使他的党羽抨击袁崇焕不救援锦州是暮气，袁崇焕便请求辞官。这时朝廷内外争相颂扬魏忠贤，袁崇焕不得已，亦提出要建生祠，但始终得不到魏忠贤喜欢。七月，便准许他辞官回家，而用王之臣代任督师兼辽东巡抚，驻于宁远。及至评功，文武官员升级赐予荫职的有几百人，魏忠贤的孙亦因此封为伯，而袁崇焕只增加了一级俸禄。尚书霍维华抱不平，上疏要求把荫职让给袁崇焕，魏忠贤亦不准。

不久，熹宗驾崩。庄烈帝即位，魏忠贤伏法，革除了那些冒功的人。廷臣争相请求召用袁崇焕。这年十一月，提升袁崇焕为右都御史，负责兵部添注左侍郎事。崇祯元年四月，命令他以兵部尚书兼右副都御史，指挥蓟、辽的部队，兼负责登州、莱州、天津的军务，有关部门敦促他起程。七月，袁崇焕入京师，首先上奏陈述军务。皇帝在平台召见了他，亲切地慰劳，向他咨询用兵的方针策略。袁崇焕回答说："方针策略已经写在奏疏里面。臣受陛下特别的关怀，希望能让我自行处理问题，预计五年，全辽地都可以得到收复。"皇帝说："收复了辽地，朕不会吝惜封侯的赏赐。卿努力解救天下的危难，卿的子孙亦将因此得到福泽。"袁崇焕叩首谢恩。皇帝退下稍事休息，给事中许誉卿问他五年能收复辽地的策略。袁崇焕说："皇上焦急劳累，姑且用这话安慰他罢了。"许誉卿说："皇上英明，怎么可以随意应对。他日按期责问成效时，怎么办？"袁崇焕泄气地自觉失言。一会儿，皇上出来，袁崇焕马上奏说："辽东的事本来不容易完成。陛下既然委托给了我，我怎敢因为困难而推辞。但五年之内，户部转解军饷，工部发给器械，吏部人事任用，兵部调兵选将，需要朝廷内外事事加以支持，才能收到成效"皇帝因此饬令四部大臣，听从袁崇焕的意见。

袁崇焕又说："以臣的力量，制服全辽东有余，但不足以调和众人的议论。一离开国门，便成了远隔万里。难免有人会猜忌贤能嫉妒功劳。这些人即使不用权力牵制我，亦能够以意见打乱我的计划。"皇帝站起来用心地听着，晓谕他说："卿家不要怀疑忧虑，朕自有主意。"大学士刘鸿训等提出收回王之臣、满桂的尚方剑，用来赐给袁崇焕，准他相度机宜自行处事。皇帝全部都依了，赐袁崇焕酒菜才出。袁崇焕因为在此以前的熊廷弼、孙承宗都被人排挤陷害，不能完成他们的志向，上书说："恢复疆土的计策，离不开臣当年用辽人守辽地，以辽地养辽人，以防守为主要手段，作战为出奇制胜的手段，议和为其他手段的说法。办法在于渐进而不在于急骤，在于务实而不在于空谈。这是臣和各边镇臣所能做到的。至于用人的人，和被人用的人，都由皇上掌握着。怎样才能任用他而不改变，相信他而不猜疑？因为驾驭边境的臣和朝廷的臣不同，军队里可惊可疑的事很多,所以只应当评论成败的大局,不必指摘一言一行的微小过失。事情的责任重,招致的怨恨一定多。各种对保卫疆土有利的事,都是对自身不利的。况且我们乘敌之危,敌人也会乘机离间我们,所以当边镇的臣很难。陛下爱臣了解臣,臣何必过于怀疑恐惧,但这当中存在着的危险,不敢不禀告。"皇帝委婉地下诏回答他,赐给蟒袍玉带、银币,上疏推辞了蟒袍玉带。

同月,四川、湖广到宁远戍守的兵,因为缺了四个月的饷,大声鼓噪,其余的十三营也起来响应,缚了巡抚毕自肃、总兵官朱梅、通判张世荣、推官苏涵淳在更楼上。毕自肃伤重,兵备副使郭广刚到,亲自保护毕自肃,收集了抚赏和朋辈的二万金来散发,兵士不满足,再向商人民众借贷,凑足五万两银,鼓噪的兵士才散去。毕自肃上疏承担罪责,走到中左所,自缢死。袁崇焕是八月初到关的,听说变乱,他赶去和郭广秘密商议,饶恕了首犯杨正朝、张思顺,命令逮捕了十五个人在闹市斩头,杀了知情的中军吴国琦,斥责参将彭簪古,罢免了都司左良玉等四个人。把杨正朝、张思顺发配到先头部队戴罪立功。张世荣、苏涵淳凶为贪婪暴虐导致了变乱,也斥责了他们。只有都司程大乐这一营没有跟从变乱,特别给予奖励。于是一方得以平静。

关外大将有四五人,事情常常互相牵制。后来确定设置两人,由朱梅镇守宁远,祖火寿仍然驻于锦州。这时朱梅将要卸任,袁崇焕请求把宁远、锦州合为一镇,祖大寿仍然驻守锦州,中军副将何可刚加任都督佥事,代替朱梅驻于宁远,而把蓟镇的赵率教移到山海关,关内外只设两名大将。袁崇焕极力称赞这三个人的才能,说:"我自己预计五年,是专靠这三个人,他们应该始终和我在一起。到时如果不见成效,我亲手杀了这三个人,自己回来受死。"皇帝同意了,袁崇焕便留在宁远镇守。毕自肃已经死了,袁崇焕请求停派巡抚。及至登莱巡抚孙国桢被罢官,袁崇焕又请求不要再设,皇帝也批复同意,哈剌慎三十六家部族一向受朝廷的安抚赏赐,后来被插汉逼迫,这年又闹饥荒,便有反叛的意图。袁崇焕召他们到边关,亲自安抚慰问,使他们都听从了命令。崇祯二年闰四月,评议春秋两防的功劳,加封袁崇焕太子太保,赐给蟒衣、银币,荫职锦衣千户。

袁崇焕开始接受任命时,便想杀了毛文龙。毛文龙是仁和人,以都司的职位去援助朝鲜,逗留在辽东。辽东失陷,他从海道逃了回来,趁清军大举外出镇江兵力空虚,突然加以袭击,杀了驻守镇江的将领,将这事报告了巡抚王化贞,但没有向经略熊廷弼报告,两人之间开始发生矛盾。执政者当时正支持王化贞,因此授予毛文龙总兵的职位,又累加至左都督,挂将军印,赐给尚方剑,像内地一样设军镇守皮岛。皮岛又称为东江,在登州、莱州的海面上,绵延八十里,岛上草木不生,离南岸远,北岸近,北岸海面八十里外就是清的边界,岛东北面的海就是朝鲜。岛上的兵本来是河东的居民。自从天启元年河东失守,居民多数都逃到了皮岛。毛文龙拉拢他们当了兵,安排好哨船,连接登州,形成犄角之势。朝廷同意了这些做法,岛上的事就这样开始了。

崇祯四年五月,毛文龙派遣将领沿鸭绿江越过长白山,侵袭大清国的东面,被守将击败,部众全被歼灭。八月,派兵从义州城的西面渡江,进入岛中屯田。清守将发现后,埋伏部队袭击,斩首五百余级,岛中的粮食全部被烧毁。天启五年六月,派兵袭击耀州的官屯寨,战败回来。天启六年五月,派兵袭击鞍山驿,损失了士卒一千多人。过了几天,又派兵袭击撒尔河,进攻城南,被清守将击退。天启七年正月,大清兵征战朝鲜,并计划清剿毛文龙。三月，大清兵攻克义州，分兵在铁山夜捣毛文龙。毛文龙战败，逃回岛中。当时大清讨厌毛文龙骚扰他的后方，所以导致讨伐朝鲜，就是因为朝鲜帮助毛文龙挑起事端。

毛文龙所在的东江，从形势上看，虽然足以牵制敌人，但他这个人并没有什么谋略，每次出兵都打败仗，而每年浪费军饷无数；而且只着力于广泛招揽客商，贩卖违禁物品，名义上是接济朝鲜，实际上全部卖到塞外，平时从事买卖人参、布匹的行当，有事时亦难得见到他的作用。工科给事中潘士闻弹劾毛文龙浪费军饷，杀害投降过来的人。尚宝卿董茂忠提请撤去毛文龙，在山海关、宁远整顿军队。兵部认为不可行，而袁崇焕心里很不满意，曾经上疏请求兵部派官员前往管理军饷。毛文龙讨厌被文臣监督限制，极力上疏反驳，袁崇焕不高兴。及至毛文龙来谒见，袁崇焕用迎宾的礼节接待他，毛文龙又不谦让，袁崇焕的主意更加拿定了。

到这时，袁崇焕以阅兵为名，渡海到双岛，毛文龙来会见。袁崇焕和他饮宴，往往到深夜，毛文龙都不在意。袁崇焕提出改变军队的编制，设置监司，毛文龙很不高兴。袁崇焕用回乡来打动他，毛文龙说："一向都有这个意愿，但只有我了解辽东的情况，等辽东的事完了，朝鲜衰弱，可以袭击而拥有它。"袁崇焕更加不高兴。在六月五日，邀请毛文龙观看将士射箭，先在山上设置了帐幕，命令参将谢尚政等埋伏武装的兵士在帐外。毛文龙来到，他部下的兵卒不准入内。袁崇焕说："我明天便走了，你承担着海外重任，应当受我一拜。"互相拜了以后，登山。袁崇焕问跟从官员的姓名，多数姓毛。毛文龙说："这些都是我的孙子。"袁崇焕笑笑，说："你们在海外长期劳累，每月薪俸只有一斛米。说起来让人痛心，也该受我一拜，以为国家尽力。"大家都叩头致谢。

袁崇焕接着问毛文龙违抗命令的几件事，毛文龙极力争辩。袁崇焕严厉地斥责他，命令剥去他的冠带缚起来，毛文龙还不肯屈服。袁崇焕说："你有十二项该斩的罪名，知道吗？祖宗定下来的规矩，凡大将在外，一定由文臣监察。你专制一方，军马钱粮不受查核，第一项该斩。人臣的罪，没有比欺君更大的事，你的奏报全部都是欺君冈上，杀投降的人和难民去冒认功劳，这是第二项该斩。人臣不能威胁皇上，威胁皇上一定要杀头。你奏章有牧马登州，攻取南京易如反掌的话，这是大逆不道，第三项该斩。每年饷银几十万，不发给兵士，每月只发米三斗半，这是侵吞盗窃军粮，第四项该斩。在皮岛擅自开设马市，私通外番，这是第五项该斩。部将几千人，全部都冒认自己的姓，副将以下，随意写个纸条就授给千夫长，门下的走卒、轿夫都穿着金、紫色的衣服，这是第六项该斩。从宁远回来，抢掠商船，自己成了盗贼，这是第七项该斩。强逼夺取百姓子女，不顾法纪，部下仿效，使人不能安居，这是第八项该斩。驱赶难民到远处偷人参，不听从的就让他饿死，海岛上的白骨像草丛一样处处都是，这是第九项该斩。运钱去京都，拜魏忠贤为父，为他在岛上塑造戴天子冠饰的像，这是第十项该斩。铁山战败，损折军士无数，却掩盖败绩变为功劳，这是第十一项该斩。设军开镇守皮岛八年，不能收复一寸失土，观望情况纵容敌人，这是第十二项该斩。"数完以后，毛文龙丧魂失魄不能作声，只是叩头乞求免死。袁崇焕召集他的部将晓谕说："毛文龙的罪状该不该杀？"他们都惊惶地赶快答应着。其中有说毛文龙几年来的劳苦的，袁崇焕斥责他说："毛文龙一个平民罢了，现在官居极品，满门都封荫了官职，完全足以酬谢他的劳苦，为什么竟这样叛逆！"于是叩头请圣旨说："臣今日杀毛文龙来整肃军队，各将领中如果有像毛文龙这样的，一律杀。臣不能成功，皇上亦像杀毛文龙那样杀臣。"便取出尚方剑，在帐前杀了毛文龙。这才出去晓谕他的将士说："只杀毛文龙，其余的人没有罪。"

在这个时候，毛文龙麾下壮健的校尉、勇猛的士卒有几万人，害怕袁崇焕的威势，没有一个敢反抗的。于是下令用棺木收敛了毛文龙。第二天，袁崇焕备下酒肉拜祭说："昨天斩你，是朝廷的法度；今天祭你，是同事朋友的私情。"为他流下泪来。便将毛文龙的二万八千兵分为四协，任命毛文龙的儿子毛承祚、副将陈继盛、参将徐敷奏、游击刘兴祚率领他们。收缴了毛文龙的官印、尚方剑，命令陈继盛代为掌管。犒赏兵士，行文安抚各个岛，把毛文龙的暴政全部废除。袁崇焕回到宁远，把这些情况上报，最后说："毛文龙是大将，不是臣我能擅自杀掉的，现在我郑重地坐在草堆听候判罪。"当时是崇祯二年五月。皇帝突然听闻这消息，非常震惊，但想到毛文龙已经死了，而且正在倚靠袁崇焕，于是温和地下旨褒奖回答。不久，传谕公开毛文龙的罪，以安定袁崇焕的心；对毛文龙那些潜伏在京师的爪牙，命令有关部门加以逮捕。袁崇焕上言说："毛文龙只是一个普通的人，他能够如此不守法度，是因为在海外容易作乱。毛文龙所管辖的人，连老幼一共是四万七千人，他乱说是十万，而且百姓多，兵不到两万，又乱设将领千名。现在不适宜另置大将，就派陈继盛暂时统领，比较方便。"皇帝答复同意。

袁崇焕虽然杀了毛文龙，还是担心他的部下会作乱，所以将饷银增加到十八万。但是岛上兵士失去了主帅，心开始离散，更加不能使用，后来甚至有叛逃的。袁崇焕说："东江这个镇，是牵制敌人所必需的。现在确定他的编制是两协，马军十营，步军五营，每年饷银四十二万，米十三万六千。"皇帝有些怀疑为什么减了兵反而要增加饷银，但因为袁崇焕的缘故，特别给予照准。

袁崇焕在辽，和赵率教、祖大寿、何可刚一起制定军队的编制，慢慢地及于登州、莱州、天津，及至制定东江军队的编制，合四镇兵一共十五万三千多人，马八万一千多匹，每年军费开支四百八十多万，比原来减少一百二十多万。皇帝嘉奖了他们。

毛文龙死后，过了三个月，大清兵数十万分道进入龙井关、大安口。袁崇焕得讯，立即督祖大寿，何可刚等入京护卫。在十一月十日到达蓟州，所经过的抚宁、永平、迁安、丰润、玉田各城，都留兵把守。皇帝听说他们来到，非常高兴，亲切地下旨褒奖勉励，拨国库的银两犒劳将士，命令袁崇焕全部统领各道的援军。不久，听说赵率教战死、遵化、三屯营都被攻破，巡抚王元雅、总兵朱国彦自尽，大清兵越过蓟州向西进发。袁崇焕害怕，急忙领兵入内保护京师，驻扎在广渠门外。皇帝立即召见，极力慰劳，咨询战守的策略，赐给御用饭菜和貂裘。袁崇焕因为兵马疲乏，请求到城里休息，皇帝不准。出战清大军，双方苦战互有杀伤。

当时清军进入的关口，是蓟辽总理刘策所管辖的，而袁崇焕刚听到有事变，便立即从千里外赶来援救，所以自认为是有功无罪。但是京都的人突然遇到兵灾，纷纷说出许多怨恨诽谤的话，说袁崇焕拥有军队纵容敌军。朝臣因为他以前曾经议和，诬陷他引敌军来迫和，将要促成城下之盟。皇帝听得多了，没办法不怀疑。正好大清设下离间计，说和袁崇焕达成了密议，故意让被捕获的宦官知道，然后暗地里放他逃走。这个宦官跑回去告诉皇帝，皇帝毫不怀疑地相信了他。十二月初一再次召见，便缚了袁崇焕到诏狱。祖大寿在旁边,吓得全身发抖惊惶失措,一出去马上带兵叛逃回去。祖大寿曾经犯了罪,孙承宗想杀他,但爱惜他的才干,便悄悄地命令袁崇焕去解救他。祖大寿因此非常感激袁崇焕,害怕一起被杀,这才反叛。皇帝拿到了袁崇焕在监狱中写的亲笔信,去召祖大寿,祖大寿才回来接受命令。

当袁崇焕在朝时,曾经和大学士钱龙锡谈论,稍稍提到想杀毛文龙的情况。及至袁崇焕欲达成和议,钱龙锡曾经去信加以劝止。钱龙锡原来是主持判定逆案的。魏忠贤的残余势力王永光、高捷、袁弘勋、史𡐣等策划制造大案,为逆党报仇,见袁崇焕坐牢,于是以擅自主张议和、专擅杀戮大帅两件事作为他们两人的罪状。高捷首先上疏极力攻击,史𡐣、袁弘勋接着诋毁,一定要一起杀了钱龙锡。司法部门判处袁崇焕谋反,钱龙锡亦被判死罪。崇祯三年八月,就在市中心肢解了袁崇焕。袁崇焕的兄弟妻子都流放三千里,抄了他的家。袁崇焕没有儿子,家里也没有多余的财产。天下的人都觉得他冤枉。

袁崇焕已经被缚,祖大寿兵败撤走。武经略满桂因为被催逼着匆匆作战,在和大清兵交锋中死去,这时距离捆绑袁崇焕才刚刚半个月。当初,袁崇焕轻率地杀了毛文龙,到这时皇帝又误杀了袁崇焕。自袁崇焕死后,边关的事更加没有人能管理,明朝灭亡的征兆已经定了。

史可法传

【题解】

史可法(1602～1645),字宪之,号道邻。顺天大兴籍,河南祥符(今河南开封)人。崇祯进士,曾任西安府推官、右佥都御史、南京兵部尚书等,南明弘光政权中,任礼部尚书兼东阁大学士等职,史称"史阁部"。他是南明抗清名将。

明末,史可法曾参与镇压李自成义军。后总督漕运,兼抚淮、扬、凤、泗。在任上,他罢贪官、去冗员、浚南河,漕运渐有起色;又开屯田、召流亡、缮城郭,实行联防。明亡,南明弘光政权遣他督师扬州,抗击清军。他加强扬州至淮北的防御,调解镇将矛盾,亲赴淮北重镇清江浦,挥军克宿迁、邳州(今均属江苏)。清军困扬州,多次劝降,他都拒绝。他动员军民,身先士卒,屡败清兵。终因寡不敌众,战败被俘就义,牺牲时四十四岁。乾隆中追谥忠正。后人将他散佚的遗著整理辑成《史忠正公集》。

【原文】

史可法,字宪之,大兴籍,祥符人。世锦衣百户。祖应元举于乡,官黄平知州,有惠政。语其子从质曰:"我家必昌。"从质妻尹氏有身,梦文天祥入其舍,生可法。以孝闻。举崇祯元年进士,授西安府推官,稍迁户部主事,历员外郎、郎中。

八年迁右参议,分守池州、太平。其秋,总理侍郎卢象升大举讨贼。改可法副使,分巡安庆、池州,监江北诸军。黄梅贼掠宿松、潜山、太湖,将犯安庆,可法追击之潜山天堂寨。明年,祖宽破贼滁州,贼走河南。十二月,贼马守应合罗汝才、李万庆自郧阳东下。

可法驰驻太湖,扼其冲。

十年正月,贼从间道突安庆石牌,寻移桐城。参将潘可大击走贼,贼复为庐、凤军所扼,回桐城,掠四境。知县陈尔铭婴城守,可法与可大剿捕。贼走庐江,犯潜山,可法与左良玉败之枫香驿,贼乃窜潜山、太湖山中。三月,可大及副将程龙败殁于宿松。贼分其党摇天动别为一营,而合八营二十余万众,分屯桐城之练潭、石井、陶冲。总兵官牟文绶、刘良佐击败之挂车河。

当是时,陕寇聚漳、宁,分犯岷、洮、秦、楚、应、皖,群盗遍野。总理卢象升既改督宣、大,代以王家祯,祖宽关外兵亦北归。未几,上复以熊文灿代家祯,专抚贼。贼益狂逞,盘牙江北,南都震惊。七月擢可法右佥都御史,巡抚安庆、庐州、太平、池州四府,及河南之光州、光山、固始、罗田,湖广之蕲州、广济、黄梅,江西之德化、湖口诸县,提督军务,设额兵

史可法

万人。贼已东陷和州、含山、定远、六合,犯天长、盱眙,趋河南。可法奏免被灾田租。冬,部将汪云凤败贼潜山,京军复连破老回回舒城、庐江、贼遁入山。时监军佥事汤开远善击贼,可法东西驰御,贼稍稍避其锋。十一年夏,以平贼逾期。戴罪立功。

可法短小精悍,面黑,目烁烁有光。廉信,与下均劳苦。军行,士不饱不先食,未授衣不先御,以故得士死力。连败贼英山、六合,顺天王乞降。十二年夏,丁外艰去。服阕,起户部右侍郎兼右佥都御史。代朱大典总督漕运,巡抚凤阳、淮安、扬州,劾罢督粮道三人,增设漕储道一人,大浚南河,漕政大厘。拜南京兵部尚书,参赞机务,因武备久弛,奏行更新八事。

十七年四月朔,闻贼犯阙,誓师勤王。渡江抵浦口,闻北都既陷,缟衣发丧。会南都议立君,张慎言、吕大器、姜曰广等曰:"福王由崧,神宗孙也,伦序当立,而有七不可:贪、淫、酗酒、不孝、虐下、不读书、干预有司也。潞王常淓,神宗侄也,贤明当立"。移牒可法,可法亦以为然。凤阳总督马士英潜与阮大铖计议,主立福王,咨可法,可法以七不可告之。而士英已与黄得功、刘良佐、刘泽清、高杰发兵送福王至仪真,于是可法等迎王。五月朔,王谒孝陵、奉先殿,出居内守备府。群臣入朝,王色赧欲避。可法曰:"王毋避,宜正受"。既朝,议战守。可法曰:"王宜素服郊次,发师北征,示天下以必报仇之义"。王唯唯。明日再朝,出议监国事。张慎言曰:"国虚无人,可遂即大位"。可法曰:"太子存亡未卜,倘南来若何?"诚意伯刘孔昭曰:"今日既定,谁敢复更?"可法曰"徐之。"乃退。又明日,王监国,廷推阁臣,众举可法、高弘图、姜曰广。孔昭攘臂欲并列,众以本朝无勋臣入阁例,遏之。孔昭勃然曰:"即我不可,马士英何不可?"乃并推士英。又议起废,推郑三俊、刘宗周、徐石麒。孔昭举大铖,可法曰:"先帝钦定逆案,毋复言。"越二日,拜可法礼部尚书兼东阁大学士,与士英、弘图并命。可法仍掌兵部事,士英仍督师凤阳。乃定京营制,如北都故事,侍卫及锦衣卫诸军,悉入伍操练。锦衣东西两司房,及南北两镇抚司官,

不备设，以杜告密，安人心。

当是时，士英旦夕冀入相。及命下，大怒，以可法七不可书奏之王。而拥兵入觐，拜表即行。可法遂请督师，出镇淮、扬。十五日，王即位。明日，可法陛辞，加太子太保，改兵部尚书、武英殿大学士。士英即以是日入直，议分江北为四镇。东平伯刘泽清辖淮、海，驻淮北，经理山东一路。总兵官高杰辖徐、泗，驻泗水，经理开、归一路。总兵官刘良佐辖凤、寿，驻临淮，经理陈、杞一路。靖南伯黄得功辖滁、和，驻庐州，经理光、固一路。可法启行，即遣使访大行帝后梓宫及太子二王所在，奉命祭告凤、泗二陵。

可法去，士英、孔昭辈益无所惮。孔昭以慎言举吴甡，哗殿上，拔刀逐慎言。可法驰疏解，孔昭卒扼甡不用。可法祭二陵毕，上疏曰："陛下践阼初，祗谒孝陵，哭泣尽哀，道路感动。若躬谒二陵，亲见泗、凤蒿莱满目，鸡犬无声，当益悲愤。愿慎终如始，处深宫广厦，则思东北诸陵魂魄之未安；享玉食大庖，则思东北诸陵麦饭之无展；膺图受禄，则念先帝之集木驭朽，何以忽遘危亡；早朝晏罢，则念先帝之克俭克勤，何以卒隳大业。战兢惕厉，无时怠荒，二祖列宗将默佑中兴。若晏处东南，不思远略，贤奸无辨，威断不灵，老成投簪，豪杰裹足，祖宗怨恫，天命潜移，东南一隅未可保也"。王嘉答之。

得功、泽清、杰争欲驻扬州。杰先至，大杀掠，尸横野。城中恟惧，登埤守，杰攻之浃月。泽清亦大掠淮上。临淮不纳良佐军，亦被攻。朝命可法往解，得功、良佐、泽清皆听命。乃诣杰。杰素惮可法，可法来，杰夜掘坎十百，埋暴骸。旦日朝可法帐中，辞色俱变，汗夹背。可法坦怀待之，接偏裨以温语，杰大喜过望。然杰亦自是易可法，用己甲士防卫，文檄必取视而后行。可法夷然为具疏，屯其众于瓜洲，杰又大喜。杰去，扬州以安，可法乃开府扬州。

六月，大清兵击败贼李自成，自成弃京师西走。青州诸郡县争杀伪官，据城自保。可法请颁监国、登极二诏，慰山东、河北军民心。开礼贤馆，招四方才智，以监纪推官应廷吉领其事。八月出巡淮安，阅泽清士马。返扬州，请饷为进取资。士英靳不发，可法疏趣之。因言："迩者人才日耗，仕途日淆，由名心胜而实意不修，议论多而成功少。今事势更非昔比，必专主讨贼复仇。舍筹兵筹饷无议论，舍治兵治饷无人才。有摭拾浮谈、巧营华要者，罚无赦！"王优诏答之。

初，可法虞杰跋扈，驻得功仪真防之。九月朔，得功、杰构兵，曲在杰。赖可法调剂，事得解。北都降贼诸臣南还，可法言："诸臣原籍北土者，宜令赴吏、兵二部录用。否则恐绝其南归之心。"又言："北都之变，几属臣子皆有罪。在北者应从死，岂在南者非人臣？即臣可法谬典南枢，臣士英叨任凤督，未能悉东南甲疾趋北援，镇臣泽清、杰以兵力不支，折而南走。是首应重论者，臣等罪也。乃因圣明继统，铁钺未加，恩荣叠被。而独于在北诸臣毛举而概绳之，岂散秩间曹，责反重于南枢、凤督哉。宜摘罪状显著者，重惩示儆。若伪命未污，身被刑辱，可置勿问。其逃避北方、徘徊而后至者，许戴罪讨贼，赴臣军前酌用"。廷议并从之。

杰居扬州，桀骜甚。可法开诚布公，导以君臣大义。杰大感悟，奉约束。十月，杰帅师北征。可法赴清江浦，遣官屯田开封，为经略中原计。诸镇分汛地，自王家营而北至宿迁，最冲要，可法自任之，筑垒缘河南岸。十一月四日，舟次鹤镇，谍报我大清兵入宿迁。可法进至白洋河，令总兵官刘肇基往援。大清兵还攻邳州，肇基复援之，相持半月而解。

时自成既走陕西,犹未灭,可法请颁讨贼诏书,言:

自三月以来,大仇在目,一矢未加。昔晋之东也,其君臣日图中原,而仅保江左;宋之南也,其君臣尽力楚、蜀,而仅保临安。盖偏安者,恢复之退步,未有志在偏安,而遽能自立者也。大变之初,黔黎洒泣,绅士悲哀,犹有朝气。今则兵骄饷绌,文恬武嬉,顿成暮气矣。河上之防,百未经理,人心不肃,威令不行。复仇之师不闻及关、陕,讨贼之诏不闻达燕、齐。君父之仇,置诸膜外。夫我即卑宫菲食,尝胆卧薪,聚才智精神,枕戈待旦,合方州物力,破釜沉舟,尚虞无救。以臣观庙堂谋画,百执事经营,殊未尽然。夫将所以能克敌者,气也;君所以能御将者,志也。庙堂志不奋,则行间气不鼓。夏少康不忘出窦之辱,汉光武不忘爇薪之时。臣愿陛下为少康、光武,不愿左右在位,仅以晋元、宋高之说进也。

先皇帝死于贼,恭皇帝亦死于贼,此千古未有之痛也。在北诸臣,死节者无多;在南诸臣,讨贼者复少。此千古未有之耻也。庶民之家,父兄被杀,尚思穴胸断胆,得而甘心,况在朝廷,顾可漠置。臣愿陛下速发讨贼之诏,责臣与诸镇悉简精锐,直指秦关,悬上爵以待有功,假便宜而责成效,丝纶之布,痛切淋漓,庶海内忠臣义士,闻而感愤也。

国家遇此大变,陛下嗣登大宝,与先朝不同。诸臣但有罪之当诛,曾无功之足录。今恩外加恩未已,武臣腰玉,名器滥觞。自后宜慎重,务以爵禄待有功,庶猛将武夫有所激厉。兵行最苦无粮,搜括既不可行,劝输亦难为继。请将不急之工程,可已之繁费,朝夕之燕衍,左右之进献,一切报罢。即事关典礼,亦宜概从节省。盖贼一日未灭,即有深宫曲房,锦衣玉食,岂能安享!必刻刻在复仇雪耻,振举朝之精神,萃万方之物力,尽并于选将练兵一事,庶人心可鼓,天意可回。

可法每缮疏,循环讽诵,声泪俱下,闻者无不感泣。

比大清兵已下邳、宿,可法飞章报。士英谓人曰:"渠欲叙防河将士功耳。"慢弗省。而诸镇逡巡无进师意,且数相攻。明年,是为大清顺治之二年,正月,饷缺,诸军皆饥。顷之,河上告警。诏良佐、得功率师扼颍、寿,杰进兵归、徐。杰至睢州,为许定国所杀。部下兵大乱,屠睢旁近二百里殆尽。变闻,可法流涕顿足叹曰:"中原不可为矣"。遂如徐州,以总兵李本身为提督,统杰兵。本身者,杰甥也。以胡茂顺为督师中军,李成栋为徐州总兵,诸将各分地,又立杰子元爵为世子,请恤于朝。军乃定。杰军既还,于是大梁以南皆不守。士英忌可法威名,加故中允卫胤文兵部右侍郎,总督兴平军,以夺可法权。胤文,杰同乡也,陷贼南还,杰请为己监军。杰死,胤文承士英旨,疏诮可法。士英喜,故有是命,驻扬州。二月,可法还扬州。未至,得功来袭兴平军,城中大惧。可法遣官讲解,乃引去。

时大兵已取山东、河南北,逼淮南。四月朔,可法移军驻泗州,护祖陵。将行,左良玉称兵犯阙,召可法入援。渡江抵燕子矶,得功已败良玉军。可法乃趋天长,檄诸将救盱眙。俄报盱眙已降大清,泗州援将侯方岩全军没。可法一日夜奔还扬州。讹传定国兵将至,歼高氏部曲。城中人悉斩关出,舟楫一空。可法檄各镇兵,无一至者。二十日,大清兵大至,屯班竹园。明日,总兵李栖凤、监军副使高岐凤拔营出降,城中势益单。诸文武分陴拒守。旧城西门险要,可法自守之。作书寄母妻,且曰:"死葬我高皇帝陵侧"。越二日,大清兵薄城下,炮击城西北隅,城遂破。可法自刎不殊,一参将拥可法出小东门,遂被执。可法大呼曰:"我史督师也"。遂杀之。扬州知府任民育,同知曲从直、王缵爵,江都知县周志畏、罗伏龙，两淮盐运使杨振熙，监饷知县吴道正，江都县丞王志端，赏功副将汪思诚，幕客卢渭等皆死。

可法初以定策功加少保兼太子太保，以太后至加少傅兼太子太傅，叙江北战功加少师兼太子太师，擒剧盗程继孔功加太傅，皆力辞，不允。后以宫殿成，加太师，力辞，乃允。可法为督师，行不张盖，食不重味，夏不扇，冬不裘，寝不解衣。年四十余，无子，其妻欲置妾。太息曰："王事方殷，敢为儿女计乎！"岁除遣文牒，至夜半，倦索酒。庖人报胾肉已分给将士，无可佐者，乃取盐豉下之。可法素善饮，数斗不乱，在军中绝饮。是夕，进数十觥，思先帝，泫然泪下，凭几卧。比明，将士集辕门外，门不启，左右遥语其故。知府民育曰："相公此夕卧，不易得也。"命鼓人仍击四鼓，戒左右毋惊相公。须臾，可法寤，闻鼓声，大怒曰："谁犯吾令！"将士述民育意，乃获免。尝子处铃阁或舟中，有言宜警备者，曰："命在天"。可法死，觅其遗骸。天暑，众尸蒸变，不可辨识。逾年，家人举袍笏招魂，葬于扬州郭外之梅花岭。其后四方弄兵者，多假其名号以行，故时谓可法不死云。

可法无子，遗命以副将史德威为之后。有弟可程，崇祯十六年进士。擢庶吉士。京师陷，降贼，贼败，南归，可法请置之理。王以可法故，令养母。可程遂居南京，后流寓宜兴，阅四十年而卒。

【译文】

史可法，字宪之，大兴籍，祥符人。他的先世功荫锦衣卫百户。祖父史应元乡试中举，任黄平知州，施行宽仁之政。他对儿子史从质说："我们家必定会昌盛。"从质妻尹氏有身孕，梦见文天祥来到她的卧室，于是生下了史可法。可法以孝道闻名。崇祯元年考取进士，授为西安府推官，渐渐升为户部主事，又历官员外郎、郎中。

八年升右参议，分工驻守池州、太平。这年秋季，总理侍郎卢象升大举进讨盗贼。改可法为副使，分道巡视安庆、池州，监江北各军。黄梅的盗贼掳掠宿松、潜山、太湖，还准备进犯安庆，可法将他们追击到潜山天堂寨。第二年，祖宽在滁州攻破贼军，贼逃向河南。十二月，贼军马守应联合罗汝才、李万庆从郧阳东下。可法快马飞驰进驻太湖，控制了哪里的要冲。

十年正月，盗贼从小道突然来到安庆石牌，一会儿又改道去桐城。参将潘可大击退了贼军，贼又为庐、凤军扼制，回到桐城，掳掠四面村庄。知县陈尔铭环城守御，可法与可大进剿追捕。贼向庐江逃去，进犯潜山，可法与左良玉在枫香驿打败他们，贼便逃窜到潜山、太湖的深山里。三月，可大及他的副将程龙在宿松战败身亡。盗贼将其同党摇天动又另分为一营，而合计为八营二十多万人，分别屯守在桐城的练潭、石井、陶冲。总兵官牟文绶、刘良佐在挂车河击败他们。

正在此时，陕西的贼寇聚集在漳、宁一带，分道进犯岷、洮、秦、楚、应、皖，满山遍野到处是一伙伙强盗。总理卢象升既已改督宣、大，用王家祯来代替他的位置，祖宽统领的关外兵也北归。不多久，朝廷又以熊文灿来取代王家祯，专门招抚盗贼。贼愈发狂妄逞凶，盘牙交结在长江以北，南京震惊。七月，朝廷升可法为右佥都御史，巡抚安庆、庐州、太平、池州四府，及河南的光州、光山、固始、罗田，湖广的蕲州、广济、黄梅，江西的德化、湖口各县，提督军务，设额定军兵一万多人。贼军已在东攻陷了和州、含山、定远、六合，又进犯天长、盱眙,急速转向河南。可法奏请取消受灾田亩的租税。冬天,可法部将汪云凤在潜山打败贼兵,京军又连破老回回占据的舒城、庐江,贼逃入山中。当时监军金事汤开远善于击杀贼兵,可法驰骋东西进行抵御,盗贼逐渐避开他们的锐势。十一月夏天,因可法平贼超过期限,朝廷命他戴罪立功。

史可法身躯矮小精悍,面色黝黑,目光炯炯有神。他廉洁诚实,能与部下一起吃苦耐劳。部队行军,士兵不饱他不先用餐,士兵未发冬衣他不先穿衣御寒,所以能够得到兵士们拼死的效力。他率兵在英山、六合连连打败贼军,顺天王前来乞求投降。十二年夏天,因奔父丧去职。服丧期满,起为户部右侍郎兼右金都御史。代朱大典总督漕运,巡抚凤阳、淮安、扬州,参劾罢免督粮道三人,增设漕储道一人,大力疏浚南河,使漕政大有改观。于是他晋升为南京兵部尚书,参谋协理军政大事。因武备长久松弛,可法上奏请实行革新八件事。

十七年四月初,听到盗贼进犯京城的消息,史可法发动将士,北上救援朝廷。渡江到浦口,闻讯北京已经沦陷,他身穿白色衣装为明朝发丧。这时南京大臣们正商讨重立君主之事,张慎言、吕大器、姜曰广等说:"福王朱由崧,神宗的孙子,按道德和次序来说应当立为君主,但他有七条不可立的理由:即贪、淫、酗酒、不孝、虐下、不读书、干预官府。潞王朱常淓,为神宗之侄,贤明应当立。"他们向可法发了一份文书,可法也同意这种看法。凤阳总督马士英暗中与阮大铖计议,主张立福王,询问史可法时,可法将七不可告诉他们。然而马士英已与黄得功、刘良佐、刘泽清、高杰发兵将福王送到了仪真,于是可法等只好前去迎接福王。五月初一,福王拜谒孝陵、奉先殿,出来居住在内守备府。群臣们入朝,福王神色忧惧,想避开去。可法说:"福王您不用回避,应该按正统接受王位。"君臣既已朝见过,便讨论战守事。可法说:"王应穿上素服在郊外小住,然后发兵北征,向天下人表示必定要报仇的决心。"福王连连称是。第二日再上朝,大臣们提出商议福王监国之事。张慎言说:"国君虚位无人,可以索性让福王即帝位。"可法说:"崇祯太子生死未卜,如果他们来到南京又怎么办呢?"诚意伯刘孔昭说:"今日既然确定了,谁敢再作更改?"可法说:"慢慢来。"便退下。又过了一日,福王监国,廷推内阁大臣,众臣们推举史可法、高弘图、姜曰广。刘孔昭捋袖露臂争着要与他们并列,众人因为本朝没有勋臣入内阁的先例,制止了他入选。刘孔昭勃然大怒说:"就算我不行,那么马士英为什么不能入阁?"于是专推马士英。又讨论起用、罢废官员事,推出郑三俊、刘宗周、徐石麒。孔昭举荐阮大铖,可法说:"先帝亲自审定的逆案,别再提了。"过了二日,朝廷任可法为礼部尚书兼东阁大学士,与马士英、高弘图一同任命。可法仍然掌管兵部事,马士英仍管理凤阳军务。可法定出京营的规制,照先前北京的事例,侍卫及锦衣卫各军,全部入伍操练。锦衣卫东、西两司房,及南北两镇抚司官,不完全设置,以杜绝告密,安定人心。

这时,马士英日夜期望入朝为相。到任命颁下,他大怒,就将史可法的"七不可"书报奏给福王。而且拥兵入朝,上奏章请福王即帝位。可法便请求督率军师,出外镇守淮、扬。十五日,福王即帝位。第二天,可法向弘光帝去辞别,加太子太保衔,改任兵部尚书、武英殿大学士。马士英就在这一天入朝就职,讨论将江北分成四个镇。东平伯刘泽清管辖淮、海二地,驻扎在淮北,治理山东一路。总兵官高杰管辖徐、泗二州,驻扎在泗水,治理开、归一路。总兵官刘良佐管辖凤、寿二地,驻于临淮,治理陈、杞一路。靖南伯黄得功管辖滁、和二州,驻在庐州,治理光、固一路。可法启程北行,就派使者去探望了已故帝后的梓宫及太子、二诸王的住所,奉命祭告凤、泗二处皇陵。

史可法离开了南京,马士英、刘孔昭等人愈发无所畏惧。刘孔昭因为张慎言推举吴甡,在殿堂上大吵大闹,并拔刀追赶张慎言。可法急忙去疏导调解,刘孔昭最终还是压住吴甡不予进用。可法祭祀二处皇陵完毕,上疏说:"陛下才即位时,只拜谒了孝陵,哭泣得极其悲伤,沿路的人都深深感动。如果亲自去拜谒凤、泗的二陵,亲眼看看凤、泗二地杂草满目,鸡犬无声,就会更加悲愤。我希望您能谨慎小心,始终如一,身处深宫大厦,就要想到东北各皇陵魂魄的不安;享用美食大厨,就要想到东北各陵连麦饭也无着落;您亲受瑞符,顺应天命继承大统,就要牢记先帝的艰苦继业,励精图治,为什么会忽遭危亡的命运;您早朝晚歇,就要牢记先帝的克俭克勤,为什么会最终断送了祖宗大业? 战战兢兢,心存戒慎,任何时候都不懒惰放荡,二处先祖列宗将会默默地保佑当朝的中兴。如果心安理得地处于东南一角,不思远略,贤奸不辨,威断不灵,老成的人丢下簪子,弃官而去,英雄豪杰裹起其足,不敢向前,祖宗怨恨恐惧,天命暗暗远移,连东南一角也无法保住了。"福王赞许地答应了他。

黄得功、刘泽清、高杰都争着想进驻扬州。高杰先到,大肆抢杀,尸横遍野。城中人心震动恐惧,登上城墙进行拒守,高杰攻了二月。刘泽清也大掠淮安。临淮人拒绝接纳刘良佐的军队,也受到围攻。朝廷命令可法前去调解,黄得功、刘良佐、刘泽清都听从命令。于是可法去找高杰。高杰平时惧怕可法,可法来,高杰连夜掘了近百个坑,掩埋暴尸骸骨。天明后他到账中见可法,说话与神色都变了样,汗流浃背。可法敞开胸怀来对待他,用好言好语迎接了高杰的将佐,高杰大喜过望。然而也是从那时起,高杰开始轻慢可法,用自己的武装兵士将可法监视起来,奏章文书高杰都必须取去过目后再放行。但可法仍坦然地为他上奏疏,还将高杰的部队迁驻到瓜洲,高杰又满心欢喜。高杰离开后,扬州才得以安宁,可法于是在扬州开建府署。

六月,大清兵击败了盗贼李自成,李自成放弃北京向西逃走。青州各郡县争相斩杀贼军所封的官员,占据城市自我守护。可法请求颁布监国、即位二诏,以告慰山东、河北军民之心。开设礼贤馆,招徕四方才智兼备的人,以监纪推官应廷吉负责这件事。八月可法出巡淮安,视察了刘泽清的兵马。回到扬州,他向朝廷请求粮饷作为军队进发的经费。马士英就是舍不得发,可法上疏催促他。因此说:"近来人才日益耗竭,仕途日益搅乱,名义上似乎优越而实际上却并不完美,议论多而成功却很少。如今的事势更不能与往昔相比,必须专心致志地主持讨贼复仇。目前舍弃了筹兵筹饷就没有什么可以讨论的,丢开了治兵治饷也就无人才可言了。有拾取虚浮不实之言、巧谋显贵官职之人,必须严罚不赦!"福王用宽慰的诏书来回答他。

起初,可法担心高杰专横跋扈,让黄得功驻在仪真来防备他。九月初,黄得功、高杰交战,错误在高杰。依靠可法的调停,事情才得以解决。北京投降过盗贼的大臣们回到南京,可法说:"原籍在北京的各位大臣,应该命令他们去吏、兵二部报到录用,否则恐怕会断绝了他们南归朝廷之心。"又说:"北都的事变,凡属明朝的臣子都有罪。在北京的人应跟着殉身,难道在南方的不是人臣? 就说我史可法荒谬地掌管着南京的要害部门,大臣马士英有愧地担任着凤阳总督,不能全力带东南的武力迅速去北京救援,镇臣刘泽清、高杰因为兵力不能支撑，竟折回南走。这首先要追究的，是我们这些人的罪。就是因为圣明的君主继承大统，一刑未加，却恩荣叠盖。然而独对在北各臣举出其细碎之事而一律给以制裁，难道对分散在清简部门或无一定职守人的责难反而要重于身居南京要枢、凤阳总督这种位置的人吗？应该挑出其中罪状显著的，重惩以示警诫。如果未被贼军的任命所玷污，身受刑罚侮辱的，可以置之不问。那些逃避北方，徘徊观望而后到南方来的人，允许他们戴罪征讨贼军，到我的军前酌情任用。"朝廷经过讨论同意了他的意见。

高杰驻在扬州，很是凶暴乖戾。可法对他开诚布公，用君臣大义来加以开导。高杰大为感悟，接受了他的管束。十月，高杰统帅军师北征。可法奔赴清江浦，派遣官员到开封去屯田，为筹划中原做打算。各镇分配汛地，从王家营往北到宿迁，是军事、交通最重要的地方，可法亲自承担，沿着河南岸筑起一道壁垒。十一月四日，可法的船停靠在鹤镇，侦知我大清兵进入宿迁。可法来到白洋河，命令总兵官刘肇基前去增援。大清兵返回攻打邳州，刘肇基又去救援邳州，相持了半个多月才解围。这时李自成已经逃到陕西，仍然未被歼灭，可法请求颁布讨贼诏书，他上言说：

自从三月以来，大仇在眼前，却一箭未加。过去晋朝东迁，他们的君臣日日想牟取中原，但仅保住了江左；宋朝南迁，他们的君臣竭尽全力收复楚、蜀，但只保住了临安。大凡偏安者，在恢复江山方面都只会退步，没有志在偏安，而最终能自立的人的。大变的初期，黎民哭泣，绅士悲哀，还有朝气。如今则兵士骄横，军饷不足，文官安逸，武将玩乐，顿时变成了暮气。河上的防备，多未治理，人心不恭，威令不行。复仇的军师听不到关、陕消息，征讨盗贼的诏书传不到燕、齐之地。君父的大仇，被置之度外。我们即便是住陋室少饮食，卧薪尝胆，养精蓄锐，枕戈待旦，聚集各方物力，破釜沉舟，怕仍无法挽救国家。以我看来，朝廷的谋划、众官员的经营，绝对是不够全面的。将领所以能克敌制胜的，是在于他的气势；君主所以能驾驭将士的，是由于他的志向。朝廷志向不奋发，行伍中的士气就不会鼓足。夏代少康不忘出地牢的耻辱，汉代光武帝不忘烧柴时的情景。我希望陛下做少康、光武，不希望左右在位大臣，只以晋元帝、宋高宗的说教来进献。

先皇帝死在盗贼手中，恭皇帝也死于盗贼之手。这是千古没有的仇痛。在北方的大臣们，以死殉节者不多；在南方的大臣们，征讨盗贼的又少。这是千古没有的耻辱。平民之家，父兄被杀，还想到穿胸断头，达到复仇的目的，才肯罢休甘心，何况人在朝廷，反而可以漠然处之？我希望陛下迅速颁发讨贼诏书，责成我与各位镇将挑选精锐部队，直接指向秦关，空出高爵厚禄来等待有功之人，给以因利乘便、见机行事之权而责成他们取得成效，诏书的宣布，痛彻淋漓，全国广大忠臣义士，听后无不感慨愤怒。

国家遭如此大变，陛下继统登上帝位，与先朝不同。大臣中只要有罪就应当给以处罚，尚未建功的人也要增补录用。如今恩外加恩未完，武臣腰间佩玉，甚至将名器也任意赏赐于人。自此之后应该慎重，务必以爵禄优待有功之臣，这样才能对广大猛将、武士有所激励。军队里最苦的莫过于缺乏粮饷，搜括既然不可行，鼓励纳税也难维持下去。请求将不紧要的工程、可停止的繁杂花费、早晚的宴饮、左右的进献，一切都通知作罢。即使是事关典法礼仪，也应该一律服从节省。盗贼一日不消灭，即便有深宫密室，锦衣美食，怎能安然享用！必须每时每刻牢记复仇雪耻，要振奋满朝的精神，聚集万方的物力，全部汇并到选将练兵一事上来，也许人心可以鼓起，天意可以回转。

可法每次抄写完奏疏，都循环背诵，声泪俱下，听者无不感伤哭泣。

接连着大清兵已攻下了邳州、宿迁，可法飞快上章奏报。马士英对人说："他只不过想给防河的将士记功罢了。"轻视而不醒悟。而且各镇将又迟疑徘徊没有进军的意思，还多次相互攻击。第二年，这是大清顺治的第二年，正月，粮饷缺乏，各军都忍受着饥饿。不久，河上报告了敌警。弘光诏令刘良佐、黄得功率军控制颍州和寿州，高杰向归德、徐州进兵。高杰到睢州，被许定国杀害。他部下的军兵大乱，将睢州近旁约二百里内都残杀一净。变乱的消息传去，可法流着眼泪顿足长叹，说："不能再在中原有所作为了！"于是他驰赴徐州，升总兵官李本身为提督，统帅高杰军兵。李本身此人，是高杰的外甥。可法以胡茂顺为督师中军，李成栋为徐州总兵，其他将领也各分守一地，又立高杰儿子高元爵为世子，还向朝廷请求抚恤。高杰的军队这才安定下来。高杰军返还原地以后，大梁以南于是都失守了。马士英妒忌史可法的威名，便给原来的中允卫胤文加官为兵部右侍郎，总督兴平军，以夺可法兵权。胤文，高杰的同乡，他攻破贼军南还，高杰请他作自己的监军。高杰死，胤文秉承马士英的旨意，上疏责备史可法。马士英为此高兴，所以有这项任命，并让他进驻扬州。二月，可法返还扬州。人还未到，黄得功便来袭击兴平军，城中人心恐惧。可法派官前去劝解，黄得功才引兵离去。

这时清兵已取下山东、黄河南北，正向淮南进逼。四月初，可法抽调军队进驻泗州，守护皇家祖陵。临行时，左良玉举兵进犯南京，朝廷召可法南下救援。可法渡长江抵达燕子矶，黄得功已打败了左良玉军。可法便去天长，传檄命众将救援盱眙。一会儿得到情报盱眙已降大清，泗州援将侯方岩全军覆没。可法在一天内连夜赶回扬州。扬州谣传许定国兵将到来，要杀尽高杰的余部。城中人闻讯都斩杀了守关人出城，舟桨被抢掠一空。可法传檄召各镇援兵，竟没有一人赶到。二十日，大清兵大批来到，驻兵斑竹园。第二日，总兵李栖凤、监军副使高岐凤拔营出降，城中力量更加单薄。各文武官员分别拒守在城墙上。旧城西门最为险要，可法亲自据守。他写书信寄于母亲、妻子，并且说："我死后请将我安葬在明太祖皇陵旁边。"过了两天，大清兵兵逼扬州城下，用炮猛击城的西北角，城终于被攻破。可法割颈自杀没有成功，被一将救下并将他拥出小东门，最后被清兵抓住。可法大声喊道："我是史督师。"终于被杀害了。扬州知府任民育、同知曲从直、王缵爵，江都知县周志畏、罗伏龙，两淮盐运使杨振熙，监饷知县吴道正，江都县丞王志端，赏功副将汪思诚，幕客卢渭等都死。

可法起初因为拥立弘光之功加少保兼太子太保，因弘光母后到南京加少傅兼太子太傅，叙录江北战功时加少师兼太子太师，擒获势力强大的盗贼程继孔立功加太傅，但他都极力推辞，弘光不答应。后来因宫殿落成，给他加太师，他又极力推辞，这次弘光同意了。史可法作为督师，他行军不打遮阳御雨的伞，吃饭不用多种菜肴，夏天不扇扇子，冬天不穿皮衣，睡觉不解衣衫。年过四十，没有儿子，他妻子想为他娶妾。他叹息说："公事正繁忙，怎敢为儿女之事计议啊！"除夕批答文件，到深夜，因疲倦命取酒喝。厨师报告肉食已分给了将士，没有可以下酒的菜肴，他就取盐豉下酒。可法平时善于饮酒，几斗酒下肚不会迷乱，但在军中他滴酒不沾。这一晚上，他喝了几十觥，思念先帝，不由得潸然泪下，便靠在茶几上熟睡了。一会儿天放明，将士聚集在辕门外，门不开，可法身边的将士远远地报告了门不开的原因。知府任民育说："相公这夜能安睡，不容易有的啊！"命令鼓人重新击心下鼓,告诫左右将士不要惊醒相公。一会儿,可法醒来,听到鼓声,大怒说:"谁触犯了我的命令!"将士们转述了任民育的好意,才获宽免。可法曾孤身住在一个地方或船上,有人说应当设有警卫人员,可法道:"生死在天命。"可法死,寻觅他的遗骸。天正值酷暑,所有的尸体都受热变烂,无法辨认。过了一年,家人举着袍笏招魂,将他安葬在扬州城外的梅花岭下。以后四方弄兵的人,大多借他的名号行事,所以当时人都说可法没有死。

史可法没有儿子,遗嘱上命令以副将史德威作为他的后人。他有弟史可程,崇祯十六年中进士。升为庶吉士。京师失陷,投降贼军。贼败,可程南归,可法以公理处置他。福王因可法的缘故,命令他回家赡养母亲。可程就居住在南京,后来寄居宜兴,生活了四十年而去世。

祝允明、唐寅传

【题解】

祝允明(1460~1526),字希哲,号枝山、枝指生,长洲县(原江苏吴县)人。他于弘治五年中举后,连考进士不中,后官为福建兴宁知县、应天府通判。祝允明为人,玩世不恭,狂放不羁,不为礼教所束缚,因此官场不得意,郁郁而终。他是明代中期著名书法家,与文徵明、唐寅、徐祯卿称为"吴中四子"。他的小楷学钟繇、王羲之,古拙遒劲,有汉魏笔意;狂草学怀素、黄庭坚,用笔险劲,自具风神。传世书迹多种,如《前后赤壁赋》《书刘基诗》等,著有《怀星堂集》《祝氏集略》等。

唐寅(1470~1523),字伯虎,一字子畏,号六如居士、桃花庵主等,吴县人。弘治十一年乡试第一名,因此人称他为"唐解元"。因会试牵连进科场舞弊案中,被剥夺考试资格回家。宁王宸濠礼聘至王府,唐寅觉察到宸濠蓄意反叛,佯狂得免祸。唐寅是明中期著名书画家,与沈周、文徵明、仇英称为明四大家。唐寅于画,擅长山水,兼工人物花鸟,笔力挺拔秀润,工笔、写意,俱臻妙境。书法亦佳,字风圆润秀丽。工诗文,诗学刘禹锡、白居易。著有《六如居士全集》。《明史》唐寅本传,对其书画艺术无一字述及,是为缺憾。

唐伯虎

【原文】

祝允明,字希哲,长洲人。祖显,正统四年进士。内侍传旨试能文者四人,显与焉,入披门,知欲令教小内监也，不试而出。由给事中历山西参政，并有声。

允明以弘治五年举于乡，久之不第，授广东兴宁知县。捕戮盗魁三十余，邑以无警。稍迁应天通判，谢病归。嘉靖五年卒。

允明生而枝指，故自号枝山，又号枝指生。五岁作径尺字，九岁能诗。稍长，博览群书，文章有奇气，当筵疾书，思若涌泉。尤工书法，名动海内。好酒色六博，善新声，求文及书者踵至，多赂妓掩得之。恶礼法士，亦不问生产，有所入，辄召客豪饮，费尽乃已，或分与持去，不留一钱。晚益困，每出，追呼索逋者相随于后，允明益自喜。所著诗文集六十卷，他杂著百馀卷。

唐寅，字伯虎，一字子畏。性颖利，与里狂生张灵纵酒，不事诸生业。祝允明规之，乃闭户浃岁。举弘治十一年分试第一，座主梁储奇其文，还朝示学士程敏政，敏政亦奇之。未几，敏政总裁会试，江阴富人徐经贿其家僮，得试题。事露，言者劾敏政，语连寅，下诏狱，谪为吏。寅耻不就，归家益放浪。宁王宸濠厚币聘之，寅察其有异志，佯狂使酒，露其丑秽。宸濠不能堪，放还。筑室桃花坞，与客日般饮其中，年五十四而卒。

寅诗文，初尚才情，晚年颓然自放，谓后人知我不在此，论者伤之。吴中自枝山辈以放诞不羁为世所指目，而文才轻艳，倾动流辈，传说者憎益而附丽之，往往出名教外。

【译文】

祝允明，字希哲，长洲县人。他的祖父祝显，正统四年中进士。中进士后，太监传下圣旨，要考试善于做文章的，选拔四个人，祝显即属于四个中的一个，进入皇宫的掖门，祝显知道是要他们教小太监读书，于是他不参加考试就退了出来。后来由给事中历任山西参政，为官很有名声。

祝允明在弘治五年考中举人，很久考不中进士，被任为广东省兴宁知县。在他任知县时，捕杀盗贼首领三十多人，县内盗贼销声匿迹。后来仅仅升他为应天府通判，他告病假回乡。嘉靖五年逝世。

祝允明生下来是个六指，因此自号为枝山，又号枝指生。五岁时就能写一尺见方的大字，九岁能写诗。稍大以后，博览群书，写文章不拘一格，文风奇特，往往在宴席上当场做文章，奋笔疾书，文思如泉水喷涌一样。尤其擅长书法，名声传遍海内。好饮酒嫖妓，也好下棋，又善于度新曲，向他求诗文、书法的人，多得踏破门槛，很多人是贿赂了妓女才得到。他讨厌那些循规守礼的人，对家庭的生计，从不过问，有了收入，就邀请宾客狂喝滥饮，把钱花光为止，或者把钱分给宾客拿去，自己一钱不留。晚年更陷于困境，每次出门，后面总是紧迫着一大群讨债的人，祝允明却以此为乐。他著有诗文集六十卷，其他杂著一百多卷。

唐寅，字伯虎，又字子畏。他生来聪明伶俐，他和同街道的张灵整天狂喝滥饮，不从事任何生计。祝允明对他进行规劝，于是他关门闭户，成年不出门。弘治十一年参加乡试，以第一名考中举人，录取他的老师梁储，对他的文章非常欣赏，梁储回京后，把他的文章给学士程敏政看，程敏政也很欣赏。不久，程敏政会试主考官，江阴县富户徐经贿赂程家奴仆，偷出了考题。此事被揭露出来，检察官弹劾程敏政，并牵连上唐寅，被投入监狱，贬降他为办事吏员。唐寅以此为耻，拒不赴任，回家以后，更加放浪不羁。江西的宁王宸濠送来厚礼请他到王府任职，唐寅觉察到宸濠蓄意谋反，便装疯卖傻，纵情饮酒，甚至当众脱下裤子，露出隐私。宸濠不能忍受，才把他放回来。他回家以后，在桃花坞建筑房屋，和宾客整日其中饮酒作乐，五十四岁时去世。

唐寅的诗文，初期的作品，才华横溢，到了晚年，颓废自放，认为后世人了解我并不在才华，人们深替他可惜。吴郡一带，自从祝允明等人因放浪不羁为当时人所病诟，加之他们的文风又轻佻艳丽，追随他们的人为之倾倒，人们的传说又添油加醋，于是人们认为他们的行为已越出礼教的规范。

文徵明传

【题解】

文徵明（1470～1559），初名璧，字徵明，更字征仲，别号衡山，长洲（原江苏吴县）人。文徵明一生未中科举，正德末年，因李充嗣荐举，被任为翰林院待诏。因不附张璁、杨一清等执政大臣，弃官回乡。文徵明是明代著名的书画家。他少年时学文于吴宽，学书于李应祯，学画于沈周，与祝允明、唐寅、徐祯卿合称吴中四才子。他长于书法，行草、小楷尤精。存世书迹较多，著名的有书苏东坡的《赤壁赋》《与希古书帖》《与野亭书帖》等。又擅长绘画，以山水见长，亦工花卉、兰竹、人物。他的画师法宋元，多描写江南水乡风光和文人生活。他的书画，名重当代，门人亦多，形成吴门画派，与沈周、唐寅、仇英合称明四家。因其书画名重，求者众多，其中亦有门人冒名之作，文徵明亦听之任之。

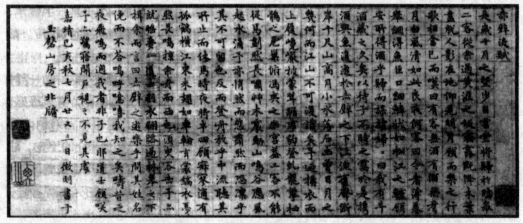

《后赤壁赋》

《明史》文徵明传后附蔡羽、黄省曾、袁褒、王宠、陆师道、陈道复、王谷祥、彭年、何良俊、徐献忠、董宜阳、张之象等人的传记，这些人或长于诗文，或长于书画，遂一并译出。

【原文】

文徵明，长洲人，初名璧，以字行，更字征仲，别号衡山。父林，温州知府。叔父森，右金都御史。林卒，吏民醵千金为赙。徵明年十六，悉却之。吏民修故却金亭，以配前守何文渊，而记其事。

徵明幼不慧，稍长，颖异挺发。学文于吴宽，学书于李应祯，学画于沈周，皆父友也。又与祝允明、唐寅、徐祯卿辈相切劘，名曰益著。其为人和而介，巡抚俞谏欲遗之金，指所衣蓝衫，谓曰："敝至此邪？"徵明佯不喻，曰："遭雨敝耳。"谏竟不敢言遗金事。宁王宸濠慕其名，贻书币聘之，辞病不赴。

正德末，巡抚李充嗣荐之，会徵明亦以岁贡生诣吏部试，奏授翰林院待诏。世宗立，预修《武宗实录》，侍经筵，岁时颁赐，与诸词臣齿。而是时专尚科目，徵明意不自得，连岁乞归。

先是，林知温州，识张璁诸生中。璁既得势，讽徵明附之，辞不就。杨一清召入辅政，徵明见独后。一清亟谓曰："子不知乃翁与我友耶？"徵明正色曰："先君弃不肖三十馀年，苟以一字及者，弗敢忘，实不知相公与先君友也。"一清有惭色，寻与璁谋，欲徙徵明官。徵明乞归益力，乃获致仕。四方乞诗文书画者，接踵于道，而富贵人不易得片楮，尤不肯与王府及中人，曰："此法所禁也。"周、徽诸王以宝玩为赠，不启封而还之。外国使者道吴门，望里肃拜，以不获见为恨。文笔遍天下，门下士赝作者颇多，徵明亦不禁。嘉靖三十八年卒，年九十矣。

长子彭，字寿承，国子博士。次子嘉，字休承，和州学正。并能诗，工书画篆刻，世其家。

吴中自吴宽、王鏊以文章领袖馆阁，一时名士沈周、祝允明辈与并驰骋，文风极盛。徵明及蔡羽、黄省曾、袁袠、皇甫冲兄弟稍后出。而徵明主风雅数十年，与之游者王宠、陆师道、陈道复、王谷祥、彭年、周天球、钱谷之属，亦皆以词翰名于世。

蔡羽，字九逵，由国子生授南京翰林院孔目。自号林屋山人，有《林屋》《南馆》二集。自负甚高，文法先秦、两汉。或谓其诗似李贺，羽曰："吾诗求出魏、晋上，今乃为季贺邪！"其不肯屈抑如此。

黄省曾，字勉之。举乡试。从王守仁、湛若水游，又学诗于李梦阳。所著有《五岳山人集》。子姬水，字淳父，有文名，学书于祝允明。

袁袠，字永之，七岁能诗。举嘉靖五年进士，改庶吉士。张璁恶之，出为刑部主事，累迁广西提学佥士。两广自韩雍后，监司谒督府，率庭跪，袠独长揖。无何，谢病归。子尊尼，字鲁望，亦官山东提学副使，有文名。

王宠，字履吉，别号雅宜。少学于蔡羽，居林屋者三年，既而读书石湖。由诸生贡入国子，仅四十而卒。行楷得晋法，书无所不观。

陆师道，字子传。由进士授工部主事，改礼部，以养母请告归。归而游徵明门，称弟子。家居十四年，乃复起，累官尚宝少卿。善诗文，工小楷古篆绘事。人谓徵明四绝，不减赵孟頫，而师道并传之，其风尚亦略相似。平居不妄交游，长吏罕识其面。女字卿子，适赵宦光，夫妇皆有闻于时。

陈道复，名淳，以字行。祖琚，副都御史。淳受业徵明，以文行著，善书画，自号白阳山人。

王谷祥，字禄之。由进士改庶吉士，历官吏部员外郎。忤尚书汪铉，左迁真定通判以归。与师道俱有清望。

彭年,字孔嘉,其人亦长者。周天球,字公瑕;钱谷,字叔宝。天球以书,谷以画,皆继徵明表表吴中者也。

其后,华亭何良俊亦以岁贡生入国学。当路知其名,用蔡羽例,特授南京翰林院孔目。良俊,字元朗。少笃学,二十年不下楼,与弟良傅并负俊才。良傅举进士,官南京礼部郎中,而良俊犹滞场屋,与上海张芝象,同里徐献忠、董宜阳友善,并有声。及官南京,赵贞吉、王维桢相继掌院事,与相得甚欢。良俊居久之,慨然叹曰:"吾有清森阁在海上,藏书四万卷,名画百签,古法帖彝鼎数十种,弃此不居,而仆仆牛马走乎!"遂移疾归。海上中倭,复居金陵者数年,更买宅居吴阊。年七十始返故里。

徐献忠,守伯臣。嘉靖中,举于乡,官奉化知县。著书数百卷。卒年七十七,王世贞私谥曰贞宪。

董宜阳,字子元。

张之象,字月鹿。祖萱,湖广参议。父鸣谦,顺天通判。之象由诸生入国学,授浙江按察司知事,以吏隐自命。归益务撰著。晚居秀林山,罕入城市。卒年八十一。

【译文】

文徵明,长洲人,起初名叫文璧,字徵明,以字行世,因改字征仲,别号衡山。他的父亲文林,曾任温州知府。叔父文森,曾任右金都御史。文林逝世后,当地官民凑集千金资助丧事。文徵明当时十六岁,全都谢绝了。官民整修原来的却金亭,用来纪念文林和前任知府何文渊,并刻碑记述他们的事迹。

文徵明小时候并不聪明,稍稍长大以后,却聪慧异常,灵气焕发。他向吴宽学习文章,向李应祯学习书法,向沈周学习绘画。这三人都是他父亲的朋友。他又和祝允明、唐寅、徐祯卿等人互相切磋学问和书画艺术,名声日益显著。他的为人,很随和但也很耿直。巡抚俞谏想送给他一些钱,指着他破衣烂衫说:"怎么破成这样?"文徵明假装不明白他的用意,说道:"被雨打坏的。"俞谏竟不敢提送给他钱的事。宁王朱宸濠仰慕他的名声,派人送来书信和礼物聘请他,文徵明称病不去。

正德末年,巡抚李充嗣向朝廷推荐他,正好当时文徵明以岁贡生的身份去吏部考官,任他为翰林院待诏。世宗即位,他曾参与撰修《武宗实录》,任经筵讲官,过年过节所得到的的赏赐,与同在翰林的大臣相等。但当时崇尚科举出身,文徵明因自己不是进士出身,心里很不自在,连年请求离任回乡。

在此之前,他的父亲文林任温州知府时,曾在当时的秀才中发现了张璁。张璁得势以后,暗示文徵明投靠他,文徵明推辞,不去接近张璁。杨一清被征召为内阁执政大臣,文徵明最后才去拜见他。杨一清对文说:"你难道不知道我和你父亲是朋友吗?"文徵明严肃地说:"我的父亲去世已三十多年,如果他生前有一字提到您,我是不敢忘记的,我实在不知道相公您和我的父亲是朋友。"杨一清表情尴尬。不久他和张璁商量,要提升文徵明的官位,文徵明却加紧请求回乡,才获准退休。四面八方请求他的诗文书画的人,在路上一个接着一个,但是大官豪富要得到他片纸只字,十分不易,他尤其不肯给王府和宦官作书画,他说:"这是国法所禁止的。"周王、徽王等诸王赠送他的宝物古玩,他当即原封退回。外国的使臣路过吴门，面对他的住地行政敬礼，因不能和他见面而深感遗憾。他的墨宝几乎遍布天下，他的门客不少人冒用他的名字作书画，文徵明也不加禁止。嘉靖三十八年去世，当时他已九十岁了。

他的长子文彭，字寿承，曾任国子博士，次子文嘉，字休承，曾任和州学正。二人都能写诗，擅长书法绘画和篆刻，能继承他们父亲的学业。

吴中地区，自从吴宽、王鏊以文章为翰林院领袖人物，一时的名家如沈周、祝允明等人与吴宽等人并驾齐驱，文风盛极一时。文徵明和蔡羽、黄省曾、袁袠、皇甫冲兄弟稍稍后起。但文徵明领袖文坛数十年，和他交游的有王宠、陆师道、王谷祥、彭年、周天球、钱谷等人，也都以文章书法著称于世。

蔡羽，字九逵，由国子生员任用为南京翰林院孔目。他自号林屋山人，著有《林屋》《南馆》二集。在诗文方面自视甚高，文章效法先秦、两汉，有人说他的诗风与李贺相似，蔡羽说："我作诗要求高出魏晋之上，现在仅仅像李贺吗？"他就是这样不肯屈就。

黄省曾，字勉之。乡试考中举人。他曾追随王守仁、湛若水，又向李梦阳学诗。著有《五岳山人集》。他的儿子黄姬水，字淳父，有文名，曾向祝允明学习书法。

袁袠，字永之，他七岁时即能作诗。嘉靖五年中进士，以庶吉士在翰林院进修。张璁讨厌他，把他赶出翰林院，任为刑部主事，后历升至广西提学佥事。两广自韩雍任总督之后，地方长官按察使、指挥使等去总督府拜见，一律在院中下跪，只有袁袠只拱拱手就算了。过了不久，称病离任回乡。他的儿子袁尊尼，字鲁望，官至山东提学副使，也有文名。

王宠，字履吉，别号雅宜。少年时曾从学于蔡羽，在林屋这个地方居住了三年，不久又去石湖读书。他由秀才保送到国子监深造，年仅四十岁就去世了。王宠的行书、楷书颇得晋人笔意，读书很博，无所不看。

陆师道，字子传。中进士后被任为工部主事，又改为礼部主事，以奉养母亲为由请假回乡。回家后，在文徵明门下学习，称为弟子。在家居住了十四年，才再度起用他，官至尚宝少卿。他擅长诗文，又长于小楷、古篆书以及绘画。人称文徵明诗文书画为四绝，成就不在赵孟頫之下，陈师道能继承文徵明的四绝，而且作风也与文徵明相似。平时不随便和人交往，官吏很少能见到他。他的女儿叫卿子，嫁给赵宧光，夫妇二人在当时很有名气。

陈道复，名淳，以字行世。他的祖父陈琚，曾任副都御史。陈淳受学于文徵明，以文章、品行著名。擅长书法绘画，自号白阳山人。

王谷祥，字禄之。中进士后，以庶吉士进翰林院进修，官至吏部员外郎。因得罪吏部尚书汪铉，降为真定府通判，离任回乡。他和陈师道都有清官声望。

彭年，字孔嘉，为人忠实厚道。周天球，字公瑕；钱谷，字叔宝。周天球的书法，钱谷的绘画，在文徵明之后成为吴中地区的佼佼者。

后来，华亭的何良俊也以贡生入国子监深造。当权者知道他有名声，援蔡羽的先例，特任为南京翰林院孔目。何良俊，字元朗。少年时就专心学问，二十年不下书楼，和他的弟弟何良傅都有杰出的才能。何良傅考中进士，官至南京礼部郎中，但何良俊却屡考不中，和上海人张之象、同乡人徐献忠、董宜阳是朋友，都有名声。后来何良俊到南京任官，赵贞吉、王维桢相继主持翰林院事务，和何良俊关系很融洽。何良俊在南京住了很久，他感慨地说："我有一座清森楼在海滨,其中藏书四万卷、名画百幅,古代的碑帖、钟鼎彝器有几十种,放着这地方不住,何必在南京忙忙碌碌供人驱使呢?"于是称病离职回家。因海边遭受倭寇扰害,又回南京住了几年,在苏州购买宅第。七十岁时才回到故里。

徐献忠,字伯臣。嘉靖年间考中举人,官至奉化知县。著作有数百卷。七十七岁时去世,王世贞个人给他赠谥号为"贞宪"。

董宜阳,字子元。

张之象,字月鹿。他的祖父张萱,官至湖广参议。他的父亲鸣谦,官至顺天通判。张之象以秀才的身份入国子监读书,后任浙江按察司知事,因官位低下,自称为"吏隐"。离职回乡以后,更加专心从事著述。晚年住在秀林山,很少进城。终年八十一岁。

王世贞传

【题解】

王世贞(1526~1590),明代文学家、史学家。字元美,号凤州,弇州山人。太仓(今属江苏)人。嘉靖进士,官至南京刑部尚书。

王世贞与李攀龙同为明代"后七子"首领,主张文必秦汉,诗必盛唐,强调诗的格调,倡导复古模拟。晚年文学思想有较大变化,觉察到复古的流弊。《艺苑卮言》是其早期论著。

其诗取材宏博,颇具匠心。词受传统束缚较大,题材狭窄。对戏曲也颇有研究。有《弇州山人四部稿》等书传世。

王世贞在史学方面有很大抱负,其著述有《弇山堂别集》一百卷,弟子哀集的《弇山史料》一百卷、《嘉靖以来首辅传》八卷。以及编辑的《明野史稿》一百卷、《皇明名臣琬琰录》等书。

王世贞《艳异编》书影

【原文】

王世贞,字元美,太仓人,右都御史忬子也。生有异禀,书过目,终身不忘。年十九,举嘉靖二十六年进士。授刑部主事,世贞好为诗古文,官京师,入王宗沐、李先芳、吴维岳等诗社,又与李攀龙、宗臣、梁有誉、徐中行、吴国伦辈相倡和,绍述何、李,名日益盛。屡迁员外郎、郎中。

奸人阎姓者犯法,匿锦衣都督陆炳家,世贞搜得之。炳介严嵩以请,不许。杨继盛下吏,时进汤药。其妻讼夫冤,为代草;既死,复棺殓之。嵩大恨。吏部两拟提学皆不用,用为青州兵备副使。父忬以滦河失事,嵩构之,论死系狱。世贞解官奔赴,与弟世懋日蒲伏嵩门,涕泣求贷。嵩阴持忬狱,而时为谩语以宽之。两人又日囚服跽道旁,遮诸贵人舆,搏颡乞救。诸贵人畏嵩不敢言，忬竟死西市。兄弟哀号欲绝，持丧归，蔬食三年，不入内寝。既除服，犹却冠带，苴履葛巾，不赴宴会。

隆庆元年八月，兄弟伏阙讼父冤，言为嵩所害。大学士徐阶左右之，复忬官。世贞意不欲出，会诏求直言，疏陈法祖宗、正殿名、广恩义、宽禁例、修典章、推德意、昭爵赏、练兵实八事，以应诏。无何，吏部用言官荐，令以副使涖大名。迁浙江右参政，山西按察使。母忧归，服除，补湖广，旋改广西右布政使，入为太仆卿。

万历二年九月以右副都御史抚治郧阳，数条奏屯田、戍守、兵食事宜，咸切大计。有奸僧伪称乐平王次子，奉高皇帝御容、金牒，行游天下。世贞曰："宗藩不得出城，而诬张如此，必伪也。"捕讯之，服辜。

张居正枋国，以世贞同年生，有意引之，世贞不甚亲附。所部荆州地震，引《京房占》，谓臣道太盛，坤维不宁，用以讽居正。居正妇弟辱江陵令，世贞论奏不少贷。居正积不能堪，会迁南京大理卿，为给事中杨节所劾，即取旨罢之。后起应天府尹，复被劾罢。居正殁，起南京刑部右侍郎，辞疾不赴。久之，所善王锡爵秉政，起南京兵部右侍郎。先是，世贞为副都御史及大理卿、应天尹与侍郎，品皆正三。世贞通理前俸，得考满荫子。比擢南京刑部尚书，御史黄仁荣言世贞先被劾，不当计俸，据故事力争。世贞乃三疏移疾归。二十一年卒于家。

世贞始与李攀龙狎主文盟，攀龙殁，独操柄二十年。才最高，地望最显，声华意气笼盖海内。一时士大夫及山人、词客、衲子、羽流，莫不奔走门下。片言褒赏，声价骤起。其持论，文必西汉，诗必盛唐，大历以后书勿读，而藻饰太甚，晚年，攻者渐起。世贞顾渐造平淡。病亟时，刘凤往视，见其手《苏子瞻集》，讽习不置也。

世贞自号凤洲，又号弇州山人。其所与游者，大抵见其集中，各为标目。曰前五子者，攀龙、中行、有誉、国伦、臣也。后五子则南昌余曰德、蒲坼魏裳、歙汪道昆、铜梁张佳胤、新蔡张九一也。广五子则昆山俞允文、濬卢枏、濮州李先芳、孝丰吴维岳、顺德欧大任也。续五子则阳曲王道行、东明石星、从化黎民表、南昌朱多煃、常熟赵用贤也。末五子则京山李维桢、鄞屠隆、南乐魏允中、兰溪胡应麟，而用贤复与焉。其所去取，颇以好恶为高下。

【译文】

王世贞，字元美，太仓（今属江苏）人，是右都御史王忬的儿子。生下来就有特殊的天赋，书一过目，终身不忘。十九岁时，考取嘉靖二十六年（1547）进士，授官刑部主事。王世贞喜欢作诗写古文，在京都做官，加入王宗沐、李先芳、吴维岳等人的诗社，又和李攀龙、宗臣、梁有誉、徐中行、吴国伦等人相倡和，继承何景明、李梦阳的主张，名声越来越大。在官职上接连升为员外郎、郎中。

坏人闫某犯了法，藏在锦衣都督陆炳家里，王世贞搜查逮捕了他。陆炳通过严嵩请求释放闫某，世贞没有答应。杨继盛入狱受审，世贞经常送去汤药。继盛妻子为夫告状申冤，世贞代为起草状子；继盛死后，又用棺装殓了他。严嵩对此咬牙切齿。吏部两次打算任命世贞作提学，都未被批准，而让他去做做青州（今山东潍坊）兵备副使。世贞父亲在滦河出了事故，严嵩罗织罪名，判他死刑，关进狱中。世贞辞官奔赴京城，和弟弟世懋每天俯伏在严嵩府门前，哭着请求宽大处理。严嵩暗里坚持对王忬的原判，却表面上时时说些欺骗的话来宽慰他们。他们又每天穿囚服跪在路旁，挡住那些达官贵人的车子，磕着头乞求救他父亲。那些达官贵人害怕严嵩，不敢说话。王忬终于被斩首示众。兄弟号啕大哭，悲痛欲绝，护送父亲灵柩归家，守丧吃素三年，三年中不入内室就寝。守丧期满，仍不着官服，穿草鞋，戴葛巾，不赴宴会。

隆庆元年（1567）八月，世贞兄弟俩向皇上申诉父冤，说被严嵩所害。大学士徐阶处理此事，恢复了王忬的官位。世贞本不想再出山做官，正值皇上传下诏书，让臣下直言进谏，于是世贞上疏，陈述法祖宗、正殿名、广恩义、宽禁例、修典章、推德意、昭爵赏、练兵实八条建议，来响应皇上的诏告。不久，由言官推荐，吏部任命他作副使，去大名（今属河北）上任。接着升为浙江右参政，山西按察使。因母亲亡故，回家守丧。守丧期满，调往湖广做官，接着改任广西右布政使，入京任太仆卿。

万历二年（1574）九月，以右副都御史的头衔安抚治理郧阳区阳（今湖北郧阳区），几次向皇上分条陈述屯田、戍守、兵食等事宜，都是切实可行的重大建议。当时有一个坏和尚，冒充是乐平王的二儿子，带了高皇帝的遗像和世系家谱，行游天下。王世贞说："受分封的宗室不能随便出城，而他却这样胡来，一定是假的。"把他抓来审讯，承认犯了欺骗之罪。

张居正主持国政，因为世贞是他同期进士，有意提拔他，世贞却对他不很亲近。世贞所管辖的荆州发生地震，引用《京房占》卜，说臣下势力太甚，地的四角就不得安宁，用来委婉地规劝居正。居正的内弟欺辱江陵县令，世贞向皇上告发，一点也不宽容。张居正忍不下去了，正好世贞升任南京大理卿，被给事中杨节所弹劾，就以皇上的旨意，把他罢了官。后起用为应天府尹，又被弹劾罢官。张居正死后，起用王世贞为南京刑部右侍郎，告病不去赴任。过了好久，与世贞交好的王锡爵主持国政，起用他为南京兵部右侍郎。在这之前，王世贞做过副都御史和大理寺卿、应天尹和侍郎，官品都是正三品。世贞计算全部任职时间，够规定可以封子。等提升为南京刑部尚书，御史黄仁荣说世贞早先被弹劾，罢官期间不应计算官龄，依据惯例，和世贞力争。世贞三次上疏后告病归家。万历二十一年（1593），寿终正寝。

王世贞开始时和李攀龙交互主持文坛，攀龙死后，独主文坛二十年。他文才最高，地位、威望最突出，誉满海内，气势逼人。一时间士大夫和隐士、词人、和尚、道士等，无不奔走于世贞的门下，只要世贞一句褒奖的话，声价骤然提高了。他的理论主张是：文必秦汉，诗必盛唐。大历（766～779）以后的作品不要去读。可是他的诗文，过分雕琢辞藻。晚年，攻击他的人渐渐多起来，而王世贞诗文的风格也渐趋平淡。他病得很厉害时，刘凤前去看望，见他手里拿着《苏子瞻集》，讽咏玩味个不停呢。

世贞自号"凤洲"，又号"弇州山人"。那些跟他交往的人，大都在他集中可以见到，并且各自作为标目。集中说的前五子是李攀龙、徐中行、梁有誉、吴国伦、宗臣，后五子则是南昌的余曰德、蒲圻的魏裳、歙县汪道昆、铜梁张佳胤、新蔡张九一。广五子又是昆山俞允文、浚县卢柟、濮州李先芳、孝丰吴维岳、顺德欧大任。续五子则是曲阳王道行、东明石星、从化黎民表、南昌朱多煃、常熟赵用贤。末五子是京山李维桢、鄞县屠隆、南乐魏允中、兰溪胡应麟，赵用贤又在其中。他所肯定和否定的，颇有些以个人好恶来衡量高下的味道。

董其昌传

【题解】

董其昌(1555~1636),字玄宰,号思白,又号香光居士,华亭(今上海市松江区)人。万历十七年中进士,历官轮输林院偏修、湖广副使、湖广学政、太常卿、礼部左右侍郎、南京礼部尚书。董其昌是晚明著名书画家。他的书法,初学米芾,后又学唐人,上溯魏晋,形成自己的独特书风。他的书法作品,秀丽超逸,布局疏宕有致,对明末清初的书坛影响很大。书迹存世很多,刻帖有《小玉烟堂帖》《汲古堂帖》《书种堂帖》《来仲楼法帖》《世春堂帖》等。著名的作品有《邵康节无名公使并程朱赞》《孝经》《书古人侍》《传赞》等。他的绘画,擅长山水,学董源、巨然、黄公望、仇赞等,不重写实,画风清润明秀。在绘画上标榜士气,把古代山水画家分为南北宗,推崇南宗,贬抑北派,这是一种偏见。著有《画禅室随笔》《容台文集》等。在于董其昌书画名重,求书画者很多,他常常请人代笔,因而存世的伪作甚多。

秋兴八景之一图

在当时同以书法著名的人有:华亭人莫如忠、莫是龙父子、临邑人邢侗及其妹慈静、顺天人米万钟、晋江人张瑞图等人,附于《董其昌传》后,今一并译出。

【原文】

董其昌,字元宰,松江华亭人。举万历十七年进士,改庶吉士。礼部侍郎田一俊以者教习卒官,其昌请假,走数千里,护其丧归葬。还授编修。皇长子出阁,充讲官,因事启沃,皇长子每目属之。坐失执政意,出为湖广副使,移疾归。起故官,督湖文学政,不徇请嘱,为势家年怨,嗾生儒数百人鼓噪,毁其公署。其昌即拜疏求去,帝不许,而令所司按治,其昌卒谢事归。起山东副使、登莱兵备、河南参政,并不赴。

光宗立,问:"旧讲官董先生安在?"乃召为太常少卿,掌国子司业事。天启二年所擢本寺卿,兼侍读学士。时修《神宗实录》,命往南方采辑先趄章疏及遗事,其昌广搜博征,

录成三百本。又采留中之疏切于国本、藩封、人才、风俗、河渠、食货、吏治、边防者,别为四十卷。仿史赞之例,每篇系以笔断。书成表进,有诏褒美,宣付史馆。明年秋,擢礼部右侍郎,协理詹事府事,寻转左侍郎。五年正月拜南京礼部尚书。时政在奄竖,党祸酷烈。其昌深自引远,逾年请告归。崇祯四年起故官,掌詹事府事。居三年,屡疏乞体,诏加太子太保致仕。又二年卒,年八十有三。赠太子太傅。福王时,谥文敏。

其昌天才俊逸,少负重名。初,华亭自沈度、沈粲以后,南安知府强弼,詹事陆深、布政莫如忠及子是龙皆以善书称。其昌后出,超越诸家。始以米芾为宗,后自成一家,名闻外国。其画集宋、元诸家之长,行以己意,潇洒生动,非人力所及也。四方金石之刻,得其制作手书,以为二绝。造请无虚日,尺素短札,流布人间,争购宝之。精于品题,收藏家得片语只字以为重。性和易,通禅理,萧闲吐纳,终日无俗语。人拟之米芾,赵孟頫云。同时以善书名者,临邑邢侗、顺天米万钟、晋江张瑞图,时人谓邢、张、米、董,又曰南董、北米。然三人者,不逮其昌远甚。

莫如忠,字子良。嘉靖十七年进士。累官浙江布政使。洁修自好。夏言死,经纪其丧。善草书,诗文有体要。是龙,字云卿,后以字行,更字廷韩。十岁能文,长善书。皇甫汸,王世贞辈亟称之。以贡生终。

邢侗,字子愿。万历二年进士。终陕西行太仆卿。家资巨万,筑来禽馆于古犁丘,减产奉客,遂致中落。妹慈静,善仿兄书。

米万钟,字友石。万历二十三年进士,历官江西近察使。天启五年,魏忠贤党仇文焕刻之,遂削籍。崇祯初,起太仆少卿,卒官。

张瑞图者,官至大学士,逆案中人也。

【译文】

董其昌,字玄宰,是松江府华亭县人。万历十七年考中进士,改为庶吉士。礼部侍郎田一俊教习庶吉士,死于任所,董其昌请假,奔走数千里路,把田一俊的灵柩护送回乡安葬。回来以后,被任为编修官。皇帝的长子就学读书,董其昌充任讲官,他在讲书中借史事随时对他进行启发诱导,皇长子不时报以会心的一瞥。由于董其昌未按执政大臣的意志行事,被外任为湖广副使,董其昌称病回乡。后来起用,官得原职,提督湖广学政。因他不徇私情开后门,受到有权势人的怨恨,他们唆使数百个生儒闹事,捣毁了他的衙门。董其昌当即上奏朝廷,请求离职,皇帝不允许,下令有关部门对闹事的生儒审查处治,董其昌终于辞职回乡。朝廷起用他为山东副使,登莱兵备,河南参政,他都不去上任。

光宗即位后,问道:"原来的讲官董其昌先生现在哪里?"于是朝廷征召他为太常少卿,掌国子司业事。天启二年,提升为太常卿,兼侍读学士。当时修撰《神宗实录》,派他去南方搜集神宗朝时大臣的奏章和遗闻佚事,董其昌文事搜集,记录有三百本之多。他又选择没有批复的奏章中有关太子、藩封、人才、风俗、河渠、食货、吏治、边防的论述,分门别类,录成四十卷。他仿效史书论赞的体例,每篇之后都附以自己的论断。书编成后,上表进呈,皇帝下旨,加以褒奖,命交给史馆备用。第二年秋天,提升他为礼部右侍郎,协助詹事府事务,不久特为礼部左侍郎。天启五年正月,晋升为南京礼部尚书。当时朝政被宦官把持,对东林党残酷迫害。董其昌遇事则远远躲开,过了一年即请假回乡。崇祯四年,起用为原官,并掌詹事府事。在任三年,多次上奏请求退休,皇帝下旨给他加太子太保衔准予退休。又过了两年就去世了,终年八十三年,追赠太子太傅。福王在位时,赠谥号为"文敏"。

董其昌天资过人,少年时就有很高的声望。当初,华亭地方的人物,从沈度、沈粲以后,南安知府张弼、詹事陆深、布政使莫如忠及其儿子莫是龙,都以擅长书法著称。董其昌后起,超越各家。他起初学习米芾,后自成一体,名闻外国。他的绘画,在集宋、元各家的长处的基础上,自创新意,形成潇洒生动的画风,这并非人力可以达到的。四面八方的金石刻词,如果能得到他的撰文和书丹,被认为是"二绝"。每天都有许多人来求书画,他的一小幅画或一封短信,流传到社会上,人们竞相购买珍藏。他又精于书画鉴赏,收藏家得到他有关的片言只字,都十分重视。他生性随和,平易近人,精通佛理,谈吐高雅,整日无一句世俗语。人们把他比作米芾、赵孟頫。同时以书法著名的人,有临邑的邢侗、顺天的米万钟、晋江的张瑞图,当时人称之为邢、张、米、董,又称之为南董、北米。但其他三人,成就远不及董其昌。

莫如忠,字子良。嘉靖十七年中进士,官至浙江布政使。为人洁身自好。夏言死后,经营他的丧事。擅长草书,诗文,也规整得体。莫是龙,字云卿,后以字通行,又改字廷韩。他十岁时就能写文章,长大以后也擅长书法。皇甫汸、王世贞等人对他交口称赞。临终仍是贡生。

邢侗,字子愿。万历二年中进士,官至陕西行太仆卿。他有巨万家产,在古犁丘上修筑来禽馆。他不惜出卖家产招待宾客,因此家道衰落。他的妹妹慈静,善于模仿他的书体。

米万钟,字友石。万历二十三年中进士,官至江西按察使。天启五年,遭魏忠贤的党羽仉文焕的弹劾,于是被免官。崇祯初年,起用为太仆少卿,死于官任。

张瑞图这个人,官至大学士,是名列逆案的宦官党羽。

徐渭传

【题解】

徐渭(1521~1593),字文长,号天池生,晚年号青藤道士,山阴县(今浙江省绍兴市)人。一生科场不利,秀才出身,多次乡试不第,故一生没做过官。中年做浙闽总督胡宗宪的幕僚,颇得赏识。胡宗宪下狱,徐渭惧祸而发狂,杀死妻子,被判死刑,乡人张元忭营救,得以免死。后游历北边诸边塞,郁郁而终。

徐渭是明代中期的博学多才的艺术家。工书法,以行草见长,运笔超逸圆浑,纵逸飞动,源于苏轼、米芾,而形成自己的书风。善绘画,以花鸟著称,用笔放纵,水墨酣畅,重写意神似,不规于笔画之间,对后世大写意画有较大影响。同时他还是戏曲作家和戏曲理论家,著有《南词叙录》和《四声猿》杂剧。诗文亦称一时之妙,诗有李贺之奇,文有苏轼之辩,著有《徐文长全集》《徐文长佚稿》等。

【原文】

　　徐渭,字文长,山阴人。十余岁仿扬雄《解嘲》和《释毁》,长师同里季本。为诸生,有盛名。总督胡宗宪招致幕府,与歙余寅、鄞沈明臣同管书记。宗宪得白鹿,将献诸朝,令渭草表,并他客寄所善学士,择其尤上之。学士以渭表进,世宗大悦,益宠异宗宪,宗宪以是益重渭。宗宪尝宴将吏于烂柯山,酒酣乐作,明臣作《铙歌》十章,中有云"狭苍短兵相接处,杀人如草不闻声。"宗宪起,将其须曰:"何物沈生,雄快乃尔!"即令刻于石,宠礼与渭埒。督府势严重,将吏莫敢仰视。渭角巾布衣,长揖纵谈。幕中有急需,夜深开戟门以待。渭或醉不至,宗宪顾善之。寅、明臣亦颇负崖岸,以侃直见礼。

　　渭知兵,好奇计,宗宪禽徐海,诱王直,皆预其谋。籍宗宪势,颇横。及宗宪下狱,渭惧祸,遂发狂,引巨锥刺耳,深数寸,又以椎碎肾囊,皆不死。已,又击杀继妻,论死系狱,里人张元忭力救得免。乃游金陵,抵宣、辽,纵观诸边阨塞,善李成梁诸子。入京师,主元忭。元忭导以礼法,渭不能从,久之怒而去。后元忭卒,白衣往吊,抚棺恸哭,不告姓名去。

　　渭天才超轶,诗文绝出伦辈。善草书,工写花草竹石。尝自言:"吾书第一,诗次之,文次之,画又次之。"当嘉靖时,王、李倡七子社,谢榛以布衣被摈。渭愤其以轩冕压韦布,誓不入二人党。后二十年,公安袁宏道游越中,得渭残帙以示祭酒陶望龄,相与激赏,刻其集行世。

【译文】

　　徐渭,字文长,是山阴县人。十多岁时即模仿扬雄的《解嘲》,作《释毁》一文,长大以后,拜同乡季本为师。在做秀才时,即很有名气。总督胡宗宪聘请他为幕僚,他和歙县人余寅,鄞县人沈明臣共同掌管文书。胡宗宪得到一头白鹿,将要献给朝廷,让徐渭起草进献表文,胡宗宪将他作的表文和其他幕僚所做的表文一起寄给和胡宗宪关系很好的一位学士,请他选择其中最好的一篇进呈。这位学士选中了徐渭的表文进上,明世宗看了以后很满意,于是更加宠信胡宗宪,胡宗宪因此也更加敬重徐渭。胡宗宪曾在烂柯山宴请部下的将领,酒席进入高潮,乐队奏起乐曲,沈明臣当场作了《铙歌》十首,其中有两句说:"狭巷短兵相接处,杀人如草不闻声。"胡宗宪听罢,站起来走到沈明臣身业,将着他的胡子说:"沈先生真有你的,诗句这样雄壮痛快!"当场命令将此《铙歌》刻碑上石,胡宗宪对沈明臣和徐渭一样爱重。总督官高位显,威风凛凛,气氛严肃,将吏在胡宗宪面前,不敢抬头正眼相看,徐渭却以平民的装束,和胡宗宪彼此彬彬有礼,纵情畅谈。总督府如有紧急事情要徐渭办理,即使在深夜里也会大开府门,等待徐渭。有时因徐渭喝醉酒,不能前来,胡宗宪还去看望他。余寅、沈明臣二人也自视甚高,以耿直受到礼遇。

　　徐渭懂得军事,好出奇计,胡宗宪捕获海盗徐海,诱捕王直,徐渭都参与谋划。徐渭依仗胡宗宪的势力,专横无礼。后来胡宗宪因事被捕入狱,徐渭担心大祸临头,因害怕而发狂,用大锥刺自己的耳部,刺进好几寸深,又用锤子砸碎阴囊,但都没有致命。不久又把续娶的妻子杀死,被判为死罪,监禁等待处决,他的同乡张元忭极力营救,徐渭才没被处死。后来徐渭游历金陵,又北至宣府、辽州,考察边塞的形势,在考察边塞时,结交了李成梁的几个儿子。又进京，住在张元忭家。张元忭引导他遵循礼法，徐渭听不进去，过了很久，怒气冲冲地离去。后来张元忭逝世，徐渭身穿孝服去吊唁，手扶尸棺，大声痛哭，没向丧家说出自己的姓名走开了。

徐渭的天赋很高，诗文的成就超出同时代的文人。他又擅长草书，兼工绘画，善画花草竹石。他曾自我评价说："我的书法是第一，诗词第二，文章第三，绘画第四。"他生于嘉靖年间，当时王世贞、李攀龙倡导成立"七子社"，诗人谢榛因是平头百姓被排斥。徐渭气愤他们以官势压百姓，发誓不加入他们一派。过了二十年，公安人袁宏道游历浙江，得到徐渭著作的残篇，拿给国子监祭酒陶望龄看，二人非常欣赏，于是把他的文章刊刻传世。

沈周传

【题解】

沈周（1427～1509），字启南，号石田，晚号白石翁，江苏吴县人。一生隐居不仕。他是明中叶著名画家，与唐寅、文徵明、仇英被称为明代四大家。他的画艺得自家传，后又学董源、巨然、吴镇，自成一家。他擅长画山水，早年多画小幅，晚年始拓为大幅。他用笔豪放，沉厚，于豪放之中又有细腻之笔。明人王稚登《丹青志》列其画为神品，称明代第一。沈周又长于诗文书法，他文拟《左传》，诗学白居易、苏轼、陆游，字学黄庭坚。著有《石田集》《客座新闻》等。

【原文】

沈周，字启南，长洲人。祖澄，永乐间举人材。不就。所居曰西庄，日置酒牧宾，人拟之顾仲瑛。伯父贞吉，父恒吉，并抗隐。构有竹居，兄弟读书其中，工诗善画，藏获亦解文墨。邑人陈孟贤者，陈五经继之子也。周少从之游，得其指授。年十一，游南都，作百韵诗，上巡抚侍郎崔恭。面试《凤凰台赋》，援笔立就，恭大嗟异。及长，书无所不览。文摹左氏，诗拟白居易、苏轼、陆游，字仿黄庭坚，并为世所爱重。尤工于画，评谓为明世第一。

郡守欲荐周贤良，周筮《易》，得《遁》之九五，遂决意隐遁。所居有水竹亭馆之胜，图书鼎彝充牣错列，四方名士过从无虚日，风流文彩照映一时。奉亲至孝，父殁，或劝之仕，对曰："若不知母氏以我为命耶？奈何离膝下。"居恒厌入城市，于郭外置行窝，有事一造之。晚年，匿迹唯恐不深，先后巡抚王恕、彭礼咸礼敬之，欲留幕下，并以母老辞。

有郡守征画工绘屋壁，里人疾周者，入其姓名，遂被摄。或劝周谒倡费游以免，周曰："往役，义也，谒贵游，不更辱乎！"卒供役而还。已而守入觐，铨曹问曰："沈先生无恙乎？"守不知所对，漫应曰："无恙。"见内阁，李东阳曰："沈先生有牍乎？"守益愕，复漫应曰："有而未至。"守出，仓皇谒侍郎吴宽，问："沈先生何人？"宽备言其状。询左右，乃画壁生也。比还，谒周舍，再拜引咎，素饭，饭之而去。周以母故，终身不远游。母年九十九而终，周亦八十矣。又三年，以正德四年卒。

【译文】

　　沈周,字启南,是长洲人。他的祖父沈澄,永乐年间地方官以人才科目推荐他,他不应荐。他住的地方叫作西庄,整日设宴招待朋友,人们比他为顾仲瑛。沈周的伯父沈贞吉、父亲沈恒吉,都隐居不肯出来做官。他们建造了有竹居,兄弟二人在里面读书,他们诗写得很好,又擅长绘画,连他们的奴仆也粗通文墨。同乡有个叫陈孟贤的人,是陈五经(字继之)的儿子。沈周小时候跟他学习,指示做学问的门径。沈周十一岁时,去南京游历,作了一首百韵诗,呈送巡抚侍郎崔恭。崔恭当面让他做《凤凰台赋》,沈周提起笔来,不加思索,马上就写成了,使崔恭大为惊异。他长大以后,什么样的书他都读过。他的文章模仿《左传》,诗模仿白居易、苏轼、陆游、书法模仿黄庭坚,他的诗文书法,很受当时人的喜爱。他最长于绘画,评论界认为他是明代第一家。

　　郡太守想以贤良的科目推荐沈周,他用《易》卦占卜,占得《遁》卦的九五,于是决心隐居不仕。他居住的地方有潺潺流水,茂林修竹,亭台馆阁,美不胜收,图书字画,钟鼎彝器,充满左右,四面八方的著名学者经常和他来往,文采风流,天下闻名。他对双亲特别孝敬,父亲逝世后,有人劝他出来做官,他回答说:"你不知道我母亲把我看作命根子吗?我怎么能离开她老人家。"他平时很讨厌进城,于是在城外找了一处临时住所,有事就去一趟。他到了晚年,唯恐隐居得不深,担心外人了解他的踪迹,先后任江南巡抚的王恕、彭礼等人都对他优礼有加,想留他做幕僚,他以母亲年老谢绝了。

　　有位郡太守征召画工绘饰墙壁,沈周同乡中疾恨他的人,把他的名字报上去,于是沈周被抓去服役。有人劝沈周,让他去走走权贵的门路,可以免去服役,沈周说:"我前去服役,这是我的义务,如果去走权贵的门路,不是自找侮辱吗!"终于服完役后才回家。不久,那位郡太守进京朝见皇帝,吏部官员问他:"沈先生身体好吗?"那位郡太守不知怎样回答,就漫不经心地说:"他身体很好。"他又见到内阁学士李东阳,李问他:"沈先生有书信让你带来吗?"郡太守愕然不知所措,又胡答胡应地说:"有书信,但还没送到。"他退出以后,慌慌张张去拜访侍郎吴宽,问道:"沈先生是什么人?"吴宽详细地向他说了沈周的情况。郡太守问左右的人,才知道就是绘饰墙壁的那个画工。郡守回到任所,去沈周家拜访,当面一再道歉,并要在沈家吃饭,沈周招待他以后,郡守才离去。沈周因侍奉母亲,一生不出远门。他母亲九十九岁时逝世,当时沈周也八十岁了。又过了三年,正德四年逝世。

张三丰传

【题解】

　　张三丰,名全一,又名君宝,辽东懿州人。其生卒年不详,生平事迹颇具传奇色彩。在道教历史上具有重要地位。民间传说中张三丰先求师于少林寺,后被逐出。传说他武艺高强,为一代武林泰斗,并开创了武当派。

【原文】

张三丰，辽东懿州人，名全一，一名君宝，三丰其号也。以其不饰边幅，又号张邋遢。顾而伟，龟形鹤背，大耳圆目，须髯如戟。寒暑惟一衲一蓑，所啖，升斗辄尽，或数日一食，或数月不食。书经目不忘，游处无恒，或云能一日千里。善嬉谐，旁若无人。尝游武当诸岩壑，语人曰："此山，异日必大兴。"时五龙、南岩、紫霄俱毁於兵，三丰与其徒去荆榛，辟瓦砾，创草庐居之，已而舍去。

太祖故闻其名，洪武二十四年遣使觅之不得。后居宝鸡之金台观，一日自言当死，留颂而逝，县人共棺殓之。及葬，闻棺内有声，启视则复活。乃游四川，见蜀献王。复入武当，历襄、汉，踪迹益奇幻。

永乐中，成祖遣给事中胡濙偕内侍朱祥赍玺书香币往访，遍历荒徼，积数年不遇。乃命工部侍郎郭琎、隆平侯张信等，督丁夫三十馀万人，大营武当宫观，费以百万计。既成，赐名太和太岳山，设官铸印以守，竟符三丰言。

或言三丰金时人，元初与刘秉忠同师，后学道于鹿邑之太清宫，然皆不可考。天顺三年，英宗赐诰，赠为通微显化真人，终莫测其存亡也。

【译文】

张三丰，辽东懿州人，名字叫全一，又有个名字叫君宝，三丰是他的号。因为他不修边幅，又叫张邋遢。高而壮，形状象龟，背象鹤，大耳朵圆眼睛，胡子就象钢叉。不论天冷天热，都穿一件衲衣，戴一顶蓑帽，吃起饭来，一升一斗一下就吃光，或者却是几天吃一顿，或几个月也不吃。看书过目不忘，游历的地方没有一定，有的人说他能一天走一千里路。喜欢开玩笑，就像旁边没有人似的。曾经去武当几个岩壁、山壑游玩，对人说："这座山，以后有一天一定会大大兴旺。"当时五龙、南岩、紫霄都在战争中被毁，三丰同他的徒弟一道，砍去荆棘，挖掉瓦片，建了个草屋住下，后来又不住了。

明太祖以前就听说过他，洪武二十四年派人找他找不到。后来住在宝鸡的金台观，一天自己说要死了，留下一首颂死去，县里的人一起收埋了他。等到安葬的时候，听见棺内有声音，打开一看他又活了。又去四川游历，见蜀献王。又进入武当山，游历襄阳、汉阳，踪迹更奇幻了。

永乐年中，明成祖派给事中胡濙与内侍朱祥带着诏书和香钱去拜访他，找遍了地方，几年也找不到。便命工部侍郎郭琎、隆平侯张信等，督促三十多万人，大造武当山的宫观，花的钱要以一百万计算。建成之后，赐名叫太和太岳山，设了官位，铸了印来守护，这

张三丰

最终应验了张三丰的话。

有人说三丰是金代的人，元代初年与刘秉忠同学一个老师，后来在鹿邑的太清宫学道，但这些都不可考证。天顺三年，明英宗发布诰文，赠他为通微显化真人，始终不知道他是死了还是活着。

李时珍传

【题解】

李时珍（1518~1593），明朝杰出的医学家。字东璧，号濒湖，蕲州（今湖北蕲春）人，任职楚王府奉祠正。

家中世代行医，李时珍继承家学，尤其着重研究药物和临床实践，经常上山采药，向农民、渔夫、樵夫、药农、江湖郎中等请教，并亲尝草药；又参考了历代有关医学的书籍八百多种，对药物加以鉴别、考证，纠正了古代本草书籍中药名、品种、产地、作用的某些错漏和繁复混乱，三易其稿，写成了《本草纲目》，总结了十六世纪以前我国丰富的药物经验，对后世药物学的发展做出了重大贡献，此外还有《濒湖脉学》《奇经八脉考》流传于世。

李时珍

【原文】

李时珍，字东璧，蕲州人。好读医书，医家《本草》，自神农所传止三百六十五种，梁陶弘景所增亦如之，唐苏恭增一百一十四种，宋刘翰又增一百二十种，至掌禹锡、唐慎微辈，先后增补合一千五百五十八种，时称大备。然品类既烦，名称多杂，或一物而析为二三，或二物而混为一品，时珍病之。乃穷搜博采，芟烦补阙，历三十年，阅书八百余家，稿三易而成书，曰《本草纲目》。增药三百七十四种，厘为一十六部，合成五十二卷。首标正名为纲，余各附释为目，次比集解详其出产、形色，又次以气味、主治附方。书成，将上之朝，时珍遽卒。未几，神宗诏修国史，购四方书籍。其子建元以父遗表及是书来献，天子嘉之，命刊行天下，自是士大夫家有其书。时珍官楚王府奉祠正。子建中，四川蓬溪知县。

【译文】

李时珍，字东璧，蕲州人。好读医书，医家《本草》，自神农所传下来的只有三百六十五种，梁朝陶弘景所增加的亦差不多，唐朝苏恭增加一百一十四种，宋朝刘翰又增加一百二十种,至掌禹锡、唐慎微等人时,先后增补共计一千五百五十八种,当时已经认为是最齐备了。但是品种既烦多,名称又很复杂,或者一种分析为两三种,或者两种不同的混为一类,李时珍很不满意,于是尽力搜寻广泛采集,削除繁复杂乱补入缺漏,经过了三十年,看书八百多家,三易其稿而写成一本,称《本草纲目》。增加药三百七十四种,整理改定为一十六部,合成五十二卷。首先标出正名作为纲,其余各附解释为目,其次以集解的形式详细注明其产地、形状颜色,又再次是气味、主治的病并附药方。书写完,将要送上朝,李时珍突然死了。不久,神宗下诏修纂国史,购买各地的书籍。李时珍的儿子建元把父亲的遗表和这本书拿来献上,天子嘉奖他,命令刊印发行全国,从此士大夫家里有了这本书。李时珍的官职是楚王府奉祠正。儿子李建中,是四川蓬溪知县。

列女传

【题解】

《明史》的《列女传》分三卷,篇幅较大,所收集的妇女事迹也五花八门,但总的来说还是割体疗亲、夫死殉身、决不改嫁、宁死不受污辱一类。明代统治者是非常看重列女的,他们企图通过对节烈一类的妇女进行褒扬奖赏,来达到宣扬封建礼教的目的,为维护封建统治服务。

【原文】

妇人之行,不出于闺门,故《诗》载《关雎》《葛覃》《桃夭》《苤苡》,皆处常履顺,贞静和平,而内行之修,王化之行,具可考见。其变者,《行露》《柏舟》,一二见而已。刘向传列女,取行事可为鉴戒,不存一操。范氏宗之,亦采才行高秀者,非独贵节烈也。魏、隋而降,史家乃多取患难颠沛,杀身殉义之事。盖轶近之情,忽庸行而尚奇激,国制所褒,志乘所录,与夫里巷所称道,流俗所震骇,胥以至奇至苦为难能。而文人墨客往往借倜傥非常之行,以发其伟丽激越跌宕可喜之思,故其传尤远,而其事尤著。然至性所存,伦常所系,正气之不至于沦澌,而斯人之所以异于禽兽,载笔者宜莫之敢忽也。

明兴,著为规条,巡方督学岁上其事。大者赐祠祀,次亦树坊表,乌头绰楔,照耀井间,乃至僻壤下户之女,亦能以贞白自砥。其著于实录及郡邑志者,不下万余人,虽间有以文艺显,要之节烈为多。呜呼!何其盛也。岂非声教所被,廉耻之分明,故名节重而蹈义勇欤。

今掇其尤者,或以年次,或以类从,具著于篇,视前史殆将倍之。然而姓名湮灭者,尚不可胜计,存其什一,亦足以示劝云。

月娥,西域人,元武昌尹职马禄丁女也。少聪慧,听诸兄诵说经史,辄通大义。长适芜湖葛通甫,事上抚下,一秉礼法。长姒卢率诸妇女,悉受其教。

太祖渡江之六年,伪汉兵自上游而下,卢曰:"太平有城郭,且严兵守,可恃。"使月娥挟诸妇女往避之。未几,寇至,城陷,月娥叹曰:"吾生诗礼家,可失节于贼邪!"抱幼女赴水死。诸妇女相从投水者九人，方盛暑，尸七日不浮，颜色如生。乡人为巨穴合葬之故居之南，题曰十女墓。娥弟丁鹤年，幼通经史，皆娥口授也。后通甫与卢皆死于寇。

刘孝妇，新乐韩太初妻。太初，元时为知印。洪武初，例徙和州，挈家行。刘事姑谨，姑道病，刺血和药以进。抵和州，夫卒，刘种蔬给姑食。越二年，姑患风疾不能起，昼夜奉汤药，驱蚊蝇不离侧。姑体腐，蛆生席间，为啮蛆，蛆不复生。及姑疾笃，刲肉食之，少苏，逾月而卒，殡之舍侧。欲还葬舅冢，力不能举丧，哀号五载，太祖闻之，遣中使赐衣一袭、钞二十锭，命有司还其丧，旌门闾，复徭役。

同时甄氏，栾城李大妻，事姑孝。姑寿九十一卒，甄庐墓三年，旦暮悲号，亦被旌。

孝女诸娥，山阴人。父士吉，洪武初为粮长。有黠而逋赋者，诬士吉於官，论死，二子炳、焕亦罹罪。娥方八岁，昼夜号哭，与舅陶山长走京师诉冤。时有令，冤者非卧钉板，勿与勘问。娥辗转其上，几毙，事乃闻，勘之，仅戍一兄而止。娥重伤卒，里人哀之，肖像配曹娥庙。

唐方妻，浙新昌丁氏女，名锦孥。洪武中，方为山东佥事，坐法死，妻子当没为官婢。有司按籍取之，监护者见丁色美，借梳掠发，丁以梳掷地，其人取掠之，持还丁。丁骂不受，谓家人曰："此辈无礼，必辱我，非死无以全节。"肩舆过阴泽，崖峭水深，跃出赴水，衣厚不能沉，从容以手敛裙，随流而没，年二十八，时称其处为夫人潭。

郑湜妻石氏。湜，浦江郑泳孙也。洪武初，李文忠荐诸朝，屡迁藏库提点，坐法死。石当遣配，泣曰："我义门妇也，可辱身以辱门乎！"不食死。

杨氏，慈溪人，字同邑郑子球。洪武中，子球父仲徽戍云南。明制，子成丁者随遣，子球亦在戍中。杨年甫十六，闻子球母老弟幼，请于父母，适郑养姑，以待子球之返。子球竟卒戍所，杨与姑抚诸叔成立，以夫从子孔武为嗣，苦节五十余年。

其后，郑焕妻张氏，嫁未旬日；泰然妻严氏生子一兰，方孩抱；杙妻王氏事夫痾病，狂不省人事，服勤八年弗怠；三人皆杨氏夫族，先后早寡，皆以节闻。万历中，知府邹希贤题曰郑氏节门，以比浦江郑氏义门云。

贞女韩氏，保宁人。元末明玉珍据蜀，贞女虑见掠，伪为男子服，混迹民间。既而被驱入伍，转战七年，人莫知其处女也。后从玉珍破云南还，遇其叔父赎归成都，始改装而行，同时从军者莫不惊异。洪武四年嫁为尹氏妇。成都人以韩贞女称。

其后有黄善聪者，南京人。年十三失母，父贩香庐、凤间，令善聪为男子装从游数年。父死，善聪习其业，变姓名曰张胜。有李英者，亦贩香，与为伴侣者逾年，不知其为女。后偕返南京省其姊。姊初不之识，诘知其故，怒詈曰："男女乱群，辱我甚矣。"拒不纳。善聪以死自誓。乃呼邻妪察之，果处子也。相持痛哭，立为改装。明日，英来，知为女，怏怏如失，归告母求婚。善聪不从，曰："若归英，如瓜李何？"邻里交劝，执益坚。有司闻之，助以聘，判为夫妇。

姚孝女，余姚人，适吴氏。母出汲，虎衔之去，女追掣虎尾，虎欲前，女掣益力，尾遂脱，虎负痛跃去。负母还，药之获愈，奉其母二十年。

后成化间，武康有蔡孝女，随母入山采药。虎据其母，女折树枝格斗三百余步。虎舍其母，伤女，血喷丈，竹叶为赤，女亦获全。

后招远有孝女，不知其姓。父采石南山，为蟒所吞。女哭之，愿见父尸同死。俄顷大雷电击蟒堕女前,腹裂见父尸。女负土掩埋,触石而死。

卢佳娘,福清李广妻,婚甫十月,广暴卒,卢恸绝复苏,见广口鼻出恶血,悉恬食之。既殁,哭辄僵仆,积五六日,家人防懈,潜入寝室自经。后其县有游政妻倪氏殉夫,亦然。

又有施氏,滁州彭禾妻。正德元年,禾得疾不起,握手诀曰:"疾急甚,知必死。汝无子,择婿而嫁,毋守死,徒自苦也。"施泣曰:"君尚不知妾乎!愿先君死。"禾固止之,因取禾所呕血尽吞之,以见志。及禾殁,即自经。

吴氏,潞州廪生卢清妻。舅姑殁于临洺,寄瘗旅次。清授徒自给,后失廪,充掾于汴,愤耻发狂死。吴闻讣,痛绝,哭曰:"吾舅姑委骨于北,良人死,忍令终不返乎!"乃寄幼孤于姊兄,鬻次女为资,独抵临,觅舅姑瘗处不得,号泣中野。忽一丈夫至,则清所授徒也,为指示,收二骸以归。复冒暑之汴,负夫骨还。三丧毕举,忍饿无他志。学正刘崧言于知州马暾,赎其女,厚恤之。年七十五乃卒。

后有毕氏,河间郑节妻。年饥,携家景州就食,舅姑相继亡,节亦寻殁,俱藁葬景州。氏年三十三,无子女,独归里中,忍饥冻,昼夜纺织,积数年,市地城北八里庄,独之景州,负舅姑及夫骨还葬。

石孝女,新昌人。褪褓时,父潜坐事籍没,系京狱。母吴以漏籍获免,依兄弟为生。一日,父脱归,匿吴家。吴兄弟惧连坐,杀置大窖中,母不敢言。及女长,问母曰:"我无父族何也?"母告之故,女大悲愤。

永乐初,年十六,舅氏主婚配族子。女白母曰:"杀我父者,吴也。奈何为父雠妇?"母曰:"事非我主,奈何?"女领而不答。嫁之日,方礼宾,女自经室中。母仰天哭曰:"吾女之死,不欲为雠人妇也。"号恸数日亦死。有司闻之,治杀潜者罪。

汤慧信,上海人。通孝经、列女传,嫁华亭郑林。林卒,妇年二十五,一女七岁。郑族利其居,迫使妇家,妇曰:"我郑家妇,何归乎?"族知不可夺,贸其居于巨室。妇泣曰:"我收夫骨于兹土,与同存亡,奈何弃之。"欲自尽,巨室义而去之。妇寻自计曰:"族利我财耳。"乃出家资,尽畀族人,躬绩纴以给。

岁大水,居荒野沮洳中。其女适人者,操舟来迎,不许。请暂憩舟中,亦不许,曰:"我守此六十年,因巨浸以从汝父,所甘心焉,复何往!"母女方相牵未舍,水至,汤竟溺死。

义婢妙聪,保安右卫指挥张孟吉家婢也。永乐中,调兵操宣府,孟吉在行。北寇入掠,妻李谓夫妹曰:"我命妇,与若皆宦门女,义不可辱。"相挈投井中,妙聪亦随入,见二人俱未死,以李有娠,恐水冷有所害,遂负之于背。贼退,孟吉弟仲吉求三人井中,以索引嫂妹出,而婢则死矣。

徐孝女,嘉善徐远女也,年六岁,母患臁疮。女问母何以得愈,母谩曰:"儿吮之乃愈。"女遂请吮,母难之。女悲啼不已,母不得已听之,吮数日,果愈。

高氏女,武邑人,适诸生陈和。和早卒,高独持门户,奉翁姑甚孝。及宣德时,翁姑并殁,氏以礼殡葬,时年五十矣。泣谓子刚曰:"我父,洪武间举家客河南虞城。父死,旅葬城北,母以枣木小车辋识之。比还家,母亦死,弟懦不能自振。吾三十年不敢言者,以汝王母在堂,当朝夕侍养也。今大事已毕,欲舁吾父遗骸归合葬。"刚唯唯,随母至虞城,抵葬所,冢累累不能辨。氏以发系马鞍逆行,自朝及夕,至一小冢,鞍重不能前,即开其冢,所识车辋宛然。远近观者咸惊异,助之归,启母窆同葬。

孙义妇，慈溪人。归定海黄谊昭，生子湑。未几夫卒，孙育之成立，求兄女为配。甫三年，生二子，湑亦卒。

时田赋皆令民自输，孙姑妇相率携幼子输赋南京，诉尚书蹇义，言："县苦潮患，十年九荒，乞筑海塘障之。"义见其孤苦，诘曰："何为不嫁？"对曰："饿死事极小，失节事极大。"义嗟叹久之，次日即为奏请，遣官偕有司相度成之，起自龙山，迄於观海，永免潮患。慈溪人庙祀之塘上。

义姑万氏，名义颛，字祖心，鄞人，宁波卫指挥佥事钟女。幼贞静，善读书。两兄文、武，皆袭世职，战死，旁无期功之亲。继母曹氏，两嫂陈氏、吴氏，皆盛年孀居。吴遗腹仅六月，姑且暮拜天哭告曰："万氏绝矣，愿天赐一男，继忠臣后，我矢不嫁，共抚之。"已果生男，名之曰全。姑喜曰："万氏有后矣。"乃与诸嫠共守，名阀来聘，皆谢绝之，训全读书，迄底成立。全嗣职，传子禧、孙椿，皆奉姑训惟谨。姑年七十余卒。姑之祖斌及父兄并死王事，母及二嫂守贞数十年，姑更以义著。乡人重之，称为四忠三节一义之门。

后有陈义姑者，沙县陈穗女。年十八，父母相继卒，遗二男，长七岁，次五岁。亲族利其有，日眈眈于旁。姑矢志抚弟，居常置帚数十。族兄弟暮夜叩门，姑燃帚照之，亟启户具酒食款。叩者告曰："吾辈夜行灭火，就求烛耳。"自此窥伺者绝意。及二弟毕婚，年四十五乃嫁，终无子。二弟迎归，母事之。

郭氏，大田人。邓茂七之乱，乡人结寨东岩。寨破，郭褓幼儿走，且有身，为贼所驱。郭奋骂，投百尺岩下，与儿俱碎乱石间，胎及肠胃进出，狼藉岩下。贼据高瞰之，皆叹曰："真烈妇也！"瘗之去。

同时有幼溪女，失其姓名。茂七破沙县，匿草间，为二贼所获。遇溪桥，贞女曰："扶我过，当从一人而终。"二贼争趋挽，至桥半，女视溪流湍急，拽二贼投水中，俱溺死。

程氏，扬州胡尚絅妻，尚絅婴危疾，妇刲腕肉啖之，不能咽而卒。妇号恸不食二日。怀孕四月矣，或曰："得男可延夫嗣，徒死何为？"答曰："吾亦知之，倘生女，徒苟活数月耳。"因复食，弥月果生男。

明年殇，即前语翁姑曰："媳不能常侍奉，有弟姒在，无悲也。"复绝食，越二日其姑抚之曰："尔父母家二百里内，若不俟面诀乎？"妇曰："可急迎之。"日饮米汤一匙以待。逾十有二日，父母遣幼弟至，妇曰："是可白吾志。"自是滴水不入口，徐简箧中簪珥，令办后事，以其余散家人并邻妪尝通问者，复自卜曰："十八、九日皆良，吾当逝。向曾刲肉救夫，夫不可救，以灰和之置床头，附吾左碗，以示全归。"遂卒。

王妙凤，吴县人。适吴奎。姑有淫行。正统中，奎商于外。姑与所私饮，并欲污之，命妙凤取酒，挈瓶不进。频促之，不得已而入。姑所私戏玷其臂。妙凤愤，拔刀斫臂不殊，再斫乃绝。父母欲讼之官，妙凤曰："死则死耳，岂有妇讼姑理邪？"逾旬卒。

唐贵梅者，贵池人。适同里朱姓。姑与富商私，见贵梅悦之，以金帛赂其姑，诲妇淫者百端勿听，加棰楚勿听，继以炮烙，终不听。乃以不孝讼于官。通判某受商赂，拷之几死者数矣。商冀其改节，复令姑保出之。亲党劝妇首实，妇曰："若尔，妾之名幸全，如播姑之恶何？"夜易服，自经后园梅树下。及旦姑起，且将挞之。至园中乃知其死，尸悬树三日，颜如生。

其后，嘉靖二十三年，有嘉定张氏者，嫁汪客之子。其姑多与人私，诸恶少中有胡岩者，最桀黠，群党皆听其指使。于是与姑谋，遣其子入县为卒，而岩等日夕纵饮。一日，呼妇共坐，不听。岩从后攫其梳，妇折梳掷地，顷之，岩径入犯妇。妇大呼杀人，以杵击岩。岩怒走出，妇自投于地，哭终夜不绝，气息仅属。诘旦，岩与姑恐事泄，縶诸床足守之。明日召诸恶少酣饮。二鼓共缚妇，槌斧交下。妇痛苦宛转曰："何不以利刃刺我。"一人乃前刺其颈，一人刺其肋，又椓其阴。举尸欲焚之，尸重不可举，乃火其室。邻里救火者踹门入，见嚇然死人，惊闻于官。官逮小女奴及诸恶少鞫之，具得其实，皆以次受刑。妇死时年十九。邑故有烈妇祠，妇死前三日，祠旁人闻空中鼓乐声，火炎炎从祠柱中出，人以为贞妇死事之徵云。

陈氏，祥符人。字杨瑄，未嫁而瑄卒。女请死，父母不许，欲往哭，又不许。私剪发，属媒氏置瑄怀。汴俗聘女，以金书生年月日畀男家，号定婚帖。瑄母乃以帖裹其发，置瑄怀以葬。女遂素服以居。亡何，父母谋改聘，女缢死。后五十三年，至正德中，瑄侄永康改葬瑄，求陈骨合焉。二骨朽矣，发及定婚帖鲜完如故。葬三年，岐谷、丫瓜产墓上。

张氏，秀水人。年十四，受同邑诸生刘伯春聘。伯春负才名，必欲举于乡而后娶。未几卒，女号泣绝发，自为诗祭之。持服三年，不逾阃，不茹荤。服阕，即绝饮食，父母强谕之，终不食，旬日而卒。年二十，舅姑迎枢合葬焉。

又有江夏欧阳金贞者，父梧，授《孝经》《列女传》。稍长，字罗钦仰，从梧之官拓城。梧艰归，舟次仪真，钦仰堕水死。金贞年甫十四，惊哭欲赴水从之，父母持不许。又欲自缢，父母曰："汝未嫁，何得尔？"对曰："女自分无活理，即如父母言，愿终身称未亡人。"大声哀号不止。及殓，剪发系夫右臂以殉。抵家，告父母曰："有妇，以事姑也。姑既失子，可并令无妇乎？愿归罗，以毕所事。"父母从之。后父知广元县，姑病卒，女乃归宁。有讽他适者，曰："事姑毕矣，更何待？"女曰："我昔殓罗郎时，有一束发缠其手，谁能掘冢开棺，取发还我，则易志矣。"遂止。生平独卧一楼，年六十余卒。

庄氏，海康吴金童妻。成化初，广西流寇掠乡邑，庄随夫避新会，佣刘铭家。铭见庄美，欲犯之。屡诱不从。乃令党梁狗同金童入海捕鱼，没水死。越三日不还，庄求之海滨，尸浮岸侧，手足被缚，肿腐莫可辨。庄以衣识之，归携女赴水，抱夫尸而没。翼日，三尸随流绕铭门，去而复还。土人感异殡祭之，然莫知铭杀也，后梁狗漏言，有司并捕考，处以极刑。

唐氏，汝阳陈旺妻，随其夫以歌舞逐食四方。正德三年秋，旺携妻及女环儿、侄成儿至江夏九峰山。有史聪者，亦以傀儡为业。见妇、女皆艳丽，而旺且老，因绐旺至青山，夜杀之。明日，聪独返，携其妇、女、幼侄入武昌山吴王祠，持利刃胁唐。唐曰："汝杀吾夫，吾不能杀汝以复仇，忍从汝乱邪？"遂遇害。贼裹以席，置荆棘中。明日，徙蓑衣园，贼又迫环儿，临以刃。环儿哭且詈，声振林木，贼亦杀之，瘗粪壤中而去。其年冬至，贼被酒，成儿潜出告官，擒于葛店市，伏诛。

王氏，慈溪人。聘于陈，而夫佳病，其父母娶妇慰之。及门，即入侍汤药。未几，佳卒，王年甫十七，矢志不嫁。姑张氏曰："未成礼固守，无名。"女曰："入陈氏门，经事君子，何谓无名？"姑乃使其二女从容讽之。妇不答，截发毁容。姑终欲强之，窘辱万状。二小姑陵之若婢，稍不顺即爪其面，姑闻复加棰楚。女口不出怨言，曰："不逼嫁，为婢亦甘也。"夜寝处小姑床下，受湿得伛疾，私自幸曰："我知免矣。"鞠从子梅为嗣，教之。成化初领乡荐,卒昌其家。

后有易氏,分宜人,嫁安福王世昌。时世昌已遘疾,奄奄十余月,易事之,衣不解带,世昌死,除丧犹缟素。姑怜之,谓:"汝犹处子,可终累乎?"跪泣曰:"是何言哉?父母许我王氏,即终身王氏妇矣。"自是独处一楼,不窥外户四十余年。方世昌疾,所吐痰血,辄手一布囊盛之,卒后,用所盛囊为枕,枕之终身。

徐氏,慈溪人,定海金杰妻也。成化中,杰兄以罪逮入京,杰往请代,濒行,徐已有身,杰谓曰:"予去,生死不可知,若生男善抚之,金氏鬼庶得食也。"已而悔曰:"我几误汝,吾增无还理,即死,善事后人。"徐泣曰:"君以义往,上必义君,君两兄弟当同归,无过苦也。即可君言,妾有死耳,敢忘嘱托呼?"已果生男,无何兄得还,杰竟瘦死。徐抚孤恸曰:"我本欲从汝父地下,奈金氏何?"强营葬事。服阕,父母劝他适适,发断指自誓,食澹茹苦六十余年,视子孙再世成立,乃卒。

龚烈妇,江阴人。年十七嫁刘玉,家贫,力作养姑。姑亡,相夫营葬。夫又亡,无以为敛。里有羡妇色者,欲助以棺。龚觉其意,辞之。既又强之,龚恐无自脱,乃以所生六岁男、三岁女寄食母家。是夜,积麦禾屋中,举火自焚,抱夫尸死。

又江氏,蒙城王可道妻。夫贫,负贩糊口,死不能敛。比邻诸生李云蟾合钱敛之,卜日以葬。及期,率众至其家,阒然无声,厨下灯微明,趋视之饮食毕具,盖以待舁棺者,妇已缢死灶旁矣。众惊叹,复合钱并葬之。

会稽范氏二女,幼好读书,并通《列女传》。长适江,一月寡。次将归傅,而夫亡。二女同守节,筑高垣,围田十亩,穿井其中,为屋三楹以居。当种获,父启圭窦率佣以入,余日则塞其窦,共汲井灌田。如是者三十年。自为茔于屋后,成化中卒,竟合葬焉。族人即其田立祠以祀。

又有丁美音,溆浦丁正明女。幼受夏学程聘,年十八将嫁,学程死,美音誓不再嫁。父母曰:"未嫁守节,非礼也。何自苦如此?"美音啮指滴血,呼天自矢。当道交旌之,赍以银币约百金,乃构室独居,鬻田自赡,事舅姑,养父母。乡人名其田为贞女田。

成氏,无锡人,定陶教谕缙女,登封训导尤辅妻也。辅游学靖江,成从焉。江水夜溢,家人仓卒升屋,成整衣欲上,问:"尔等衣邪?"众谢不暇。成曰:"安有男女裸,而尚可俱生邪?我独留死耳。"众号哭请,不应。厥明,水退,坐死榻上。

后崇祯中,兴安大水,漂没庐舍。有结筏自救者,邻里多附之。二女附一朽木,倏沈倏浮,引筏救之,年皆十六七,问其姓氏不答。二女见筏上男子有裸者,叹曰:"吾姊妹倚木不死,冀有善地可存也,今若此,何用生为!"携手跃入波中死。

章银儿,兰溪人。幼丧父,独与母居。邑多火灾,室尽毁,结茅以栖母。母方疾,邻居又火,银儿出视,众呼令疾避。银儿曰:"母疾不能动,何可独避。"亟返入庐,欲扶母出,烈焰忽覆其庐,众莫能救。火光中,遥见银儿抱其母,宛转同焚死,时弘治元年三月也。

义妹茅氏,慈溪人。年十四,父母亡,独与兄嫂居。其兄病痿卧。值倭入县,嫂出奔,呼与偕行。女曰:"我室女,将安之!且俱去,谁扶吾兄者!"贼至,纵火,女力扶其兄避于空室,竟被燔灼并死。

张维妻凌氏,慈溪人。弘治中,维举于乡,卒。妇年二十五,子四岁亦卒。其兄讽之改图,妇痛哭啮唇,嚏血洒地,终身不归宁。舅姑慰之曰:"不幸绝嗣,日计无赖,吾二人景逼矣，尔年尚远，何以为活？"妇曰："耻辱事重，饿死甘之。"乃出簪珥为舅纳妾，果得子，喜曰："张氏不绝，亡夫墓门且有寒食矣。"后舅病疯，姑双目瞽，妇纺织供养，二十年不衰。

后有杜氏，贵池曹桂妻。年二十四，夫亡，遗腹生女，悲苦无计。日讽姑为舅纳妾，果生一子。产后，妾死，桂以己女托于族母，而自乳其叔。逾年翁丧，劝者曰："汝辛苦抚孤，宁能以叔后汝乎？"杜曰："叔后吾翁，异日生二子，即以一子后我夫，吾志毕矣。"后卒如其言。

史氏，杞县人。字孔弘业，未嫁而夫卒。欲往殉之，母不许。女七日不食，母持茗逼之饮，双蛾适堕杯中死，女指示曰："物意孚我心，母独不谅人邪！"母知不可夺，翌日制素衣缟裳，送之孔氏。及暮，辞舅姑，整衣自经死。白气缕缕腾屋上，达旦始消。

又有林端娘者，瓯宁人，字陈廷策。闻廷策讣，寄声曰："勿殓，吾将就死。"父曰："而虽许字，未纳币也。"对曰："既许矣，何币之问？"父谨防之。曰："女奚所不可死，顾死夫家趑耳。"父曰："婿家贫，无以周身。"曰："身非所恤。"又曰："婿家贫，孰为标名？"曰："名非所求。"遂往哭奠毕，自克死期，理帛自经，三拱而绝。陈故家青阳山下，山下人言妇将尽时，山鸣三昼夜。

窦妙善，京师崇文坊人。年十五，为工部主事余姚姜荣妾。正德中，荣以瑞州通判摄府事。华林贼起，寇瑞，荣出走。贼入城，执其妻及婢数人，问荣所在。时妙善居别室，急取府印，开后窗投荷池。衣鲜衣前曰："太守统援兵数千，出东门捕尔等，旦夕授首，安得执吾婢？"贼意其夫人也，解前所执数人，独与妙善出城。

适所驱隶中，有盛豹者父子被掠，其子叩头乞纵父，贼许之。妙善曰："是有力，当以舁我，何得遽纵。"贼从之。行数里，妙善视前后无贼，低语豹曰："我所以留汝者，以太守不知印处，欲藉汝告之。今当令汝归，幸语太守，自此前行遇井，即毕命矣。"呼贼曰："是人不善舁，可仍纵之，易善舁者。"贼又从之。行至花坞遇井，妙善曰："吾渴不可忍，可汲水置井傍，吾将饮。"贼如其言，妙善至井傍，跳身以入，贼惊救不得而去。

豹入城告荣取印，引至花坞，觅井，果得妙善尸，越七年，郡县上其事，诏建特祠，赐额贞烈。

贾氏，庆云诸生陈俞妻。正德六年，兵变，值舅病卒，家人挽之避，痛哭曰："舅尚未敛，妇何惜一死。"身服斩衰不解。兵至，纵火迫之出，骂不绝口，刃及身无完肤，与舅尸同烬。年二十五。

鄞县诸生李珂妻胡氏，年十八归珂。阅七年，珂死，遗男女各一，胡誓不逾阈。邻火作，珂兄珮往救之，曰："阿姆来，吾乃出。"珮使妻陈往，妇以七岁男自牖付之，属曰："幸念吾夫，善视之。"陈曰："姊将何如？"绐之曰："取少首饰即出。"陈去，胡即累衣箱塞户，抱三岁女端坐火中死。

叶氏，定海人。许聘慈溪翁姓，而父母俱殁，遂育于翁。年十四，翁资产日落，且失其姑，舅待之如奴，劳勚万状，略无怨色。舅以子幼，欲鬻之罗姓者，叶恚曰："我非货也，何辗转贸易为？"日哽咽垂涕。既知不可免，伪为喜色，舅遂宽之。夜月上，绐诸妪曰："月色甚佳，盍少犹夷乎？"趋门外良久，诸妪并劝曰："夜既半矣，盍就寝。"遂入，及晨觅之，则氏已浮尸于河矣，起之色如生。

胡贵贞，乐平人。生时，父母欲不举，其邻曾媪救之归，与子天福同乳，欲俟其长而配焉。天福年十八，父母继亡，家甚落。贵贞父将夺以姻富家，女曰："我鞠于曾，妇于曾，分姑媳，恩母子，可以饥寒弃之邪？"乃依从姑以居，荜舍单浅，外人未尝识其面。其兄乘天福未婚，曳以归，出视求聘者金宝笄饰。女知不免，潜入房缢死。

孙氏，吴县卫廷圭妻。随夫商贩，寓浔阳小江口。宁王陷九江，廷圭适他往，所亲急邀共逃。孙谓两女金莲、玉莲曰："我辈异乡人，汝父不在，逃将安之？今贼已劫邻家矣，奈何？"女曰："生死不相离，要当为父全此身耳。"于是母子共一长绳自束，赴河死。

江氏，余干夏璞妻。正德闻，赋至，抱方晬弟走，不得脱。贼将缚之，曰："诚愿与将军俱，顾吾父年老，惟一弟，幸得全之。"贼以为信，纵令置所抱儿，出遂大声骂贼，投桥下死。

后隆庆中，有高明严氏，贼掠其境，随兄出避，遇贼，刃及其兄。女跪泣曰："父早朝，孀母坚守，恃此一兄，杀之则祀殄矣，请以身代。"贼悯然为纳刃。既而欲污之，则曰："请释吾兄即配汝。"及兄去，执不从，竟剖腹而死。

欧阳氏，九江人，彭泽王佳传妻也。事姑至孝。夫亡，氏年方十八，抚遗腹子，纺织为生。父母迫之嫁，乃针刺其额，为誓死守节字，墨涅之，深入肤里，里人称为黑头节妇。

又徐氏，乌程人。年十六，嫁潘顺。未期而夫病笃，顾徐曰："母老，汝年少，奈何？"徐泣下，即引刀断左小指，以死誓。夫死，布衣长斋。年七十八卒。遗命取断指入棺中。家人出其指，所染爪红色尚存。

冯氏，宣城刘庆妻。年十九，夫亡，誓守节。其娣姒讽之曰："守未易言，非咬断铁钉者不能。"冯即投袂起，拔壁上钉啮之，骚然有齿痕。复抉臂肉，钉著壁上曰："脱有异志，此即狗彘肉不若。"已而遗腹生子，曰大贤。长娶李氏，大贤又夭，姑妇相守至老。卒，取视壁钉肉，尚韧不腐，齿痕如新。

方氏，金华军士袁坚妻。坚嗜酒败家，卒殡城北濠上。方贫无所依，乃即殡处置棺，寝处其中，饥则出饮于濠。久之不复出，则死矣。郡守刘范为封土祭之。

又叶氏，兰溪人，适神武中卫舍人许伸。伸家素饶於财，以不检，荡且尽，携妻投所亲，卒于通州。氏守尸，昼夜跪哭。或遗之食，或馈金，或劝以改嫁，俱却不应。水浆不入口者十四日，竟死尸傍，年二十余。州人为买棺合葬。

潘氏，海宁人。年十六，归许钊，生子淮。甫期年，钊卒，既殓，潘自经。死已两日矣，有老妪过之曰："是可活也。"投之药，更苏。钊族兄欲不利于孤，嗾潘改适，潘毁容自矢。族兄者，夜率势家仆数十人诬以债，推门入。潘负子，冒风雨，逾垣逸。前距大河，追者迫，潘号恸投于河。适有木浮至，凭以渡，达母家，遂止不归。淮年十九，始归。

淮补诸生，娶妇生五子。潘年五十，宗人聚而祝，族兄者亦至，潘曰："氏所以得有今日，赖伯氏玉成。"目淮酌酒饮伯，卒爵，北向拜曰："未亡人，三十年来濒死者数矣，而顾强生，独以淮故耳。今幸成立，且多子，复何憾。"语毕入室。顷之宴撤，诸宗人同淮入谢，则缢死室中矣。

杨氏，桐城吴仲淇妻。仲淇卒，家贫，舅欲更嫁之。杨曰："即饥死，必与舅姑俱。"舅不能夺。数年，家益贫，舅谋于其父母，将以偿债。杨仰天呼曰："以吾口累舅姑，不孝。无所助于贫，不仁。失节则不义。吾有死而已。"因咽发而死。

张烈妇，芜湖诸生缪釜妻。年十八，归釜。越四年，釜病，属张善自托。张泣曰："夫以吾有二心乎？有子则守志奉主，妻道也。无子则洁身殉夫，妇节也。"乃沐浴更衣，阖户自缢。阅日，而釜乃卒。

又蔡烈妇，松阳叶三妻。三负薪为业，蔡小心敬事。三久病，织纴供药饵，病笃，执妇手诀曰："及我生而嫁，无受三年苦。"妇梳洗更衣，袖刀前曰："我先嫁矣。"刎颈死。三惊叹，寻死。

又郑氏，安陆赵钰妻。性刚烈，闺房中言动不涉非礼。某寡妇更适人，馈以茶饼。郑怒，命倾之。夫戏曰："若勿骂，幸夫不死耳。"郑正色曰："君勿忧，我岂为此者。"后钰疾将死，回视郑，瞪目不瞑。郑曰："君得毋疑我乎？"即自缢于床楣。钰少苏，回盼，出泪而绝。

王烈妇，上元人。夫嗜酒废业，僦居破屋一间，以竹篷隔内外。妇日塞户，坐门扉绩麻自给。夫与博徒李游。李悦妇姿，谋乱之。夫被酒，以狂言铦妇，妇奔母家避之。夫逼之归，夜持酒脯与李俱至，引妇坐，妇骇走且骂。夫以威挟之，妇坚拒，大被搒笞。妇度不免，夜携幼女坐河干，恸哭投河死。是夜，大风雨，尸不漂没。及曙，女尚熟睡草间。

又许烈妇，松江人许初女。夫饮博不治生。诸博徒聚谋曰："若妇少艾，曷不共我辈欢，日可得钱治酒。"夫即以意喻妇，妇叱之，屡加棰挞不从。一日，诸恶少以酒肴进。妇走避邻妪家，泣顾怀中女曰："而父不才，吾安能腼颜自存，俟汝之成也。"少间，闻阖户声。妪观之，则拔刀刎颈仆地矣。父挈医来视，取热鸡皮封之，复抓去。明旦气绝，年二十五。

慈溪沈氏六节妇。章氏，祚妻。周氏，希鲁妻。冯氏，信魁妻。柴氏，惟瑞妻。孟氏，弘量妻。孙氏，琳妻。所居名沈思桥，近海。族众两千人，多骁黠善斗。嘉靖中，倭贼入犯，屡歼其魁，夺还虏掠。贼深仇之。一日，贼大至，沈氏豪誓于众曰："无出妇女，无辇货财，共以死守，违者诛。"章亦集族中妇女誓曰："男子死斗，妇人死义，无为贼辱。"众谏息听命。贼围合，群妇聚一楼以待。既而贼入，章先出投于河，周与冯从之。柴方为夫砺刃，即以刃斫贼，旋自刃。孟与孙为贼所得，夺贼刃自刺死。时宗妇死者三十余人，而此六人尤烈。

黄氏，沙县王珣妻。嘉靖中，倭乱，流劫其乡。乡之比邻，皆操舟为业。贼至，众妇登舟，匿舱中，黄兀坐其外。众妇呼之曰："不虞贼见乎？"黄曰："篷窗安坐，恐贼至不得脱，我居外，便投水耳。"贼至，黄跃入水中死。

时同县罗举妻张氏，从夫避乱岩穴间。贼至，张与妾及妾子俱为所获。贼见张美，欲犯之，不从。至中途，张解发自缢，贼断之。张又解行缠，贼又觉之，徒跣驱至营。贼魁欲留之，张厉声曰："速赐一死。"贼曰："不畏死，吾杀汝妾。"张引颈曰："请代妾，留抚孩婴。"贼曰："吾杀孩婴。"张引颈曰："请代孩婴，存夫嗣。"贼令牵出杀之。张先行，了无惧色。贼方犹豫，张骂不绝口，遂遇害。投尸于河，数日尸浮如生。

张氏，政和游铨妻。倭寇将至，妇数语其女曰："妇道惟节是尚，值变之穷，有溺与刃耳，汝谨识之。"铨闻，以为不祥。妇曰："使妇与女能如此，祥孰大焉。"未几，贼陷政和，张度不脱，连呼女曰："省前海乎？"女颔之，即赴井。张含笑随之，并死。

又叶氏，松溪江华妻，陈氏，叶弟惠胜妻，偕里人避倭长潭。值岁除，里妪觅刀为幼男剃发弗得，叶出诸怀中。众问故，曰："以备急耳。"及倭围长潭，执二妇，共系一绳。叶谓陈曰："我二人被执，纵生还，亦被恶名，死为愈。"陈唯唯。叶探刀于怀，则已失，各抱幼女跳潭中死。

同时林寿妻范氏，亦与众妇匿山坞。倭搜得众妇，偕至水南，范独与抗。或谓姑顺之，家且来赎。答曰："身可赎，辱可赎哉！我则宁死。"贼闻言，杀其幼女恐之，不为动。曰："并及汝矣。"厉声曰："固我愿也！"贼杀之。

刘氏二女，兴化人。嘉靖四十一年与里中妇同为倭所掠，系路傍神祠中。倭饮酣，遍视系中，先取其姊。姊厉声曰："我名家女也，肯污贼乎？"倭笑慰之曰："若从我，当询父母归汝。"女曰："父母未可知，此时尚论归耶？"倭尚抚背作款曲状。女怒，大骂。时黄昏，倭方纵火，女即赴火死。已复侵其妹，妹又大骂。倭露刃胁之，不为动，曰："欲杀，即杀。"倭欲强犯之，女绐曰："吾固愿从，俟姊骨烬乃可，否则不忍也。"倭喜负薪益火，火炽，女又赴火死。时同死者四十七人，二女为最。

孙烈女，五河人。性贞静，不苟嬉笑。母朱卒，继母李携前夫子郑州儿来。州儿恃母欲私女，尝以手挑之，忿批其颊。一日，女方治面，州儿从后搂之。女揪发觅刃，州儿啮其臂得脱。女奔诉于姊，触地恸哭曰："母不幸，父又他出，贼子敢辱我，必刃之而后死。"姊曲抚慰。乃以臂痕示李，使戒戢之。州儿不悛，绐李曰："儿采薪，臂力不胜，置遗束于路。"李往取之，归则户扃甚严。从母舒氏亦趋至，曰："初闻如小犊悲鸣，继又响震如雷，必有异。"并力启之，州儿死阈下，项几断，女亦倚壁死。盖州儿诳母出，调女。女阳诺而使之闭门，既蹴其后杀之也。

又蔡烈女，上元人。少孤，与祖母居。一日，祖母出，有逐仆为僧者来乞食，挑之，不从。挟以刃，女徒手搏之，受伤十余处，骂不绝，宛转死灶下。贼遁去，官行验，忽来首伏。官怪问故。贼曰："女拘我至此。"遂抵罪。

陈谏妻李氏，番禺人。谏，嘉靖十一年进士。为太平推官，两月卒，其弟扶榇归。李曰："吾少嫠也，岂可与叔万里同归哉！"遂不食死。

胡氏，会稽人。字同里沈峡。将嫁，而峡遭父链难，二兄衮、褒杖死塞上，峡与兄襄并逮系宣府狱。总督杨顺逢严嵩意，必欲置二子死，榜掠数百，令夜分具二子病状。会顺为给事中吴时来所劾，就槛车去，襄等乃得释。自是病呕血，扶父丧归，比服阕始婚，胡年已二十七。逾六月，峡卒，胡哀哭不绝声，尽出奁具治丧事。有他讽者，断发斁面绝之。终日一室中，即同产非时不见。晚染疾，家人将迎医，告其父曰："寡妇之手岂可令他人视。"不药而卒，年五十一。以襄子嗣。

戴氏，莆田人，名清。归蔡本澄，年甫十四。居二年，本澄以世籍戍辽东，买妾代妇行。戴父与约曰："辽左天末，五年不归，吾女当改嫁矣。"至期，父语清如约。泣不从，独居十有五年。本澄归，生一子，未晬，父子相继亡。清哀毁几绝。父潜受吴氏聘，清闻之曰："人呼女蔡本澄妇耳，何又云吴耶？"即往父家，使绝婚。吴讼之官，令守节，表曰寡妇清之门。

时莆又有欧茂仁妻胡氏，守节严苦，内外重之。郡有狱久不断，人曰："太守可问胡寡妇。"守乃过妇问之，一言而决。

胡氏，鄞许元忱妻。元忱为徐祝师养子，习巫祝事。胡鄙之，劝夫改业，且劝归许宗。未果，而元忱疫死。氏殡之许氏庐，苦卧柩傍，夜拥一刀卧。里某求氏为偶，氏毁面截鬓发，断左手三指，流血淋漓，某惊遁。族妇尊行抱持之，大恸，因立应后者，令子之。氏服丧三年，不浣不栉。毕葬，乃为子娶妇。夫有弟少流移于外，复为返之，许氏赖以复起。

蒋烈妇，丹阳姜士进妻。幼颖悟，喜读书。弟文止方就外傅，夜归，辄以饼饵啖之，令诵日所授书，悉能记忆，久之遂能文。归士进数年，士进病瘵死。妇屑金和酒饮之，并饮盐卤。其父数侦知，奔救免。不食者十二日，父启其齿饮之药，复不死。

礼部尚书宝，士进从父也，知妇嗜读书，多置古图史于其寝所，令续刘向列女传。妇许诺，家人备之益谨。一日，女命于缥帐前掘坎埋大缸贮水，笑谓家人："吾将种白莲于此，此花出泥淖无所染，令亡者知予心耳。"于是日纂辑不懈。书将成，防者稍不戒，则濡首缸中死矣。

为文脱稿即毁，所存《烈女传》及《哭夫文》四篇、《梦夫赋》一篇，皆文止窃而得之者。御史闻于朝，榜其门曰文章贞节。初，其兄见女能文，以李易安、朱淑真比之，辄嘁蹙曰"易安更嫁，而淑真不怜其夫，虽能文，大节亏矣。"其幼时志操已如此。

杨玉英，建宁人。涉猎书史，善吟咏。年十八，许字官时中。时中有非意之狱，父母改受他聘。玉英闻之，嘱其婢曰："吾箧有佩囊、布鞯诸物，异日以遗官官人。"婢弗悟，诺之。于是窃入寝室，自经死，目不瞑。时中闻讣，具礼往祭，以手掩之，遂瞑。婢出所遗物，付父母启之，得诗云："昆山一片玉，既售与卞和。和足苦被刖，玉坚不可磨。若再付他人，其如平生何！"

又张蝉云，蒲城人，许字俞桧。万历中，桧被诬系狱。女闻可贿脱，谋诸母，欲货妆奁助之，母不可，曰："汝未嫁，何为若此。"女方食，即以碗掷地，恚不语。入暮自缢死。

彭氏，安丘人。幼字王枚皋。未嫁，枚皋卒，誓不再适。潍县丁道平密嘱其父欲娶之。彭察知，六日不食。道平悔而止，心敬女节烈，后闻其疾革不起，赠以棺。彭语父曰："可束苇埋我，亟还丁氏棺，地下欲见王枚皋也。"遂死。

又刘氏，颖州刘梅女，许聘李之本。之本殁，女泣血不食，语父曰："儿为李郎服三年，需弟稍长，然后殉。寄语翁，且勿为郎置椁。"遂尽去铅华，教弟读书，亲正句读。越一年，梅潜许田家。女闻，中夜开箧，取李币，挑灯制衣，衣之，缢死。知府谢诏临其丧，邻里吊者如市。田家亦具奠赙，举酒方酹，枢前承灌瓦盆划然而碎，起高丈余，绕檐如蝶堕。观者震色。

邵氏，丹阳大侠邵方家婢也。方子仪，令婢视之。故相徐阶、高拱并家居，方以策干阶，阶不用，即走谒拱，为营复相，名倾中外。万历初，拱罢，张居正属巡抚张佳胤捕杀方，并逮仪。仪甫三岁，捕者以日暮未发，闭方所居宅，守之。

方女夫武进沈应奎，义烈士，负气有力，时为诸生，念仪死，邵氏绝，将往救之。而府推官与应奎善，固邀饮，夜分乃罢。武进距方居五十里，应奎逾城出，夜半抵方家，逾墙入，婢方坐灯，抱仪泣曰："安得沈郎来，属以此子。"应奎仓卒前，婢立以仪授之，顿首曰："邵氏之祀在君矣。此子生，婢死无憾。"应奎匿仪去，晨谒推官。

旦日，捕者失仪，系婢毒掠，终无言。或言于守曰："必应奎匿之。"奎所善推官在坐，大笑曰："冤哉！应奎夜饮于余，晨又谒余也。"会有为方解者，事乃寝，婢抚其子以老。

丁氏，五河王序礼妻。序礼弟序爵客外，为贼所杀，其妻郭氏怀孕未即殉。及生子越月，投缳死。时丁氏适生女，泣谓序礼曰："叔不幸客死，婶复殉，弃孤不义，责在君与姜也。姜初举女，后尚有期，孤亡则斩叔之嗣，且负婶矣。"遂弃女乳侄。未几，序礼亦死，竟无子女。氏年方少，抚侄长，绝无怨悔。

尤氏，昆山贡生镛女。嫁诸生赵一凤，早死，将殉之，顾二子方襁褓，为强食。二子复殇,恸曰:"可以从夫矣。"痛夫未葬,即营窀穸。恶少年艳其色,眥其目曰:"彼盼美而流,乌能久也。"妇闻之,夜取石灰手目,血出立枯。置棺自随。夫葬毕,即自缢,或解之,乃触石裂额,趋卧棺中死。

项贞女,秀水人。国子生道亨女,字吴江周应祁。精女工,解琴瑟,通列女传,事祖母及母极孝。年十九,闻周病瘵,即持斋、燃香灯礼佛,默有所祝,侍女辈窃听,微闻以身代语。一日,谓乳媪曰:"未嫁而夫亡,当奈何?"曰:"未成妇,改字无害。"女正容曰:"昔贤以一剑许人,犹不忍负,况身乎?"及讣闻,父母秘其事,然传吴江人来,女已喻。祖母属其母入视,女留母坐,色甚温,母释然去。夜伺诸婢熟睡,独起以素丝约发,衣内外悉易以缟,而纫其下裳。检衣物当劳诸婢者,名标之,列诸床上。大书于几曰:"上告父母,儿不得奉一日欢,今为周郎死矣。"遂自缢。两家父母从其志,竟合葬焉。

李氏,寿昌人。年十三,受翁应兆聘。应兆暴卒,女尽取备嫁衣饰焚之,以身赴火,为父母救止。乃赴翁家,哀告舅姑乞立嗣,复乞一小楼,设夫位,坐卧于旁,奠食相对,非姑不接面。舅亡,家落,忍饥纺织以养姑。未几,姑亦亡,邻火大起,夜半达旦,延百余家。邻妇趋上楼,劝之避,妇曰:"此正我接命时也。"抱夫木主待焚。须臾四面皆烬,小楼独存。

玉亭县君,伊府宗室典柄女。年二十四,适杨仞。不两月仞卒,号恸不食。或劝以舅姑年老,且有遗孕,乃忍死襄事。及生男,家日落。万历二十一年,河南大饥,宗禄久缺,纺织三日,不得一餐,母子相持恸哭。夜分梦神语曰:"汝节行上闻于天,当有以相助。"晨兴,母子述所梦皆符,颇怪之。其子曰:"取屋后土作坯,易粟。"其日掘土,得钱数百。自是,每掘辄得钱。一日,舍旁地陷,得石炭一窖,取以供爨。延两月余,官俸亦至,人以为苦节所感。

马节妇,年十六,归平湖诸生刘濂。十七而寡。翁家甚贫,利其再适,必欲夺其志。不与饮食,百计挫之,志益厉。尝闭门自经,或救之,则系绝而坠于地死矣。急解之,渐苏。翁又阴纳沈氏聘,其姑诱与俱出,令女奴抱持纳沈舟。妇投河不得,疾呼天救我。须臾风雨昼晦,疾雷击舟,欲覆者数四。沈惧,乃旋舟还之。事闻于县,县令妇别居。时父兄尽殁,无可归,假寓一学舍,官赡之以老。

王氏,东莞叶其瑞妻。其瑞贫,操舟往来邻境,一月一归。妇纺织易食。万历二十四年,岭南大饥,民多鬻妻子。其瑞将鬻妇博罗民家,券成,载其人俱来。入门见氏羸甚,问之,不馔鬻数日矣。其瑞泣语之故,且示之金,妇笑而许之。及舟发宝潭,跃入潭中死。两岸观者如堵,皆谓水迅,尸流无所底。其瑞至,从上流哭数声,尸忽涌出,去所投处,已逆流数十步矣。

谭氏,南海方存业妻。生子三月,夫亡,悲号欲殉。母及姑交止之,且讽改适。氏垂涕曰:"吾久不乐生,特念姑与儿耳。"哽咽流涕不止,二人不敢复言。及子七岁,遣就塾师,先令拜姑,微示嘱托意,窃自喜曰:"吾今可以遂志矣。"一日,媒氏至,复劝改适,氏愈愤,中夜缢死。

又张氏,临清林与岐妻。夫亡,欲自缢,舅姑慰之曰:"尔死,如遗孤何?"氏以衣物倩乳妪育其子,三月,知子安乳妪,遂不食死。

李烈妇,余姚吴江妻。年二十,夫与舅俱卒,家酷贫,妇纺织养姑,已恒冻馁。有黄某者,谋娶之,贿夫族某使饵其姑,未即从。某乃阴与黄及父家约,诡称其母暴病,肩舆来迎。妇仓卒升舆,既及门,非父家也。姑亦寻至,布几席,速使成礼。妇佯曰:"所以不欲嫁者,为姑老无依耳。姑既许,复何言。然妾自夫殁未尝解带,今愿一洗沐。"又问:"聘财几何?"姑以数对。曰:"亟怀之去,姑在,我即从人,殊赧颜也。"众喜,促姑行,为具汤。汤至,久不出,辟户视之,则缢死矣。

其后,崇祯十五年,余姚又有黄烈妇者,金一龙妻。夫早殁,黄截指自誓,立从子为嗣,与姑相依。熊氏子欲娶之,母党利其财,绐令还家,间道送于熊。黄知势不可挽,愿搜括所有以偿聘金,不听,相持至夜深,引刀自刎未殒。其姑闻之,急趋视,黄曰:"妇所以未即死者,欲姑一面耳,今复何求。"遂刎喉以绝。郡邑闻之,毙熊氏子狱中。

谢烈妇,名玉华,番禺曹世兴妻。世兴为冯氏塾师,甫成婚,即负笈往。亡何病归,不能起,妇誓不改适。曹族之老嘉之,议分祭田以赡。或谓妇年方盛,当俟襄事毕,令归宁,妇佯诺,及期,驾舆欲行,多作诀语,徐入室闭户,以刀自断其颈。家人亟穴板入,血流满衣,尚未绝,见诸人入,亟以左手从断处探喉出之,右手引刀一割,乃瞑。

张氏,桐城李栋妻。栋死无子,张自经于床。母救之,奋身起,引斧斫左臂者三。家人夺斧,抑而坐之蓐间,张瞋闷不语。家人稍退,张遽掩身出户投于水。水方冰,以首触穴入,遂死。

邑又有烈妇王氏,高文学妻。文学死,父道美来吊,谓王曰:"无过哀。事有三等,在汝自为之。"王辍泣问之,父曰:"其一从夫地下为烈,次则冰霜以事翁姑为节,三则恒人事也。"王即键户,绝粒不食,越七日而死。

又有戚家妇者,宝应人。甫合卺,而夫暴殁。妇哭之哀,投门外汪中死。后人名其死所为戚家汪云。

金氏,通渭刘大俊妻。年十九,夫病风痹,金扶浴温泉。暴风雨,山水陡发,夫不能动,令金急走。金号泣坚持不肯舍,并溺死。尸流数十里而出,手犹挽夫不释云。

又应山诸生王芳妻杨氏。芳醉坠塘中,氏赴水救之。夫入水益深,氏追深处偕死。

王氏,山阴沈伯变妻。议婚数年,伯变病厉,手挛发秃,父母有他意。女问:"沈郎病始何日?"父曰:"初许时固佳儿,今乃病。"女曰:"既许而病,命也,违命不祥。"竟归之。伯变病且愈,王奉事无少息。居八年卒,嗣其从子。更出簪珥佐舅买妾,更得子。逾年,舅姑相继亡,王独抚二幼孤,鬻手食之,并成立。

李孝妇,临武人,名中姑,适江西桂廷凤。姑邓患痰疾,将不起,妇涕泣忧悼。闻有言乳肉可疗者,心识之。一日,煮药,爇香祷灶神,自割一乳,昏仆于地,气已绝。廷凤呼药不至,出视,见血满流地,大惊呼救,倾骇城市,邑长佐诣其庐,命亟治。俄有僧踵门曰:"以室中蕲艾传之,即愈。"如其言,果苏,比求僧不复见矣。乃取乳和药奉姑,姑竟获全。

又洪氏,怀宁章崇雅妻。崇雅早卒,洪守志十年。姑许,疾不能起,洪剜乳肉为羹而饮之,获愈,余肉投池中,不令人知。数日后,群鸭自水中冲出,鸣噪回翔,小童获以告姑。姑起视之,乳血犹淋漓也。其夫兄崇古亦早亡,姒朱氏誓死靡他,姒娌相守五十年云。

倪氏,兴化陆鳌妻。性纯孝,舅早世,悯姑老,朝夕侍寝处,与夫暌异者十五年。姑鼻患疽垂毙,躬为吮治,不愈,乃夜焚香告天,割左臂肉以进,姑啖之愈。远近称孝妇。

刘氏,张能信妻,太仆卿宪宠女,工部尚书九德妇也。性至孝,姑病十年,侍汤药不离侧。及病剧，举刀刲臂，侍婢惊持之。舅闻，嘱医言病不宜近腥腻，力止之。逾日，竟刲肉煮糜以进，则姑已不能食，乃大悔恨曰："医绐我，使姑未鉴我心。"复刲肉寸许，恸哭奠柩前，将阖棺，取所奠置棺中曰："妇不获复事我姑，以此肉伴姑侧，犹身事姑也。"乡人莫不称其孝。

徐贞女，宣城人。少字施之济，年十五，里豪汤一泰艳之，倚从了祭酒宾尹，强委命焉。女父子仁不受，夜趣施异女归。一泰恚甚，胁有司摄施妇，欲庭夺以归，先使人捽济父子及媒妁数人，殴之府门，有司莫能制。徐氏被摄，候理，次城东旅舍，惧不免。夜伺人静，投池中死，衣上下缝纫不见寸体。观者皆泣下，共舁古庙，盛夏郁蒸，蝇不敢近。郡守张德明临视，立祠城东祀之。

林贞女，侯官人。父舜道，官参政。女幼许长乐副都御史陈省子长源，既纳币，长源卒。女蓬首削脂泽，称疾卧床，哭无声而神伤。或谓未成妇，何自苦。答曰："予名氏、岁月饰而椟之以归陈，忍自昧哉！"固请于父，欲赴陈丧，父为达其意。陈父答曰："以凶归，所不忍，以好归，畴与主之？姑俟丧除。"女大悲咤曰："是欲缓之，觊夺吾志也。"遂不食，积七日，呕血死。

王贞女，昆山人，太仆卿宇之孙，诸生述之女，字侍郎顾章志孙同吉。未几，同吉卒。女即去饰，白衣至父母前，不言亦不泣，若促驾行者。父母有难色，使妪告其舅姑，舅姑扫庭内待之。女既至，拜柩而不哭，敛容见舅姑，有终焉之意。姑含泪曰："儿不幸早亡，奈何累新妇。"女闻姑称新妇，泪簌簌下，遂留执妇道不去。早晚跪奠柩前，视姑眠食外，辄自屏一室，虽至戚遣女奴候视，皆谢绝，曰："吾义不见门以外人。"后姑病，女服勤，昼夜不懈。及病剧，女入候床前，出视药灶，往来再三，若有所为。群婢窥之而莫得其迹，姑既进药则睡，觉而病立间，呼女曰："向饮氏者何药？乃速愈如是。"欲执其手劳之，女缩手有难进之状。姑怪起视，已断一指煮药中矣。姑叹曰："吾以天夺吾子，常忧老无所倚。今妇不惜支体以疗吾疾，岂不胜有子耶！"流涕久之。人皆称贞孝女去。

倪美玉，年十八归董绪。绪居丧过毁得疾，谓妻曰："吾无兄弟，又无子。吾死，父母祀绝矣。当以吾屋为小宗祠，置祀田数亩，小宗人递主之，春秋享祀，吾父母获与焉，吾无憾矣。汝必以此意告我叔父而行之。"绪卒，倪立从子为后。治丧毕，携其女及田二亩嘱其姒曰："以此累姆。"及夫叔父自外郡至，泣拜致夫命，叔父如其言。事竣，妇出拜谢，即入室卧不食。居数日，沐浴整衣曰："亡夫召我矣。"举手别父母亲属而逝，年二十二。

刘烈女，钱塘人。少字吴嘉谏。邻富儿张阿官屡窥之，一夕缘梯入。女呼父母共执之，将讼官，张之从子倡言刘女海淫，缚人取财。人多信之。女呼告父曰："贼污我名，不可活矣，我当求直耳。"即自缢。盛暑待验，暴日下无尸气。嘉谏初惑人言，不哭。徐察之，知其诬也，伏尸大恸。女目忽开，流血泪数行，若对泣者。张延讼师丁二执前说，女傅魂于二曰："若以笔污我，我先杀汝。"二立死。时江涛震吼，岸土裂崩数十丈，人以为女冤所致。有司遂杖杀阿官及从子。

上海某氏，既嫁，夫患疯癫，舅姑谋夺以妻少子。妇觉，密告其夫，夫泣遣之归宁。妇潜制殓具，夫既死，舅姑不以告，不阖棺，露置水滨，以俗忌恶疾也。妇闻，盂饭沦难，偕幼妹至棺所，抱尸浴之，敛以衣衾，阖棺设祭。祭毕，与妹诀，以巾幂面，投水死。

谷氏，余姚史茂妻。父以茂有文学，赘之于家。数日，邻人宋思徵责于父，见氏美，遂指遗钱为聘物,讼之官。知县马从龙察其诬,杖遣之。及谷下阶,茂将扶以行。谷故未尝出闺阁,见隶人林立,而夫以身近己,惭发颓,推茂远之。从龙望见,以谷意不属茂也,立改判归思。思即率众拥舆中而去,谷母随之至思舍。谷呼号求速死,断发属母遗茂。思族妇十余人,环相劝慰,不可解,乘间缢死。从龙闻之大惊,捕思,思亡去。茂感妻义,终身不娶。

于氏,颍州邓任妻。任病,家贫,药饵不给,氏罄嫁筐救之。阅六月病革,氏聘簪二,绾一于夫发,自绾其一,抚任颈哽咽曰:"妾必不负君。"纳指任口中,令啮为信。任殁三日,缢死。

州又有台氏,诸生张云鹏妻。夫病,氏单衣蔬食,祷天愿代,割臂为糜以进。夫病危,许以身殉,订期三日。夫付红帨为诀,氏号泣受之。越三日,结所授帨就缢,侍婢救不死,恨曰:"何物奴,败我事!令我负三日约。"自是,水浆不入口,举声一号,热血迸流。至七日,顿足曰:"迟矣,郎得毋疑我。"母偶出栉沐,扃户缢死。

胡氏,诸城人,遂平知县丽明孙女也。年十七,归诸生李敬中,生一女而夫卒。初哭踊甚哀,比三日不哭,盥栉拜舅姑堂下,家人怪之,从容答曰:"妇不幸失所天,无子,将从死者地下,不得复事舅姑,幸强饭自爱。他日叔有子,为亡人立嗣,岁时奠麦饭足矣。"姑及其母泣止之,不可,乃焚香告柩前,顾家人曰:"洗含汝等亲之,不可近男子。"遂入户自经,母与姑槌门痛哭疾呼,终不顾而死。

荆娲,陕西淳化人,姓高氏。兄起凤,邑诸生。崇祯五年,流贼掠继母秦氏及荆娲去,起凤驰赴贼营请赎。贼索二马,起凤倾赀得一马,予之。贼止还其母。起凤与妹诀曰:"我去,汝即死。"贼令劝妹从己,且欲留为书记。起凤大骂不从,被杀。百计胁荆娲,大骂求死。贼悦其色,割发裂衣以恐之。娲益骂不已,贼乃杀之,年甫十六。巡按吴姓上其事,兄妹皆旌。

黄日芳妾李氏、陈氏。日芳知霍丘县,崇祯八年,计簿入郡。流贼突至,围城。二人相谓曰:"主君未还,城必不守,我两人独有一死耳。"密缝内外衣甚固,城陷,南望再拜,携赴藏天涧死。越三日,日芳至,号哭涧侧。两尸应声浮出,颜色如生,手尚相援。

蕲水李氏,诸生何之旦妻。流贼至蕲,执而逼之去,不从,则众挟之。李骂益厉,啮贼求死。贼怒,刺之,创遍体,未尝有惧色,贼断其颈死。

从婢阿来抱李幼女,守哭。贼夺女将杀之,不与,伏地以身庇之。刺数十创,婢、女俱死。

万氏,和州儒士姚守中妻,泉州知府庆女孙也。生六子,皆有室。崇祯八年,流贼陷其城,恸哭孀姑前,命诸妇曰:"我等女子也,誓必死节。"诸子环泣,急麾之曰:"汝辈男子,当图存宗祀,何泣焉?"长子承舜泣曰:"儿读书,惟识忠孝字耳,愿为厉鬼杀贼,何忍母独死。"遂负母投于塘。诸妇女相随死者十数人,仅存子希舜,求其尸,共聚塘坳,无一相离者。

流贼陷和州,王氏一时五烈妇:王用宾妻尹氏,用贤妻杜氏,用聘妻鲁氏,用极妻戴氏,又王氏良器女,刘台妻也。五人同匿城西别墅,誓偕死。及贼登陴,呼声震地。五人相持泣曰:"亟死亟死,毋污贼刃。"结缳,缳断,适用贤所佩剑挂壁上,杜趋拔之,争磨以刭,次第死。

中华传世藏书

二十四史

精华

明史

二五八五

州又有女,失其姓,与诸妇共匿明伦堂后。其四人已为贼执,用帛牵之。独此女不肯就执,多方迫之不得。四妇劝之,泣曰:"我处女也,可同男子去耶?"以头抢地。贼搴其足而曳之,女大骂。贼怒,一手搴足,以刀从下劈之,体裂为四。

陈氏,泾阳王生妻。有子方晬,生疾将死,以遗孩属陈。陈曰:"吾当生死以之。"流贼至,陈抱子避楼上。贼烧楼,陈从楼檐跳下,不死。贼视其色丽,挟之马上,陈跃身坠地者再。最后以索缚之,行数里,陈力断所系索,并鞍坠焉。贼知不可夺,乃杀之。贼退,家人收其尸,子呱呱怀中,两手犹坚抱如故。

鸡泽二李氏。一同邑田蕴玺妻。遇乱,蕴玺兄弟被杀。李抱女同姒王抱男而逃。王足创难行,令李速去。李曰:"良人兄弟俱死,当存此予以留田氏后。"遂弃己女,抱其子赴城,得无恙。一嫁曲周郭某。遭乱,举家走匿。翁姑旋被杀,李携幼男及夫弟方七岁者共逃,力罢,不能俱全。或教之舍叔而抱男,李曰:"翁姑死矣,叔岂再得乎!子虽难舍,然吾夫在外,或未死,尚可期也。"竟弃男,负叔而走。

宋德成妻姜氏,临清人。德成知赞皇县,寇入署,姜投井。贼出之,逼令食,骂曰:"待官兵剿汝,醢为脯,吾当食之。"以簪自剔一目示贼曰:"吾废人也,速杀为幸。"贼怒杀之。

石氏女,失其邑里,随父守仁寓五河。崇祯十年,流贼突至,执欲污之。女抱槐树厉声骂贼。贼使数人牵之不解,斫其两手,骂如初。又断其足,愈骂不绝,痛仆地佯死。贼就褫其衣,女以口啮贼指,断其三,含血升许喷贼,乃瞑。贼拥薪焚之,厥后所焚地,血痕耿耿,遇雨则燥,旸则湿。村人骇异,掘去之,色亦入土三尺许。

又当涂举人吴昌祚妻谢氏,为乱卒所掠。谢以手抱树,大骂不止。卒怒,断其附树之指,复拾断指掷卒面,卒磔杀之。

周彦敬妻庄氏。彦敬,楼霞知县。氏读书知大义,乱起,乡人悉窜山穴中。庄以男女无别,有难色。彦敬强之曰:"不入,且见杀。"庄曰:"无礼不如死,君疑我难死乎!"即引刀自裁。彦敬感其义,终身不复娶。

唐烈妻陈氏。烈,孝感诸生。崇祯十年,从夫避难山砦。贼突至,夫与子俱散,陈独行山谷间,砦人曰:"非唐氏妪乎?事迫矣,可急入保。"陈问夫与子未至,曰:"未也。"陈泣曰:"我茕茕一妇人,靡因而至。诸君虽怜而生我,我何面目安兹土耶!夫存亡未知,依人以生不贞,弃夫之难不义。失贞与义,何以为人!吾其行也。"卒不入。已,贼至,逼去不从,大骂死。

又刘氏,怀宁人,应天府丞颜素之孙妇也。崇祯末,乱兵焚掠江市。其舅与夫先在南京。刘子身出避,仓皇无所之,见男妇杂走登舟,慨然曰:"吾侪妇人,保姆不在,义不出帷,敢乱群乎!"遂投江死。

唐氏,广济潘龙跃妻。崇祯十三年避贼灵果山。贼至,加刃龙跃颈,索钱。唐跪泣,乞以身代夫,不许。女巽跪泣,乞以身代父。唐知夫不免,投于塘,女从之。贼怆然释其夫。

又颜氏,长乐诸生黄应运妻。城陷,兵至其家,欲杀应运生母詹氏,颜泣诉,愿身代。及颜方受刃,妾曾又奔号曰:"此我主母,无所出,愿杀我以全其命。"卒感其义,两释之。

颖州卢氏,王瀚妻。家贫,春织终岁。崇祯十四年大饥,夫患疫。氏语夫曰:"君死,我当从。"及夫死,时溽暑,氏求亲戚敛钱以葬曰:"我当死,但酷热无衣棺,恐更为亲戚累,迟之秋爽耳。"闻者哈之。及秋，尽粜其新谷，置粗布衣，余买酒蔬祀夫墓。归至家，市犁数十进姑，并贻妯娌，语人曰："我可死矣。"夜半自缢。

于氏，汝州张铎妻。崇祯十四年，贼破城，氏谓两婢曰："吾辈今日必死，曷若先出击贼，杀贼而毙，不失为义烈鬼。于是执梃而前，贼先入者三，出不意，悉为所踣。群贼怒，攒刺之，皆死。

萧氏，万安赖南叔妻。夫早丧，无子，遗一女。寇大起，筑室与女共居。盗突至，率女持利刃遮门，詈曰："昔宁化曾氏妇，立砦杀贼。汝谓我刃不利邪！犯我必杀汝。"贼怒，纵火焚之，二人咸烬。

又杨氏，安定举人张国憩妾。崇祯十六年，贼贺锦攻城急。国憩与守者议，丁壮登陴，女子运石。杨先倡，城中女子从之，须臾四城皆遍。及城陷，杨死谯楼旁。事定，家人获其尸，两手犹抱石不脱。

仲氏女，湖州人，随父贾汉阳。崇祯中，汉阳陷，从群妇将出城，贼守门者止之。有顷，贼大肆淫掠，见女美，执之。女离面披发，大骂。贼具马，命二贼挟之上，连坠伤额，终不肯往。贼露刃迫之曰："身往何如头往？"笑曰："头往善。"遂被害。

邝抱义妻何氏。抱义，临武诸生。崇祯末，氏为贼所执，乃垢面蓬发绐以病疫，贼惧释之。及贼退，家人咸喜，何泣曰："平昔谒拜伯叔，犹赧颜汗发。今匿身不固，以面目对贼，牵臂引裾，虽免污辱，何以为人！"竟忿恚不食死。

汤祖契妻赵氏。祖契，睢州诸生。氏知书，有志节。崇祯十五年，贼陷太康，将抵睢。氏语家人曰："州为兵冲，未易保也。脱变起，有死耳。"及城破，属祖契负其母以逃，而己阖户自经，家人解之，投井，复为家人所阻，怒曰："贼至不死，非节也，死不以时，非义也。"贼至，环刃相向，牵之出，厉声诃贼，遂遇害。

萧来凤妻倪氏。来凤，商城贡生，慷慨有大节。贼逼受职。不屈死，倪自经从之。

又有宋愈亨，深泽举人，寇至投井死。妻王氏曰："夫既如此，吾敢相负。"媳韩生男甫六日，愿从死，相对缢。

邵氏，邹县张一桂妻，同妾李氏遇贼。欲迫李行，邵骂曰："亡夫以妾托我，岂令受贼辱。"贼怒杀之。李知不免，绐曰："我有簪珥埋后园井旁。"贼随李发之，至则曰："主母为我死，我岂独生。"即投井。贼下井扶之，李披发破面骂不已，扭其衣欲令并死井底，叫声若雷。贼知不可强，乃刃之。

梁以樟妻张氏，大兴人。以樟知商丘县。崇祯十五年，流贼围商丘，急积薪楼下，集婢女其上，俱令就缢。谓子燮曰："汝父城守，命不可知，宗祀惟汝是赖。"属乳媪匿民家。自缢死。家人举火，诸尸俱烬。

郑完我母石氏，甘州卫人。完我，南阳府同知，既之官，妻王氏奉局家居。崇祯十六年，贼围甘州，石预戒家人积薪室中。及城陷，携王及一孙女纵火自焚。寇退，出尸灰烬间，姑媳牵挽不释手。女距三尺许，覆以瓮，启视色如生。

郭氏，长治宋体道妻。崇祯十五年，任国琦作乱，同居诸妇皆罗跪，呼郭不出，独匿垝垣。贼怒，诘其不跪，瞠目厉声曰："我跪亦死，不跪亦死，已安排不活矣。"贼加数刃，迄死骂不绝口。

姚氏，桐城人，湘潭知县之骐女，诸生吴道震妻。年十九，夫亡，以子德坚在襁褓，忍死抚之。越二十六年，至崇祯末，流贼掠桐城。兄孙林奉母避潜山，氏偕行。贼奄至，孙林格斗死，德坚负氏逃。氏曰："事急矣，汝书生焉能负我远行，倘贼追及，即俱死，汝不能全母，顾反绝父祀乎！"叱之去，德坚泣弗忍，氏推之坠层崖下。须臾贼至，叱曰："出金可免。"氏曰："我流离远道，安得有金。"贼令解衣验之，骂曰："何物贼奴，敢作此语！"贼怒，刃交下死。

李氏，定州人，广平教授元荐女，归同里郝生。崇祯十六年，州被兵。生将奉亲避山中，留李与二子居其母家。生控马将发，李哭拜马前，指庭中井诀曰："若有变，即洁身此中，以衣袂为识，旁有白线一行者，即我也。"比城破，藏二子他所，入井死。兵退，生出其尸，颜色如生。

丘氏，孝感刘应景妻。崇祯末，为贼所执，逼从，不可。贼曰："刃汝。"丘曰："得死为幸。"贼注油满瓮，渍其衣，语同类曰："此妇倔强，将燕之。"丘哂曰："若谓死溺、死焚、死刃有间乎？官兵旦夕至，若求如我，得哉！"贼怒，束于木焚之，火炽，骂不绝口。

同邑乾氏，年十七，归高文焕。文焕卒，无子，拔刀自裁。母及姑救之，越三日复苏。自是断荤，日不再食。崇祯十六年，闻贼陷德安，将及孝感。从子高骞将扶避山砦，氏曰："吾老矣，岂复出门求活。行吾四十年前之志，可也。"投后园池中死。

邑又有黄氏，张挺然妻。崇祯末，贼帅白旺陷德安，授挺然伪掌旅，黄泣止之，不听。贼令挺然取妇为质，黄携十岁儿匿青山砦。挺然诱以利，劫以兵，且使亲戚招之，皆不听。已而破砦，焚已居以穷黄，黄匿愈深，竟不可得。挺然寄儿金簪，儿以缩发，黄怒，拔弃之曰："何以为贼物污首！"久之，贼败，挺然走死襄阳，黄耕织以抚其子，乡人义之。

刘长庚妾雷氏。长庚为同州诸生。贼陷潼关，将及州，长庚拜家庙，召妻及二子曰："汝年长，且有子，当逃。"召雷及所生女曰："汝年少，当从吾死。"雷曰："妾志也。"长庚携酒登楼，谓妾曰："汝平日不饮，今当共醉。"妾欣然引满。长庚且饮且歌，夜半遍题四壁，拔刀示妾曰："可以行乎？"对曰："请先之。"夺刀自刎。长庚乃解系条，缢于梁。女方七岁，横刀于壁，以颈就之而死。

邵氏，商州人，布政使可立女，侍郎洛南薛国用子匡伦妻也。流贼将至，避之母家。商州陷，贼驱使执爨，骂曰："吾大家女，嫁大臣子，肯为狗贼作饭耶！"贼怒，斫其足，骂益厉，断舌寸磔之。

关陈谏妻吕氏。陈谏，云梦诸生。族有安氏者，殉其夫关坤，吕每谈及，辄感慨希嘘曰："妇人义当如是。"崇祯末，寇陷邻郡，吕谓夫曰："贼焰方张，不如早为之所。"取鱼网结其体甚固。俄寇至，俾缝衣，吕投剪破贼面，骂曰："贼敢辱我针黹乎！手可断，衣不可缝。"贼怒，磔之，投于水。

邵氏，曲周李纯盛妻。寇至，姑姊妹俱避地洞中。邵为寇所得，问洞所在。绐之行，寇喜随之，径往井旁，投井死。洞中五十余人俱获免。

王氏，宛平刘应龙妻。年十六，嫁应龙。家贫，以女红养舅姑。应龙父子相继亡，王事姑抚子。阅二十年，贼陷都城，泣拜其姑曰："留长孙奉事祖母，妇死已决。"遂携幼子投井死。

吴之瑞妻张氏。之瑞，宿松诸生。福王时，城陷，军士欲污之。张恐祸及夫与子，绐曰："此吾家塾师，携其子在此，吾丑之，若遣去，则惟命。"夫与二子去已远，张乃厉声唾骂,撞石死。

韩鼎允妻刘氏。鼎允为怀宁诸生。福王时,城溃。舅姑双枢殡于堂,刘守不去。贼欲剖棺。刘抱棺号哭。贼释之。一女年十三,贼欲纵火,而数盼其女。刘绐之曰:"苟不惊先枢,女非所惜也。"贼喜投炬,携女去。刘送女,目门外池示之,女即投池死。贼怒,刃刘,刘骂不绝口死。

江都程氏六烈。程煜节者,江都诸生也。其祖姑有适林者,其姑有适李者,其叔母曰刘氏、邹氏、胡氏。而煜节之妹曰程娥,未字。城被围,与刘约俱死,各以大带置袖中。城破,女理发更衣,再拜别其母,遂缢死。刘有女甫一岁,啼甚惨。刘乳之,复以糕饵一器置女侧,乃死。邹与胡亦同死。适林者,投井死,适李者,遭掠,绐卒至井旁,大骂投井死。时称一门六烈。

张氏,江都史著馨妻。年二十六,夫亡。及城陷,抚其子泣曰:"向也抚孤为难,今也全节为大。儿其善图,吾不能顾矣。"遂赴水死。

又兰氏,孙道升继妻。其前妻女曰四,兰所生女曰七,皆家古氏。次曰存,孙女曰巽,皆未嫁。其弟道乾、道新并先卒。道乾妻王氏,子天麟妻丁氏,道新妻古氏,其从弟子启先妻董氏。江都之围,诸妇女各手一刀一绳自随。城破,巽先缢死。兰时五十四,引绳自缢死。王氏、丁氏投舍后汪中死。古氏亦五十四,守节三十年,头颈白,投井死。有女嫁于吴,生女曰睿,方八岁,适在外家,从死于井。董氏以带系门枢,缢死。存病足,力疾投井死。董氏之娣,有祖母曰陈氏,方寄居,与董氏同处,亦自缢死。四与七同缢于床死。

同时有张廷铉者,妻薛氏,城破自缢死。廷铉之妹曰五,遇卒鞭挞使从己,大呼曰:"杀即杀,何鞭为!"遂杀死。

张秉纯妻刘氏。秉纯,和州诸生。家故贫,氏操井臼,处之怡然。国亡,秉纯绝粒死。氏一勺水不入口,阅十有六日,肌骨销铄,命子扶至枢前祭拜,痛哭而绝。

陶氏,当涂孙士毅妻,守节十年。南都覆,为卒所掠,缚其手介刃于两指之间,曰:"从我则完,否则裂。"陶曰:"义不以身辱,速尽为惠。"兵不忍杀,稍创其指,血流竟手,曰:"从乎?"曰:"不从。"卒怒,裂其手而下,且剚其胸。寸磔死。陶母奔护,亦被杀。

田氏。仪真李铁匠妻,姿甚美。高杰步卒掠江上,执犯之,田以死拒。挟马上,至城南小桥,马不能渡。田绐卒牵衣行,观中流急湍,曳二卒赴水,并溺死。

王氏,和州诸生张侣颜妻。南都不守,刘良佐部卒肆掠。氏同母匿朝阳洞,卒攻洞急,氏以子付母曰:"贼势汹汹,我少妇,即苟免,何面目回夫家。此张氏一线,善抚之。"言讫,挺身跳洞外,洞高数十仞,乳石巉岩若锋刃,碎身死焉。

方氏,桐城钱秉镫妻。避寇寓南都。岁祲,饘粥不给,以女红易米食其夫,己与婢仆杂食糠粃。客过,洁茗治馔,取诸簪珥,与秉镫游者,未尝知其贫也。秉镫与阮大铖同里,有隙,避吴中。方挈子女追寻,得之。已而吴中亦乱,方知不免,乃密纫上下服,抱女赴水死。

陆氏,嘉定黄应爵妻。少丧夫,家贫,纺织自给逾三十年。甫殁,嘉定城破。子道弘妻,亡其姓,持二女仓卒欲赴井。长女曰:"若使母先投,必恋念吾二女,不如先之。"乃挽妹亟入,道弘妻继之,并溺死。

于氏,丹阳荆溓妻。溓父大澈为乱兵所杀。于闻变,知不免,谓溓曰:"请先杀妾。"溓不忍,怒曰:"君不自杀,欲留为乱兵污耶!"潆恸哭从之。

项淑美,淳安人,适方希文。希文好蓄书。杭州不守,大帅方国安溃兵掠江浒,数百里无宁宇。希文避山间,载书以往。会幼子病疹,希文出延医,淑美与一妪一婢处。是夕,乱兵突至,纵火肆掠。婢挽淑美衣,欲与俱出,正色叱曰:"出则死于兵,不出死于火,等死耳,死火不辱。"时妪已先去,见火炽复入,呼曰:"火至,奈何弗出?"淑美不应,急取书堆左右,高与身等,坐其中。须臾火迫,书尽焚,遂死。贼退,希文归,则余烬旋而成堆,若护其骨者。一动,灰即散,乃收骨瘗先兆。

先是,有慈溪王氏,归同里方姓。甫逾月,火起,延及其屋。夫适他出,氏坚坐小楼不下,遂被焚,骸骨俱烬,惟心独存。夫归,捧之长号,未顷即化。

甬上四烈妇。钱塘张氏,鄞县举人杨文瓒妻。国变后,文瓒与兄文琦,友华夏、屠献宸,俱坐死。张纫箴联其首,棺殓毕,即盛服题绝命诗,遍拜族戚。吞脑子不死,以佩带自缢而卒。文琦妻沈氏亦自缢。夏继妻陆氏结帨于梁,引颈就缢,身肥重,帨绝堕地。时炎暑,流汗沾衣,乃坐而摇扇,谓其人曰:"余且一凉。"既复取帨结之而尽。有司闻杨、华三妇之缢,遗丐妇四人至献宸家,防其妻朱氏甚严。朱不得间,阳为欢笑以接之,且时时诮三妇之徒自苦也。数日,防者稍懈,因谓之曰:"我将一浴,汝侪可暂屏。"丐妇听之,阖户自尽。时称"甬上四烈妇"。

夏氏,黔国公沐天波侍女也。沙定州之乱,天波出走,母陈、妻焦亦避外舍。惧贼迫,焦谓姑曰:"吾辈皆命妇,可陷贼手乎!"举火自焚死。夏归其母家,获免。后天波自永昌还,夏复归府,则已剃为尼矣。天波感其义,俾佐内政。及天波从从缅甸,夏遂自经。时城中大乱,死者载道,尸为乌犬所食,血肉狼藉,夏尸弃十余日,独无犯者。

【译文】

妇女的行动,不走出闺门,所以《诗经》记载的《关雎》《葛覃》《桃夭》《苤苢》,都是在平常的生活情况中,表现为贞静和平,而内心品德的美好,王者教育的品行,都可从中看出来。写有变故的生活的,象《行露》《柏舟》一二篇而已。刘向为列女写传,取其做人处世时可以作为参照的例子,不在于统一操守。范晔继承了他的做法,也采集了才学品行高尚优秀的,不是只看重节烈的。魏、隋以后,历史学家多吸收患难颠沛的时候,杀身殉义的事情。大概怀念近世人物的情绪,忽略了平常的行为而崇尚奇异激烈,国家制度所褒奖的,志乘一类史书所记录的,跟那些里巷所称赞的,流俗所感到震撼的,都把极端奇异极端艰苦看作难能可贵的事迹。而文人墨客往往借偶傥不寻常的品行,来抒发他们伟丽激越跌宕可喜的想法,因此,它们就被传得特别远,这类事迹也就特别明显。但是人的本性所在,伦常所赖以维系的正气不至于沦丧,而使人跟禽兽有所区别的,记录历史的人应该不要忽略了它们。

明代建立后,写成了规矩条例,巡方督学一类官员每年都要向朝廷汇报她们的事迹。大的赏赐造祠祭祀,次一等的也树牌坊表彰,乌黑顶端的两根木柱,照耀市井乡里,以至于使偏僻地方下等人家的女子,也能用坚贞洁白来要求自己。这类人物被写进实录和郡邑志一类书籍的,不下于一万多人,虽然其中有因为文学技艺出名的,总的来说是节烈一类占了多数。啊,多么兴盛。这难道不是因为有了声威教育,使廉耻分明,才造成重视名声气节而去做出义勇的事情出来的吗?

现在捡拾其中突出的,或者以年代排列,或者以类排列,都写在书里,跟从前的史书相比,差不多多出一倍。但是,湮没了姓名的,还不计其数,保存其中的十分之一,也可以表示规劝的用意了。

月娥,西域人,元代武昌尹职马禄丁的女儿。从小聪明,听兄长们诵读说解经籍史书,就能明白大概意思。长大后嫁给芜湖人葛通甫,侍奉长辈抚育晚辈,都依据礼制法度。年纪最大的卢氏及各位媳妇女子,都受到她的影响。

太祖渡江后的第六年,伪汉的士兵从上游往下而来,卢氏说:"太平县有城墙,并且有重兵把守,可以依靠。"让月娥带领各位媳妇女子去哪里躲避一下。没多久,强盗来了,城市陷落,月娥叹息道:"我出生在讲究诗书礼仪的人家,能被贼寇夺去节操吗!"抱着小女儿跳水死了。各位媳妇女儿跟着跳水的有九个人,当时正是盛暑,尸体七天没浮出来,皮肤颜色都跟活着时一样。乡里人挖了个巨大的墓穴合葬在故居的南边,题名为十女墓。月娥弟弟丁鹤年,自幼精通经学历史,都是月娥口授的。后来葛通甫和卢氏都死在贼寇手中。

刘孝妇,新乐人韩太初的妻子。韩太初,元代做过知印。明洪武初年,按惯例流放和州,带领家人同去。刘氏侍奉婆婆很恭谨,婆婆在路上生病了,她刺出血拌在药里给她婆婆吃。到了和州,丈夫死了,刘氏种了蔬菜给婆婆吃。过了两年,婆婆患了风病不能起来,她日夜侍候汤药,不离身旁地为她驱赶蚊子苍蝇。婆婆身体腐烂,在席子上长蛆了。等到婆婆病重,割下身上的肉给婆婆吃,稍微苏醒了一些,一个月以后死去,把灵柩停放在屋旁。想把她运回去葬在公公的坟里,没有能力举丧事,悲哀哭喊了五年。太祖听说这事后,派遣中使赏赐衣服一套、钞二十锭,命令有关官吏送回她的灵柩,树了牌坊表彰,并且免去租税徭役。

同时有个甄氏,栾城人李大的妻子,服侍婆婆孝顺。婆婆九十一岁去世,甄氏守了三年墓,早晚悲哀哭喊,也被表彰了。

孝女诸娥,山阴人。父亲诸士吉,洪武初年任粮长。有狡猾而拖欠赋税的人。向官府诬告诸士吉,论罪要处死,两个儿子炳、焕也遭了难。当时娥才八岁,日夜喊叫哭泣,跟舅舅陶山长到京师诉冤。当时有命令,诉冤的人不躺在钉板上,不给调查审问。娥躺在上面翻滚,几乎死去,事情才传上去,调查核对以后,仅让她的一个兄长去当兵就算完事。诸娥因为受了重伤而死,乡里人可怜她,把她的肖像挂在曹娥庙里。

唐方的妻子,浙江新昌人丁氏的女儿,名锦孥。洪武中年,唐方任山东佥事,犯法被处死,妻子孩子应当没收为官府的奴婢。有关官吏按登记提取她们,监护的人见丁氏相貌美好,向她借梳子梳头,丁氏把梳子掷在地上,那人拾去梳了梳,拿着还给丁氏。丁氏骂着不接,对家里人说:"这种人没有礼貌,一定要污辱我,不死不能保全节操。"坐在轿子里经过阴泽,悬崖陡峭水又很深,她跳出来投进水求死,衣服太厚沉不下去,她沉着地用手收紧裙子,随着水流沉没了,这时二十八岁,当时人称这个地方为夫人潭。

郑煊的妻子石氏。郑煊,浦江人郑泳的孙子。洪武初年,李文忠把他推荐给朝廷,屡次升迁后做到藏库提点,因犯法处死。石氏应当被发配给别人,哭着说:"我是忠义人家的妻子,能污辱自己来污辱家门吗!"绝食而死。

杨氏，慈溪人，许配给同邑人郑子球。洪武中年，郑子球父亲郑仲徽驻守云南。明朝制度，儿子成年后随父流放，郑子球也要去驻守。杨氏当时十六岁，听说子球母亲年老弟弟又小，请求父母，把她嫁给郑家好赡养婆婆，等待郑子球回家。郑子球最后死在驻守的地方，杨氏与婆婆抚育几位叔叔长大成人，把丈夫的堂侄子作为继承人，艰苦守节五十多年。

稍后，郑焕的妻子张氏，嫁出去还没有十天；泰然的妻子严氏生了儿子叫一兰，还是个需要抱着的婴孩；杭的妻子王氏侍候丈夫癫痫病，丈夫发疯不省人事，服侍勤劳八年不松懈；三人都是杨氏丈夫的家族里人，先后早年守寡，都以节操出名。万历中年，知府邹希贤题匾说"郑氏节门"，来比拟浦江郑氏义门。

贞女韩氏，保宁人。元代末年明玉珍占据四川，贞女担忧被抢掠，化装为男子的打扮，混在百姓当中。后来被驱赶着进了军队，转战七年，没有人知道她是女的。后来跟从明玉珍破云南回来，碰到她的叔父赎回成都，才改回打扮走路，同时从军的人无不惊异。洪武四年嫁给尹氏做妻子。成都人以韩贞女称呼她。

比她晚有黄善聪，南京人。十三岁时死了母亲，父亲在庐、凤一带贩卖香，让善聪改为男子装束跟他一起游了好几年。父亲死后，善聪继续做贩香这个职业，把姓名改变为张胜。有个人叫李英的，也在贩香，跟她做伴做了一年多，不知道她是女的。后来陪她回南京看望她姐姐。姐姐开始不认识她，追问她的缘故后，怒骂道："男女淫乱群居，太污辱我了。"拒不接纳她。善聪用死来发誓。于是叫了邻居老太太来检查她，真的是处女。互相拉着手痛哭，立即改换了装束。第二天，李英来，知道她是女的，快快如有所失，回家告诉母亲让她来求婚。善聪不答应，说："如果嫁给李英，怎么解释瓜田李下？"邻里都来规劝，她更加坚持。有关官吏听说这件事后，赞助了聘礼，把他们判为夫妻。

姚孝女，余姚人，嫁给吴氏。母亲出去打水，老虎把她衔了去，女子追上去扯住老虎尾巴，老虎想往前，女子扯得越有力，尾巴于是断了，老虎负着痛跳走了。她背着母亲回家，服药以后痊愈了，奉养她母亲二十年。

后来成化年间，武康有个蔡孝女，跟母亲进山采药。老虎抓住了她母亲，女子折下树枝跟老虎格斗了三百多步路。老虎放下她母亲，咬伤了女子，血喷出一丈多远，竹叶都被染红了，女子也活了下来。

后来招远有个孝女，不知道她的姓。父亲在南山采石头，被蟒蛇吞下去了。女子大哭，请求看见父亲的尸体她也一同去死。顿时大雷电把蟒蛇击落在女子面前，蛇腹开裂见到父亲的尸体。女子背土掩埋，自己触在石头上死去。

卢佳娘，福清人李广的妻子。结婚才十个月，李广突然死了，卢悲痛得死过去又复苏，看见李广口鼻都出了黑血，她全部给舔吃了。装殓的时候，常常哭得僵仆在地，继续了五六天，家里人提防松懈时，偷偷进卧室上吊死了。后来她那个县有游政的妻子倪氏陪丈夫而死，也这样。

又有施氏，滁州人彭禾的妻子。正德元年，彭禾生病起不来，握着手诀别说："病得非常疲惫，知道我一定要死的。你没有儿子，选个女婿嫁过去，不要守着死人，白白苦了自己。"施氏哭着说："您还不了解我吗？我希望比您先死。"彭禾阻止了她，就把彭禾吐出来的血都吞了下去，来表示志向。等到彭氏一死，就上吊了。

吴氏，潞州廪生卢清的妻子。公婆死在临洺，寄埋在外地。卢清靠教授学生来自给，后来没有了教职，在汴充当文书，感到愤怒耻辱发疯死了。吴氏听到讣告，悲痛欲绝，哭着说："我公婆的遗骨留在北方，丈夫又死了，忍心让他最后回不了家吗？"于是把最小的孩子寄放在姐姐哥哥家，把第二个女儿卖了作为本钱，一个人到了临洺，没找到公婆埋葬的地方，在田野中呼喊哭泣。突然有一个男人来了，是卢清教过的学生，告诉她，收拾了两具骸骨回家。又冒着暑天到了汴，背着丈夫的遗骨回家。三件丧事办完后，她忍着饥饿没有别的打算。学正刘崧告诉了知州马暾，赎还了她女儿，给个丰厚的抚恤。她七十五岁才去世。

后来有个毕氏，河间人邓节的妻子。这年闹饥荒，带着全家到景州找饭吃；公婆相继去世，邓节不久也死了，都用草裹着埋葬在景州。毕氏这年三十三岁，没有子女，独自回到家乡，忍受着饥饿寒冷，日夜纺织，连续了好几年，在城北八里庄买了地，一个人到景州，背了公婆和丈夫的尸骨回来埋葬。

石孝女，新昌人。还在婴儿时，父亲石潜因为犯罪全家被抄收，关在京都的监狱中。母亲吴氏因为漏了登记得以免罪，投靠她的兄弟过生活。一天，父亲逃回了家，藏到吴家。吴氏兄弟们害怕被牵连，把他杀了放在大窖中，母亲不敢说出来。等到女儿长大，问母亲说："我为什么没有父亲的家族呢？"母亲告诉了她缘故，女儿非常悲愤。

永乐初年，女子十六岁，由舅舅主婚嫁给他同族的儿子。女子对母亲说："杀我父亲的是吴家。怎么能做父亲仇人家的媳妇呢？"母亲说："事情不由我做主，怎么办呢？"女子点头不答。到了出嫁那一天，正在接待宾客，女子在屋里上吊死了。母亲仰天哭道："我女儿的死，是因为不愿意做仇人的媳妇啊。"喊叫悲痛了好几天后也死了。有关官员听到这事，给杀死石潜的人依罪判了刑。

汤慧信，上少人。精通《孝经》《列女传》，嫁给华亭人邓林。邓林死了，他妻子这年二十五岁，有一个女儿七岁。邓家想从她住的房子上获得好处，迫使她回家，她说："我是邓家的媳妇，回哪里去呢？"族人明白没法改变她，就把她住的房子卖给了一户大家族。妇人哭着说："我从这土地上收拾我丈夫的遗骨，与之同存亡，怎么能抛弃他。"想要自尽，大家族认为她很义气就不买房子了。妇人不久自己考虑后说："族人想要我财产罢了。"于是拿出家里的资产，全部给了族里的人，自己靠纺织缝纫养活。

这年发大水，她住在荒野水泽中间。她已经出嫁的女儿，划着船来迎接她，她不答应。请她暂时到船上休息，也不同意，说："我守在这里六十年，借这大水去跟从你父亲，是我心甘情愿的，又要到哪里去！"母女正在互相拉拉扯扯没有放开，水来了，汤氏竟被溺死了。

徐孝女，嘉善人徐远的女儿。六岁时，母亲患臁疮。女儿问母亲怎么样能够痊愈，母亲骗她说："你吮它才愈。"女儿于是请求让她吮，母亲不答应她，女儿悲哀哭泣个不停，母亲不得已由她去，吮了几天，真的好了。

高氏女，武邑人，嫁给诸生陈和。陈和早死，高氏一个人支撑门户，奉养公婆很孝顺。到宣德时，公婆都死了，高氏依礼仪殡葬，当时已经五十八岁了。她哭着对儿子陈刚说："我父亲，洪武年间全家客居河南虞城。父亲死后，在旅途中葬在城北，母亲用枣木小车辋作了标记。等到回家后，母亲也死了，弟弟软弱不能够自己料理生活。我三十年不敢说出来,是因为你王母还健在,应该早晚侍候赡养。现在大事已经完成,想要抬着我父亲的遗骨回去埋葬。"陈刚唯唯答应,跟随母亲到了虞城,到达埋葬地,只见坟墓很多分辨不出来。高氏用头发系在马鞍上倒着走,从早上到晚上,到了一座小坟墓,马鞍太重不能再往前,就挖开这坟墓,所做的标记车辋还好好的在哪里。远近看的人都感到惊异,帮助她归葬,她打开母亲的坟墓,一同归葬。

孙义妇,慈溪人。嫁给定海人黄谊昭,生了儿子叫湑。没过多久丈夫死了,孙氏把儿子养育成人,求哥哥的女儿嫁给他。才三年,生了两个儿子,湑也死了。

当时田租赋税都让百姓自己送,孙氏婆媳一道带着小儿子到南京送赋税,告诉尚书蹇义说:"县里受涨潮的苦难,十年九荒,请求筑海塘来抵挡它。"蹇义见她们孤苦,责备说:"为什么不嫁人?"回答说:"饿死事情很小,失节事情就很大。"蹇义嗟叹了很久,第二日就替她们向皇帝奏请,派遣官员偕同有关官吏一道,根据情况促成此事,从龙山开始,到观海止,永远避免了涨潮的危害。慈溪人在塘上建造了庙宇来祭祀。

义婆万氏,名义颢,字祖心,鄞人,宁波卫指挥佥事万钟的女儿。自幼坚贞宁静,善于读书。两个哥哥文、武,都继承了世职,战争中死去,没有近亲。继母曹氏,两位嫂子陈氏、吴氏,都年轻守寡。吴氏在丈夫死时怀孕已经六个月,婆婆早晚拜天哭着说:"万家绝后了,希望上天赏赐一个儿子,继续忠臣的后代。我矢志不嫁,一起抚养他。"后来真的生了儿子,取名为全。婆婆高兴地说:"万家有后代了。"于是与寡妇们一起守护着他,名门来下聘,都谢绝了,教育全读书,一直到他长大成人。全继承了职位,传给儿子禧、孙子椿,接受婆婆的教训都很恭敬谨慎。婆婆七十多岁时去世。婆婆的祖父万斌及父亲哥哥都是为了帝王的事业而死的,母亲及两位嫂子遵守贞操几十年,婆婆更是以义著名。家乡人尊重她们,称为四忠三节一义之门。

后来有个叫陈义姑的,沙县人陈穗的女儿。十八岁时,父母相继死了,留下两个儿子,大的七岁,小的五岁。亲戚族人想从她的富有上得些好处,每天在旁边虎视眈眈。义姑矢志抚养弟弟,日常准备了几十把笤帚。同族兄弟晚上叩门,义姑点燃笤帚照着他们,急忙开门准备酒食款待他们。叩门的人告诉她说:"我们这些人走夜路灭了火,来借蜡烛的。"从此窥探伺机的人才打消了念头。等到两个弟弟结完了婚,她四十五岁,这才嫁人,最后没有儿子。两个弟弟把她接回了家,象对待母亲一样待她。

郭氏,大田人。邓茂七作乱,乡里人在东岩结成寨子。寨子被攻破,郭氏把小儿子裹在褓褓里逃走,并且有了身孕,被贼人驱赶着。郭氏大骂,跳下百尺高的岩石下面,跟儿子一起都摔在乱石中间,胎儿和肠胃迸了出来,杂乱地散落在岩下。贼人站在高处看见了,都叹息说:"真是个烈妇!"把她们埋葬后离开。

同时有个幼溪的女子,忘了她的姓名。邓茂七攻破沙县,她藏在草丛中,被两个贼人抓获。路过一座溪桥,贞女说:"扶我过去,我要跟从一个人过一辈子。"两个贼人争着上前挽她,到了桥中央,女子看着溪流很湍急,就拽着两个贼人跳进水里,都溺死了。

程氏,扬州人胡尚绸的妻子。胡尚绸患了危险的疫病,他妻子割下手腕肉给他吃,没法下咽就死了。他妻子喊叫悲痛两天不吃饭。她怀孕已经四个月了,有人说:"生个儿子可以延续丈夫的后代,白白地死掉为了什么?"回答说:"我也知道这事,如果生个女儿,白白地活了几个月。"于是又开始吃饭,满月时真的生了个儿子。

第二年儿子夭折了，她前去对公婆说："媳妇不能长久侍候奉养，有嫂子弟妹们在，不要悲伤。"又绝食，过了两天她婆婆抚着她说："你父母家在二百里以内，你不等着当面跟他们告别吗？"媳妇说："可以赶快把他们接来。"超过十二天后，父母派遣小弟弟来了，媳妇说："这就可以表明我的志向了。"从此一滴水都不入口，慢慢拿出匣子中的簪环首饰，让办后事用，把其余东西分给家里人以及曾来问候的邻居老太太，还自己选择说："十八、九日都好，我应该死。从前曾剜肉救丈夫，丈夫没救成，拿石灰和在一起放在床头，贴在我的左手腕上，以表示全部都去了。"就死了。

王妙凤，吴县人。嫁给吴奎。婆婆有淫秽的行为。正统中年，吴奎在外地做生意。婆婆跟她的相好一起喝酒，并且想污辱她，叫妙凤去拿酒，她拿着酒瓶不进屋。多次催促后，不得已才进去。婆婆的相好开玩笑地扭了一下她的手臂。妙凤气愤，拔出刀砍手臂，没断，砍了第二刀才断。她父母想告到官府，妙凤说："死就死了，难道有媳妇告婆婆的道理吗？"一个多月后死去。

唐贵梅是贵池人。嫁给同里一姓朱的人。婆婆跟一个官商相好，看到贵梅后就喜欢上了她，拿金银绢帛贿赂她婆婆，她婆婆千方百计教她淫荡她不答应，拿鞭子打她不答应，继续用炮烙，最终也没答应。于是用不孝的罪名告到官府。通判某人受了商人的贿赂，把她拷打得快要死去就有好几次。商人希望她改变气节，又让婆婆把她保释出来。亲戚族人劝媳妇说出实情，媳妇说："如果这样，我的名声侥幸保全了，传扬了婆婆的罪恶怎么办？"晚上换了衣服在后园梅树下上吊了。等早上婆婆起来，又想要鞭打她。到了园中才知道她已经死了，尸体悬挂在树上三天，脸色跟活着时一样。

在她之后，嘉靖二十三年，有个嘉定人张氏，嫁给汪客的儿子。她婆婆跟好多人相好，几位恶少中，有个叫胡岩的，最狠毒狡猾，众帮伙都听他指使。于是跟她婆婆商量，打发她儿子到县里当兵，而胡岩等人白天晚上放纵饮酒。一天，叫媳妇一起坐，不答应。胡岩从身后抢过去她的梳子，媳妇折断了梳子掷在地上。一会儿后，胡岩径直进屋侵犯媳妇。媳妇大叫杀人，用杵子打胡岩。胡岩气愤地逃了出来，媳妇跌坐在地上，整夜哭个不停，只有微弱的气息。第二天早晨，胡岩与婆婆害怕事情泄露，把她捆在床脚上守着她。第二天叫了恶少们痛饮。二鼓时一齐来捆绑媳妇，木棒斧头一齐用。媳妇痛苦地扭动着说："为什么不用锋利的刀子刺我。"一个人于是上前刺她的脖子，一个人刺她的胁部，又击她的阴部。想抬尸体去烧了她，尸体太重抬不起来，就把她的房子放了火。邻里来救火的人推开门进去，清楚地看见死人，赶快去报告了官府。官府逮捕了小女奴和恶少们去审问，都清楚了实情，全部根据罪恶轻重受到刑罚。媳妇死的时候十九岁。这个城镇原来有座烈妇祠，媳妇死以前三天，祠旁边的人听见空中有鼓乐声，火势炎炎地从祠里的柱子中冒出，人们以为是贞妇要死的征兆。

陈氏，祥符人。许配给杨瑄没有嫁过去杨瑄就死了。女子请求去死，父母不同意，想要去哭丧，又不同意。暗中剪了头发，托媒人放在杨瑄怀里。汴梁风俗向女子下聘，用金字书写出生年月日给男方家，叫作订婚帖。杨瑄母亲于是用婚帖裹着她的头发，放在杨瑄的怀里一起埋葬了。女子于是穿着素色衣服生活。没过多久，父母商量改聘，女子就上吊死了。五十三年以后，到正德中年，杨瑄的侄子永康要改葬杨瑄请求把陈氏的遗骨与他合葬。两具遗骨都已腐朽了，头发及订婚帖子新鲜完好跟从前一样。葬后三年，坟上长出歧谷、丫瓜。

张氏，秀水人。十四岁时，接受了同县诸生刘伯春的聘礼。刘伯春享有才名，一定想要考上乡试以后再娶。没多久就死了，女子哭喊着弄断头发，自己写了诗来祭奠他。服丧的三年里，不走出闺房，不吃荤油。服满后，就不吃不喝，父母严厉地劝告她，还是不吃，十多天后死去。当时二十岁，公婆接过灵柩把她与自己儿子的合葬了。

又有个江夏人欧阳金贞，父亲欧阳梧，传授她《孝经》《列女传》。稍长大些，许配给罗钦仰，跟欧阳梧到他做官的柘城生活。欧阳梧为了奔丧回家，船停泊在仪真，罗钦仰坠水死了。金贞才十四岁，惊诧哭泣着想跳水跟他去死，父母拉住不让去。又想上吊，父母说："你还没有出嫁，为什么要这样呢？"回答说："我自己的名分上已经没有活下去的道理了，即使像父母所说的，我也愿意终身称未亡人。"大声哭喊不停。等到收殓，剪下头发系在丈夫的右臂上一起埋葬。回到家里，告诉父母说："有媳妇，是为了侍奉婆婆的。婆婆已经死了儿子，能让她又没有媳妇吗？希望让我去罗家，以完成我的职责。"父母同意了她。后来父亲任广元县知府，她婆婆病死，女儿才回娘家居住。有人规劝她改嫁，说："侍奉婆婆已经结束了，还等什么呢？"女子说："我从前收殓罗郎时，有一束头发缠在他的手上，谁能够掘开坟墓打开棺材，把头发拿回给我，我就改变志向不再守寡。"于是就只好算了。生平独自睡一座楼房，六十多岁时去世。

庄氏，海康人吴金童的妻子。成化初年，广西流寇抢劫乡邑，庄氏跟随丈夫躲到新会，在刘铭家做工。刘铭见庄氏美貌，想要侵犯她，屡次引诱都不答应。于是命令同伙梁狗跟金童入海捕鱼，落水淹死了。过了三天没有回来，庄氏到海边去寻找，尸体浮到岸边，手脚都被捆住，肿胀腐烂都分辨不出来了。庄氏凭衣服认了出来，回去带了女儿赴水，抱着丈夫的尸体沉没。第二天，三具尸体随着水流绕到刘铭的门口，搬开后又回来。读书做官的人都感慨惊异为他们殡葬祭奠，但不知道是刘铭杀害的，后来梁狗说漏了话，有关官吏把他们一起逮捕审问，处以极刑。

唐氏，汝阳人陈旺的妻子，随着她丈夫凭歌舞在各地挣饭吃。正德三年秋天，陈旺带着妻子及女儿环儿、侄子成儿到江夏九峰山。有个叫史聪的人，也以耍傀儡戏为业。见唐氏和她女儿都长得艳丽，而陈旺快老了，就哄骗陈旺到青山，夜里杀了他。第二天，史聪一个人回去，带着陈旺的妻子、女儿、小侄子进武昌山的吴王祠，拿着刀子胁迫唐氏。唐氏说："你杀了我丈夫，我没法杀了你来复仇，难道能够跟你淫乱吗？"就被杀害了。杀人贼用席子把尸体裹起来，放在荆棘丛中。第二天，转移到襄衣园，贼人又强迫环儿，用刀子逼着她。环儿边哭边骂，声音振动了林中的树林，贼人把她也杀了，把她埋在粪土中离开了。这年冬至，贼人喝醉了酒，成儿偷跑出去告到官府，在葛店市捉住了他，被诛杀。

王氏，慈溪人。聘给了陈氏，而丈夫陈佳生病，他父母娶过她去以安慰他。一进门，就进去侍候汤药。没过多久，陈佳死了，王氏这年才十七岁，矢志不嫁。婆婆张氏说："没有成婚礼就守寡，没有名分。"王氏女子说："进了陈家门，已经侍奉过君子了，怎么叫没有名分？"婆婆于是让她的两个女儿慢慢地劝说她。媳妇不答应，剪了头发毁坏容貌。婆婆还想强迫她，百般刁难侮辱。两个小姑象对女仆那样欺凌她，稍微不顺心就抓她的脸，婆婆听说后又用鞭子抽打她，女子口不出怨言，说："不要逼我改嫁，做女仆也心甘情愿。"晚上睡在小姑的床下，因为受潮湿得了伛偻病，她还私下庆幸说："我知道这下可以免了。"

抚养堂侄子陈梅作为继承人,教导他。成化初年受到了乡荐,最后使她家昌盛起来。

后来有个易氏,分宜人,嫁给安福人王世昌。当时王世昌已经患病,十多个月里奄奄一息,易氏侍奉他,衣不解带。王世昌死后,她服丧期满后还穿白色素色的衣服。婆婆可怜她,对她说:"你还是处女,能终身受累吗?"她跪着哭泣说:"这是什么话?父母把我许配给王家,就终身都是王家的媳妇了。"从此独住一座楼,不窥视门外四十多年。当年王世昌生病,所吐的痰血,都用手拿一个布袋盛起来。他死后,用盛着痰血的布袋做枕头,一辈子都枕着它。

徐氏,慈溪人,定海人金杰的妻子。成化年间,金杰哥因为犯罪被逮捕押到京城,金杰去请求让他代替。临走时,徐氏已有身孕,金杰对她说:"我去后,是生是死不知道,如果生个儿子就好好抚养他,使得金家的鬼魂也能得到点祭奠的食物。"说完又后悔地说:"我差点耽误了你,我去后没有活着回来的可能,假如死了,好好对待以后的丈夫。"徐氏哭着说:"您为了义气去的,皇帝一定会认为您很义气,您兄弟应该一同回来,不要太痛苦了。即便象您所说的,我也只有去死,怎么敢忘记托付呢?"后来真的生了儿子,没过多久,哥哥回到家里,金杰竟病死在监狱里。徐氏抚摸着孤儿痛哭着说:"我本来想跟你父亲去地下,金氏后代怎么办?"努力料理了丧葬事情。服丧期满后,父母劝她改嫁,她剪了头发割断手指发誓,含辛茹苦六十年,看着子孙出世并成家立业,才去世。

龚烈妇,江阴人。十七岁嫁给刘玉,家里穷,努力做事来赡养婆婆。婆婆死后,帮助丈夫料理丧葬。丈夫又死了,没有钱收殓。乡里有羡慕妇人姿色的,想送给她棺材。龚氏察觉他的用意后,推辞了他。接着又强迫她,龚氏害怕没法摆脱,就把自己生的六岁儿子、三岁女儿寄住在母亲家。这夜,把麦秆堆积在屋里,点火自焚,抱着丈夫的尸体死了。

又有个江氏,蒙城人王可道的妻子。丈夫家里穷,做小贩养家糊口,死后没有能力收殓。紧邻居诸生李云蟾凑钱收殓了他,选择日期埋葬了他。到了这日期,领着众人到她家,没有一点动静,厨房里的灯微微有点亮,走过去见吃的喝的都准备好了,正是为了等待抬棺材的人,妇人已经吊死在灶旁了。众人惊叹,又凑钱把他们一起埋葬了。

会稽人范氏的两个女儿,从小喜爱读书,都通晓《列女传》。长女嫁给姓江的人,一个月后就守寡了。次女准备嫁给傅家,而丈夫死了。两个女儿一起守节,筑起高墙,围了十亩田,在里边挖了井,造了三间房子居住。逢耕种收获的时期,父亲打开墙上的三角门领着佣人们进去,其他日子就关闭那门,两人一起从井里打水浇灌田地。这样过了三十年。自己在屋后造了坟墓,成化中年去世,最后合葬在哪里。族里人就在那田上建了座祠来祭祀。

又有丁美音,溆浦人丁正明的女儿。小时候接受了夏学程的聘礼,十八岁时正准备出嫁,夏学程死了,美音发誓不改嫁。父母说:"没有出嫁就守节,是不合礼仪的。为什么要这样苦自己呢?"美音咬手指出血,指天自誓。做官的人不断表彰她,送给她的银币约有一百金,于是造了房子一个人居住,买了田来养活自己,侍奉公婆,赡养父母。乡人把她的田叫作贞女田。

成氏,无锡人,定陶教谕成缙的女儿,登封训导尤辅的妻子。尤辅游学到靖江,成氏跟着他一起去。夜里江水满了出来,家里人慌忙上屋,成氏整理好衣服想上去,问:"你们要穿衣服吗?"众人哭喊着请求她上去,她不答应。第二天天亮后,水势退走,她坐着死在后来崇祯中年,兴安发大水,淹没了房屋。有人结成筏子自救,邻里们就依附着他。两个女子抱着一截朽木,忽沉忽浮,把筏撑过去救出她们,年纪都在十六七岁,问她们的姓名却不回答。两个女子看见筏上有裸体的男子,叹息说:"我们姐妹靠着木头没有死,是希望有好的地方可以活下去,现在是这样,还活着干什么!"携手跳进波浪中死了。

章银儿,兰溪人。自幼死了父亲,一个人跟母亲住在一起。所在城镇常有火灾,房子都被烧完了,她盖了茅草屋让母亲住。母亲正在生病,邻居又失火,银儿出来看,众人喊她赶快躲避。银儿说:"母亲生病不能动,怎能独自逃跑。"赶快返回屋里,想要搀扶母亲出来,烈焰忽然覆盖了她的屋子,众人没法抢救他们。火光中,远远看见银儿抱着她母亲,扭动着一起烧死了,当时是弘治元年三月。

义妹茅氏,慈溪人。十四岁,父母去世,一个人跟哥哥嫂子住在一起。她哥哥生身体萎缩的病卧床不起。正值倭寇到了她所在县,嫂子逃跑,喊她一起走。茅氏女子说:"我是没有出嫁的女子,能去哪儿? 再说一起去,谁来扶助我哥哥!"贼人到后,在她家放火,女子用力扶着她哥哥避到这屋里,最后都被火烤死了。

张维的妻子凌氏,慈溪人。弘治中年,张维在乡试中考上了举人后,死了。他妻子当年二十五岁,四岁的儿子也死了。她哥哥规劝她改嫁,妇人痛哭着咬破了嘴唇,血滴在地上,发誓终身不回娘家。公婆劝慰她说:"我们不幸死了后代,日常生活没有依赖,我们两个人日子不多了,你的年月还长着,靠什么生活呢?"媳妇说:"耻辱的事情重大,宁愿饿死了也心甘情愿。"于是拿出簪子耳饰替公公纳妾,果然生了个儿子,高兴地说:"张家不再绝后,死去的丈夫坟墓前会有清明节祭奠了。"后来公公得了疯病,婆婆双眼瞎了,媳妇靠纺织供养他们,二十年里没有间断过。

后来有个杜氏,贵池人曹桂的妻子。二十四岁时丈夫死去,遗腹生了个女儿,悲痛艰苦没法解脱。每天规劝婆婆替公公纳妾,果然生了一个儿子。产后,妾死了,杜氏把自己的女儿托付给同族的一个母亲,而自己哺乳她的叔叔。过了一年多公公去世,劝她的人说:"你辛苦地抚养孤儿,难道能把叔叔当作你的后代吗?"杜氏说:"叔叔是我公公的后代,将来生两个儿子,就把一个儿子当作我丈夫的后代,我的志愿就实现了。"后来终于象她所说的。

史氏,杞县人,许配给孔弘业,没有出嫁丈夫就死了。她想去殉葬,母亲不允许。女儿七天不吃饭,母亲拿着茶水逼着他喝下去,两只飞蛾正好落到杯里死了,女儿指着让母亲看,说:"物体的意思还相信我的心,母亲难道就不理解我吗?"母亲知道不可能改变她的想法,第二天制作了白色的衣裳,把她送到孔家。到了傍晚,辞别公婆,整理好衣服上吊自杀了。白气缕缕地升腾到屋上,到早晨才开始消失。

又有个林端娘,瓯宁人,许配给陈廷策。听说陈廷策的死讯,让人传话说:"先不要装殓,我要去跟他死在一起。"父亲说:"你虽然已经许配,但还没有收聘礼。"她回答说:"既然已经许配了,还要什么聘礼?"父亲小心地提防着她。说:"我什么地方不可以死,只是考虑到死在丈夫家才正确合乎礼仪罢了。"父亲说:"女婿家里穷,没有办法周全身体。"她说:"身体不是我所考虑的。"又说:"女婿家里穷,谁替你树立名声?"她说:"名声不是我所追求的。"于是去哭泣祭奠完毕后,自己选好了死的日期,准备绢帛上吊自杀,绕了三圈才吊死了。陈氏的老家在青阳山下，山下的人说妇人快死时，山响了三天三夜。

窦妙善，京师崇文坊人。十五岁时，成为工部主事余姚人姜荣的妾。正德中年，姜荣以瑞州道通判摄行府里的事务。华林出现了盗贼，侵犯瑞州，姜荣逃走了。贼进城后，捉住他的妻子和女仆好几个人，问姜荣在什么地方。当时妙善住在另外的屋子里，急忙取出知府大印，打开后窗扔进荷花池。穿着鲜艳的衣服走上前来说："太守统领着军队好几千人，出了东门去追捕你们，早晚你们得把脑袋交出来，怎么敢抓我的女仆呢？"贼人以为她就是姜荣的夫人，放开刚才所抓的几个人，跟妙善一个人出了城。

正好被驱使的俘虏中，有叫盛豹的父子也被抢劫，他儿子叩头乞求放了他的父亲，贼人同意了她。妙善说："这人是有力气的，应当让他来抬着我走，为什么这么急着放掉？"贼人同意了她。走了几里，妙善看前后没有贼人，低声告诉盛豹说："我之所以留下你，是因为太守不知道印在哪里，想请你告诉他。现在会让你回去，希望告诉太守，从这里往前会遇到水井，我就死了。"喊贼人说："这人不会抬，还是把他放了，换个会抬的。"贼人又听从了她。走到花坞遇到水井，妙善说："我口渴得受不了啦，可以把水提上来放在井边，我要喝。"贼人照她说的做了，妙善走到井边，跳了进去，贼人急忙抢救已经来不及了，就离开了。

盛豹进城告诉姜荣取印的地方，带到花坞，找井，果然找到妙善的尸体。过了七年，郡县把这事报告朝廷，下诏令建造专门祠堂，赏赐贞烈的匾额。

贾氏，庆云诸生陈俞的妻子。正德六年，有兵变，正值公公病死了，家里人拉着她逃避，她痛哭说："公公还没有收殓，媳妇为什么要吝惜死。"身穿大孝不脱下来。兵来后，放火强迫她出来，她骂不绝口，刀子割得她身体没有完整的皮肤，她跟公公的尸体一同化为灰烬。当时她二十五岁。

鄞县诸生李珂的妻子胡氏，十八岁时嫁给李珂。过了七年，李珂死了，留下一个男孩一个女孩，胡氏发誓不离开门口。邻家起火，李珂的哥哥李珮去救火，她说："阿姆来，我才出去。"李珮让妻子陈氏去，妇人把七岁的儿子从窗户递给她，嘱咐说："希望照顾我丈夫，好好对待他。"陈氏说："姊子要怎么样？"哄骗她说："取些首饰就出来。"陈氏离开后，胡氏就叠起衣箱塞住门口，抱着三岁的女儿端坐在火中被烧死了。

叶氏，定海人。许配给慈溪一个姓翁的人，而父母都死了，就由翁家养育。十四岁时，翁家资产日渐衰落，并且又死了婆婆，公公待他象待奴仆一样，劳累万状，她一点埋怨的样子也没有。公公因为儿子年幼，想把她卖给一个姓罗的人，叶氏生气地说："我不是货物，为什么要转手贸易呢？"每日哽咽流泪。已经明白要免不了的，装出高兴的样子，公公于是放松了对她的提防。晚上月亮升起来时，哄骗各位妯娌说："月色很好，为什么不去散一下步呢？"走出门外过了很久。各位妯娌都劝她说："已经半夜了，为什么不去睡觉。"于是回屋，到早晨找她，叶氏已经浮尸河上了，捞起来看见颜色跟活着一样。

胡贵贞，乐平人。出生的时候，父母想不养活她了，他们的邻居曾老太婆把她救了回来，跟儿子天福一同哺乳，想让她长大后配给他。天福十八岁时，父母相继死去，家里很败落。贵贞父亲想夺回去嫁给富家，女儿说："我由曾家抚养，做曾家的媳妇，名分上是婆婆媳妇，恩情如同母子，可以因为饥寒贫穷就抛弃她吗？"于是跟婆婆住在一起，草屋单薄浅陋，但外人都没有见过她的面。她的哥哥乘着天福还没有成婚，把她拽了回家，让她出来看看求聘人的金银财宝簪子首饰。女子知道避免不了，潜进房里上吊死了。

孙氏，吴县人卫廷珪的妻子。随着丈夫经商贩卖，住在浔阳小江口。宁王攻占九江，卫廷珪正好去了别处，亲近的人急忙请孙氏一起逃跑。孙氏对两个女儿金莲、玉莲说："我们是异乡人，你们父亲不在，能逃到哪儿去？现在贼人已经抢劫邻居家了，怎么办？"女儿们说："生死不分离，总之应该为了父亲保全这身体。"于是母子用同一条长绳捆在一起，走到河里淹死了。

江氏，余干人夏璞的妻子。正德年间，贼人来了，她抱着刚满周岁的弟弟逃走，逃不掉。贼人准备捆了她，她说："我真的想跟将军一起走，担心我父亲年老，只有一个弟，希望能够给他一条活命。"贼人信以为真，由她安置好怀抱里的小孩，一出城就大声骂贼人，跳到桥下死了。

后来隆庆中年，有高明人严氏，贼人抢掠她的家乡，她跟着哥哥出逃，路上遇到贼人，拿着刀子抵住她哥哥。女子跪着哭泣说："父亲早死，寡母坚定地守节，只靠我这一个哥哥了，杀了他祭祀就灭了，请求让我来代替。"贼人一怜悯就收了刀子。过后想污辱她，她就说："请你放了我哥哥就配给你。"等到哥哥去后，坚持不顺从，最后被切开肚子而死。

欧阳氏，九江人，彭泽人王佳傅的妻子。侍奉婆婆非常孝顺。丈夫死后，欧阳氏才十八岁，抚养遗腹子，以纺织为生。父母强迫她改嫁，就用针刺她的额头，发誓死守节字，用墨填黑它，都渗透到皮肤里去了，乡里人称她为黑额节妇。

又有徐氏，乌程人。十六岁时嫁给潘顺。没有到时间，丈夫就病重了，对徐氏说："母亲年老，你年纪还轻，怎么办？"徐氏流下了眼泪，当即用刀子砍断左手小指头，用死来发誓。丈夫死后，穿着粗布衣服吃长斋。七十八岁去世。遗嘱里让取出砍下来的断指放进棺材中。家里人拿出她的手指，在指甲上染的红色都还在。

冯氏，宣城人刘庆的妻子。十九岁上，丈夫死了，发誓守节。她的姒娌们规劝她说："守寡不是随便说的，不是能咬断铁钉的人是做不到的。"冯氏就摔袖而起，拔出墙上的钉子咬了起来，騞的一声咬出齿印。又割下一块手臂上的肉，钉在墙上说："如果有别的志向，这就连猪狗的肉都不如。"不久生了个遗腹子，叫大贤。长大后娶李氏为妻，大贤又夭折了，婆婆与媳妇相互厮守到老。她死后，拿下墙上钉的肉，还很坚韧没有腐烂，钉子上的牙印跟新的一样。

方氏，金华军士袁坚的妻子。袁坚因为嗜酒败了家，死后棺材停放在城北护城河上。方氏贫穷没有依靠，于是就到停放棺材的地方安顿好棺材，睡在里边，饿了就出来到护城河上喝水。很久没有再出来，原来已经死了。郡守刘范替她埋上土祭祀。

又有个叶氏，兰溪人。嫁给神武中卫舍人许伸。许伸家素来有很多财产，因为不检点，快要浪费完了，他带着妻子去投奔亲戚，死在通州。叶氏守着尸体，日夜跪哭。有人送给她食物，有人送给她金子，有人劝她改嫁，都推却了不答应。水米不进地过了十四天，最终死在尸首旁边，当时二十岁。州人替她买了棺材让他们夫妻合葬。

潘氏，海宁人。十六岁嫁给许钊，生了儿子淮。才一整年，许钊死了，收殓后，潘氏上吊了。死后两天，有个老太婆经过说："还可以救活。"给她服下药，又苏醒了过来。许钊的堂哥想害孤儿，怂恿潘氏改嫁，潘氏毁坏了面貌发誓。堂哥晚上率领有势力人家的几十个仆人，诬陷她欠他们债，砸门进去。潘氏背着儿子，冒着风雨，越墙逃跑了。前面挡着大河,追的人又迫近了,潘氏喊叫着悲痛地跳进河里。正好有木头漂来,凭着它渡了过去,到了母亲家里,就住下不再回去。许淮十九岁时,才回家去。

许淮补了诸生,娶妻生子。潘氏五十岁时,宗族里的人聚集在一起为她祝寿,堂哥也到了。潘氏说:"潘氏所以能有今天,靠伯父玉成。"眼睛示意许淮倒酒跟伯父喝,喝完一杯后,向北方叩头说:"未亡人,三十年来好几次濒于死亡,但还是念着勉强活下来,只是因为淮的缘故。现在幸好已经成家立业,并且有好几个儿子,又有什么遗憾的呢?"说完进屋去了。一会儿宴会结束了,各位同宗族的人跟淮一起进去面谢,却已经在屋里上吊死了。

杨氏,桐城人吴仲琪的妻子。吴仲琪死后,家里穷,公公想把她改嫁。杨氏说:"即使饿死,也一定与公婆在一起。"公公没法改变她的想法。几年后,家里更穷了,公公跟她父母商量,想用她去抵债。杨氏仰天呼叫说:"因为我的嘴连累公婆,这是不孝;没有办法帮助穷困,是不仁爱。失去节操就不义了。我只有去死罢了。"接着因为吞咽头发而死。

张烈妇,芜湖诸生缪釜的妻子。十八岁时嫁给缪釜。过了四年,缪釜生病了,嘱咐张氏好好照顾自己。张氏哭着说:"丈夫以为我有二心吗?有儿子就谨守志向侍奉主人,这是妻子的道义。没有儿子就洁身跟丈夫一道去死,这是妻子的贞节。"于是沐浴更衣,关上门上吊了。过了一天,缪釜才死。

又有个蔡烈妇,松阳人叶三的妻子。叶三以打柴作为职业,蔡氏小心恭敬地服侍。叶三长期生病,她靠纺织来供给他吃药的费用。病重后,他拉着妻子的手诀别说:"我一死你就改嫁吧,不要受三年服丧的苦。"妻子梳洗后换了衣服,袖里掖着刀子上前说:"我先嫁了。"刎颈死了。叶三惊叹,很快也死了。

又有个郑氏,安陆人赵钰的妻子。性情刚烈,闺房里言语举动都不涉及不合礼仪的事情。有个寡妇改嫁,赠送给她茶饼。郑氏发怒,命令倒了它。丈夫跟她开玩笑说:"你不要骂,好丈夫是不会死的。"郑氏正色说道:"您不要担忧,我岂是做这种事的人!"后来赵钰病得快死了,回头看着郑氏,瞪着眼睛不合上。郑氏说:"您能不怀疑我吗?"当即在床楣上吊了。赵钰稍稍苏醒,回头看见,流着泪死了。

王烈妇,上元人。丈夫因嗜酒不干活,挤着住在一间破屋里,用竹篷隔出内外。他妻子每天关着门,坐在门扇后边靠织麻养活自己。丈夫跟赌徒李氏交往。李喜欢他妻子的姿色,想跟她做淫秽行为。丈夫被灌醉了酒,他用狂言勾引妇人,妇人跑到母亲家躲避。丈夫逼她回去,夜里拿着酒跟李一起回家,让妇人坐,妇人惊骇地边跑边骂。丈夫用威力胁迫她,她坚决拒绝,被猛烈地抽打。妇人估计避免不了,夜里带着幼女坐在河岸上,痛哭着跳河死了。这夜,刮大风下大雨,尸体没有漂没。到第二天天亮,女儿还在草丛里熟睡。

又有个许烈妇,松江人许初的女儿。丈夫喝酒赌博不料理生活。几位赌徒聚在一起商量说:"你妻子年轻美好,何不让我们一起取乐。你每天可以得钱喝酒呢?"丈夫就把这个意思告诉妻子,他妻子斥责他,多次被鞭打她都不顺从。一天,几位恶少准备了酒菜来到她家。妇人逃到邻居一老太太家里躲起来,哭着对怀抱中的女儿说:"你父亲不成器,我怎么能厚着脸皮活着呢,只是想等着你长大啊。"过了一会儿,听见关门声。老太太窥视一下,看见她拔出刀子割脖子倒在地上了。父亲拉医生来看,拿了热的鸡皮封闭伤口,她又抓掉鸡皮。第二天断了气，当时二十五岁。

慈溪沈家六个节妇。章氏，是沈祚的妻子。周氏，是沈希鲁的妻子。冯氏，是沈信魁的妻子。柴氏，是沈惟瑞的妻子。孟氏，是沈弘量的妻子。孙氏，是沈琳的妻子。她们住的地方叫沈思桥，离海很近。家族里有两千人，大多骁勇狡黠善于打仗。嘉靖中年，倭寇来侵犯，他们屡次打死其中的头目，夺回了被抢掠的东西。倭寇非常恨他们。一天，来了很多倭贼，沈家在众人面前发豪誓说："不要送走妻子女儿，不要运走货物财产，一起以死守卫，违反的杀。"章氏也集中了族里的妇女发誓说："男子拼死打仗，妇人拼死坚持道义，不能被贼人污辱。"众人屏声静气地听从命令。贼人包围过来，妇女们聚集在一座楼上等待。一会儿贼人进来了，章氏先出去跳进河里，周氏与冯氏跟着跳。柴氏正在替丈夫磨刀，就用刀砍贼人，马上自杀了。孟氏与孙氏被贼人抓获，夺过贼人的刀把自己刺死了。当时同一宗族死去的妇女有三十多人，而这六人尤其壮烈。

黄氏，沙县人王珣的妻子。嘉靖年中，倭寇扰乱，到处抢劫她的家乡。她家乡附近的人，都以开船为业。贼人到后，妇女们上了船，藏在船舱中，黄氏一个人坐在外面。众妇女喊她说："不怕贼人看见吗？"黄氏说："在篷窗里安稳地坐着，担心贼人来了逃不掉，我坐在外边，跳水方便。"贼人一来，黄氏跃进水中淹死了。

当时同县人罗举的妻子张氏，跟从丈夫到岩洞里避乱。贼人来后，张氏与妾及妾的儿子都被抓住。贼人见张氏美貌，想侵犯她，不答应。到了半路，张氏解下头发上吊，贼人砍断头发。张氏又解开脚上的缠布，贼人又发觉了，把她赤着脚赶到营地。贼人头目想留下她，张氏厉声说："赶快赏我一死。"贼说："不怕死，我杀你的妾。"张氏伸出脖子说："请让我代替妾，留下她抚养孩子。"贼说："我杀了孩子。"张氏伸出脖子说："请让我代替孩子，保存我丈夫的后代。"贼令人牵出去杀了她。张氏走在前边，没有一点害怕的样子。贼正在犹豫，张氏骂不绝口，于是遇害了。把她的尸体投进河里，几天后尸体浮出来跟活着似的。

张氏，政和人游铨的妻子。倭寇快来时，张氏几次跟她女儿说："妇道只有节操最高尚，碰到变故无路可走时，只有溺水和刀子，你好好记住。"游铨听后，认为不吉利。他妻子说："如果你妻子和女儿能这样，哪种情况更吉祥？"没过多久，贼人攻陷了政和，张氏估计逃脱不了，连忙呼她女儿说："还记得从前教你的吗？"女儿点头答应，就跳井了，张氏含着笑跟着她跳了下去，一齐死了。

又有叶氏，松溪人江华的妻子，陈氏，叶氏弟弟叶惠胜的妻子，跟同里人到长潭躲避倭寇。正值年底，同里一老太太找刀子替小儿子剪头发没找着，叶氏从怀中掏出来。众人问她缘故，说："为了防备危急。"等到倭寇包围了长潭，捉住了两个媳妇，被拴在一条绳子上。叶氏对陈氏说："我们两个人被绑，即使活着回去，也披上了坏名声，还不如死了。"陈氏同意。叶氏从怀里掏刀子，却已经丢了，各自抱着年幼的女儿跳到潭中死了。

同时林寿的妻子范氏，也与众妇人藏匿在山坞里。倭寇搜到了众妇人，带着到了水的南边，范氏一个人与他们抵抗。有人劝她姑且顺着他们，家里快来赎还了。回答说："身子可以赎买，污辱可以赎买吗！我却宁愿死了。"贼人听到这话，就杀了她年幼的女儿恐吓她，她不为所动。说："也要轮到你的。"她厉声说："正是我希望的。"贼人杀了她。

刘氏的两个女儿，兴化人。嘉靖四十一年跟同里妇人一起被倭寇抢劫，被拴在路边的神祠中。倭寇喝酒喝得高兴，看了一遍拴着的人，先取出她的姐姐。姐姐厉声说："我是名门的女儿，能被贼人污辱吗？"倭寇笑着安慰她说："你如果顺从我，就问你父母把你放回去。"女子说："父母下落不明，这时候还说什么回去？"倭寇还抚摸她的背脊做出体贴关心的样子。女子愤怒，大骂。当时是黄昏，倭寇正在放火，女子就冲进火中死了。接着又侵犯妹妹，妹妹又大骂。倭寇抽出刀子威胁她，不为所动，说："想杀就杀。"倭贼想强奸她，女子哄骗说："我本来愿意顺从，等姐姐骨头烧成灰烬才可以，否则不忍心。"倭寇高兴地背柴火使火烧得更旺，火很炽烈时，女子又冲进火中死了。当时一同死的有四十七人，两个女子是最壮烈的。

孙烈女，五河人。性格贞静，不苟玩笑。母亲朱氏去世，继母李氏带着前夫的儿子郑州儿来了。州儿仗着母亲的骄纵，想跟女子私通，曾经用手挑逗她，她气愤地抽打了他的脸颊。一天，女子正在做面粉，州儿从身后搂住了她。女子揪着他头发找刀子，州儿咬了她的手臂逃脱了。女子跑去向姐姐告诉，踩地痛哭说："母亲不幸，父亲又外出了，贼儿子敢污辱我，我一定要杀了他再去死。"姐姐委婉地抚慰他。于是把手臂上的伤痕给李氏看，让她告诫他要收敛些，州儿不改，哄骗李氏说："我去砍柴，臂力不够，把柴担放在路上。"李氏去拿柴，回来时看见门的钥匙锁得紧紧的。叔母舒氏也跑来了，说："开始时听见好象小牛犊的悲鸣，接着又响声震动象打雷，一定有怪事。"一齐用力打开房门，州儿死在门下，脖子差不多断了，女子也靠在墙壁上死了。大概是州儿把母亲骗出去，调戏女子。女子假装答应，让他去关门，这时走到他背后杀了他。

又有个蔡烈女，上元人。从小成了孤儿，跟祖母住在一起。一天，祖母外出，有个做仆人时被驱逐而做了僧人的人到她家讨吃的，挑逗她，不答应。用刀子要挟她，女子空手跟他搏斗，受伤十多处，骂个不停，挣扎着死在灶下。贼人逃跑了，官府来验尸，忽然来自首服罪。官吏奇怪地问他缘故。贼说："女子拘禁我到这里。"于是就抵罪了。

胡氏，会稽人。许配给了同里人沈帙。快出嫁时，沈帙的父亲沈炼死了，两个哥哥沈衮、沈褒在塞上被用棒打死了，沈帙与哥哥沈襄都被逮捕关在宣府监狱。总督杨顺迎合严嵩的心意，一定要把两个人置于死地，拷打了好几百下，命令夜里报告这两人的病状。正好杨顺被给事中吴时来弹劾，用槛车抓走了，沈襄等人才得以释放。从此患上了吐血的病，护送父亲的丧事回家，等到服丧期满后才结婚，胡氏这时已经二十七岁。过了六个多月，沈帙死了，胡氏悲哀哭泣声音没停过，把她的嫁妆都拿出来办丧事。有人规劝她改嫁，她就剪断头发用刀划伤脸面来拒绝。一天到晚呆在一间屋里，即使是同胞兄弟姐妹，不是特定的时间里也不见面。晚年时生了病，家里人要替她请医生，她告诉她父亲说："寡妇的手难道可以让别人看吗！"不吃药死了，当时五十一岁。把沈襄的儿子当作继承人。

戴氏，莆田人，名清。嫁给蔡本澄时，才十四岁。住了两年，蔡本澄因为世代籍贯，被派驻守辽东，买了个妾代替妻子出发了。戴清的父亲跟他约定说："辽东远在天边，你五年不回来，我女儿就要改嫁了。"到了期满时，父亲把约好的事告诉戴清。她哭着不答应，独居了十五年。蔡本澄回来后，生了一个儿子，没有满周岁，父子相继死去。清悲哀得毁坏了身体几乎死去。父亲暗中接受了吴氏的聘礼，清听说这事后说："别人都只叫我蔡本澄的媳妇，为什么又说吴呢？"马上到父亲家，让他退婚。吴氏告到官府让她守节，并且为她树了牌坊，叫"寡妇清之门"。

当时莆田又有欧茂仁的妻子胡氏，守节严格艰苦，里里外外的人都敬重她。郡衙门有长久断不了的案子，人们就说："太守可以去问胡寡妇。"太守于是去找她问办法，她一句话就解决了。

胡氏，鄞县许元忱的妻子。许元忱是徐祝师的养子，学习巫术祝祷一类事情。胡氏很看不起这种职业，劝他换个事做，并且劝他归附到许氏家族。没有结果，而许元忱得瘟疫死了。胡氏把他的棺材放在许家的房子里，自己睡在棺材旁边的苦草上，夜里抱着一把刀子睡。同里有个人求她做配偶，胡氏毁伤面容截断鬓发，砍断了左手三个指头，流血淋漓，那个人怕得逃走了。同家族里排行比她高的妇人抱住她，非常悲痛，因此当即答应她，让自己儿子做她的儿子。胡氏服丧三年，不洗澡不梳头。完成丧葬以后，就为儿子娶媳妇。丈夫有小弟弟流散移住在外地的，又找回来，许家靠她又兴旺起来。

蒋烈妇，丹阳人姜士进的妻子。自幼聪明懂事，喜欢读书。她弟弟文止在外边读书，晚上回来，就用饼食给他吃，让他背诵白天所教的书，她都能记住，时间长了就会写文章了。嫁给姜士进好几年，姜生病死了。他妻子把金屑和在酒里喝了，并喝了盐卤。她父亲多次查到，跑去救活了。有一次十二天不吃东西，父亲打开她的牙齿把药灌下去，又没死。

礼部尚书姜宝，是姜士进的叔叔，知道媳妇特别喜欢读书，把很多古代图书放在她的卧室里，让她续写刘向的《列女传》。媳妇同意了，家里人对她的防备更加小心。一天，她命人在她屋里的穗帐前面挖一个窟窿埋大缸贮水，笑着对家里人说："我要在这里边种白莲，这种花出自泥淖但不受污染，让死去的人明白我的心啊。"于是每天编纂辑录毫不松懈。书快完成时，防备的人稍稍放松，她已经把头埋在水缸里淹死了。

她所写的文章，一脱稿就毁了，所保存下来的《烈女传》和《哭夫文》四篇、《梦夫赋》一篇，都是文止偷偷保存的。御史把事情报告朝廷，在她家的大门上写上大字：文章贞节。当初，她哥哥见她会写文章，拿李易安（清照）、朱淑真来比她，她就不乐意蹙着眉头说："易安改嫁了，而淑真不满意她的丈夫，虽然会写文章，大节已经损伤了。"她幼小时候的志气操守已经是这样的了。

杨玉英，建宁人。涉猎书籍历史，善于吟咏作诗。十八岁时许配给官时中。官时中由于没有意想不到的事情被卷进官司中，父母改接了别的聘礼。杨玉英听说这事后，嘱咐他的女仆说："我的箱子里有佩囊、布鞋等东西，将来用来送给官官人。"女仆不明白，答应了她。于是悄悄进屋，上吊死了，眼睛都没闭上。官时中听到死讯，准备了礼物去祭奠，用手掩一下，就合上了。女仆拿出她遗留的东西，交给父母打开，看见有一首诗说："昆山一片玉，既售与卞和。和足苦被刖，玉坚不可磨。若再付他人，其如平生何！"

又有张蝉云，蒲城人，许配给俞桧。万历中年，俞桧被人诬陷关进牢狱。女子听说可以通过贿赂开脱，跟她母亲商量，想卖掉妆奁去帮助他。母亲不答应，说："你没有嫁，为什么这样。"女子正在吃饭，就把碗掷到地上，气得不说话。到了傍晚上吊死了。

彭氏，安丘人。小时候许配给王枚皋。没有出嫁，王枚皋死了，发誓不再嫁人。淮县人丁道平秘密嘱咐她父亲想娶她。彭氏觉察到后，六天不吃饭。丁道平因为后悔就打消了念头，心里尊敬女子节烈，后来听说她病重好不了，赠给她棺材。彭氏对父亲说："可以用芦苇捆起来埋掉我,赶快还丁氏棺材,想到地下去见王枚皋。"就死了。

又有个刘氏,颍州刘梅的女儿,许配聘给了李之本。李之本死后,刘氏女子哭出血来,不吃饭,对父亲说:"我为李郎服丧三年,要等到弟弟稍微长大些,然后去死。传话给公公,先不要为郎准备外层棺材。"于是把化妆品都去掉;教弟弟读书,亲自纠正句读。过了一年,刘梅悄悄把她许配给田家。女子听说后,半夜开了箱子,取出李家送的织丝品,点着灯制作衣服,做成后穿在身上,上吊死了。知府谢诏去看给她办的丧事,邻里吊唁的人多得象集市。田家也准备了祭奠礼物,举起酒正准备洒祭,灵枢前面接水的瓦盆划地破碎了,飞起来有一丈多高,绕着屋檐象蝴蝶一样坠落。看的人震惊变色。

邵氏,丹阳大侠邵方家的女仆。邵方的儿子邵仪,让女仆看管。前宰相徐阶、高拱都住在家乡,邵方用策问去干谒徐阶,徐阶没有接受,又去干谒高拱,为他谋求复职为宰相,名声倾倒中外。万历初年,高拱罢相,张居正命令巡抚张佳胤逮捕并杀掉邵方,一同逮捕邵仪。邵仪才三岁,逮捕的人因为天晚了没有出发,封闭了邵方居住的宅第,守住它。

邵方女儿的丈夫武进人沈应奎,是仗义刚烈的人,负乞有力,当时是诸生(县学学生),考虑到邵仪死了,邵家就绝后了,想要去救他。而府里推官跟应奎友好,坚持邀他喝酒,到了晚上才完。武进离邵方住所五十里,应奎越城出去,半夜到了邵方家,跳墙进去,女仆正坐在灯下,抱着邵仪哭着说道:"怎能让沈郎来,把这孩子托给他。"应奎慌忙上前,女仆立即把邵仪交给他,叩头说:"邵家的祭祀香火靠您了。这孩子活着,奴婢死了也不遗憾。"应奎藏着邵仪离开了,早晨又去谒见推官。

第二天天亮,搜捕的人没有找到邵仪,捆了女仆毒打她,一直不说话。有人跟太守说:"一定是应奎藏了他。"跟应奎友好的推官当时在座,大笑说:"冤枉!应奎昨夜在我那里喝酒,早晨又来见我。"正好有人替邵方解脱的,事情才平静下去,女仆抚养他的儿子,直到去世。

丁氏,五河人王序礼的妻子。王序礼的弟弟王序爵客居外地,被贼人杀害,他妻子郭氏因为怀孕没有马上陪着他去死。等到生了儿子一个多月后,上吊死了,当时丁氏正好生了女儿,哭着对王序礼说:"叔叔不幸客死他乡,婶子又殉死了,抛弃孤儿不抚养,责任在您与我。我第一次生了女儿,以后还有希望,孤儿死了就等于斩断了叔叔的继承人,而对不起婶子了。"于是抛弃了女儿哺乳侄子。没过多久,王序礼也死了,最后竟没有子女。丁氏正年轻,抚养侄子长大,一点都没有埋怨后悔。

尤氏,昆山贡生尤镛的女儿。嫁给诸生赵一凤,早死,她想跟着他去死,想到两个儿子正在褓褓里,勉强吃饭。两个儿子又夭折了,她悲痛地说:"可以跟随丈夫了。"她悲痛丈夫没有埋葬,就料理墓穴。坏少年羡慕她的姿色,骂她的眼睛说:"那眼睛黑白分明美好而流转,怎能长久(守寡)呢。"妇人听说后,夜里拿石灰用手揉眼睛,流出血来眼珠立即枯干了。把棺材放在身边。丈夫葬完后,就上吊了,有人把她解下来,就把头撞在石头上,撞裂了额头,跑过去躺在棺材中死了。

项贞女,秀水人。国子监学生项道亨的女儿,许配给吴江人周应祁。精于女红,会弹奏琴瑟,通晓《列女传》,侍奉祖母和母亲极其孝顺。十九岁时,听说周氏生病了,就吃斋、点香灯礼拜佛像,默默地祈祷,侍女们偷听,稳隐听说用自己代替的话。一天,她对乳母说:"没有出嫁丈夫就死了,应当怎么办?"乳母说:"没有成为妻子,改嫁是没有关系的。"

女儿严肃地说:"古代贤人把一把剑送给别人,还不忍心辜负,何况是身体呢?"等到死讯来了,父母把它保密起来不让她知道,但是有人说吴江有人来了,女子已经明白了。祖母让她母亲进屋去看看,女子留母亲坐下,表情很温顺,母亲放心地去了。夜里等女仆们都熟睡了,独自起来用白色丝线扎住头发,里外衣服都是白色的,并且缝住了裤子。检点好要赏给各个女仆的衣物,标上名字,排列在床上。在案几上写上大字说:"上告父母,我不能让你们过一天高兴的日子,今天为了周郎去死了。"就上吊了。两家父母顺从了她的志向,最后把他们合葬了。

李氏,寿昌人。十三岁时,接受了翁应兆的聘定。翁应兆突然死了,女子把准备出嫁的衣服饰品全部拿出来烧了,自己要冲进火中,被父母抢救阻止了。于是奔赴翁家。悲痛地告诉公婆请求为她立个继承人,又要求给她一座小楼,设置她丈夫的牌位,她坐卧在它旁边,祭奠饮食都面对着面,除了婆婆谁也不见面。公公死后,家里衰落,她忍着饥饿靠纺织来赡养婆婆。没过多久,婆婆也死了,邻居家起了大火,从半夜一直到第二天天亮,延及了一百多家。邻居媳妇跑上楼,劝她躲一下,李氏说:"这正是让我交出生命的时候。"抱着丈夫的木偶像等待着火烧。顷刻间四周都化为灰烬,只有小楼完好。

玉亭县君,伊府宗室典柄的女儿。二十四岁嫁给杨仞。没到两个月杨仞死了,哭喊悲痛不吃饭。有人用公婆年老,而且又有遗孕来劝慰她,这才忍痛不死来帮助料理丧事。等到生了儿子,家庭日益衰落。万历二十一年,河南大饥荒,宗族的俸禄长久空缺,纺织三天,换不了一顿饭,母子抱头痛哭。夜里梦见神人跟她说:"你的节操品行上天已经知道了,应该会有东西帮助你们的。"早晨起床后,母子所讲的梦都一样,感到很奇怪。她儿子说:"挖出屋后边的土做成土坯,可以换点粟米。"当天挖土,得到数百钱。从此,每次挖掘都得到钱。一天,房子旁边土地陷落,得到一窖煤,拿来烧饭用。这样延续了两个多月,官府俸禄也送到了,人们认为这是艰苦的守节所感化而来的。

马节妇,十六岁,嫁给平湖诸生刘濂。十七岁守寡。公婆家很穷,想从她改嫁中得到好处,所以一定想要剥夺她的志向。不给她吃喝,千方百计刁难她,她意志反倒更加坚定。曾经关上门上吊,有人救她,却断了绳子摔到地下昏死过去。急忙解救她,渐渐苏醒。公公又暗中接受了沈家的聘礼,她婆婆诱骗她一同出门,让女奴硬抱着放进沈家的船中。妇人跳河不成,大叫天救我。马上就风雨阴暗,急雷击船,很多次差点倾覆。沈家害怕,就把船掉回头把她送了回来。事情让县里知道了,县里让马节妇分出去居住。当时她父亲兄弟都死光了,没有地方可去,借住在一处学校的房屋里,官府赡养她到死。

王氏,东莞县叶其瑞的妻子。叶其瑞家里穷,驾着船在邻近地区往来,一个月回一次家。妻子靠纺织换点食物。万历二十四年,岭南大饥荒,百姓大多卖掉妻子儿女。叶其瑞准备把妻子卖给博罗一户百姓家,文书写成后,用船把那个人载来了。那人进门后看见王氏非常羸弱,问她原因,已经有好几天没有吃粥了。叶其瑞哭着告诉她原委,并且给她看金子,他妻子笑着答应了他。等到船开到宝潭,跳进潭中死了。两岸观看的人山人海,都说水流很快,尸体漂流不会停住。叶其瑞到后,在上游哭了几声,尸体突然涌了出来,离开跳水的地方,已经往上游走了几十步。

谭氏,南海人方存业的妻子。生儿子三个月后,丈夫死了,悲痛哭号想要殉死。母亲和婆婆相继阻止她并且规劝她改嫁。谭氏流着眼泪说:"我早就不喜欢活着了,只是眷念婆婆与儿子。"哽咽着不停地流泪，二人不敢说。等到儿子七岁，让他去私塾读书，先让他拜见婆婆，暗示托付的意思，暗自高兴说："我现在可以实现志愿了。"一天，媒人来了，又劝她改嫁，谭氏更加气愤，半夜上吊死了。

又有个张氏，临清人林与岐的妻子。丈夫死后，想要上吊，公公婆婆安慰她说："你死了，遗孤怎么办呢？"张氏拿出衣物请乳母养育她的儿子，三个月后，知道儿子与乳母相处和谐，于是绝食死了。

李烈妇，余姚人吴江的妻子。二十岁时，丈夫与公公都死了，家里特别穷，妇人靠纺织赡养婆婆，自己常常挨冻受饿。有个姓黄的人，想要娶她，贿赂了丈夫家族中的一个人让他诱说她婆婆，没有马上答应。那人于是暗中与黄氏及她父亲家约定，谎称她母亲突然得病，抬着轿子来接。妇人慌忙坐上轿子，等到了门口，一看不是父亲的家。婆婆也马上来到了，布置好案桌酒席，让他们赶快完成婚礼。妇人假装说："我不愿意改嫁，是因为婆婆年老没有依靠。婆婆既然答应了，我又有什么话说。但是我自从丈夫死后没有解开过衣带，现在希望洗一下头。"又问道："下聘的钱财是多少？"婆婆把数目告诉她。她说："赶快抱回去。婆婆在这里，我去跟从别人，非常不好意思的。"众人高兴，催促婆婆快走，替她准备了热水。热水送到后，久等不出，打开门一看，已经上吊死了。

后来，崇祯十五年，余姚又有个黄烈妇，是金一龙的妻子。丈夫早死，黄氏截断手指发誓，立叔叔的儿子作为继承人，跟婆婆相依为命。熊氏家有个儿子想娶她，母亲家族想从中获利，哄她回家，抄小路送到熊家。黄氏明白挽回不了局面，愿意拿出她所有的东西来偿还聘金，不答应，相持到了深夜，拿刀自刎没死成。她的婆婆听说后，急忙跑去看她，黄氏说："媳妇之所以没有马上死掉，是因为想见一面婆婆，现在还有什么要求的呢。"于是割喉咙死了。郡邑听说这件事后，把熊氏家的儿子关在监狱中，他死在狱中。

谢烈妇，名玉华，番禺人曹世兴的妻子。曹世兴做冯家私塾的教师，才结婚，就挑着书箱去了。没有多久因病回家，活不了了，他妻子发誓不改嫁。曹家的老人们嘉奖她，商议分给她祭田来养活。有人说女人年纪还轻，应当等帮助料理完丧事后，让她回娘家，妇人假装同意。到了期满，驾车快走时，告别各位嫂嫂，说了许多分别的话，慢慢地进屋关了门，用刀子砍断自己的脖子。家里人赶快挖了木板洞进去，血流满衣，还没有断气，看见人们进来，赶快用左手从砍断的地方探出喉咙，右手用刀一割，才合上了眼。

张氏，桐城人李栋的妻子。李栋死后没有儿子，张氏在床上上吊。母亲救她，她跃身起来，用斧头斫了三刀左臂。家里人夺下斧头，压他坐在草褥上，张氏闭着眼睛沉默不语。家人走开了一些，张突然掩身出门跳进水里。水刚刚结了冰，用头撞了个洞进去，就死了。

同邑又有个烈妇王氏，高文学的妻子。高文学死后，父亲王道美来吊丧，对王氏说："不要太悲哀。事情可以分为三等，在于你好自为之。"王氏止住哭问他，父亲说："第一等跟从丈夫到地下是烈，第二等就是象冰霜一样要求自己同时侍奉公婆是节，第三等就是通常人所做的。"王氏马上关上门，绝粒不吃，过了七天死了。

又有个戚家妇，宝应人。才成婚合卺，而丈夫突然死了。妻子哭得很悲哀，跳进门外水汪中死了。后人命名她死的地方为戚家汪。

金氏，通渭人刘大俊的妻子。十九岁时，丈夫得了风痹病，金氏扶着他洗温泉浴。突然来了大风雨，山里的水陡然暴发，丈夫没法动，让金氏赶快跑。金氏呼喊哭泣着坚持不肯离开，一起淹死了。尸体漂流了几十里后浮出来，她的手还挽着丈夫不放。

又有应山诸生王芳的妻子杨氏。王芳喝醉了酒掉进池塘中，杨氏到水中救他。丈夫沉入水中越来越深，杨氏追到深处一起死了。

王氏，山阴人沈伯燮的妻子。婚事商议了好几年，沈伯燮病得很重，手痉挛头也秃了，她父母有退婚的意图。女子问："沈郎的病开始于哪一天？"父亲说："当初许配时当然是一个好男子，现在才病的。"女子说："许配以后才病的，这是命，违背命是不吉利的。"最后嫁给了他。沈伯燮有病又疲惫，王氏奉养侍候从不懈怠。八年后死去，把他叔叔的儿子立为继承人。又拿出簪子耳饰帮助公公买妾，又生了儿子。过了一年多，公婆相继去世，王氏一个人抚养两个年幼的孤儿，用两只手挣钱养活他们，都长大成人。

李孝妇，临武人，名中姑，嫁给江西人桂廷凤。婆婆邓氏患痰病，快起不来了，媳妇流着泪担忧悲伤。听有人说乳房的肉可以治疗，心里记住了。一天，煮药时，焚香祷告灶神，自己割下一只乳房，昏迷倒在地上，气已经断了。桂廷凤要药没到，出来一看，只见血流满地，大惊呼救，顷刻间震动了整个城市，邑长和辅佐官们都来到她的家，命令尽力治疗。不久有个僧人来到门口说："把屋里的蕲艾傅上去，就好了。"照他说的做，果然苏醒，等到寻找僧人时再也见不着了。于是拿乳房肉拌在药里给婆婆吃，婆婆最后好了。

又洪氏，怀宁人章崇雅的妻子，崇雅早死，洪氏守志十年。婆婆许氏，生病很重没法医治了，洪氏剜下乳房的肉做成羹让她喝，病好了，其余的肉扔进池中，不让人知道。几天后，一群鸭子从水中衔出来，鸣叫回旋飞翔，小孩子得到后告诉婆婆。婆婆起来一看，乳肉血还在滴。她丈夫的哥哥章崇古也早死，嫂子朱氏誓死不改嫁，她们妯娌相守五十年。

倪氏，兴化人陆鳌的妻子。性情纯朴孝顺，公公早死，可怜婆婆年老，早晚侍候寝席，跟丈夫不同居地过了十五年。婆婆鼻子患了疮快要死了，她亲自为她吮出脓血治疗，没有好，于是夜晚焚香祷告上天，割下左臂的肉给她吃，婆婆吃后病好了。远近人都赞她为孝妇。

刘氏，张能信的妻子，太仆卿刘宪宠的女儿，工部尚书九德的妻子。特性非常孝顺，婆婆病了十年，她侍奉汤药不离身边。等到病重时，拿刀子割手臂，侍女震惊拉住她。公公听说后，嘱咐医生说这病不适合接近腥味，努力阻止她。过了一天多，最后还是割下肉煮成粥给婆婆吃，这时婆婆已经不能吃了，于是非常悔恨说："医生哄骗我，使得婆婆没有看见我的心。"又割了一寸多肉，痛哭着祭奠在床前，快合上棺材时，把祭奠的东西放在棺材中说："媳妇没有机会再侍奉我婆婆，用这肉伴在婆婆身边，如同亲身侍奉婆婆。"乡人没有不称赞她孝顺的。

徐贞女，宣城人。少时许配给施之济。十五岁时，同里有势力的人汤一泰羡慕她，恃仗着当祭酒的侄子汤宾尹，强迫听从安排。女子的父亲徐子仁不接受，夜里跑到施家把女儿抬嫁过去。汤一泰非常生气，胁迫有关官吏拘捕施氏的妻子，想在公堂上把她夺走，先指使人打了施之济父子和媒人等几个人，在府门前殴打他们，有关官吏制止不了。徐氏被拘捕后，等候审理，住在城东的旅馆里，害怕逃脱不了。夜里等到人们都睡着后，跳到水池中淹死了，衣服上下都缝住了见不着一寸身体。看见的人都哭得流下了泪，一起把她抬到古庙里，盛夏里郁闷气蒸，苍蝇都不敢靠近。郡守张德明到场看望，在城东立祠堂祭祀。

林贞女，侯官人。父亲林舜道，官做到参政（宰相）。女子幼年时许配长乐副都御史陈省的儿子陈长源，接受礼物后，陈长源死了。女子蓬乱着头发去掉化妆的脂泽，称疾卧床，哭泣没有声音但神情哀伤。有人问没有成为妇人，为什么要自己苦自己。回答说："我的姓名、出生年月日被装饰后放在匣子里给了陈家，能忍心欺骗自己吗！"坚持着请求父亲，想参加陈氏的丧葬，父亲替她传达了心意。陈家的父亲说："因为丧事嫁过来，是我们不忍的，友好地嫁过来，谁能主持料理？姑且等到丧期结束后再说。"女子很悲痛地叹息说："那是想拖延，等待时机改变我的志向。"于是不吃饭，过了七天，吐血而死。

王贞女，昆山人，太仆卿王宇的孙女，诸生王述的女儿，许配给侍郎顾章志的孙子顾同吉。没过多久，顾同吉死了。女子立即去掉装饰物，穿着白色衣服来到父母面前，不说话也不哭泣，象是催促车子快点走。父母面有难色，让老太太去告诉她的公婆，公婆打扫庭院等她去。女子到后，拜了灵柩但没有哭，收敛表情来见公婆，有永远呆下去的意思。婆婆含泪说道："儿子不幸早死，怎么能拖累了新妇。"女子听说婆婆称她新妇，眼泪簌簌地往下流，于是留下来主持妇人事务不离开。早晚跪在灵柩前祭奠，照顾婆婆睡觉吃饭以外，就把自己关在一间屋子里，即使是最亲的亲人派女奴来侍候看望，都谢绝了，说："我按照道义不会见家门以外的人。"后来婆婆生病，女子服侍勤勉，日夜都不松懈。到病得厉害时，女子进去就在床前侍候，出来就看视药灶，走来走去，好象要做些什么。婢女们观察她但不知道究竟干了什么，婆婆吃了药就睡着了，一醒来病就好了，喊女子说："从前给我喝的是什么药？好得这样快。"想拉住她的手慰劳她，女子缩手有不想往前走的样子。婆婆奇怪地起来看，已经断了一个指头煮在药中了。婆婆叹息说："我因为天意夺去了我的儿子，常常担忧年老了没有依靠。现在媳妇不吝惜肢体来治我的病，难道还比不上有儿子吗！"久久地流泪。人们都赞扬她为贞孝女。

倪美玉，十八岁时嫁给董绪。董绪因为服丧期间过于悲哀毁伤了身体得了病，对妻子说："我没有兄弟，又没有儿子。我死后，父母的祭祀就断绝了。应该把我家的房子作为小的宗祠，配置几亩祭祀用的田地，让小宗人轮流主持，春秋享祀，我父亲得到祭祀，我也就没有遗憾了。你一定要把这个意思告诉我叔叔让他执行。"董绪死后，倪氏立侄子为后代。办理完丧事，携着她的女儿和二十亩田嘱咐她嫂子说："把这些来拖累阿姆您。"等到丈夫的叔叔从外郡来，哭着拜托丈夫的命令，叔叔照她的话做了。事情完成后，妇人出来拜谢，接着就进屋不吃饭。过了几天，洗了澡换了衣服说："死去的丈夫在召我了。"举手告别父母亲属，然后死去，这年二十二岁。

刘烈女，钱塘人。少年时许配给吴嘉谏。邻居的富家儿子张阿官屡次窥视她，一天晚上爬着梯子进来。女子喊父母来一起抓住了他，准备去打官司。张家的侄子先说刘氏女子教导淫秽，捆绑人为了得到钱财。人们大多相信他。女子喊着告诉父亲说："贼人污蔑我名声，不能活了，我要向天帝诉讼来求得公道。"就上吊了，盛暑天等待着检验，在太阳下暴露没有尸体的气息。吴嘉谏开始被别人的话迷惑了，没有哭。慢慢观察，明白那是诬陷的，伏在尸体上十分悲痛。女子的眼睛忽然睁开，流了几行带血的泪，好象哭泣的人。张家请了讼师丁二坚持以前的说法，女子的灵魂对丁二说："你用笔来污辱我，我先杀了你。"丁二立时死了。当时江中浪涛震吼，岸上的土地崩裂了几十丈，人们以为是女子的冤枉所造成的。有关官吏于是用棍子打死了张阿官和侄子。

上海某人，出嫁后，丈夫患疯癫病，公婆商量把她改嫁为他们小儿子的妻子。妇人觉察后，秘密地告诉她丈夫，丈夫哭着打发她回娘家去。妇人暗中制作收殓用具，丈夫死后，公婆不把消息告诉她，不合上棺盖，放在水边的露天下，因为风俗忌讳恶病。妇人听说后，用碗盛着饭煮了鸡肉，偕同小妹妹到了放棺材的地方，抱着尸体把它洗了澡，用衣服被子装殓起来，盖上棺材，设置好祭品。祭完后，跟妹妹诀别，用巾帕蒙住脸，跳水死了。

谷氏，余姚人史茂的妻子。父亲因为史茂有文采学问，把他入赘到家里。几天后，邻居宋思向她父亲讨债，看到谷氏美貌，就把他欠的钱当作聘物。告到官府。知县马从龙考察后知道是诬告，用棍杖打了一顿。等到谷氏下台阶，史茂要扶着她走路。谷氏本来没有出过闺阁的房门，看见差人林立，而丈夫把身体靠近自己，惭愧得脸上发红，把史茂推到远处。马从龙以为谷氏对史茂没有意思，立即改判给了宋思。宋思就率领众人把她拥到轿中去了，谷母跟到宋思家。谷氏呼喊着乞求赶快去死，剪断头发托母亲送给史茂。宋思家族十多个媳妇，围着劝慰，都没法说通，她还是乘着间隙上吊死了。马从龙听说这事后很震惊，逮捕宋思，宋思逃走了。史茂被妻子的道义所感动，终身不娶。

于氏，颍州人邓任的妻子。邓任有病，家里穷，买不起药品，于氏拿出嫁妆里的所有东西来救他。过了六个月病危，于氏当时聘礼中有两枚簪子，把一枚插在丈夫头发上，自己也插了一枚，抚着邓任的脖子哽咽着说："我一定不辜负您。"把手指塞进邓任口中，让他咬一下作为证据。邓任死后三天，她也上吊死了。

本州又有个台氏，诸生张云鹏的妻子。丈夫生病，台氏穿着单衣吃着粗粝的饭食，向天祷告愿意替代，割下臂肉做成粥进奉他吃。丈夫病危，答应自己为他去死，定下三天为期。丈夫交给他红色的手绢儿作为诀别，台氏哭喊着接受了。过了三天，结了所给她的手绢儿上吊，由于女仆抢救所以没死，生气地说："什么奴婢，败我的事情！让我失信了三天的约会。"从此，水浆不吃，一喊出声，热血进流。到了七天，顿脚说："迟了，郎应该不要怀疑我。"母亲偶尔一次出去洗头，她就锁上门上吊死了。

胡氏，诸城人，遂平知县胡丽明的孙女。十七岁时嫁给诸生李敬中，生了一个女儿后丈夫死了。开始时哭着跳跃非常悲哀，三天后不再哭，盥洗梳头后在堂下拜见公婆，家里人感到奇怪，她慢慢回答说："媳妇不幸失去了丈夫，没有孩子，正要跟从死者去地下，不可能继续侍奉公婆了，希望他们勉强吃饭爱护自己。将来叔叔有个儿子，为亡夫立为后代，每年按时祭奠麦饭就满足了。"婆婆和她母亲哭着阻止她，不答应，于是焚了香在灵柩前祷告，回头对家人说："洗漱含饭一类装殓事情，你们亲手来办，不要让男子接近。"于是进门上吊了，母亲跟婆婆砸着门痛哭急呼，终于不顾地去死了。

荆娲，陕西淳化人，姓高。哥哥高起凤，邑里的诸生。崇祯五年，流贼把继母秦氏和高荆娲抢劫去了，高起凤骑着马去贼营请求赎还。贼人要两匹马，高起凤拿出全部钱财买了一匹马，给了他们。贼人只放还了他的母亲。高起凤跟妹妹诀别说："我一离开，你就要死。"贼人命令他劝妹妹顺从自己，并且想留下他做文书。高起凤大骂着不答应，被杀了。贼人千方百计胁迫荆娲，大骂着请求一死。贼人喜欢她的姿色，割掉她的头发，撕裂她的衣服来吓唬她。娲更加骂个不停，贼人于是杀了她，她才十六岁。巡按吴姓上奏了她的事迹，兄妹都受到了表彰。

黄日芳的妾李氏、陈氏。黄日芳任霍丘县知县时，崇祯八年，送统计的账簿到郡。流贼突然到了，围住城。两个人互相说："主君还没有回来，城一定守不住，我们两个人只有一条死路。"把内外衣服缝得细密坚固，城失陷，对着南方拜，手拉着手跳了藏天涧死了。过了三天，黄日芳来了，在涧边哭喊。两具尸体应声浮出，颜色跟活着一样，手还互相拉着。

蕲水人李氏，诸生何之旦的妻子。流贼到了蕲水，抓住后逼着她去，不服从，就众人一起挟持她。李氏骂得更厉害，咬贼求死。贼人发怒，用刀刺她，遍体都是创伤，不曾有过惧怕的表情，贼人砍断她的脖子死了。

跟随的女仆阿来抱着李氏的小女儿，守着尸体哭。贼人要夺过女儿杀了她，不给，伏在地上用身体庇护她。被刺了几十处创伤，女仆、女儿都死了。

万氏，和州儒士姚守中的妻子，泉州知府万庆的孙女。生了六个儿子，都结婚成家了。崇祯八年，流贼攻陷了和州城，媳妇们在守寡的婆婆面前痛哭，命令各位媳妇们说："我们都是女人，发誓一定为节操而死。"儿子们围着她哭泣，她急忙挥手让他们离开，说："你们是男人，应当想办法保留宗庙的祭祀（活下去），为什么哭泣？"长子承舜哭着说："儿子读书，只认识忠孝两个字，宁愿成了厉鬼去杀贼，怎能忍心让母亲独自去死。"于是背着母亲跳进水塘。各媳妇女儿孙女跟死的有十几个人，仅仅保存下儿子姚希舜，打捞出他们的尸体，都聚集在塘坳里，没有一人是单独分开的。

流贼攻陷和州，王家一时出了五个烈妇：王用宾的妻子尹氏，王用贤的妻子杜氏，王用聘的妻子鲁氏，王用极的妻子戴氏，还有王良器的女儿，即刘台的妻子。五个人一起藏在城西的别墅里，发誓一起去死。等到贼人登上城头，喊声震天。五个人互相拉着手哭着说："快死快死，不要被贼人的刀子污染了。"结好环扣，环扣断了，正好王用贤的佩剑挂在墙壁上，杜氏跑过去拔下来，争着割脖子，一个个地死。

这州还有一个女子，不知道她的姓，跟媳妇们一起藏在明伦堂后边。其中四个人已经被贼人捉住，用绢帛牵着她们。只有这个女子不肯被捆。想方设法强迫她都没做到。四个媳妇规劝她，她哭着说："我是处女，能跟男人去吗？"用头去撞地。贼人抓着她的脚拖着走，女子大骂。贼人发怒，一只手抓住脚，用刀子从下身劈她，身体被裂为四块。

陈氏，泾阳人王生的妻子。有个刚满周岁的儿子，王生病快要死去，把儿子嘱托给陈氏。陈氏说："我会用性命来保护他。"流贼来后，陈氏抱着儿子躲到楼上。贼人烧楼，陈氏从楼檐上跳下去，没死。贼人见她姿色美丽，把她夹到马上，陈氏两次跃身掉到地上。最后用绳索束缚住她，走了几里路，陈氏用力挣断系着的绳索，跟马鞍一起摔在地上。贼人明白没法夺取过去，就杀了她。贼人退了以后，家里人收她的尸体，儿子还在怀中呱呱啼哭，她两只手还象原来那样紧紧抱着。

鸡泽有两个姓李的女人。一个是同邑人田蕴玺的妻子。遇到战乱，田蕴玺的兄弟都被杀了。李氏抱着女儿跟嫂子抱着儿子逃命。王氏有脚伤行走困难，让李氏快走。李氏说："良人兄弟都死了，应该保住这孩子为田家留个后人。"于是抛弃了自己的女儿，抱着她的儿子跑进城里，才安全无恙。一个嫁给曲周人郭某。遭逢战乱，全家都逃走躲藏起来。公婆很快被杀掉了，李氏带着年幼的儿子和丈夫刚七岁的弟弟一起逃，逃得很疲惫，没法都保全。有人让她舍弃叔叔抱着儿子，李氏说："公婆都死了，还能再有叔叔吗！儿子虽然难以割舍，但我丈夫在外面，可能没有死，还有希望的。"最后舍弃了儿子，背着叔叔逃走。

宋德成的妻子姜氏，临清人。宋德成在赞皇县当知县，贼寇杀进县衙门，姜氏跳了井，贼人把她救出来，逼着让她吃东西，她骂道："等官兵来剿灭你们，腌了做成肉脯，我会吃它的。"用簪子自己刺瞎一只眼睛给贼人看说："我是个残废的人，行行好赶快杀了我。"贼人愤怒地杀了她。

石氏女子，忘了哪里人，跟随父亲石守仁寓居在五河。崇祯十年，流贼突然来到，捉住她想污辱她。女子抱着槐树厉声骂贼。贼让几个人牵着她走，她两手不松开，砍断她的两只手，还是象开始时那样骂。又砍断了她的腿，更加骂个不停，疼痛得倒在地上佯装已死。贼人上前脱她的衣服，女子用嘴咬他的手指，咬断了三个手指，口里含了一升左右的血喷在贼人身上，才闭上眼睛。贼人抱了柴来烧她，后来所烧的地方，血痕微明，下雨时就干燥，出太阳就潮湿。村人害怕惊异，把它挖掉，颜色也入土三尺左右。

又当涂举人吴昌祚的妻子谢氏，被乱兵抢劫。谢氏用手抱住树木，大骂不止。士兵发怒，砍断她搂在树上的手指，又捡起断指掷到士兵面前，士兵用割裂肢体的方法杀了她。

周彦敬的妻子庄氏。周彦敬，栖霞知县。庄氏读书明白大义，暴乱发生后，乡人们都逃窜到洞中。庄氏因为他们男女没有区别，有为难的脸色。周彦敬强迫她说："不进去，就要被杀掉。"庄氏说："无礼不如死，您怀疑我怕死吗！"立即拿刀自杀了。周彦敬被她的义气所感动，终身不再娶妻。

唐烈的妻子陈氏。唐烈，孝感诸生。崇祯十年，跟随丈夫到山寨避难。贼人突然来到，丈夫与儿子都逃散了，陈氏独自在山谷里行走。寨里人说："那不是唐家老太太吗？事情危急了，赶紧进来躲躲。"陈氏问丈夫与儿子来了没有，说："没有。"陈氏哭着说："我孤零零一个妇人，没有来由地到了。各位虽然同情我要救我性命，我有什么脸在这里安心呢！丈夫死活还不知道，依靠别人活着不坚贞，不顾丈夫有难不义气。失去了坚贞和义气，凭什么做人！我还是走吧。"终于没有进去。后来，贼人来了，逼她去，她不答应，大骂着被杀死。

又有个刘氏，怀宁人，应天府丞颜素的孙子媳妇。崇祯末年，乱兵焚烧抢掠江市。她公公与丈夫事前在南京。刘氏孑然一身出去躲避，仓皇间没有地方去，看见男人女人混杂着逃跑上船，感慨地说："我们妇人，保姆不在身边，照道义不应该走出帷幕，能在乱群中吗！"就跳江死了。

唐氏，广济人潘龙跃的妻子。崇祯十三年到灵果山躲避贼人。贼人来后，把刀子架在潘龙跃脖子上，勒索钱财。唐氏跪着哭注，乞求让自己代替丈夫，不答应。女儿潘巽也跪着哭泣，乞求让自己代替父亲，不答应。唐氏明白丈夫免不了一死，就跳进池塘，女儿跟随她跳下去。贼人悲伤地放了她丈夫。

又有个颜氏，长乐诸生黄应运的妻子。城市陷落，士兵到了她的家里，想杀了黄应运的生母詹氏。颜氏哭着诉说，希望自己代替。等到颜氏刚要被杀，妾曾氏又边跑边喊说：

"这是我家主母，没有孩子，希望杀了我来保全她的性命。"士兵被她们的义气感动，把两人都释放了。

颍州人卢氏，王瀚的妻子。家里穷，靠舂米纺织过日子。崇祯十四年大饥荒，丈夫患了瘟疫。卢氏对她丈夫说："您死了，我就跟着。"丈夫死时，正是潮湿的暑天，卢氏请求亲戚凑钱来埋葬时说："我也应该去死，只是天气酷热没有衣服棺材，怕更加拖累亲戚，推迟到秋天凉爽的时候。"听的人嘲笑她。到了秋天，把她新收的谷子都卖掉了，置办了粗布衣服，剩下的买了酒茶祭祀丈夫的坟墓。回到家里，买了几十个梨子送给婆婆和妯娌，跟人说："我可以死了。"半夜上吊了。

于氏，汝州人张铎的妻子。崇祯十四年，贼人破城，于氏对两个女仆说："我们今天一定会死，不如先出去袭击贼人，为杀贼而死，不失为义烈鬼。"于是拿着木棒往前去，贼人先进来三个，由于出乎意料，都被她们打倒。群贼愤怒，聚集过来刺她们，都死了。

萧氏，万安人赖南叔的妻子。丈夫早死，没有儿子，留下一个女儿。贼寇蜂涌出现，她们造了房子跟女儿住在一起。盗贼突然来到，她带着女儿拿着锋利的刀子拦住门口，咒骂道："古时候宁化人曾氏媳妇，建立寨子杀贼。你说我的刀子不锋利吗！侵犯我就一定杀了你。"贼人愤怒，纵火烧她们，两个人都化为灰烬。

又有个杨氏，安定举人张国惕的妾。崇祯十六年，贼人贺锦攻城攻得很危急。张国惕跟守卫的人商量，青壮男子登上城墙，女子运送石头。杨氏首先倡导，城里女子跟着她学，一会工夫四边城上都布置遍了。等到城市失陷，杨氏死在打更楼的旁边。事情平定后，家里人找到她的尸体，两只手还抱着石头不放。

仲氏女子，湖州人，随着父亲在汉阳做买卖。崇祯中年，汉阳失陷，跟着各位妇人准备出城，贼人守门地阻止了她们。一会儿，贼人大肆奸淫抢掠，见女子美貌，捉住她。女子用刀划了脸面披散着头发，大骂。贼人准备了马，命令两个贼人挟持她上马，连续几次坠下马伤了额头，始终不肯去。贼人抽刀子胁迫她说："身体去还是头去好？"她笑着说："头去好。"于是被害。

邝抱义的妻子何氏。邝抱义，临武诸生。崇祯末年，何氏被贼人捉住，于是垢面蓬发哄骗说得了瘟疫，贼人害怕就放了她。等到贼人退去，家里人都很高兴，何氏却哭着说："平时拜见伯父叔叔，还脸红出汗。现在藏不住身把脸面对着贼人，牵着手臂拉着裙裾，虽然免了污辱，还怎么做人！"最后气愤得不吃饭饿死了。

汤祖契的妻子赵氏。汤祖契，睢州诸生。赵氏读过书，有志气节操。崇祯十五年，贼人攻陷太康，快要抵达睢州。赵氏对家人说："睢州是兵家要道，不容保住。如果事变一产生，只有去死。"等到城市被破，嘱咐汤祖契背着他母亲逃跑，而自己关上门上吊，家里人解下了她，又跳井，又被家人拦住，她愤怒地说："贼人来了不去死，是没有节操，死得不是时候，是不义的。"贼人到后，四周都是刀子对着她，牵她出去，她厉声责骂贼人，就被杀害了。

萧来凤的妻子倪氏。萧来凤，商城贡生，慷慨有大气节。贼人逼他接受官职，不屈而死，倪氏接着上吊了。

又有宋愈亨，深泽举人。贼寇来后跳井死了。他妻子王氏说："丈夫都已经这样了，我怎么能辜负他。"儿媳妇韩氏生了儿子才六天，愿意跟着死，面对面地上吊了。

邵氏，邹县人张一桂的妻子，跟妾李氏一块遇到贼人。贼人想强迫李氏跟他走，邵氏骂道："死去的丈夫把妾托付给我，难道是让受贼人污辱。"贼人愤怒，杀了她。李氏知道摆脱不了，哄骗说："我有簪子耳饰埋在后园井边。"贼人跟随李氏去挖出来，到后就说："主母为我死了，我难道一个人活着。"说完跳进井里。贼人下井拉她，李氏披着头发弄破脸面骂个不停，扭着他的衣服想让他一起死在井底，叫声象打雷。贼人明白没法强迫，就用刀子杀了她。

梁以樟的妻子张氏，大兴人。梁以樟任商丘县知县。崇祯十五年，流贼包围商丘，急忙把木柴堆在楼下，把女仆们集中在上边，都让她们上吊。对儿子梁燮说："你父亲在城上守卫，性命不知道保得住保不住，宗族祭祀只靠你了。"嘱咐乳母把他藏在百姓家里。她自己上吊死了。家里人点上火，尸体都烧成了灰烬。

郑完我的母亲石氏，甘州卫人。郑完我，南阳府同知，到任后，妻子王氏，奉养石氏，在家居住。崇祯十六年，贼人包围甘州，石氏预先让家人在屋里堆积好木柴。等到城陷，带着王氏和一个孙女跳进火里自焚。贼寇退后，在灰烬里找到尸体，婆媳牵挽着没有放手。孙女离她们三尺左右，覆盖着大瓮，打开一看颜色跟活着时一样。

郭氏，长治人宋体道的妻子。崇祯十五年，任国琦作乱，跟她住在一起的妇女们都被罚跪，叫郭氏，她不出来，独自藏在毁坏了的墙壁后面。贼人发怒，责备她不下跪，她瞪着眼睛厉声说："我下跪也死，不下跪也死，已经不准备活下去了。"贼人砍了她好几刀，到死都骂不绝口。

姚氏，桐城人，湘潭知县姚之骐的女儿。诸生吴道震的妻子。十九岁时，丈夫死了，因为儿子坚德还在襁褓，忍住了死来抚养他。过了二十六年，到崇祯末年，流贼抢掠桐城。哥哥姚孙林陪着母亲躲避到潜山，姚氏也一起去。贼人突然来到，姚孙林在格斗中被杀死，德坚背着姚氏逃跑。姚氏说："事情很危急了，你一个书生怎么能背我跑远路，如果贼人追上来，就都要死，你不能保全母亲，还想反而断绝了父亲的祭祀吗！"斥责他让他离开，德坚哭着不忍心，姚氏把他推到山崖下边。一会儿贼人赶到，叱责说："拿出金子可以免死。"姚氏说："我流离远道，哪里来的金子。"贼人让解开衣服检查她，她骂道："什么贼奴，敢说这种话！"贼人发怒，一阵乱刀砍死。

李氏，定州人，广平教授李元荐的女儿，嫁给同里人郝生。崇祯十六年，定州遭战乱。郝生要陪亲人逃避到山里去，留下李氏与两个儿子住在她娘家。郝生骑上马正要出发，李氏哭着在马前叩头，指着庭院中的水井诀别说："如果有变故，就在这里边清洁身体，用衣袖作为标记，旁边有一行白线的，就是我。"等到城破，在别人家里藏好两个儿子，跳进井里死了。兵退后，郝生捞出她的尸体，颜色跟生前一样。

丘氏，孝感人刘应景的妻子。崇祯末年，被贼人捉住，逼她顺从，不答应。贼人说："用刀砍你。"丘氏说："能死去很高兴。"贼人把油灌满一瓮，浸在她的衣服上，对同伙说："这妇人很倔强，要焚烧她。"丘氏嘲笑地说："你们认为淹死、烧死、用刀刺死有差别吗？官兵早晚会来，你们想要象我这样，是可以做到的！"贼人发怒，把她捆在树木上烧，火烧得很旺时，还骂不绝口。

同邑人乾氏，十七岁，嫁给高文焕。高文焕死后，没有儿子，她拔出刀子自杀。母亲和婆婆抢救她，过了三天才苏醒。从此不吃荤食，每天只吃一顿。崇祯十六年，听说贼人攻陷德安，快要到达孝感。侄子高骞要扶着她躲避到山寨里去，乾氏说："我老了，难道还要出门寻找活路。实现我四十年前的志向，可以了。"跳进后园池中死了。

同邑又有黄氏，张挺然的妻子。崇祯末年，贼人元帅白旺攻陷德发，委任张挺然为伪掌旅。黄氏哭着劝阻他，不听。贼人命令张挺然叫了妻子去作为人质，黄氏，带着十岁的儿子躲到青山寨。张挺然用好处引诱，用士兵去抢劫，并且让亲戚招她，都不答应。不久破了寨子，烧了自己家的房子来使黄氏没法生活，黄氏藏得更深，最后还是没有找到。张挺然寄给儿子金簪，儿子用来绾头发，黄氏生气，拔出来扔了它说："为什么要把贼人的东西来污辱头部！"很久以后，贼人失败，张挺然逃跑中死在襄阳，黄氏靠耕种纺织来养活她的儿子，乡人认为她很道义。

刘长庚的妾雷氏。刘长庚是同州诸生。贼人攻陷潼关，快要到达同州，刘长庚拜祭家庙，叫过妻子和两个儿子说："你年纪大，并且有儿子，应当逃走。"叫过雷氏和她生的女儿说："你年纪小，应当随我去死。"雷氏说："这是我的志向。"刘长庚带着酒上楼，对妾说："你平时不喝酒，今天应该一起醉。"妾欣然斟满酒。刘长庚边喝边唱歌，半夜题满了四壁，拔出刀子给妾说："可以走了吗？"回答说："请让我先走。"夺过刀自刎了。刘长庚于是解下所系的丝带，吊死在梁上。女儿才七岁，把刀子横在墙壁上，把脖子碰上去死了。

邵氏，商州人，布政司邵可立的女儿，侍郎洛南人薛国用的儿子薛匡伦的妻子。流贼快来了，逃避到母亲家里。商州陷落，贼人驱使她烧火做饭，骂道："我是大家族的女儿，嫁给大官的儿子，肯为狗贼做饭吗！"贼人发怒，砍了她的脚，骂得更加厉害，割断了她的舌头并肢解了她。

关陈谏的妻子吕氏。关陈谏，云梦诸生。族人中有个安氏，陪她丈夫关坤死了，吕氏每次谈到，都感慨抽搭说："妇人按道义应当这样。"崇祯末年，贼寇攻陷邻近的郡，吕氏对丈夫说："贼人气焰正在高涨，不如早一点为自己准备好去处。"拿了渔网把自己身体结得非常牢固。不久贼寇来了，让她缝衣服，吕氏把剪子扔过去戳破了贼人脸面，骂道："贼人敢污辱我的针线活吗！手可断，衣服不能缝。"贼人发怒，肢解了她，扔到水里。

邵氏，曲周人李纯盛的妻子。贼寇来了，婆婆姐妹都躲避到地洞里。邵氏被寇捉住，问她洞在哪里。哄骗他们走，贼人高兴地跟着她，她径直走到井边，跳井死了。洞里五十多人都避免了灾难。

王氏，宛平人刘应龙的妻子。十六岁嫁给刘应龙。家里穷，靠女红收入赡养公婆。刘应龙父子相继死去，王氏侍候婆婆抚养儿子。过了二十年，贼人攻陷都城，她哭着拜别她的婆婆："留下长孙侍奉祖母，媳妇去死的思想是已经决定好的。"于是拉着幼小儿子跳进井里溺死了。

吴之瑞的妻子张氏。吴之瑞，宿松的诸生。福王时期，城池失陷，军中士兵想要污辱她。张氏害怕连累及丈夫和儿子，哄骗说："这是我家的私塾教师，领着他的儿子在这里。我感到羞耻，如果让他们离开，就听你的命令。"她丈夫与两个儿子走久后，张氏才厉声唾骂，头撞石头上死了。

韩鼎允的妻子刘氏。韩鼎允是怀宁诸生。福王时期，城市崩溃。公婆两具灵柩停放在堂屋上，刘氏守护着不离开。贼人想打开棺材，刘氏抱着棺材哭喊，贼人就放过了她。一个女儿十三岁，贼人想要放火，而几次看她的女儿。刘氏哄骗他说："如果不惊动先人灵枢，女儿不是我吝惜的。"贼人高兴地扔掉火把，带着女儿离开。刘氏送女儿，看看门外水池暗示她，女儿就跳进水池死了。贼人发怒，用刀子刺刘氏，刘氏骂不绝口死了。

江都程家六个烈女。程煜节是江都诸生。他的祖父的姐妹中有嫁给姓林的人的，他的父亲的姐妹中有嫁给姓李的人的，他的叔母叫刘氏、邹氏、胡氏。程煜节的妹妹叫程娥，还没有许配。城市被包围，她跟刘氏约定一起去死，各自把大带子放在衣袖里。破城后，女子梳理了头发更换了衣服，拜了两拜诀别她母亲，然后上吊死了。刘氏有个女儿才一岁，哭得很悲惨。刘氏喂她奶，又把糕饼点心一罐放在女儿身边，才去死。邹氏与胡氏也一起死掉。嫁给林氏的，跳井死了。嫁给李氏的，被抢掠，哄骗士兵来到井边，大骂着跳井死了。当时被称为一门六烈。

张氏，江都人史著馨的妻子。二十六岁时，丈夫死了。等到城市陷落，抚摸着她的儿子哭着说："从前抚养孤儿是困难的，现在保全节操是大事。儿子好好考虑，我不能照顾了。"就跳水死了。

又有个兰氏，孙道升的继妻。他的前妻女儿叫四，兰氏生的女儿叫七，都嫁给古家。次女叫存，孙女叫巽，都没有嫁人。他的弟弟孙道乾、孙道新都早死了。孙道乾的妻子王氏，儿子天麟的妻子丁氏，孙道新的妻子丁氏，他堂弟的儿子孙继先的妻子董氏。江都被包围时，媳妇们各自带着一把刀子一条绳子在身边。城破后，巽先上吊死了。兰氏当时五十四岁，拿着绳子上吊死了。王氏、丁氏跳进屋后水池中死了。古氏也是五十四岁，守节三十年，头发都白了，跳井死去。有个女儿嫁给吴家，生了女儿叫睿，才八岁，正在外婆家，跟着死在井里。董氏把带子系在门框上，上吊死了。存脚有病，努力跳到井里死掉。董氏家的小婶子，她的祖母叫陈氏，正寄居在她家，跟董氏在一起，也上吊死了。四与七一起吊死在床上。

同时有个叫张廷铉的，妻子薛氏，城破后上吊死了。张廷铉的妹妹叫五，遇到士兵，用鞭子抽她要她顺从自己，她大叫说："杀就杀，用鞭子抽什么！"就被杀死了。

张秉纯的妻子刘氏。张秉纯，和州诸生。家里向来贫穷，刘氏操持打水舂米，生活得很高兴。国家灭亡后，张秉纯绝食死了。刘氏一勺水都不喝，经历了十六天，肌肤骨头销铄，让儿子搀扶到灵枢前祭拜，痛哭而死。

陶氏，当涂人孙士毅的妻子，守节十年。南都覆灭，被士卒所劫持，捆了她的手把刀子夹在两个手指之间，说："顺从我就没事，否则就裂开。"陶氏说："为了道义不让身子受污辱，快杀掉我是你的恩惠。"士兵不忍心杀，稍微伤了一下她的手指，血流满了手，问她："顺从吗？"回答："不顺从。"士兵发怒，从她的手劈裂下去，并且剜割她的胸，一寸一寸把她割死。陶氏母亲跑过去护她，也被杀了。

田氏，仪真人李铁匠的妻子，姿色很美。高杰的步兵在长江上抢掠，捉住她要侵犯她，田氏以死抵抗。挟持到马上，到了城南小桥，马不能渡。田氏哄骗让士兵牵着她的衣服走路，看见中流湍急，拽两个士兵跳水，都被淹死了。

王氏，和州诸生张侣颜的妻子。南都守不住了，刘良佐手下士兵大肆抢掠。王氏同母亲藏匿在朝阳洞，士兵进攻朝阳洞，形势危急，王氏把儿子交托给母亲说："贼势汹汹的，我是个少妇，即使苟且不死，又有什么面目回到丈夫家去。这是张家的一条线，好好抚养他。"说完，挺身跳出洞外，洞高几十仞，乱岩巉岩好像锋利的刀刃，身体摔得粉碎，死了。

方氏，桐城人钱秉镫的妻子。为躲避贼寇寓居南都。年岁不吉利，饭粥都供应不上，靠做女红换米给她丈夫吃，自己跟仆人们一起吃糠麸。有客人来，准备清洁的茶水和酒席，都是用簪子耳饰卖来的钱换得的，跟钱秉镫交往的人，没有人知道他家的穷。钱秉镫跟阮太铖是同乡，有矛盾，躲避到吴中。方氏带着子女去追寻，找到了他。不久吴也乱起来，方氏知道逃脱不了一死，于是把上下衣服密密地缝起来，抱着女儿跳水死了。

陆氏，嘉定人黄应爵的妻子。少年丧夫，家里贫穷，靠纺织自给生活了三十多年。刚一去世，嘉定城被破。儿子道弘的妻子，忘掉了姓什么，抱着两个女儿慌忙想跳井。长女说："如果让母亲先跳，一定眷念我们两个女儿，不如让我们先跳。"于是挽着妹妹急忙跳了下去，道弘的妻子跟着跳下，都淹死了。

于氏，丹阳人荆瀁的妻子。荆瀁的父亲大泐被乱兵杀死。于氏听说变故，知道免不了要死，对荆瀁说："请你先杀了我。"荆瀁忍心，她生气地说："您自己不杀，想留着让乱兵污辱吗！"荆瀁痛哭着照办了。

项淑美，淳安人，嫁给方希文。方希文喜欢积累书籍，杭州守不住，大帅方国安的败兵在江边抢掠，数百里内闹得鸡犬不宁。方希文躲到山里，把书也载去。正好小儿子出麻疹，方希文出去请医生，淑美与一个老太婆一个女仆在一起。当夜，乱兵突然来到，放火抢掠。女仆挽住淑美的衣服，想跟她一起出去，她严肃地叱责说："出去就死在士兵手里，不出去就死在火里，同样是死，死在火里不受耻辱。"当时老太太已经先出去了，见火旺了又进来，喊道："火来了，为什么不出去？"淑美没答应，急忙拿书来堆在身边，堆得跟人一样高，人坐在中间。一会儿，火来了，书全都烧了，就死了。贼人撤后，方希文回来，看见灰烬转着成一堆，好象保护着她的骨头一样。他一痛哭，灰就散去了，于是收了骨头埋葬在祖先的墓地里。

在此以前，有个慈溪人王氏，嫁给同里人一姓方人家，才超过一个月，起火了，烧到了她的房屋。丈夫正好外出去了，王氏坚持坐在小楼里不下来，就被烧掉。丈夫回来后，捧着它哭了很长时间，不一会儿就化了。

甬上四个烈妇。钱塘张氏，鄞县举人杨文瓒的妻子。国家改变后，杨文瓒与哥哥杨文琦，友人华夏、屠献宸，都被判死刑。张氏用针把他的头缝上去，用棺材收殓完毕，就穿上盛装题了绝命诗，拜见了所有亲戚族人。吞樟脑丸没死，用佩带上吊才死了。杨文琦的妻子沈氏也上吊了。夏华的继妻陆氏把汗巾结在梁上，伸了脖子上吊，因为身体太胖太重，汗巾断了人掉到地上。当时正是炎热的暑天，流的汗沾湿了衣服，于是坐着摇扇子，对她的家人说："我先凉快一下。"一会儿又拿了汗巾结上自尽了。有关官吏听说杨、华三个妇人上吊了，派了四个乞丐的妻子到屠献宸家，对他的妻子朱氏防备得很严密。朱氏没有机会，假装欢笑着接待她们，并且常常讥诮三个妇人的白白自讨苦吃。几天后，防备的人稍微松懈了些，于是对她们说："我要洗个澡，你们可以暂时回避一下。"乞丐的妻子们听了她的话，她关上门就自尽了。当时人称她们为"甬上四烈妇"。

夏氏，黔国公沐天波的侍女。沙定州叛乱，沐天波出逃，母亲陈氏、妻子焦氏也躲避到别的人家哪里。害怕贼人逼迫，焦氏对婆婆说："我们都是朝廷命妇，能落入贼人的手吗！"点上火把自己烧死了。夏氏回到她母亲家，没有被烧死。后来沐天波从永昌回家，夏氏又回到府里,却已经剃发做了尼姑了。沐天波被她的义气所感动,让她辅佐内政。等到沐天波跟着流亡缅甸,夏氏于是上吊。当时城里大乱,死人满路都是,尸体被乌鸦野狗所吃,血肉狼藉,夏氏尸体被弃置十多天,独独地没有被动过。

郑和传

【题解】

郑和,原姓马,字三保,回族,云南人。初事燕王,在"靖难之役"中有功,得赐姓郑,升为太监。历成祖、仁宗、宣宗三朝,先后七次奉命出使西洋,历经占城、爪哇、苏门答腊、暹罗、锡兰山、沙里湾泥、忽鲁谟斯、溜山、木骨都束等三十余国,先达波斯湾、红海口,到过非洲东岸赤道以南地区,开阔了中国的眼界,促进了中外交流,成为航海史上的杰出先驱者。

【原文】

郑和,云南人,世所谓三保太监也。初事燕王于藩邸,从起兵有功,累擢太监。

成祖疑惠帝亡海外,欲踪迹之,且欲耀兵异域,示中国富强。永乐三年六月,命和及其侪王景弘等通使西洋。将士卒二万七千百余人,多赍金币,造大舶修四十丈、广十八丈者六十二。自苏州刘家河泛海至福建,复自福建五虎门扬帆,首达占城,以次遍历诸番国,宣天子诏,因给赐群长,不服,则以武慑之。

五年九月,和等还,诸国使者随和朝见。和献所俘旧港酋长,帝大悦,爵赏有差。旧港者,故三佛齐国也。其酋陈祖义剽掠商旅,和使使招谕,祖义诈降,而潜谋邀劫。和大败其众,擒祖义。献俘,戮于都市。

六年九月,再往锡兰山,国王晋烈古奈儿诱和至国中,索金币,发兵劫和舟。和觇贼大众既出,国内虚,率所统二千余人,出不意,攻破其城,生擒亚烈苦奈儿及其妻子、官属。劫和舟者闻之还自救,官军复大破之。九年六月,献俘于朝,帝赦不诛,释归国。是时,交趾已破灭,郡县其地,诸邦益震慑,来者日多。

十年十一月,复命和等往使。至苏门答剌,其前伪王子苏干剌者,方谋弑主自立,怒和赐不及己,率兵邀击官军。和力战,追擒之喃渤利,并俘其妻子。以十三年七月还朝,帝大喜,赍诸将士有差。

十四年冬,满剌加、古里等十九国咸遣使朝贡。辞还,复命和等偕往,赐其君长,十七年七月还。十九年春复往,明年八月还。二十二正月,旧港酋长施济孙请袭宣慰使职,和赍敕印往赐之。比还,而成祖已晏驾。

洪熙元年二月,仁宗命和以下诸番军守备南京。南京设守备,自和始也。

宣德五年六月,帝以践阼岁久,而诸番国远者尤未朝贡,于是和、景弘复奉命历忽鲁谟斯等十七国而还。

和经事三朝,先后七奉使,所历占城、爪哇、真腊、旧港、暹罗、古里、满剌加、渤泥、苏门答腊、阿鲁、柯枝、大葛兰、小葛兰、西洋琐里、琐里、加异勒、阿拨把丹、南巫里、甘把里、锡兰山、喃渤利、彭亨、急兰丹、忽鲁谟斯、比刺、溜山、孙刺、木骨都束、麻林、刺撒、祖法儿、沙里湾泥、竹步、榜葛刺、天方、黎伐、那孤儿，凡三十余国。所取无名宝物不可胜计，而中国耗费亦不赀。自宣德以还，远方时有至者，要不如永乐时，而和亦老且死。

自和后，凡将命海表者，莫不盛称和以夸外番，故俗传三保太监下西洋，为明初盛事云。

【译文】

郑和，云南人，即世人所说的三宝太监。他起初在王府侍奉燕王，后因随燕王起兵靖难有功，历经升迁，当了太监。

成祖怀疑惠帝逃亡海外，打算查找他的踪迹，同时想向外国炫耀武力，显示中国的富强。永乐三年六月，成祖命郑和以及太监王景弘等人出使西洋。他们率领二万七千八百多名士卒，带了许多金银礼物，为此制造了大船六十二艘，各长四十四丈，宽八丈。他们从苏州刘家河由海路来到福建，再由福建五虎门扬帆出海，首先抵达占城，然后逐一走遍各国，宣布天子的诏命，赏赐当地的君长，如不服从，就采用武力威慑。

永乐五年九月，郑和等人回国，各国使者跟随郑和进京朝见。郑和进献俘获的旧港酋长，成祖大悦，赏赐爵位高低不等。旧港就是过去的三佛齐国，当地酋长陈祖义抢劫客商，郑和派使者前去招抚晓谕，陈祖义诈降，却暗中策划拦击抢劫。郑和大败旧港部众，捉住陈祖义。至此，郑和献上俘虏，在京城的街市上将他处死。

永乐六年九月，郑和再度前往锡兰山，国王亚烈苦奈儿把郑和诱至国中，勒索金银财物，出兵抢劫郑和的船只。郑和察知敌人的大部分兵力已经出动，国内空虚，便率领部下二千多人，出其不意，攻破锡兰山城，活捉亚烈苦奈儿及其妻子、儿女和官属。抢劫郑和船只的人闻讯回兵自救，明军又将他们打得大败。永乐九年六月，郑和在朝廷进献俘虏，成祖赦罪不杀，放亚烈苦奈儿回国。

郑和下西洋

这时，交趾已经覆灭，当地成了明朝的郡县，各国愈加震恐慑服，前来朝见的日渐增多。

永乐十年十一月，成祖再命郑和等人出使。来到苏门答腊时，原先的伪王子苏干刺正在策划杀主自立。他恨郑和没有赏赐自己，便率兵截击明军。郑和奋力作战，追到喃渤利时将他捉获，同时俘虏了他的妻子儿女。郑和在永乐十三年七月回朝，成祖大喜，赏赐诸将士多少不等。

永乐十四年冬天，满剌加、古里等十九国都派遣使者朝贡。告辞回国时，成祖又命郑和等同往，赏赐该国君长，到永乐十七年七月回朝。永乐十九年春天郑和再度前往，次年八月回朝。永乐二十二年正月，旧港酋长施济孙请求承袭宣慰使的职务，郑和带着敕书和印信前去颁赐。及至郑和回朝，成祖已经去世。

洪熙元年二月，仁宗命郑和率领出使西洋的各国的军队担任南京守备。南京设置守备一职，由郑和开始。

宣德五年六月，宣宗登基岁久，但远离中国的各国仍未朝贡，于是郑和、王景弘再次奉命出使忽鲁谟斯等十七国，然后回朝。

郑和历经三朝，先后七次奉命出使，到过占城、爪哇、真腊、旧港、暹罗、古里、满剌加、渤泥、苏门答腊、阿鲁、柯枝、大葛兰、小葛兰、西洋琐里、琐里、加异勒、阿拨把丹、南巫里、甘把里、锡兰山、喃渤利、彭亨、急兰丹、忽鲁谟斯、比剌、溜山、孙剌、木骨都束、麻林、剌撒、祖法儿、沙里湾泥、竹步、榜葛剌、天方、黎伐、那孤儿，共三十多国。得到的不知名的宝物不计其数，而中国耗费的财物也数额巨大。从宣德年间以来，远方各国不时也有来中国的，但再不能与永乐时期相比，而郑和也快老死了。

自郑和后，凡是奉命出使海外的，无不极力称赞郑和，向外国夸耀，所以世俗把三宝太监下西洋传为明朝初年的盛事。

李广传

【题解】

明孝宗在位时是明中叶政治较为清明的时代，旧吏称为"弘治中兴"。但是即使如此，仍不免有奸臣当道之事，李广专权便是其中突出一例。吏书中说他"以符箓祷祀蛊帝，因为奸弊"，被授以传奉官。授传奉官是明宪宗时的弊政，孝宗即位后予以废罢，而李广却又因宠得授。所幸李广只是倚仗权势一味贪敛，于朝政并无大的影响。孝宗对他始终深信不疑，直到他畏罪自杀后，还认为他有符箓异书，但找到的却是官员行贿的簿子，这无疑是"弘治中兴"的一个污点。

【原文】

李广，孝宗时太监也。以符箓祷祀蛊帝，因为奸弊，矫旨授传奉官，如成化间故事。四方争纳贿赂。又擅夺畿内民田，专盐利钜万。起大第，引玉朱山水，前后浇之。给事叶绅、御史张缙等文章论劾，帝不问。

十一年，广劝帝建毓秀亭于万岁山。亭成，幼公主殇，未几，清亭宫灾。日者言广建亭犯岁忌，太皇太后恚曰："今日李广，明日李广，果然祸及矣。"广惧，自杀。

帝疑广有异书，使使即其家索之，得赂籍以进，多文武大臣名，馈黄白米各千百石。帝惊曰："广食几何？乃受米如许！"左右曰："隐语耳，黄者金，白者银也。"帝怒，下法司究治。诸交结广者，走寿宁侯张鹤龄求解，乃寝勿治。广初死时，司设监太监为请祠额奠祭,及是,以大学士刘健等言,罢给祠额,犹赐祭。

【译文】

李广是明孝宗时的太监。他因为能做符箓法术和祈祷祭祀蛊惑孝宗,于是得以行其奸弊,按照成化年间的旧例,假借诏旨授予自己传奉官。各地争着向他交送贿赂。李广又擅自夺占京畿以内的民田,垄断贩盐之利以万万计。他建造巨大的府第,引玉泉山水,围绕于府第前后。给事中叶绅、御史张缙等人先后上奏章弹劾,孝宗却置之不问。

李广

弘治十一年,李广劝孝宗在万岁山上修建毓秀亭。亭子建成后,小公主夭折。不久,清宁宫发生火灾。占卜的人说李广建毓秀亭犯了岁忌,太皇太后恼怒地说道:"今天是李广如何如何,明天也是李广如何如何,果然招来祸事了。"李广因此惧罪自杀。

孝宗怀疑李广藏有异书,派使臣到他家中去找,得到了一本登记官员行贿的簿子献上。上面多有文武大臣的名字,写着馈送黄白米各有千百石的数字。孝宗惊异说道:"李广能吃多少东西?就接受这么多米。"左右侍从说:"这不过是隐语罢了。黄米指的是黄金,白米指的是白银。"孝宗发怒,命令司法部门追究治罪。那些交结李广的官员,前去寿宁侯张鹤龄处请求帮忙解脱,事情才被压住。李广刚死时,司设监太监替李广请赐祠堂额匾和送葬祭奠的用品,到这时,大学士刘健等人上言,不再赐给祠额,仍然赐给祭品。

冯保传

【题解】

冯保,深州人。嘉靖时任司礼秉笔太监。隆庆时提督东厂,兼掌御马监事,以后妃之力得与顾命。万历时得任司礼掌印太监,内依太后,外依张居正,挟持幼帝,斥去大学士高拱,恃势招权,赏罚不出其口不得行。后太后归政,张居正死,由宦官张鲸张诚议,贬至南京安置,久之乃死。

【原文】

冯保,深州人。嘉靖中为司礼秉笔太监,隆庆元年提督东厂,兼掌御马监事。

时司礼掌印缺,保以次当得之。适不悦于穆宗,大学士高拱荐御用监陈洪代,保由是疾拱。及洪罢,拱复荐用孟冲。冲,故掌尚膳监者,例不当掌司礼。保疾拱弥甚,乃与张居正深相结,谋去之。会居正亦欲去拱专权,两人交益固。穆宗得疾,保密属居正预草遗诏,为拱所见,面责居正曰:"我当国,奈何独与中人具遗诏!"居正面赤,谢过。拱益恶保,思逐之。

穆宗甫崩，保言于后妃，斥孟冲而夺其位，又矫遗诏与阁臣同受顾命。及帝登极，保升立宝座旁不下，举朝大骇。保既掌司礼，又督东厂，兼总内外，势益张。拱讽六科给事中程文、十三道御史刘良弼等交章数其奸，而给事中雒遵、陆树德又特疏论列。拱意疏下即拟旨逐保，而保匿其疏，亟与居正定谋，遂逐拱去。初，穆宗崩，拱于阁中大恸曰："十岁天子，如何治天下？"保谮于后妃曰："拱斥太子为十岁孩子，如何作人主。"后妃大惊，太子闻之亦色变。迨拱去，保憾犹未释。

万历元年正月，有王大臣者，伪为内侍服，入乾清宫，被获，下东厂。保欲缘此族拱，与居正谋，令家人辛儒饮食之，纳刀其袖中，俾言拱怨望，遣刺帝，大臣许之。逾日，锦衣都督朱希孝等会鞫，大臣疾呼曰："许我富贵，乃掠治我耶！且我何处识高阁老？"希孝惧，不敢鞫而罢。会廷臣杨博、葛守礼等保持之，居正亦迫众议微讽保。保意稍解，乃以生漆酒喑大臣，移送法司坐斩，拱获免。由是举朝皆恶保，而不肖者多因之以进。

慈圣太后遇帝严，保倚太后势数挟持帝，帝甚畏之。时与小内竖戏，见保入，辄正襟危坐曰："大伴来矣。"所昵孙海、客用为乾清宫管事牌子，屡诱帝夜游别宫，小衣窄袖，走马持刀，又数进奇巧之物，帝深宠幸。保白太后，召帝切责，帝长跪受教，惶惧甚。保属居正草帝罪己手诏，令颁示阁臣，词过挹损。帝年已十八，览之内惭，然迫于太后，不得不下。居正乃上疏切谏，又缘保意劾去司礼秉笔孙德秀、温太及掌兵仗局周海，而令诸内侍俱自陈。由是，保所不悦者斥退殆尽，时八年十一月也。

保善琴能书。帝屡赐牙章，曰"光明正大"，曰"尔惟盐梅"，曰"汝作舟楫"，曰"鱼水相逢"，曰"风云际会"，所以待之甚隆。后保益横肆，即帝有所赏罚，非出保口，无敢行者。帝积不能堪，而保内倚太后，外倚居正，帝不能去也。然保亦时引大体：内阁产白莲，翰林院有双白燕，居正以进，保使使谓居正曰："主上冲年，不可以异物启玩好。"又能约束其子弟，不敢肆恶，都人亦以是称之。

居正固有才，其所以得委任专国柄者，由保为之左右也。然保性贪，其私人锦衣指挥徐爵、内官张大受为保、居正交关语言，且数用计使两人相疑，旋复相好，两人皆在爵术中。事与筹划，因恃势招权利，大臣亦多与通。爵夜至禁门，守卫者不敢诘，其横如此。居正之夺情及杖吴中行，保有力焉。

已而居正死，其党益结保自固。居正以遗疏荐其座主潘晟入阁，保即遣官召之。御史雷士桢，王国，给事中王继先相继言其不可用，晟中途疏辞。内阁张四维度申时行不肯为晟下，拟旨允之，帝即报可，保时病起诉曰："我小恙，遽无我耶！"皇太子生，保欲封伯爵，四维以无故事难之，拟荫弟侄一人都督佥事，保怒曰："尔由谁得今日，而负我！"御史郭惟贤请召用吴中行等，保责其党护，谪之。吏部尚书王国光罢，保辄用其乡人梁梦龙代，爵、大受等窃权如故。

然是时太后久归政，保失所倚，帝又积怒保。东宫旧阉张鲸、张诚乘间陈其过恶，请令闲住。帝犹畏之，曰："若大伴上殿来，朕奈何？"鲸曰："既有旨，安敢复入！"乃从之。会御史李植、江东之弹章入，遂谪保奉御，南京安置，久之乃死。其弟佑、从子邦宁并官都督，削职下狱，瘐死。大受及其党周海、何忠等八人，贬小火者，司香孝陵，爵与大受子烟瘴永戍。尽籍其家，保金银百余万，珠宝瑰异称是。

保之发南京也，太后问故。帝曰："老奴为张居正所惑，无他过，行且召还。"时潞王将婚,所需珠宝未备,太后间以为言,帝曰:"年来无耻臣僚,尽以献张、冯二家,其价骤贵。"太后曰:"已籍矣,必可得。"帝曰:"奴黠猾,先窃而逃,未能尽得也。"而其时,锦衣都督刘守有与僚属张昭、庞清、冯昕等,皆以籍罪人家多所隐,没得罪。

【译文】

冯保,深州人,嘉靖年间担任司礼秉笔太监,隆庆元年担任提督东厂兼掌御马监事。

当时,司礼监掌印缺员,按资望顺序冯保应该担当此职。恰巧他不得穆宗喜欢,大学士高拱推荐任用御用监陈洪取代冯保,冯保因此痛恨高拱。及至陈洪免职,高拱又推荐任用孟冲。孟冲原先是掌管尚膳监的,照例不应该掌管司礼监。冯保愈加痛恨高拱,便与张居正深相结纳,策划将他除去。正好张居正也想除去高拱,由自己专权,两人的交情越发牢靠。穆宗得病后,冯保秘密嘱咐张居正预先起草遗诏,被高拱见到,高拱当面责备张居正说:"由我主持国政,你怎么单独与宦官准备遗诏!"张居正面色通红,承认错误。高拱更加憎恶冯保,想贬斥他。

穆宗刚刚去世,冯保向后妃进言,斥去孟冲,夺得其位,还假托遗诏的名义让自己与内阁大臣一起接受临终顾命的。及至神宗即位,冯保升到帝座旁站立不下,整个朝廷大为惊骇。冯保掌管司礼监后,又督率东厂,兼统内外,势力愈发强大。高拱暗示六科给事中程文和十三道御史刘良弼等人,轮流上疏斥责冯保奸邪,给事中雒遵、陆树强还特意上疏论定其人。高拱本想奏疏批下就起草诏书,斥逐冯保。但是,冯保隐藏了这些奏疏,急忙与张居正确定计划,于是排斥高拱离位。

起初,穆宗去世,高拱在内阁放声痛哭说:"十岁的天子,怎么治理天下!"冯保向后妃诋毁他说:"高拱把太子斥为十岁的孩子,怎么当得了君主。"后妃大惊,太子听了,也变了脸色。及至高拱离位,冯保仍然恨意未消。

万历元年正月,有一个名叫王大臣的,伪造内侍的服装,进乾清宫后就被捉获,押入东厂。冯保打算因此杀死高拱,经与张居正商量,吩咐家人辛儒给王大臣吃的喝的,把刀子放进他的袖子里,使他说高拱怨恨不满,派自己去刺杀神宗,王大臣答应了。过了一天,锦衣都督朱希孝举行会审,王大臣大喊:"答应让我富贵,还要拷问我吗!而且我哪里认识高阁老?"朱希孝不敢审讯,草草收场。适逢朝臣杨博、葛守礼保护此人,张居正也迫于大家的议论,对冯保稍加暗示。冯保态度稍稍缓和,便用生漆酒把王大臣药成哑巴,移交司法部门判罪问斩,高拱得以免难。从此,整个朝廷都憎恶冯保,但不正派的官员多半通过冯保得到升迁。

慈圣太后待神宗很严,冯保依赖太后的势力,屡次挟持神宗,神宗非常怕他。有时神宗与小宦官玩耍,看见冯保进宫了,就正襟危坐,说:"大伴来啦。"所亲近的人孙海、客用做成乾清宫的管事牌子,多次引诱神宗在夜间到别宫游玩,穿着窄袖短衣,骑马持刀而去,还进献奇巧之物,深受神宗的宠爱。冯保禀告太后,太后叫来神宗,痛加斥责,神宗直身跪在地上,接受教诲,非常惶恐。冯保嘱托张居正起草神宗的罪己手诏,吩咐颁发给内阁大臣去看,手诏的词句对自己过于贬抑。神宗已经十八岁,看了感到惭愧,但是迫于太后的压力,不得不批示发下,于是张居正上疏直言劝谏。又由于冯保想把司礼秉笔孙德秀、温太和掌兵仗局周海弹劾下去,因而让诸内侍一律陈述自己的态度。由此冯保不喜欢的人几乎被排斥一空,当时是万历八年十一月。

冯保擅长弹琴,懂得书法,神宗多次赐给他象牙印章,印文有"光明正大""尔惟盐梅""汝作舟楫""鱼水相逢""风云际会",待他礼数非常隆重。后来冯保更加横蛮放肆,即使是神宗决定的赏罚,只要冯保没有开口,就没人敢去实行。日子久了,神宗不能忍受,但冯保在内宫倚靠太后,在外朝倚靠张居正,神宗无法把他去掉。然而,冯保时而也做些识得大体的事情:内阁生出白莲,翰林院有一对白燕,张居正进献给神宗,冯保让人对张居正说:"主上年轻,不能用奇异之物引他喜爱。"还能约束子弟,使他们不敢肆意作恶,京城人也因此称赞他。

张居正本来有才,但之所以受到任用,独揽国政,却是由于冯保对他的帮助。然而,冯保生性贪婪,他私人的锦衣指挥徐爵、内官张大受,为冯保和张居正往来传话,几次用计,使两人互相猜疑,不久再归和好,他们两人都落入徐爵的圈套。徐爵遇事参与策划,借机仗势揽权取利,大臣也多与他勾结。徐爵夜间来到宫门前,守卫人员不敢盘问,其豪横如此。张居正服丧期间受命出仕以及杖打吴中行等人,都得力于冯保。

不久,张居正去世,其党羽越发结纳冯保,以图巩固自己的地位。张居正留下遗疏,推荐自己的主考官潘晟进内阁,冯保立即派官员召用潘晟。御史雷士桢、王国、给事中王继光相继说潘晟不可任用,潘晟中途上疏推辞。内阁张四维估计申时行不肯居于潘晟之下,便起草圣旨应允,神宗立即批复同意。当时冯保在病中起身骂道:"我有点小病,就以为我不在了吗!"皇太子降生,冯保希望得封伯爵,张四维用没有先例论难,准备允许恩荫弟侄一人为都督佥事,冯保恼怒地说:"你靠谁才有今天,竟敢辜负我!"御史郭惟贤请求召用吴中行等人,冯保指责他袒护同党,将他贬黜。吏部尚书王国光免职,冯保就起用同乡梁梦龙接替他。徐爵和张大受等人仍然窃用权柄。

然而,这时太后归政已久,冯保失去依靠,神宗又积恨冯保。原来东宫的宦官张鲸、张诚乘机陈述冯保的罪过,请求命冯保闲住。神宗仍怕冯保,便说:"如果大伴到大殿上来,朕怎么办?"张鲸说:"颁发圣旨后,他怎敢再进大殿?"神宗这才照办。适逢御史李植、江东之弹劾冯保的奏章送进内宫,神宗便贬冯保为奉御,南京安置,过了许久,冯保才死。冯保的弟弟冯佑、侄子冯邦宁都担任都督,现削职下狱,囚死狱中。张大受及其同党周海、何忠等八人贬为小宦官,为孝陵管理香火,徐爵和张大受的儿子终生流配烟瘴之地。冯保的家产被全部没收充公,有金银百余万,珠宝奇异之物与此相称。

冯保启程前往南京时,太后询问其中的缘由,神宗说:"老奴受到张居正的迷惑,没有别的过失,不久就会召回。"当时,潞王准备结婚,需要的珠宝没有齐备,太后私下提到此事,神宗说:"近年来无耻的臣僚都把财物献给张居正、冯保两家,珠宝的价钱腾涨。"太后说:"已经没收了两家的财产,一定可以得到。"神宗说:"奴才狡猾,事先偷偷转移,没能全部得到。"当时,锦衣都督刘守有与属官张昭、庞清、冯昕等人,都乘没收罪人家产的机会,私吞了许多,因此受到罚处。

严嵩传

【题解】

严嵩（1480～1567年），江西分宜人，进士出身。先后担任翰林院编修、翰林院侍讲、吏部左侍郎、礼部尚书、吏部尚书、武英殿大学士、谨身殿大学士、少傅兼太子少师、太常卿等官职。严嵩为人奸猾，虽无济世治国之功，但善于迎合皇帝心意，一心专干谄佞以取悦皇上之事，他也因此而窃权牟利，独揽大权，把持国政二十余年。严嵩先后陷害、排斥夏言、仇鸾等大臣，以恶子严世蕃为爪牙，操纵国事，吞没军饷，致使国力衰弱，战备驰废。后严嵩逐渐失去了世宗的宠信，被御史邹应龙所弹劾。其子严世蕃等被流放戍边。后又被诛杀，严嵩最终也被贬黜为民。

【原文】

严嵩，字惟中，分宜人。长身戍削，疏眉目，大音声。举弘治十八年进士，改庶吉士，授编修。移疾归，读书钤山十年，为诗古文辞，颇著清誉。还朝，久之进侍讲，署南京翰林院事。召为国子祭酒。

嘉靖七御历礼部右侍郎，奉世宗命祭告显陵，还言："臣恭上宝册及奉安神床，皆应时雨霁。又石产枣阳，群鹤集绕，碑入汉江，河流骤涨。请命辅臣撰文刻石，以纪天眷。"帝大悦，从之。迁吏部左侍郎，进南京礼部尚书，改吏部。

居南京五年，以贺万寿节至京师。会廷议更修《宋史》，辅臣请留嵩以礼部尚书兼翰林学士董其事。及夏言入内阁，命嵩还掌部事。帝将祀献皇帝明堂，以配上帝。已，又欲称宗入太庙。嵩与群臣议沮之，帝不悦，著《明堂或问》示廷臣。嵩惶恐，尽改前说，条书礼仪甚备。礼成，赐金币。自是，益务为佞悦。帝上皇天上帝尊号、宝册，寻加上高皇帝尊谥圣号

严嵩塑像

以配，嵩乃奏庆云见，请受群臣朝贺。又为《庆云赋》《大礼告成颂》奏之，帝悦，命付史馆。寻加太子太保，从幸承天，赏赐与辅臣埒。

嵩归日骄。诸宗藩请卹乞封，挟取贿赂。子世蕃又数关说诸曹。南北给事、御史交章论贪污大臣，皆首嵩。嵩每被论，辄归诚于帝，事辄已。帝或以事诰嵩，所条对平无奇，帝必故称赏，欲以讽止言者。嵩科第先夏言，而位下之。始倚言，事之谨，尝置酒邀言，躬诣其第，言辞不见。嵩布席，展所具启，跽读。言谓嵩实下己，不疑也。帝以奉道尝御香

叶冠，因刻沈水香冠五，赐言等。言不奉诏，帝怒甚。嵩因召对冠之，笼以轻纱。帝见，益内亲嵩。嵩遂倾言，斥之。言去，醮祀青词，非嵩无当帝意者。

二十一年八月拜武英殿大学士，入直文渊阁，仍掌礼部事。时嵩年六十余矣，精爽溢发，不异少壮。朝夕直西苑板房，未曾一归洗沐，帝益谓嵩勤。久之，请解部事，遂专直西苑。帝尝赐嵩银记，文曰"忠勤敏达"。寻加太子太傅。翟銮资序在嵩上，帝待之不如嵩。嵩讽言官论之，銮得罪去。吏部尚书许讚、礼部尚书张璧同入阁，皆不预闻票拟事，政事一归嵩。讚尝叹曰："何夺我吏部，使我旁睨人。"嵩欲示厚同列，且塞言者意，因以显夏言短，乃请凡有宣召，乞与成国公朱希忠、京山侯崔元及讚、璧偕入，如祖宗朝蹇、夏、三杨故事。帝不听，然心益喜嵩，累进吏部尚书、谨身殿大学士、少傅兼太子太师。

久之，帝微觉嵩横。时讚老病罢，璧死，乃复用夏言，帝为加嵩少师以慰之。言至，复盛气陵嵩，颇斥逐其党，嵩不能救。子世蕃方官尚宝少卿，横行公卿间。言欲发其罪，嵩父子大惧，长跪榻下泣谢，乃已。知陆炳与言恶，遂与比而倾言。世蕃迁太常少卿，嵩犹畏言，疏遣归省墓。嵩寻加特进，再加华盖殿大学士。窥言失帝眷，用河套事构言及曾铣，俱弃市。已而南京吏部尚书张治、国子祭酒李本以疏远擢入阁，益不敢预可否。嵩既倾杀言，益伪恭谨。言尝加上柱国，帝亦欲加嵩，嵩乃辞曰："尊无二上，上非人臣所宜称。国初虽设此官，左相国达，功臣第一，亦止为左柱国。乞陛下免臣此官，著为令典，以昭臣节。"帝大喜，允其辞，而以世蕃为太常卿。

嵩无他才略，惟一意媚上，窃权罔利。帝英察自信，果刑戮，颇护己短，嵩以故得因事激帝怒，戕害人以成其私。张经、李天宠、王忬之死，嵩皆有力焉。前后劾嵩、世蕃者，谢瑜、叶经、童汉臣、赵锦、王宗茂、何维柏、王晔、陈垲、历汝进、沈錬、徐学诗、杨继盛、周铁、吴时来、张翀、董传策皆被谴。经、錬用他过置之死，继盛附张经疏尾杀之。他所不悦，假迁除考察以斥者甚众，皆未曾有迹也。

俺答薄都城，慢书求贡。帝召嵩与李本及礼部尚书徐阶入对西苑。嵩无所规画，委之礼部。帝悉用阶言，稍轻嵩。嵩复以间激帝怒，杖司业赵贞吉而谪之。兵部尚书丁汝夔受嵩指，不敢趣诸将战。寇退，帝欲杀汝夔。嵩惧其引己，谓汝夔曰："我在，毋虑也。"汝夔临死始知为嵩绐。

大将军仇鸾，始为曾铣所劾，倚嵩倾铣，遂约为父子。已而鸾挟寇得帝重，嵩犹儿子蓄之，寖相恶。嵩密疏毁鸾，帝不听，而颇纳鸾所陈嵩父子过，少疏之。嵩当入直，不召者数矣。嵩见徐阶、李本入西内，即与俱入。至西华门，门者以非诏旨格之。嵩还第，父子对泣。时陆炳掌锦衣，与鸾争宠，嵩乃结炳共图鸾。会鸾病死，炳讦鸾阴事，帝追戮之。于是益信任嵩，遣所乘龙舟过海子召嵩，载直西内如故。世蕃寻迁工部左侍郎。倭寇江南，用赵文华督察军情，大纳贿赂以遗嵩，致寇乱益甚。及胡宗宪诱降汪直、徐海，文华乃言："臣与宗宪策，臣师嵩所授也。"遂命嵩兼支尚书俸无谢，自是褒赐皆不谢。

帝尝以嵩直庐隘，撤小殿材为营室，植花木其中，朝夕赐御膳、法酒。嵩年八十，听以肩舆入禁苑。帝自十八年葬章圣太后后，即不亲朝，自二十年宫婢之变，即移居西苑万寿宫，不入大内，大臣希得谒见，惟嵩独承顾问，御札一日或数下，虽同列不获闻，以故嵩得逞志。然帝虽甚亲礼嵩，亦不尽信其言，间一取独断，或故示异同，欲以杀离其势。嵩父子独得帝骤要，欲有所救解，嵩必顺帝意痛诋之，而婉曲解释以中帝所不忍。即欲排陷者,必先称其菴,而以微言中之,或触帝所耻与讳。以是移帝喜怒,往往不失。士大夫辐辏附嵩,时称文选郎中万采、职方郎中方祥等为嵩文武管家。尚书吴鹏、欧阳必进、高耀、许论辈,皆惴惴事嵩。

嵩握权久,遍引私人居要地。帝亦骎厌之,而渐亲徐阶。会阶所厚吴时来、张翀、董传策各疏论嵩,嵩因密请究主使者,下诏狱,穷治无所引。帝乃不问,而慰留嵩,然心不能无动,阶因得间倾嵩。吏部尚书缺,嵩力援欧阳必进为之,甫三月即斥去。赵文华忤旨获谴,嵩亦不能救。有诏二王就婚邸第,嵩力请留内。帝不悦,嵩亦不能力持。嵩虽警敏,能先意揣帝指,然帝所下手诏,语多不可晓,惟世蕃一览了然,答语无不中。及嵩妻欧阳氏死,世蕃当护丧归,嵩请留侍京邸。帝许之,然自是不得入直所代嵩票拟,而日纵淫乐于家。嵩受诏多不能答,遣使持问世蕃。值其方耽女乐,不以时答。中使相继促嵩,嵩不得已自为之,往往失旨。所进青词,又多假手他人不能工,以此积失帝欢。会万寿宫火,嵩请暂徙南城离宫,南城,英宗为太上皇时所居也,帝不悦。而徐阶营万寿宫甚称旨,帝益亲阶,顾问多不及嵩,即及嵩,祠祀而已。嵩惧,置酒要阶,使家人罗拜,举觞属曰:“嵩旦夕且死,此曹惟公乳哺之。”阶谢不敢。

未几,帝入方士蓝道行言,有意去嵩。御史邹应龙避雨内侍家,知其事,抗疏极论嵩父子不法,曰:“臣言不实,乞斩臣首以谢嵩、世蕃。”帝降旨慰嵩,而以嵩溺爱世蕃,负眷倚,令致仕,驰驿归,有司岁给米百石,下世蕃于理。嵩为世蕃请罪,且求解,帝不听。法司奏论世蕃及其子锦衣鹄、鸿,客罗龙文,戍边远。诏从之,特宥鸿为民,使侍嵩,而锢其奴严年于狱,擢应龙通政司参议。时四十一年五月也。龙文官中书,交关为奸利,而年最黠恶,士大夫竞称夔山先生者也。

嵩既去,帝追念其赞元功,意忽忽不乐,谕阶欲遂传位,退居西内,专祈长生。阶极陈不可,帝曰:“卿等不欲,必皆奉君命,同辅玄修乃可。严嵩既退,其子世蕃已伏法,敢更言者,并应龙俱斩。”嵩知帝念己,乃赂帝左右,发道行阴事,系刑部,俾引阶。道行不承,坐论死,得释。嵩初归至南昌,值万寿节,使道士蓝田玉建醮铁柱宫。田玉善召鹤,嵩因取其符箓,并己祈鹤文上之,帝优诏褒答。嵩因言:“臣年八十有四,惟一子世蕃及孙鹄皆远戍,乞移便地就养,终臣余年。”不许。

其明年,南京御史林润奏:“江洋巨盗多入逃军罗龙文、严世蕃家。龙文居深山,乘轩衣蟒,有负险不臣之志。世蕃得罪后,与龙文日诽谤时政。其治第役众四千,道路皆言两人通倭,变且不测。”诏下润逮捕,下法司论斩,皆伏诛,黜嵩及诸孙皆为民。嵩窃政二十年,溺信恶子,流毒天下,人咸指为奸臣。其坐世蕃大逆,则徐阶意也。又二年,嵩老病,寄食墓舍以死。

【译文】

严嵩,字惟中,分宜人。身材高而瘦削,眉目间隔很大,嗓音洪亮。中弘治十八年进士,改官庶吉士,授官翰林院编修。因病告归,在钤山读书十年,写作诗古文辞,颇有清高之誉。还朝后过了一段时间,进位翰林院侍讲,署理南京翰林院事。召为国子祭酒。

嘉靖七年,历官礼部右侍郎,奉世宗皇帝之命祭告显陵,归后上言:“臣恭上宝册及奉安神床,全都雨晴适时。又有石产于枣阳,群鹤聚集环绕,碑入于汉江,河流骤涨之祥瑞。

请命令辅臣撰文刻石,以表记上天的眷佑。"世宗听了非常高兴,表示同意。迁官吏部左侍郎,升南京礼部尚书,改吏部尚书。

在南京住了五年,因祝贺万寿节来到京师。正赶上朝廷议改修《宋史》的事,辅臣要求留下严嵩以礼部尚书兼翰林学士掌管其事。及至夏言进入内阁,便命令严嵩回礼部掌管部中事务。世宗准备祭祀献皇帝(即明世宗的生父兴献王,世宗即位,追尊为"皇帝")的明堂,以配享上帝。事毕,又想称献皇帝为"宗"而入于太庙。严嵩与群臣论议表示不赞成,世宗很不高兴,写了篇《明堂或问》以示廷臣。严嵩惶恐不安,完全改变了原来的主张,条例规划有关的礼仪很是完备。大礼举行完毕,赏赐给严嵩黄金币帛。从此以后,严嵩就专干诌佞以取悦皇帝的事了。世宗给皇天上帝上尊号和宝册,不久又给太祖高皇帝上尊号、谥号和圣号以配享皇天上帝,严嵩便上奏说出现了祥云,请皇帝接受群臣的朝贺。他又撰写了《庆云赋》《大礼告成赋》奏上,世宗非常高兴,吩咐送到史馆去。不久,又加严嵩太子太保,随从皇帝游幸承天府(今湖北钟祥,为世宗皇帝生父兴献王的封地),对他的赏赐与辅臣相埒。

严嵩归来之后,日益骄横。诸宗室藩王来礼部请求抚恤和封地,严嵩就要挟他们送贿赂。他儿子严世藩又屡次到礼部诸曹去通关节。南京、北京的给事中、御史交章论劾贪污大臣,都是以严嵩为首。严嵩每次被论劾,都是极力向世宗表白忠心,事情就算完了。世宗有时向严嵩咨询一些问题,他所答对的都是平淡无奇,而世宗必然故意称赏,想以此来暗示言官不要再批评他。严嵩中进士比夏言早,但官位比他低。开始他倚靠夏言,侍奉得很谨慎,有一次他设宴邀请夏言,亲自到夏言的府邸,夏言推辞不见他。严嵩铺席于地,打开所写的文启,跪下朗读。夏言以为严嵩确实对自己甘心低下,便毫无疑心。世宗由于信奉道教,曾经戴香叶冠,于是便用沉香木刻了五顶冠,送给夏言等。夏言不肯接受,世宗很是愤怒。严嵩趁着皇帝召问的时候戴上这顶冠,还用轻纱罩上。世宗见了,心里更加亲信严嵩了。于是严嵩便倾陷夏言,排斥出外。夏言走后,醮祀鬼神时用的青词,除了严嵩所写,没有能合世宗心意的。

嘉靖二十一年八月,拜官武英殿大学士,入值文渊阁,仍掌管礼部事务。当时严嵩已经六十多岁了,精神健旺,与少壮无异。每日早晚在西苑板房值班,未尝回家休息一日,世宗更认为严嵩勤勉了。过了些时候,严嵩请求解除自己的礼部事务,于是专门入值西苑。世宗曾经赏赐给严嵩一块银牌,上面的文字是"忠勤敏达"。不久加官太子少傅。翟銮的资格位序都在严嵩之上,世宗待他不如严嵩。严嵩暗示言官弹劾他,翟銮得罪而去。吏部尚书许赞、礼部尚书张璧与严嵩同时入阁,都不参与票拟(明代的重要文书,须由内阁先拟意见,书写于票签,送交皇帝批准,称票拟)之事,政事全部归于严嵩。许赞叹道:"为什么夺去了我的吏部,使我在旁边看着别人。"严嵩想表示自己厚待同列,同时堵住别人的闲话,还显示夏言独断专行的缺点,便提议凡是皇帝宣召,请与成国公朱希忠、京山侯崔元,以及许赞、张璧一起入殿,如同祖宗朝蹇义、夏原吉和三杨(杨士奇、杨荣、杨溥)的旧例。世宗不同意,但心里愈发喜欢严嵩了,累进吏部尚书、谨身殿大学士、少傅兼太子少师。

时间一长,世宗稍微觉出严嵩的专横。当时,许赞因老病罢相,张璧已死,于是又重新起用夏言,但为严嵩加官少师以作安慰。夏言来至朝廷,依然对严嵩盛气凌人,对他的党羽颇加斥逐,严嵩无力挽救。他的儿子严世蕃正当着尚宝少卿,横行于公卿之间。夏言想揭发严世蕃的罪恶。严嵩父子大为恐惧,长跪于夏言床下哭着谢罪,才算罢休。严嵩知道陆炳与夏言关系很坏,就与陆炳联合倾陷夏言。严世蕃迁官太常少卿,严嵩还依然惧怕夏言,上疏遣儿子回家省视祖坟。不久严嵩加官特进,再加为华盖殿大学士。他看出夏言失去皇帝的宠眷,便用河套事陷害夏言和曾铣(曾铣建议收复被鞑靼人占领的河套地区,夏言表示支持),俱被弃市。已而南京吏部尚书张治、国子祭酒李本,由疏远之人拔擢入阁,更加不敢参与政事的可否。严嵩既已倾杀夏言,越发装成恭谨的样子。夏言曾经加官上柱国,世宗也想加给严嵩,严嵩便推辞道:"至尊没有两个上,上不是人臣所应该用作称呼的。国初虽然设置此官,但左相国徐达为功臣第一,也只不过为左柱国。乞请陛下免臣此官,载入法典,以昭示臣节。"世宗大喜,批准了他的辞谢,而以世蕃为太常卿。

严嵩没有别的才能,只是一心取媚皇上,窃权牟利。世宗苛察自信,使用刑戮武断,特别好袒护自己的短处,所以严嵩能借用事端激起他的恼怒,杀害别人以达到自己的目的。张经、李天龙、王忬的死,都是严嵩使的力气。前后弹劾严嵩、严世蕃的,有谢瑜、叶经、童汉臣、赵锦、王宗茂、何维柏、王晔、陈垲、厉汝进、沈炼、徐学诗、杨继盛、周铁、吴时来、张翀、董传策,都受到罪谴。叶经、沈炼用别的罪名置之于死,杨继盛附在张经所上疏的文尾而杀害。其他为他所不喜欢的人,借着改官、考察而被斥逐的有很多,都没有留下什么痕迹。

鞑靼首领俺答逼近都城,用很倨傲的口气来信索取贡品。世宗召严嵩、李本以及礼部尚书徐阶,到西苑应对。严嵩没有任何对策,都推诿给礼部。世宗全用徐阶的建议,对严嵩有些轻视。严嵩又借个机会激起世宗的恼怒,廷杖国子监司业赵贞吉而贬谪之。兵部尚书丁汝夔受严嵩指使,不敢督促诸将与鞑靼交战,敌人退去,世宗想处死丁汝夔。严嵩害怕牵扯出自己,对丁汝夔说:"有我在,你不必忧虑。"丁汝夔到死才明白受了严嵩的骗。

大将军仇鸾,开始被曾铣所弹劾,所以依赖严嵩来倾陷曾铣,于是相约为父子。已而仇鸾仗着鞑靼入侵得到皇帝的倚重,严嵩还把他当成儿子对待,但渐渐关系恶化。严嵩上密疏诋毁仇鸾,世宗不听,而对仇鸾所说的严氏父子的过恶倒很听得进去,于是对严氏父子有些疏远了。轮到严嵩入阁值班,世宗有很多次不召见。严嵩见徐阶、李本进入西内,就和他们一同进去。到了西华门,守门的以没有诏旨为由把他拦在门外。严嵩回到家中,父子相对哭泣。当时陆炳掌管锦衣卫,与仇鸾争宠,严嵩便勾结陆炳共同图谋仇鸾。正好仇鸾病死,陆炳攻讦仇鸾的一些不可见人的事,世宗追戮其尸。于是世宗更加信任严嵩,派遣自己所乘坐的龙舟过海子召严嵩,载他入值西内如故。严世蕃不久迁官为工部左侍郎。倭寇侵掠江南,用赵文华督察军情,他大收贿赂送给严嵩,以致寇乱越发严重。及至胡宗宪诱降汪直、徐海,赵文华竟说:"臣与胡宗宪的计策,是臣师严嵩所授。"于是命严嵩兼领尚书的薪俸而不必辞谢,从此一切褒奖赏赐都不须辞谢。

世宗曾认为严嵩入值时所居的庐屋太狭隘,便撤下小殿的木材为他营造屋室,在里面种上花木,早晚还赐以御膳、法酒。严嵩年已八十,允许他乘坐轿子进入禁苑。世宗自从嘉靖十八年葬章圣太后以后,就不再上朝,自二十年发生宫婢之变(应是二十一年,宫婢杨金英曾谋杀世宗,未遂被处死)之后,就移居西苑万寿宫,不入大内,大臣都很难得谒见。独独只有严嵩能承蒙召见,皇上的信札有时一日数下,虽然是同列也不知道内容,所以严嵩的阴谋才能得逞。然而世宗虽然对严嵩甚为亲密和礼敬,但对他的话也不完全相信,间或由自己独断,或者故意表示异同,想以此稍微杀杀他的势力。严嵩父子独独得知世宗的弱点,想要救解什么人,严嵩必然顺着世宗的意见狠狠诋毁,然后婉转解释,以使世宗不忍心惩处。如果是想要排挤陷害什么人,必先称道他的优点,然后以含蓄的语言来攻击他,或者讲他触犯世宗忌讳和感到耻辱的事。所以他操纵转移世宗的喜怒,往往不会失误。士大夫辐辏一般依附严嵩。当时称文选郎中万采、职方郎中方祥为严嵩的文武管家。尚书吴鹏、欧阳必进、高耀、许论之流,都小心惴惴地侍奉严嵩。

严嵩握权长久,到处引用自己的人占据重要位置。世宗也渐渐厌烦他,而逐渐亲信徐阶。正逢徐阶所厚待的吴时来、张翀、董传策各自上疏论劾严嵩,于是严嵩秘密向世宗请求追查他们背后的主使者,下入诏狱,用尽办法审讯,也无所牵引。世宗便不再追问,而安慰严嵩留任,但他心中也不能毫无所动,徐阶因此得以乘间倾倒严嵩。吏部尚书出缺,严嵩极力拉扯欧阳必进充任,但只过了三个月便被罢斥。赵文华忤旨获罪,严嵩也不能赦免。有诏命让两个王子就婚于王府,严嵩力请留在宫内。世宗听了不高兴,严嵩也不能极力坚持。严嵩虽然机敏,能事先揣摩世宗的意旨,但世宗所下的手诏,语言大多弄不明白什么意思,只有严世蕃一览了然,所答无不中意。及至严嵩的妻子欧阳氏去世,严世蕃应当护丧归乡,严嵩请求留侍于京城中的官邸。世宗答应了,但从此不能进入严嵩值班的地方代替严嵩起草票拟,只是每日在家放纵淫乐。严嵩接受世宗的手诏,大多不能回答,便派遣使者拿着去问严世蕃。有时正赶上他沉迷于女乐,不能及时回答。宫中使者相继催促严嵩,严嵩不得已,只好自己来写,结果往往不合皇上的旨意。所呈进的青词,又有很多是让别人代笔的,不能精美,因此他渐渐失去世宗的欢心。正赶上万寿宫失火,严嵩请世宗暂且迁往南城离宫。南城,是英宗当太上皇时住的地方,世宗感到很不愉快。而徐阶营建万寿宫让世宗非常满意,世宗便更加亲近徐阶,召见问对很多不找严嵩,即使召见严嵩,也不过是祠祀鬼神方面的事。严嵩畏惧了,便设酒宴邀请徐阶,让家中人围着他下拜,举杯嘱托道:"严嵩旦夕间就会死掉,这些人全靠公养育了。"徐阶辞谢说不敢当。

不久,世宗听纳方士蓝道行的话,有意除去严嵩。御史邹应龙避雨到太监家,知道了这件事,抗疏极力弹劾严嵩父子无视法纪,道:"臣言如若不实,请斩臣头以谢严嵩、世蕃。"世宗降旨安慰严嵩,而以严嵩溺爱世蕃,辜负圣上的信任,令其致仕,乘驿车归里,由官府每年给米百石,而下严世蕃于大理寺监狱。严嵩为世蕃请罪,并请求缓解。世宗不听。法官奏论严世蕃及其儿子锦衣严鹄、严鸿,门客罗龙文,流放戍守边疆。诏旨表示同意,但特别宽宥严鸿为民,让他侍奉严嵩,而监禁他的家奴严年于牢狱,擢邹应龙为通政司参议。这是嘉靖四十一年五月的事。罗龙文为官中书,交通关节,以为奸利,而严年最为狡黠恶毒,就是士大夫争着叫"鹭山先生"的那个人。

严嵩既已去朝,世宗追念他赞助祠祀之功,心里忽忽不乐,告诉徐阶想传位于太子,自己退居西内,专心祈求长生。徐阶极力陈述不可。世宗道:"卿等如果不同意我退位,就必须遵奉我的旨意,一起帮助我修炼长生之道才行。严嵩已经退职,其子严世蕃已经伏法,敢有再提起这事的,连同邹应龙一起处斩!"严嵩知道世宗想念自己,便贿赂世宗的左右,揭发蓝道行的隐私之事,系刑部狱,指望他牵引出徐阶来。但蓝道行不承认,坐论死罪,但得到释放。严嵩刚刚回到南昌,正值万寿节,让道士蓝田玉在铁柱宫作法事。蓝田玉善于召鹤,严嵩便取符箓,和自己写的《祈鹤文》一起奏上。世宗降诏褒奖。严嵩借机上言:"臣年八十有四,只有一个儿子世蕃,和孙儿严鹄都流戍远方,乞请移至近便之地以就赡养,让臣终老天年。"世宗不答应。

第二年,南京御史林润上奏:"江洋大盗有很多逃配军罗龙文、严世蕃的家中。罗龙文居于深山之中,乘轩车,穿蟒袍,有凭仗险阻、割据不臣之心。严世蕃获罪之后,与罗龙文每天诽谤时政。他们修建府第,役使民众四千人,道路之上都说他两人勾通倭寇,即将变生不测。"诏下林润负责逮捕,下法司判斩,俱都伏诛,贬黜严嵩及诸孙为民。严嵩窃据政权二十年,溺信恶子,流毒天下,人们都指斥他为奸臣。而坐严世蕃以大逆不道之罪,则是徐阶的意思。又过了两年,严嵩老病,寄食于守墓的屋舍而死去。

李自成、张献忠传

【题解】

李自成(1607~1645),明末农民起义领袖。本名鸿基,陕西米脂县李继迁寨人。出身贫苦农家,幼年时给地主牧羊,长大后在银川当驿卒。崇祯二年(1629)起义,后为闯王高迎祥部下闯将,英勇善战,颇有谋略。八年(1635)正月各路起义军荥阳大会师,商议御敌之汁。李自成提出分兵定向,四路攻战的方案,为众首领赞同。次年,高迎祥被俘就义,自成被推举为闯王。转战各地,数历艰险,于十五年(1642)率五十轻骑进入河南。其时河南灾荒严重,民不聊生。他用李岩等提出的"均田免赋"等口号,得到了广大人民的欢迎,"杀牛羊,备酒浆,开了城门迎闯王,闯王来了不纳粮"等歌谣到处传唱。部队迅速壮大到百万人,成为明末农民起义军的主力。崇祯十六年(1643)在襄阳称新顺王。同年,歼明陕西总督孙传庭主力,乘胜进占西安。十七年(1644)建立大顺政权,年号永昌。不久攻克北京,推翻明王朝。由于起义军领袖犯了胜利时骄傲的错误,丧失了警惕;部分领导人享乐腐化,军队纪律松弛,使战斗力大大削弱。当明将吴三桂勾结清兵入关,联合进攻农民军时,李自成迎战失利,随之退出北京,率军在河南、陕西等地抗击清兵。虽仍有数十万之众,却士无斗志,难挽败局。永昌二年(1645)在湖北通山

李自成

九宫山被地主武装杀害。余部继续坚持抗清斗争。

张献忠（1606～1646），明末农民起义领袖，字秉吾，号敬轩。延安柳树涧（今陕西定边东）人。出身贫苦。最初从军，因被人陷害革去军籍。崇祯三年（1630）在米脂参加农民起义军，自号八大王。最初隶属于王自用，后来自成一军。崇祯八年参加十三家农民起义军荥阳大会，和高迎祥大举东征，攻破凤阳，焚毁明代皇陵，声势渐大。后来转战河南、陕西、河北、安徽等地。崇祯十一年，暂时投降兵部尚书熊文灿，驻兵谷城，但拒绝裁减军队和调度。次年再度起义。崇祯十三进兵四川，用"以走制敌"办法，拖垮官军。次年出川，攻破襄阳，粉碎敌人的围攻。崇祯十六年攻破武昌，自称大西王，随即放弃武昌，攻克长沙，进入江西，受到湘、赣农民的大力支持。次年又回到四川，于成都建立大西政权，即王位，年号大顺，为巩固政权，严厉镇压了贵族、官僚、地主的反抗。大顺三年（1646）清军南下，他引兵抗拒，在西充凤凰山中箭，被俘遇害。余部继续坚持抗清斗争。

【原文】

李自成，米脂人，世居怀远堡李继迁寨。守忠，无子，祷于华山，梦神告曰："以破军星为若子。"已，生自成。幼牧羊于邑大姓艾氏，及长，充银川驿卒。善骑射，斗很无赖，数犯法。知县晏子宾捕之，将置诸死，脱去为屠。天启末，魏忠贤党乔应甲为陕西巡抚，朱童蒙为延绥巡抚，贪黩不诘盗，盗由是始。

崇祯元年，陕西大饥，延绥缺饷，固原兵劫州库。白水贼王二，府谷贼王嘉胤，宜川贼王左挂、飞山虎、大红狼等，一时并起。有安塞马贼高迎祥者，自成舅也，与饥民王大梁聚众应之。迎祥自称闯王，大梁自称大梁王。二年春，诏以杨鹤为三边总督，捕之。参政刘应遇击斩王二、王大梁，参政洪承畴击破王左挂，贼稍稍惧。会京师戒严，山西巡抚耿如杞勤王兵哗而西，延绥总兵吴自勉、甘肃巡抚梅之焕勤王兵亦溃，与群盗合。延绥巡抚张梦鲸恚死，承畴代之，召故总兵杜文焕督延绥、固原兵，便宜剿贼。

三年，王左挂、王子顺、苗美等战屡败，乞降。而王嘉胤掠延安、庆阳间，杨鹤抚之，不听，从神木渡河犯山西。是时，秦地所征曰新饷，曰均输，曰间架，其目日增，吏因缘为奸，民大困。以给事中刘懋议，裁驿站，山、陕游民仰驿糈者，无所得食，俱从贼，贼转盛。兵部郎中李继贞奏曰："延民饥，将尽为盗，请以帑金十万振之。"帝不听。而嘉胤已袭破黄甫川、清水、木瓜三堡，陷府谷、河曲。又有神一元、不沾泥、可天飞、郝临庵、红军友、点灯子、李老柴、混天猴、独行狼诸贼，所在蜂起，或掠秦，或东入晋。屠陷城堡。官兵东西奔击，贼或降或死，旋灭旋炽。延安贼张献忠亦聚众据十八寨，称八大王。

四年，孤山副将曹文诏破贼河曲，王嘉胤遁去。已，复自岳阳突犯泽、潞，为左右所杀，其党共推王自用号紫金梁者为魁。自用结群贼老回回、曹操、八金刚、扫地王、射塌天、阎正虎、满天星、破甲锥、邢红狼、上天龙、蝎子块、过天星、混世王等及迎祥、献忠共三十六营，众二十余万，聚山西。自成乃与兄子过往从迎祥，与献忠等合，号闯将，未有名。杨鹤抚贼不效被逮，洪承畴代鹤，张福臻代承畴，督诸将曹文诏、杨嘉谟剿贼，所向克捷，陕地略定。而山西贼大盛，剽掠宁乡、石楼、稷山、闻喜、河津间。

五年，贼分道四出，连陷大宁、隰州、泽州、寿阳诸州县，全晋震动。乃罢巡抚宋统殷，以许鼎臣代之，与宣大总督张宗衡分督诸将。宗衡督虎大威、贺人龙、左良玉等兵八千人，驻平阳，责以平阳、泽、潞四十一州县。鼎臣督张应昌、颇希牧、艾万年兵七千人，驻汾州，责以汾、太、沁、辽三十八州县。贼亦转入磨盘山，分众为三：阎正虎据交城、文水，窥太原；邢红狼、上天龙据吴城，窥汾州；自用、献忠突沁州、武乡，陷辽州。

六年春，官兵共进力击。自用惧，乞降於故锦衣金事张道浚。约未定，阳和兵袭之。贼怒，败约去。会总兵官曹文诏率陕西兵至，偕诸将猛如虎、虎大威、颇希牧、艾万年、张应昌等合剿，屡战皆大克，前后杀混世王、满天星、姬关锁、翻山动、掌世王、显道神等，破自用、献忠、老回回、蝎子块、扫地王诸贼。其后，自用又为川将邓玘射杀之。山西三大盗俱败。

初，贼之破泽州也，分其众，南逾太行，掠济源、清化、修武，围怀庆。官军击之，贼遁走。别贼复阑入西山，大掠顺德、真定间。大名道卢象升力战却贼。贼自邢台摩天岭西下，抵武安，败总兵左良玉，河北三府焚劫殆遍。潞王上疏告急，兼请卫凤、泗陵寝。诏特遣总兵倪宠、王朴率京营兵六千人，与诸将并进。贼闻之，欲从河内走太行。文诏邀击之，不敢进。

贼之败于山西者，亦奔河北合营，迎祥、自成、献忠、曹操、老回回等俱至。京兵蹑其后，左良玉、汤九州等扼其前，连战于青店、石冈、石坡、牛尾、柳泉、猛虎村，屡败之。贼欲逸，阻于河，大困。贼素畏文诏、道浚，道浚先坐事遣戍，文诏转战秦、晋、河北，遇贼辄大克，御史复劾其骄倨，调大同总兵去。贼遂诡辞乞降，监军太监杨进朝信之，为入奏。会天寒河冰合，贼突从毛家寨策马径渡。河南诸军无扼河者，贼遂连陷渑池、伊阳、卢氏三县。河南巡抚玄默率诸将盛兵待之，贼窜入卢氏山中，由间道直走内乡，掠郧阳，又分掠南阳、汝宁，入枣阳、当阳，逼湖广。巡抚唐晖敛兵守境。犯归、巴、夷陵等处，破夔州，攻广元，逼四川，所在告急。

七年春，特设山、陕、河南、湖广、四川总督，专办贼，以延绥巡抚陈奇瑜为之，以卢象升抚治郧阳，为奇瑜破贼延水关有威名，而象升历战阵知兵也。于是奇瑜自均州入，与象升并进，师次乌林关，斩贼数千级。贼走汉南，奇瑜以湖广不足忧，引兵西击。

始，贼自渑池渡河，高迎祥最强，自成属焉。及入河南，自成与兄子过结李牟、俞彬、白广恩、李双喜、顾君恩、高杰等自为一军。过、杰善战，君恩善谋。及奇瑜兵至，献忠等奔商、雒，自成等陷於兴安之车箱峡。会大雨两月，马乏刍多死，弓矢皆脱，自成用君恩计，贿奇瑜左右，诈降。奇瑜意轻贼，许之，檄诸将按兵毋杀，所过州县为具糗传送。贼甫渡栈，即大噪，尽屠所过七州县。而略阳贼数万亦来会，贼势愈张。奇瑜坐削籍，而自成名始著矣。

已，洪承畴代奇瑜，李乔巡抚陕西，吴甡巡抚山西。大学士温体仁谓甡曰："流贼癣疥疾，勿忧也。"未几，西宁兵变，承畴甫受命而东，闻变遽返。迎祥、自成遂入巩昌、平凉、临洮、凤翔诸府数十州县。败贺人龙、张天礼军，杀固原道陆梦龙。围陇州四十余日，承畴檄总兵左光先与人龙合击，大破之。会朝廷亦命豫、楚、晋、蜀兵四道入陕，迎祥、自成遂窜入终南山。已而东出，陷陈州、灵宝、氾水、荥阳，闻左良玉将至，移壁梅山、溱水间。部贼拔上蔡，烧汝宁郭。乃命承畴出关追贼，与山东巡抚朱大典并力击，贼侦知之。

八年正月大会于荥阳。老回回、曹操、革里眼、左金王、改世王、射塌天、横天王、混十万、过天星、九条龙、顺天王及迎祥、献忠共十三家七十二营，议拒敌，未决。自成进曰：

"一夫犹奋,况十万众乎! 官兵无能为也。宜分兵定所向,利钝听之天。"皆曰:"善。"乃议革里眼、左金王当川、湖兵,横天王、混十万当陕兵,曹操、过天星扼河上,迎祥、献忠及自成等略东方,老回回、九条龙往来策应。陕兵锐,益以射塌天、改世王。所破城邑,子女玉帛惟均。众如自成言。

先是,南京兵部尚书吕维祺惧贼南犯,请加防凤阳陵寝,不报。及迎祥、献忠东下,江北兵单,固始霍丘俱失守。贼燔寿州,陷颍州,知州尹梦鳌、州判赵士宽战死,杀故尚书张鹤鸣。乘胜陷凤阳,焚皇陵,留守署正朱国相等皆战死。事闻,帝素服哭,遣官告庙。逮漕运都御史杨一鹏弃市,以朱大典代之,大征兵讨贼。贼乃大书帜曰古元真龙皇帝,合乐大饮。自成从献忠求皇陵监小阉善鼓吹者,献忠不与。自成怒,偕迎祥西趋归德,与曹操、过天星合,复入陕西。献忠独东下庐州。

承畴方驰至汝州,命诸将左良玉、汤九州、尤世威、徐来朝、陈永福、邓玘、张应昌分扼湖广、河南、郧阳诸关隘,召曹文诏为中军。文诏未至,玘以兵乱死。迎祥、自成从终南山出,大掠富平、宁州。老回回、献忠、曹操、蝎子块、过天星诸贼,闻承畴出关,先后皆走陕西,焚掠西安、平凉、凤翔诸郡。承畴呕还救,分遣诸将击老回回等,令副总兵刘成功、艾万年击迎祥、自成于宁州。万年中伏战死,文诏怒,复击之,亦中伏战死。群贼乘胜掠地,火照西安城中。承畴力御之泾阳、三原间,决死战,贼不得过。献忠、老回回等由他道转突朱阳关,守关将徐来臣军溃死,尤世威中箭遁。于是群贼皆出关,分十三营东犯,而迎祥、自成独留陕西。

时卢象升已改湖广巡抚,总理直隶、河南、山东、四川、湖广诸军务。诏承畴督关中,象升督关外。贼亦分兵,迎祥略武功、扶风以西,自成略富平、固州以东。承畴遣将追自成,小捷,至醴泉。贼将高杰通于自成妻邢氏,惧诛,挟之来降。承畴身追自成,大战渭南、临潼,自成大败东走。迎祥亦屡败,东逾华阴南原,绝岭,偕自成出朱阳关,与献忠合。冬十一月,群贼薄阌乡,左良玉、祖宽御之不克,遂陷陕州,进攻雒阳。河南巡抚陈必谦督良玉、宽援雒阳,献忠走嵩、汝。迎祥、自成走偃师、巩县,略鲁山、叶县,陷光州,象升击败之确山。

九年春,迎祥、自成攻庐州,不拔。陷含山、和州,杀知州黎弘业及在籍御史马如蛟等。又攻滁州,知州刘大巩、太仆卿李觉斯坚守不下。象升亲督祖宽、罗岱、杨世恩等来援,战于朱龙桥,贼大败,尸咽水不流。北攻寿州,故御史方震孺坚守。折而西,入归德,边将祖大乐破之。走密、登封,故总兵汤九州战死。分道犯南阳、裕州,必谦援南阳,象升援裕,令大乐等击贼,杀迎祥、自成精锐几尽。贼复分兵再入陕,迎祥由郧、襄趋兴安、汉中,自成由南山逾商、雒,走延绥,犯巩昌北境。诸将左光先、曹变蛟破之,自成走环县。未几,官军败于罗家山,尽亡士马器仗,总兵官俞冲霄被执。自成势复振,进围绥德,欲东渡河,山西兵遏之。复西掠米脂,呼知县边大绶,曰:"此吾故乡也,勿虐我父老。"遗之金,令修文庙。将袭榆林,河水骤长,贼淹死甚众,乃改道,从韩城而西。

时象升及大乐、宽等皆入援京师。孙传庭新除陕西巡抚,锐意灭贼。秋七月,擒迎祥于盩厔,献俘阙下,磔死。于是贼党乃共推自成为闯王矣。是月,犯阶、徽。未几,出沔、陇,犯凤翔,渡渭河。

十年犯泾阳、三原。蝎子块、过天星俱来会。传庭督变蛟连战七日,皆克,蝎子块降。

自成与过天星奔秦州。入蜀，陷宁羌，破七盘关，陷广元，总兵官侯良柱战死，遂连陷昭化、剑州、梓潼、江油、黎雅、青川等州县。剑州知州徐尚卿、吏目李英俊、昭化知县王时化、郫县主簿张应奇、金堂典史潘梦科皆死。进攻成都，七日不克，巡抚王维章坐避贼征。

十一年春，官军败贼梓潼，自成奔白水，食尽。承畴、传庭合击于潼关原，大破之。自成尽亡其卒，独与刘宗敏、田见秀等十八骑溃围，窜伏商、洛山中。其年，献忠降，自成势益衰。承畴改蓟辽总督，传庭改保定总督。传庭以疾辞，逮下狱。二人去，自成稍得安。总理熊文灿方主抚，谍者或报自成死，益宽之。

十二年夏，献忠反谷城。自成大喜，出收众，众复大集。陕西总督郑崇俭发兵围之，令曰"围师必缺。"自成乃由缺走，突武关，往依献忠。献忠欲图之，觉，遁去。杨嗣昌督师夷陵，檄令降，自成出谩语。官军围自成于巴西、鱼腹诸山中，自成大困，欲自经，养子双喜劝而止。贼将多出降。刘宗敏者，蓝田锻工也，最骁勇，亦欲降。自成与步入从祠，顾而叹曰："人言我当为天子，盍卜之，不吉，断我头以降。"宗敏诺，三卜三吉。宗敏还，杀其两妻，谓自成曰："吾死从君矣。"军中壮士闻之，亦多杀妻子愿从者。自成乃尽焚辎重，轻骑由郧、均走河南。河南大旱，斛谷万钱，饥民从自成者数万。遂自南阳出，攻宜阳，杀知县唐启泰。攻永宁，杀知县武大烈，戕万安王采铤。攻偃师，知县徐日泰骂贼死。时十三年十二月也。

自成为人高颧深幽，鸱目曷鼻，声如豺。性猜忍，日斮人斩足剖心为戏。所过，民皆保坞堡不下。杞县举人李信者，逆案中尚书李精白子也，尝出粟振饥民，民德之曰："李公子活我。"会绳伎红娘子反，掳信，强委身焉。信逃归，官以为贼，入狱中。红娘子来救，饥民应之，共出信。卢氏举人牛金星磨勘被斥，私入自成军为主谋，潜归，事泄坐斩，已，得末减。二人皆往投自成，自成大喜，改信名曰岩。金星又荐卜者宋献策，长三尺余，上谶记云："十八子，主神器。"自成大悦。岩因说曰："取天下以人心为本，请勿杀人，收天下心。"自成从之，屠戮为减。又散所掠财物振饥民，民受饷者，不辨岩、自成也，杂呼曰："李公子活我。"岩复造谣词曰："迎闯王，不纳粮。"使儿童歌以相煽，从自成者日众。

十四年正月攻河南，有营卒勾贼，城遂陷，福王常洵遇害。自成兵汋王血，杂鹿醢尝之，名"福禄酒"。王世子由崧裸而逃。自成发王邸金振饥民，遂移攻开封。时张献忠亦陷襄阳，戕襄王翊铭。王开封者周王恭枵，闻贼至，急发库金募死士，与巡抚都御史高名衡等固守。自成攻七昼夜，解去，屠密县。贼魁罗汝才、土寇袁时中皆归自成。时中众二十万，号小袁营。汝才即曹操，与献忠同降复叛去者也。

自成初为迎祥裨将，至是势大盛。帝以故尚书傅宗龙为陕西总督，使专办自成，别敕保定总督杨文岳会师。宗龙驰入关，与巡抚汪乔年调兵，兵已发尽，乃檄河南大将李国奇、贺人龙兵隶部下，趣出关。文岳率虎大威军俱至新蔡，与自成遇。人龙卒先奔，国奇、大威继之，宗龙、文岳以亲军筑垒自固。夜，文岳兵溃奔陈州，宗龙与贼持数日，食尽，突围走，被执死。自成陷叶县，杀副将刘国能，遂围左良玉于郾城。乔年代宗龙总督，出关，次襄城，自成尽锐攻之，乔年与副将李万庆皆死。自成劓刖诸生百九十人。遂乘胜陷南阳、邓州十四城，再围开封。巡抚名衡、总兵陈永福力拒之，射中自成目，炮殪上天龙等，自成益怒。

自成每攻城，不用古梯冲法，专取瓴甋，得一砖即归营卧，后者必斩。取砖已，即穿穴穴城。初仅容一人，渐至百十，次第傅土以出。过三五步，留一土柱，系以巨缅。穿毕，万人曳缅一呼，而柱折城崩矣。名衡于城上凿横道，听其下有声，用毒秽灌之，多死。贼乃即城坏处用火攻法，实药瓮中，火燃药发，当者辄糜碎，名曰放迸。

十五年正月，城半圮，贼用放迸法攻之，铁骑数千驰噪，伺城颓即拥入城。城故宋汴都，金人所重筑也。厚数丈，土坚，火外击，贼骑多歼，自成骇而去。南陷西华，寻屠陈州，副使关永杰、知州侯君擢皆骂贼死。归德、睢州、宁陵、太康数十郡县，悉残毁。商丘知县梁以樟创死复苏，全家歼焉。

已，复攻开封，筑长围为持久计。诏起孙传庭为总督，释故尚书侯恂命督师，召左良玉援开封。良玉至朱仙镇，大败，奔襄阳，诸军皆屯河北，不敢进。开封食尽。山东总兵刘泽清亦奉诏至。传庭知开封急，大会诸将西安，亟出关来救。未至，名衡等议决朱家寨口河灌贼，贼亦决马家口河欲灌城。秋九月癸未，天大雨，二口并决，声如雷，溃北门入，穿东南门出，注涡水。城中百万户皆没，得脱者惟周王、妃、世子及抚按以下不及二万人。贼亦漂没万余，乃拔营西南去。

先是，有马守应称老回回、贺一龙称革里眼、贺锦称左金王、刘希尧称争世王、蔺养成称乱世王者，皆附自成，时号"革左五营"。自成乃西迎传庭兵，遇于南阳，传庭军溃走，豫人所谓柿园之败也。是时大清兵南侵，京师方告急，朝廷不暇复讨贼。自成乃收群贼，连营五百余里，再屠南阳，进攻汝宁。总兵虎大威中炮死，杨文岳被杀。自成乃胁崇王由樻使从军，遂由确山、信阳、泌阳向襄阳。左良玉望风南走，自成入襄阳。分徇属城及德安诸州县，皆下，再破夷陵、荆门州。自成自攻荆州，湘阴王俨铈遇害，烧献陵木城，穿毁宫殿。

十六年春陷承天。将发献陵，有声震山谷，惧而止。旁掠潜山、京山、云梦、黄陂、孝感等州县，皆下。先驱逼汉阳，良玉走九江。攻郧阳，抚治都御史徐起元及王光恩力守不下。光恩，贼反正者也。

自成自号奉天倡义大元帅，号罗汝才代天抚民威德大将军。分其众，曰标营，领兵百队；曰先、后、左、右营，各领兵三十余队。标营白帜黑纛，自成独白鬃大纛银浮屠；左营帜白，右绯，前黑，后黄，纛随其色。五营以序直昼夜，次第休息，巡徼严密。逃者谓之落草，磔之。收男子十五以上、四十以下者为兵。精兵一人，主刍、掌械、执爨者十人。军令不得藏白金，过城邑不得室处，妻子外不得携他妇人。寝兴悉用单布幕。绵甲厚百层，矢炮不能入。一兵倅马三四匹，冬则以茵褥籍其蹄。剖人腹为马槽以饲马，马见人，辄锯牙思噬若虎豹。军止，即出较骑射，曰站队。夜四鼓，蓐食以听令。所过崇冈峻坂，腾马直上。水惟惮黄河，若淮、泗、泾、渭，则万众翘足马背，或抱鬣缘尾，呼风而渡，马蹄所壅阏，水为不流。临阵，列马三万，名三堵墙。前者返顾，后者杀之。战久不胜，马兵佯败诱官兵，步卒长枪三万，击刺如飞，马兵回击，无不大胜。攻城，迎降者不杀，守一日杀十之三，二日杀十之七，三日屠之。凡杀人，束尸为燎，谓之打亮。城将陷，步兵万人环堞下，马兵巡徼，无一人得免。献忠虽至残忍，不逮也。诸营较所获，马骡者上赏，弓矢铅铳者次之，币帛又次之，珠玉为下。

自成不好酒色，脱粟粗粝，与其下共甘苦。汝才妻妾数十，被服纨绮，帐下女乐数部，厚自奉养，自成尝嗤鄙之。汝才众数十万，用山西举人吉珪为谋主。自成善攻，汝才善战，两人相须若左右手。自成下宛、叶，克梁、宋，兵强士附，有专制心，顾独忌汝才。乃召汝才所善贺一龙宴，缚之，晨以二十骑斩汝才于帐中，悉兼其众。

自成在中州，所略城辄焚毁之。及渡汉江，谋以荆、襄为根本，改襄阳曰襄京，修襄王宫殿居之。改禹州曰均平府，承天府曰扬武州，他府县多所更易。

牛金星教以创官爵名号，大行署置。自成无子，兄子过及妻弟高一功，迭居左右，亲信用事。田见秀、刘宗敏为权将军，李岩、贺锦、刘希尧等为制将军，张鼐、党守素等为威武将军，谷可成、任维荣等为果毅将军，凡五营二十二将。又置上相、左辅、右弼、六政府侍郎、郎中、从事等官。要地设防御使，府曰尹，州曰牧，县曰令。封崇王由横襄阳伯、邵陵王在城枣阳伯、保宁王绍坝宣城伯、肃宁王术授顺义伯。以张国绅为上相，牛金星为左辅，来仪为右弼。国绅，安定人，尝官参政。既降，献文翔凤妻邓氏以媚自成。自成恶其伤同类，杀之，而归邓氏于其家。六政府侍郎则石首喻上猷、江陵萧应坤、招远杨永裕、米脂李振声、江陵邓岩忠、西安姚锡胤，寻以宣城丘之陶代振声为兵政府侍郎。其余受伪职者甚众，不具载。

使高一功、冯雄守襄阳，任继光守荆州，蔺养成、牛万才守夷陵，王文曜守澧州，白旺守安陆，萧云林守荆门，谢应龙守汉川，周凤梧守禹州。于是河南、湖广、江北诸贼莫不听命。自成既杀汝才、一龙，又袭杀养成，夺守应兵，击杀袁时中于杞县。献忠方据武昌，自成遣使贺，且胁之曰："老回回已降，曹操辈诛死，行及汝矣。"献忠大惧，南入长沙。

当是时，十三家七十二营诸大贼，降死殆尽，惟自成、献忠存，而自成独劲，遂自称曰新顺王。集牛金星等议兵所向。金星请先取河北，直走京师。杨永裕请下金陵，断燕都粮道。从事顾君恩曰："金陵居下流，事虽济，失之缓。直走京师，不胜，退安所归，失之急。关中，大王桑梓邦也，百二山河，得天下三分之二，宜先取之，建立基业。然后旁略三边，资其兵力，攻取山西，后向京师，庶几进战退守，万全无失。"自成从之。

传庭之败于柿园而归陕也，大治兵，制火车二万辆，募壮士，使白广恩、高杰将，欲俟贼饥而击之。朝议日督战，不得已出关。以牛成虎、卢光祖为前锋，由灵宝入洛。高杰为中军，檄广恩从新安来会。河南将陈永福守新滩，四川将秦翼明出商、洛，为掎角。前锋败贼渑池，至宝丰，再拔其城。次郏，自成率万骑还战，复大败，几被擒。会天大雨，道泞，粮车不进。自成遣轻骑出汝州，要截粮道。传庭乃分军三，令广恩从大道，令高杰亲随从间道，迎粮，令永福守营。传庭既行，永福兵亦争发，不可禁，遂为贼所蹑。至南阳，传庭还战，贼阵五重，官军克其三。已而稍却，火车奔，骑兵亦大奔。贼纵铁骑践之，传庭大败。自成空壁追，一日夜逾四百里，官军死者四万余人，失兵器辎重数十万。传庭奔河北，转趋潼关，气败沮不复振。

冬十月，自成陷潼关，传庭死，遂连破华阴、渭南、华、商、临潼。进攻西安，守将王根子开东门纳贼。自成执秦王存枢以为权将军，永寿王谊经为制将军。巡抚冯师孔以下死者十余人，布政使陆之祺等俱降。自成大掠三日，下令禁止。改西安曰长安，称西京。赐顾君恩女乐一部，赏入关策也。大发民，修长安城，开驰道。自成每三日亲赴教场校射，百姓望见黄龙纛，咸伏地呼万岁。诸将白广恩、高汝利、左光先、梁甫先后皆降。陈永福以先射中自成目，保山巅不敢下，自成折箭为誓，招之，亦降。惟高杰以窃自成妻走延安，为李过所追，折而东，渡宜川，绝蒲津以守。

自成兵所至风靡，乃诣米脂祭墓。向为官军所发，焚弃遗骸，筑土封之。求其宗人，赠金封爵以去。改延安府曰天保府，米脂曰天保县，清涧曰天波府。凤翔不下，屠之。始，自成入陕西，自谓故乡，毋有侵暴，未一月抄掠如故。又以士大夫必不附己，悉索诸荐绅，搒掠征其金，死者瘗一穴。榆林故死守，李过等不能克，自成大发兵攻陷之。副使都任，总兵王世国、尤世威等，俱不屈死。乘胜取宁夏，屠庆阳，执韩王亶塉。移攻兰州，甘肃巡抚林日瑞等亦死。进陷西宁，于是肃州、山丹、永昌、镇番、庄浪皆降，陕西地悉归自成。又遣贼渡河，陷平阳，杀宗室三百余人。高杰奔泽州。诏以余应桂总督三边，收边兵剿贼，然全陕已没，应桂不能进。

十七年正月庚寅朔，自成称王于西安，僭国号曰大顺，改元永昌，改名自晟。追尊其曾祖以下，加谥号，以李继迁为太祖。设天佑殿大学士，以牛金星为之。增置六政府尚书，设弘文馆、文谕院、谏议、直指使、从政、统会、尚契司、验马寺、知政使、书写房等官。以乾州宋企郊为吏政尚书、平湖陆之祺为户政尚书、真宁巩焴为礼政尚书、归安张嶙然为兵政尚书。复五等爵，大封功臣，侯刘宗敏以下九人，伯刘体纯以下七十二人，子三十人，男五十五人。定军制。有一马巉行列者斩之，马腾入田苗者斩之。籍步兵四十万，马兵六十万。兵政侍郎杨王休为都肄，出横门，至渭桥，金鼓动地。令弘文馆学士李化麟等草檄驰谕远近，指斥乘舆。是日，大风霾，黄雾四塞。事闻，帝大惊，召廷臣议。大学士李建泰请督师，帝许之。

时山西自平阳陷，河津、稷山、荥河皆陷，他府县多望风送款。二月，自成渡河，破汾州，徇河曲、静乐，攻太原，执晋王求桂，巡抚蔡懋德死之。北徇忻、代，宁武总兵周遇吉战死。自成先遣游兵入故关，掠大名、真定而北。身率众贼并边东犯，陷大同，巡抚卫景瑗、总兵朱三乐死。自成杀代王传炘，代藩宗室殆尽。犯宣府，总兵姜瓖迎降，巡抚朱之冯死。遂犯阳和，由柳沟逼居庸，总兵官唐通、太监杜之秩迎降。

三月十三日焚昌平，总兵官李守镕死。始，贼欲侦京师虚实，往往阴遣人赍重货，贾贩都市，又令充部院诸掾吏，探刺机密。朝廷有谋议，数千里立驰报。及抵昌平，兵部发骑探贼，贼辄勾之降，无一还者。贼游骑至平则门，京师犹不知也。十七日，帝召问群臣，莫对，有泣者。俄顷贼环攻九门，门外先设三大营，悉降贼。京师久乏饷，乘陴者少，益以内侍。内侍专守城事，百司不敢问。

十八日，贼攻益急，自成驻彰义门外，遣降贼太监杜勋缒入见帝，求禅位。帝怒，叱之下，诏亲征。日暝，太监曹化淳启彰义门，贼尽入。帝出宫，登煤山，望烽火彻天，叹息曰："苦我民耳！"徘徊久之，归乾清宫，令送太子及永王、定王于戚臣周奎、田弘遇第，剑击长公主，趣皇后自尽。十九日丁未，天未明，皇城不守，鸣钟集百官，无至者。乃复登煤山，书衣襟为遗诏，以帛自缢于山亭，帝遂崩。太监王承恩缢于侧。

自成毡笠缥衣，乘乌驳马，入承天门。伪丞相牛金星，尚书宋企郊、喻上猷，侍郎黎志升、张嶙然等骑而从。登皇极殿，据御座，下令大索帝后，期百官三日朝见。文臣自范景文、勋戚自刘文炳以下，殉节者四十余人。宫女魏氏投河，从者二百余人。象房象皆哀吼流泪。太子投周奎家，不得入，二王亦不能匿，先后拥至，皆不屈，自成羁之宫中。长公主绝而复苏，舁至，令贼刘宗敏疗治。

已，乃知帝后崩，自成命以宫扉载出，盛柳棺，置东华门外，百姓过者皆掩泣。越三日己酉，昧爽，成国公朱纯臣、大学士魏藻德率文武百官入贺，皆素服坐殿前。自成不出，群贼争戏侮，为椎背、脱帽，或举足加颈，相笑乐，百官慑伏不敢动。太监王德化叱诸臣曰："国亡君丧，若曹不思殡先帝，乃在此耶！"因哭，内侍数十人皆哭，藻德等亦哭。顾君恩以告自成，改殓帝后，用衮冕祎翟，加苇厂云。大学士陈演劝进，不许。封太子为宋王。放刑部、锦衣卫系囚。

自成自居西安，建置官吏，至是益尽改官制。六部曰六政府，司官曰从事，六科曰谏议，十三道曰直指使，翰林院曰弘文馆，太仆寺曰验马寺，巡抚曰节度使，兵备曰防御使，知府州县曰尹、曰牧、曰令。召见朝官，自成南向坐，金星、宗敏、企郊等左右杂坐，以次呼名，分三等授职。自四品以下少詹事梁绍阳、杨观光等无不污伪命，三品以上独用故侍郎侯恂。其余勋戚、文武诸臣奎、纯臣、演、藻德等共八百余人，送宗敏等营中，拷掠责赇赂，至灼肉折胫，备诸惨毒。藻德遇马世奇家人，泣曰："吾不能为若主，今求死不得。"贼又编排甲，令五家养一贼，大纵淫掠，民不胜毒，缢死相望。征诸勋戚大臣金，金足辄杀之。焚太庙神主，迁太祖主于帝王庙。

时贼党已陷保定，李建泰降，畿内府县悉附。山东、河南遍设官吏，所至无违者。及淮，巡抚路振飞发兵拒之，乃去。自成谓真得天命，金星率贼众三表劝进，乃从之，令撰登极仪，诹吉日。及自成升御座，忽见白衣人长数丈，手剑怒视，座下龙爪鬣俱动，自成恐，亟下。铸金玺及永昌钱，皆不就。闻山海关总兵吴三桂兵起，乃谋归陕西。

初，三桂奉诏入援，至山海关，京师陷，犹豫不进。自成劫其父襄，作书招之，三桂欲降。至滦州，闻爱姬陈沅被刘宗敏掠去，愤甚，疾归山海，袭破贼将。自成怒，亲部贼十余万，执吴襄于军，东攻山海关，以别将从一片石越关外。三桂惧，乞降于我大清。四月二十二日，自成兵二十万，阵于关内，自北山亘海。我兵对贼置阵，三桂居右翼末，悉锐卒搏战，杀贼数千人，贼亦力斗，围开复合。战良久，我兵从三桂阵右突出，冲贼中坚，万马奔跃，飞矢雨堕，天大风，沙石飞走，击贼如雹。自成方挟太子登高冈观战，知为我兵，急策马下冈走。我兵追奔四十里，贼众大溃，自相践踏死者无算，僵尸遍野，沟水尽赤。自成奔永平，我兵逐之。三桂先驱至永平，自成杀吴襄，奔还京师。

时牛金星居守，诸降人往谒，执门生礼甚恭。金星曰："讹言方起，诸君宜简出。"由是降者始惧，多窜伏矣。自成至，悉熔所拷索金及宫中帑藏、器皿，铸为饼，每饼千金，约数万饼，骡车载归西安。二十九日丙戌僭帝号于武英殿，追尊七代皆为帝后，立妻高氏为皇后。自成被冠冕，列仗受朝。金星代行郊天

陈圆圆

礼。是夕焚宫殿及九门城楼。诘旦，挟太子、二王西走，而使伪将军左光先、谷可成殿。

五月二日，我大清兵入京师，下令安辑百姓，为帝后发丧，议谥号，遣将偕三桂追自成。时福王已监国南京，大学士史可法督师讨贼。自成至定州，我兵追之，与战，斩谷可成，左光先伤足，贼负而逃。自成西走真定，益发众来攻，我兵复击之。自成中流矢创甚，西逾故关，入山西。会我兵东返，自成乃鸠合溃散，走平阳。

李岩者，故劝自成以不杀收人心者也。及陷京师，保护懿安皇后令自尽。又独于士大夫无所拷掠，金星等大忌之。定州之败，河南州县多反正，自成召诸将议，岩请率兵往。金星阴告自成曰："岩雄武有大略，非能久下人者。河南，岩故乡，假以大兵，必不可制。十八子之谶，得非岩乎？"因潜其欲反。自成令金星与岩饮，杀之，贼众俱解体。

自成归西安，复遣贼陷汉中，降总兵赵光远，进略保宁。时献忠以兵拒之，乃还。八月建祖祢庙成，将往祀，忽寒栗不能就礼。自成始以岩言，谬为仁义，及岩死，又屡败，复强很自用，伪尚书张第元、耿始然皆以小忤死。制铜铡，官吏坐赇，即铡斩。民盗一鸡者死。西人大惧。

顺治二年二月，我兵攻潼关，伪伯马世耀以六十万众迎战，败死。潼关破，自成遂弃西安，由龙驹寨走武冈，入襄阳，复走武昌。我兵两道追蹑，连蹙之邓州、承天、德安、武昌，穷追至贼老营，大破之者八。当是时，左良玉东下，武昌虚无人。自成屯五十余日，贼众尚五十余万，改江夏曰瑞符县。寻为我兵所迫，部众多降，或逃散。自成走咸宁、蒲圻，至通城，窜于九宫山。秋九月，自成留李过守寨，自率二十骑略食山中，为村民所困，不能脱，遂缢死。或曰村民方筑堡，见贼少，争前击之，人马俱陷泥淖中，自成脑中锄死，剥其衣，得龙衣金印，眇一目，村民乃大惊，谓为自成也。时我兵遣识自成者验其尸，朽莫辨。获自成两从父伪赵侯、伪襄南侯及自成妻妾二人，金印一。又获伪汝侯刘宗敏、伪总兵左光先、伪军师宋献策。于是斩自成从父及宗敏于军。牛金星、宋企郊等皆遁亡。

自成兄子过改名锦，偕诸贼帅奉高氏降于总督何腾蛟。时唐王立于闽，赐锦名赤心，封高氏忠义夫人，号其军曰忠贞营，隶腾蛟麾下。永明王时，赤心封兴国侯，寻死。

张献忠者，延安卫柳树涧人也，与李自成同岁生，长隶延绥镇为军，犯法当斩，主将陈洪范奇其状貌，为请于总兵官王威释之，乃逃去。

崇祯三年，陕西贼大起，王嘉胤据府谷，陷河曲。献忠以米脂十八寨应之，自称八大王。明年，嘉胤死，其党王自用复聚众三十六营，献忠及高迎祥、罗汝才、马守应等皆为之渠。其冬，洪承畴为总督，献忠及汝才皆就抚。已而叛入山西，偕群贼焚掠。寻扰河北，又偕渡河。自是，陕西、河南、湖广、四川、江北数千里地，皆被蹂躏。当此之时，贼渠率众无专主，遇官军，人自为斗，胜则争进，败则窜山谷不相顾。官军遇贼追杀，亦不知所逐何贼也。贼或分或合，东西奔突，势日强盛。

八年，十三家会荥阳，议敌官军。守应欲北渡，献忠嗤之，守应怒，李自成为解，乃定议。献忠始与高迎祥并起作贼，自成乃迎祥偏裨，不敢与献忠并。乃是遂相颉颃，与俱东掠，连破河南、江北诸县，焚皇陵。已而迎祥、自成西去。献忠独东，围庐州、舒城，俱不下。攻桐城，陷庐江，屠巢、无为、潜山、太湖、宿松诸城，应天巡抚张国维御之。献忠从英、霍遁，道麻城，合守应等入关，会迎祥于凤翔。已，复出商、洛，屯灵宝，以待迎祥。迎祥至，则合兵复东。总兵官左良玉、祖宽击之，献忠与迎祥分道走。宽追献忠，战于嵩县及九皋山，三战皆克，俘斩甚众。献忠恚，再合迎祥众还战，复大败。迎祥寻与自成入陕西，而守应、汝才诸贼，各盘踞郧阳、商、洛山中，不能救，献忠亦遁山中。

明年秋，叫督卢象升去，苗胙土巡抚湖广，不习兵。于是献忠自均州，守应自新野，蝎子块自唐县，并犯襄阳，众二十余万。总兵秦翼明兵寡不能御，湖广震动。献忠纠汝才、守应及闯塌天诸贼，顺流东下，与江北贼贺一龙、贺锦等合，烽火达淮、扬。南京兵部尚书范景文、操江都御史黄道直、总兵官杨御蕃分汛固守，安池道副使史可法亲率兵当贼冲。贼从间道犯安庆，连营百里，巡抚国维告警。诏左良玉、马爌、刘良佐合兵援之，遂大破贼。贼走潜山之天王古寨，国维檄良玉搜山，良玉不应，寻北去。贼乃复出太湖，连蕲、黄，败官军于鄹家店，杀参将程龙、陈于王等四十余人。会总兵官牟文绶偕良佐来援，复破贼。贼皆遁，献忠入湖广。

是时，河南、湖广贼十五家，惟献忠最狡黠骁勇，次则汝才。献忠尝伪为官兵，欲绐宛城，良玉适至，献忠仓皇走，前锋罗岱射之中额，良玉马追及，刀拂献忠面，马驰以免。会熊文灿为总理，刊檄抚贼。闯塌天者，本名刘国能，与献忠有郤，诣文灿降。献忠创甚，不能战，大恐。

十一年春，侦知陈洪范隶文灿麾下为总兵，大喜，因遣间赍重币献洪范曰："献忠蒙公大恩，得不死，公岂忘之邪？愿率所部降以自效。"洪范亦喜，为告文灿，受其降。巡按御史林铭球、分巡道王瑞楳与良玉谋，俟献忠至执之，文灿不可。献忠遂据谷城，请十万人饷，文灿不敢决。时群贼皆聚南阳，屠掠旁州县。文灿赴裕州，益大发檄抚贼。汝才以战败乞降于太和山监军太监李继改。明年，射塌天、混十万、过天星、关索、王光恩等十三家渠帅，先后俱降。陕西总督洪承畴、巡抚孙传庭复大破李自成，自成窜崤、函山中，朝廷皆谓贼扑剪殆尽。

献忠在谷城，训卒治甲仗，言者颇疑其欲反。帝方信兵部尚书杨嗣昌言，谓文灿能办贼，不复忧也。夏五月，献忠叛，杀知县阮之钿，斸谷城，陷房县，合汝才兵，杀知县郝景春。十三家降贼一时并叛，惟王光恩不从。献忠去房县，左良玉追击之，罗岱为前锋，至罗猴山，岱中伏死，良玉大败。

嗣昌已拜大学士，乃自请督师，帝大悦。十月朔，嗣昌至襄阳，集诸将议进兵。时群贼大掠，贺一龙、贺锦犯随、应、麻、黄，与官军相持。汝才及过天星窜伏漳、房、兴、远，献忠踞湖广、四川界，将西犯。嗣昌视东略稍缓，乃宿辎重襄阳，浚濠筑城甚固，令良玉专力剿献忠。

十三年闰正月，良玉击贼枸坪关，献忠遁，追至玛瑙山。贼据山拒敌，良玉先登，贺人龙、李国奇夹击，大败之，斩首千三百余级，擒献忠妻妾。湖广将张应元、汪之凤追败之水右坝。川将张令、方国安又邀击于岔溪。献忠奔柯家坪，张令逐北深入，被围，应元、之凤援之，复破贼。献忠率千余骑窜兴、归山中，势大蹙。

初，良玉之进兵也，与嗣昌议不合。献忠遣间说良玉，良玉乃围而弗攻。献忠因得与山民市盐刍米酪，收溃散，偃旗息鼓，益西走白羊山。时汝才及过天星从宁昌窥大昌、巫山，欲渡江，为官兵所扼。献忠至，遂与之合。献忠虽累败，气益盛，立马江岸，有不前赴者，辄戮之。贼争死斗，官军退走。贼毕渡，屯万顷山，归、巫大震。已而汝才、过天星犯开县不利，汝才东走，过天星复轶开县而西。诸将往复追逐，献忠乃悉众攻楚兵于土地岭，副将汪之凤战死。遂陷大昌，进屯开县，张令战死，石柱女土司秦良玉亦败。汝才复自东至，与献忠转趋达州。川抚邵捷春退扼涪江。贼北陷剑州，将入汉中。总兵官赵光远、贺人龙守阳平、百丈险，贼不得过，乃复走巴西。涪江师溃，捷春论死。献忠屠绵州，越成都，陷泸州，北渡陷永州，走汉川、德阳，入巴州。又自巴走达州，复至开县。

先是，嗣昌闻贼入川，进驻重庆。监军万元吉曰："贼或东突，不可无备，宜分中军间道出梓潼，扼归路。"嗣昌不听，拟令诸将尽赴泸州追贼。

十四年正月，总兵猛如虎、参将刘士杰追之开县之黄陵城，贼还战，官军大败，士杰及游击郭开等皆死。献忠果东出，令汝才拒郧抚袁继咸兵，自率轻骑，一日夜驰三百里，杀督师使者于道，取军符，给陷襄阳城。献忠缚襄王翊铭置堂下，属之酒曰："我欲借王头，使杨嗣昌以陷藩诛，王其努力尽此酒。"遂杀之，并杀郧襄道张克俭、推官邝曰广，复得其所失妻姜。又去陷樊城、当阳、郧。合汝才入光州，残商城、罗山、息县、信阳、固始。分军犯茶山、应城，陷随州，伪张良玉帜，入泌阳。再攻应山，不克，去。攻郧阳，守将王光恩力战，始解。又拔郧西，群盗附者万计，遂东略地。

献忠自玛瑙山之败，心畏良玉，及屡胜，有骄色。秋八月，良玉追击之信阳，大破之，降贼众数万。献忠伤股，乘夜东奔，良玉急追之。会大雨，江溢道绝，官军不能进，献忠走免。已，复出商城，将向英山，又为副将王允成所破，众道散且尽，从骑止数十。时汝才已先与自成合，献忠遂投自成，自成以部曲遇之，不从。自成欲杀之，汝才谏曰："留之使扰汉南，分官军兵力。"乃阴与献忠五百骑，使遁去。道纠土贼一斗谷、瓦罐子等，众复盛，然犹佯推自成。先是，贼营革、左二贺陷含、巢、潜诸县，欲西合献忠，以湖广官兵沮不得达。及汴围急，督师丁启睿及左良玉皆往援汴，献忠乘间陷亳州，入英、霍山中，与革、左二贺相见，皆大喜。

明年合攻，陷舒城、六安，掠民益军。陷庐州，知府郑履祥死。陷无为、庐江，习水师于巢湖。太监卢九德以总兵官黄得功、刘良佐之兵战于夹山，败绩，江南大震。凤阳总督高斗光、安庆巡抚郑二阳逮治，诏起马士英代斗光。是秋，得功、良佐大破贼于潜山，献忠腹心妇竖尽走蕲水，革、左二贺北投自成。已，献忠复袭陷太湖。会良玉避自成东下，尽撤湖广兵自从，献忠闻之，又袭陷黄梅。

十六年春，连陷广济、蕲州、蕲水。入黄州，黄民尽逃，乃驱妇女铲城，寻杀之以填堑。麻城人汤志者，大姓奴也，杀诸生六十人，以城降贼。献忠改麻城为州。又西陷汉阳，全军从鸭蛋洲渡，陷武昌，执楚王华奎，笼而沈诸江，尽杀楚宗室。录男子二十以下、十五以上为兵，余皆杀之。由鹦鹉洲至道士洑，浮胔蔽江，逾月人脂厚累寸，鱼鳖不可食。献忠遂僭号，改武昌曰天授府，江夏曰上江县。据楚王第，铸西王之宝，伪设尚书、都督、巡抚等官。开科取士。以兴国州柯、陈两姓土官悍勇，招降之。题诗黄鹤楼。下令发楚邸金振饥民。蕲、黄等二十一州县悉附。

时李自成在襄阳，闻之忌且怒，贻书谯责。左良玉兵复西上，伪官吏多被擒杀。献忠惧，乃悉众趋岳州、长沙。于是监军道王颃、沔阳知州章旷、武昌生员程天一、白灵寨长易道三皆起兵讨贼，蕲、黄、汉阳三府皆反正。献忠遂陷咸宁、蒲圻，逼岳州。沅抚李乾德、总兵孔希贵等据陈陵矶拒战，三战三克，歼其前部。献忠怒，百道并进，乾德等不支，皆走，岳州陷。献忠欲渡洞庭湖，卜于神，不吉，投珓而诟。将渡，风大作，献忠怒，连巨舟千艘,载妇女焚之,水光夜如昼。骑而逼长沙,巡按刘熙祚奉吉王、惠王走衡州,总兵尹先民降,长沙陷。寻破衡州,吉王、惠王、桂王俱走永州。乃拆桂府材,载至长沙,造伪殿,而自追三王于永。熙祚命中军护三王入广西,身入永死守,城陷见杀。又陷宝庆、常德,发故督师杨嗣昌祖墓,斩其尸见血。攻道州,守备沈至绪战殁,其女再战,夺父尸还,城获全。遂东犯江西,陷吉安、袁州、建昌、抚州、永新、安福、万载、南丰诸府县。广东大震,南、韶属城官民尽逃。贼有献计取吴、越者,献忠惮良玉在,不听,决策入川中。

十七年春陷夔州,至万县,水涨,留屯三月。已,破涪州,败守道刘麟长、总兵曹英兵。进陷佛图关。破重庆,瑞王常浩遇害。是日,天无云而雷,贼有震者。献忠怒,发巨炮与天角。遂进陷成都,蜀王至澍率妃、夫人以下投于井,巡抚龙文光被杀。是时我大清兵已定京师,李自成遁归西安。南京诸臣尊立福王,命故大学士王应熊督川、湖军事,兵力弱,不能讨贼。献忠遂僭号大西国王,改元大顺。冬十一月庚寅,即伪位,以蜀王府为宫,名成都曰西京。用汪兆麟为左丞相,严锡命为右丞相。设六部五军都督府等官,王国麟、江鼎镇、龚完敬等为尚书。养子孙可望、艾能奇、刘文秀、李定国等皆为将军,赐姓张氏,分徇诸府州县,悉陷之。保宁、顺庆先已降自成,置官吏,献忠悉逐去。自成发兵攻,不克,遂据有全蜀。惟遵义一郡及黎州土司马金坚不下。

献忠黄面长身虎颔,人号黄虎。性狡谲,嗜杀,一日不杀人,辄悒悒不乐。诡开科取士,集于青羊宫,尽杀之,笔墨成丘冢。坑成都民于中园。杀各卫籍军九十八万。又遣四将军分屠各府县,名草杀。伪官朝会拜伏,呼葵数十下殿,葵所嗅者,引出斩之,名天杀。又创生剥皮法,皮未去而先绝者,刑者抵死。将卒以杀人多少叙功次,共杀男女六万万有奇。贼将有不忍至缢死者。伪都督张君用、王明等数十人,皆坐杀人少,剥皮死,并屠其家。胁川中士大夫使受伪职,叙州布政使尹伸、广元给事中吴宇英不屈死。诸受职者,后寻亦皆见杀。其惨虐无人理,不可胜纪。又用法移锦江,涸而阙之,深数丈,埋金宝亿万计,然后决堤放流,名水藏,曰:“无为后人有也。”当是时,曾英、李占春、于大海、王祥、杨展、曹勋等义兵并起,故献忠诛杀益毒。川中民尽,乃谋窥西安。

顺治三年,献忠尽焚成都宫殿庐舍,夷其城,率众出川北,又欲尽杀川兵。伪将刘进忠故统川兵,闻之,率一军逃。会我大清兵至汉中,进忠来奔,乞为乡导。至盐亭界,大雾。献忠晓行,猝遇我兵于凤凰坡,中知坠马,蒲伏积薪下。于是我兵擒献忠出,斩之。

川中自遭献忠乱,列城内杂树成拱,狗食人肉若猛兽虎豹,啖人死辄弃去,不尽食也。民逃深山中,草衣木食久,遍体皆生毛。献忠既诛,贼党可望、能奇、文秀、定国等溃入川南,杀曾英、李乾德等,后皆降于永明王。

【译文】

李自成,米脂县人,世世代代居住在怀远堡李继迁寨。他的父亲李守忠因为没有儿子,就到华山去祷告,梦见神灵告诉说:“让破军星做你的儿子。”那以后,就生了自成。小时在本县姓艾的富豪家放羊,长大后,当了银川驿站的驿卒。擅长骑马射箭,打斗凶狠刁钻强横,屡屡犯法。知县晏子宾逮捕了他,将要把他处死,李自成逃离后当了屠户。天启末年,魏忠贤的党羽乔应甲任陕西巡抚,朱童蒙任延绥巡抚,他们只顾贪图财利而不去查办盗贼,盗贼从此开始兴起。

崇祯元年，陕西大饥荒，延绥缺乏粮饷，固原的士兵抢劫州府的库房。白水的盗贼王二，府谷的盗贼王嘉胤，宜川的盗贼王左挂、飞山虎、大红狼等，同时一齐起事。有个叫高迎祥的安塞马贼，是自成的舅舅，与饥民王大梁一起聚众响应他们。迎祥自称"闯王"，大梁自称"大梁王"。崇祯二年春天，皇帝任命杨鹤为三边总督，缉捕他们。参政刘应遇出击斩杀了王二、王大梁，参政洪承畴打败王左挂，盗贼逐渐感到恐惧。恰巧京都因事戒严，山西巡抚耿如杞救援王朝的部队哗变后向西开拔，延绥总兵吴自勉、甘肃巡抚梅之焕的勤王部队也溃散了，与众盗贼的队伍会合。延绥巡抚张梦鲸被活活气死，洪承畴接替他，召用前总兵杜文焕督率延绥、固原的部队，命他因利乘便，相机剿贼。

崇祯三年，王左挂，王子顺，苗美等屡次战败，乞求投降。而王嘉胤在延安、庆阳之间抢掠，杨鹤招抚他们，不肯听从，竟从神木渡过黄河进犯山西。这时，秦地所征收的赋税有的叫"新饷"，有的叫"均输"，有的叫"间架"，名目日益增多，官吏借机作恶，牟取私利，百姓非常困苦。根据给事中刘懋的主张，削减了驿站，山、陕地区仰仗驿站吃饭的游民，无处觅食，就都追随盗贼，盗贼转而多起来。兵部郎中李继贞上书皇帝说："延安的民众闹饥荒，将要全去当盗贼了，请用十万两库银来赈济他们。"皇帝不采纳。这时王嘉胤已攻克黄甫川，清水、木瓜三座城堡，攻陷府谷、河曲。又有神一元、不沾泥、可天飞、郝临庵、红军友、点灯子、李老柴、混天猴及独行狼等盗贼，到处蜂拥而起，有的劫掠秦地，有的向东入晋，攻占城堡，残害人命。官军东西奔驰追击他们，盗贼有的投降有的战死，一会儿被消灭了，一会儿又兴旺起来。延安的盗贼张献忠也聚众盘踞十八个寨子，号称"八大王"。

崇祯四年，孤山副将曹文诏在河曲打败盗贼，王嘉胤逃走。随后，他又从岳阳突然进犯泽州、潞州，被他的左右随从杀死，同伙一致推举外号叫"紫金梁"的王自用当首领。王自用联合群贼老回回、曹操、八金钢、扫地王、射塌天、阁正虎、满天星、破甲锥、邢红狼、上天龙、蝎子块、过天星、混世王等及高迎祥、张献忠共三十六营，二十余万人，聚集在山西。李自成于是同侄子李过一道去追随高迎祥，与张献忠等会合，号称"闯将"，还没有什么名望。杨鹤因招抚盗贼无成效被朝廷逮捕，洪承畴接替杨鹤，张福臻接替洪承畴，监督曹文诏、杨嘉谟等将领清剿盗贼，所到之处都打了胜仗，陕西地区略为安定了。然而山西的盗贼却十分兴旺，他们在宁乡、石楼、稷山、闻喜、河津之间抢掠。

崇祯五年，流贼分路四面出击，接连攻陷大宁、隰州、泽州、寿阳等州县，整个山西都震动了。于是罢免了山西巡抚宋统殷，派许鼎臣接替他，许鼎臣与宣大总督张宗衡分别督率各部将领。宗衡督率虎大威、贺人龙、左良玉等部八千人，驻守平阳，负责平阳、泽州、潞州等四十一个州县的防务。鼎臣督率张应昌、颇希牧、艾万年等部七千人，驻守汾州，负责汾州、太原、沁州、辽州等三十八个州县的防务。流贼也转移到磨盘山，把部众分为三路：阁正虎占据交城、文水，窥伺太原；邢红狼、天上龙占据吴城，窥伺汾州；王自用、张献忠突袭沁州、武乡，攻破辽州。

崇祯六年春天，官军共同进兵，奋力出击。王自用感到害怕，就向前锦衣金事张道浚乞降。条约还没有商定，阳和的军队袭击了王自用。贼寇发怒，毁约离去。恰巧总兵官曹文诏率领陕西的官军来到，会同猛如虎、虎大威、颇希牧、艾万年、张应昌等将领联合进剿，多次战斗都大胜，先后杀了混世王、满天星、姬关锁、翻山动、掌世王、显道神等人，打败了自用、献忠、老回回、蝎子块、扫地王等贼寇。这以后,自用又被四川将领邓玘射死。山西的三支强大的盗贼部队都被打败了。

当初,流贼攻破泽州时,分出一部分人,向南越过太行山,劫掠了济源、清化、修武等地,围攻怀庆。官军追击他们,流贼就逃走了。另外的流贼又窜入西山,在顺德、真定间大肆劫掠。大名道卢象升奋力作战打退了流贼。贼寇从邢台摩天岭西边下山,到达武安,打败总兵左良玉,黄河以北三府几乎全遭焚烧抢掠。潞王向皇帝上书告急,并请求保卫凤阳、泗州的皇家陵墓寝庙。皇帝下令特派总兵倪宠、王朴率领京城的守卫部队六千人,与众将领一道进剿。流贼听到这一消息后,想从河内奔向太行山。曹文诏截击了他们,于是不敢前进。

在山西战败的流贼,也逃往黄河以北汇合,高迎祥、李自成、张献忠、曹操、老回回等都到了。京城的官军在后面紧逼,左良玉、汤九州等部在前面扼守,连续在青店、石冈、石坡、牛尾、柳泉、猛虎村交战,多次打败流贼。贼寇想逃跑,被黄河拦阻,处境极为困难。流贼一向害怕曹文诏、张道浚,道浚先因事犯罪被谪贬戍边,曹文诏转战秦、晋及黄河以北地区,遇到盗贼就打大胜仗,御史再次弹劾他骄狂傲慢,被调到大同去当总兵。流贼于是诈称投降,监军太监杨进朝相信他们,替他们上奏朝廷。恰巧天气寒冷,黄河河面上全结了冰,流贼突然从毛家寨策马径直渡过黄河。河南各部官军没有扼守黄河的,流贼就连续攻陷渑池、伊阳、卢氏三县。河南巡抚玄默率领各将官以强大兵力对付他们,流贼逃入卢氏山中,由小道径自奔向内乡,劫掠郧阳,又分兵劫掠南阳、汝宁,攻入枣阳、当阳,侵逼湖广。巡抚唐晖聚集兵士守卫辖区。流贼进犯归州、巴东、夷陵等地,攻破夔州,进攻广元,逼近四川,所到之处纷纷告急。

崇祯七年春天,朝廷特别设置了山西、陕西、河南、湖广、四川总督,专门办理讨贼事宜,派延绥巡抚陈奇瑜担任此职,派卢象升安抚管理郧阳,因为奇瑜曾在延水关打败流贼,颇有威名,而象升经历战阵通晓军事。于是奇瑜从均州入湖广,与象升一起进军,部队驻扎在乌林关,杀死贼寇几千人。流贼逃奔汉南,奇瑜认为湖广不值得担心,就领兵向西进击。

当初,流贼从渑池渡黄河时,高迎祥部最强大,李自成隶属于他。等到进入河南后,自成和侄子李过联合李牟、俞彬、白广恩、李双喜、顾君恩、高杰等独自建立一支军队。李过、高杰善于作战,顾君恩擅长谋划。等到陈奇瑜的军队追来时,张献忠等奔往商、雒地区,李自成等在兴安的车厢峡陷入困境。赶巧下了两个月大雨,战马缺乏草料大多饿死,弓箭都脱落散架。自成采用君恩的计策,贿赂奇瑜身边的人,假装要投降。奇瑜思想上轻视流贼,就答应了,发文书晓谕各将领约束兵士不要追杀他们,所过州县准备好干粮递送给他们。贼兵刚刚过了栈道,立即大声喧嚷,杀遍了经过的七个州县。而且略阳的几万贼兵也来会合,流贼的势力更加扩大。奇瑜获罪被革职,而李自成的名声开始昭著。

接着,洪承畴接替陈奇瑜的职务,李乔任陕西巡抚,吴甡任山西巡抚。大学士温体仁对吴甡说:"流贼只不过是轻微的祸害,不用担心。"不久,西宁官军哗变,洪承畴刚刚接受命令向东进发,听说兵变后急速返回。高迎祥、李自成于是进入巩昌、平凉、临洮、凤翔各府的几十个州县。打败贺人龙、张天礼的军队,杀了固原道的陆梦龙。围困陇州四十多天,洪承畴发文书命总兵左光先与贺人龙合力进击,大败流贼。恰巧朝廷也命令豫、楚、晋、蜀的驻军分四路进入陕西，高迎祥、李自成于是逃入终南山。随即向东出击，攻陷了陈州、灵宝、汜水、荥阳。听说左良玉将要来到，就把军营转移到梅山、溱水之间。部分流贼攻占了上蔡，烧了汝宁的外城。朝廷就命令洪承畴出潼关追赶流贼，与山东巡抚朱大典合力进击，流贼侦察到了这一情况。

崇祯八年正月贼寇在荥阳会师。老回回、曹操、革里眼、左金王、改世王、射塌天、横天王、混十万、过天星、九条龙、顺天王及迎祥、献忠共十三家七十二营，共同商量抵御敌人的办法，未做出决定。李自成献计说："一个人尚且要奋战，何况我们多达十万人呢！官军没有办法对付我们。应当分兵数路，各定进攻的方向，成败听凭天意。"大家都说："同意。"于是议定革里眼、左金王抵挡四川、湖广的官军，横天王、混十万抵挡陕西的官军，曹操、过天星扼守黄河，高迎祥、张献忠及李自成等夺取东部地区，老回回、九条龙往来接应，配合作战。因陕西的官军精锐，所以增派了射塌天、改世王。所攻占的城镇，获得的男女玉帛一律平分。大家都按照李自成提出的办法去做。

在这以前，南京兵部尚书吕维祺担心流贼向南方进犯，请求加强凤阳先帝陵墓寝殿的防卫，朝廷没给答复。等到高迎祥、张献忠率部东下，江北兵力单薄，固始、霍丘便都失守。流贼焚烧寿州，攻陷颍州，知州尹梦鳌、州判赵士宽战死，前任尚书张鹤鸣被杀。乘胜攻陷凤阳，焚烧皇陵，留守署正朱国相等人都战死了。此事上报朝廷后，皇帝穿着白色衣服痛哭，派官员到太庙祭告。逮捕漕运都御史杨一鹏，将他斩首示众，派朱大典接替他，大力征集军队以讨伐流贼。流贼就在旗帜上用大字写着"古元真龙皇帝"，众乐合奏，开怀畅饮。李自成向张献忠要看守皇陵的官署中擅长鼓吹乐的小太监，张献忠不给。自成发怒，同高迎祥一道西奔归德，与曹操、过天星会合，再次进入陕西。张献忠独自东下去了庐州。

洪承畴此时正赶到汝州，命令左良玉、汤九州、尤世威、徐来朝、陈永福、邓玘、张应昌诸将分别扼守湖广、河南、郧阳各个关口险要之处，征召曹文诏任中军。文诏还没有到任，邓玘就因军队叛乱而丧命。迎祥、自成从终南山出来，在富平、宁州大肆劫掠。老回回、献忠、曹操、蝎子块、过天星等流贼，听说洪承畴出潼关，先后都跑到陕西，焚烧抢掠西安、平凉、凤翔各郡。洪承畴急忙回师援救，分派各将士攻老回回等，命令副总兵刘成功、艾万年在宁州攻打迎祥、自成。艾万年中了埋伏战死，曹文诏发怒，再次进攻，也中埋伏战死了。群贼乘胜夺取地盘，杀人放火，火光照射到西安城里。洪承畴在泾阳、三原之间奋力抵御，决死战斗，流贼不能通过。献忠、老回回等从另一条路转攻朱阳关，守关将领徐来臣在军队溃败后死去，尤世威中箭逃跑。于是群贼都出了潼关，分为十三营向东进犯，而迎祥、自成则率部单独留在陕西。

这时卢象升已改任湖广巡抚，总揽直隶、河南、山东、四川、湖广等地军务。皇帝命令洪承畴督率关中诸军，卢象升督率关外诸军。流贼的部队也分开活动，高迎祥掠取武功、扶风以西地区，李自成掠取富平、固州以东地区。洪承畴派将领追击李自成，获小胜，进驻醴泉。贼将高杰和自成妻子邢氏私通，怕被诛杀，就挟持邢氏前来投降。洪承畴亲自追击李自成，在渭南、临潼激战，自成大败向东逃跑。迎祥也屡次战败，就向东越过华阴南面的原野，翻过山岭，同李自成一起出了朱阳关，与张献忠会合。冬季十一月，群贼迫近阌乡，左良玉、祖宽抵挡不住，于是贼寇攻陷了陕州，进而攻打雒阳。河南巡抚陈必谦督促左良玉、祖宽援救雒阳，张献忠撤往嵩县、汝州。迎祥、自成撤往偃师、巩县，夺取鲁山、叶县，攻占光州，卢象升在确山打败了他们。

崇祯九年春天，高迎祥、李自成攻打庐州，未能攻下。攻破了含山、和州，杀了知州黎弘业及居于本籍的御史马如蛟等人。又攻打滁州，知州刘大巩、太仆卿李觉斯坚守州城，没能攻下。卢象升亲自督率祖宽、罗岱、杨世恩等将领前来援救，双方在朱龙桥交战，贼寇大败，尸体充塞河道，河水因此断流。流贼向北攻打寿州，前任御史方震孺坚决守卫。转而向西，进入归德，边将祖大乐打败了他们。逃往密县、登封，前任总兵汤九州战死。贼寇又分路进犯南阳、裕州，陈必谦援救南阳，卢象升援救裕州，命令祖大乐等攻打贼寇，几乎把高迎祥、李自成的精锐部队杀尽。流贼重新分兵再次进入陕西，高迎祥从郧阳、襄阳奔向兴安、汉中，李自成从南山越过商、雒，奔往延绥，进犯巩昌北部地区。左光先、曹变蛟各将领打败了他，自成逃到环县。不久，官军在罗家山失败，人马器械全部丧失，总兵官俞冲霄被抓获。李自成的势力再次兴起，进军围攻绥德，想东渡黄河，山西的官军挡住了他。又向西夺取米脂，喊来知县边大绶，说道："这是我的故乡，不许你虐待我的父老乡亲！"留给他钱，叫他修建文庙。准备袭击榆林，黄河水暴涨，很多贼兵被淹死，于是改变进军路线，从韩城向西去。

当时卢象升及祖大乐、祖宽等都入京救援去了。孙传庭新任陕西巡抚，决心要剿灭流贼。秋季七月，在盩厔擒获高迎祥，押往京城到宫门前献俘，被肢解而死。于是贼徒们就共同推举李自成为闯王。这个月，进犯了阶州、徽州。不久，从汧州、陇州出发，进犯凤翔，渡过渭河。

崇祯十年，进犯泾阳、三原。蝎子块、过天星都来会合。孙传庭督率曹变蛟连续作战七天，都取得胜利，蝎子块投降。李自成与过天星逃往秦州。进入四川，攻陷宁羌，击破七盘关，占领广元，总兵官侯良柱战死，于是接连攻陷了昭化、剑州、梓潼、江油、黎雅、青川等州县。剑州知州徐尚卿、吏目李英俊、昭化知县王时化、郫县主簿张应奇、金堂典史潘梦科等都被杀死。进攻成都，七天没有攻下，巡抚王维章因犯躲避盗贼罪被惩治。

崇祯十一年春天，官军在梓潼打败流贼，李自成逃往白水，粮食已耗尽。洪承畴、孙传庭在潼关原野合力进击，大败贼寇。李自成丧失了全部人马，只同刘宗敏、田见秀等十八人骑马突围，逃到商、洛山中躲起来。这一年，张献忠投降朝廷，李自成的势力更加衰弱。洪承畴改任蓟辽总督，孙传庭改任保定总督。孙传庭托病推辞，被逮捕入狱。这两个人离去，李自成稍稍得以安定。总理熊文灿正主张招抚，有探子报告说自成死了，他就更加松懈了。

崇祯十二年夏天，张献忠在谷城造反。李自成非常高兴，出山召回部众，部众又大量聚集。陕西总督郑崇俭派兵包围他们，下令说"包围敌军一定要留缺口"。李自成就从缺口逃走，突破武关，去依附张献忠。张献忠想算计他，李自成发觉后逃走了。杨嗣昌在夷陵督率部队，发文书叫他投降，李自成谎言相欺。官军把李自成围困在巴西、鱼复的群山里，李自成的处境非常困难，想上吊自杀，被养子李双喜劝住。贼将大多出山投降。有个叫刘宗敏的人，是蓝田的铁匠，最勇猛，他也想投降。李自成同他走入一座乡野林间的神祠，望着他叹气说："有人说我应当做皇帝，何不去占卜一下，如果不吉利，你就砍下我的头去投降吧！"刘宗敏答应了，占卜了三次都吉利。刘宗敏回去，杀了他的两个妻子，对李自成说:"我誓死跟随您了!"军队里的壮士听说后,也有许多人杀了妻子愿意追随的。李自成于是把辎重全部烧掉,率领轻装的骑兵由郧阳、均州奔向河南。河南正闹大旱,一斛谷贵至一万钱,饥民跟随李自成的有好几万人。于是自成率众从南阳出发,攻打宜阳,杀了知县唐启泰。攻打永宁,杀了知县武大烈,还残害了万安王朱采镨。攻打偃师,知县徐日泰咒骂流贼后殉难。当时是崇祯十三年十二月。

李自成长得颧骨高突头顶凹陷,鹞鹰一般的眼,鸷鸟一样的鼻,声音像豺狼嗥叫。生性猜疑残忍,每天以杀人砍脚挖心来取乐。他经过的地方,百姓都守住土堡不出来。杞县有个叫李信的举人,是卷入叛逆案的尚书李精白的儿子,曾经拿出粮食赈济饥民,饥民感激地说:"李公子救活了我!"正巧绳技女艺人红娘子造反,掳走了李信,强行嫁给他。李信逃了回来,官府却把他当强盗,囚禁在监狱里。红娘子来救人,饥民们响应她,一道救出了李信。卢氏举人牛金星参加会试,复核试卷时被斥退,偷偷地加入李自成的部队为他们出谋划策,后又秘密地回家,事情暴露被判斩首,随后,得以减刑免死。这两个人都去投奔李自成,自成非常高兴,把李信的名字改为李岩。牛金星又引荐一个搞占卜的宋献策,他身长才三尺多,献上预言未来的文字说:"十八子,登帝位。"李自成非常高兴。李岩趁机进言道:"夺取天下要以人心为根基,请不要杀人,以获取天下的民心。"李自成听从他,减少了杀戮。又散发抢来的财物赈济饥民,得到粮饷的饥民,分不清李岩、李自成,笼统地喊:"李公子救活了我。"李岩又编歌谣说:"迎闯王,不纳粮。"让儿童歌唱以煽动群众,追随李自成的人一天天增多。

崇祯十四年正月进攻河南府,有官军士兵勾结流贼,府城于是陷落,福王朱常洵遇害。李自成的士兵舀了福王的血,混在鹿肉酱里品尝,取名叫"福禄酒"。福王的长子朱由崧光着身子逃走。李自成散发王府的钱财赈济饥民,接着就移师进攻开封。当时张献忠也攻陷了襄阳,杀了襄王朱翊铭。在开封当王的周王朱恭枵,听说流贼来犯,急忙分发府库的钱财招募敢死队,与巡抚都御史高名衡等一起坚守。李自成攻打了七昼夜未能破城,就解围离去,屠戮了密县。流贼头目罗汝才、当地草寇袁时中都归附了李自成。袁时中所部多达二十万人,号称"小袁营"。罗汝才就是前面提过的曹操,他是和张献忠一道投降朝廷后又叛离的。

李自成当初是高迎祥的副将,到这时他的势力已非常强盛。皇帝任命前任尚书傅宗龙为陕西总督,让他专门处理进剿李自成的事,另外命令保定总督杨文岳前来与宗龙会师。傅宗龙飞马入潼关,与巡抚汪乔年一起调兵,兵已被派光了,于是发文书令河南大将李国奇、贺人龙的军队隶属其部下,急速出关。杨文岳率领虎大威的军队一起到达新蔡,与李自成遭遇。贺人龙的士兵先逃跑,李国奇、虎大威的部队也跟着逃跑,傅宗龙、杨文岳只好用亲兵修筑防御工事坚守。晚上,杨文岳的部队溃败逃到陈州,傅宗龙与流贼相持了几天,粮食耗尽,突围逃跑,被抓住杀死。李自成攻陷叶县,杀死副将刘国能,进而把左良玉围困在郾城。汪乔年接替傅宗龙的总督职务,率兵出关,驻扎在襄城,李自成调集所有精锐部队攻打他,乔年与副将李万庆都战死。李自成对一百九十名生员处以割鼻砍脚的酷刑。于是乘胜攻陷南阳、邓州等十四座城池,再次围攻开封。巡抚高名衡、总兵陈永福奋力抵御他们,放箭射中李自成的眼睛,发炮击毙了上天龙等人,李自成更加愤怒了。

李自成每次攻城,不采用古代架云梯冲击的办法,而专叫士兵挖取城砖,挖得一块砖的就回营休息,落后的必定砍头。取砖以后,就在城墙根打洞。开始仅能容纳一个人,逐渐可容纳百十人,挖时依次把土背出来。每隔三五步,留一根土柱,系上粗绳。洞挖完后,成千上万的人拉着绳子一声喊叫,土柱折断城墙也就崩塌了。高名衡在城上凿横向通道,听见下面有声响,就用加毒药的污水往下灌,弄死了不少人。流贼于是就在城墙崩坏的地方采用火攻的办法,在瓮中装满火药,点燃后火药爆炸,碰到的东西都被炸得粉碎,这方法叫作"放进"。

崇祯十五年正月,开封城墙倒塌了一半,流贼用"放进法"攻城,数千名铁甲骑兵奔驰叫嚷,只等城墙崩塌就涌进城里。这座城是以前宋朝的汴都,金人占领后又重新修筑过。城墙有好几丈厚,土质坚实,"放进"时,火药向外爆炸,流贼的骑兵多被炸死,自成震惊,率部撤离开封。向南攻陷西华,不久又屠掠陈州,副使关永杰、知州侯君擢都在痛骂流贼后殉难了。归德、睢州、宁陵、太康等几十个郡县,都被摧残焚毁了。商丘知县梁以樟负伤昏厥后又苏醒过来时,全家人已被杀了。

随后,自成又再次攻打开封,在城四周修筑长长的围子做长期围困的打算。皇帝下令起用孙传庭为总督,释放了前任尚书侯恂命令他督率军队,征调左良玉援救开封。左良玉率部到朱仙镇,打了大败仗,逃往襄阳。各路官军都驻扎在黄河北岸,不敢前进。开封粮食吃光了。山东总兵刘泽清也奉诏命来到。孙传庭知道开封危急,在西安会合各路将领,急忙出关来救援。还未到达开封,高名衡等商议挖开朱家寨口黄河河堤来淹流贼,流贼也挖开马家口河堤准备淹开封城。秋季九月癸未那天,下大雨,两处同时决堤,狂涛声震如雷,冲破开封北门入城,穿城而过,从东南门涌出,流入涡水。城中百万户人家都被淹没,能够逃脱的只有周王、王妃、王长子及巡抚巡按以下官吏不到两万人。流贼也被淹死一万多人,于是转移营地往西南方而去。

在这之前,有称作老回回的马守应、称作革里眼的贺一龙、称作左金王的贺锦、称作争世王的刘希尧、称作乱世王的蔺养成等人,都归附李自成,当时号称"革左五营"。李自成于是向西迎击孙传庭的军队,在南阳遭遇,孙传庭的军队溃散逃走,这就是河南人所说的"柿园之败"这时大清军队向南侵犯,京城告急,朝廷无暇再去讨伐流贼。李自成于是趁势收聚群贼,军营相连长达五百余里,再次屠戮南阳,进攻汝宁。总兵虎大威中炮死去,杨文岳被杀。李自成胁迫崇王朱由樻参加贼军,于是从确山、信阳、泌阳向襄阳进兵。左良玉望风南逃,李自成进驻襄阳。分兵夺取襄阳府属下各城及德安各州县,都攻下了,第二次攻克夷陵、荆门州。李自成亲自攻打荆州,湘阴王朱俨钘被杀,焚烧了献陵的木城,凿毁了宫殿。

崇祯十六年春天攻陷承天。将要挖掘献陵,有声音震动山谷,感到害怕就停止了。夺取附近的潜山、京山、云梦、黄陂、孝感等州县,都攻占了。先头部队逼近汉阳,左良玉逃往九江。攻打郧阳,抚治都御史徐起元及王光恩奋力守卫未被攻破。王光恩,是从贼营归降朝廷的人。

李自成自称"奉天倡义大元帅",称罗汝才为"代天抚民威德大将军"。分编他的部队,有的叫标营,统领士兵一百队;有的叫先、后、左、右营,各统领士兵三十余队。标营用白色小旗和黑色大旗,唯独李自成用饰以白氂毛的大旗,旗杆头用白银做成,左营的小旗白色,右营红色,前营黑色,后营黄色,各营大旗的颜色同小旗一样。五个营按顺序值班一昼夜,又依次休息,巡逻很严密。逃跑的叫作"落草",肢解处死。招收十五岁以上、四十岁以下的男子当兵。精兵一个,有喂马、掌管军械、做饭的人十个。军令规定,不许私藏银子,经过城镇不许进屋居住,除妻子外不许携带其他妇女。起居处全用单布帐幕。丝棉铠甲却有一百层厚,弓箭火炮都不能穿透。一个士兵有备用马三四匹,冬天就用垫子褥子等裹马蹄。剖开人腹当马槽来喂马,使马看见人,就像虎豹一样龇着利牙想咬人。军队驻扎时,就出去比赛骑马射箭,叫作"站队"。夜里四更时分,就在睡觉的草垫子上吃饭听候命令。所经过的高冈陡坡,都跃马直上。河流中只怕黄河,像淮河、泗水、泾水、渭河等,要渡河就上万人把脚跷到马背上,或者抱着马颈上的长毛、拉马尾,呼啸着渡河,马蹄造成淤塞,河水为之不流。临到作战时,排出三万骑兵,名叫"三堵墙"。前面的若后退,后面的就杀了他。如久战不能取胜,骑兵就假装失败来引诱官军,然后用三万持长枪的步兵,飞快地出击猛刺,骑兵再回过头来冲击,没有不大获全胜的。每次攻城,投降的一律不杀,拒守一天杀十分之三,拒守两天杀十分之七,拒守三天就全部屠戮。大凡杀了人,就把尸体捆起来焚烧,叫作"打亮"。城池将要攻陷时,近万名步兵围在城墙下,骑兵来回巡查,没有一个人能幸免的。张献忠虽然十分残忍,也没有做到这地步。各营比较战利品,缴获马骡的得上赏,缴获弓箭铅弹火枪的低一等,缴获钱帛的又低一等,缴获珠玉的得最低赏。

李自成不好酒色,饭食粗糙,与部下同甘共苦。罗汝才有几十个妻妾,都穿华丽的丝绸衣服,营帐里设有几班歌舞伎,自我奉养优厚,李自成曾经嗤笑鄙视他。罗汝才部众数十万,用山西举人吉珪做主谋的人。李自成善于攻城,罗汝才善于作战,两人相互配合像左右手一样默契。李自成打下了宛、叶,攻克了梁、宋,兵力强大,士民归附,产生了专制的念头,但唯独顾忌罗汝才。于是召请和罗汝才要好的贺一龙宴饮,随即把他绑了,早晨派二十名骑兵到罗营杀了汝才,把他部队全兼并了。

李自成在中州时,所夺取的城镇全都焚毁。到他渡汉江后,打算以荆、襄作根基,改襄阳叫襄京,修缮襄王的宫殿,自己住进去。改禹州叫均平府,改承天府叫扬武州,其他府县很多更改了名称。

牛金星教他创制官爵名号,大举设置官职与任用官吏。李自成没有儿子,侄子李过和妻弟高一功,轮流在他身旁,亲近信任,执掌权力。田见秀、刘宗敏任权将军,李岩、贺锦、刘希尧等任制将军,张鼐、党守素等任威武将军,谷可成、任维荣等任果毅将军,共五营二十二将。又设立上相、左辅、右弼、六政府侍郎、郎中、从事等官职。险要的地方设置防御使,府长官叫"尹",州长官叫"牧",县长官叫"令"。封崇王朱由樻为襄阳伯、邵陵王朱在城为枣阳伯、保宁王朱绍坥为宣城伯、肃宁王朱术授为顺义伯。任命张国绅为上相,牛金星为左辅,来仪为右弼。张国绅是安定人,曾官至参政。投降以后,献文翔凤的妻子邓氏来讨好李自成。李自成讨厌他伤害同类,杀了他,而将邓氏送回文家。六政府侍郎是石首人喻上猷、江陵人萧应坤、招远人杨永裕、米脂人李振声、江陵人邓岩忠、西安人姚锡胤,不久让宣城人丘之陶接替李振声为兵政府侍郎。其他接受伪职的人很多,不全部记载了。

派遣高一功、冯雄驻守襄阳,任继光驻守荆州,蔺养成、牛万才驻守夷陵,王文曜驻守澧州,白旺驻守安陆,萧云林驻守荆门,谢应龙驻守汉川,周凤梧驻守禹州。在这时,河南、湖广、江北各路流贼没有不听从李自成命令的。李自成已杀了罗汝才、贺一龙,又击杀了蔺养成,夺了马守应的兵权,在杞县击杀了袁时中。张献忠正占据着武昌,李自成派使者去祝贺,并且威胁他说:"老回回已被降服,曹操等人也杀掉了,将要轮到你了。"张献忠十分恐惧,赶紧南撤进入长沙。

在这时候,十三家七十二营各大贼首,或降或死,几乎全完了,只有李自成、张献忠的队伍还存在,而李自成特别坚强有力,于是自称为"新顺王"。召集牛金星等商议用兵的方向。牛金星请求先攻取河北,径直奔向京城。杨永裕请求攻克金陵,切断燕都的粮道。从事顾君恩说:"金陵在长江下游,事情即使成功,也太缓慢了。径直奔向京都,如不能取胜,又退到何处,这方案过于急躁了。关中地区,是大王的故乡,山河险固之地,占了天下三分之二,应当先攻取哪里,建立事业的根基。然后向旁边夺取三边,凭借它的兵力,再攻取山西,最后向京都进兵,这样做也许进攻退守,都会万无一失。"李自成听从他的建议。

孙传庭在柿园战败后回到陕西,大力整治军队,制造以火攻敌的战车二万辆,招募勇士,让白广恩、高杰率领,想等到贼寇缺粮时进攻他们。朝廷的议论天天催促出战,不得已率部出关。命牛成虎、卢光祖为前锋,由灵宝进入洛阳。高杰为中军,发文书令白广恩从新安前来会合。河南将领陈永福驻守新滩,四川将领秦翼明从商、洛出兵,形成互相配合、夹击敌人的态势。前锋在渑池打败了流贼,追到宝丰,又攻下宝丰城。官军驻扎于郏县,李自成率领一万骑兵返回来交战,又大败,几乎被抓获。碰巧天下大雨,道路泥泞,粮车不能前进。李自成派轻骑兵从汝州出发,拦截运粮道路。孙传庭于是把军队分为三部,命令白广恩从大道走,命令高杰跟着自己从小路走,去迎接粮车,命令陈永福守卫军营。孙传庭出发后,陈永福的士兵也争着要出发,无法制止,于是就被贼寇跟踪。到了南阳,孙传庭掉回头作战,贼寇的阵势布置了五层,官军攻破了三层。随即逐渐退却,以火攻敌的战车败逃,骑兵也大量逃跑。流贼放纵铁甲骑兵践踏官军,孙传庭大败。李自成空了军营率全部人马追击,一昼夜超过四百里,官军死了四万多人,损失兵器辎重几十万。孙传庭逃到黄河北面,转而奔往潼关,精神崩溃情绪沮丧,再也振作不起来。

冬季十月,李自成攻陷潼关,孙传庭死去,于是连续攻克华阴、渭南、华县、商县、临潼。进而攻打西安,守将王根子打开东门迎接贼寇。李自成捉住秦王朱存枢任命他为权将军,任命永寿王朱谊经为制将军。巡抚冯师孔以下死了十余人,布政使陆之祺等全都投降。李自成让士兵大肆抢掠三天后,又下令禁止抢掠。将西安改名长安,称为西京。赐给顾恩君歌舞伎一队,奖励他献进兵关中的计策。大量征调民夫,整修长安城,开辟车马大道。李自成每三天一次亲自到教场考核射箭,老百姓望见黄龙大旗,都趴在地上喊万岁。白广恩、高汝利、左光先、梁甫各将领都先后投降。陈永福因为先前射伤过李自成的眼睛。守住山顶不敢下来,李自成折箭发誓,招抚他,也就投降了。只有高杰因为勾引李自成的妻子逃往延安,被李过追击,转而向东,在宜川渡过黄河、截断蒲津黄河渡口而防守。

李自成的军队所到之处无不望风披靡,于是到米脂祭拜祖墓。祖坟先前被官军挖开,遗骨破焚毁丢弃,李自成用土把墓封起来。找到族人,赠给金钱封赐爵位后才离开。

改延安府为天保府，米脂为天保县，清涧为天波府。凤翔人不投降，就屠杀他们。起初，李自成进入陕西时，自己说这里是故乡，不会侵犯糟蹋，没过一个月照旧抢掠。又认为士大夫一定不会归附自己，把做过官的士大夫都抓来拷打，收缴他们的钱财，整死的人全埋在一个墓穴里。榆林因此而死守，李过等人不能攻克，李自成派了很多部队才攻陷它。副使都任、总兵王世国、尤世威等，都不肯屈服被杀死。乘胜攻取宁夏，屠戮了庆阳，抓住韩王朱亶塉。移师攻打兰州，甘肃巡抚林日瑞等也死去。进而攻陷西宁，于是肃州、山丹、永昌、镇番、庄浪都投降，陕西大地全部归李自成所有。又派贼寇渡过黄河，攻破平阳，杀掉明皇族三百多人。高杰逃往泽州。皇帝下令派余应桂任三边总督，收聚边防部队进剿流贼，然而整个陕西都陷落了，余应桂无法前去赴任。

崇祯十七年正月庚寅初一，李自成在西安称王，僭越地取国号为"大顺"，改元"永昌"，改名自晟。追尊他曾祖以下的祖先，都追加谥号，奉李继迁为太祖。设天佑殿大学士，让牛金星担任。增设六政府尚书，设立弘文馆、文谕院、谏议、直指使、从政、统会、尚契司、验马寺、知政使、书写房等官职。任命乾州人宋企郊为吏政尚书、平湖人陆之祺为户政尚书、真宁人巩焴为礼政尚书、归安人张嶙然为兵政尚书。恢复五等爵位，大封功臣，刘宗敏以下九人封侯，刘体纯以下七十二人封伯，封子爵的有三十人，男爵的五十五人。制定军规。凡有骑马扰乱队列的斩首，骑马奔入庄稼地的斩首。登记在册的步兵四十万人，骑兵六十万人。兵政侍郎杨王休任都聿，从横门出发，行至渭桥，锣鼓声震动大地。命令弘文馆学士李化鳞等起草檄文飞马传谕远近，指名斥责皇帝。这一天，大风夹着尘土，四周充满黄雾。听说事变情形后，皇帝非常震惊，召集大臣们商议。大学士李建泰请求统率军队，皇帝答应了。

当时山西自从平阳失陷后，河津、稷山、荥河都陷落了，其他的府县都望风归顺。二月，李自成渡过黄河，攻克汾州，夺取河曲、静乐，进攻太原，抓住晋王朱求桂，巡抚蔡懋德死于此役。向北夺取忻州、代州，宁武总兵周遇吉战死。李自成先派一支流动作战的军队进入故关，夺取大名、真定后北进。他亲自率领大部队挨近边境向东进犯，攻破大同，巡抚卫景瑗、总兵朱三乐战死。李自成杀代王朱传烁，代王的宗族几乎被灭尽。进犯宣府，总兵姜瓖投降，巡抚朱之冯死亡。再进犯阳和，由柳沟迫近居庸，总兵官唐通、太监杜之秩投降。

三月十三日焚毁了昌平，总兵官李守铼死亡。当初，流贼想侦察京城虚实，往往暗地里派人载运贵重的货物，到京都贩卖，又让人冒充官府的各类属吏，刺探机密。朝廷有什么计划决策，立即从几千里外飞马回报。到贼寇抵达昌平，兵部派骑兵侦察贼情，流贼就引诱他们投降，结果没有一个返回的。当贼寇流动骑兵到达平则门时，京城的人还不知道哩。十七日，皇帝召集群臣询问贼情，没有人回答，却有人哭泣。不久流贼围攻九门，城门外原先设立的三个大营的人马，全部投降流贼。京城长期缺乏粮饷，登上城墙守卫的人不足，就用内侍去补充。内侍独揽守城防务，众官员都不敢过问。

十八日，流贼的攻势更急，李自成驻扎在彰义门外，派投降的太监杜勋缒入城中见皇帝，要求禅让帝位。皇帝大怒，呵斥他退下，下诏亲征。黄昏时，太监曹化淳打开彰义门，流贼全部进了城。皇帝走出皇宫，登上煤山，望见烽火连天，叹息说："苦了我的百姓啊！"徘徊了很久，回到乾清宫，下令护送太子及永王、定王到外戚大臣周奎、田弘遇的府第，用剑击杀长公主，催促皇后自杀。十九日丁未，天还没亮，皇城失守，敲钟召集众官员，没有人来。于是又登上煤山，在衣襟上写下遗诏，在山亭用丝巾上吊，皇帝于是驾崩。太监王承恩吊死在旁边。

李自成头戴毡笠身穿月白色衣衫，骑着黑花马，进入承天门。伪丞相牛金星，尚书宋企郊、喻上猷，侍郎黎志升、张嶙然等骑马跟随。李自成登上皇极殿，占据御座，下令大力搜索皇帝皇后，限令众官员三日后朝见。文臣自范景文、勋戚自刘文炳以下，殉节的有四十多人。宫女魏氏跳河自杀，跟从的有二百多人。象房里的大象都哀吼流泪。太子投奔周奎家，进不了门，两位王爷也无法躲藏，先后都被抓来了，都不屈服，李自成把他们关在宫里。长公主晕厥后又苏醒了，抬了出来，命令贼将刘宗敏找人治疗。

随后，才知道皇帝皇后已驾崩，李自成命令用宫中的门扇抬出去，用柳木棺盛殓，停放在东华门外，路过的百姓都掩面哭泣。三天以后的己酉日，天没亮，成国公朱纯臣、大学士魏藻德率领文武百官入朝祝贺，都穿着白色衣服坐在殿前。李自成不出来，群贼争相戏弄侮辱众官员，用槌打他们的背，摘掉他们的帽子，有的把脚放到大臣脖子上，开心取乐，众官员恐惧地趴在地上不敢动弹。太监王德化呵斥官员们说："国家灭亡、国君去世，你等不想法殡葬先帝，却呆在这里！"说完就哭了，内侍几十人都哭，魏德藻等人也哭了。顾君恩把这些情况报告李自成，就改殓了皇帝皇后，让他们穿上皇帝皇后的饰有雉羽的礼服，还在棺材上加盖了苇棚等等。大学士陈演劝李自成即帝位，没有答应。封太子为宋王。释放在刑部、锦衣卫关押的囚犯。

李自成从占领西安起，开始建立官吏制度，到这时更把朝廷的官制全改了。"六部"改叫"六政府"，"司官"叫"从事"，"六科"叫"谏议"，"十三道"叫"直指使"，"翰林院"叫"弘文"，"太仆寺"叫"验马寺"，"巡抚"叫"节度使"，"兵备"叫"防御使"，知府州县长官分别叫尹、牧、令。召见朝廷官员，李自成面向南而坐，牛金星、刘宗敏、宋企郊等在李自成左右一起就座，按官职品级叫名字，分成三等授给职务。从四品以下的少詹事梁绍阳、杨观光等都可耻地接受了伪职，三品以上的只任用了前侍郎侯恂。其余有功劳的皇族亲戚、文武大臣周奎、朱纯臣、陈演、魏德藻等共八百余人，都送到刘宗敏等人的军营里，拷打刑讯，索取贿赂，直至灼烧肌肤打断小腿，备受各种虐害。魏德藻碰见马世奇家的人，哭着说："我不能为你做主，现在求死也办不到。"流贼又按保甲制编排户籍，命令五家供养一个贼兵，大肆奸淫掳掠，百姓忍受不了残害，吊死的随处可见。征缴各个皇亲国戚、文武大臣的钱财，金银收够了就杀了他们。焚烧太庙里的先帝牌位，把明太祖的牌位迁到帝王庙内。

此时贼众已攻陷保定，李建泰投降，京畿辖区内的府县全部归附。在山东、河南普遍设立官署任命官吏，所到之处没有敢违抗的。流贼到淮地，巡抚路振飞派兵抵抗他们，贼寇于是撤离。李自成认为自己真的得了天命，牛金星率领贼众三次上表劝他即帝位，便接受了，下令拟定登极的仪式，选择吉日。当李自成登上御座时，忽然看见一个身高数丈的穿白衣服的人，手执宝剑怒目而视，御座下面的龙爪和龙颈上的长须都动了起来，李自成惊恐不安，急忙跑下御座。铸造金印及永昌钱币，都没有成功。得知山海关总兵吴三桂起兵，就谋划回归陕西。

当初，吴三桂奉旨入京救援，到了山海关，京都就失陷了，他犹豫不进。李自成劫持

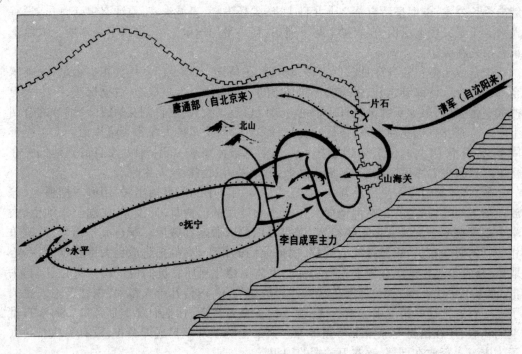

山海关之战作战经过示意图

他的父亲吴襄,写信招抚他,吴三桂打算投降。到了滦州,听说爱妾陈沅被刘宗敏抢走,非常气愤,急速回到山海关,打败了贼将。李自成大怒,亲自率领十余万贼兵,把吴襄押在军中,向东进攻山海关,另派部将领兵从一片石跨到关外。吴三桂害怕,向我大清乞降。四月二十二日,李自成率兵二十万,在关内布阵,从北山绵亘到海边。我大清军队针对贼军布阵,吴三桂居于右翼边缘,出动全部精锐士卒去拼搏作战,杀死数千贼兵,贼寇也奋力战斗,包围圈冲开了又重新合上。战斗持续了很久,我大清军队从吴三桂阵地右侧突然出击,冲击流贼的中坚部队,万马奔驰腾跃,飞箭密如雨点,天刮大风,飞沙走石,像冰雹一样袭击贼兵。李自成正挟持太子登上高冈观战,发现是我大清的军队,急忙赶马下冈逃走。我军追击四十里,贼众大溃败,自相践踏而死的人无从计算,尸横遍野,沟水都被染红。李自成逃往永平,我军去追赶他。吴三桂先赶到永平,李自成杀死吴襄,逃回京城。

当时牛金星留守京城,降官们去谒见他,十分恭敬地行门生的礼节。牛金星说:"现在谣言正盛,各位应深居简出。"从此投降的人开始惊惧,大多潜逃躲藏起来。李自成回京后,把拷打官吏索取的黄金及宫中库藏的黄金、器皿都熔铸成饼,每个饼重千金,大约有几万饼,用骡车载回西安。二十九日丙戌在武英殿越分称帝,追尊七代祖先为皇帝皇后,立妻子高氏为皇后。李自成戴着皇冠,摆设仪仗接受朝拜。牛金星到南郊代皇帝行祭天之礼。当晚焚烧了宫殿和京城九座城门楼。次日早晨,挟持太子、两位王子向西逃走,派伪将军左光先、谷可成殿后。

五月二日,我大清军队进入京都,下令安抚百姓,为明朝皇帝皇后发布去世的公告,

议定谥号，派将领和吴三桂一起追击李自成。当时福王已在南京代行处理国政，大学士史可法统率军队征讨流贼。李自成到达定州，我军追上了，同他交战，杀死谷可成，左光先伤了脚，由贼兵背着逃走了。李自成向西跑到真定，增调人马来攻打我军，我军再次打击了他。李自成中了流箭伤势很重，向西越过故关，进入山西。正巧我军东撤，李自成于是纠合溃散的人马，跑到平阳。

李岩是原来劝李自成不要滥杀以收揽民心的人。攻陷京都后，他保护着懿安皇后让她自尽。又只有他未对士大夫进行拷打掠夺，牛金星等人十分忌恨他。定州战败后，河南的州县大多叛离贼寇，李自成召集将领们议事，李岩请求率兵前往。牛金星暗中告诉自成说："李岩英勇果敢，有远大的谋略，是不会久居人下的。河南是李岩的故乡，给予他大量军队，必定无法控制他。'十八子'的谶语，该不会是指李岩吧？"趁机诬陷李岩想反叛。李自成让牛金星与李岩宴饮，杀害了他，贼众因此都人心离散。

李自成回到西安后，又派贼兵攻陷汉中，招引总兵赵光远投降，进占保宁。此时张献忠派兵抵抗，贼兵于是撤回。八月建成祖先的宗庙，李自成准备去祭祀，忽然浑身寒战不能前去举行祭礼。李自成当初因为李岩的建议，假装仁义，到李岩死后，他又屡次战败，便依旧强横凶暴刚愎自用，伪尚书张第元、耿始然都因小有抵触而被处死。制成铜铡，官吏犯了受贿罪，立即用铡刀斩杀。百姓偷一只鸡的也处死。陕西人非常恐惧。

清顺治二年二月，我军进攻潼关，伪伯爵马世耀率六十万部队迎战，战败死去。潼关被攻克，李自成于是放弃西安，由龙驹寨奔武冈，进入襄阳，再逃到武昌。我军分两路跟踪追击，连续在邓州、承天、德安、武昌紧逼敌人，穷追到流贼的老营，大败贼寇八次。在这时，左良玉率部东去，武昌空虚无人。李自成驻扎了五十多天，贼寇尚有五十余万人，改江夏为瑞符县。不久被我军追逼，部众大多投降，也有的逃散了。李自成败走咸宁、蒲圻，到达通城，逃进了九宫山。秋天九月，李自成留李过守寨，自己率领二十名骑兵到山中掠取食物，被村民围困，不能逃脱，于是自缢而死。也有人说村民正在修筑堡垒，发现贼寇人少，争相上前攻打，贼寇人马都陷进泥沼中，李自成头部遭受锄头袭击而死。剥下他的衣服，发现龙衣金印，死者瞎了一只眼，村民这才大为惊讶，认为是李自成。当时我军派认识李自成的人去查验尸体，已朽烂不能辨认。抓获李自成的两个叔父伪赵侯、伪襄南侯及自成的两个妻妾，得到金印一枚。又抓获伪汝侯刘宗敏、伪总兵左光先、伪军师宋献策。于是在军中杀了自成的叔父及刘宗敏。牛金星、宋企郊等人都逃亡了。

李自成的侄子李过改名为锦，同各贼帅一起侍奉高氏而向明总督何腾蛟投降。当时唐王在闽地立国，赐予李锦名字叫赤心，封高氏为忠义夫人，称他们的军队叫"忠贞营"，隶属于何腾蛟麾下。永明王在位时，李赤心被封为兴国侯，不久死去。

张献忠，延安卫柳树涧人，和李自成同年出生。长大之后在延绥镇属下当兵，触犯法律应当斩首，主将陈洪范惊其相貌奇伟，为之向总兵官王威求情而将他释放，才得以逃走。

崇祯三年，陕西盗贼大举起事，王嘉胤占据府谷，攻破河曲。张献忠以米脂十八寨响应，自称八大王。次年，王嘉胤死，其党徒王自用又聚集民众三十六营，张献忠和高迎祥、罗汝才、马守应等人都是他的首领。本年冬季，洪承畴为总督，张献忠和罗汝才都归降他。不久，又叛变进入山西，带领大批盗贼焚烧劫掠。随即窜扰黄河以北地区，又带领人马渡过黄河。从此，陕西、河南、湖广、四川、江北几千里地，都遭到盗贼的践踏。当此之时，盗贼首领带领众人却没有专一的管事人，遇到官军，人自为战，胜利就争相前进，败退就流窜山谷之间而互不顾恤。官军遇见盗贼而追杀，也不知道追逐的是哪一股盗贼。盗贼忽分忽合，东奔西走，声势日益强盛。

崇祯八年，十三家会聚荥阳，商讨迎战官军事宜。马守应想要向北渡过黄河，张献忠嘲笑他，马守应大为愤怒，李自成为之调解，才取得协议。张献忠最初和高迎祥平起起事成为盗贼，李自成本是高迎祥的副将，不敢和张献忠平起平坐。到了此时才能和张献忠相抗衡，和他一道向东劫掠，接连攻破黄河以南、长江以北各县，并焚毁了皇陵。不久高迎祥、李自成向西活动。张献忠独自向东发展，包围了庐州、舒州，都没有攻打下来。攻打桐城，攻破庐江，并在巢县、无为、潜山、太湖、宿松等地屠城，应天巡抚张国维加以抵御。张献忠从英山、霍山逃走，途经麻城，同马守应等人合兵入关，和高迎祥在凤翔会合。不久，再次从商、洛出兵，驻守灵宝，以等待高迎祥的到来。高迎祥一到，就合兵再次向东发展。受到总兵官左良玉、祖宽的袭击，张献忠同高迎祥分路逃走。祖宽追击张献忠，交战于嵩县及九皋山，打了三仗，都取得胜利，俘虏的和斩杀的贼寇很多。张献忠发怒，再一次会合高迎祥一道还击，又遭到大败。高迎祥不久同李自成进入陕西，而马守应、罗汝才几部分盗贼，各自盘踞郧阳、商、洛山中，互相不能救援，张献忠也逃入山中。

明年秋季，总督卢象升离任，苗胙土出任湖广巡抚，不熟悉军事。于是张献忠从均州，马守应从新野，蝎子块从唐县，一道进犯襄阳，拥有二十余万人。总兵秦翼明因兵少不能抵御，湖广受到震动。张献忠纠合罗汝才、马守应和闯塌天各路盗贼，顺流东下，并同江北盗贼贺一龙、贺锦等人会合，战争的烽火已经达到淮河、扬州一带。南京兵部尚书范景文、操江都御史黄道直、总兵官杨御蕃分防地固守，安池道副使史可法亲自率领士兵迎敌。盗贼从小路进犯安庆，连接营寨长达百里。巡抚国维向朝廷报告紧急情况。皇帝下诏命左良玉、马𬭤、刘良佐合兵救援，于是大破贼兵。盗贼逃到潜山的天王古寨，国维发文书令左良玉到山里搜索，左良玉没有答应，随即向北离去。盗贼于是再次出现于太湖，连及蕲州、黄州两地，在鄠家店击败官军，杀死参将程龙、陈于王等四十多人。正好总兵官牟文绶同刘良佐前来援救，才再次击破贼兵。贼兵都逃走，张献忠进入湖广地区。

此时，河南、湖广的盗贼有十五家，只有张献忠最为狡诈强劲，其次是罗汝才。张献忠曾经假冒官军，想要骗取宛城，左良玉正好赶到，张献忠才仓皇逃走，被前锋罗岱射中额头，左良玉的马已经追上，锋刃几乎碰到了张献忠的脸，靠他的马奔跑得快才得以免死。适逢熊文灿为总理，发布文书招抚盗贼投降。闯塌天，本名刘国能，和张献忠素有嫌隙，就向熊文灿投降。张献忠创伤严重，不能战斗，大为恐慌。

崇祯十一年春季，侦察到陈洪范已隶属于熊文灿手下任总兵，极为高兴，于是派遣间谍携带重金献给陈洪范说："献忠蒙受您的大恩大德，得以不死，您难道忘了吗？我愿意带领部属投降以使自身得以为朝廷效力。"陈洪范极为高兴，替他上报熊文灿，接受他的投降。巡按御史林铭球、分巡道王瑞梅和左良玉合谋，打算等张献忠来到时就拘捕他，熊文灿没有准许。张献忠于是占据了谷城，并请求发给十万人的军饷，熊文灿不敢做主。当时各路盗贼都聚集到南阳，还屠杀劫掠周围的州县。熊文灿奔赴裕州，愈加大发檄文招抚盗贼投降。罗汝才因兵败而向太和山监军太监李继改乞降。第二年，射塌天、混十万、过天星、关索、王光恩等十三家首领，先后都投降了。陕西总督洪承畴、巡抚孙传庭又大破李自成，李自成逃窜到崤、函山里。朝廷都认为盗贼差不多被扑灭尽了。

张献忠在谷城，训练士兵整修铠甲、兵器，谈到此事的人，都疑心他想要反叛。皇帝正相信兵部尚书杨嗣昌的话，认为熊文灿善于处置盗贼，不再为此而忧虑。夏季五月，张献忠叛变了，杀死知县阮之钿，毁坏了谷城，攻占房县，会合罗汝才的兵力，杀死知县郝景春。十三家投降的盗贼一时都叛变了，只有王光恩没有参加。张献忠离开房县，左良玉追击他，罗岱做先锋，到达罗猴山，罗岱中埋伏而死，左良玉大败。

杨嗣昌已拜为大学士，就自己请求督率军队讨贼，皇帝极为高兴。十月初一，杨嗣昌到达襄阳，招集各军将领商议进军之事。当时各股盗贼大肆劫掠，贺一龙、贺锦进犯随州、应山、麻城、黄陂等地，同官军相对抗。罗汝才和过天星流窜潜伏在漳乡、房县、兴山、远安一带，张献忠盘踞湖广、四川边界，将要向西进犯。杨嗣昌看东部地区形势稍微缓和一些，于是就在襄阳屯集军用物资，疏浚城濠修筑城墙都很坚固，命令左良玉专门致力于进剿张献忠。

崇祯十三年闰正月，左良玉在枸坪关攻打盗贼，张献忠逃走，一直追到玛瑙山。盗贼依靠山势抵抗，左良玉首先登山，贺人龙、李国奇两面夹攻，大败张献忠，斩首一千三百多，并抓住张献忠的妻妾。湖广将领张应元、汪之凤追赶张献忠到水右坝，击败了他。四川将领张令、方国安又在岔溪截击盗贼。张献忠逃奔柯家坪，张令追击败兵深入敌阵，遭到包围，张应元、汪之凤前来援救，再次打败盗贼。张献忠率领一千多骑兵流窜到兴山、归州一带的山里，形势极为紧迫。

当初，左良玉进兵之时，同杨嗣昌的意见不合。张献忠派遣间谍游说左良玉，左良玉就对张献忠紧紧包围而不攻击。张献忠因而得以和山民交换盐草米酒，收罗溃散兵马，隐蔽下来，进而向西奔往白羊山。当时罗汝才和过天星从宁昌窥视大昌、巫山，想要渡过长江，但受到官军的扼制。等张献忠来到，就和他会合在一起。张献忠虽然屡次遭到失败，但勇气却越发旺盛，立马在江岸上，有不向前杀敌的，就杀掉他。盗贼争相拼死战斗，官军败退逃走。盗贼渡江完毕，就驻扎在万顷山，归州、巫山两地大为震动。随后罗汝才、过天星进犯开县没有得手，罗汝才往东逃，过天星又越过开县西去。官军各部将领往返追击，张献忠就出动全部兵力在土地岭攻打楚地之兵，副将汪之凤战死。于是张献忠攻陷大昌，进驻开县，张令战死，石砫的女土司秦良玉也遭失败。罗汝才又从东边返回，和张献忠一起转而奔赴达州。四川巡抚邵捷春退守涪江。盗贼向北攻破剑州，将要进入汉中。总兵官赵光远、贺人龙镇守阳平、百丈的险要地段，盗贼无法通过，于是又奔往巴地以西一带。涪江军队溃败，邵捷春被处死。张献忠屠绵州城，经过成都，攻破泸州，向北渡河攻破永州，途经汉川、德阳，进入巴州。又从巴州奔向达州，再到开县。

在这以前，杨嗣昌听说盗贼进入四川，就进驻重庆。监军万元吉说："盗贼或许会向东突击，不能没有防备，应当分派部分主力走小路由梓潼出兵，扼守盗贼返回之路。"杨嗣昌没有听从这个建议，想要命令各个将领全部奔赴泸州追击盗贼。

崇祯十四年正月，总兵猛如虎、参将刘士杰追赶贼寇到了开县的黄陵城，贼兵还击，官军大败，刘士杰和游击郭开等人都战死。张献忠果然向东出击，让罗汝才抵抗郧阳巡抚袁继咸的军队，自身率领轻骑兵，一日一夜奔驰三百里，途中杀掉督军的使者，取得军符，用欺骗办法攻破襄阳城。张献忠绑缚襄王朱翊铭，放置在堂下，交给他一杯酒说道："我想要借用襄王你的人头，使得杨嗣昌能因藩国沦陷的罪名被诛杀，希望襄王你努力把这杯酒喝干。"于是杀死他，同时杀了郧襄道张克俭、推官邝日广，又得到他过去失散的妻姜。又去攻破樊城、当阳、郑县。联合罗汝才攻入光州，残害商城、罗山、息县、信阳、固始等地。分兵进犯茶山、应城，攻破随州。偷着挂起左良玉的旗帜，攻入泌阳。再次攻打应山，没能攻克，于是离开。攻打郧阳，守将王光恩奋力迎战，才得以解围。又攻下郧西，各路盗贼前来依附的数以万计，于是向东夺取地盘。

张献忠自从玛瑙山失败之后，内心畏惧左良玉，等到后来屡获胜利，就露出骄傲的样子。秋季八月，左良玉追击献忠到信阳，大破贼兵，投降的盗贼达几万人。张献忠大腿受伤，连夜向东逃跑，左良玉紧急追击。正遇上大雨，江水浸溢，道路断绝，官军不能前进，张献忠才得以逃脱。稍后，又从商城出兵，将要奔向英山，又被副将王允成打破，人员在途中几乎全部逃散，随从的骑兵只有几十人。当时，罗汝才已经先和李自成联合，张献忠于是投奔李自成。李自成把张献忠看作部下，张献忠不愿服从。李自成想要杀掉他，罗汝才劝说道；"留下他，让他去骚扰汉水以南地区，以便分散官军的兵力。"就暗地里给张献忠五百骑兵，让他逃走。路上又纠合土贼一斗谷、瓦罐子等人，人马于是又兴旺起来，但仍然假装拥戴李自成。在此之前，盗贼内部革里眼、左金王和两个姓贺的人（贺一龙、贺锦）攻破了含山、巢县、潜山各县，准备向西联合张献忠，因为湖广官军的阻挠而未能实现。等到开封被围情况紧急，督军丁启睿和左良玉都前去救援开封，张献忠便乘机攻破亳州，进入英山、霍山一带山中，和革里眼、左金王以及二贺会见，大家都极为高兴。

明年与革、左联合进攻，攻破舒城、六安，掳掠百姓扩充军队。攻破庐州，知府郑履祥死。攻破无为、庐江，并在巢湖训练水军。太监卢九德率领总兵官黄得功、刘良佐的部队与贼兵战于夹山，大败，江南受到极大震动。凤阳总督高光斗、安庆巡抚郑二阳被逮捕治罪，皇帝下诏起用马士英代替高光斗。本年秋季，黄得功、刘良佐在潜山大破盗贼，张献忠的亲信妻小全部逃往蕲水。革里眼、左金王向北投奔李自成。随后，张献忠又攻陷太湖县。正遇到左良玉躲避李自成而向东转移，把湖广的军队都撤下来跟随自己，张献忠听到消息后，又攻陷了黄梅。

崇祯十六年春季，接连攻破广济、蕲州、蕲水。攻入黄州，黄州百姓全部逃走，就驱使妇女削平城墙，随即杀死她们用来填壕沟。麻城人汤志，本是一大姓的奴仆，杀死生员六十人，献城投降盗贼。张献忠改麻城县为州。又向西攻破汉阳，全军从鸭蛋洲渡过长江，攻破武昌，逮捕楚王朱华奎，装进笼中沉入江底，杀尽楚王的宗族。收纳二十岁以下、十五岁以上的男子当兵，其余都杀掉。由鹦鹉洲到道士洑，飘浮的腐尸遮蔽了江面，过了一个月，江面上人体的油脂还厚积一寸，江里的鱼龟都不能食用。张献忠于是越分称王，改武昌为天授府，江夏为上江县。占据楚王府第，铸造西王之印，设立伪尚书、都督、巡抚等官职。开设科举选取士人。因为兴国州柯、陈两姓的土官凶悍勇猛，就招降过来。题诗于黄鹤楼。下令发放楚王府的钱财赈济饥饿的老百姓。蕲州、黄州等二十一个州县全部归附张献忠。

这时李自成正在襄阳，听到上述消息，嫉妒而又愤怒，就去信谴责。左良玉的军队又向西进兵，伪官吏多被他捕杀。张献忠恐惧，于是带领全部人马急奔岳州、长沙。于是监军道王琐、沔阳知州章旷、武昌生员程天一、白云寨长易道三都起兵讨伐盗贼,蕲州、黄州、汉阳三个府都反正。张献忠于是攻破咸宁、蒲圻,进逼岳州。沅州府巡抚李乾德、总兵孔希贵等人凭借陈陵矶抵抗,三战三胜,歼灭了张献忠的先头部队。张献忠大怒,分兵几路一起前进,李乾德等人支持不住,全部逃走,岳州被攻破。张献忠想要渡过洞庭潮,问神问卜,结果不吉利,就将卜具掷到地上大骂起来。将要渡洞庭湖,狂风大起,张献忠大怒,连接大船有一千艘,上面装上妇女再放火烧船,湖水被烧照得黑夜有如白天一样。动用骑兵进逼长沙,巡按刘熙祚侍奉吉王、惠王逃往衡州,总兵尹先民投降,长沙陷落。随即攻破衡州,吉王、惠王、桂王一道逃往永州。张献忠于是拆走桂王府的木料,运回长沙,营造伪宫殿,而亲自向永州追击三王。刘熙祚命令主力部队保护三王进入广西,他自身在永州死守,城破被杀。张献忠又攻破宝庆、常德,掘开原任督军杨嗣昌的祖坟,把里面的尸体砍出血来。攻打道州,守备沈至绪战死,他的女儿继续战斗,并夺回其父尸体,全城也得到保全。于是向东进犯江西,攻破吉安、袁州、建昌、抚州、永新、安福、万载、南丰各府县。广东大为震惊,南雄州、韶州属下各城官民全部逃走。盗贼有献计夺取吴越地区的,张献忠惧怕左良玉健在,没有采纳,决定再次进入四川。

崇祯十七年春攻破夔州,到了万县,江水猛涨,停留三个月。随后,攻破涪州,打败守道刘麟长、总兵曹英的队伍。进兵攻破佛图关。攻破重庆,瑞王朱常浩遇害身死。这一天,空中无云而响雷,盗贼有被雷击倒的。张献忠发怒,发射大炮和上天比高低。于是进军攻破成都,蜀王朱至澍率领妃子、夫人以下的人投井自杀,巡抚龙文光被杀。这时我大清军队已占领京师,李自成逃回西安。南京各位大臣尊立福王为帝,命令原大学士王应熊监督四川、湖广军事,兵力薄弱,不能讨伐盗贼。张献忠于是越分自称大西国王,改元大顺。冬季十一月庚寅这一天,即伪王位,用蜀王府作为宫殿,把成都命名为西京。任用汪兆麟为左丞相,严锡命为右丞相。设置六部五军都督府等官职,王国麟、江鼎镇、龚完敬等人任尚书。养子孙可望、艾能奇、刘文秀、李定国等都任将军,赐姓张氏,分别领兵夺取各府州县,全部攻下。保宁、顺庆先已投降李自成,并设置了官吏,张献忠把他们全部赶走。李自成发兵攻击,没有攻克,于是张献忠就据有全部蜀地。只有遵义一郡和黎州土司马金坚没有打下来。

张献忠脸黄身长并有一个和虎相似的下巴,人们称他是黄虎。性情狡诈,嗜杀成性,有一天不杀人,就会很不高兴。诈称开设科举选取士人,士人集中到青羊宫,然后全部杀掉,笔和墨都堆积成坟头。活埋成都百姓于中园。杀死各卫所的有军籍之兵九十八万人。又派遣四名将军分别到各府县屠城,名目叫作"草杀"。伪官朝会拜伏之际,呼出几十只猛犬来到殿下,猛犬嗅到哪个人,就拉出去杀掉,名目叫作"天杀"。又创制一种活剥人皮的办法,如果受刑人的皮未被剥下而人已死的,执行剥皮刑法的人就被抵罪处死。将领和士兵以杀人多少排列功劳的次序,共杀男女六万万有余。贼将有不忍心杀人而自身缢死的。伪都督张君用、王明等数十人,都因为杀人少,被剥皮而死,同时杀死全家人。胁迫四川的士大夫让他们接受伪官职,叙州布政使尹伸、广元给事中吴宇英都不屈而死。那些接受官职的,以后不久也都被杀掉。那残酷暴虐毫无人性的事情,没有办法全部记载下来。又用办法移走锦江水,干涸之后再挖空了,深达数丈,再把数以亿万计的金宝埋入其下,然后决堤放水,名目叫作"水藏",并且扬言:"不要让后人占有财宝。"当时,曾英、

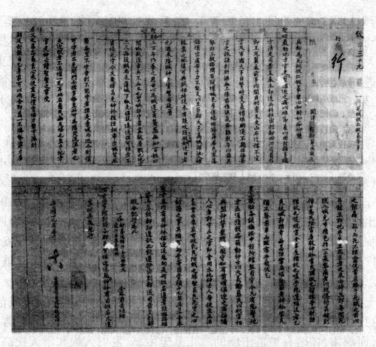

崇祯十七年,明兵部报告李自成活动情况行稿

李占春、于大海、王祥、杨展、曹勋等正义之军一时并起,因此张献忠屠杀更加狠毒。四川的百姓杀得快完了,就想牟取西安。

清顺治三年,张献忠把成都的宫殿房屋一把火烧光,削平城墙,带领军队由川北出击,又想要全部杀死四川士兵。伪将刘进忠过去一直统率川兵,听到这一消息,就带领一部分军队逃走。正赶上我大清军队来到汉中,刘进忠前来投降,请求任他为向导。到了盐亭地界,天有大雾。张献忠拂晓行军,突然在凤凰坡遇到我清兵,张献忠中箭坠于马下,爬到柴草堆里藏身。于是我清兵抓出张献忠,将他斩首。

四川自从遭到张献忠之乱,城里各种树木都长得两手合抱那么粗大了,狗吃人肉的样子像豺狼虎豹似的,把人咬死了就弃之而去,并不全部吃掉。老百姓逃到深山之中,以草为衣,以树为食太久了,遍身全都生出毛来。张献忠被杀之后,盗贼党徒孙可望、艾能奇、刘文秀、李定国等人溃退到四川南部,杀了曾英、李乾德等人,后来都向永明王投降了。

特别提示:

本书在编写过程中,参阅和使用了一些报刊、著述和图片。由于联系上的困难,和部分作品的作者(或译者)未能取得联系,对此谨致深深的歉意。敬请原作者(或译者)见到本书后,及时与本书编者联系,以便我们按照国家有关规定支付稿酬并赠送样书。

联系电话:010-80776121　联系人:马老师